陈学明　吴晓明　李冉　张双利　主编

世界马克思主义研究前沿理论追踪

（第三辑）（上）

天津出版传媒集团

天津人民出版社

图书在版编目（ＣＩＰ）数据

世界马克思主义研究前沿理论追踪. 第三辑：上、下 / 陈学明等主编. -- 天津：天津人民出版社, 2024.7.

-- ISBN 978-7-201-20551-9

Ⅰ. A81

中国国家版本馆 CIP 数据核字第 2024NW6116 号

世界马克思主义研究前沿理论追踪·第三辑（上、下）
SHIJIE MAKESIZHUYI YANJIU QIANYAN LILUN ZHUIZONG·DISANJI(SHANG、XIA)

出 版	天津人民出版社
出 版 人	刘锦泉
地 址	天津市和平区西康路35号康岳大厦
邮政编码	300051
邮购电话	（022）23332469
电子信箱	reader@tjrmcbs.com
责任编辑	王佳欢
特约编辑	林 雨 佐 拉 郭雨莹 武建臣
封面设计	汤 磊
印 刷	北京虎彩文化传播有限公司
经 销	新华书店
开 本	710毫米×1000毫米 1/16
印 张	48.75
插 页	4
字 数	720千字
版次印次	2024年7月第1版 2024年7月第1次印刷
定 价	198.00元

前　言

习近平总书记指出："学习研究当代世界马克思主义思潮，对我们推进马克思主义中国化，发展 21 世纪马克思主义、当代中国马克思主义具有积极作用。"①回顾与总结当代国外马克思主义，特别是西方马克思主义在中国传播与产生影响的数十年历程，我们可以清楚地看到习近平总书记的这一判断是完全正确的。

推进马克思主义中国化，发展 21 世纪马克思主义，是直接关系中国乃至整个世界的前途与命运的当务之急。而马克思主义中国化展现出来的不是单纯地发生在中国语境中的文化现象，而是世界马克思主义宏观发展进程中的微观有机因子。因此我们既应当在马克思主义发展史中的历时性结构中探讨马克思主义中国化的时代发生，又应当在中国马克思主义与国外马克思主义的共时性结构中考察马克思主义中国化的民族生成。这就要求我们不断扩大理论视野，特别是把当代国外马克思主义思潮纳入自己的理论视野之内。

中国实行改革开放，国门一打开，外面的东西必然要涌进来。当然，进入中国的不仅有国外的资本与技术，还有国外的思想文化，特别是西方的思想文化。面对这些国外的思想文化，中国改革开放的设计者与引路人没有简单地加以"封""堵"，而是用积极的态度对待它们，即一方面用自己开放的胸襟和恢宏的气魄，吸收和借鉴这些外来文化中一切优秀的成分，用它们来发展和完善自己；另一方面不是盲目地全盘接受外来的思想文化，而是拒绝外来文化中的"糟粕"，在吸收外来文化的优点的过程中决不失去自我。四十多年

---

① 《习近平谈治国理政》(第二卷)，外文出版社，2017 年，第 65 页。

时间过去了，我们完全可以说，中国在消化和吸收外来文化方面是成功的。西方马克思主义是中国实行改革开放后，最早传播到中国来的，也是传播规模最大的一种外来文化。西方马克思主义在中国传播的历程与影响，是改革开放成功消化吸收外来文化的最有说服力的成功例证。

习近平总书记在纪念马克思诞辰 200 周年大会上的讲话中指出："马克思主义是不断发展的开放的理论，始终站在时代前沿。马克思一再告诫人们，马克思主义理论不是教条，而是行动指南，必须随着实践的变化而发展。一部马克思主义发展史就是马克思、恩格斯以及他们的后继者们不断根据时代、实践、认识发展而发展的历史，是不断吸收人类历史上一切优秀思想文化成果丰富自己的历史。因此，马克思主义能够永葆其美妙之青春，不断探索时代发展提出的新课题、回应人类社会面临的新挑战。"①

对于马克思主义的这种发展性、开放性，中国的当代国外马克思主义、西方马克思主义研究领域的专门研究者，无疑是特别具有认同感、参与感、自豪感的。我们与改革开放的伟大历史进程近乎同步地开启、发展、完善着西方马克思主义研究这一学科领域，我们以坚定的科学立场和广阔的历史视域考察着马克思、恩格斯的"后继者们"的丰富理论样态，从中批判地吸收优秀理论成果来丰富马克思主义、丰富中国的社会主义事业。在新时代下，我们尤其要站在探索新课题、回应新挑战的理论前沿，特别是注重以习近平新时代中国特色社会主义思想这一 21 世纪马克思主义的伟大成果为遵循，进一步开展世界马克思主义的"交换、比较、反复"，让马克思主义的美妙青春活力在开放发展中进一步迸发。

当代中国之所以有这样的底气纪念马克思，之所以有能力搭建世界马克思主义交流互鉴的平台，之所以有责任担当要将习近平新时代中国特色社会主义思想这样的 21 世纪马克思主义理论成果贡献给世界，其物质基础是改革开放四十多年来中国特色社会主义的雄厚建设成就，而当代国外马克思主义、西方马克思主义研究则是树立在这个基础之上，能动地为其服务，促进其发展的一项不可或缺的思想上层建筑。既然当代国外马克思主义、西方马克思主义研究在改革开放的不同阶段都对我国的理论和实践产

---

① 《习近平总书记在纪念马克思诞辰 200 周年大会上的讲话》，《人民日报》，2018 年 5 月 6 日。

生了如此积极的影响，成为中国特色社会主义胜利前进的一个不可或缺的思想资源，那么这就提示我们，在今后这一研究理应大有可为，一定要使这一研究围绕着习近平总书记所说的"不断回答时代和实践给我们提出的新的重大课题，让当代中国马克思主义放射出更加灿烂的真理光芒"。

当代国外马克思主义、西方马克思主义研究的新意义呈现，尤其是要凝聚到"21世纪马克思主义"这一科学概念的旗帜上。党的十八大之后的几年间，习近平总书记提出并多次强调了"21世纪马克思主义"的科学概念，进而将之同"当代中国马克思主义"的提法联系在一起，包括习近平总书记在中央政治局集体学习中关于学习研究当代世界马克思主义思潮的讲话中，也是强调这项理论工作对我们发展21世纪马克思主义、当代中国马克思主义具有积极作用。特别是2018年党的十九届二中全会明确指出习近平新时代中国特色社会主义思想就是21世纪马克思主义，就更加为马克思主义理论学界全体同人提出了在理论上的明确建构性目标，对于究竟什么是21世纪马克思主义的问题，怎样更好地理解习近平新时代中国特色社会主义思想是21世纪马克思主义的问题，特别是中国共产党人和中国人民在习近平新时代中国特色社会主义思想的指引之下怎样为发展21世纪马克思主义做出了更大贡献等问题，当代国外马克思主义、西方马克思主义的相关研究工作尤其可以提供一个不可或缺的视角。尽管具体的科学研究工作各有侧重、学者们各抒己见、观点纷呈，但我们对国外马克思主义、西方马克思主义研究工作有一个基本的共识，即我们应当立足中国伟大的社会主义实践，放手比较研究21世纪西方马克思主义的发展，只有这样才能深刻认识习近平新时代中国特色社会主义思想对马克思主义所做的原创性贡献。

这数十年我国的当代国外马克思主义、西方马克思主义研究的成果，除了推出了一系列著作、论文、研究报告、教材理论成果之外，还涌现了分布在全国高校、科研院所、报纸杂志、新闻出版等各个领域、部门的数千名的当代国外马克思主义、西方马克思主义的研究者。这些研究者一批又一批地走出校门，来到全国的各个领域。如果把中国社会科学院的徐崇温教授、原中共中央编译局的杜章智教授等算作我国当代国外马克思主义、西方马克思主义研究的第一代学者的话，那么到今天起码已先后有了四代研究者。这一研究队伍的存在和不断壮大，是承担当代国外马克思主义、西方马克思主义上述研究使命的强有力的保证。

我们的当代国外马克思主义、西方马克思主义研究已经有了一个很好的学术团体,这就是全国当代国外马克思主义学会。这一学会把全国的相关研究者集合在一起,拥有上千名会员。学会每年召开一次全国性的年会暨学术研讨会,有着很好的声誉。国内一些权威期刊的编辑对我们评价极高,认为我们的年会和论坛有以下特点:第一,规模大,有气势;第二,年轻人多,非常活跃;第三,气氛好,能够展开争论;第四,论题集中,讨论深入;第五,视野开阔,参加我们的年会,会体会到国际学术平台上漫游一圈的感觉。

除了全国当代国外马克思主义学会每年召开的年会外,还有涉及当代国外马克思主义研究的各种全国性的研讨会。例如,21 世纪世界马克思主义论坛、中外马克思主义研究比较论坛、全国国外马克思主义研究博士生论坛、全国美国马克思主义研究学术研讨会、全国欧陆马克思主义研究学术研讨会等。

每届年会及所有这些研讨会和论坛,都会收到上百篇学术论文。这些论文大部分出自年轻学者之手。只要稍微留意一下这些论文就会发现,这些论文充满着生机,不但研究的主题前沿性强,而且分析评判也十分尖锐深刻。

《世界马克思主义研究前沿理论追踪》是在所有这些会议论文的基础上编写而成的。

《世界马克思主义研究前沿理论追踪》第三辑主要围绕两大主题:

第一,2023 年是卢卡奇的《历史与阶级意识》一书出版 100 周年。学术界有一个共识:正是卢卡奇的这一著作开创了"西方马克思主义",20 世纪 20 年代以后所有涉及马克思主义的争论与创新,在一定意义上都可以追溯到卢卡奇的这一著作。我国学术界,特别是当代国外马克思主义研究学术界,对卢卡奇的这一著作进行了长期的深入研究,尤其是在卢卡奇的这一著作出版 100 周年之际,更是展开了激烈的探讨。我们在这里收集了学术界研究卢卡奇这一著作的一些富有代表性的成果,作为《世界马克思主义研究前沿理论追踪》第三辑的上册,以此表达我们对卢卡奇的《历史与阶级意识》一书出版 100 周年的纪念。

第二,现在全世界都在关注的数字化、智能化发展趋势。人类在 21 世纪的未来很大程度上取决于数字化、智能化如何发展。随着数字化、智能化的到来，原来的"人类如何存在的问题"已经变成了"人类是否存在的问题"。比尔乔伊发出了"未来不再需要我们"的哀叹。在他看来，如果听任智能化发展，"我们将会发现人类的命运掌握在机器手中"。21世纪的马克思主义对此不能置若罔闻。我们得承认，在这方面，西方的一些马克思主义研究者和其他左翼人士是走在前头的。他们一方面揭露和批判了数字化、智能化的发展与资本主义的生产关系的结合所带来的严重后果，另一方面又展现了数字化、智能化的发展为人类进入新的文明提供了条件。我国的当代国外马克思主义研究者及时地跟踪探讨了他们对数字化、智能化发展的"社会效应"的研究。可以说最近几年，我国当代国外马克思主义研究成果的一个重要内容就涉及这方面。我们挑选了部分相关成果，作为《世界马克思主义研究前沿理论追踪》第三辑的下册。

我们在选择相关论文时，还是如前两辑那样，要求作者在扩充和改写时做到以下三点：第一，研究对象必须处于目前世界马克思主义研究的前沿；第二，不是简单地介绍，而是作出深入的评析；第三，尽量把研究成果聚集到推进马克思主义中国化、发展21世纪马克思主义这一大主题上。

这里推出的是《世界马克思主义研究前沿理论追踪》第三辑，今后我们会将这项工作继续做下去。我们觉得这一工作是很有意义的。我们希望这一工作得到读者及相关部门的大力支持。当然，最渴望的是能够得到大家的批评指正，让《世界马克思主义研究前沿理论追踪》的文稿质量越来越完善和提升。

主编

2023年8月15日

目　录

上册：卢卡奇专题研究

下册:资本主义智能化新趋向研究

上册:卢卡奇专题研究

论《历史与阶级意识》的辩证法研究

　　卢卡奇的《历史与阶级意识》是一部发表于 1923 年的论文集,以"关于马克思主义辩证法的研究"为副标题。这部著作针对第二国际理论家对马克思主义的"庸俗"理解,突出地将辩证法把握为马克思全部学说的本质根据。立足这样的本质根据,卢卡奇不仅使辩证法在马克思主义的阐释方案中居于核心地位并依这种地位而被课题化,而且试图由之开展对于第一次世界大战和十月革命之后的当代资本主义的批判性分析。毫无疑问,这部著作产生了重要的理论影响并开启了积极的思想成果。而我们今天之所以要重提这部著作并阐述其辩证法研究,是因为对当今世界和中国的真正把握与分析根本不可能匆匆越过马克思的学说,尤其是它的辩证法,但在马克思哲学的整体立场上全面地阐述辩证法这个任务并没有完成。如果说在辩证法的主题上,不同的本体论立脚点还仍然处于外部对立中,那么与此相关的通常情形是:辩证法仅仅是作为一种形式方法而被外在地加诸特定的内容之上。这样的方法至多在表面上是"辩证的",其实质是全然撇开事物的实体性内容本身——它的自身运动及其具体化;由之而来的只能是外部反思,亦即将抽象原则先验地强加到任何内容之上。为了重新敞开马克思哲学的辩证法主题,回顾并讨论《历史与阶级意识》这部著作将是重要的和有益的,因为无论是它的优点还是缺点,它的成功还是失败,都将给我们以积极的推动和启示,所以在思想已成为当务之急的时代条件下,应再度更加深入地开展马克思主义辩证法的研究。

一、辩证法是马克思主义全部学说的本质根据

在《历史与阶级意识》中,卢卡奇明确指证马克思主义哲学的主要特征是批判的和革命的;而这种特征根源于马克思主义哲学的基本性质:它是一种方法,即辩证法,是一种以"实践批判"为主导定向的辩证法,并因而成为引导和敦促革命阶级行动起来的思想武器。这样一种鲜明的观点首先指向这样一个基本问题,即"什么是正统马克思主义?"

当时掌握着对马克思主义"正统"阐释的是第二国际理论家,尤其是所谓"梅林-普列汉诺夫正统"。按照他们的理解方案,马克思主义哲学包含着许多论点,这些论点构成一系列基本原则,而由这些原则集合组成的体系便现成地制定出马克思主义"正统"的标准。与此不同,在卢卡奇看来,马克思主义问题中的"正统"仅仅是指方法。如果说马克思主义的方法作为体系的核心乃是革命的辩证法,那么第二国际理论家的那种理解方案本身就是背离辩证法的;因为上述所谓"正统"的标准清单不能不意味着脱离社会历史内容的抽象原则,意味着对于这种原则的外部反思的运用,意味着马克思主义学说的形式主义化和教条主义化。正是针对这种"庸俗马克思主义",卢卡奇指出:"我们姑且假定新的研究完全驳倒了马克思的每一个个别的论点。即使这点得到证明,每个严肃的'正统'马克思主义者仍然可以毫无保留地接受所有这种新结论,放弃马克思的所有全部论点,而无须片刻放弃他的马克思主义正统。所以,正统马克思主义并不意味着无批判地接受马克思研究的结果。它不是对这个或那个论点的'信仰',也不是对某本'圣'书的注解。恰恰相反,马克思主义问题中的正统仅仅是指方法。"①

很显然,这是一种极而言之的说法,但同时也是一种及于根本的说法,它强调了方法对于个别论点的优先地位,强调了马克思主义学说的真正灵魂乃在于辩证的方法。在卢卡奇看来,当马克思的种种论点被凝固为抽象的原则并仅仅被当作"正统"的标准来把握时,在这里丧失的就正是作为这一学说之灵魂的辩证法。而这就意味着:那不断生成变化着的社会-历史进程

① [匈]卢卡奇:《历史与阶级意识》,杜章智等译,商务印书馆,1992年,第48页。

及其内容变得完全无关紧要,唯一重要的东西只是抽象的原则本身。当这样的原则不再辩证地进入现实之中并成为把握现实的方法时,它们便马上转变为恶劣的教条或公式。事实上,马克思和恩格斯早在草创唯物史观时就明确指出,他们的原理只是一些科学的抽象,"这些抽象本身离开了现实的历史就没有任何价值"①。换言之,它们绝不提供可以适用于各个历史时代的药方或公式,而只不过是研究人类历史发展的"指南"。这里立即显示出方法问题的绝对重要性,因为所谓"指南"和"公式"的根本差别恰恰在于:那些作为科学抽象的一般原理究竟是被持续不断地加以辩证的运用呢,还是始终滞留于无内容的和自我封闭的抽象性之中。

　　第二国际理论家的真正要害在于对辩证法的严重忽视和误解。这是一种哲学基础理论上的根本薄弱,它不仅表现在认识论和方法论上,而且表现在本体论上。例如,梅林(他被称作德国党"唯一的哲学通")声称:"我们对于辩证法是完全尊重的,但我们觉得,没有辩证法的实际认识,还是比没有实际认识的辩证法更可贵。"②至于普列汉诺夫,他可以算是第二国际理论家中关于辩证法最为擅长且谈论最多的人,然而在卢卡奇看来,他的努力"也未见成效"。之所以如此,是因为普列汉诺夫把辩证法仅仅当作形式的方法来加以理解,就像知性科学及科学方法论主义所理解的那种方法一样。一个明显的例证是,普列汉诺夫认为马克思哲学的本体论基础也就是费尔巴哈的唯物主义,而辩证法却可以作为形式的方法而外在地附加到这样的本体论基础之上。正是由于对辩证法的严重误解,"梅林-普列汉诺夫正统"不仅在哲学上完全丧失了原则立场,而且在科学上不得不屈从于实证主义以及以主观主义为本质特征的知性科学。这样的混淆严重到什么程度,可以从梅林的下述说法中看出来。他写道,马克思和马赫(E.March)一样专注于科学而拒斥哲学。"在这方面,马赫完全与马克思相一致,完全撇开哲学,而只在历史和自然科学方面的实践工作中考察人类的精神进步。"③

　　正是针对这种理论上的混乱与妥协,卢卡奇把问题的焦点集中到哲学

①　《马克思恩格斯选集》(第一卷),人民出版社,1995年,第74页。
②　[德]梅林:《保卫马克思主义》,吉洪译,人民出版社,1982年,第156页。
③　[德]梅林:《保卫马克思主义》,吉洪译,人民出版社,1982年,第160~161页。

方面,尤其是集中到辩证法这个主题上,因而《历史与阶级意识》的基本内容就是"关于马克思主义辩证法的研究"。因为卢卡奇清楚地意识到:辩证法乃是马克思全部学说的生命线,而他与第二国际"庸俗马克思主义"的全部对立就在于:是捍卫还是割断这一生命线。当第二国际的理论家试图在实质上避开哲学尤其是避开辩证法时,他们根本没有意识到:是否立足辩证法,在"实际认识"方面将是完全不同的;任何一种迄今为止被称为科学的东西,都有其"哲学上的"前提或预设。因此,自以为稳固地立足自身之上而拒斥任何哲学的"实际认识",只不过意味着它对于自身的前提或预设完全无知,意味着它无反思地进入时下通行的知识样式中去罢了。卢卡奇由此指出:正因为完全忽略了辩证法,"庸俗马克思主义"在哲学和科学上所采取的立场实际上是机械唯物主义、经济宿命论和实证主义,并因此而完全无批判地顺从于以现代形而上学为基本前提的知性科学了。卢卡奇不无理由地把这种现今占据主导地位的科学样式——知性科学——称为"资产阶级科学",因为这种科学样式正是伴随着现代资产阶级社会而成长起来并在其本质的范围内展开活动的。很显然,这种科学的成果、意义及历史限度正应当根据这一社会基础本身的历史进程来获得规定;只是由于现代性意识形态的强势掩盖,它才获得了所谓"一般科学"的外观。

当"庸俗马克思主义"由于放弃辩证法而完全无力抵御这种"资产阶级科学"时,卢卡奇则试图依据辩证法——首先是黑格尔的辩证法——来批判地揭示这种知性科学本身的限度。限度表现在两个方面:第一,知性科学在本质上乃是主观主义的科学,因为其基本方法乃是黑格尔所谓的"外部反思"。外部反思作为一种忽此忽彼的推理能力,从不深入事物的实体性内容之中;但它知道一般原则,而且知道把一般原则抽象地运用到任何内容之上。以外部反思为本质特征的知性科学,在认识论和本体论上的理想根据乃是康德式的哲学;而这种哲学的性质,就自我意识不可能把捉事物自身,以及人类知识不可能通达事物的实体性内容而言,不能不是主观主义的。第二,这种知性科学乃是非历史的,并且只有在完全排除事物的历史性时才能使自身成立。它似乎立足最为可靠的和毋庸置疑的"事实"之上,但它却完全没有意识到,无论对"事实"进行多么简单的列举且丝毫不加说明,这本身就已经是一种解释了;也就是说,"事实"已从其原来所处的生活联系和历史联系中抽取出来,被放置到某种理论或方法中去了。"所以,这种看来非常科学的方法的不科学性,就在于它忽略了作为其依据的事实的历史性质。"因此,"为了能够从这些'事实'前进到真正意义上的事实,必须了解它们本来的历史制约性,并且抛弃那种认为它们是直接产生出来的观点:它们本身要受历史的和辩证的考察"①。在这里,卢卡奇对"庸俗马克思主义"的批判同时成为对知性科学之形而上学前提的批判,而这种批判又是以阐述辩证法的科学意义为基本立足点的。

二、总体的观点或总体范畴

在正面阐述黑格尔和马克思辩证法的科学意义时,《历史与阶级意识》首先突出地强调了"总体的观点"。这一观点在形式上的表述是:总体大于部分之和,或总体对于各个部分无所不在的优越性;而这一观点在实质上的意义是:真正的科学必须深入作为总体的现实之中,并将触动和把握现实的总体作为自己的根本任务。作为"资产阶级科学"的知性科学由于其本身的局限性而滞留于孤立化的抽象概念和局部领域中, 与之相类似,"马克思模仿者的教条唯物主义"则重蹈使总体瓦解的覆辙,从而使自己的方法僵化为一种"机械的–专门学科的庸俗经济学"。正是针对第二国际理论家的经济决定论, 卢卡奇把总体的观点阐述为辩证方法的基石:"不是经济动机在历史解释中的首要地位(Vorherrschaft),而是总体的观点,使马克思主义同资产阶级科学有决定性的区别。总体范畴,整体对各个部分的全面的、决定性的统治地位(Herrschaft),是马克思取自黑格尔并独创性地改造成为一门全新科学的基础的方法的本质。……总体范畴的统治地位,是科学中的革命原则的支柱(Träger)。"②

就现代哲学的本体论而言,所谓总体范畴,只有在思维和存在、主体和客体的统一被把握的地方,才是可能的(如斯宾诺莎的"实体");所谓辩证的总体范畴,只有在思维和存在、主体和客体的能动关系和中介过程被把握的

---

① [匈]卢卡奇:《历史与阶级意识》,杜章智等译,商务印书馆,1992年,第54、55页。
② [匈]卢卡奇:《历史与阶级意识》,杜章智等译,商务印书馆,1992年,第76页。

地方,才是可能的(如黑格尔的"实体即主体")。因为这个缘故,卢卡奇把主体和客体之间的辩证关系设定在辩证方法论的中心地位。①知性科学在哲学方面是以主体和客体的分离隔绝为前提的,因而它在放弃主体通达事物自身的可能性时便拒斥总体的观点;而庸俗马克思主义在无条件地屈从于这种资产阶级科学时,同样不能不遗忘或背离辩证的总体观——经济决定论正是其突出的表现之一。那么究竟应当怎样来理解"总体"呢?更加确切些说,在黑格尔和马克思的辩证法中,"总体"究竟意味着什么呢?

《历史与阶级意识》很明确地把辩证方法中的总体性理解为"现实"(Wirk-lichkeit),或"社会现实"。在卢卡奇看来,辩证的总体观"……是能够在思维中再现和把握现实的唯一方法。因此,具体的总体是真正的现实范畴"②。但"现实"并不像通常理解的那样,仅仅是通过知觉能够直接给予我们的东西(即"事实"或经验的"实存")。在黑格尔的《逻辑学》中,整体同部分的关系问题构成由"存在"到"现实"的辩证过渡。因此,"现实"一方面被表述为"本质与实存的统一",另一方面被表述为"展开过程中的必然性"。③在这样的意义上,作为总体的现实既不可能经由一般的直观来达到,也不可能通过以外部反思为特征的知性科学去获得;而只有辩证的总体观,才可能真正把握现实,亦即把握实存中的本质性和展开过程中的必然性。

因此,在《历史与阶级意识》中,所谓总体,也就是社会-历史之现实。它一方面表现为社会的总体,另一方面表现为历史的总体。关于前者,按卢卡奇的说法,当知性科学确信自己找到了万物中最具体的东西时,它恰恰最偏离了作为一个具体总体的社会;而马克思的辩证方法和全部学说的宗旨,正在于把社会作为总体来把握,因此马克思的科学乃是一门"唯一的、统一的——历史的和辩证的——关于社会(作为总体)发展的科学"④。至于黑格尔在社会总体观点上的开展,只要举出一个例子就够了:他的法哲学把抽象法和道德(主观法)的本质性统统引导到伦理的领域,亦即引导到家庭、市民社会和

①　[匈]卢卡奇:《历史与阶级意识》,杜章智等译,商务印书馆,1992年,第50页。

②　[匈]卢卡奇:《历史与阶级意识》,杜章智等译,商务印书馆,1992年,第58页。

③　[德]黑格尔:《小逻辑》,贺麟译,商务印书馆,1980年,第295、300页。

④　[匈]卢卡奇:《历史与阶级意识》,杜章智等译,商务印书馆,1992年,第77页。

国家的领域中去了。关于后者，也就是关于历史的总体，卢卡奇给予了更加充分的强调，因为它尤其关乎辩证法之批判的和革命的性质——恩格斯曾经用"凡是存在的，都是注定要灭亡的"一语来提示这种批判性。在卢卡奇看来，正是黑格尔把伟大的历史原则赋予了哲学，从而使现实的问题以一种全新的面目展现出来：生成乃是存在的真理，过程乃是事物的真理，而历史发展的倾向构成比经验事实"更高的现实"①。唯物史观同样继承了这一历史批判的原则，因而"它首先摒弃社会结构的僵化性、自然性和非生成性，它揭示了社会结构是历史地形成了的，因此在任何一方面都是要服从历史的变化的，因而也必定是要历史地走向灭亡的"②。与此相反，在"资产阶级科学"中，历史的事物被固定为不变的、"永恒的自然规律"的对象，因而这种科学的全部智慧就在于论证并祝福当下社会的永垂不朽。

辩证总体的观点意味着把握普遍者所具有的决定意义，意味着把这一普遍者理解为社会–历史的总体，亦即理解为社会–历史的现实。然而卢卡奇也意识到，马克思和黑格尔正是在"现实本身"这一问题上分道扬镳的。当黑格尔把现实的本质性放置在客观精神中，而客观精神又在为绝对精神的超越中找到其真正的哲学证明时，他是把现实本身神秘化了。而在马克思看来，现实的总体固然意味着某种普遍者的决定意义，但其本质性却在"人们的现实生活过程"中。因此，社会–历史的现实便被把握为具体化了的社会关系和经济关系，被把握为在人们的历史性实践中不断生成的社会变动结构。卢卡奇指出，无论是资产阶级科学还是庸俗马克思主义，它们之所以拒绝辩证的总体观，同样是由特定的社会现实决定的。因为按照"永恒的自然规律"和永远有效的"形式范畴"来理解现存的社会制度，恰恰属于这一社会制度的自我辩护；而这种自我辩护从根本上来说属于现实本身的本质，属于资本主义社会的本质。③甚至晚期海德格尔也指证了现代性意识形态对社会现实的强势掩盖，从而提示了马克思主义在这个主题上的优越性。他说：现今的"哲学"只知道跟在知性科学后面亦步亦趋，这种哲学完全误解了我们这个

---

① ［匈］卢卡奇：《历史与阶级意识》，杜章智等译，商务印书馆，1992年，第268页。

② ［匈］卢卡奇：《历史与阶级意识》，杜章智等译，商务印书馆，1992年，第100页。

③ ［匈］卢卡奇：《历史与阶级意识》，杜章智等译，商务印书馆，1992年，第58~59页。

时代的两重独特的现实，即经济发展及这种发展所需要的架构，而马克思主义懂得这双重的现实。①

三、辩证法视域中的异化问题

为了明确地揭示资本主义社会现实的本质，特别是为了充分揭示这一现实本身之充满对立、冲突和矛盾的本质，《历史与阶级意识》突出地指证了所谓"物化现象"，并对之进行了尖锐的批判性分析——这一指证和分析后来以"异化问题"的提出而闻名于世，其影响遍及西方整个思想界和知识界。从理论方面来说，卢卡奇在读到马克思《1844 年经济学哲学手稿》之前（该手稿发表于 1932 年），便尝试对这一主题作出马克思主义的阐释和发挥，可以说是颇有见地的。然而更为根本的是，无论是这一理论上的阐释和发挥，还是它所具有的意义和影响，都是由特定的时代状况来定向的。只要我们还记得，那是一个处在两次世界大战之间并且为十月革命所刺激的时代，就不难理解异化问题在多大程度上会成为哲学争论的中心了。"重要的是，人的异化是我们时代的关键问题，并且无论资产阶级还是无产阶级的思想家，无论政治上和社会上的右派还是左派思想家都看到和承认这一点。"②正如卢卡奇后来回顾时所说的那样，在《历史与阶级意识》中，异化问题是自马克思以来第一次被当作对资本主义进行革命批判的中心问题，而对问题的阐说又从方法论的根基处被追溯到黑格尔的辩证法；由于异化问题受到如此大的关注，甚至于该书所犯的一个严重错误——将异化混同于任何一种对象化（Vergegenständlichung）——也极大地助长了它的成功与影响。③

从理论史的方面来说，在黑格尔去世以后，他试图通过其概念立场来调和理性与现实的哲学方案已经开始动摇了。黑格尔辩证法中依然具有生命力的东西不是一切对立物的调和、和解，而是异化本身，即客观事物同主观精神相遇时的对立性和他在性。"……历史和社会现实的整体不再表现为精

---

① F.费迪耶、丁耘:《晚期海德格尔的三天讨论班纪要》,《哲学译丛》,2001 年第 3 期。

② ［匈］卢卡奇:《历史与阶级意识》,杜章智等译,商务印书馆,1992 年,第 17 页。

③ ［匈］卢卡奇:《历史与阶级意识》,杜章智等译,商务印书馆,1992 年,第 16~17、19 页。

神,而是处在它顽固的现实中,或者用一个日常的词说,是处在它的不可理解性之中。可以想一下以下这些不可理解的现象,如货币、资本以及由马克思提出的人的自我异化概念等。"①如果说异化问题在理论史中较早被提出,那么这一问题的广泛酝酿恰恰是在两次世界大战之间进行的。在《历史与阶级意识》重新提出异化问题之后,随着海德格尔《存在与时间》的问世(1927年),它几乎成为各种思想和争论围绕着的枢轴了。

由于马克思的《1844年经济学哲学手稿》尚未发表,卢卡奇主要是根据《资本论》的提示来对异化问题作出阐述的。他指出,商品形式对整个社会的全面统治只有在现代资本主义中才真正出现,才使商品成为整个社会存在的普遍范畴;马克思通过商品拜物教而对"物化的基本现象"所作描述的要点是:①商品形式把人们本身劳动的社会性质反映成劳动产品本身的物的性质;②由于这种转换,劳动产品成了商品,成了可感觉而又超感觉的物或社会的物;因此,③商品形式的奥秘在于:就其本身来说只是人们自己的一定的社会关系,却在人们面前采取了物与物的关系的虚幻形式。在这里得到表现的是一个"结构性的事实",它意味着:"……由于这一事实,人自己的活动,人自己的劳动,作为某种客观的东西,某种不依赖于人的东西,某种通过异于人的自律性来控制人的东西,同人相对立。"②正是从这一异化劳动的观点出发,卢卡奇不仅批判地分析了在资本主义生产中的劳动分工、合理的机械化、劳动过程的可计算性、工人活动的直观态度及时间的空间化等,而且批判地考察了"物的个性"的异化(毁灭一切物的真正的物性)、货币和资本的拜物教形态,以及建立在资本主义生产方式基础之上并具有同构性质的法律和国家(现代官僚制)等。

然而物化(异化)不仅表现在客观方面,而且表现在主观方面。随着资本主义实现整个社会的统一的经济结构,它也产生出一个包括整个社会的统一的意识结构。"近代批判哲学是从意识的物化结构中产生出来的。"③与生产过程的合理化相适应,近代思想的基本特点乃是理性主义,而且是这样一

①　[德]伽达默尔:《哲学解释学》,夏镇平、宋建平译,上海译文出版社,1994年,第114页。
②　[匈]卢卡奇:《历史与阶级意识》,杜章智等译,商务印书馆,1992年,第147页。
③　[匈]卢卡奇:《历史与阶级意识》,杜章智等译,商务印书馆,1992年,第177页。

种形式体系的理性主义,它要求将一种形式塑造为普遍适用的范畴,从而成为认识整个存在的普遍方法。"在这种情况下,非理性原则的必然相对性问题就取得了一种决定性的、溶化、瓦解整个体系的意义。"①这种情形在康德"自在之物"概念的奇特而矛盾的意义中最为明显地表现出来。因此,从一个方面来说,由意识的物化结构所规定的知性科学之所以是形式主义的,不是因为这个时代的知识界乐于接受敌视生活的"存在机械论"和"科学形式主义",而是因为这种科学有其社会的根源、起因和必然性。从另一个方面来说,现代哲学同样作为意识之物化结构的思想理论表现,不能不从根本上陷入一种二律背反之中。这种二律背反较为切近地起因于该思想类型之纯粹形式规定中理性和非理性的必然相对性,并表现为思维和存在、主体和客体、现象和本质等一系列的二律背反,尤其突出地表现为自由和必然、唯意志论和宿命论的二律背反。②

因此,资产阶级科学之所以从根本上归属于"纯规律的宿命论"和"纯意向的伦理学","庸俗马克思主义"之所以最终成为"经济宿命论"和"对社会主义的伦理改造",是因为这样的立场绝不是偶然的,而是切近地起源于意识的物化结构。这样的物化结构一方面要求世界在理论上采取"永恒自然规律"的形式,另一方面要求一种完全内向的行动,即在人本身的内部改变世界(伦理学)。意识的物化结构表明:康德的《纯粹理性批判》和《实践理性批判》在方法上具有"一种绝对必要的和不可避免的联系",而康德式哲学只要在意识的物化结构起作用的地方总会具有至高无上的地位。例如,虽然在理论上可以主张经济宿命论,但"任何一个这样的'马克思主义者'一提出行动问题,他就必然回到康德学派抽象的要求伦理学上去"③。这是因为"庸俗马克思主义"同样从属于意识的物化结构,而意识的物化结构本身包含着如此这般的二律背反。

---

①　[匈]卢卡奇:《历史与阶级意识》,杜章智等译,商务印书馆,1992 年,第 181~182 页。
②　[匈]卢卡奇:《历史与阶级意识》,杜章智等译,商务印书馆,1992 年,第 180~197 页。
③　[匈]卢卡奇:《历史与阶级意识》,杜章智等译,商务印书馆,1992 年,第 90 页。

四、阶级意识与历史运动的辩证法

为了从资产阶级社会这个彻底异化的世界中解放出来，一方面必须在思想上摆脱意识的物化结构，另一方面又必须在行动上诉诸无产阶级的阶级斗争；这两个方面是内在统一的——思想和行动的统一，理论和实践的统一。卢卡奇指出，在哲学上能够真正引导并把握这种统一的，正是黑格尔和马克思的辩证方法。黑格尔通过"实体即主体"的原理揭示了先前德国古典哲学的严重错误和最终局限，但他只是通过概念立场和神秘的"主体-客体"，瓦解了自由和必然、纯意向的伦理学和纯规律的宿命论之间的二律背反；而在马克思那里，作为总体的主体乃是在历史过程的现实中生成的无产阶级，只有无产阶级才能把现实作为总体来把握和"冲破"，才能借此确立理论和实践、思想和行动的真正统一。《历史与阶级意识》试图表明：正是无产阶级作为社会思想的主体，才从历史的现实性方面打破了自由和必然、伦理学和宿命论之间的二律背反困境。

然而无产阶级并不是现成不变的东西，也不是按机械"规律"向前进展的；毋宁说，无产阶级同样经历一个从"自在的"阶级上升为"自为的"阶级的辩证过程。在卢卡奇看来，无产阶级作为自为阶级的确切标志在于获得它的自我意识，亦即获得无产阶级的"阶级意识"；这种阶级意识不是"纯粹意识"，它的现实形态就是"党"。一方面，只有在现实的阶级斗争中无产阶级才能形成自己真正的阶级意识；另一方面，只有获得了自己的阶级意识，无产阶级才能成为真正的即自为的阶级。而这里，无产阶级的阶级意识具有至关重要的，甚至是决定性的意义，因为只有这一阶级意识才标志着自为的无产阶级，才显示这一阶级的真正本质和真实形态；并且只有在这一阶级意识中才达成无产阶级的理论和实践的统一，才是其"解放斗争的经济必然性辩证地变为自由的地方"①。

《历史与阶级意识》颇为详尽地探讨了阶级意识的本质与特征，其要点包括：①阶级意识并不是组成阶级的单个人所思想、所感觉的总和，也不是

---

① ［匈］卢卡奇：《历史与阶级意识》，杜章智等译，商务印书馆，1992年，第95页。

它们的平均值;②阶级意识是与社会整体本质关联的,它是取决于生产过程中典型地位的理性反应,或"变成为意识的对阶级历史地位的感觉";③作为总体的阶级在历史上的重要行动"归根结底"是由阶级意识所决定的,这意味着阶级意识对于推动并造成历史的行动具有关键意义。"最终决定每一场阶级斗争的问题,是什么阶级在既定的时刻拥有这种能力,拥有这种阶级意识。"①在卢卡奇看来,阶级意识的形成对于无产阶级来说尤为重要但也尤为艰巨。因为无产阶级的阶级意识不可能在资产阶级社会中自发地形成,大体说来,工人群众的自发意识倒是从属于资产阶级的意识形态。一方面,在资本主义仍然内部完全稳定的时期,工人群众在意识形态上会完全站在资本主义的立场上;另一方面,正如卢森堡所指出的,夺取政权必然是"早熟的",亦即是在无产阶级仍然承认资本主义制度之合法性的意识形态下被迫夺取政权的。②然而尤为严重的是:这种意识形态上的薄弱甚至在无产阶级革命的经济和社会前提已经充分具备的情况下,仍然使得革命的趋向没有能够变为现实。卢卡奇把这种状况称为"无产阶级的意识形态危机"。它一方面表现为,资产阶级社会在客观上的濒危处境仍然可以在无产者的头脑中保持其一如既往的稳定性;另一方面则是资产阶级化的工人党和组织总是力图使运动非政治化和原子化,从而使无产阶级的意识停留在"相对资产阶级化"的一定阶段上。③

正是这种状况(卢卡奇在他所处的时代中特别意识到的状况)使得《历史与阶级意识》突出地强调阶级意识的决定性作用和意义,强调意识形态在社会 – 历史之总体中的重要地位。这种强调很明显地诉诸辩证法及其批判的和革命的方面,诉诸无产阶级及其阶级意识的能动性和主体性。在卢卡奇看来,历史并不是自行造成的,而是通过有意识的人的行动、通过阶级斗争的革命运动来为自己开辟道路的;社会主义尤其不会"自动地"、由经济发展的自然规律性产生出来,就像无产阶级的阶级意识不可能在"直接既定的历史现实"中得到发展一样。在这样的意义上,无产阶级的阶级意识必然是超

---

① [匈]卢卡奇:《历史与阶级意识》,杜章智等译,商务印书馆,1992年,第107页。

② [匈]卢卡奇:《历史与阶级意识》,杜章智等译,商务印书馆,1992年,第349、354页。

③ [匈]卢卡奇:《历史与阶级意识》,杜章智等译,商务印书馆,1992年,第401~402页。

越的——它超越既定事实的直接性,超越眼前利益的局限性,并且超越自身意识的自发性。对历史唯物主义的这种激进阐释立即与第二国际的理论家形成尖锐对立:"庸俗马克思主义者脱离了这一主要观点,脱离了无产阶级阶级意识的——方法论的——起点,因此他们就使自己处在资产阶级的意识水平。"①由于第二国际理论家在哲学上的宿命论、机械论以及由之而来的无为主义,他们就必然无视意识(包括阶级意识和意识形态)在无产阶级阶级斗争中所具有的重大的和独一无二的功能,就必然割断把无产阶级理论和无产阶级行动联系起来的纽带。在这一点上,西方马克思主义的早期领袖步调一致地抨击第二国际的"庸俗马克思主义":正像柯尔施驳斥其"对意识形态的先验蔑视"一样,葛兰西则颇为深入地探讨了所谓意识形态"权力"或意识形态"领导权"问题。

由于第一次世界大战所造成的世界局势,又由于十月革命的空前成功,卢卡奇似乎感觉到一个真正的历史性转折正在快速地酝酿和形成中;这一转折所需的经济和社会条件业已具备,全部问题取决于革命阶级的决定性行动,而这种行动的主脑则在于无产阶级的阶级意识。资本主义世界的"自然规律"只是导致一次次的危机,只是以盲目的力量冲向死亡;只有无产阶级的意识才能使人类免遭灾祸,才能指出摆脱资本主义危机的出路。"换言之,当最后的经济危机击中资本主义时,革命的命运(以及与此相关的人类的命运)要取决于无产阶级在意识形态上的成熟程度,即取决于它的阶级意识。"②因此,历史唯物主义的首要功能不是纯粹的科学认识,而是行动,是使无产阶级获得其阶级意识并行动起来的武器;对于无产阶级的阶级斗争来说,理论和实践是一致的,认识不必过渡就将导致行动。

五、《历史与阶级意识》对辩证法研究的理论得失

从前面的叙述中,我们对《历史与阶级意识》的主要内容和基本观点进行了必要的梳理和探讨,对其要义进行了概括性提炼和阐明。在马克思主义

---

① [匈]卢卡奇:《历史与阶级意识》,杜章智等译,商务印书馆,1992年,第127页。
② [匈]卢卡奇:《历史与阶级意识》,杜章智等译,商务印书馆,1992年,第129页。

（特别是其哲学）的发展史上，毫无疑问，这是一部重要的和划时代的著作。它标志着由第二国际理论家所代表的、对马克思主义的"正统"阐释遭遇到严峻的挑战，并且也标志着"西方马克思主义"理论在思想史意义上的真正开端。所有这一切，又是和20世纪初叶西方资本主义世界所处的时代状况密切相关的。

这部著作最重要的贡献在于：它试图从根本上和实质上恢复辩证法在马克思主义学说中的决定性地位。为此，卢卡奇不仅一再指陈马克思主义的"正统"唯在于方法，以及方法对于一切观点和原理来说的优先地位；而且坚决地以辩证法为基础同"庸俗马克思主义"的机械论和宿命论、直观唯物主义和实证主义展开全面论战，并且把这一论战扩大和加深为对知性科学——"资产阶级科学"——的形而上学本质的批判。就此而言，卢卡奇不仅是正确的，而且是深刻的。当"梅林-普列汉诺夫正统"或者遗忘辩证法，或者把辩证法仅仅理解为形式方法时，马克思学说深入于现实并捕捉其实体性内容的能力便丧失殆尽，并从而使这一学说本身跌落到抽象原则之外部反思的运用中。这意味着"庸俗马克思主义"全面地屈从于知性科学的形而上学本质，亦即屈从于以资本主义世界为根基的现代性意识形态。

在卢卡奇看来，马克思主义学说经历这样的命运并不是偶然的，它根植于现代世界本身之内在矛盾的现实中。"资产阶级思想的二律背反"不过是这种内在矛盾的理论表现，因而维护这种二律背反（自由和必然、宿命论和纯意向伦理学、抽象的经验主义和同样抽象的空想主义等）便成为现代社会及其意识形态的坚强本能。正是由于这种本能，康德学派的哲学由于其基本性质而始终受到推崇，以至于伯恩施坦甚至要用它来"补充"马克思的学说；同样是由于这种本能，黑格尔（其辩证法只不过是从概念立场上超越上述二律背反）就会一次次地被"当作死狗来打"，正像马克思在1873年便已经提到过的那样。

必须从这样的原则高度上来理解和评价卢卡奇试图恢复辩证法之批判性的努力，来把握他不遗余力地追溯马克思学说之黑格尔渊源的工作。因为直到今天，依然有不少无头脑者热衷于使马克思的学说直接衔接康德并得到康德式的解释。这种解释究竟意味着什么呢？它无非意味着在对马克思主义的阐释中彻底排除黑格尔，而这一排除又意味着排除辩证法，排除社会-

历史的本质性及其全部实体性内容。这样一来,马克思的学说当然就在一个方面成为局限于外部反思的知性科学,而在另一个方面成为"伦理社会主义"了。正像前者从不真正涉及特定现实的具体内容一样,后者同样是摆脱了一切社会–历史内容的单纯"应当",即纯粹主观的"道德命令"。这种理论状况完全从属于"资产阶级思想的二律背反",从属于意识的物化结构,从属于现代性意识形态立足其上的物化(异化)的现实本身。卢卡奇坚决而明确地揭示了这一点,这是他的重要功绩。我们因此不再会把例如马克思学说的渊源问题,仅仅看作学术史内部的、纯属个人意见分歧的问题;此间所包含的思想斗争牵涉马克思学说的实质,并且是有其社会–历史根源的。

　　但是在理解和阐述马克思的唯物主义辩证法时,《历史与阶级意识》是存在偏差的——而且是很严重的偏差。这种偏差概括地说来,第一,是"戴着黑格尔眼镜"的;第二,是倾向于黑格尔哲学的主体方面,即"自我意识"方面的;第三,整个偏差根源于本体论(ontology)基础上的薄弱。例如,"总体的观点"确实可以是黑格尔和马克思共同的辩证观点,但这个本应叫作"实体的观点"——社会–历史之现实及其实体性内容的具体化——却只是作为"总体的观点"在形式上得到强调(即总体对于各个部分无所不在的优越性)。这样一种形式上的强调使得关乎社会–历史之实体性内容的具体化显得不再重要,而且也使得黑格尔和马克思关于"实体"本身的根本分歧变得不再重要。这样一来,马克思辩证方法的本体论基础的阐明就被疏忽和延宕了。因此,当卢卡奇将"总体"在方法论上的核心地位与经济的优先性对立起来时,"它意味着,马克思主义世界观的最重要的现实支柱不见了,从而,这种以最激进的方式推断马克思主义根本革命内涵的尝试失去了真正的经济基础"①。

　　更加重要的是,当"总体"本身的本体论性质被模糊和空疏化时,"自我意识"的无限制扩张就成为不可避免的。如果说这种情形曾经以不同的方式表现在费希特哲学及黑格尔以后的鲍威尔哲学中,那么卢卡奇对无产阶级之自我意识的突出强调同样表现出这种主观主义的趋向。就此而言,卢卡奇后来的自我批评不仅是正确的,而且是诚实的。《历史与阶级意识》的核心概念——"实践"——被主观化了,它是一种"抽象的、唯心主义的实践概念";它

---

① [匈]卢卡奇:《历史与阶级意识》,杜章智等译,商务印书馆,1992年,第11页。

表现为一种"夸张的高调",毋宁说更接近于一种当时流行于共产主义左派中的"以救世主自居的乌托邦主义",接近于一种费希特主义的行动主义。①这样一种主观主义的实践概念固然可以是非常激进的和批判的,并且表现为对异化现实的坚决拒斥和不妥协(就此而言,卢卡奇从来没有像当时和今天的许多知识分子那样,总是战战兢兢地怀有"对资本主义世界的敬畏"),但这种批判和不妥协由于其单纯的主观性,由于缺乏真正的现实基础而终将归于浪漫主义之空疏和虚弱的本质,就像我们在鲍威尔等"自由人"及西方马克思主义的末流中所能看到的那样。

这样一种被主观化的实践概念不仅影响到对阶级意识的阐述,而且同对无产阶级本身的哲学理解密切相关。《历史与阶级意识》试图把《精神现象学》的逻辑–形而上学结构颠倒过来,从而声言无产阶级在其阶级意识中成为历史上真正同一的"主体–客体"。但是正如卢卡奇后来意识到的那样,这种同一的"主体–客体"决不比黑格尔的形而上学构造(即绝对者)更真实,因为黑格尔"健全的现实感"只是使"同一"作为一种哲学要求出现,而从未以具体的方式表明它已被达成。"因此,将无产阶级看作真正人类历史的同一的主体–客体并不是一种克服唯心主义体系的唯物主义实现,而是一种想比黑格尔更加黑格尔的尝试,是大胆地凌驾于一切现实之上,在客观上试图超越大师本身。"②这样一来,卢卡奇过度夸张的实践概念便开始走向其反面,即"重新陷入唯心主义的直观之中"。这种直观与费尔巴哈两重性的直观具有类似的构造:一方面是高级的哲学直观,它把无产阶级设定为同一的主体–客体,把无产阶级的阶级意识设定为无需中介的直接的革命行动;另一方面则是普通的直观,在这种直观中,正像工人群众常常把革命行动不是看作一种解放而是看成一种负担一样,他们在思想上实际地从属于资产阶级的意识形态。《历史与阶级意识》未能真正克服这种矛盾,而只是在这两重性的直观中紧张地来回奔波。

问题的根本方面在于本体论的基础,在于如何真正阐明马克思辩证法的本体论基础。就突出地强调马克思学说的辩证法及其批判的和革命的方

---

① [匈]卢卡奇:《历史与阶级意识》,杜章智等译,商务印书馆,1992年,第12~13页。

② [匈]卢卡奇:《历史与阶级意识》,杜章智等译,商务印书馆,1992年,第18页。

面而言,就立足辩证法的能动本质而开展对"庸俗马克思主义"的多重批判而言,《历史与阶级意识》不仅是功勋卓著的,而且也是成果丰硕的;但是这部著作却仍然使马克思辩证法的本体论基础滞留于晦暗之中,确切些说,使之局限于主观性的偏执之中。一个非常明显的例证是:如果说马克思的"实践"纲领对于其辩证法的本体论基础具有首要的和决定性的意义,那么无论是第二国际的理论家还是卢卡奇的《历史与阶级意识》都在这一根本点上陷于混乱。当普列汉诺夫把马克思的"实践"纲领和费尔巴哈的"实践"说辞完全混为一谈时,卢卡奇却构成了一种抽象的、唯心主义的实践概念。这一事实不仅表明,《历史与阶级意识》在本体论上只是与第二国际的理论家处于外部对立之中;而且表明,马克思学说的本体论基础在上述两种对立的阐释方案中从中间"爆裂"了——它的一端立足费尔巴哈式的唯物主义,而它的另一端则趋向于黑格尔哲学中的"费希特因素",就像黑格尔去世以后"实体"和"自我意识"的再度分裂一样。

在其后来的思想发展历程中,卢卡奇很明确地意识到《历史与阶级意识》在理论上的某些弱点,而且也很明确地把这些弱点归咎于本体论基础上的缺陷。在该书 1967 年的新版序言中,卢卡奇明确表示:由于对"经济"作了过于狭隘的理解,由于偏仄地主张自然是一个社会范畴,致使作为社会与自然之间物质变换的"劳动"被遗忘了,致使"自然的本体论客观性"被祛除了。因此,《历史与阶级意识》的突出特点就在于:"……与作者的主观意图相反,它在客观上代表了马克思主义史内部的一种倾向,这种倾向的所有各种表现形式,不论它们的哲学根源和政治影响是如何极不相同,也不论它们是愿意还是不愿意,都是反对马克思主义的本体论的根基的。"①我们知道,卢卡奇后来在马克思主义的本体论方面作了很多进一步的研究,并就此撰写了篇幅很大的《社会存在本体论》。无论如何,这是一个至关重要的领域,其间所包含的问题并未最终解决。因此,如果说马克思主义的辩证法研究在今天的时代条件下已变得极为必要——已成为开启思想的当务之急,那么对这一辩证法之本体论基础的阐明将是一个决定性的关键,并因而理当成为我们重启马克思主义辩证法研究的基本出发点。

————————————

① [匈]卢卡奇:《历史与阶级意识》,杜章智等译,商务印书馆,1992 年,第 10 页。

　　《历史与阶级意识》的出版距离我们已经有一个世纪了,但它的思想影响至今不仅依然存在,而且照样发人深省。无论是这部书对辩证法研究的创见和优点,还是其偏颇与不足,都构成一份弥足珍贵的理论遗产。它把对现代世界的批判性意识有力地传承给我们,把深入阐述马克思主义方法的敏锐观点和理论勇气积极地启示给我们,并且还把切中社会现实和把握当今时代的思想任务庄严地托付给我们。

吴晓明(复旦大学)

评卢卡奇在《历史与阶级意识》一书中
对罗莎·卢森堡总体性方法的弘扬与研究

卢卡奇于 1923 年出版的《历史与阶级意识》并没有随着时间的流逝而失去其真理的光辉,相反,越发显示出了强大的影响力。特别是卢卡奇在书中对罗莎·卢森堡的研究,并借此研究对罗莎·卢森堡的总体性方法的弘扬,更是因具有现实意义而引起了人们广泛的关注。

《历史与阶级意识》是一部论文集,收集了卢卡奇在 1920 年前后写的八篇论文,而在这八篇论文中,就有两篇是专门研究罗森·罗森堡的,即"作为马克思主义者的罗莎·卢森堡"和"对罗莎·卢森堡《论俄国革命》的批评意见"。卢卡奇在出版论文集时所写的序言中对自己为什么如此重视罗莎·卢森堡作出了说明。他说,他之所以"在本书中用这么大的篇幅来阐述、解释和讨论罗莎·卢森堡的理论","不仅是因为罗森·卢森堡是马克思的学生中唯一对他的终生著作无论在经济学内容还是在经济学方法方面都真正有所发展,并且还将它具体应用于社会的现状上去的人"。①卢卡奇在这里对罗莎·卢森堡作出了极高的评价,认为她是在马克思的所有学生中唯一向前推进了马克思的经济学内容和方法的人,"唯一"两字显然分量是很重的。而且卢卡奇又赞颂了罗莎·卢森堡善于把马克思的理论具体应用于社会发展的现实。卢卡奇的结论是:对于任何一个对解决现实问题感兴趣的人来说,"只有通过对罗莎·卢森堡的基本理论著作的批判性探讨,才能达到真正革命的、共产主义和马克思主义的立场"②。

---

① ［匈］卢卡奇:《历史与阶级意识》,杜章智等译,商务印书馆,1992 年,第 39~40 页。
② ［匈］卢卡奇:《历史与阶级意识》,杜章智等译,商务印书馆,1992 年,第 40 页。

卢卡奇基于对无产阶级革命屡屡遭受失败的惨痛经历，认定有没有一种正确的马克思主义的方法，是决定革命成败与否的关键。这样他给这一著作提出的主要任务就是："了解马克思主义的方法，说明它是为解决不这样就难以解决的难题寻求出路的无穷源泉。"①在他看来，要正确地把握马克思主义的方法，就要研究罗莎·卢森堡，特别是研究罗莎·卢森堡的《资本积累论》一书。因为罗森·卢森堡在《资本积累论》一书中所运用的总体性方法正是马克思主义的基本方法。于是，他把对罗莎·卢森堡的《资本积累论》一书的研究，集中于研究其"方法论的前提和结论"，而不是去探讨罗莎·卢森堡的"积累理论的经济学内容"是否正确。②确实诚如卢卡奇所言，不管罗莎·卢森堡在《资本积累论》一书中所提出的一些基本观点，随着时代的变化是否还站得住脚，但她在这一著作中所阐述并加以具体运用的总体性方法至今还无可厚非、颠扑不破。我们只有用这一方法来武装自己，让其成为我们观察问题和解决问题的主要思维方式，才能在极其复杂的社会背景下认清当下资本主义和社会主义的本质，才能知道我们目前究竟应当做些什么、如何去做，才能扫清我们脑海中的种种动摇共产主义信念的糊涂观念和思想障碍，才能使我们自觉地把当今所做的一切与实现共产主义这一人类的远大目标紧紧地联系在一起。

一

面对资本主义的新发展和资本主义资本无限积累的趋势，一切机会主义一下子从资本主义的批判者变成了资本主义的辩护者，他们要求人们放弃对资本主义社会的一切改革，当这一社会的顺从者。老牌机会主义者伯恩斯坦（Bernstein）是这样，而紧随其后的机会主义者鲍威尔（Bauer）、埃克施坦（Eckstein）等也是这样。在卢卡奇看来，罗莎·卢森堡的《资本积累论》一书的意义就在于从根本上揭示了他们这样做的错误之所在，使人们看清资本主义社会在资本积累这一现象背后所掩盖着的东西。

---

① ［匈］卢卡奇：《历史与阶级意识》，杜章智等译，商务印书馆，1992 年，第 42 页。

② ［匈］卢卡奇：《历史与阶级意识》，杜章智等译，商务印书馆，1992 年，第 40 页。

伯恩斯坦为什么会走上成为资本主义帮凶的道路,为什么会在《社会主义的前提》一书中如此地为资本主义涂脂抹粉？从方法论上讲,主要是由于他把马克思主义歪曲成资产阶级"科学",从而背叛了马克思主义的总体性的研究方法。卢卡奇强调,伯恩斯坦这样做决不是偶然的,"之所以不是偶然的,是因为只要抛弃总体的观点,抛弃辩证方法的出发点和目的、前提和要求;只要把革命不是理解为变化过程的因素,而是理解为同整个发展分离开来的孤立行动,那末马克思的革命方法就必定表现为向工人运动的原始时期倒退。而马克思主义的整个体系也就同作为总体范畴居统治地位的产物的革命原则一起瓦解"①。卢卡奇在这里说得非常清楚,丢掉了总体性方法,也就等于丢掉了马克思主义的整个体系,也就意味着不能把革命理解为"变化过程的因素",而只是理解为"同整个发展分离开来的孤立行动",这也就意味着等于丢掉了无产阶级的革命原则,当然也就意味着向现行的资本主义制度投降。伯恩斯坦的基本要求是放弃革命,与资本主义和平共处,在这种情况下,他必然要背叛马克思主义的总体性方法。他即使打着批评资本主义的旗号,但实际上他的批评"即使作为机会主义也太机会主义了"②。

卢卡奇强调,必须承认资本主义确实发生了很大的变化。资本主义自从进入了帝国主义时代以后,就出现了空前的繁荣。"帝国主义时代的经济发展使得虚假地抨击资本主义制度越来越不可能,使得以'客观的和精密科学'的名义'科学地'分析它的被孤立地加以观察的现象越来越不可能。"③在这种情况下,人们在政治上作出决定是对资本主义采取赞成态度还是继续对之持反对的态度,往往取决于在理论上究竟用什么样的方法来观察资本主义。"或者从马克思主义方面把社会的整个发展作为总体加以考察,然后再从理论和实践上把握帝国主义这种现象,或者采用只限于从个别科学方面研究个别因素的方法,来回避与这一现象的相遇。"④在卢卡奇看来,只有这两种选择。如果用前一种方法来观察当前的资本主义,即用马克思主义的总

①　[匈]卢卡奇：《历史与阶级意识》,杜章智等译,商务印书馆,1992年,第79页。
②　[匈]卢卡奇：《历史与阶级意识》,杜章智等译,商务印书馆,1992年,第79页。
③　[匈]卢卡奇：《历史与阶级意识》,杜章智等译,商务印书馆,1992年,第79页。
④　[匈]卢卡奇：《历史与阶级意识》,杜章智等译,商务印书馆,1992年,第80页。

体性方法，把资本主义的当前的一些现象放到资本主义整个发展过程中来加以考察，那么就能把握作为资本主义的发展的最高阶段的帝国主义的本质；但是倘若使用后一种方法来研究当前的资本主义，即只是表面地、孤立地看待资本主义的一些现象，那么就必然会被这些表面现象所迷惑，而根本无法看清帝国主义的本质。显然当时的社会民主党所使用的就是这后一种方法。卢卡奇深刻地指出："由于这种社会民主党在个别领域里找到'精确的'描述，找到对个别情况'永远适用的规律'，帝国主义同先前时代的区别就变得模糊了。机会主义者置身于'一般的'资本主义中，他们似乎觉得这种资本主义的现状越来越正好符合人的理性的本质，正像李嘉图和他的后继者资本主义庸俗经济学家觉得它是'合乎自然规律'一样。"①庸俗经济学家由于未能运用总体性的方法从而得出结论——资本主义是"合乎自然规律"的，同样，机会主义者也缘于背叛了马克思主义的总体性的方法从而把资本主义视为"越来越符合人的理性的本质"。显然，机会主义在这里是"朝着庸俗经济学家的方法论方向的理论倒退"②。卢卡奇认为，这就是罗莎·卢森堡《资本积累论》一书的出版，以及此书出版后围绕着它所展开的理论斗争的"唯一环境"，而不了解这一环境，就根本无法理解罗莎·卢森堡这一著作的意义，也根本无法理解围绕着这一著作所展开的理论斗争的实质。

卢卡奇指出，关键在于如何看待资本主义的积累问题，"如果积累问题一方面被作为政治经济学的个别问题来对待，另一方面又从个别资本家的立场来考察，那么这里实际上就根本不存在什么问题了"③。卢卡奇的意思是，如果不用总体性的方法来研究资本主义的积累问题，那么呈现在我们面前的资本主义确实根本不存在什么问题。机会主义者孤立、静止地研究资本主义积累问题，最后走上迎合、赞颂资本主义的道路是"完全合乎逻辑的"。在机会主义者眼里，剩余价值的实现，积累采取同其他的个别资产者交换的形式进行，而积累的整个问题也仅仅是 G—W—G 和 W—G—W 这些形式在生产、流通等过程中发生的各种变化的一种形式问题。这样，"积累问题就变成

① ［匈］卢卡奇:《历史与阶级意识》，杜章智等译，商务印书馆，1992 年，第 80 页。
② ［匈］卢卡奇:《历史与阶级意识》，杜章智等译，商务印书馆，1992 年，第 80 页。
③ ［匈］卢卡奇:《历史与阶级意识》，杜章智等译，商务印书馆，1992 年，第 80 页。

个别科学的一个细节问题,它几乎同整个资本主义的命运毫无联系"①。资产阶级的经济学家,即作为上升时期资本主义的思想代表人物,曾经用这样的方法来研究资本主义积累问题,结果是"把资本主义社会看作唯一可能适合人的'本质'和理性的社会";而社会民主党的思想家,即作为那种变成小资产阶级的工人贵族的思想表现,也用这样的方法来研究资本主义积累问题,即"好像资本主义的积累能够在数学公式的那种真空中进行",结果是"维护资本主义经济制度的永恒存在,提防命中注定的灾难性后果"。卢卡奇深刻地指出:"正如李嘉图使'自然规律'和社会现实等同起来,曾经是上升时期资本主义的一种自卫一样,奥地利学派对马克思的解释,它使马克思的抽象概念和社会的总体等同起来,则是没落时期资本主义'合理性'的一种自卫。"②

卢卡奇高度赞扬罗莎·卢森堡运用马克思主义的总体性方法对资本主义积累问题的正确研究。在卢卡奇看来,罗莎·卢森堡清楚地意识到,"如果人们能够无限制地积累资本,那么资本的无限生命力就得到了证明","如果资本主义生产方式能够无限制地保证生产力的提高,即经济上的进步,那么它就是不可征服的"。于是她就正确地通过剖析资本积累问题来考察资本主义。关键正在于,在罗莎·卢森堡那里,"积累由于被放到在其整个社会环境中来看待而成为辩证的。它发展成为整个资本主义制度的辩证法"③。罗莎·卢森堡对积累能力的怀疑摆脱了绝对主义形式,这样积累问题变成了积累条件的历史问题。并由此确信,无限制的积累是不可能的。罗莎·卢森堡这样说道:"在马克思的扩大再生产的模式同现实相适应的因素里,显示出积累运动的终结,它的历史界限,也就是资本主义生产的终结。对资本主义来说,不可能积累就意味着生产力不可能进一步发展,因此也就意味着资本主义没落的客观历史必然性。由此产生出最后帝国主义阶段(资本历史过程中的结束时期)的矛盾运动。"卢卡奇在引用了罗莎·卢森堡的这段话后马上加以评论说:"由于这种怀疑发展成为辩证的确信,它就使一切小资产阶级反动的东西不留痕迹地成为往事:怀疑变成乐观主义,变成对未来社会革命的理

---

① [匈]卢卡奇:《历史与阶级意识》,杜章智等译,商务印书馆,1992年,第81~82页。

② [匈]卢卡奇:《历史与阶级意识》,杜章智等译,商务印书馆,1992年,第82~83页。

③ [匈]卢卡奇:《历史与阶级意识》,杜章智等译,商务印书馆,1992年,第87~88页。

论确信。"①

确实,罗莎·卢森堡运用马克思主义的总体性方法来研究资本主义的积累问题取得了引人注目的成果。这种成果主要体现在以下两个层次上:第一个层次是她看到了资本主义的无限积累是不可能的。由于她把资本主义积累总是放到了整个资本主义社会环境中加以考察,由于她把资本主义积累问题变成了积累条件的历史问题,从而她正确地把握到资本主义无限制的积累是不可能的。她从对资本主义无限积累的怀疑,变成对资本主义不可能无限积累的辩证确信。第二个层次是她通过资本主义不可能无限积累这一点,进一步看出结论,即资本主义必然灭亡、无产阶级革命必然胜利。奥托·鲍威尔等机会主义者一方面不承认资本主义的积累是一个问题,另一方面他们即使看到了资本主义的积累出现了问题,但他们只是把其视为资本主义发展的"坏的方面",而强调资本主义还有其"好的方面",认为正确的态度应当是"保存资本主义发展'好的方面',同时消除其'坏的方面'"。由于罗莎·卢森堡具有总体性的眼光,从而她就能够把资本主义这"坏的方面"与资本主义的内在本质联系在一起。正如卢卡奇指出的,在罗莎·卢森堡那里,"承认积累问题发生了问题就意味着承认这些'坏的方面'是同资本主义最内在的被罗莎·卢森堡恢复了的马克思主义总体性方法本质不可分割地联系着的;因此,这种承认意味着必须把帝国主义、世界大战和世界革命理解为发展的必然性"②。也正如卢卡奇所指出的:"如同青年马克思的总体考察透彻地阐明了当时还繁荣着的资本主义的垂死表现一样,在罗莎·卢森堡的考察中,资本主义的最后繁荣由于其基本问题放进了整个历史过程中,而具有了一种可怕的死亡之舞,一条走向不可避免的命运的俄狄浦斯之路的性质。"③

二

卢卡奇认为,罗莎·卢森堡运用总体性方法研究资本主义积累的意义,

① [匈]卢卡奇:《历史与阶级意识》,杜章智等译,商务印书馆,1992年,第88页。

② [匈]卢卡奇:《历史与阶级意识》,杜章智等译,商务印书馆,1992年,第88页。

③ [匈]卢卡奇:《历史与阶级意识》,杜章智等译,商务印书馆,1992年,第83页。

不仅在于使人们认清了进入帝国主义阶段的资本主义的本质,树立了"对未来革命的理论确信",而且在于有力地反对了当时危害工人运动的两种主要倾向或者说两种主要派别,即经济宿命论和伦理反对派。卢卡奇把罗莎·卢森堡的理论与方法,同经济宿命论和伦理反对派尖锐对立起来,通过弘扬前者来批判后者,是意味深长的。

奥托·鲍威尔这些机会主义者都是些经济宿命论者,这是毫无疑义的。他们孤立地、静止地看待资本主义经济,把资本主义分成"好的方面"和"坏的方面",与此同时,"他们期望有一种高度发展的资本主义而没有帝国主义的'弊病',期望有一种'正常化的'生产而没有战争等等的'干扰'"①。卢卡奇引用了罗莎·卢森堡的下述一段话来批判这种以"中派马克思主义"自居的观点:"这种观点是为了使资产阶级相信,即使从它的资本主义自身利益的立场来看,帝国主义和军国主义也是有害于它的;这种观点也是为了用此方式孤立帝国主义所谓一小撮受益者,并因此而组成无产阶级同广大资产阶级阶层的联盟,以便'削弱'帝国主义……使它'不去伤害人',像自由主义在其衰落的时代里从孤陋寡闻的君主政体方面向必须见多识广的君主政体呼吁一样,'马克思主义的中派'则想从听信谗言的资产阶级方面向必须受教育的资产阶级……呼吁。"卢卡奇强调,这种观点的显著特征就是向资本主义投降,而其理论表现就是经济宿命论。"鲍威尔及其伙伴在经济和意识形态方面都屈服于资本主义。他们的这种屈服,在理论上表现为经济宿命论,即他们相信资本主义会'合乎自然规律地'永存。"②理论上的经济宿命论必然会导致政治上向资本主义的投降,而丢弃总体性的研究方法又必然会导致经济宿命论,这一点被卢卡奇通过对罗莎·卢森堡理论的研究,深刻地揭示出来了。由于鲍威尔及其伙伴就事论事地看待资本主义的积累,无视资本主义积累的历史条件,就经济谈经济,这样他们一方面得出结论——资本主义的积累会无限制地进行下去,另一方面又从纯经济的角度去论证资本主义是合乎自然规律的。

从表面上看经济宿命论与伦理反对派是水火不相容,但实际上两者之

①　[匈]卢卡奇:《历史与阶级意识》,杜章智等译,商务印书馆,1992年,第88~89页。

②　[匈]卢卡奇:《历史与阶级意识》,杜章智等译,商务印书馆,1992年,第89页。

间有着内在联系。卢卡奇明确地指出："经济宿命论和对社会主义的伦理改造是密切联系在一起的。"①正因为如此，罗莎·卢森堡反对了经济宿命论，也就反对了伦理反对派。因为机会主义者只不过是资本主义的意识形态附庸和经济附庸，因为机会主义者希望有一种没有"坏的方面"、没有"弊病"的资本主义，他们就同时成为资本主义的"反对派"，即成为伦理的反对派。

卢卡奇顺着罗莎·卢森堡的思路，揭露了伦理反对派在方法论上也必然是漠视总体性。他指出，在伯恩斯坦、奥托·鲍威尔他们那里，既可发现强烈的经济宿命论的色彩，又能找到伦理反对派的影子，这决不是偶然的。这不仅因为他们 "有必要为自我堵塞了的客观革命道路寻找和找到一种主观代用品"，也就是说，他们既然信奉经济宿命论，实际上他们也就放弃了革命的道路，但他们又得以革命派自居，于是就求助于伦理反对派这种"主观代用品"，即仅仅出于伦理上的要求去反对资本主义，而且又在于他们在方法论上采用反对总体观的以"个人主义"作为出发点的结果，而这实际上也就是庸俗经济学的考察方式。"在个人——不管是个别资本家还是个别无产者——看来，周围世界，他的社会环境（和作为它的理论反映和理论设想的自然）必然显得是无情的和无意义的命运注定的，在本质上永远与他相异的。只有当这个世界在理论上采取'永恒自然规律'的形式，也就是说，只有当它获得一种异于人的、完全不受个人行为能力影响的和捉摸不透的合理性时，只有当人对它采取纯粹直观的、宿命论的态度时，它才能为个人所理解。"②伯恩斯坦、奥托·鲍威尔等人与罗莎·卢森堡不一样，他们完全是从个体角度观察世界的，这样世界在他们面前就必然表现出是一种由命中注定的、在本质上是与其相异的。反过来，如果把这个世界视为呈"永恒自然规律"的形式，也只有他们对世界持这种宿命论的态度时，这个世界才能被个人所理解。

卢卡奇强调，在这种情况下，要想在这个世界里有所行动，无非有两条途径：其一，宿命论地接受按上述方式所认识到的、不可改变的"规律"，把这一"规律"用于人的目的；其二，使自己的行为完全向内，即试图在世界的唯

---

①　[匈]卢卡奇：《历史与阶级意识》，杜章智等译，商务印书馆，1992年，第89页。

②　[匈]卢卡奇：《历史与阶级意识》，杜章智等译，商务印书馆，1992年，第90页。

一剩下不受约束的地方,也就是说,在人本身上改变世界。第二种途径实际上就是伦理反对派的途径。卢卡奇对这种途径批评说:"由于世界的机械化必然使其主体,即人本身一同机械化,这种伦理学也就始终是抽象的,即使同与世界隔离开来的人的总体相比,它也只是规范的,而不是真正能动的、能创造对象的。"①在卢卡奇看来,由于世界的机械化已把人本身也机械化了,所以这种只是从人本身出发来改变世界的做法必然是抽象的,而即使把与世界隔离开来孤立地来谈论人这一点姑且不论,由于他们所谈论的人也不是作为总体的人,而仅是孤立的个体,从而这种"向内的"行为也不可能是能动的行为。卢卡奇强调,这种伦理的反对派的要害也就是放弃总体性。他这样说道:"有些'马克思主义者'在考察社会-经济现实时放弃了对历史过程作总体的考察,即黑格尔和马克思的方法。任何一个这样的'马克思主义者'一提出行动问题,他就必然回到康德学派抽象的要求伦理学上去。"②

无论是经济宿命论还是伦理反对派,都是以理论与实践相分离为主要特征。卢卡奇认为,罗莎·卢森堡反对经济宿命论和伦理反对派,也就是反对理论与实践的分离。他说道:"破坏对总体的考察,就要破坏理论和实践的统一。行动、实践——马克思把实践的要求放在他关于费尔巴哈的提纲之首——按其本质,是对现实的冲破,是对现实的改变。但是,现实只能作为总体来把握和冲破,而且只有本身是一总体的主体,才能做到这种冲破。"③要真正实现理论与实践的统一,必须具备两个基本前提:其一,必须把现实作为总体来加以把握;其二,作为实践主体的人必须本身是一个总体。显然贯穿于这两个前提的核心就是坚持总体性。在卢卡奇看来,罗莎·卢森堡是深谙这一点的,从而她紧紧地把反对经济宿命论和伦理反对派、反对理论与实践的相分离、反对割裂总体性这三者结合在一起。例如,罗莎·卢森堡强调要摆脱"由纯规律的宿命论和纯意向的伦理学造成的困境",唯一的方法就是从作为一个总体的无产阶级的立场上看问题,从无产阶级所作出的批判是"对总体的考察,从而是理论和实践的辩证统一"。④

①　[匈]卢卡奇:《历史与阶级意识》,杜章智等译,商务印书馆,1992年,第90页。
②　[匈]卢卡奇:《历史与阶级意识》,杜章智等译,商务印书馆,1992年,第90页。
③　[匈]卢卡奇:《历史与阶级意识》,杜章智等译,商务印书馆,1992年,第90~91页。
④　[匈]卢卡奇:《历史与阶级意识》,杜章智等译,商务印书馆,1992年,第91页。

卢卡奇认为,正因为在罗莎·卢森堡看来总体性方法是如此重要,所以她在同机会主义的经济宿命论和伦理反对派进行论战时,深刻地指出了总体的历史考察和机械的局部的历史考察、辩证的历史考察和机械的历史考察之间的本质区别,并在此基础上深刻地阐明了两种革命观之间的本质区别。在他看来,罗莎·卢森堡的下述著名的观点可以清楚地说明这一点:"这就是布朗基主义的政变同由广大的而且是有阶级觉悟的人民群众夺取政权之间的根本区别。前者是由'坚决少数'发动政变,任何时候都可以发动,像从手枪里发射子弹一样,因此总是不合时宜;而后者本身只能是已经开始的资产阶级社会崩溃的产物,因此它本身就带着合乎时宜出现的经济和政治的合法证书。"

三

罗莎·卢森堡在《资本积累论》等著作中所运用的总体性方法是不是马克思主义的呢? 这也正是卢卡奇所着重关注和论述的问题。在他看来,罗莎·卢森堡的总体性方法不仅是马克思主义的,而且还通过对这一方面的运用恢复了马克思主义的真精神。因此卢卡奇在揭示罗莎·卢森堡的总体性方法对人们正确认识资本主义和反对经济宿命论与伦理反对派的意义的同时,还努力阐述其对复归马克思的本来含义的作用。

卢卡奇明确地指出,罗莎·卢森堡在《资本积累论》一书中的表述方式"没有离开马克思的传统","更确切地说,她的表述方式同样意味着向原来的、未被歪曲的马克思主义的复归,向马克思本人的表述方式的复归"。[①]我们知道,卢卡奇有一个明确的观点,即认为马克思主义的主要特征就是渴望总体性。卢卡奇提出:"不是经济动机在历史解释中的首要地位,而是总体的观点,使马克思主义同资产阶级科学有决定性的区别。总体范畴,整体对各个部分的全面的、决定性的统治地位,是马克思取自黑格尔并独创性地改造成为一门全新科学的基础的方法的本质。"[②]正因为他认为总体性方法是马

---

①　[匈]卢卡奇:《历史与阶级意识》,杜章智等译,商务印书馆,1992年,第83页。

②　[匈]卢卡奇:《历史与阶级意识》,杜章智等译,商务印书馆,1992年,第76页。

克思主义的核心,所以他很自然地得出结论,既然罗莎·卢森堡运用的是总体性方法,那么她的方法就是马克思主义的方法。

卢卡奇并不满足于只是笼统地指出罗莎·卢森堡所运用的是总体性方法是马克思主义的,而且还详细地考察了罗莎·卢森堡在《资本积累论》一书中的表述方式、所运用的方法与马克思的一些著作,特别是与马克思的《哲学的贫困》的具体联系。他指出:"《资本积累论》重新采用了青年马克思在《哲学的贫困》中使用的方法和对问题的提法。正像《哲学的贫困》中使用的方法和对问题的提法。正像《哲学的贫困》分析使李嘉图的经济学能够产生和发生作用的历史条件一样,《资本积累论》把同一方法运用于《资本论》第2卷至第3卷未完成的研究。"①马克思当然知道,亚当·斯密和李嘉图作为上升时期的资产阶级经济学家,必然要使自己发现的"自然规律"同社会现实一致起来,必然要由此出发把资本主义社会看作唯一可能适合人的"本质"和理性的社会,而具有这种必然性的一个重要的原因就是不能总体地认识问题,于是马克思在《哲学的贫困》中推出总体性的方法来推倒亚当·斯密和李嘉图的结论。罗莎·卢森堡同样知道,社会民主党的思想家作为小资产阶级的工人贵族的代言人,必然要把资本主义积累理解成似乎可以"在数学公式的那种真空中进行",必然要由此出发去维护资本主义经济制度的永恒存在,而具有这种必然性的一个重要的原因就是背叛了马克思的总体性方法,于是罗莎·卢森堡就通过复归马克思的总体性方法来与这些社会民主党的思想家相抗衡。

卢卡奇认定《哲学的贫困》是马克思完成的"第一部成熟著作"。马克思在这一著作中不仅用总体性的方法追溯了蒲鲁东的观点的真正来源,即一方面追溯到李嘉图,另一方面追溯到黑格尔,而且又用总体性方法分析了蒲鲁东在什么地方、怎么样、首先是为什么必然误解李嘉图和黑格尔;更用总体性方法无情地研究了蒲鲁东的自相矛盾,深入探讨了产生这些错误的连蒲鲁东自己也不知道的原因。马克思的所有这些做法都被罗莎·卢森堡在《资本积累论》一书中所熟练地使用。

由于在罗莎·卢森堡的《资本积累论》一书出版以后,一些人借用马克思

①　[匈]卢卡奇:《历史与阶级意识》,杜章智等译,商务印书馆,1992年,第82页。

的《资本论》来攻击罗莎·卢森堡,指责罗莎·卢森堡的《资本积累论》一书是
反对《资本论》的,因此卢卡奇还特地探讨了《资本积累论》与《资本论》的内
在联系。在这些批评者看来,马克思在《资本论》中"对仅仅由资产者和无产
者构成的社会提出了方法论上孤立的假设",也就是说,马克思在《资本论》
中所运用的基本方法并不是总体性方法,这与罗莎·卢森堡在《资本积累论》
中所使用的方法完全相异。对此,卢卡奇加以反驳说,这些批评者对以下事
实全都视而不见:"马克思本人的这种假设仅仅是为了比较清楚地理解问题
的一种方法论假设,然而,从这种假设出发必须前进到全面地提出问题,使
问题适用于社会的总体","他们忽视了马克思在《资本论》第 1 卷中涉及所
谓原始积累时已经迈出了这一步"。①卢卡奇承认马克思把社会理解成由无
产者和资产者两极构成,从方法论上说是一种孤立的视野,但他马上又指出
这仅是马克思考虑问题时的一个假设,马克思从这一假设出发马上又把社
会理解成是一个总体。在把社会作为一个总体来论述这一点上,罗莎·卢森
堡实际上与马克思没有什么区别。卢卡奇还强调,就对资本的积累问题的分
析而言,马克思的《资本论》仅仅是一部"未竟著作","这一著作正好在这个
问题必须展开的地方中止"②,因此必须承认从马克思对资本积累的分析尚
看不出明显地使用了总体性的方法。在卢卡奇看来,罗莎·卢森堡的工作是
根据马克思的思路,使用总体性的方法,对资本积累问题进行了深入的研
究。这就是说,"罗莎·卢森堡只不过根据马克思的思想把他的未竟之作思考
到底,并按照他的精神对它作了补充而已"③。因此,无论是就研究方法还是
就基本观点而言,千万不能把罗莎·卢森堡的《资本积累论》与马克思的《资
本论》对立起来,前者只是继承、发展和补充了后者。

卢卡奇认为,被罗莎·卢森堡在《资本积累论》一书中所恢复了的马克思
的总体性方法追溯到底来自黑格尔。"黑格尔的哲学方法——最引人入胜之
处是在《精神现象学》里——始终既是哲学史,又是历史哲学,就这一基本点
而言,它决没有被马克思丢掉。黑格尔使思维和存在——辩证地——统一起

---

① [匈]卢卡奇:《历史与阶级意识》,杜章智等译,商务印书馆,1992 年,第 81 页。

② [匈]卢卡奇:《历史与阶级意识》,杜章智等译,商务印书馆,1992 年,第 81 页。

③ [匈]卢卡奇:《历史与阶级意识》,杜章智等译,商务印书馆,1992 年,第 81 页。

来,把它们的统一理解为过程的统一和总体。这也构成历史唯物主义的历史哲学的本质。"①人们可以清楚地看到,马克思与黑格尔的一些模仿者之间的区别。马克思坚持总体性的方法,把思维与存在的统一理解为一个总体,而"黑格尔模仿者的'绝对'唯心主义意味着使这个体系原有的总体瓦解,意味着使活生生的历史辩证法瓦解,因此最终也意味着取消思维和存在的辩证统一"②。当今人们同样可以看到罗莎·卢森堡和马克思的一些模仿者之间的区别。罗莎·卢森堡坚持总体性的方法,"始终围绕着同一个问题转,即认识历史过程的总体",而"马克思模仿者的教条唯物主义则重蹈使历史现实的具体总体瓦解的覆辙"。③卢卡奇还进一步论述了这两种模仿者之间的区别:"如果说黑格尔模仿者因此而丧失了以自己的纯意识形态结构猜中历史事件的能力,那么马克思模仿者同样表明既没有能力理解社会的所谓'意识形态'的形式同其经济基础的联系,也没有能力把经济本身理解为总体,理解为社会现实。"④马克思当年反对黑格尔的模仿者捍卫了总体性方法,十分可贵,如今罗莎·卢森堡反对马克思的模仿者同样捍卫了总体性方法,也非常可贵。

正因为在卢卡奇看来,马克思主义的核心是总体性方法,从而他就进一步得出结论,恢复马克思主义的总体性方法就是使"马克思主义再生"。罗莎·卢森堡的《资本积累论》一书在这一点上起到了关键性的作用。除了罗莎·卢森堡的《资本积累论》一书之外,在这一点上还起到关键作用的就是列宁的《国家与革命》。卢卡奇把罗莎·卢森堡的《资本积累论》和列宁的《国家与革命》称为"马克思主义的再生在理论上由以开始的两部基本著作"⑤。罗莎·卢森堡和列宁都使历史过程本身作为总体以无与伦比的生动性展现了出来。

---

① [匈]卢卡奇:《历史与阶级意识》,杜章智等译,商务印书馆,1992年,第84页。
② [匈]卢卡奇:《历史与阶级意识》,杜章智等译,商务印书馆,1992年,第85页。
③ [匈]卢卡奇:《历史与阶级意识》,杜章智等译,商务印书馆,1992年,第85页。
④ [匈]卢卡奇:《历史与阶级意识》,杜章智等译,商务印书馆,1992年,第85页。
⑤ [匈]卢卡奇:《历史与阶级意识》,杜章智等译,商务印书馆,1992年,第85页。

四

　　上面我们透过卢卡奇的视野,探讨了被罗莎·卢森堡恢复了的马克思主义的总体性方法的意义。卢卡奇在他所处的历史环境中,敏锐地感觉到了被罗莎·卢森堡恢复了的马克思主义总体性方法对他所处的时代的价值。自卢卡奇揭示被罗莎·卢森堡恢复了的马克思主义总体性方法的意义以来,人类历史差不多已走过了一个世纪的路程。那么在近一个世纪以后的今天,被罗莎·卢森堡恢复了的马克思主义总体性方法还有像卢卡奇所说的意义吗? 卢卡奇论证了这一方法对他所处的时代具有价值,那么对当今我们所处的时代是否也有价值? 我们认为,这一方法随着时代的变化,其现实意义越来越明显地表现出来,尤其对当今时代,其价值更是无可估量。凡是认真地阅读罗莎·卢森堡的《资本积累论》,以及对此作出深入研究的卢卡奇的《历史与阶级意识》的人都会非常真切地意识到,只要能真正掌握被罗莎·卢森堡恢复了的马克思主义总体性方法,对眼下的许多现象和问题我们会一下子看得一清二楚。

　　首先,这一方法有助于我们正确地认识当代资本主义。卢卡奇对这一被罗莎·卢森堡恢复了的马克思主义总体性方法对认识当时所出现的资本主义资本积累的不断增加的趋势,进而认识当时的资本主义的表面繁荣的意义,作出了深刻的阐述。当今的资本主义比起卢卡奇当时所面对的资本主义来更是不可一世,全球化、市场化已使当今的资本主义戴上了耀眼的光环,现在有多少人在为当今的资本主义大唱赞歌。在这种情况下,如果我们失去了总体地观察问题和分析问题的眼光,确实会拜倒在当今资本主义的脚下。当年的马克思,以及罗莎·卢森堡和卢卡奇,正是依靠总体性的方法,结合整个社会历史环境分析资本主义的经济发展,以及把眼下的资本主义的发展放到整个历史长河中加以观察,把握了资本主义的本质及必然趋势。面对当今资本主义的新发展,实际上要认清其实质也并不难,只要我们依据被罗莎·卢森堡恢复了的马克思主义总体性方法,像马克思、罗莎·卢森堡和卢卡奇那样去认识资本主义,当今资本主义的真面目也会呈现于前。只要把当今资本主义的不可一世放进整个历史过程中去观察,它也同样具有一种可怕的死亡之舞,一条走向不可避免的命运的俄狄浦斯之路的性质。

其次,这一方法有助于我们正确地认识当代社会主义。与当代资本主义咄咄逼人形成鲜明的对照,当代社会主义显示出强弩之末。可能在卢卡奇所处的历史阶段,如何正确地认识社会主义的问题并不突出,从而他没有详细论述被罗莎·卢森堡恢复了的马克思主义总体性方法对正确认识社会主义的意义。但在当今的时代,如何看待社会主义的问题显得异常突出。毫无疑问,被罗莎·卢森堡恢复了的马克思主义总体性方法既能促进我们正确地认识当代资本主义,也有助于我们正确地认识当今的社会主义。总结苏联及东欧社会主义失败的教训就需要总体性的方法,只有把内因、外因、近因、远因等诸多因素均考虑进去,全面地探讨苏联及东欧社会主义失败的原因,才能真正地找到导致失败的根源所在,从而才能不把苏联及东欧社会主义的失败等同于社会主义本身的失败。当今一些社会主义国家显然都在补资本主义的课,在这些国家所实施的一些政策从表面上看与资本主义没有多少区别。要正确地把握这些表面上与资本主义相似而实质上有重大区别的政策,也得借助于总体性的方法。只要把这些政策不仅放到当今世界的整个社会环境中加以观察,又置于整个历史发展的过程中加以研究,其实质与本性就会一目了然。要真正认识社会主义初级阶段的必要性与可能性,也得联系社会主义的历史、现实和未来进行思考,千万不能就初级阶段来谈论初级阶段。

再次,这一方法有助于我们有力地反对经济宿命论和伦理反对派。在卢卡奇的时代,经济宿命论和伦理反对派是危害工人运动的两种主要倾向,于是卢卡奇就着重论述了被罗莎·卢森堡恢复了的马克思主义总体性方法对反对这两种倾向的作用。卢卡奇根据罗莎·卢森堡的思路,鞭辟入里地指出了这两种貌似对立的倾向在方法论上都背弃了总体性的方法,而要真正战胜它们必须牢牢地把握和运用总体性的方法。问题在于,这两种倾向在今天还存在吗?它们是否还在危害着无产阶级和人类解放事业?如果我们敢于正视社会现实的话,我们必须得承认,这两种倾向当今不仅还存在着,而且还变本加厉地在起着负面效应。我们还能常见一些人从经济宿命论出发,相信资本主义会“合乎自然规律地”永存,要人们去建立一种没有“坏的方面”、没有“弊病”的资本主义。我们也常见一些人坚守伦理反对派的立场,当他们自我堵塞了的客观革命道路寻找时,就企图找到一种“主观代用品”,使自己的行为完全向内,即试图只是通过改变人本身来改变整个世界。在一定意义上说,当今的经济宿命论和伦理反对派比起卢卡奇所处的时代来说,影响更大,危害更深。正因为这两种倾向当今仍是损害无产阶级和人类解放事业的主要力量,从而当年罗莎·卢森堡和卢卡奇为反对这两种倾向所展开的斗争值得我们认真地回味和总结,其中最重要的是,要吸取他们运用总体性方法来反对这两种倾向的经验。我们一定要让被罗莎·卢森堡恢复了的马克思主义总体性方法,成为当今人们战胜现时代的经济宿命论和伦理反对派的强大思想武器。

最后,这一方法有助于我们树立共产主义的信念。卢卡奇提出,被罗莎·卢森堡恢复了的马克思主义总体性方法最大的价值和意义就是可以使人们具有"对未来革命的理论确信",也就是说,可以使人们树立起共产主义的信念,这是一个言近旨远的见解。马克思坚信共产主义,在一定意义上说,是由于具有总体性的眼光;而罗莎·卢森堡和卢卡奇坚信共产主义,在一定意义上说,也是出于总体性地观察世界的结果。而我们当今,树立起共产主义的信念,更是离不开总体性方法。共产主义是人类的崇高的奋斗目标,当然共产主义的真正实现离当今还很远很远。正因为如此,如果我们不把眼前所做的与实现这一目标紧紧结合在一起,也就是说,如果我们不用总体性的方法把眼前与未来联系在一起,那么我们就会由于共产主义的真正实现离当今还很遥远从而就否定这一目标的存在。卢卡奇用总体性的方法对什么是共产主义的目标作出了深刻的阐述。他说,共产主义的目标"不是在某处等待着离开运动和通向运动的道路的无产阶级的'未来国家'","也不是在日常斗争的紧张中能愉快地被忘怀,只有在与日常操劳呈鲜明对照的是星期日布道时才能被记住的情况","更不是用来规范'现实'过程的一种'义务''观念'",应当说共产主义的最终目标是"与总体(即被视为过程的社会整体)的关系,由于这种关系斗争的各个环节才获得它的革命意义"。①卢卡奇的这些话不仅启发我们不应离开现实的实际斗争空谈实现共产主义,更启发我们应当把我们的实际斗争与实现共产主义的远大目标联系在一起,从而赋予日常斗争以意义。

---

① ［匈］卢卡奇:《历史与阶级意识》,杜章智等译,商务印书馆,1992 年,第 73 页。

　　我们这里所谈论的是被罗莎·卢森堡恢复了的马克思主义总体性方法的当代意义。还是卢卡奇说得对,总体性方法实际上不仅是一种方法,而且是一种无产阶级的立场,是无产阶级阶级意识的主要内容。因此认可总体性方法的现实意义,实际上也就是认可当今坚持无产阶级立场和无产阶级世界观的至关重要性。

陈学明(复旦大学)

危险的误导：卢卡奇的《历史与阶级意识》
为何被捧为马克思主义创新的经典？

　　卢卡奇的《历史与阶级意识》出版至今已经一百年了，但其影响力依然较大，原因就在于对它的阅读与理解，关系到如何看待马克思主义这一重大的时代问题，关系到所谓的"西方马克思主义"的历史定位。按如今的流行看法，卢卡奇是"西方马克思主义"的开创者，《历史和阶级意识》是"西方马克思主义"的奠基之作，是具有划时代价值的马克思主义创新作品。但是用实践人道主义取代唯物主义、用多元作用的"总体性"反对一元决定论，本来就存在着背离马克思主义、滑向唯心主义的危险，而这恰恰为借创新之名、行背离之实，后来被冠以"西方马克思主义"的出场提供了方便。①对于卢卡奇而言，成为真正的马克思主义者是其真诚的愿望和毕生追求，而从理论传统上看，卢卡奇从来不认为可以背离"革命家"的马克思、恩格斯、列宁的理论方向去"创新"马克思主义，因此，回到所谓"青年马克思"的"西方马克思主义"绝不是他的最终选择。把卢卡奇定位于"西方马克思主义"的开拓者并将其与马列主义相抗衡，不是历史的真实，而是西方意识形态制造的神话。卢卡奇在 1967 年序言里不仅明确指出，收入《历史与阶级意识》的作品具有

---

　　①　在该书出版之际，赞成者就视《历史和阶级意识》是反对马克思主义中的机械论、宿命论和经济主义的一个正确论据，它旨在对人和历史、对人作为历史创造者的作用、对无产阶级的历史使命和意识在历史上的重要性，重新确立辩证的理解，它揭示和恢复了在一个时期内遭到忽视的、马克思主义哲学的人道主义和能动主义的性质，它是使人们了解马克思主义中最重要的东西，即辩证法的第一部系统的研究著作"。（李俊文、李俊秀：《关于卢卡奇〈历史和阶级意识〉评介的考辨》，《黑龙江社会科学》，2007 年第 2 期）以人道主义和历史主体性为特征的实践哲学，后来成为所谓"西方马克思主义"的基本理论特征。

"马克思主义学徒期的特征"，而且明确表态，要防止把《历史与阶级意识》的错误转化为其基本的理论取向。"当这本书的错误被改造成时髦的观点时，我抵制了那些想将时髦观点与我的本来看法等同起来的企图，今天我同样仍然认为这样做是对的。"①今天许多热衷将《历史与阶级意识》一书的错误炒作成时髦观点的人士，缺乏的就是卢卡奇的这份追求马克思主义真理的初心。

今天重读《历史与阶级意识》，有助于我们了解卢卡奇的思想演进及其理论方向，把握其努力走向马克思、成为真正的马克思主义者的初心，把坚持和创新马克思主义真正统一起来，防止以他的名义偏离马克思主义。

一、在"两端徘徊"中把握"走向马克思"的思想"底线"

读《历史与阶级意识》首先要认真研读该书作者于 1967 年写的序言。对于四年后便去世了的卢卡奇来说，该序言可以视为他为自己的理论生涯所作的最后总结，有助于我们正确定位《历史与阶级意识》。卢卡奇十分明确地把自己早期的思想发展称为"走向马克思的道路"，存在着向马克思主义哲学靠拢及受黑格尔唯心辩证法及各种唯心论影响的"两端徘徊"情况。他还纠正了《历史与阶级意识》里的一个观点，即马克思主义的正统仅仅是方法。实际上，方法和基本观点是不可分割的，马克思主义自然观（物质观）就是其中之一。

（一）分清"在两端徘徊"中的理论是非

早期卢卡奇的一个错误，就在于他把马克思的辩证法和黑格尔辩证法以及各种唯心主义伦理价值揉在一起而浑然不知。正如作者后来认识到的："就我能够追忆的那些岁月来说，我的思想一直在这样的两端徘徊：一方面是吸收马克思主义和政治行动主义，另一方面则是纯粹唯心主义的伦理成

---

① ［匈］卢卡奇：《历史与阶级意识》，杜章智等译，商务印书馆，1999 年，第 37 页。

见不断增强。"①说是两端，是从其思想体系的根本属性上判别的，而对于当时的卢卡奇而言，并没有意识到两者的根本对立。相反，从实践功能上说，它们都成为其反对否定革命的工人运动中的机会主义的思想指导；而从方法论上看，它们都是反对夸大直观性作用、崇拜自发性的实证主义的哲学依据。之所以如此，是因为当时在十月革命胜利的鼓舞下，西欧工人阶级也纷纷加入了推翻资本主义制度的行列，但一直没有真正成功的范例。究其原因，在卢卡奇看来，就在于工人阶级缺乏政治觉悟和历史主动性，不能采取持续有力的革命行动，习惯于把一时的失败视为革命条件不成熟，而在消极地等待资本主义的自行崩溃。从哲学上说，就是被崇拜"自然必然性"的机械论、实证主义历史观所支配，在历史实践面前消极被动。《历史与阶级意识》就是试图解决这一历史性课题的产物，其提出的总体性、阶级意识、物化等基本范畴，基调就是破除资本主义"自然永恒"的魔咒，为无产阶级革命提供理论根据，和今天一些人肆意炒作和滥用这些范畴有着本质的区别。就此而言，其历史进步性和理论价值当然不容否认。

然而特别值得我们今天关注的是，卢卡奇的具有强烈历史责任感和富有创新价值的理论观点，为何会最终陷入了"革命救世主义的唯心主义和乌托邦主义"②？毫无疑问，卢卡奇这一时期的著作具有黑格尔的色彩是难免的。他是通过黑格尔进入了马克思的早期著作，并努力走向马克思的。在他看来，马克思主义的实质就是对于黑格尔辩证法的改造，而辩证法是破解历史宿命论和直观唯物论的良方。辩证法强调普遍联系和相互作用，反对单一的因果关系和外因论，可以在实践的主客体关系中发挥革命的能动性。同时，把辩证法理解为总体性，用无产阶级的阶级意识（以政党的形式存在）取代"绝对精神"，可以有效破除资本主义物化的魔法，推动世界革命全面改造现代文明社会。因此，马克思对于黑格尔辩证法的唯物主义改造，不是回到直观的唯物论，不是经济决定论，而是实践辩证法和阶级意识。卢卡奇当时的认识，也是今天不少人的迷惘，需要加以澄清。

---

① ［匈］卢卡奇：《历史与阶级意识》，杜章智等译，商务印书馆，1999 年，第 3 页。

② ［匈］卢卡奇：《历史与阶级意识》，杜章智等译，商务印书馆，1999 年，第 8 页。

（二）实践本体论的迷失

根本的问题在于，实践辩证法撇开了唯物论或唯心论这一哲学基本问题。然而把辩证法限制在实践领域并不能躲避世界的本体论即存在问题，相互作用并不能解决相互作用的主体归属于物质（自然）存在或精神存在这样一个根本性问题。无论是主客体的相互作用，还是主体间的相互作用，都有一个主体的存在归属及其根据问题。也就是说，实践不能是本体，实践的本体论追问必然要回到物质（自然）本体还是精神本体这一哲学基本问题上。正因为如此，仅靠置换主体并不能使作为存在论的辩证法由唯心辩证法转变成为唯物辩证法，关键要在唯物论基础上消除历史和自然的鸿沟。实际上，费尔巴哈用"主宾颠倒"的方式批判黑格尔，本质上也是主体的一种置换，但事实证明它对于辩证法是无效的。因为主体无论如何置换，其结果世界还是主体性存在，区别仅在于要么是黑格尔式的一元唯心辩证法，要么是费尔巴哈式的自然本体与历史精神本体的二元对立，所以把本体论排斥在理论视野之外解决不了问题，关键在于把作为"自在之物"的自然界和作为人类活动产物的历史统一起来，揭示出历史的自然和自然的历史，把历史奠立在坚实的客观基础之上。

事实证明，把辩证法引向实践本体论，无论出于何种主观意愿，都是向唯心主义哲学的倒退，是对马克思主义哲学的背离。卢卡奇在晚年清醒地认识到了这点，他指出当年这本书"最突出的特点在于，与作者的主观意图相反，它在客观上代表了马克思主义史内部的一种倾向，这种倾向的所有各种表现形式，不论它们的哲学根源和政治影响是如何极不相同，也不论它们是愿意还是不愿意，都是反对马克思主义的本体论的根基的。我指的是将马克思主义仅仅看作是一种关于社会的理论、社会的哲学，因而忽视或者否认它同时也是一种关于自然的理论的倾向"①。卢卡奇的这一判断，可以视为对后来被称为"西方马克思主义"的思想派别的否定。从法兰克福学派的霍克海默开始，就公开将马克思主义定位为"社会批判理论"，抽掉了唯物主义自然

① ［匈］卢卡奇：《历史与阶级意识》，杜章智等译，商务印书馆，1999年，第10页。

观这一根本，也就否定了历史必然性及工人阶级这一历史主体的客观基础，从而为鱼龙混杂打开了方便之门，与马克思当然也就渐行渐远了。

(三)不能把自然界"社会化"

尤为重要的是，卢卡奇指出了抽掉马克思主义的自然观基础的通常做法就是把自然"社会化"，从而用历史辩证法或实践辩证法取代辩证唯物主义，打开了走向唯心主义的通道。因此，他尖锐地指出："正是关于自然的唯物主义观点造成资产阶级世界观和社会主义世界观真正彻底的区别。回避这一点，就会模糊哲学上的争论。"①读到这样的警句，我相信稍微了解一点我国哲学界现状的人都会在吓出一身冷汗的同时，思考坚持关于自然的唯物主义观点何以如此重要的问题。在我国，打着反对斯大林主义和"苏联教科书"的旗号公然否定唯物主义哲学、自然辩证法乃至辩证唯物主义的现象屡见不鲜。时至今日，还有不少人长篇累牍地试图论证，马克思主义哲学就是历史唯物主义，就是实践唯物主义甚至是实践哲学。他们惯用的自我辩护就是折中主义，即强调马克思主义哲学在超越了唯心主义哲学的同时，也超越了旧唯物主义哲学。但是否定独立于实践活动的自然界的存在，并以历史的名义把自然界社会化，其结果就必然是取消了客观的自然界，否定了唯物主义的物质存在基础。

折中主义的错误就在于不分主次、层次的面面俱到，实际上，马克思超越唯心主义是本体论层面，而超越旧唯物主义是认识论层面，不能加以混淆。恩格斯在提出哲学基本问题时明确判定："凡是断定精神对自然界说来是本原的，从而归根到底承认某种创世说的人(而创世说在哲学家那里，例如在黑格尔那里，往往比在基督教那里还要繁杂和荒唐得多)，组成唯心主义阵营。凡是认为自然界是本原的，则属于唯物主义的各种学派。"②因此第一位的问题是关于存在的本原问题，而主体的能动性只是第二位的问题。即便在人的历史活动和实践领域，也首先要解决是以人的物质性存在(人的自

---

① [匈]卢卡奇：《历史与阶级意识》，杜章智等译，商务印书馆，1999年，第11页。
② 《马克思恩格斯文集》(第四卷)，人民出版社，2009年，第278页。

然)为基础还是以人的精神性存在为基础这一关键,这正是区分唯物史观和唯心史观的根据。正因为如此,无论如何挖空心思,也改变不了马克思主义哲学属于唯物主义哲学阵营这一基本事实。

(四)唯物论是马克思实践观的基础

关于自然的唯物主义观点之所以如此重要,就在于它是我们正确面对全部哲学问题的基础。以实践为例,这一基础决定了能否超越唯心主义的实践观,创立唯物主义的实践观。只有承认自然界的客观存在和本原地位,实践活动才不只是主体活动的外化,而是"自在之物向为我之物的转化",才是真正对象性的"感性活动";实践的过程才是认识世界和改造世界的历史统一,历史选择性和唯物主义的反映论才能一致起来;实践主体的能动性和受动性才具有现实基础,实践规律才能成为客观的历史规律。正因为如此,尽管费尔巴哈没有走向历史唯物主义,但马克思仍然视他为自己创立新唯物主义的"中间环节",并在阐明自己新观点时明确指出:"我们这些意见正是针对费尔巴哈的,因为只有他才至少向前迈进了一步,只有他的著作才可以认真地加以研究。"①费尔巴哈之所以从黑格尔哲学向前了一步,就是提出了德国古典哲学的唯物主义转向问题。不是什么生存论的转向,而是唯物主义的转向,才是马克思主义哲学变革所坚持的方向。

因此在列宁看来,对于旧唯物主义的批判,无论采取何种借口,最终就是要否定作为"自在之物"的自然界的存在。康德在"自在之物"上持二元论的态度,于是就有了"从左边和从右边对康德主义的批判"。列宁一针见血地指出,从右边批判康德的"阿芬那留斯要清洗掉康德主义对实体的承认(第95节),即对自在之物的承认,因为,在他看来,这个自在之物'不是存在于现实经验的材料中,而是由思维输送到这种材料中去的'"②。所以坚持唯物主义的哲学立场,根本的是坚持自然界的客观先在性,这就是马克思所说的自然界的优先地位,不能以任何理由(例如形而上的旧本体论等)清洗掉"自在

---

① 《马克思恩格斯选集》(第一卷),人民出版社,2012年,第143页。
② 《列宁选集》(第二卷),人民出版社,1995年,第158页。

之物"。自然界既独立于人又不独立于人,首先是独立于人。不能借口独立于
人之外的自然界是无意义的"形而上"而否定自然界的客观自在性。一旦走
到这一步,就打开了否定客观真理和科学理论的大门,各种主观主义、唯心
主义的泛滥在所难免,无产阶级及其政党就会走上分裂、转向的邪路。列宁
曾多次指出,工人运动中的机会主义泛滥总是同否定唯物论、把社会主义变
为伦理观念的倾向相联系,这绝非偶然。卢卡奇通过对《历史和阶级意识》的
反思,以及自己的心路历程,又一次突出地提出了这个问题。这正是对我们
阅读这一著作的最好的提示,遵循这一提示的阅读可能会大有收获。

二、在分清创新和背离的界限中把握卢卡奇的独创范畴

《历史与阶级意识》提出了许多新概念、新范畴,体现了作者出于现实革
命实践的需要,对于马克思主义作了具有独创性的理解。准确地解读这些新
范畴,是理解全书的关键。必须看到,卢卡奇提出的所有新概念,并非要离开
马克思去另搞一套,而是力图通过创新性地理解马克思,发挥马克思主义理
论对于实践的指导作用。但是急于推动革命实现的激情,加上并不准确和牢
固的马克思主义理论功底,使得这种创新必然只是"深刻的片面性",必然会
是前进和失足并存、历史唯物主义和黑格尔主义及各种主观唯心主义相混
杂。因此,对于这本书的一些基本范畴,不能简单地加以肯定或者否定,而必
须进行具体的分析。

(一)关于总体性与唯物辩证法问题

卢卡奇提出的"总体性"概念,是他对于唯物辩证法的独创性理解。从理
论上说,他秉持恩格斯对于黑格尔哲学革命性的判断,认同"这种辩证哲学
推翻了一切关于最终的绝对真理和与之相应的绝对的人类状态的观念",
"这种观察方法的保守性是相对的,它的革命性质是绝对的——这就是辩证
哲学所承认的唯一绝对的东西"[①]。因此,对于一切现存的事物,都要将其视

---

① 《马克思恩格斯选集》(第四卷),人民出版社,1995年,第217页。

为整体中的部分、过程中的阶段,不能将其凝固化。很显然,卢卡奇要借着历史辩证法支撑革命信念,这一点无可厚非,但他因此而认定唯物辩证法甚至整个马克思主义问题中的"正统仅仅是指方法",而"不是对这个或那个观点的'信仰'"时,当他把唯物辩证法定格在主客体相互作用的历史辩证法时,就打开了滑向唯心的救世主义的缺口。

总体性正确地强调了"唯物辩证法是一种革命的辩证法",它揭示了事物之间的相互作用、变化发展的必然性。但是事物矛盾运动的基础是什么,或者说事物间最为根本的相互作用是什么,正是在这一关键总体性范畴上存在着偏差。按总体性的本意,全部事物中"最为根本的相互作用,即历史过程中的主体和客体之间的辩证关系",处在唯物辩证法的中心地位,并借以纠正恩格斯关于自然辩证法的偏差。①今天我们可以清楚地看到,主客体间的辩证关系固然很重要,但并不是最根本的。最为根本的关系是精神现象和自然界的关系,即精神和"自在之物"的关系问题,而对于人的科学认识则是解决这一问题的关键。哲学基本问题就是基于这一认知的界定,它包括不可分割的两个方面:一是自然界和精神谁是本原,世界的统一性在于物质还是在于思维;二是自然界和精神有无同一性,即思想能否正确地认识世界并通过人自身的物质活动实现和自然界的相互作用。辩证唯物主义就是对哲学基本问题的科学解决,马克思主义的实践观因此也不再是主体性的实践哲学,而是以物质力量的相互作用为基础的唯物主义哲学。正如卢卡奇晚年指出的,马克思的哲学不是实践哲学,而是哲学实践。用主客体的实践关系取代人和自然的关系,用所谓的反对"主客二分"而取消自然界的客观自在性,是对马克思主义哲学的背离。

从总体性这一范畴出发,卢卡奇对于客观性、科学性和事实都作了既有创意而又有片面性的理解。他正确地看到,资本主义力图用永恒的自然性维护自身的统治,因此把客观性解释为历史之外的固有之物,把资本主义视为人的天性和自然秩序的产物。这样,破解资本主义的自然之谜,就必须把自然纳入历史,还资本主义只具有历史合理性的本来面目。但是把自然纳入历史的途径有两条:一是以历史取代自然,把自然社会化;二是承认独立自在

---

① [匈]卢卡奇:《历史与阶级意识》,杜章智等译,商务印书馆,1999年,第51页。

的无限自然界的存在,把自然进入历史视为人类历史无限发展的客观过程。前一路径是《历史与阶级意识》的思路,被证明虽然能够激发革命热情,但取消了独立自在的自然界,也就抽掉了客观真理的基石,滑向各种唯心主义在所难免。而后一路径则是辩证唯物主义的思路,人类的历史因而是一个不断地从必然王国向自由王国转变的历史,客观无限的自然界的存在决定了这个历史永远不会完结。

从总体性出发,卢卡奇正确地看到了,所谓的事实,不是与立场无涉的纯客观现象,也不是彼此孤立的现象材料的堆积。因为"不管对'事实'进行多么简单的列举,丝毫不加说明,这本身就已是一种'解释',即使是在这里,事实就已为一种理论,一种方法所把握,就已被从它们原来所处的生活联系中抽出来,放到一种理论中去了"①。正因为如此,事实就不是纯客观的描述,而是对现状的一种综合判断,具有选择性和导向性。但是仅强调事物是整体中的环节、对事实的把握要有立场还不够,还要解决事物间相互作用、普遍联系的客观基础,如马克思所做的,揭示出生产关系的基础是生产力,社会关系的基础是社会存在;还要解决判断立场正确与否的客观根据问题,把价值导向性和客观规律性统一起来。这正是总体性范畴所无法真正解决的一个局限性。

卢卡奇正确地看到,对于客观性和事实把握上的偏差,源于方法论的错误,因而他进一步提出了科学研究的方法论原则,这就是现象和本质相区别而又相联系的原则,以及研究社会事实的历史性原则。其针对的就是庸俗唯物主义和唯心主义。之所以要透过现象看本质,就因为资本主义的现象是其本质的颠倒表现,给我们以假象。如果停留在现象层面,就会得到错误的认识。因此,"要正确了解事实,就必须清楚地和准确地掌握它们的实际存在和它们的内部核心之间、它们的表象和它们的概念之间的区别。这种区别是真正的科学研究的首要前提"②。要认识本质,就要把孤立的事实作为历史发展的环节并将其归结为一个总体,达到在思维具体中再现现实。这种贯穿着历史性的具体总体研究,既反对消解了时间性的孤立的、静止的所谓纯科学,

---

① 〔匈〕卢卡奇:《历史与阶级意识》,杜章智等译,商务印书馆,1999年,第53~54页。
② 〔匈〕卢卡奇:《历史与阶级意识》,杜章智等译,商务印书馆,1999年,第57页。

也反对"把现实在思维中的再现同现实本身的实际结构混为一谈的"唯心主义哲学。从具体总体把握的现实，就不再是保守的，而是革命变动的，"对直接存在的同时既承认又扬弃，正是辩证的关系"①。我们在充分肯定由总体性所推出的科学研究原则的合理性的同时，也必须指出，历史性的社会科学研究和对象性的自然科学研究虽然各有特色，但在面对客观对象、追求客观真理这个基本点上则是共同的。否定或忽视了这一共同基础，科学性原则就会被形形色色的伦理价值消解，给科学社会主义事业带来极大的危害。

（二）物化与唯物史观

在卢卡奇看来，异化问题是高于一切细节问题的重大问题，也是《历史与阶级意识》的核心问题。"它在这本书中，从马克思以来第一次被当作对资本主义进行革命批判的中心问题，而且它的理论史的和方法论的根基被追溯到黑格尔的辩证法。"②异化因其指涉人的生存危机而成为重大的时代问题，又因其天然所具有的对现存状况的批判性，因而对群众，尤其是青年知识分子产生了深刻的影响，这也是这本书具有较大影响力的主要原因。

《历史与阶级意识》对异化问题的独创性表现在力图将黑格尔唯心辩证法框架下的精神异化进行历史唯物主义的改造，因而把异化问题归结为物化，即资本主义雇佣劳动下人的关系商品化，成为物和物的关系。它不仅力图与马克思关于资本主义是"物的依赖关系"③社会及商品拜物教观点对接，而且试图用以解释发达资本主义国家何以在革命危机中"沉默"的原因。用物化的观点看，资本主义因而把历史事物转化为自然事物，从而奠定了其统治与人的天性、与自然秩序相一致的合法性。具体地说，依托物化，资本主义成功地将社会差别转化为自然差别，掩盖了其制造两极分化的剥削本质；资本主义成功地将利己市民这一具体历史条件下的人性，转化为人的永恒自然本性，掩盖了其违反人性的反人道本质；成功地将分属于两大对立阶级的

---

① ［匈］卢卡奇：《历史与阶级意识》，杜章智等译，商务印书馆，1999年，第56页。

② ［匈］卢卡奇：《历史与阶级意识》，杜章智等译，商务印书馆，1999年，第17页。

③ 《马克思恩格斯文集》（第八卷），人民出版社，2009年，第59页。

偶然个人,转化为独立自在的本体论个人,从而遮蔽了认识世界真相和超越自我的现实条件。正因为如此,资本主义越是发展,其物化越是严重,工人阶级的自觉和团结奋斗就越难。破除物化的束缚,"让思想冲破牢笼",是《历史与阶级意识》一书的亮点。

但是正如卢卡奇在很多年以后认识到的那样,该书物化概念的严重缺陷,就在于"没有将对象化与异化这两个概念区别开来"。实际上,如果不将异化和对象化严格区分开来,就谈不上告别黑格尔的辩证法。这正是《历史与阶级意识》与马克思《1844 年经济学哲学手稿》有差距的地方。晚年的卢卡奇毫不掩饰其在 1930 年,第一次读到马克思上述手稿时所产生的震撼,认识到对象化和异化的区分,就"完全动摇了那种构成《历史与阶级意识》特点的东西的理论基础"①。对象化是人们借以征服世界的自然手段,其基础在于"对象性是一切事物和关系的基本物质属性";而异化则是一定历史条件下的社会现象,是从属于一定的社会形态并随之兴亡。如果对于两者不加区分,一方面会使异化泛化,使之成为不可消除的与人类共在的永恒现象,另一方面则必然导致将消除异化的根据建立在主观愿望之上,最终滑入浪漫主义和救世主义的陷阱。卢卡奇当时为什么没能区分对象化和异化,他自己的反思结果是:他当时虽然清楚地意识到要与黑格尔划清界限,明确经济范畴是社会现实的抽象而不是社会现实本身,但因为对于费尔巴哈非辩证地批判黑格尔而产生的对于唯物论的排斥,使得他处于一种摇摆于唯物论和唯心论之间的矛盾立场。混淆了对象化和异化的物化概念,恰好是这一理论矛盾的产物。

而在区分对象化和异化的基础上,进一步把人和人的社会关系奠基在人和自然的物质变换关系之上,揭示出生产力和生产关系的矛盾运动规律,正是马克思的伟大发现。这一理论创新过程可谓是艰苦卓绝,但关键点是发现劳动的二重性,突破点是发现资本主义大工业的二重性,哲学基础是把自然物质性关系作为社会历史性关系的基础。所以坚持唯物论的理论创新方向最为根本。就此而言,尽管费尔巴哈只做到了把"感性存在"而不是"感性活动"作为精神现象的本原,他也确如马克思恩格斯多次申明的那样,成为

---

① ［匈］卢卡奇:《历史与阶级意识》,杜章智等译,商务印书馆,1999 年,第 35 页。

从黑格尔到新唯物主义的"中间环节"。正如蔑视辩证法不能不受到惩罚一样，蔑视唯物论同样不能不受到惩罚。卢卡奇在《历史与阶级意识》中的失误就是明证。

(三)阶级意识与改造世界

出于破解资本主义物化、增强改造世界的自觉性的思考，卢卡奇充分吸收了马克思关于资本主义商品拜物教的思想智慧，在书中创造性地阐明了"阶级意识"的概念。在他看来，资本主义商品社会的物化结构，使得"人与人之间的关系获得物的性质，并从而获得一种'幽灵般的对象性'，这种对象性以其严格的、仿佛十全十美和合理的自律性（Eigenge-setzlichkait）掩盖着它的基本本质、即人与人之间关系的所有痕迹"①。这种神秘的对象性把人从主体客体同一的状态拽出来，成为相互之间并与客体之间毫无关联的纯粹客体，亦即孤立的原子化的个人。这种个人丧失了人的彼岸性，没有历史的未来，而正如马克思所说"时间是人类发展的空间"②，这种丧失了时间性的个人，同时也就丧失了人的发展空间。因此，这种客体化的个人，尽管也为追求自己的利益而活动，但并不作为活动的主体，而是受自发性摆布的客体，并不能创造未来。

在卢卡奇看来，客体化的个人失去了他作为人的本质，必然导致主客体关系的根本颠倒，于是，包括社会在内的"自然"（客体）对于他就具有了双重的意义：其一，它越来越成为独立于人的、纯客观的对象。表现为"一方面，人的所有关系（作为社会行为的客体）越来越多地获得了自然科学概念结构的抽象因素的客观形式，即自然规律抽象基础的客观形式，另一方面，这个行为的主体同样越来越对这些——人为地抽象了的——过程采取纯观察员纯试验员的态度"③。所以，科学抽象和客观知识成为他的事实依托。其二，它越来越成为人们不断追求而又难以企及的理想境界。克服人的本质二重化的

---

① [匈]卢卡奇：《历史与阶级意识》，杜章智等译，商务印书馆，1999年，第149页。

② 《马克思恩格斯文集》（第三卷），人民出版社，2009年，第70页。

③ [匈]卢卡奇：《历史与阶级意识》，杜章智等译，商务印书馆，1999年，第211页。

努力,被归结为一种价值追求。"这时自然就意味着真正的人的存在,意味着人的真正的、摆脱了社会的错误的令人机械化的形式的本质:人作为自身完美的总体,他内在地克服了或正在克服着理论和实践、理性和感性、形式和内容的分裂。"①它越来越成为客体化个人的价值依托。然而唯其如此,客体化的个人绝然摆脱不了人的异化,改变不了物化的社会结构。

直接性是彼此孤立的客体化个人的思维方式。在卢卡奇看来,对历史和现实的认识和把握说到底是个方法论问题。客体化的个人之所以没有历史,就在于他们背弃了总体性方法,而秉持一种可称之为直接性的方法。此种方法论的特点有二:其一,只考察现象,只关注个别的、孤立的事实。"坚持未被加工、未被把握的事实性,因为真正把握它们的、认识它们的真正意义的、认识它们在历史过程中的真正作用的每一个可能性,都由于在方法论上放弃了对总体的认识,而完全成为不可能的了。"②其二,只考察数量关系,只关注统计学意义上的事实和态势。"数量化是一种蒙在客体的真正本质之上的物化着的和已物化了的外衣。它只有在主体与对象处于直观的或(看来是)实践的关系,并对对象的本质不感兴趣时,才能被认为是对象性的客观形式。"③所以不关心本质,不关注事物的质的区分和质变,是物化结构下人的狭隘性的表现。

那么无产阶级也处在物化的社会结构中,它能否摆脱这种狭隘性呢? 卢卡奇通过"阶级意识"这一概念对此作出了十分肯定的回答。在他看来,无产阶级摆脱物化的束缚、形成自觉的阶级意识可以说是历史的必然。他从阶级地位和思维方式两个方面论述了这种历史的必然。从阶级地位看,一方面,无产阶级虽然与资产阶级同处在物化的社会结构中,但与资产阶级不同,无产阶级在异化中处于被否定的方面,因而不存在资产阶级那种虚假的主客体相互作用的同一性,它的阶级利益决定了其必须超越物化的社会结构。另一方面,无产阶级认识现在也就认识了历史,因而具有社会和历史发展过程的同一性;无产阶级认识了自己也就认识了世界,因而具有主体和客体的同

---

①　[匈]卢卡奇:《历史与阶级意识》,杜章智等译,商务印书馆,1999 年,第 219 页。

②　[匈]卢卡奇:《历史与阶级意识》,杜章智等译,商务印书馆,1999 年,第 239 页。

③　[匈]卢卡奇:《历史与阶级意识》,杜章智等译,商务印书馆,1999 年,第 259 页。

一性。这就决定了无产阶级具有超越物化的现实可能。从思维方式上看，无产阶级在资本主义社会化生产中，不断地超越了客体化的个人而组织成为阶级，不断地涉及了从量到质的骤变而逐步了解社会的本质。这充分说明，"无产阶级地位的特殊性的基础是，对直接性的超越这时具有一种——不管从心理学上来说是自觉的，还是暂时是不自觉的——朝着社会总体前进的意向"①。无产阶级能够而且必然超越物化世界，开创人类新的历史，这就是卢卡奇的结论。

应该说，从历史必然性上阐明无产阶级阶级意识的形成和价值，有其独创性，但其对阶级意识形成的艰难曲折则估计不足，历史证明，工人群众并不能自发形成阶级意识，自发形成科学的世界观、方法论，而必须经过无产阶级思想家艰苦卓绝的理论探索，经过无产阶级政党坚持不懈的理论武装，工人阶级才能真正成为自为阶级。卢卡奇在这个问题上的疏忽，还是与其当时否定唯物论意义上的"物自体"有关，因此他只讲历史必然性，而不讲客观必然性。他在批判恩格斯的有关观点时提出："客观必然性不管表现得多么合理和有规律，但由于其物质基础仍是先验的，始终保持在不可消除的偶然性中，本该以这种方式得到拯救的主体的自由，由于是空洞的自由，也不能不跌入宿命论的深渊。"②这再一次警醒我们，否定了唯物论这一根本性前提，一切就都无从说起。

三、马克思主义发展史的昭示：马列正道非"西方马克思主义"

《历史与阶级意识》告诉我们，实践不是存在的本体，实践概念也不是最根本的概念，它们都是以唯物论或唯心论为根本前提的。尽管它同今天打着"西方马克思主义"旗号的实践哲学家们不同，强调工人阶级的革命实践，可依然难逃落入唯心主义的厄运。晚年的卢卡奇在回顾这一点时指出：由于遗忘了马克思关于作为社会与自然之间物质变换的中介的劳动，"它意味着，马克思主义世界观的最重要的现实支柱不见了，从而，这种以最激进的方式

---

①　［匈］卢卡奇：《历史与阶级意识》，杜章智等译，商务印书馆，1999年，第268页。

②　［匈］卢卡奇：《历史与阶级意识》，杜章智等译，商务印书馆，1999年，第214~215页。

推断马克思主义根本革命内涵的尝试失去了真正的经济基础。不言而喻,这意味着,作为这种物质变换基础的自然的本体论客观性必须消失"①。离开马克思主义哲学的这一根本性前提谈论马克思哲学的改造世界内涵,即实践,必然走上邪路。我们今天诸多关于马克思哲学变革的解读,最终的落脚点就是要消解卢卡奇所说的"自然的本体论客观性"。因此,这可以作为创新还是背离马克思哲学的一个尺度。应该说,《历史与阶级意识》时期的卢卡奇,在实践问题上尽管有失误,但毕竟还有试图在马克思主义基础上的创新努力,我们应作具体分析,以区别于后来的"西方马克思主义"思潮。

从马克思主义发展史上说,"修正的"马克思主义和"批判的"马克思主义是从同一个正确前提(即面对新情况创新理论)出发而形成的两个极端,前者导致了排斥辩证思维的庸俗实践观和向资本主义屈服的投降主义,后者导致了消解物质实践的理论中心论和浪漫的革命乌托邦主义。但是由于后来的"西方马克思主义"是以卢卡奇、葛兰西等为代表的"批判的马克思主义"为理论渊源的,因此我们有必要了解这一理论派别在实践观上的得失,以便更准确地辨识所谓的"西方马克思主义"。通过这一拓展,我们可以清楚地看到,今天的"西方马克思主义"和实践哲学,恰恰丢弃了《历史与阶级意识》中的精华,丢弃了理论和实践相统一的思想追求,走上了与马克思主义渐行渐远的非马化之路。

与伯恩施坦主义相反,"批判的"马克思主义视辩证法为最富创造力的理论原则,强调反对宿命论、突出人的主体性就必须弘扬辩证法。因此,他们对于理论和实践统一性的认识也就是以主客体同一的实践辩证法为基础的。其中值得注意的观点大致有以下三种。

第一,关于理论和实践相统一的历史条件和主体根据。在许多人(含伯恩施坦)看来,理论和实践的统一问题是个纯粹的认识论问题,是在任何历史时空中都会发生的问题。卢卡奇、葛兰西等坚决反对这种观点。他们认为这一问题的提出是特定历史条件和新型历史主体的要求。卢卡奇提出:"只有当出现一个阶级要维护自己的权利,就必须认识社会这样的历史局面时,只有当一个阶级认识其自身就意味着认识整个社会。结果这个阶级既是认

---

① ［匈］卢卡奇:《历史与阶级意识》,杜章智等译,商务印书馆,1999年,第11页。

识的主体又是认识的客体时，简而言之，只有当这些条件都被满足时，理论和实践才将能统一，理论的革命功能的前提才成为可能。"①在他看来，这个阶级就是无产阶级。只有对它而言，先前关于认识者和行动者、真和善的固有分裂的基础才不复存在，理论和实践的真正统一才可能成为现实。简言之，理论和实践相统一只能作为无产阶级世界观的特性而存在。

葛兰西则从理论和实践相分离的特定社会背景去考察。在他看来，不仅理论和实践相统一是无产阶级的要求，而且两者的分离也只有放在无产阶级的发展过程中考察才有意义。他认为，当工人阶级的行动处在自发状态亦即世界观的非独立状态时，理论和实践的分离就在所难免。他写道："当着这个集团作为一个有机的总体去进行活动的时候，由于它在智力上从属和服从（另一个社会集团）的缘故，却采用了一种不是它自己的、而是从另一个集团那里借来的世界观，但它却在口头上肯定这种世界观并相信它自己在遵循这种世界观，因为这是它在'常规时间'内遵循的世界观，也就是当他的行为不是独立自主的，而是从属和服从（另一个集团）的时候遵循的世界观。"②因此，理论和实践相统一的关键是无产阶级在世界观上的独立，即摆脱自己在和平发展时期对资产阶级世界观的认同和依附。这就是说，问题不在于"客观地"认识世界（他认为事实上这是思想上仍依附于他人的一种表象），而在于形成独立的阶级意识。

他们的上述见解当然不乏偏颇之处，因为马克思主义所说的客观性并不是僵死的"现存"，而是处在革命变动中的客观必然性，因而否定客观性就成为致使其在理论上最终"失足"的根据之一。但是他们把理论和实践相统一视为无产阶级世界观的特性，突出地从"无产阶级革命实践"上加以把握，并在理论上对此作了较为深入的探讨。所有这些在今天看来仍富有启发性。

第二，理论和实践相统一是个历史过程，政治意识的形成是其必经阶段。在"西方马克思主义"的奠基者看来，理论和实践的统一，实际上就是无产阶级群众从自发的"经济-团体"状态"组织成为阶级"的过程。这个过程在卢卡奇看来即"阶级意识的产生"，在葛兰西看来即"新的历史集团的出现"。"在

---

① ［匈］卢卡奇：《历史和阶级意识》，张西平译，重庆出版社，1989 年，第 78 页。
② ［意］葛兰西：《实践哲学》，徐崇温译，重庆出版社，1990 年，第 15~16 页。

无产阶级的阶级意识中,理论和实践相统一,所以,它能自觉地以它的行动影响历史的天平,并且这点是决定因素。"①

他们认为,只要仍把理论当作实践的一个"补充"或一个"附加",或者把理论和实践当作两个独立本原,理论和实践的统一就还没有实现。之所以会如此,原因在于理论还缺乏支撑点——知识分子。葛兰西写道:"人民群众要是不在最广的意义上把自己组织起来,就不能同它本身'区别开来',就不能变成真正独立的;而要是没有知识分子,那就是说,没有组织者和领导者,也是没有组织的。换句话说,知识分子是由于存在着一个'专门'从概念上和哲学上研究思想的集团,而从理论实践的关系中具体地区分出来的理论方面。"因此,问题在于"造就知识分子",而这是个"漫长的、困难的,充满着矛盾、前进和倒退、分散和重新集合的过程"。②

但是这种"造就知识分子"的过程绝非少数"文化精英"的单纯文化运动,而是促使知识分子与群众有机地结合,从而形成"历史集团"。"那就是说,只有在知识分子成为那些群众的有机的知识分子,只有在知识分子把群众在其实践活动中提出的问题研究和整理成融贯的原则的时候,他们才和群众组成为一文化的和社会的集团。"③只有在这个时候,群众才能摆脱意识的矛盾状态及由此而产生的政治上道德上的消极状态,投入创造历史的活动中;也只有在这个时候,理论和实践才能摆脱外在的对立或片面的"统一",真正成为历史主体的思想方式和行动方式。

同伯恩施坦相反,他们认为阶级意识、政治意识不仅不是理论和实践相统一的障碍,而且是其必备条件。他们认为,只有突出工人阶级的领导权问题,才能使工人群众保持对于周围境况的批判,并使其实践汇入社会发展的未来。因此,"成为一个特定的持领导权的力量的组成部分的意识(那就是说,政治意识),是走向更进一步的自我意识的第一步,在这种自我意识中,理论和实践最终将合而为一"④。可见,他们强调理论和实践相统一的历史过程

---

① ［匈］卢卡奇:《历史和阶级意识》,张西平译,重庆出版社,1989年,第78页。
② ［意］葛兰西:《实践哲学》,徐崇温译,重庆出版社,1990年,第11页。
③ ［意］葛兰西:《实践哲学》,徐崇温译,重庆出版社,1990年,第8页。
④ ［意］葛兰西:《实践哲学》,徐崇温译,重庆出版社,1990年,第14页。

性，其着眼点是实际地创造一个根本不同于资本主义的新社会，是对资本主义的批判和"超越"。这种政治意识和未来指向使他们对"过程性"的理解侧重于飞跃、质变。而较为忽略了其渐进性的一面，由此也就引发了浪漫主义的冲动。但是把理论和实践相统一看作在各种具体历史条件下工人阶级走向自觉的历史过程，以善于从政治上分析和解决问题作为这一个过程的必经阶段，以新型世界观和理论的创立作为这一个过程完成的根据等基本观点，应该说还是无可厚非的。

第三，反对"对事实的崇拜"，保持理论的革命批判本性，是理论和实践相统一的基础。毋庸讳言，人们习惯于把理论联系实际理解为对"事实"的确认，而把思想僵化教条理解为排斥"新情况""新事实"。但是"要是人们没有一个预先就已存在的选择标准的话，怎么能够发生把一些事实挑选出来，引为证明人们自己假定的真实性的证据这样的事情呢？而这个选择标准，如果不是某种高于所探讨的每一单个事实的东西的话，又是什么呢？"①既然一定的理论坐标总是存在的，那么理论和实践相统一的实质就不存在于放弃一些理论原则、确认一些经验事实，而在于把握"事实"的总和及变化趋势。所以必须"强调关系中的动态成分，反对对事实的崇拜以及由此带来的社会调和主义"②。这就是说，理论不能静观现实，停留在对事实的确认上，而必须在对现实的积极干预中保持自身活力。这种干预方式只能是"批判"，即通过揭示生活实践的革命本性而促进社会发展变动。

这样一来，判别理论是否僵化的标准就不在于对事实的确认，而在于通过相互冲突的事实揭示实践中的矛盾及其变动的必然性。正是通过"批判"，理论才能有机地"契合"在实践中，为实践所接纳和承认，才能保持其持久的活力。因此，在他们看来，教条僵化有两种表现：一是回避事实而陷入空想，二是崇拜事实而陷入麻木，两者都会造成理论的自我窒息。如果仅限于理论本身或理论与革命运动的关系，那么应当承认，他们的这些分析与马克思是接近的。但是当他们把理论批判夸大为全部社会实践的主导力量，并且无视实践批判是理论批判的基础，从而也是两者统一的基础的时候，他们离马克

---

① ［意］葛兰西：《实践哲学》，徐崇温译，重庆出版社，1990年，第57页。

② ［德］霍克海墨：《批判理论》，李小兵等译，重庆出版社，1989年，第230~231页。

思就已经很远了。

　　上述分析表明，卢卡奇等早期"批判的马克思主义"立足"无产阶级革命实践"去解决理论和实践相统一问题，这一理论方向本来并没有错。然而其最终的演变却完全脱离了各国无产阶级革命实践，蜕变为一种以"西方马克思主义"命名的"文化批判"思潮，甚至是纯哲学思辨，似乎令人不解。实际上，当我们进一步深入剖析他们的实践观时，其中的奥秘就迎刃而解了。

　　他们在实践观上的失误之一，是将实践的普遍性与多样性、连续性与创新性加以割裂。他们所立足的"无产阶级革命实践"，确切地说只是在西欧发达资本主义条件下的工人革命。本来，这只是人类社会实践诸多形式中的一种形式和漫长历程中的一个历史时期，然而却被他们作为唯一值得重视的实践加以孤立地考察。这种使具体历史时空条件下的实践形式同人类总体实践相脱离的片面性，必然导致了诸如革命实践与生产实践、西欧革命与西欧以外革命、历史继承与创新等联系的割裂，从而对实践本性的误解也在所难免。概括地说，他们必定夸大实践的自觉性、变革性和独特性方面，而忽略其自发性、连续性、普遍性方面。正是从这种"实践观"出发，他们把实践的变动性片面地归结为质变和飞跃，把实践的多样性实际上归结为各自封闭的唯一性，把理论对于实践的指导作用夸大为主导作用，等等。

　　因此，当他们强调理论对于实践的依赖时，同样的误解也就会发生在对理论的解释中。他们必定要割裂坚持与创新、体系与方法的辩证关系，其突出表现就是否认马克思主义在思想观点上的连贯性，而仅把方法与创新视为其本质。卢卡奇针对教条主义者以马克思主义"正统"自居时提出了一个著名的论点："正统的马克思主义指的只是方法。"他由此而断言，只要坚持唯物辩证法，即便抛弃了马克思主义的全部命题，却仍不失为"正统的马克思主义"。[①]他们的共同信条是："没有原始的、纯粹的马克思主义，只有不断被创造的马克思主义。"[②]这种片面地强调创新的观点，实际上抽掉了马克思主义作为具有自身确定性的思想体系的根基，其结果必定是经由世界观的"多元化"而取消马克思主义。

---

①　[匈]卢卡奇：《历史和阶级意识》，张西平译，重庆出版社，1989年，第2~3页。

②　转引自陈学明：《西方马克思主义论》，辽宁教育出版社，1991年，第56页。

他们在实践观上的失误之二,是将实践的革命批判本性和直接现实性品格加以割裂。"西方马克思主义"从无产阶级革命首先在当时较为落后的俄国爆发,而没有在西方兴起这一历史新情况中,看到了经济决定论和庸俗社会进化论的破产。他们在对其思想根源实证主义的清算中,有其正确的方面,如对"事实崇拜"的批判;但其最大的失误在于把个体经验的"客观性"视为资产阶级的思想原则,视为工人阶级消极的根本原因。在他们看来,马克思所讲的"客观性"就是总体性、普遍性,而非个人经验所能直接把握的。由于排除了个人经验和客观性的直接联系,他们所讲的"阶级实践"就不含有直接现实性的品格,而具有浓重的黑格尔式思辨性。例如科尔什明确提出理论本身也是一种实践,卢卡奇、葛兰西等则把革命实践归结为"阶级意识"的产物等。他们的后继者们更是由此出发,进一步把具有直接现实性的生产力、科技等客观力量都视为保守的,甚至反动的力量。这就不能不使他们的"革命实践"日益脱离现实的社会发展而陷入空想。

因此,尽管他们把主客体辩证法作为其理论的支点,然而这是一架向主体性倾斜的天平:由于根本否定客体(基础是自然界)具有不依赖于主体的独立性,因而主体始终居于支配地位,而客体则始终居于消极的、从属的地位。这样,主客体之间就不存在一种真正的物质性相互作用,实践的本性也就因此而被扭曲。无产阶级在改造客观世界的同时也改造着主观世界的正确命题,被代之以"主观性"决定着无产阶级实践命运;理论和实践相统一中的"主观和客观相符合"的内容被舍弃,取而代之的是主客观统一于阶级的自我意识。总之,客观性、直接现实性是实践最至要的品格,淡化了这一规定,就打开了经由"实践"而通向唯心主义的道路。

他们在实践观上的失误之三,是实践主体自身的割裂,具体说来,他们从马克思的以产业工人为基础的整体工人阶级观上倒退了。本来,在马克思进行新世界观探索时,"能思的人"和"受苦的人"的统一问题就一直困扰着他,因为仅仅作为"受苦的人"是不可能获得自我解放的。马克思后来从无产阶级身上找到了两者统一的根据,无产阶级作为大工业的产物,使得资产阶级不得不将"教育的因素"交予它,从而使其成为唯一可能具有阶级意识的被剥削阶级。所以"无产阶级能够而且必须自己解放自己"①。但是在"西方马克思主义"看来，工人阶级的经济地位恰恰是使其认同于资本主义的原因，而其阶级意识的形成只能是超越其经济地位的结果。这样，工人群众和少数革命家（即所谓"知识分子"）的关系就变成了"日常意识"与"自我意识"的关系。因此，尽管他们也强调知识分子和群众相结合而形成"有机的历史集团"，然而其主导方面却无疑是"知识分子"。这种以具有批判眼光的知识分子为主体的"革命实践"，必定日益脱离工人群众，脱离现实的无产阶级实践。由此可见，"西方马克思主义"最终蜕变成一种"文化批判"思潮，实在是顺理成章的。

历史证明，"批判的马克思主义"由于否定实践的客观物质本性（这一本性源自"自然的本体论"）而必定走向理论的自我中心论。他们解决理论和实践相统一的方式，从根本上说是将实践纳入理论发展的轨道，是理论"吞噬"实践。而后来的所谓"西方马克思主义"则日益偏离了理论与实践相结合的方向，回归了资本主义的学术传统。事实证明，今天的所谓实践哲学，以个人主体取代了人民主体，以日常生活取代了革命的实践，以书斋学问取代了行动指南，重新回到了卢卡奇批判过的功利性客体活动和伦理性主体意志的二元分裂中，陷入理论和实践的巨大鸿沟。而没有理论和实践的真正结合，不仅没有马克思主义的发展活力，而且没有活生生的马克思主义本身。由此可见，无论是物质（自然）本体论还是实践本体论，绝不是没有意义的名词之争。

侯惠勤（天津师范大学）

---

① 《马克思恩格斯文集》（第一卷），人民出版社，2009年，第262页。

我们心中的纠结：走近还是超离卢卡奇

　　卢卡奇是马克思主义发展史上的一座高峰，他的哲学思考在理论上的得失，构成了马克思主义理论道路上不能绕过的话题。不仅如此，他的思想还是当今中国马克思主义哲学研究中一个令人纠结的存在。这不仅体现在一些迄今为止仍有人对他的严厉批判与另一些人对他的辩护上，更体现在关于马克思哲学思想中康德哲学与黑格尔哲学的比重及其关系的争论上。前一方面的争论固然是上一个思想时代的遗留物，但也绝不表示时至今日已无重要意义；后一个方面的争论则无疑体现着当今中国马克思主义哲学发展的最新趋向，但如何进展，似乎仍未获得清楚的共识。这当中又涉及对于以卢卡奇为典范的对马克思哲学的黑格尔主义阐释的评价是否公正的问题。在当今西方卢卡奇研究随着黑格尔主义的复兴而走向复兴之际，更使得这一问题复杂化了。一方面，我们对于卢卡奇哲学思想的研究似乎有欠深入，因而对其理论贡献也就未能给予足够高的评价；另一方面，我们又不能不跨出超越他的一步。总之，卢卡奇已在某种意义上成了我们心中的一个难以消除的纠结，我们既苦于未能真正走近卢卡奇，又苦于不知如何真正超离卢卡奇，或者说，我们的纠结正在于尚未真正接近他的时候，却又不得不谈论如何超越他。此情此景，诱导着人们总是得说点什么。当然，身处纠结之中的人很难以一种"事后"或"旁观者"的眼光看此问题，或许只能是借此抒发一下心中的感受，以引起人们对这一事态的关注。

一

　　卢卡奇令人纠结之处首先在于，当我们说要超离他的时候，他的哲学思考对于中国马克思主义哲学在新时期发展中无可取代的示范与启发意义，却仍然在产生着巨大的辐射力和吸引力。卢卡奇之于我们的意义，当然首先根源于新时期中国马克思主义哲学发展所面临的境况，与卢卡奇作为一个马克思主义者登上理论舞台时所面临境况的相似性。卢卡奇的直接功绩在于他面对第二国际马克思主义将马克思哲学解释为一种经济决定论或历史进化论，而恢复了马克思主义哲学的"能动的方面"，这一恢复所产生的直接的和间接的影响以及示范作用，至今仍并未退场。

马克思在其《关于费尔巴哈的提纲》第一条中对于自己的哲学有一个定位："从前的一切唯物主义（包括费尔巴哈的唯物主义）的主要缺点是：对现实、对象、感性，只是从客体的或直观的形式去理解，而不是把它们当作感性的人的活动，当作实践去理解，不是从主体方面去理解。因此，和唯物主义相反，能动的方面却被唯心主义抽象地发展了，当然，唯心主义是不知道现实的、感性的活动本身的。"①这里的唯心主义无疑首先是指以德国唯心主义之集大成者黑格尔的哲学。显然，在马克思看来，既然旧唯物主义忽略了"能动的方面"，而唯心主义缺失了"现实的、感性的"方面，则不言而喻，他的哲学便必定是一种建立在"现实的、感性的"方面与"能动的方面"的结合之上的，而这就是"感性的人的活动"，即"实践"概念的提出。

但第二国际的理论家们却"不了解'革命的'、'实践批判的'活动的意义"，在种种现实因素和理论因素的诱导下回到了旧唯物主义，而当时历史的发展却迫切需要历史主体发挥"能动的方面"，展现"'革命的'、'实践批判的'活动的意义"，亦即当时的首要问题是说明革命意识的必要性与可能性。这种对于自发的革命意识或主体能动性的强调和说明，在当时的重要理论家如列宁、卢森堡、科尔施、葛兰西、潘涅库克等人的著作中都有体现，但卢卡奇的《历史与阶级意识》无疑是理论上最深刻、最渊博、最系统的，因而是最有代表性的著作。

既然如马克思所言，"能动的方面"被黑格尔这样的唯心主义所抽象地发展了，那么恢复马克思主义哲学中的"能动的方面"，就不可避免地是在某种意义上对于黑格尔哲学传统的恢复。事实上，卢卡奇在《历史与阶级意识》

---

① 《马克思恩格斯选集》（第一卷），人民出版社，1995年，第54页。

中也并不隐讳其书中的黑格尔主义的理论倾向:他反对那种"过高地估计了费尔巴哈作为黑格尔与马克思之间的中介作用"的观点,而以"马克思直接衔接着黑格尔"作为该书"许多论述的基础"。[1]事实上,如果要超越第二国际的庸俗唯物论与新康德主义哲学,作为康德主义对立物的黑格尔主义可能也是最易得到的理论武器了。因而如果我们比照黑格尔哲学的逻辑结构——"实体在本质上即是主体"[2],能更容易地抓住《历史与阶级意识》一书的理论逻辑。[3]该书中最重要的概念无疑是"历史"与"阶级意识"。如果在此把"历史"理解为黑格尔哲学中"实体"概念的类似物,把"无产阶级"理解为历史的主体-客体,"无产阶级意识"便是一种类似于"实体在本质上即是主体"的意识,即无产阶级对于自己历史使命的自觉,那么我们就能够清楚地把握《历史与阶级意识》的逻辑结构。若从其理论逻辑的终点倒过来看,无产阶级意识作为阶级意识的最高体现,构成了该书的最高范畴,即其思想逻辑的终点;而为了证成"无产阶级意识"这一最高范畴,便须先确认或设定这一"无产阶级意识"的缺失即未自觉状态(否则论证便没有必要);但未自觉需要一个根据,这根据便是"物化意识",而物化意识的存在又是由于"物化"现象的存在。但物化之所以可能,又预设了一种非物化的前提,这便是"总体性"概念,所谓"物化",正是相对于总体性而言的,是总体性的失落或失陷。这"总体"便是思维或意识与存在的统一、主体与客体的统一、理论与实践的统一,而作为这一统一体或"总体",便是"历史"。"历史"因此就构成了卢卡奇全部理论的逻辑出发点或基础。正是这一作为"总体"的"历史",在其进展中,从一种原始的统一,由于某种原因而导致了统一的破裂、沉沦,或者说"物化""异化";而这一"历史"发展到现今时代,由于破裂或物化已达致极点,从而物极必反,逼迫作为历史之自在主客体的无产阶级不能不突破物化意识之藩篱,达于自为之存在,即意识到自身的历史使命,由此而实现"历史"的重归统一。这样,卢卡奇既论证了作为"历史"之克服物化或分裂之关

---

① [匈]卢卡奇:《历史与阶级意识》,杜章智等译,商务印书馆,1992年,第16页。

② [德]黑格尔:《精神现象学》(上卷),贺麟、王玖兴译,商务印书馆,1979年,第15页。

③ 关于《历史与阶级意识》一书的理论逻辑与黑格尔哲学逻辑的类似性,卢卡奇有过确当的评价。参见《历史与阶级意识》"新版序言(1967)",第17~18页。

键的无产阶级意识的必要性,亦论证了其必然性。

卢卡奇这样一种对于马克思哲学的阐释,无疑是极其新颖的,它突破了第二国际理论家的那种庸俗唯物主义和新康德主义的框架,从根本上实现了对马克思主义哲学中"能动的方面"的恢复。若仅就理论而言,卢卡奇对于马克思主义哲学的这一贡献,是大大地超出他的同时代其他在这一方向上努力的人的。因此,他对于后来马克思主义哲学发展的影响,亦是远远超出其他人的。有一套丛书将他称为"西方马克思主义的祖师爷",虽然江湖气了一些,却也描绘出了他作为20世纪"四大哲学运动"(哈贝马斯语,其他三种运动是现象学、分析哲学、结构主义)之一的西方马克思主义创始人地位之重要。后来欧美的马克思主义哲学发展,不论是批判理论,还是东欧的新马克思主义,以及后马克思主义等,无不受到其重大影响。对于中国马克思主义哲学而言,其之影响绝决不可小觑。这当中的原因很大程度上在于"文革"结束后中国马克思主义哲学所面临的问题与当年卢卡奇等人所面临的问题类似性。人们应当记得,长期以来居于支配地位的源于苏俄的哲学教科书体系,究其实质而言,乃是一种与第二国际所主张的旧唯物主义无多大差别的理论体系;而突破这种僵化的体系,恢复马克思主义哲学的"能动的方面",乃是当时中国理论界所面临的艰巨任务。回想起来,中国马克思主义哲学之所以能够在短短几十年间走过从一种笔者称之为"实体性哲学"到"主体性哲学",再到一种"后主体性哲学"或"实践哲学"的急速转变,卢卡奇哲学的积极影响实乃是不可忽视的。在这转变过程中,固然有许多西方哲学家,特别是西方马克思主义者思想影响,但不可否认的是,在这些人当中,卢卡奇的影响是最为突出的。甚至时至今日,在关于马克思与康德和黑格尔关系的争论中,我们仍然能感受到他的巨大影响。自20世纪80年代以来逐渐发展起来的所谓的"以黑解马"(对马克思似的黑格尔主义阐释方式),实际上正是对卢卡奇仿效。当然,这种仿效可能因功力不济而颇欠火候,但武功招式上却不能不说是卢卡奇黑格尔主义的流风余韵。不仅如此,近些年来,一些更为年轻一代的学者从现象学、生存论哲学、解释学等流派那里借用学术资源,如借助"生活世界""在世""上手状态""视界的融合"等,试图对实践概念的内涵予以扩展或转换,以便给马克思哲学一个更为现代的形象,但依笔者之见,这些工作似乎并未从根本上走出卢卡奇式的黑格尔主义的理论框架,仍然处在卢卡奇的火力射程之内，只是或多或少地给黑格尔抹上了一些现代哲学的色彩。

二

上面所说的无疑是卢卡奇的一个十分积极的面相。按照这一面相，卢卡奇就仍然是引领我们前行的精神导师，而我们则必须走近他，追随他前进。但是理性的诚实又使我们不能不指出的是，卢卡奇还有另一面相，而这一面相又是不能令人心悦诚服地走近并与之同行的。这就在于卢卡奇在恢复马克思主义哲学的"能动的方面"时，对于黑格尔哲学的过分借重，而这种借重绝不是没有代价的。而且这一代价之分量，正在越来越明白地呈现出来。

首先，这代价就是马克思在《关于费尔巴哈的提纲》中所指出的，以黑格尔为代表的唯心主义虽然发挥了"能动的方面"，却只是"抽象地发展了"，这是因为，"唯心主义是不知道现实的、感性的活动本身的"。卢卡奇的问题，正是由于过多地借助于黑格尔的思辨方法，而在很大程度上远离了"现实的、感性的活动本身"。尽管卢卡奇试图对黑格尔哲学进行一种改造，即从黑格尔的绝对精神回到现实的人类实践，但其所理解的人类实践在某种意义上仍是抽象的。这就是他后来所意识到的，即在《历史与阶级意识》中，并"未能对黑格尔遗产进行彻底唯物主义改造"①。其以无产阶级作为"人类历史的同一的主体–客体"，似乎与黑格尔的绝对精神之类主体相比，是一种现实的主体，但若仔细考察起来就会发现，二者的这种差别只是表面上的。如果卢卡奇把自然看作"一个社会的范畴"，将自然统一于历史过程，将无产阶级视为"创世的'我们'"，那么这种"无产阶级"就与黑格尔的绝对精神没有了什么区别。这是比之马克思早期著作中的"类本质"更为黑格尔化的，甚至在某种意义上，比之黑格尔更有过之而无不及。此点正如他后来所承认的那样，对问题的讨论方式，"是用纯粹黑格尔的精神进行的。尤其是，它的最终哲学基础是在历史过程中自我实现的同一的主体–客体"。而"将无产阶级看作真正

---

① ［匈］卢卡奇：《历史与阶级意识》，杜智章等译，商务印书馆，1992年，"新版序言（1967）"，第15页。

人类历史的同一的主体–客体并不是一种克服唯心主义体系的唯物主义实现，而是一种想比黑格尔更加黑格尔的尝试，是大胆地凌驾于一切现实之上"。①

所谓"大胆地凌驾于一切现实之上"，就是马克思在《1844 年经济学哲学手稿》批判黑格尔时所指出的："黑格尔在哲学中加以扬弃的存在，并不是现实的宗教、国家、自然界，而是已经成为知识的对象的宗教本身，即教义学、法学、国家学、自然科学也是如此。"因为辩证运动主体"就是神、绝对精神，就是知道自己并且实现自己的观念……这就是神秘的主体–客体，或笼罩在客体上的主体性……这就是在自身内部的纯粹的、不停息的旋转"②。这种丧失了现实性的危险之处首先就在于，思想者构造了一个华丽的理想世界，在观念中完满地解决了一切问题，但这只是造就了一个作为污浊现实之对照的完美的神话世界，而由于过于完美，只能被视为不可能实现的空想，从而由于无法指出可行的现实目标，也就不能对现存世界构成任何真正的批判性威胁，因而现实生活也就照样能够全然未被触动地存在下去。

其次，这种"大胆地凌驾于一切现实之上"的总体性方法，亦即黑格尔之"理性统治世界"说，预设了世界的理性本质，即以为一切现实生活皆可以把握于理性之中。既然"理性统治着世界"，"法则便是理性"，则一切现实便只能是理性的表现，都可以用理性的逻辑关系表示出来。这种黑格尔式的理性主义放纵理性之想象力，而未有对于理性之有限性的自省。这种理性无限性所导致的一个结果便是将理论智慧与实践智慧等同视之，或者说以理论智慧取代实践智慧，以为理论逻辑上可通的，放在实践中便一定可行。这种理性的自负自近代以来已导致了一场又一场悲剧。马克思之所以强调他的辩证法与黑格尔不同，是唯物主义的，正缘于他认为黑格尔未能区分"思维主体"与"实在主体"，从而"陷入幻觉，把实在理解为自我综合、自我深化和自我运动的思维的结果"③。正是基于对黑格尔的批判，马克思始终主张对人的思维与实在自身的差别，保持一个清醒的认识，而不能把思维的结果当作实在

---

① ［匈］卢卡奇：《历史与阶级意识》，杜智章等译，商务印书馆，1992 年，"新版序言(1967)"，第 17~18 页。

② 《马克思恩格斯全集》(第 42 卷)，人民出版社，1979 年，第 174、176 页。

③ 《马克思恩格斯全集》(第 46 卷)(上册)，人民出版社，1979 年，第 38~39 页。

自身。由此可导出的结论是，当理论运用于现实时，必须不将之当成一个构成性的东西，而是只能将之当作一个调节性或范导性的东西。

不仅如此，卢卡奇创作《历史与阶级意识》的目标是论证无产阶级意识的必要性和可能性，亦即论证无产阶级改变世界的可能性，但这一论证由于过多地借助于黑格尔思辨的总体性辩证法而未能达到目的。以卢卡奇之见，当整个社会陷于物化之中之时，尽管无产阶级和资产阶级一样，在生活的各个方面都物化了的，但"那些使两个阶级能意识到这种直接性，使赤裸的直接现实性对两个阶级说来能成为真正的客观现实性的特殊中介范畴，由于这两个阶级在'同样的'经济过程中的地位不同，必然是根本不同的"①。由于陷入物化意识之中，"资产阶级的直观态度没有能力把握历史，这种没有能力分化为两个极端：一个是作为专横的历史创造者的'伟大的个人'，一个是历史环境的'自然规律'"②。而由于阶级利益的推动，却迫使无产阶级超越这种直接性，而达到对于自己存在的辩证本质的认识，即意识到自己作为历史的"同一的主体-客体""创世的'我们'"。无产阶级并非一开始就能认识到自己是"行动的主体"，恰恰相反，无产阶级首先是"作为社会事件的纯粹客体而出现的"，在生产过程中，工人"是一个被简化为量的数码，是一个机械化了的、合理化了的零件"，而"这样一来，对工人来说，资本主义社会直接表现形式的物化特征就被推到了极点"，"但正因此，他就被迫力求超越上述状况的直接性"。一旦"工人认识到自己是商品"，"这是意识不是关于他所面对的客体的意识，而是客体的自我意识，意识这一行为就彻底改变了它的客体的对象性形式"。③于是，"如果资本的物化被融化为它的生产和再生产的不停的过程，那末在这种立场上，无产阶级就能意识到自己是这一过程的真正的——尽管是被束缚的和暂且是不自觉的——主体"④。而这就意味着无产阶级意识达到了自觉。这种自觉不仅是一种理论意识，而且是一种实践意识，它必定会参与到改变现实的实践中去，从而推动无产阶级社会革命的实

---

① [匈]卢卡奇：《历史与阶级意识》，杜章智等译，商务印书馆，1992年，第229页。
② [匈]卢卡奇：《历史与阶级意识》，杜章智等译，商务印书馆，1992年，第240页。
③ [匈]卢卡奇：《历史与阶级意识》，杜章智等译，商务印书馆，1992年，第264页。
④ [匈]卢卡奇：《历史与阶级意识》，杜章智等译，商务印书馆，1992年，第268页。

现。至此,卢卡奇便似乎完成了其全部理论论证,从理论上说明了主体能动性与历史客观规律性的统一。但是卢卡奇这里所论证的主体能动性是否为一种真正的能动性,仍然是可质疑的。这里的根本问题仍在于黑格尔式的"总体性"。一方面,在卢卡奇的论证中,无产阶级之达到自我意识,并非无产阶级之内在的自发行为,而是受控制于总体的历史性,只有在总体历史进展的某一个阶段上,由于被置于性命攸关之处境,无产阶级才被"推到了"自我意识之中。尽管这被解释为一种客观的可能性,从而似乎为主体的能动性留下了余地,但这种可能性归根结底仍是被决定的。这样,无产阶级之自觉性,从根本上说来,就仍然是一种历史必然性,而并非取决于其自发性。这一点正如梅扎罗斯所指出的那样:"因此,'把现存理解为变易',并按照对其'过程的'特征的正确理解'发现它'——由于意识到意识的工作——就成了对现存的不断增长的矛盾的理想化的解决。这样,《历史与阶级意识》的整个事业就不得不仍然停留在黑格尔体系的某些重要范畴的局限之内。"①另一方面,这一所谓"客观的可能性"的论证方式,由于预设了"被赋予的阶级意识"与"经验的阶级意识"之间的间隔,而留下了一个卢梭式的问题,即"公意"与"众意"之间的张力。在卢梭那里,为了克服这一张力,他甚至要强制实行"自由",使得那些停留于"众意"的众人"被自由"。而在卢卡奇这里,"工人阶级的意识(物化和自由)范畴便形成对立的两极,他们分属两个不同的社会团体:无产阶级依然停留于物化之中,并且凭靠自身是无法实现其客观可能性的;而这个政党的领导者不言而喻地被认为是辩证认识的承担者,因而是自由的"②。如果这一张力是卢梭式地被克服的,那么所实现的这种主客对立的扬弃,即人类的自由解放就是十分可疑的。

此外,若仔细考察,还会发现卢卡奇论证的逻辑过程实际上也是有问题的。当他论证物化现象的产生时,他虽然也援引马克思,但更多的是借助韦伯的合理化来立论的,这意味着这里物化的原因在于生产过程的合理化。而

---

① [英]梅扎罗斯:《超越资本——关于一种过渡理论》(上),郑一明译,中国人民大学出版社,2003年,第50页。

② 吉多·斯塔罗斯塔:《科学认识和政治行动——卢卡奇〈历史与阶级意识〉中的思想悖论》,载衣俊卿、周凡主编《新马克思主义评论》(第一辑)《超越物化的狂欢》(卢卡奇专辑),中央编译出版社,2012年,第375页。

当他论证物化的克服时，却又转回到了马克思，这又意味着物化的原因被归结为了商品交换。这样一来，即便通过无产阶级意识的自觉解决了商品交换所造成的物化，也不能解决生产过程合理化所造成的物化。当然，这是一个很复杂的问题，无法在此处展开，当另文论述。

就此而言，卢卡奇并未像马克思那样，真正超越黑格尔哲学，而只是以一种偏颇的方式恢复了马克思主义哲学的"能动的方面"，而且由于过多地依赖于黑格尔思辨的总体性辩证法，这种恢复在理论论证上也不能说是成功的。①

三

但若卢卡奇只是以一种并非没有缺陷的方式简单地恢复了马克思主义哲学的"能动的方面"，则他就只不过是马克思主义哲学发展史上的一个匆匆的过客，我们何以会如此地纠结于他呢？笔者以为，这恐怕涉及当今马克思主义哲学发展中的一个极为核心的问题，那就是马克思与黑格尔哲学的关系问题。当然，这在西方马克思主义那里是一个多年来一直争论的问题。但这一问题对于中国马克思主义哲学来说，却有着更为紧迫的意义，那就是，如何超越黑格尔主义阐释方式中浪漫主义，而真正切中中国的现实生活，从而保持马克思主义哲学鲜活的生命力。为此，笔者近年来一直倡导超越以卢卡奇为范例的对于马克思哲学的黑格尔主义阐释方式，认为正是使得我们超越了庸俗唯物主义的黑格尔主义阐释方式，可能构成了马克思主义哲学进一步发展的内在障碍，因而必须予以超越。但对此倡议，似乎和者盖寡，人们心中对此一举动似乎充满了种种疑虑。这使笔者感到问题可能并不那么简单。

---

① 有学者试图给予卢卡奇的物化理论一种现象学的阐释，以便使之能够不受被归于黑格尔唯心主义的指责。尽管可以证明卢卡奇非常熟悉胡塞尔的现象学理论，但这一点似乎不足以证明卢卡奇的物化理论是基于现象学方法的。因而这种理论阐释就似乎并不很成功，也难以将卢卡奇总体上从黑格尔主义中分割出去。参见理查德·韦斯特曼：《意识的物化——卢卡奇同一的主体-客体中的胡塞尔现象学》，载衣俊卿、周凡主编：《新马克思主义评论》（第一辑）《超越物化的狂欢》（卢卡奇专辑），中央编译出版社，2012年，第199~240页。

笔者所倡议的超越黑格尔主义的方式是借助于康德，即以康德主义作为黑格尔主义的解毒剂。笔者的意图并非要回到康德去，或者挑起要康德还是要黑格尔的争论，而只是试图谨慎地在马克思与德国古典哲学的关系中，将马克思放在康德与黑格尔之间，通过康德与黑格尔之间的对比，将马克思稍稍拉近康德一边一些，以在某种程度上消除以往对马克思哲学过度的黑格尔主义阐释。笔者数年前的一篇小文章的十分拗口的标题，即《我们能够从康德哲学学些什么？—— 一个并非康德主义的中国马克思主义哲学研究者的思考》，便表达了这种意思。但人们似乎并未体察这种谨慎的态度。这种谨慎也在某种意义上表达了笔者对于卢卡奇的纠结。正是多年来阅读卢卡奇，震撼于卢卡奇对于马克思哲学之精深的阐释与发挥，特别是其基于物化及物化意识对于资产阶级思想二律背反阐释中对马克思思想之天才发挥，更是令笔者感到这真是无与伦比的神来之思。然而正是由于深深感到卢卡奇思想之魅力，才又使笔者深感忧虑。因为这种远离了现实的"创世的我们"的"绝对"的超凡视界，这种遮蔽了难以升格为华丽理念的粗糙经验的精致思辨，将可能使得我们的哲学变成虚幻天国的空谈。但对此倡议在宽泛意义上的回应，却大概只有一些黑格尔对于康德优越性的重申。这就使得笔者不能不重思这一问题。

经过观察和思考，笔者似乎有所悟解。问题似乎有两个方面：一个存在于客观方面，另一个存在于主观方面。客观方面是对于从康德到黑格尔的德国古典哲学运动的理解，特别是关于康德与黑格尔在哲学史上地位的理解，半个多世纪以来发生了很大变化。在西方学界，不仅马克思在世时黑格尔就已经被当作了一条"死狗"，甚至直到 20 世纪初，一位学者还指出，与关于康德的研究论著每年会有上千种相对照，关于黑格尔的，却只有可怜的几十种。与之相关，在西方马克思主义学界，对于卢卡奇的黑格尔主义的马克思主义，在经过了一个时期的欢迎和积极接受之后，人们也对之提出了种种怀疑和批判，如阿多诺、阿尔都塞、科莱哈贝马斯等人，都基于某种立场对其物化理论进行了批判。但到了这个世纪的后半期，情况却发生了重大变化，黑格尔复活了，重新进入了最伟大的哲学家行列。卢卡奇的物化批判理论也在遭到了长期的遗忘之后，近年来开始有人为之鸣不平，认为其受到了不公正的待遇。这样一来，无形之中，康德与黑格尔二人在思想界的比重便发生了微妙的变化。但与西方世界不同，在中国及苏联，传统上却将从康德到黑格尔的德国古典哲学运动视作一种后来者居上的直线发展过程，黑格尔被认为是德国古典哲学的集大成者，是比康德更为伟大更为接近马克思主义的哲学家。20世纪80年代以来，有人曾提出"宁要康德，不要黑格尔"，但似乎并未产生多大效果。对于卢卡奇，国内学界以往虽有过批判，但那是一种依附于苏联教科书体系的教条式的批判，而非如西方马克思主义学界那般是在接受之后，由于其理论中的问题的批判。且正当国内学界试图重新评价康德、黑格尔二人之际，西方学界对于二人的重新评价却又来到。西方学界对于德国古典哲学运动的研究情况无疑是相当广泛深入的，对于康德、费希特、谢林、黑格尔等人的评价也并非完全一致，但无论如何，对于黑格尔，相比于从马克思在世时到20世纪前期的备受冷落状态，可以说是发生了根本性的变化。这样一来，黑格尔地位的上升，便以某种历史错位的方式与国内学界的传统看法一致了起来。这真是世事变幻莫测，难以预料。在这样一种黑格尔复兴的强大背景下，要谈论超越对于马克思哲学的黑格尔主义阐释方式，便不啻是逆潮流而动了。此情此景，套用马克思的一段话倒也十分贴切：我们并未同西方思想界一道经历批判黑格尔主义的思想革命，亦未经历西方马克思发展中批判早期黑格尔主义的马克思主义的思想革命，现时却在一道经历黑格尔主义的复辟。但关于我们的学术思想之走向，我们不能亦步亦趋地跟着他人，而是要如吴晓明所言，"自作主张"！百多年来，我们只是"跟进"的时候已经太多太多了。

　　但人们对于超越黑格尔主义阐释方式的疑虑，可能还有另一方面。这就是主张者主观方面的不足或缺陷。黑格尔最重要的贡献无疑是其辩证法，这也是马克思高度赞扬的。尽管马克思说他的辩证法与黑格尔相反，但毕竟也曾公开宣称他是这位伟大哲学家的学生。问题是，超越黑格尔是否意味着将其辩证法也一起废弃。当然，人们会说，对于黑格尔的辩证法，会采取一种黑格尔式的扬弃，即保留其合理成分。但说扬弃易，而实行扬弃却难。到目前为止，我们尚未见到一种不同于黑格尔辩证法的东西出现。就此而言，人们似乎是有充分的理由对超越黑格尔表示疑虑的。但如何才能提供一种不同于黑格尔的辩证法呢？对此，笔者始终认为，借助于康德是无可避免的选择。但问题在于如何借助。笔者的初步考虑是，虽不能抛弃黑格尔的辩证法，但必须将其辩证运动的主体即"绝对精神"加以限制,使其"绝对"即"无对",成为"有对"即"相对",无限的主体,成为有限的主体,亦即用康德的有限精神对之加以限制。这种限制可以说是将黑格尔的辩证法思想装在康德的有限主体的"筐子"里,使其辩证法在这一"筐子"里发挥作用,而不冒进入超验世界的风险。具体的方案是基于马克思对"实在主体"与"思维把握"之康德式区分,借助于阿伦特之"行动者"与"旁观者"或柄谷行人"事先""事后"双重视角,来重构一种马克思的唯物主义的辩证法。

但如何才能把黑格尔辩证法中积极的东西保留下来呢?这当中有价值的东西与消极的东西的分界线又在哪里呢?这是我们必须深入地而不是浅尝辄止地进入黑格尔哲学中才能发现的。而在这方面,卢卡奇无疑仍是我们的先行者。正是他在重构黑格尔辩证法的进程上做出了重要的贡献。尽管他在借重黑格尔阐释马克思的过程中走过了头,但这个"过头"到底是从何处开始的,仍然需要我们去探索。这也就是说,重构马克思的辩证法,我们还必须走近卢卡奇,深入卢卡奇;不走近卢卡奇,我们就不可能真正知道"过头"的界限到底何在。就此而言,走近卢卡奇似乎也就成了超离卢卡奇的前提。或许,这样一来,从理论上来说,我们就不必在走近卢卡奇还是超离卢卡奇之间徘徊纠结了。但是如果我们还未能真正走近卢卡奇,并把握其"过头"的界限,在实践上我们就可能还会继续纠结着。

王南湜(南开大学)

重解历史的必然性
——论齐泽克对《历史与阶级意识》的重新解读

引言:《历史与阶级意识》与"历史的必然性"问题

众所周知,在西方马克思主义的历史上,卢卡奇的《历史与阶级意识》（*History and Class Consciousness*）是奠基性的文本,它为法兰克福学派的社会批判理论提供了最直接的思想资源。临近 20 世纪末,人们关于《历史与阶级意识》又有了新的发现:研究者们在对卢卡奇于苏联期间的所有未发表的文字材料进行整理的过程中发现了另外一个重要文本——《尾巴主义与辩证法》（*Tailism and the Dialectic*）。该文本写作于 1925 年或 1926 年,卢卡奇在其中对《历史与阶级意识》进行了明确的辩护,这说明他直至那时还依然坚持《历史与阶级意识》中的基本思想。有意思的是,在英文版的《尾巴主义与辩证法》中还收入了齐泽克的一篇题为《列宁主义的哲学家卢卡奇》①的长文,齐泽克在该文中明确指出《历史与阶级意识》和《尾巴主义与辩证法》的核心关注都是十月革命,卢卡奇的哲学在根本上是关于十月革命的哲学。换言之,后来的法兰克福学派的思想家们把《历史与阶级意识》的贡献看作单纯的物化批判或工具理性批判,这实际上是彻底放弃了卢卡奇的革命的立场。

齐泽克在这里的真正用意是明确地区分开当今左翼思想的两条根本不

---

① Slavoj Zezek, "Georg Lukacs as the Philosopher of Leninism", in Georg Lukacs, *Tailism and the Dialectic*, London, New York: Verso, 2000, pp.151–182.

同的道路:一条以法兰克福学派的社会批判理论为代表,直至当今左翼学者们所进行的文化研究,它在根本上是对革命的背离,是以激进理论的方式来承认和保守现有的资本主义体制;另一条以巴迪欧、齐泽克等一批激进政治哲学家为代表,他们主张要回溯列宁主义,力求在新的历史条件下重新打开革命的道路。从思想史的角度看,齐泽克进一步指出这两条道路的分离最初发生于 1924 年(其标志是列宁逝世以后共产国际的第五次代表大会)。在此之前是卢卡奇等西方马克思主义思想家们对革命的道路的忠诚,在此之后的整个西方左翼思想则转向了对革命的背离。因此,卢卡奇的《历史与阶级意识》对我们在今天重新复活列宁主义的事业具有特殊重要的意义。

那么面对着十月革命与后来的斯大林主义之间的种种关联,我们在今天为什么还可以重走革命的道路?《历史与阶级意识》在这方面究竟可以为我们提供怎样的思想资源?为了直接回答这些问题,齐泽克以历史必然性问题为核心从正、反两个方面对《历史与阶级意识》进行了重新解读。从反面看,他强调十月革命所代表的马克思主义的道路之所以会演变为斯大林主义,是因为人们在处理阶级、政党和历史这三者之间的关系时错误地预设了一种"历史必然性"。从正面看,他指出卢卡奇的历史哲学在根本上是关于革命或行动(act)的哲学,而行动的首要意义就是对历史必然性的打破。这也就是说,导致斯大林主义的原因是人们对历史必然性的盲信,而卢卡奇的贡献恰恰在于批判这种盲信,强调历史偶然性。

但问题是,卢卡奇在《历史与阶级意识》中并非如齐泽克所言仅仅强调历史偶然性,而是刚好相反,他认为无产阶级之达到阶级意识是一种历史的必然性。[①]那么我们究竟该怎样理解卢卡奇所说的历史必然性?在后人那里,这种理解为何会被分裂为对历史必然性的盲信和对历史偶然性的主张?为了回答这些问题,笔者将首先概要论述齐泽克对《历史与阶级意识》的解读,介绍其对历史必然性的批判和对历史偶然性的阐发。以之为参照,我们将对卢卡奇本人在《历史与阶级意识》中的相关思想进行重新反思,指出其所主张的历史必然性是在黑格尔哲学意义上的必然性,是一种作为结果的必然

---

① Georg Lukacs, History and Class Consciousness, translated by Rodney Livingstone, the MIT Press, 1971, p.177.

性,它包含着总体性的维度。在结论处我们将进一步指出,卢卡奇关于历史必然性的概念也存在着内在的缺陷,它由于缺乏现实的中介而最终停留于抽象。正因如此,它在后人那里才会被分裂为盲目的历史必然性和绝对的历史偶然性之间的直接对立。

一、齐泽克论对"历史必然性"的盲信:关于从列宁主义到斯大林主义的过渡

为了求解列宁主义与斯大林主义之间的所谓关联,齐泽克借用卢卡奇在《关于组织问题的方法论》一文中的独特视角,对该文所提到的阶级、政党和历史之间的互为中介的关系进行了重新梳理。《历史与阶级意识》是一本论文集,其中有两篇论文是卢卡奇专门为此书而新写就的:《物化与无产阶级意识》和《关于组织问题的方法论》。在 20 世纪的思想史上前者得到了人们的充分重视,特别是其中的物化理论;后者主要探讨无产阶级政党在无产阶级意识形成过程中的关键作用,由于领导十月革命的政党最终发展成为斯大林主义的政党,后来的批判理论家们为了避免与斯大林主义之间有任何关联总是有意地忽略此文。齐泽克对该文所提到的阶级、政党和历史之间的互为中介的关系进行重新阐释,恰恰是要说明从列宁主义到斯大林主义的发展不仅与卢卡奇的立场无关,而且它背后所隐藏着的那个哲学前提正是卢卡奇的哲学所要批判的。

(一)阶级、政党、历史之间互为中介的关系

关于阶级、政党和历史这三者之间的互为中介的关系,齐泽克指出这三者之间的关系在现实生活中经历了一个三段论式的发展。也正是由于这一三段论式的发展,事实上才会有从列宁主义的政党到斯大林主义的政党的转变,即从投入革命到背离革命的转变。

简要地说,该三段论主要包括这样三个环节:首先,是以经典的马克思主义的形式所展开的三者之间互为中介的关系:"政党在历史与无产阶级之

间起中介作用。"①其次，是以"列宁主义"（齐泽克认为这实际上是考茨基主义的）的形式所展开的关系："无产阶级被下降为历史（全球范围内的历史进程）与体现在政党那里的关于历史的科学知识之间中介因素。"②最后，是以斯大林主义的形式所展开的关系："普遍（即历史本身）在无产阶级和政党之间起中介作用。"③第一个环节强调无产阶级立场具有自发的性质（spontaneous），无产阶级可以在历史中自发地由"自在"的状态（in itself）上升到"自觉"（for itself）的状态，政党在这里所发挥的只是助产士般的辅助作用。在这个环节上，无产阶级和历史被认作是相互同一的，即无产阶级被直接认作普遍的阶级、历史的主体。在现实生活中，由于人们认定无产阶级的意识在自发的状态下最多只能达到工联主义意识的水平，于是第一个环节就发展为第二个环节。第二个环节强调，真正的同一关系只能存在于无产阶级政党和历史之间。该同一关系同时有客观和主观两个维度：从客观的角度看，它意味着历史是一个受必然规律所支配的客观的过程；从主观的角度看，它意味着无产阶级政党中的知识分子能够达到关于该历史必然性的客观知识。正是由于这两个方面的规定性，政党才成了历史的主体，它拥有知识的特权，通过教育工人而把他们转变为实现历史必然性的自觉的工具。又由于政党与历史之间的这种所谓的同一关系在根本上只是人们的独断论的设定，第二个环节就必然地发展为第三个环节。第三个环节强调，在政党和工人之间所展开的关系，实际上是剥削和统治的关系。政党通过诉诸历史（"历史进步的不可阻挡的必然性"④）为自己的统治提供合理性。

---

① Slavoj Zezek，"Georg Lukacs as the Philosopher of Leninism"，in Georg Lukacs，*Tailism and the Dialectic*，London，New York：Verso，2000，p.159.

② Slavoj Zezek，"Georg Lukacs as the Philosopher of Leninism"，in Georg Lukacs，*Tailism and the Dialectic*，London，New York：Verso，2000，p.159.

③ Slavoj Zezek，"Georg Lukacs as the Philosopher of Leninism"，in Georg Lukacs，*Tailism and the Dialectic*，London，New York：Verso，2000，p.160.

④ Slavoj Zezek，"Georg Lukacs as the Philosopher of Leninism"，in Georg Lukacs，*Tailism and the Dialectic*，London，New York：Verso，2000，p.160.

(二)重论历史必然性与无产阶级的普遍性

在此分析的基础上，齐泽克进一步指出如此的三段论式的发展并不是源于卢卡奇。实际上，卢卡奇既反对第一个环节上无产阶级与历史的主体之间的直接同一关系，也反对第二个环节上政党的知识与所谓的客观的历史必然性之间的同一。这两个环节看起来正好相反，前者强调无产阶级意识的自发的性质，后者强调政党对于工人的教育和灌输。但齐泽克认为，它们在卢卡奇看来是同样错误的，因为它们都把历史的最后根据放在了一个原初的同一关系之上，都因此而彻底取消了人们在历史中展开行动的空间。在第一个环节上，是无产阶级的客观的阶级地位和它的阶级意识之间的同一；在第二个环节上，是政党的知识分子所掌握的历史知识与所谓的历史必然性之间的同一。也就是说，它们在根本上都是从所谓的历史必然性出发，这种历史必然性主张内在于客观的历史过程之中的必然逻辑，彻底排除了人的行动的可能性。由此出发，我们最终只能得出斯大林主义的结果，即人民将必然地沦为被政党统治的材料。

那么在卢卡奇关于"被赋予的意识"的概念中究竟是否暗含着对该历史必然性的认同呢？为了说明阶级意识的独特性质，卢卡奇在《历史与阶级意识》中提出了"被赋予的意识"（imputed consciousness）的概念："阶级意识就是理性的适当的反应，而这种反应则要'归因于'（imputed, zugerechnet）生产过程中的特定的地位。"从这段引文中我们可以看到，"被赋予的意识"概念的确强调了阶级意识的历史必然性，即阶级意识的最后根据在于该阶级在生产过程中的特定地位。那么这是否意味着卢卡奇认为无产阶级的阶级地位和它的阶级意识之间就是直接同一的关系？无产阶级之达到阶级意识是否在根本上是由历史的必然的逻辑所保证的？在这一点上，齐泽克主张我们必须对卢卡奇所说的无产阶级的普遍性有一个全新的理解。我们绝对不能把无产阶级的普遍性理解为无产阶级的特殊的阶级利益与整个人类的普遍利益的直接同一，因为这种普遍性不是作为某种已然的事实蕴含在工人们现在的阶级地位（即在生产过程中的地位）之中的，而是必须以彻底的革命行动为中介才能得以实现。

具体来说,该过程开始于工人们在现行资本主义秩序中的彻底失位(dis-location)。在工人们那里,这意味着发生在主体身上的内在分裂,即工人们一方面企图维持其在现有秩序中的一个特定的位置,另一方面,现行的社会秩序又为他的这一努力设置了根本性的障碍。在这样的内在分裂之中,工人们才有可能实际地投入到反对现行秩序的行动中, 在行动中展开与整个社会体系之间的全面否定关系,无产阶级的普遍性正是如此的行动的结果。回到卢卡奇的"被赋予的意识"概念,根据齐泽克的上述阐释我们可以得出结论:卢卡奇在这个独特的概念中所强调的恰恰是工人们现有的意识和无产阶级的阶级意识之间的质的差异, 前者代表工人们当前在资本主义社会中的实际处境,后者代表无产阶级的普遍性,这二者之间的差异只有通过我们的革命行动才能得到中介。也就是说, 如果我们从这个角度去理解无产阶级的"被赋予的意识",那么我们在历史中所看到的就不是所谓的历史必然性,而是能够打破历史必然性的"行动"。

二、齐泽克论对"历史必然性"的打破:关于"行动"(act)

为了说明卢卡奇是"列宁主义的哲学家",齐泽克强调,卢卡奇的杰出贡献就在于他充分地阐发了"时机"(Augenblick)和"行动"(act)这两个关键性的环节对于列宁主义的革命道路的哲学意义。

(一)"时机"(Augenblick)

在齐泽克看来, 卢卡奇的哲学与十月革命之间的最主要契合处就在于对"时机"的强调:"这就是卢卡奇之所以会如此敬佩列宁的原因。……卢卡奇眼中的列宁是这样的一个列宁,当他在 1917 年下半年看到有通过革命夺取政权的机会时,他曾明确地说:'如果我们错过了这个机会,历史将永远不会原谅我们!'"① 我们知道,列宁的这一论断的具体历史背景是他与孟什维

---

① Slavoj Zezek, "Georg Lukacs as the Philosopher of Leninism", in Georg Lukacs, *Tailism and the Dialectic*, London, New York: Verso, 2000, p.164.

克们关于革命的时机问题的争论。齐泽克认为，二者争论的焦点在于是否承认有所谓的历史客观发展进程。孟什维克对此深信不疑，而列宁则意识到根本没有关于历史的必然发展阶段的"客观的逻辑"，因为人们的决定性的介入可以改变历史的进程。卢卡奇在《历史与阶级意识》中则对列宁的这一立场进行了进一步的哲学阐释："卢卡奇的论述的核心是拒绝把行动还原为它的'历史条件'：不存在所谓中立的'客观条件'。"①这也就是说，我们绝对不能从所谓的客观的条件推出革命。革命只能是人的主观介入，不能是所谓的客观条件的成熟所带来的自动的结果。因此对于革命者来说，最关键的不是等待革命条件的成熟，而是把握时机的艺术（the art of Augenblick）。

　　联系到资本主义的现实，强调把握时机的重要性还有另外一层深意，即革命的时机本身也只能是我们主观介入的结果。"卢卡奇所说的把握时机（Augenblick）的艺术——时机指我们可以展开行动、介入某种处境的那短暂的时刻——就是在整个资本主义的体系能够想出办法来安抚我们的要求之前抓住适当的时刻、加剧其冲突和矛盾。"②根据齐泽克的解释，卢卡奇强调我们要有把握时机的艺术，其所针对的正是资本主义体系的一个根本特征，即它的强大的自我调整功能。面对着冲突和矛盾，该体系在经过一段时间的自我调整之后，总是能找到一些办法对人们的要求进行安抚，使之丧失颠覆性和否定性。把握住了资本主义体系的这一根本特点，我们也就能够理解为什么资本主义的发展不会自动地导致革命的时机。在它的发展过程中只会有矛盾产生，在这些矛盾出现之时我们如果不适时地介入、引导矛盾的进一步发展，它们就会被资本主义的体系主动地消化掉，不再会导致对整个资本主义的体系具有颠覆性质的革命。只有当我们主动介入之后，这些矛盾才有可能得到进一步的发展，整个体系才有可能因此而被彻底地改变。这也就是说，时机只有在被我们把握住之后才是革命的时机，如果没有我们的外在介入，它将只能是资本主义的自动的发展过程之中的又一个瞬间。换言之，历史对于我们来说并不是由所谓的必然性所预先注定了的命运；我们不仅能

①　Slavoj Zezek, "Georg Lukacs as the Philosopher of Leninism", in Georg Lukacs, *Tailism and the Dialectic*, London, New York: Verso, 2000, p.165.

②　Slavoj Zezek, "Georg Lukacs as the Philosopher of Leninism", in Georg Lukacs, *Tailism and the Dialectic*, London, New York: Verso, 2000, p.164.

够介入历史,而且有责任介入历史。

(二)"行动"(act)与自我意识(self-consciousness)

与把握时机直接相连的,就是我们介入历史的行动。关于行动,齐泽克强调,我们必须深入到意识与现实(或理论与实践)之间的辩证关系才能真正地理解它何以改变对象的性质,而这也正是卢卡奇在《历史与阶级意识》中讨论行动问题的独特视角。首先我们来看意识与现实之间的辩证关系:"卢卡奇主张理论与实践之间的辩证的统一、或辩证的中介,在该辩证关系中即使是最具直观性质的态度也是'实践的'(它总是被嵌在社会生产和再生产的总体中,并因此而表达着一种关于如何在这个社会总体中存活下去的'实践'的态度),另一方面,即使是最具实践性质的态度也包含着某种'理论的'框架,它把一套隐含着的意识形态的前提具体化了。"①这也就是说,卢卡奇分别从直观的态度和实践的态度这两个不同的方面,具体把握住了意识与现实之间的相互中介的关系。从直观的态度来看,最重要的是它反过来对物化现象又具有重要的构成性的作用,即物化现象是以物化意识为中介的。从实践的态度来看,最关键的是其中必须包含着思想的环节,否则它无法真正地改变对象。

那么我们究竟该怎样理解在"行动"或实践中必然包含着的思想的环节?在上一段引文之后,齐泽克接着指出:"在这里,一个具有关键性质的黑格尔意义上的自我意识的概念就进入了我们的视野,此概念指达到自我认识(self-awareness),把它理解为是一个内在地具有实践性质的行动,该概念与关于科学上的'正确洞见'的直观的概念刚好相反:自我意识是一种直接'改变其对象'的洞见,它影响到了其对象的实际社会地位——当无产阶级意识到自己的革命的潜质的时候,这一'洞见'本身就把它转变成了实际的革命的主体。"②齐泽克在这里直接提到了卢卡奇的又一个关键性的思想,即无产

---

① Slavoj Zezek, "Georg Lukacs as the Philosopher of Leninism", in Georg Lukacs, *Tailism and the Dialectic*, London, New York: Verso, 2000, p.172.

② Slavoj Zezek, "Georg Lukacs as the Philosopher of Leninism", in Georg Lukacs, *Tailism and the Dialectic*, London, New York: Verso, 2000, p.172.

阶级意识是黑格尔意义上的"自我意识"。但对于"自我意识"的具体内涵他却只提到了一点,即它将使对象以不同的方式向我们显现,而显现方式的改变必将同时改变对象的客观的(或对象性的,objective)存在本身。"卢卡奇的'阶级意识'概念的核心是,工人阶级向其自身显现的方式决定着它的客观的(或对象性的)存在。"①齐泽克在这里要强调的是,对象是被意识所中介的结果。在无产阶级意识这里,对象就是工人阶级本身,当工人们在物化意识的中介之下来看待自己时,工人仅仅是具有"物的形式"的商品;当工人们超越了物化意识而在新的意识(阶级意识)的中介之下来理解自己时,工人就上升为了阶级,成为革命的主体。因此,我们介入历史的"行动"带来了对社会现实的彻底改变。

(三)革命与对历史必然性的打破

在前面两个环节的基础上,齐泽克进一步指出革命的根本规定性就在于对历史必然性的打破,在资本主义的条件下尤其如此。"所有的人类历史都以必然性和偶然性之间的辩证的张力及相互依赖为特征。……在现代资本主义社会,偶然性以各种市场力量之间的'不可预料的'相互作用的形式发挥作用,这些市场力量'不因为任何明显的原因'就会在一瞬间彻底毁灭掉那些一辈子都辛勤工作的个人们:正如马克思、恩格斯所说,市场就是古代的那变幻莫测的命运的现代化身;这种偶然性是它的辩证的对立面得以显现的形式,即,是资本主义体系的不可捉摸的盲目的必然性得以显现的形式。最终,在革命的过程中,有一个空间被打开,这个空间不是为了那形而上学的奠基性的行动,而是为了我们的偶然的、严格地说具有联接意义的(conjunctural)介入而打开,如此的介入将打破那个统治着迄今为止的历史的必然性(Necessity)的锁链。"②在这段话中,齐泽克明确地驳斥了我们在第一部分所提到的那种对"历史必然性"的盲目信仰。根据该"历史必然性",资本主

<hr />

① Slavoj Zezek, "Georg Lukacs as the Philosopher of Leninism", in Georg Lukacs, *Tailism and the Dialectic*, London, New York: Verso, 2000, p.173.

② Slavoj Zezek, "Georg Lukacs as the Philosopher of Leninism", in Georg Lukacs, *Tailism and the Dialectic*, London, New York: Verso, 2000, p.171.

义的发展将必然导致危机,危机将必然导致革命,革命将必然把历史带进下一个阶段。总之,从资本主义到社会主义或共产主义的跨越,完全是由蕴含于历史之中的"必然性"所预先规定的。

齐泽克在这里分别从两个方面对该历史观进行了驳斥:首先,它彻底地误解了蕴含于资本主义体系之内的必然性的内涵。齐泽克指出,在资本主义的条件下以偶然性的面目出现的危机并不具有克服资本的必然增长的逻辑的意义,如无关键性的外力介入,这些危机反过来只具有表达资本的必然增长的逻辑的意义。也就是说,蕴含于资本主义体系之内的必然性绝对不能自动地带来对资本主义的扬弃,相反它只能导致历史彻底终结于资本主义的阶段。其次,它完全无法理解历史的开放性。齐泽克强调,对于生活在历史中的人们来说,历史并不是一个永远都无法冲破的命运,在革命的过程中我们看到的是历史的开放性。在革命中,我们不仅有可能介入历史,而且我们介入历史的行动反过来会对历史产生影响,原先束缚着人们的看似无法突破的必然性的命运因此而被改变。换言之,革命意味着对"必然性"的打破。

论述至此,齐泽克就以"历史必然性"的问题为核心线索,为我们勾勒出了一个黑白分明的卢卡奇:他反对历史的客观必然性,主张历史的开放性(或偶然性),强调我们必须通过革命介入历史,打破资本主义条件下的所谓的"必然性"的命运。但问题是,深得黑格尔哲学精髓的卢卡奇在对历史的理解方面是否真的这样简单明了? 他的历史哲学是否真的最终落脚于对历史偶然性的强调?

三、卢卡奇论无产阶级意识与历史必然性

齐泽克把握得非常准确,"历史必然性"问题的确是《历史与阶级意识》的核心问题,但卢卡奇的解决办法却并不是简单地转向"历史偶然性",而是在辩证法的高度上对历史必然性的具体内涵进行重新阐发。在《尾巴主义与辩证法》中,卢卡奇明确指出《历史与阶级意识》所针对的现实难题是"被赋予的意识",即工人的直接的心理意识与无产阶级的阶级意识之间存在着质的差异。在卢卡奇看来,这一难题在根本上是历史必然性的问题。"一方面,这种意识体现了历史的必然性,无产阶级'没有任何要实现的理想'。无产阶

级意识在变为实践时，只能给历史的辩证法已经迫使其陷入危机的那些事情注入生命,但决不能在实践中不顾历史的进程,把只不过是自己的愿望和认识强加给历史。因为无产阶级本身无非只是已经被意识到的社会发展的矛盾。另一方面,辩证法的必然性和机械的因果必然性决不是同一回事。"①卢卡奇在这里特别强调,无产阶级意识的生成代表了历史的必然性,但它与机械的因果必然性完全不同。正因如此,在工人们的直接的心理意识和无产阶级的阶级意识之间才会存在着质的差异。那么卢卡奇在这里所说的历史必然性究竟指什么?

(一)历史的逻辑:内容与总体

通过对资本主义条件下的物化现象的批判,卢卡奇首先揭示了"被赋予的意识"的现实内涵,即工人们直接的心理意识是一种物化意识。物化意识的根本特征在于坚持主体与客体(或我们与对象)之间的僵硬对立,哪怕这对象就是我们自己。在此前提之下,主体与客体之间的距离就永远无法被跨越,我们无法把对象的世界融化为我们的世界,只能听命于笼罩在对象世界之上的必然性。紧接着,卢卡奇进一步指出德国古典哲学是在哲学上对这一现实困境的回应。先是康德在他的批判哲学中提出了"物自体"的概念,以表明人的认识理性(知性)的根本局限性。黑格尔在他的辩证法中则直接回应了康德所提出的"物自体"的难题。"辩证法的历史完全可以追溯到理性主义思想开始的阶段。但是现在问题发生了转变,使它和以往所有的问题都有了性质上的区别。……现在第一次——在黑格尔的《精神现象学》和《逻辑学》中——着手自觉地重新把握所有的逻辑问题,着手把它们建立在内容的物质特性上,也就是逻辑、哲学意义的物质之上。具体概念的崭新的逻辑学,即总体的逻辑学出现了。"②卢卡奇认为,黑格尔的辩证法直接处理的是形式与

---

① Georg Lukacs, *History and Class Consciousness*, translated by Rodney Livingstone, the MIT Press, 1971, pp.177–178.

② Georg Lukacs, *History and Class Consciousness*, translated by Rodney Livingstone, the MIT Press, 1971, p.142.

内容、概念与物质之间的关系问题,在这里主体与客体之间的僵硬对立被融化了,概念成为关于内容的具体的概念。更重要的是,关于具体概念的逻辑学同时也就是关于总体的逻辑学。

为了进一步解释我们怎样才能真正化解形式与内容之间的僵硬对立,卢卡奇指出历史的生成是解决问题的唯一场所。"恰恰是由于历史的生成迫使想与这些因素相符合的认识把概念结构建立在内容之上,建立在现象的独一无二和新的性质上,因此它就迫使这种认识不让这种因素坚持其纯粹具体的独特性,而是把它们放到历史世界的具体的总体,放到具体的总的历史过程本身之中去,只有这样,认识才成为可能。"①这也就是说,只有在历史的生成过程中,我们才能真正打破主体与客体之间的僵硬对立。历史的生成一方面意味着我们向新的内容敞开,通过对新的内容的接纳来形成新的概念或新的形式;另一方面,这个接纳新内容的过程也就是我们把它纳入具体的历史的总体中去的过程。因此,我们接纳新内容、获得新概念和我们达到对历史的总体的自觉是同一个过程。该过程不仅使对象世界成为我们的世界,而且同时也使我们成为整个过程的主体。深入到这个层次我们就能够看到,黑格尔的辩证法所展开的逻辑是历史的逻辑,它同时既是关于具体内容的逻辑,也是关于总体的逻辑。换言之,历史的逻辑(或历史的必然性)是辩证法的主题。

(二)无产阶级意识与"内容":从量到质的过渡

卢卡奇同时也看到,黑格尔从一开始就把解决问题的所有努力都自觉地局限在了纯粹的哲学领域,而哲学又以历史的终结为基本前提。这就表明黑格尔认为我们永远无法在历史之中达到对历史的总体的自觉,因此也无法在历史中去自觉地实现历史必然性。从哲学与现实之间的关系来看,卢卡奇指出以黑格尔的哲学为代表的资产阶级思想之所以根本不可能真正解决物化意识的难题,是因为它们代表着资产阶级的社会存在。资产阶级在其直

---

① Georg Lukacs, *History and Class Consciousness*, translated by Rodney Livingstone, the MIT Press, 1971, pp.144–145.

接的社会存在中一方面同样处于被物化的命运之中，另一方面他们对于这个被物化了的世界又保持着表面上的主体的地位。这种主体和客体的两重性使其永远被锁定在了物化的形式中，无法向新的内容敞开。

与此相对照，工人们的优势就在于他们可以向新的内容敞开。卢卡奇特别指出，这一点会在劳动时间的领域中明确地呈现出来："剥削的数量上的差异对资本家来说，具有他从数量上规定他的计算对象的直接形式；对于工人来说，则是他的全部肉体的、精神的和道德的等等存在的决定性的质的范畴。"①卢卡奇在这里所揭示的是发生在工人们身上的从量到质的过渡：在资本主义的条件下，工人们一方面被抽象为纯粹的量；另一方面，这个抽象的过程又活生生地发生在工人们的身上，工人们根本不可能与被作为商品而出卖的自己的劳动力（即那个纯粹的量的载体）真正分离。也就是说，工人们既是纯粹的量，又不只是纯粹的量。在这个前提之下，随着工人与资本家之间的斗争，在工人身上就会发生质变，即那些无法被纯粹的量的规定性所涵盖的内容就会得以呈现。卢卡奇强调，这些新的质的内容的呈现是工人们进一步地摆脱物化的形式的现实的起点。从这里出发，我们就可以撬开历史的辩证的过程，并在这个辩证的过程中成就历史的现实的主体。

（三）无产阶级意识与"总体"：关于商品的自我意识

在此基础之上，卢卡奇进一步指出，工人们不仅可以向新的内容敞开，而且还可以通过对内容与形式之间的矛盾的自觉而达到资本主义社会的总体。具体而言，该过程就是工人们获得关于商品的自我意识的过程。在资本主义社会中工人成为商品，这意味着所有的自然的因素都被排除了出去，人与人之间的全部关系变为纯粹的社会关系。与此同时，这一关系本身又采取了"物"（商品）与"物"之间的关系的形式，即"人的因素"被从该关系中彻底清除，它披上了非人的客观性。随着蕴含在工人们的存在中的新的质的内容的呈现，工人们就可以在量与质之间的辩证对立中拷问自己的商品属性。伴随着这一思考的过程，在工人的商品属性中所蕴含着的矛盾（即人的内容与

① ［匈］卢卡奇：《历史与阶级意识》，杜章智等译，商务印书馆，1992年，第250页。

抽象的"物"的形式之间的矛盾)就被上升为现实的矛盾。而这个把旧的形式(它是笼罩在资本主义社会之中的所有对象之上的普遍的形式)与新的内容同时纳入视野,并对二者之间的关系进行自觉思考的过程,也就是我们在思想中把握资本主义社会总体的过程:"只有到了这个时候,无产阶级的意识才上升为处在其历史发展中的社会的自我认识。"①从这个角度看,无产阶级意识的具体内容就是对资本主义社会总体的自我认识。

(四)无产阶级意识与自我意识

交代了无产阶级意识与内容和总体之间的内在关系之后,卢卡奇进一步指出无产阶级意识就是实践。"由于这个纯粹的矛盾就这样上升为自觉的辩证的矛盾,由于意识成为向实践的过渡点,迄今提到的无产阶级辩证法的特性就再一次更具体地表现出来了:因为这时意识不是关于它所面对的客体的意识,而是客体的自我意识,意识这一行为就彻底改变了它的客体的对象性形式。"②这也就是说,无产阶级具有自我意识的高度,作为自我意识它彻底地改变了对象本身。关于自我意识,卢卡奇在此处的阐发比齐泽克的解读要更加复杂,它至少包括两个层次:首先,它是关于客体的自我意识,即工人在对象中认出了作为行动主体的自己。更具体地说,就是工人们在直接面对普遍的"物"的形式与代表着人的存在的内容之间的矛盾时,把这个被"物"的形式所规定的世界把握为人的行为的产物(即由劳动力这种独特的商品的使用价值所带来的产物)。其次,它因此就改变了客体的对象性形式,此时的客体不再是自律的"物",而是我们的对象。客体的对象性形式的改变同时也就意味着客体本身的改变,因为它总是被该对象性形式所中介的结果。在这个意义上,卢卡奇断言无产阶级意识就是实践。

基于对无产阶级意识的实践性质的洞察,卢卡奇进一步明确地界定了马克思主义辩证法意义上的历史必然性:"无产阶级意识中反映的东西就是从资本主义发展的矛盾中迸发出来的积极的和新的东西,它绝不是无产阶

---

① [匈]卢卡奇:《历史与阶级意识》,杜章智等译,商务印书馆,1992年,第268页。
② [匈]卢卡奇:《历史与阶级意识》,杜章智等译,商务印书馆,1992年,第264页。

级杜撰的或无中生有'创造'出来的东西,而是总的发展过程的必然结果;但是这东西首先要被提高为无产阶级意识的一部分,要由无产阶级意识使之成为'实践的',它才能从抽象的可能性变为具体的现实。"①卢卡奇在这里明确指出无产阶级意识代表着历史的必然性:它一方面是既有的历史过程的结果,意味着对于既有的历史发展的全面继承和对历史的总体的自觉;另一方面,它又具有创造性的意义,唯有经由它历史的下一个环节才能被展开。在这个意义上,它意味着对历史必然性的自觉实现,代表着从史前史向人的历史的跨越。

结论:无法避免的误读

根据以上的论述我们不难发现,在对历史必然性的理解上,卢卡奇既反对把它看成是纯粹的客观的必然性(即蕴含于历史过程之中的机械的因果必然性),也没有因此而仅停留于关于历史偶然性的主张。面对着资本主义条件下的普遍的物化现象,卢卡奇和齐泽克、巴迪欧等人一样,力求打破历史的这一僵局,进入历史的生成的过程。但关于该道路的具体内涵,他的看法又与齐泽克和巴迪欧等有所不同。他强调这一道路不仅需要我们的介入(即无产阶级的革命实践),而且我们的介入还必须能够切中现实。无产阶级的实践之切中资本主义的现实主要体现在三个相互关联的环节上:首先,它使蕴含在资本主义体系之内的"非理性的"内容(即在物化的形式中无法得到呈现的内容)得以显露;其次,它通过思考资本主义体系的理性的形式和"非理性的"内容之间的矛盾而达到了对资本主义社会总体的自我认识;最后,通过对资本主义社会总体的把握而达到自我意识,带来新的对象性形式的生成。与此同时,我们已经看到卢卡奇历史必然性的思想并未能在后人那里得到真正的传承,它被分裂为两极之间的直接对立:一方面,是弥漫在共产国际内部的对"客观的必然性"的信仰;另一方面,是在激进政治哲学家那里的对前者的反动,强调历史的绝对开放性。那么导致这一思想传承关系的原因究竟是什么? 它是否反过来证明了卢卡奇的历史哲学本身存在着重要的

---

① ［匈］卢卡奇:《历史与阶级意识》,杜章智等译,商务印书馆,1992 年,第 299 页。

缺陷?

　　沿着这个角度去反思卢卡奇的历史哲学，我们就会发现卢卡奇关于历史必然性的概念在根本上还是抽象的，它缺乏一系列必要的中介。无产阶级立场的根本内涵是使人与人之间的普遍的社会关联成为现实，它要成为一条改变资本主义世界的现实道路，我们就需要找到一系列的中介，使人与人之间的不受阻碍的社会关系在现实生活中得到安放。但在马克思和韦伯之后，当卢卡奇从资本主义体系的角度对现代社会进行了总体性的批判，并因此彻底否定了现代社会内部的领域区分之后，他很难再在现代世界的范围内看到新的机制性的中介。在这个意义上，无产阶级的立场依然是一种缺乏中介的抽象的立场。针对卢卡奇在历史必然性问题上最终陷入的这一困境，为了找到那些必要的中介，也许我们在理论上需要进一步重思马克思主义历史哲学与革命政治理论和法哲学之间的内在关联。

张双利（复旦大学）

实践辩证法的初步阐释*
——《历史与阶级意识》中辩证法的理论成就及局限性

卢卡奇在《历史与阶级意识》中将马克思主义辩证法的本质规定为以实践为基础的历史辩证法，强调无产阶级意识在改造社会历史过程中的主体性作用。卢卡奇的这一阐释从根本上突出了马克思主义辩证法思想的实践性和革命性，开启了马克思主义辩证法乃至整个马克思主义哲学新的阐释路向。卢卡奇本人因此成为西方马克思主义的奠基人。就像卢卡奇在1967年版序言中指出过的那样，《历史与阶级意识》并不仅仅说明他自身思想的发展阶段，同时也表明一般精神发展的道路，只要以批判的眼光加以看待，"它们对于了解今天的情况和以此为基础的继续前进是不会没有意义的"[1]。在马克思主义的阐释中，如果忽视卢卡奇等西方马克思主义者的贡献，就可能回到抽象的客观主义甚至是朴素的经验主义立场。同样地，如果忽视了卢卡奇及其后继者主体性哲学本身的理论限度，忽视了其特定的历史性，非反思地将其阐释看成马克思主义本身，却又的确存在滑向主观主义的危险。在《历史与阶级意识》成书一百年[2]的今天，检视卢卡奇辩证法思想特定的理论内涵，客观中肯地分析这一思想的成败得失，可以有效地回应马克思主义阐释中与此相关的重大争论，对在新的历史阶段继承和发展马克思主义具有

---

　　* 本文受到中国人民大学2022年度"中央高校建设世界一流大学（学科）和特色发展引导专项资金"的资助。

　　[1]　［匈］卢卡奇：《历史与阶级意识》，杜章智等译，商务印书馆，2017年，新版序言第2页。

　　[2]　《历史与阶级意识》一书于1922年圣诞节前夕成书，1923年春天由柏林马立克出版社（Der Malik Verlag）出版。

重要的理论意义。

一

《历史与阶级意识》的副标题是《关于马克思主义辩证法的研究》。卢卡奇对辩证法的特殊规定成为这一著作得以展开的理论基础，也成了由他开启的整个西方马克思主义得以展开的哲学基础。在这一著作中，辩证法概念摆脱了至黑格尔为止的西方哲学传统，其基本的内涵发生了根本性改变，开启了独具特色并且具有深刻现实关怀和深远理论影响的辩证法阐释路向。要客观辩证地评价卢卡奇的贡献，就需要在《历史与阶级意识》的理论总体中，尤其是在西方哲学发展的总体脉络中揭示其辩证法概念的特殊性。大体说来，卢卡奇《历史与阶级意识》开启的辩证法概念具有如下不同于传统辩证法概念的理论特征。

第一，卢卡奇辩证法概念的切入点是理论与实践之间的关系。这一独特的理论视角，一开始就将卢卡奇的辩证法概念同传统辩证法区别开来。这一出发点意味着它不是指向自然客体的辩证法，不是指向主体思维逻辑的辩证法，也不是指向思维与存在在观念中思辨统一的黑格尔辩证法，而是指向思维与存在（从而也就是主体与客体）在实践中辩证统一的实践辩证法。卢卡奇辩证法的这一切入点直接指向了马克思主义哲学的核心原则。我们知道，包含差异的辩证统一性是黑格尔哲学的基本立场。黑格尔曾经明确地指出："近代哲学并不是淳朴的，也就是说，它意识到了思维与存在的对立。必须通过思维去克服这一对立，这就意味着把握住统一。"①黑格尔哲学体系的秘密就是在思维中克服思维与存在的抽象对立，把握住统一性。这一根本的哲学立场在马克思那里得到了继承。在马克思看来，"任何极端都是它自己的另一极端。抽象唯灵论是抽象唯物主义；抽象唯物主义是物质的抽象唯灵论"②。但是黑格尔是以思维去克服作为理念的思维与存在之间的对立，在观念论的内部建立统一性。马克思则不同，马克思是以实践为基础建立统一性

---

① ［德］黑格尔：《哲学史讲演录》（第4卷），贺麟、王太庆译，商务印书馆，2016年，第8页。

② 《马克思恩格斯全集》（第3卷），人民出版社，2002年，第111页。

哲学的。思维与存在在实践中的辩证统一成为马克思哲学的出发点。卢卡奇从理论与实践的关系出发阐释辩证法，敏锐地把握住了马克思主义哲学的核心原则和出发点。

辩证法作为关于联系和发展的学问，既可能从实践之外的抽象物质出发、孤立地看待自然世界本身的联系和发展，也可能从抽象的思维出发、孤立地研究思维本身的逻辑联系，甚至还可能像黑格尔的逻辑学那样提出联系和发展本身的抽象范畴和规律。在这些传统的辩证法思想中，联系和发展指的是对象自身的过程，排除了人类实践活动的介入。在这个意义上，辩证法在本质上只是一种无时间的、无主体性的自在逻辑，可以称之为客观主义的辩证法。黑格尔的思辨辩证法也是一种无主体的客观主义辩证法。如果马克思主义的辩证法只是从抽象的自然、抽象思维，或者思维与自然的抽象同一性出发，它就只能从属于传统辩证法的某一种形态。在卢卡奇看来，马克思主义的"唯物主义辩证法是一种革命的辩证法"①，而辩证法的革命性涉及的是理论和实践的关系这一根本问题。②理论是现实实践的观念表达，同时又是走向新实践的必要前提。理论与实践之间是一种开放的辩证循环过程。卢卡奇从理论与实践的关系出发阐释辩证法，抓住了马克思主义理解现实运动的关键，站到了马克思主义哲学超越抽象本体论和黑格尔思辨统一性哲学的制高点上。的确如卢卡奇指出的那样，由于忽视了理论与实践之间的辩证关联才导致了马克思主义辩证法阐释中的混乱。理论与实践的关系是理解马克思主义辩证法的精准切入点。

第二，卢卡奇辩证法的基本结构是主客体之间的相互关系。辩证法通过相互作用概念来揭示事物之间的联系和发展。然而一般性地承认事物之间的相互作用并且抽象地概括这些相互作用的基本形式和规律，在黑格尔的

① ［匈］卢卡奇：《历史与阶级意识》，杜章智等译，商务印书馆，2017年，第45页。
② ［匈］卢卡奇：《历史与阶级意识》，杜章智等译，商务印书馆，2017年，第45页。

辩证法体系中已经完成了。①在卢卡奇看来,马克思主义辩证法的根本之处不在于一般地强调相互作用,用相互作用去代替片面的和僵化的因果关系,而在于强调和突出了最根本的相互作用,即历史过程中主体和客体之间的辩证关系。卢卡奇将历史中主客体关系置于马克思主义辩证法的中心地位。在卢卡奇看来,没有主客体相互作用这一因素,"辩证方法就不再是革命的方法,不管如何想(终归是妄想)保持'流动的'概念。因为这意味着未能认识到,在一切形而上学中,客体,即思考的对象,必须保持未被触动和改变,因而思考本身始终只是直观的,不能成为实践的;而对辩证方法说来,中心问题乃是改变现实"②。马克思主义辩证法要揭示的不是事物、客体和对象自在的、未被主体触动和改变的存在状况,其根本的任务不是在对象之外对对象的理论直观,而是要把握人作为主体对客体的作用,把握主客体在实践中相互作用的辩证关系。正是在这个意义上,主客体之间在实践中的相互作用成为辩证法的基本结构。辩证法指的是在实践中主客体相互影响和相互构成的展开过程和展开状态。

第三,卢卡奇辩证法的存在领域是社会历史。从理论与实践的关系出发,将主客体在实践中的相互作用置于辩证法的核心地位,卢卡奇重新划定了辩证法的适用领域。辩证法指向了实践中辩证展开的社会历史领域。卢卡奇说:"这里把这种方法限制在历史和社会领域,极为重要。恩格斯对辩证法的表述之所以造成误解,主要是因为他错误地跟着黑格尔把这种方法也扩大到对自然界的认识上。然而辩证法的决定性因素,即主体和客体的相互作用、理论和实践的统一、在作为范畴基础的现实中的历史变化是思想中的变化的根本原因等,并不存在于我们对自然界的认识中。"③从这一限定出发,

---

① 马克思曾经指出黑格尔叙述了"辩证法的一般运动形式"[参见《马克思恩格斯选集》(第二卷),人民出版社,2012年,第94页],并且明确指出:"辩证法的真正规律在黑格尔那里已经有了,自然是具有神秘的形式。必须把它们从这种形式中解放出来。"[《马克思恩格斯全集》(第32卷),人民出版社,1974年,第535页],"黑格尔的辩证法是一切辩证法的基本形式。"[《马克思恩格斯选集》(第四卷),人民出版社,2012年,第468页],"辩证法在黑格尔手中神秘化了,但这决没有妨碍他第一个全面地有意识地叙述了辩证法的一般运动形式。"[《马克思恩格斯选集》(第二卷),人民出版社,2012年,第94页]。

② [匈]卢卡奇:《历史与阶级意识》,杜章智等译,商务印书馆,2017年,第47页。

③ [匈]卢卡奇:《历史与阶级意识》,杜章智等译,商务印书馆,2017年,第48页。

卢卡奇对马克思主义辩证法的阐释超出了通常的辩证法框架，改变了自在的客观主义辩证法传统。辩证法概念不再指向自然本身的联系和发展，而是指向人类对象性实践中展开的社会领域和历史过程，没有主体性参与的自在联系和自在发展因此被看作非辩证的。

在卢卡奇这里，实践中主客体之间的相互作用也超出了黑格尔观念内部自我旋转的思辨辩证法。黑格尔自我意识内部的观念联系和发展被看作辩证运动的"假象"，是思辨的逻辑联系。"马克思责备黑格尔（还以甚至更强烈的口吻责备回到了康德和费希特的黑格尔后继者）未能真正克服思维和存在、理论和实践、主体和客体的两重性。他认为，据称是历史过程内部的真正辩证法的黑格尔辩证法仅仅是一种假象：在关键的地方，黑格尔未能超过康德。"①卢卡奇对黑格尔思辨辩证法的批判，其实就是马克思对黑格尔批判的直接继续。马克思曾经说过："黑格尔历史观的前提是抽象的或绝对的精神……人类的历史变成了抽象的东西的历史，因而对现实的人说来，也就是变成了人类的彼岸精神的历史。"②绝对精神"捏造历史的行动也只是发生在哲学家的意识中、见解中、观念中，只是发生在思辨的想像中"③。卢卡奇指出，马克思在现实问题上与黑格尔分道扬镳了，黑格尔是不能深入理解历史的真正动力的。④黑格尔将历史看作绝对精神自我展开的辩证运动，而卢卡奇将历史看作人类实践的辩证展开过程，辩证法揭示的是这一展开过程的内在结构和内在逻辑。在这个意义上，卢卡奇从主客体实践中的关系出发，将马克思主义的辩证法规定为历史辩证法。

第四，卢卡奇辩证法的基本方法论原则是总体性。卢卡奇认为，马克思主义辩证法是一种革命的辩证法，"总体范畴的统治地位是科学中的革命原则的支柱"⑤，总体性的观点使马克思主义同资产阶级科学具有决定性的区别。"马克思的辩证法，旨在把社会作为总体来认识"，"对马克思主义来说，归根结底就没有什么独立的法学、政治经济学、历史科学等等，而只有一门

---

① ［匈］卢卡奇：《历史与阶级意识》，杜章智等译，商务印书馆，2017年，第60~61页。
② 《马克思恩格斯全集》（第2卷），人民出版社，1957年，第108页。
③ 《马克思恩格斯全集》（第2卷），人民出版社，1957年，第109页。
④ ［匈］卢卡奇：《历史与阶级意识》，杜章智等译，商务印书馆，2017年，第62页。
⑤ ［匈］卢卡奇：《历史与阶级意识》，杜章智等译，商务印书馆，2017年，第70页。

唯一的、统一的——历史的和辩证的——关于社会(作为总体)发展的科学"。①马克思主义以总体性的方法把社会看作实践中辩证展开的总体，因此本身也就是一门关于社会作为总体发展的科学。以实践概念为基础,作为辩证法方法论原则的总体性要求在实践的总体过程和总体联系中把握具体的事物和环节。"具体的总体是真正的现实范畴"②,卢卡奇指出,"总体的范畴决不是把它的各个环节归结为无差别的统一性、同一性"③。具体与总体之间不是一种无时间的、静止的具体事物与机械整体之间的抽象联系,而是由实践过程中介的历史性的动态联系。卢卡奇指出:"只有在这种把社会生活中的孤立事实作为历史发展的环节并把它们归结为一个总体的情况下，对事实的认识才能成为对现实的认识。"④卢卡奇的总体概念是与实践性、辩证法和历史性,因此是与革命性等根本地联系在一起的。卢卡奇批判庸俗唯物主义者强调抽象的事实性和精确性,他们只是用抽象的、与具体的总体无关的规律来解释事实，导致孤立的部分之间的反思联系被看作适合一切人类社会的没有时间性的规律。⑤卢卡奇强调:"无论是研究一个时代或是研究一个专门学科,都无法避免对历史过程的统一理解问题。辩证的总体观之所以极其重要,就表现在这里。因为一个人完全可能描述出一个历史事件的基本情况而不懂得该事件的真正性质以及它在历史总体中的作用,就是说,不懂得它是统一的历史过程的一部分。"⑥缺乏实践为基础的总体性辩证意识,总是脱离实践中的总体关系去考察事物,看待社会历史过程,这正是庸俗决定论和历史宿命论产生的根源。

第五,卢卡奇辩证法的落脚点是改变现实。卢卡奇明确指出:"对辩证方法说来,中心问题乃是改变现实。"⑦卢卡奇之所以从理论与实践的角度提出以主客体关系为中心,限定于社会历史领域的辩证法概念,强调立足此种辩

①　[匈]卢卡奇:《历史与阶级意识》,杜章智等译,商务印书馆,2017年,第71页。

②　[匈]卢卡奇:《历史与阶级意识》,杜章智等译,商务印书馆,2017年,第54页。

③　[匈]卢卡奇:《历史与阶级意识》,杜章智等译,商务印书馆,2017年,第57页。

④　[匈]卢卡奇:《历史与阶级意识》,杜章智等译,商务印书馆,2017年,第52页。

⑤　[匈]卢卡奇:《历史与阶级意识》,杜章智等译,商务印书馆,2017年,第53页。

⑥　[匈]卢卡奇:《历史与阶级意识》,杜章智等译,商务印书馆,2017年,第56页。

⑦　[匈]卢卡奇:《历史与阶级意识》,杜章智等译,商务印书馆,2017年,第47页。

证法概念的总体性原则，其要义在于为历史唯物主义变革现实的革命性奠定基础。这一理解把握住并且充分地体现了马克思主义理论的实践性。《关于费尔巴哈的提纲》第十一条指出："哲学家们只是用不同的方式解释世界，而问题在于改变世界。"①《关于费尔巴哈的提纲》当然不是要贬低哲学解释世界的意义，认为改变世界不需要对世界的解释，而是说哲学不能停留在解释世界的层面上，对世界的解释应该指向对世界的改变并且被本质地理解为改变世界的内在环节。在马克思看来，"全部问题都在于使现存世界革命化，实际地反对并改变现存的事物"②。只有将现实看作由实践中介的辩证过程才可能达到这样一种理解。一方面，改变世界的前提在于世界是可以被改变的，如果世界本身被理解为一种绝对自在的过程，必然导致宿命论观念；另一方面，改变世界意味着人作为能动的主体被理解为构成现实的基本因素。由于实践的统一性观念，可能改变的世界和能够改变世界的主体相互构成，主客体之间的相互关系才能被看作辩证法的核心。正是改变世界的实践指向，使得卢卡奇对辩证法概念进行了革命性的改造，从而真正地触及了马克思主义理论的本质特征。

二

《历史与阶级意识》是革命时代的产物。这部著作以理论的方式回应革命实践提出的根本问题，由它引起的重大理论争论也围绕着革命叙事的光谱展开。卢卡奇以马克思主义辩证法为核心议题，通过主体能动性原则的引入阐释阶级意识在历史发展中的作用，以理论的方式回应了落后的俄国为什么取得十月革命胜利，而发达资本主义国家发生的革命均告失败，甚至根本就没有发生革命这一实践提出的问题。辩证法阐释中主体能动性原则的引入，打击了当时占主导地位的抽象客观主义和庸俗唯物主义倾向，由此触及了整个马克思主义的哲学基础，改变了马克思主义的理论形象。卢卡奇重新阐释辩证法的影响并不仅仅局限在马克思主义内部，对20世纪哲学界和

---

① 《马克思恩格斯选集》(第一卷)，人民出版社，2012年，第140页。

② 《马克思恩格斯选集》(第一卷)，人民出版社，2012年，第155页。

思想界也产生了广泛的影响。

首先,卢卡奇的辩证法思想开启了辩证法的新方向。我们知道,存在与变易之间的关系是古希腊哲学论争的焦点之一。无论存在本身是否发展变化,但作为现象展开环节和要素的具体事物总是处在联系和发展的过程中。在这个意义上,运动变化和联系发展的观念在哲学中古已有之。辩证法就是关于联系发展本身的结构和逻辑的学问,而不研究事物和现象之间的具体联系和发展。在辩证法理论的发展过程中,将关于联系、发展和运动的范畴、规律体系化,黑格尔成为西方辩证法思想的集大成者和终结者。其终结性在于:一方面,像马克思和恩格斯多次指出过的那样,黑格尔叙述了辩证法的"真正形式""一般形式",任何一种辩证法思想不可能否定黑格尔的基本范畴和基本规律;另一方面,黑格尔揭示的范畴之间的辩证关系和辩证法的基本规律本身是没有时间性和空间性的普遍抽象,适合于任何时间和场合,适用于任何存在领域。这意味着新的辩证法不可能通过实用领域的转变超越黑格尔辩证法,比如说无论将辩证法应用于自然领域还是认识领域,都只是辩证法的展开。套用一个类似马克思的表达,我们可以说黑格尔为联系和发展找到了形式的、思辨的逻辑表达,这是一套抽象的绝对主义和客观主义逻辑。

卢卡奇辩证法思想的重要意义在于,它不是反对辩证法的一般形式,或者强调辩证法应用领域的转移,而是从理论与实践的角度切入,将主客体关系作为辩证法的核心,将改变现实的对象化过程作为思想的落脚点。这就为辩证法走出传统辩证法体系指明了方向。辩证法关心的不再是事物自身的运动变化和联系发展,也不是联系发展本身的抽象范畴和一般形式,而是主客体在实践中的相互作用过程。在这一辩证法思想中,主客体的相互关系成为核心,主体对客体对象的改变意味着以实践性、开放性和可能性的意识看到联系和发展过程。在这样的视域中,传统辩证法的绝对主义、客观主义、抽象主义的逻辑被彻底打开,与形而上学思维对立的不再是一般的联系和发展观念,而是以实践为中介的联系和发展观念。在这个意义上,脱离于实践主体的联系和发展观,本身还是形而上学的,因为"在一切形而上学中,客体,即思考的对象,必须保持未被触动和改变,因而思考本身始终只是直观的,不能成为实践的"①。通过实践的中介,辩证过程被理解为以实践为基础的主客体相互作用,辩证法思想进入了主体性视域,或者说实践的主体性原则被引进辩证法的概念中。今天看来,这样的辩证法概念真正体现了当今时代的基本状况和时代精神,因为人类越来越生活在由自身实践改变和建构的存在关系和发展过程中。

其次,卢卡奇的辩证法阐释开启了马克思主义哲学阐释的新方向。在《历史与阶级意识》诞生的年代,占主导地位的阐释强调马克思主义对黑格尔唯心主义的哲学颠倒,在本体论上回到了唯物主义立场;与此同时,强调将黑格尔辩证法应用于自然界,形成了与唯心辩证法相反的自然辩证法。但是在结构原则没有瓦解的抽象本体论架构中,两个处在极端之间的颠倒是否是一种本质性的颠倒? 马克思主义的唯物主义是在抽象极端之间的颠倒还是在肯定唯物主义一般立场的基础上超越了这种抽象对立? 将黑格尔辩证法的规律和范畴运用于分析自然世界到底是对黑格尔辩证法的超越呢,还是其辩证法思想的展开和实现? 这两个涉及马克思与黑格尔哲学关系的问题,本质上事关马克思主义哲学的基本立场和基本内涵。就像卢卡奇在新版序言中指出的那样:"《历史与阶级意识》代表了当时想要通过更新和发展黑格尔的辩证法和方法论来恢复马克思理论的革命本质的也许是最激进的尝试。"②卢卡奇从理论与实践切入辩证法的阐释,以主客体关系作为辩证法核心的理论"尝试",通过重新阐释马克思与黑格尔的辩证联系,试图澄清马克思对黑格尔思想的积极占有,指明,或者说至少是预示了马克思主义哲学阐释的新方向。

德国古典哲学作为近代主体性哲学的典型代表,它以唯心主义的形态表达和发展了能动性意识,也就是马克思所说的作为创造性和推动性原则的否定性辩证法。③这一卓有成就的哲学形态是在批判抽象唯物主义和机械唯物主义的过程中发展起来的。我们前面已经说过,黑格尔明确指出近代哲学的根本任务就是克服存在与思维的抽象对立,建立统一性哲学。黑格尔哲学是在观念论内部以思维的方式实现存在与思维之间的统一。如何在保留

---

① [匈]卢卡奇:《历史与阶级意识》,杜章智等译,商务印书馆,2017年,第47页。

② [匈]卢卡奇:《历史与阶级意识》,杜章智等译,商务印书馆,2017年,第14页。

③ 《马克思恩格斯全集》(第3卷),人民出版社,2002年,第320页。

黑格尔统一性哲学的同时扬弃其唯心主义的基础？关键当然不是回到抽象的物质基础上。连费尔巴哈都已经明确地指出过这一点，要将自己的哲学同法国的唯物主义区别开来，马克思和恩格斯当然深刻地知道这一点。新的唯物主义原则既要肯定唯物主义的一般立场，又要吸收唯心主义哲学中发展了的能动性原则，因此出发点就不是抽象的物质或抽象的精神，也不是黑格尔那里作为过程展开的绝对精神，而是感性的实践活动。实践就是思维与存在的现实统一性。马克思主义的唯物主义继承了黑格尔统一性哲学对抽象形而上学的批判，汲取和保留了能动性的原则，在克服旧唯物主义被动性和抽象物质性的同时，又避免了一般的唯心主义，以及费尔巴哈这样的历史唯心主义。这才是彻底的唯物主义。这里的"彻底"，绝不是说排斥被唯心主义发展了的能动性原则回到赤裸裸的物质基地上，恰恰相反，是以实践概念在肯定唯物主义立场的基础上汲取了主体能动性的思想，从而克服了思维与存在的抽象对立，也超越了黑格尔思辨统一性的思想框架。

卢卡奇立足实践原则对马克思主义辩证法的阐释，走上了揭示马克思主义哲学与黑格尔哲学关系的正确方向。一方面，通过突出黑格尔哲学乃至整个德国古典哲学对马克思思想的滋养，杜绝了将马克思主义哲学还原到抽象唯物主义的倾向，也为克服将马克思主义阐释导向费尔巴哈抽象人本主义（实质是历史唯心主义）的倾向提供了基础，过高估计费尔巴哈在马克思和黑格尔之间的中介作用的观点被抛到一边了[①]；另一方面，通过实践统一性概念扬弃黑格尔的观念论，这就真正进入了现实过程。像卢卡奇在1967年新版序言中指出的那样："在书中许多地方，我试图对辩证范畴的真正本质和运动作出描绘，这会导致一种真正马克思主义的社会存在的本体论。"[②]"继续了黑格尔竭力要做而未能具体做到的事情"[③]，马克思的辩证法才真正开启了社会历史存在论。卢卡奇在发掘马克思思想之黑格尔渊源的同时，总是在力图划清马克思与黑格尔之间的界限。尽管还不明朗和彻底，但卢卡奇指明了马克思主义扬弃旧哲学，也就是超越旧唯物主义和唯心主义的基本

---

① ［匈］卢卡奇：《历史与阶级意识》，杜章智等译，商务印书馆，2017年，第14页。

② ［匈］卢卡奇：《历史与阶级意识》，杜章智等译，商务印书馆，2017年，第19~20页。

③ ［匈］卢卡奇：《历史与阶级意识》，杜章智等译，商务印书馆，2017年，第62页。

方向。在《历史与阶级意识》之后,不可能再简单地将马克思主义哲学归为"费尔巴哈的类"或者"黑格尔的类"了。

再次,卢卡奇辩证法的总体性概念突出了马克思主义的历史性原则。《历史与阶级意识》引发了很多争议,卢卡奇本身也多次进行过自我批判。但对于总体性的观点,即便在1967年新版序言中卢卡奇仍然强调"《历史与阶级意识》的重大成就之一,在于使那曾被社会民主党机会主义的'科学性'打入冷宫的总体(Totalität)范畴,重新恢复了它在马克思全部著作中一向占有的方法论的核心地位"[①]。总体性范畴作为以实践为基础的主客体辩证法的方法论原则,强调在社会历史的总体联系和总体过程中揭示对象的具体性,这就从基本方向上把握住了历史唯物主义的"历史性"原则,为批判抽象的客观主义和科学主义奠定了基础。我们曾经将卢卡奇的这一总体概念称为内在于历史的具体的总体性。[②]简言之,就是历史地看问题,要求在以实践为基础的社会关系和历史过程中把握事物的具体规定,看到事物相对性、有限性和过程性的社会历史特征。

在卢卡奇看来,"认识现象的真正的对象性,认识它的历史性质和它在社会总体中的实际作用,就构成认识的统一不可分的行动。这种统一性为假的科学方法所破坏"[③]。卢卡奇说的假的科学方法,指的就是当时学界尤其是马克思主义阐释中的抽象科学主义和客观主义。此种客观性以科学的名义将对象从主客体辩证关系中割裂出来,保持对象本身"未被触动",以便达到对对象的精准把握。这种抽象立场将科学研究理解为对现象的外在直观,也就是马克思说过的"对对象、现实、感性,只是从客体的或者直观的形式去理解,而不是把它们当作感性的人的活动,当作实践去理解,不是从主体方面去理解"[④]。这种方法看不到事物在实践关系和历史过程中的现实性和历史性,本质上不是真正辩证的方法。卢卡奇具体的总体概念强调认识对象、认识主体都处于以实践为基础的历史过程中,认识本身只是以实践为基础的

————————

① [匈]卢卡奇:《历史与阶级意识》,杜章智等译,商务印书馆,2017年,第13页。

② 罗骞:《内在于历史的具体的总体性——〈历史与阶级意识〉对马克思哲学本真性的阐发》,《当代国外马克思主义评论》(第4辑),人民出版社,2004年,第141~159页。

③ [匈]卢卡奇:《历史与阶级意识》,杜章智等译,商务印书馆,2017年,第58页。

④ 《马克思恩格斯选集》(第一卷),人民出版社,2012年,第133页。

对象性活动,因此要历史地看待事物。卢卡奇总体性方法深刻体现了历史唯物主义的历史性原则,抓住了当代抽象客观主义认识论的要害,为将认识论和方法论奠定在历史唯物主义的基础上指明了基本方向。

最后,卢卡奇的辩证法思想揭示了历史唯物主义辩证历史观的基本方向。在马克思主义的阐释中,尽管人们总是在强调历史的辩证性,却常常不自觉地站在历史宿命论和唯意志论的片面立场上。原因在于马克思主义历史观的哲学基础没有被本质地揭示出来,从自然物质到人类社会之间的辩证关联和统一性基础没有得到根本澄清。由于这一局限,人们在强调世界物质统一性的时候,常常陷入用物质世界的因果决定论解释社会历史的宿命论立场;相反,在强调社会历史特殊性、突出人的能动性时,又常常陷入唯意志论,陷入主观唯心主义的泥沼。这种状况,不仅在马克思主义的批评者中有体现,而且在马克思主义的信仰者中也有体现。卢卡奇主客体辩证法为揭示辩证的历史观奠定了基础。实践概念意味着客观必然性和主体能动性之间的辩证统一,就像卢卡奇阐释实践原则时指出的那样,“实践的原则作为改造现实的原则必须适应行为的具体物质基础,以便能由于自身发生作用而对这个物质基础发生影响,而且是以适应这一基础的方式来发生影响的”①。马克思主义的实践原则瓦解了历史观中抽象决定论和唯意志论之间的僵硬对立,因为现实的历史被看作人作为主体与客体环境相互作用的展开过程,也就是说“人创造环境,同样,环境也创造人”②。就像马克思在另一个地方说过的那样:“人们自己创造自己的历史,但是他们并不是随心所欲地创造,并不是在他们自己选定的条件下创造,而是在直接碰到的、既定的、从过去承继下来的条件下创造。”③

三

卢卡奇在新版序言中曾经说过,揭示《历史与阶级意识》中构思正确的思想倾向对自己和他人的活动多大程度上产生了富有成效的结果,这不是

---

① [匈]卢卡奇:《历史与阶级意识》,杜章智等译,商务印书馆,2017年,第177~178页。
② 《马克思恩格斯选集》(第一卷),人民出版社,2012年,第172~173页。
③ 《马克思恩格斯选集》(第一卷),人民出版社,2012年,第669页。

他的任务,而是要平静地留给历史去作出判断。①《历史与阶级意识》对马克思主义的发展产生了深刻影响。这些影响根源于这一著作在理论的基础方面对马克思主义进行的创新性阐释,根源于这一著作以理论的方式回应了当时的社会历史形势。这倒不是说卢卡奇对马克思主义的阐释是全面正确并且总是清晰明朗的。恰恰相反,在纠正对马克思主义错误阐释方面做出杰出贡献的同时,《历史与阶级意识》对马克思主义的阐释却不明晰,甚至陷入了混乱。尤其是他对恩格斯的错误理解、对实践原则阐释的不彻底引起了广泛争论。可以说,其理论局限就像其理论成就一样突出。

卢卡奇辩证法阐释是从批评恩格斯开始的。在卢卡奇看来,恩格斯追随黑格尔,试图将黑格尔的思辨逻辑运用到自然物质世界②,恩格斯的辩证法概念没有注意到历史过程中最根本的主客体之间的相互作用,联系和发展因此只是一种非主体的思辨过程③。立足这种对恩格斯的批评,卢卡奇将主客体关系提升为辩证法的核心,并且强调辩证法只适用于社会历史领域。卢卡奇对恩格斯的这种批评奠定了后来众多西方马克思主义者的理论立场。比如,梅洛-庞蒂曾经指出:"自然界如果仅仅是自然界,如果它是我们本身以外的存在,那么人们在自然界里找不到构成辩证法所必需的关系和品质。"④萨特也明确说过:"在历史的和社会的领域内,确实有一种辩证理性,恩格斯在将它运用到'自然的'领域和强制性地把它刻在这个领域里的同时,便使它失去了合理性。"⑤不管主观上的动机如何,卢卡奇对恩格斯辩证法概念的批判引发了恩格斯和马克思思想关系的争论,直接或者间接地成了马恩对立论的思想源头。⑥其实,恩格斯并没有片面地追随黑格尔,⑦恩格斯也并非

① [匈]卢卡奇:《历史与阶级意识》,杜章智等译,商务印书馆,2017年,第33页。
② [匈]卢卡奇:《历史与阶级意识》,杜章智等译,商务印书馆,2017年,第48页。
③ [匈]卢卡奇:《历史与阶级意识》,杜章智等译,商务印书馆,2017年,第47、48页。
④ 《马克思主义研究资料》(第35卷),中央编译出版社,2015年,第195页。
⑤ [法]萨特:《辩证理性批判》,林骧华、徐和瑾、陈伟丰译,安徽文艺出版社,1998年,第165页。
⑥ 当然,卢卡奇本身是不会认同马恩对立论的,参见卢卡奇《历史与阶级意识》序言,第39、41页。
⑦ 恩格斯不是片面追随而是批判和改造黑格尔的辩证法,这一点在《自然辩证法》中尤其显著。在不同著作中,恩格斯批判过黑格尔辩证法的唯心主义基础、体系与观点的矛盾、在自然哲学中制造联系、看不到自然界的历史性,等等。当然卢卡奇发表《历史与阶级意识》的时候,恩格斯的《自然辩证法》还没有出版。

像卢卡奇批判的那样对主客体相互作用连提都没有提到。

在《自然辩证法》中,恩格斯在谈论因果关系的时候明确批评了割裂自然与历史的错误,谈到了人与自然的相互作用:"自然科学和哲学一样,直到今天还全然忽视人的活动对人的思维的影响;它们在一方面只知道自然界,在另一方面又只知道思想。但是,人的思维的最本质的和最切近的基础,正是人所引起的自然界的变化,而不仅仅是自然界本身;人在怎样的程度上学会改变自然界,人的智力就在怎样的程度上发展起来。因此,自然主义的历史观……认为只是自然界作用于人,只是自然条件到处决定人的历史发展,它忘记了人也反作用于自然界,改变自然界,为自己创造新的生存条件。"①恩格斯谈论劳动创造人本身时,主客体相互作用的思想就更加直接和明确了。当然,恩格斯的确没有将理论的重心放到主客体的相互作用上,更没有将辩证法限制在社会历史领域。恩格斯明确指出过:"马克思和我,可以说是唯一把自觉的辩证法从德国唯心主义哲学中拯救出来并运用于唯物主义的自然观和历史观的人。"②可见,仅仅从社会历史领域出发区分出的自然辩证法或历史辩证法并不能揭示马克思主义辩证法的本质特征,恩格斯本人也没有直接将马克思主义的辩证法命名为自然辩证法。问题的关键在于,他们如何将辩证法从德国唯心主义哲学中拯救出来,使之既不同于唯心主义的辩证法,也不同于旧唯物主义的辩证法。卢卡奇正是在这一点上犯了严重的错误。他仅仅在领域的意义上限制辩证法的使用,排除自然辩证法概念,从而导致了混乱和不彻底性,也没有同情地理解恩格斯的理论任务和理论意义。

由于将自然排除在辩证法概念之外,好像马克思主义的辩证法主要是甚至根本上说只是历史领域的辩证法,这就给卢卡奇带来了自然与历史二元论对立的嫌疑,③同时也带来了理论混乱。在前面否定自然辩证法之后,卢卡奇又相互矛盾地谈到了自然辩证法:"必须把自然界的纯客观的运动辩证法在方法论上与社会的辩证法分离开来,而在社会的辩证法中,主体也被纳入到了辩证的相互关系之中,理论和实践之间的相互关系也变得辩证了等

---

① 《马克思恩格斯选集》(第三卷),人民出版社,2012 年,第 922 页。

② 《马克思恩格斯选集》(第三卷),人民出版社,2012 年,第 385 页。

③ 肖恩·塞尔兹认为,卢卡奇的辩证法阐释导致了人与自然两个领域的对立。参见《马克思主义研究资料》(第 35 卷),中央编译出版社,2015 年,第 194~196 页。

等。(对自然的认识的发展,作为社会形式属于第二种类型的辩证法,这是不言而喻的①。)而且,为了具体地发展辩证的方法,具体地描述辩证法的不同类型就可能是绝对地必需的。"②当然,卢卡奇尽管表面上承认了自然辩证法概念,但是仍然突出社会和自然的对立,而没有真正贯穿实践的统一性原则,没有将实践作为中介范畴贯彻到对自然的理解。只有将实践中的主客体相互作用观念贯穿到对世界的整体理解中,才能克服自然与历史、思维与存在、理论与实践的抽象对立,才能够以实践为基础理解联系和发展,从而超越自在的、思辨的辩证法传统。

由于卢卡奇的辩证法阐释没有能够将实践概念彻底化,因此没有能够澄清马克思主义实践辩证法的本质,而是带来了辩证法阐释的纷争和混乱。根本不像他在新版序言中自我反思时说的那样,错误在于把马克思主义理解为社会历史理论,否认它的同时也包括自然的理论倾向。黑格尔哲学不是也包含一种自然理论吗?问题的关键不在于马克思主义有社会历史理论的同时,也包含一种自然的理论,而在于把握社会历史与自然世界时思想原则的统一性,在于理论的性质和思想原则本身。马克思主义辩证法以实践的统一性为基础,从主客体的相互作用关系理解联系和发展。实践成为新的世界观原则,同时也就是辩证法阐释的新视域。实践辩证法意味着辩证法的一种新形态。实践辩证法根本上不否定自然世界的辩证运动,也不否定思辨辩证法提供的一般形式,它只是意味着并且突出强调在以实践为基础的主客体关系中理解联系和发展。事物的联系和发展表现为被实践中介的现实历史过程。对象自身的规律性以及辩证法的一般形式成为实践辩证法扬弃了的环节被保留在实践辩证法之中。

马克思主义的实践概念并没有被封闭在社会历史领域内部,更不是指传统西方哲学中规范性的道德活动,而是指人类特有的对象性活动,人类的生存活动本身。社会历史不过是在物性世界中由人类特殊的对象性活动建构的超越物性的存在空间和存在过程。正是在连接自然物质世界与社会历

---

① 卢卡奇在这里认同自然辩证法,并且将对自然认识的发展看成是社会辩证法,这与他将辩证法限定在社会历史领域的表述是相互冲突的。——笔者注

② [匈]卢卡奇:《历史与阶级意识》,杜章智等译,商务印书馆,2017年,第271页。

史的实践活动中,马克思主义从劳动这种根本的实践活动出发阐释历史。这就是恩格斯的自然辩证法结束于"劳动创造人"这一思想的原因所在,从自然物质世界的辩证运动过渡到劳动范畴,就走到了唯物史观的大门了。以劳动概念为基础的历史唯物主义就是对人类社会历史辩证运动的理论阐释,就是以劳动实践为基础的实践辩证法。因此马克思主义的辩证法并不是被局限于社会领域的"历史辩证法",而是突破了社会历史概念的自我封闭性,在自然世界与人类社会之间建立辩证联系的实践辩证法。作为实践辩证法核心结构的主客体关系是对象化实践活动中的现实关系。它不仅指向社会历史领域,也指向自然世界,包括作为主体的人能动地改变客体对象的一切感性活动。澄清了这一点,《历史与阶级意识》中的一系列重要失误和含混就可以被理解了。

卢卡奇对实践概念的阐释过分倚重黑格尔主客体思想,对主客体的相互作用没有真正在劳动实践概念中展开,导致卢卡奇在历史唯物主义的关键和核心之处离开了历史唯物主义。一方面,这使得卢卡奇将辩证法孤立地限定在社会历史领域,没有彻底揭示以主客体关系为核心、以实践为基础的马克思主义辩证法思想作为统一性哲学的一般意义,导致了在卢卡奇思想中自然辩证法与历史辩证法的抽象对立。只有将实践作为世界观的基本原则,作为统一性哲学的现实基础,存在与思维的关系这一哲学的基本问题才能超出反思哲学的认识论框架,展开为实践中的辩证统一过程,辩证法概念才能真正进入全新的阐释视域。这正是马克思主义辩证法和整个马克思主义哲学的核心和关键所在。另一方面,这使得卢卡奇的辩证法虽然强调了具体的总体性原则,要求在历史的总体过程和总体联系中揭示和理解事物的具体性,但是这一原则失去了历史唯物主义的实体性内容。离开了历史唯物主义以劳动为基础的社会历史存在论,具体与总体的辩证联系还是无实体内容的反思联系,基本上还只是在黑格尔"全体"和"过程"的框架下得到阐释。正是因为理论的这一局限,卢卡奇才会将总体性的原则与唯物史观的基本原理对立起来,强调"不是经济动机在历史解释中的首要地位(Vorherrschaft),而是总体的观点,使马克思主义同资产阶级科学有决定性的区别"①。这样一

————————

① [匈]卢卡奇:《历史与阶级意识》,杜章智等译,商务印书馆,2017年,第70页。

来,卢卡奇的历史辩证法概念就从本质上离开了生产力、生产关系、生产方式、经济基础、上层建筑这些历史唯物主义的基本范畴。也就是说,他正确地突出了马克思主义的历史性原则,却没有真正揭示这种历史性原则的实体性内容。

总之,在其局限与成就同样鲜明的情况下,我们只能将卢卡奇在《历史与阶级意识》中对马克思主义辩证法的阐释看作对实践辩证法的初步揭示。如果我们能够辩证理解卢卡奇的理论成就和贡献的话,马克思主义辩证法乃至整个马克思主义哲学性质就会更加清晰和明朗了。思维与存在的关系问题是并且始终是哲学的基本问题。在马克思主义哲学视域中,这一问题不再停留于传统反思哲学认识论路向中的本体论问题和同一性问题上,而是走向了实践哲学视域中的统一性问题和否定性问题。①在人类主体性力量日益强大的情况下,人在改变对象性世界的同时改变自身的辩证关系才是问题的关键。马克思主义辩证法不是作为领域的历史辩证法或者自然辩证法,而是连接了自然和历史、以主客体相互作用为核心范畴的实践辩证法。在这个意义上,马克思主义哲学真正在实践的基础上实现了存在论、辩证法和方法论的统一。

今天,人类面临着社会历史发展的新形势,这种新的形势不仅包括社会内部的结构性问题,也包括人类与自然环境之间的矛盾问题。从理论与实践的视角出发,强调主客体关系在马克思主义辩证法中的核心地位,将马克思主义的实践观贯彻到底,这不仅是揭示马克思主义辩证法思想的基本方向,也是当代人类基本存在状况的思想表达。尽管卢卡奇对马克思主义辩证法的探索并不彻底,留下了诸多问题,但他无疑是洞察思想与现实深刻关联的杰出理论家,他以自己的深刻探索率先开启了马克思主义理论阐释的这一方向。

罗骞(中国人民大学)、李秋月(北京物资学院)

---

① 关于马克思主义如何理解哲学的基本问题,我们在《思维与存在的关系:哲学基本问题的当代阐释》一文中进一步阐释(该文发表于《武汉大学学报》2022 年,第 5 期)。

辩证法内部的争论：
阿多诺与《历史与阶级意识》

　　毫无疑问，阿多诺首先是在新音乐的空间中倾听到时代精神的足音的，"否定的辩证法"在一定意义上是对勋伯格无调音乐和十二音技法的一种哲学转述。不过，音乐理念和哲学终究是有差别的，否则"否定的辩证法"的所有权就应当属于勋伯格了。正像大量既有研究都已经指出的那样，由青年卢卡奇和柯尔施肇始的"西方马克思主义的异端传统"是阿多诺思想星丛中最明亮的一颗，[①]正是在这一理论传统中，阿多诺的音乐理念才获得了向哲学转化的基础和现实性，[②]因此，"否定的辩证法"应当说是由《历史与阶级意识》所催生出来的 20 世纪马克思主义辩证法的一个新形态。但"否定的辩证法"又明确反对"总体性""历史的主客体"和"总体性辩证法"，要求回到历史辩证法的客体向度，并在《否定的辩证法》中宣告了由《历史与阶级意识》开启的西方马克思主义的逻辑终结。[③]我们现在讨论《历史与阶级意识》对"否

---

　　① 　［美］马丁·杰：《阿多诺》，瞿铁鹏等译，中国社会科学出版社，1992 年，第 10 页。

　　② 　阿多诺离开维也纳之后经常停留在柏林，在这里，他与由本雅明、克拉考尔、布洛赫等人组成的"柏林小组"保持着密切往来，他们专门讨论过《历史与阶级意识》。这本书就像深刻地影响了同时代其他左派知识分子一样深刻地影响了阿多诺，尽管阿多诺对它不是毫无保留地赞同（See Susan Buck-Morss,*The Origin of Negative Dialectics*,The Free Press,1977,pp.20–21）。在此之前，霍克海默也已经基本上接受了《历史与阶级意识》的思想，其中的异端马克思主义实际成为法兰克福学派最重要的理论来源（参见［美］马丁·杰：《法兰克福学派史》，单世联译，广东人民出版社，1996 年，第二章），批判理论从 1930 年到 1945 年的发展过程，在一定意义上，就是不断远离甚至是反对《历史与阶级意识》的过程（See Helmut Dubiel,*Theory and Political:Studies in the Development of Critical Theory*,Benjamin Gregg(trans.),The MIT Press,1985）。

　　③ 　张亮：《阿多诺与西方马克思主义的逻辑终结》，《福建论坛》，2000 年，第 4 期。

定的辩证法"的影响,就必须廓清它们之间这种继承与反对的辩证关系。具体地说,《历史与阶级意识》的物化理论为"否定的辩证法"提供了关键性的社会历史元批判基础。与从社会分工出发的卢卡奇不同,阿多诺主要是从价值的形成和交换来理解物化的,因此在卢卡奇经过物化意识走向总体性辩证法、历史辩证法的主体向度的地方,他拒绝了作为历史主客体同一的无产阶级,并严厉批判了总体性的同一性强制,要求向客体向度回归。

一、物化:从马克思、青年卢卡奇到阿多诺

在 20 世纪的马克思主义理解史上,物化(异化)可能是最具歧义性的一个概念了。它是马克思哲学本身所固有的一个概念,不过在马克思思想发展的不同时期,其性质、地位和作用是存在本质区别的。①但是由于《1844 年哲学经济学手稿》和《1857—1858 年经济学手稿》只是到了 20 世纪 30 年代以后才陆续公开发表,因此马克思的这个概念及其内在差异长期不为人所知。而在此之前,青年卢卡奇已经沿着韦伯的合理性思路,提出了一种反响巨大的物化理论,并成为后人理解马克思相应概念的一个尺度,这样,三种本质上有所不同的物化概念就历史性地纠结在一起了。阿多诺固然是从卢卡奇这里首先获得物化概念的,不过以法兰克福学派对马克思经济学的深入研究为基础,在本雅明和齐美尔的中介下,他实际上更加本源地回到了马克思的物化概念,但是他终究没能达到雇佣劳动这个科学内核,只是停留在了交换这个表层上。

严格经济学意义上的劳动概念即雇佣劳动概念,不仅是马克思剩余价值理论的基石,而且也为马克思科学的历史批判理论提供了逻辑起点和方法论基础。②从劳动的二重性到商品的二重性,马克思自然地区分出了两种

---

① 关于马克思物化(异化)概念的发展变化及不同时期用法的本质差别,可以参见孙伯鍨先生的如下相关论述:《探索者道路的探索》第四章(安徽人民出版社,1985 年);《马克思主义哲学史》第二卷第二章(北京出版社,1991 年)。

② 关于马克思的劳动概念及其方法论意义,请分别参见杨建平:《马克思的劳动概念》,南京大学,1998 博士研究生毕业论文;[苏]阿法纳西耶夫:《马克思的伟大发现——劳动二重性学说的方法论作用》,李元亨译,山东人民出版社,1992 年。

物化：与具体劳动相对应的对象化的物化、与抽象劳动相对应的异化的物化。至于异化，马克思则依据雇佣劳动对其进行了一种历史性区分。在他看来，由于分工和交换的发展，社会关系在从人与人的关系转变为物与物的关系之后，就成为一种独立于人的意识之外的、支配人的意识，进而支配人的行为的社会力量，这种异化是人们在相当长的历史时期都必须面对的普遍现象。随着生产力的发展，劳动力本身成为商品，货币也就在事实上成为资本，异化也就发展到了一个新的阶段：社会财富集中到少数人手中，被少数人支配，用来控制、支配和奴役社会上绝大多数劳动者，突出的表现就是资本的异化。在马克思看来，商品异化、货币异化和资本异化是有区别的，因此在《资本论》中他没有泛泛地批判商品和货币，而是集中批判资本。他预见资本将在全社会和全世界的范围内实现自己的唯一统治，这样的社会就是资本主义社会，但是他还主要生活于并反映着资本家占统治地位的社会即资产阶级社会。①只是在齐美尔和韦伯生活的年代，资本才发展到足以要求包括国家政治体制内在的社会生活的各个方面都必须适应自己的方式、按照自己的原则来重新组织的程度，随着企业官僚主义和国家官僚主义的合并，资本也就从单纯的经济组织原则上升为社会的组织原则，这样的社会是一个在性质上与资产阶级社会存在区别的资本主义社会。因此，我们可以肯定地说，韦伯所总结出来的作为资本主义社会一般原则的合理性，是对马克思所描述的资本的原则的一个非批判的继承。②由于韦伯坚持新康德主义的哲学路线，拒绝承认物自体的存在，因此他就不得不在把合理性作为经验事实接受下来的同时，把它设置为了属人的自然法则，从而在合理化和铁笼之间陷入两难境地。

　　一般而言，马克思的物化是对资本拜物教的发生学分析，韦伯的合理性则是对资本的运作法则的经验总结，它们之间存在深刻的异质性。卢卡奇显

---

① 资产阶级社会是一个法权概念，而资本主义社会则已经上升到了社会理论和历史哲学的高度。关于马克思的这两个概念的使用问题，可以参见张一兵、王浩斌：《马克思真的没有使用过"资本主义"一词吗？》，《南京社会科学》，1999 年第 4 期。

② 英国学者约翰·基恩在《马克思·韦伯的遗产》一文中，详细论述了韦伯合理化理论的思路，由此我们也就清晰地发现了韦伯之于马克思的承继关系，参见《公共生活与晚期资本主义》，马音等译，中国社会科学文献出版社，1999 年，第 27~79 页。

然没有意识到这种异质性的存在,因此在《历史与阶级意识》中,他对两者进行了一种非法对接。①为了使非批判的合理化能够获得必要的批判张力,卢卡奇从齐美尔那里引入了社会分工。齐美尔所讨论的不是具体的历史的分工,而是"一般的个体化进程",因此他批评马克思《资本论》中的拜物教理论是狭隘的:"马克思归于商品生产时代的经济客体的'拜物教特征'只是我们文化内容的这种一般宿命的一个特殊的缓和的实例。"②也就是说,在马克思历史地批判资本异化的地方,齐美尔却在泛化地批判一般异化。正是在齐美尔上述思想的影响下,③《历史与阶级意识》构思出来一个与《1844 经济学哲学年手稿》中基于分工的异化学说具有异曲同工之妙的物化学说。从物化到物化意识,卢卡奇指证"近代批判哲学是从意识的物化结构中产生出来的"④,资产阶级思想陷入了它的生存基础的二律背反之中,只是尽可能地表达了这种背反,而没有解决也不可能解决这种背反,总体性辩证法在方法论上克服了资产阶级思想的局限性,并在无产阶级这个历史的主客体身上找到了克服二律背反的现实承担者。正如卢卡奇晚年自己回忆的那样,物化、异化问题很快就成了哲学争论的中心,⑤从海德格尔到法兰克福学派,当时的学术界普遍受到它的深刻影响。尽管法兰克福学派后来对卢卡奇的这个概念有着颇多批评,但我们还是应当把他们放置在一个统一体中加以观照,"在这个统一体中,法兰克福学派思想家深化和扩充了卢卡奇的物化概念和虚假意识概念,也正是卢卡奇的这些思想促使他们放弃革命集体主体和阶级激进主义的理论"⑥。

阿多诺典型性地代表了法兰克福学派与卢卡奇物化概念的辩证关系。

① [匈]卢卡奇:《历史与阶级意识》,杜章智等译,商务印书馆,1992 年,第 143~154 页。

② Simmel,The Concept and Tragedy of Culture,David Frisby and Mike Featherstone(eds.),*Simmel on Culture:Selected Writings*,SAGE Publication,1999,p.70.

③ D. Frisby,Introduction to Translation,Simmel,*The Philosophy of Money*,D. Frisby(trans.),Routledge,1990,pp.19–20.

④ [匈]卢卡奇:《历史与阶级意识》,杜章智等译,商务印书馆,1992 年,第 177 页。

⑤ [匈]卢卡奇:《历史与阶级意识》,杜章智等译,商务印书馆,1992 年,新版序言第 17 页。

⑥ [加]本·阿格尔:《西方马克思主义概论》,慎之等译,中国人民大学出版社,1991 年,第 192 页。

他一方面肯定,"辩证法意味对所有物化的不妥协"①,另一方面却又严厉地批评说,"就像我们不能把辩证法还原为任何别的孤立的范畴一样,不管怎样激烈地争辩,我们也不能把辩证法还原为物化。同时,在关于物化的挽词中,人类苦难的原因不是被公开废止,而是被伪饰起来了"②。唯其如此,是因为阿多诺对物化现象的形成和本质有着自己独特的见解。

　　尽管卢卡奇的物化概念是在马克思《1857—1858 年经济学手稿》的导言和《资本论》的影响下形成的,③但是他本人对于马克思的经济学说却没有什么专业认识,也正是因此他才会异质性地引入齐美尔的分工去说明物化的形成。阿多诺则不然。他所从属的学术团体不仅有经济学研究的传统,其中的格罗斯曼(Henryk Grossman)和波洛克(Friedrich Pollock)更是当时重要的马克思主义经济学家。格罗斯曼积极参与20 世纪20 年代关于"资本主义崩溃"的辩论,他于 1929 年出版的《资本主义制度积累和崩溃的规律》是当时最严肃的政治经济学作品,④虽然他与波洛克(或者说其他较为年轻的一些成员)之间存在一定的分歧,不过总的思路却是基本一致的,所以在《社会研究杂志》第一期上,他和波洛克关于现实资本主义制度的论述作为整个学派的经济学基础被放置在了杂志的开头。⑤因此,阿多诺始终明确地把物化作为现代资本主义制度的产物,并在这一制度内部去寻找它的成因。虽然在本雅明的影响下,他也回到了齐美尔的形式和内容的二元论,不过他并没有像前者那样抽象地要求回到远古以克服商品拜物教,而是在资本主义交换体制下具体地分析了这一现象的起源。他指出:"交换原则,即把人类劳动向着平均劳动时间这一抽象的普遍概念的还原,从根本上讲与同一化原则是类似的。

　　①　Adorno,Cultural Criticism and Society,*Prisms:Culture Criticism and Society*,Samuel and Shierry Weber(trans.),The MIT Press,1981,p.31.

　　②　Adorno,*Negative Dialectics*,E. B. Ashton(trans.),Routledge & Kegan Paul,1973,p.190/188.

　　③　《1857—1858 年经济学手稿》的导言部分第一次发表于 1902—1903 年《新时代》第 1 卷第 23—25 期上。

　　④　[南斯拉夫]弗兰尼茨基:《马克思主义史》(下),生活·读书·新知三联书店,1963 年,第 381~387 页。

　　⑤　[美]马丁·杰:《法兰克福学派史》,第 25、35 页。关于法兰克福学派的马克思主义政治经济学基础,See David Held,*Introduction to Critical Theory:Horkheimer to Habermas*,Hutchinson & Co.(Publishers)Ltd.,1980,pp.40–44.

交换是这一原则的社会模式,没有这一原则也就不会存在任何交换。正是通过交换,非同一的个体和劳动成果成为可通约的和同一的。这一原则的扩展把成为同一的、成为总体的作为义务强加给整个世界。"①因此,阿多诺所理解的物化其本质就在于:在资本主义交换体制下,交换价值压倒使用价值,成为事物的本质,事物自身的本质却消失了。他的理论基础是《资本论》第一卷第二章"交换过程"。②从交换来理解物化似乎是法兰克福学派的一个主导意见,因为在早期批判理论中,霍克海默不仅从交换经济出发来分析当代资产阶级哲学中的真理问题,③而且直接把政治经济学中的简单商品交换观念作为批判理论的起点。④当然,马尔库塞是一个例外。⑤

我们现在一提到《历史与阶级意识》肯定就会想到物化,但对于卢卡奇而言,物化只是一个工具性的理论,它其实是为后面的组织问题服务的,是具体的历史情境把它推到了最显眼的地方。阿多诺开始接受物化的时候,他的精细理解或许是卢卡奇根本没有想过的。从柯内利乌斯关于在主客体之间不存在第一性的重要教诲以及无调音乐的理念出发,物化最为显要的一点就是主体的交换价值凌驾于客体的使用价值之上,因此在卢卡奇要求主体与主体之间的平等的地方,阿多诺首先要求的是主体和客体之间的平等。"客体的首要性是间接知觉(intentio obliqua)的间接知觉,而非再次提出的直接知觉(intentio recta)。它是对主体还原的纠正,而非对主体方面的否定。客体也是中介的,不过,它是按照自己的概念而不像主体依赖客体那样完全依赖主体。唯心主义忽视这些差别,结果使作为伪装服务于抽象的精神化变得

① Adorno, *Negative Dialectics*, E. B. Ashton(trans.), Routledge & Kegan Paul, 1973, p.143/146.

② 《马克思恩格斯全集》(第 23 卷),人民出版社,1972 年,第 102~111 页。

③ Horkheimer, On the Problem of Truth, *Between Philosophy and Social Science: Selected Early Writings*, G. Frederick Hunter, Matthew S. Kramer, and John Torpey(trans.), The MIT Press, 1993, pp. 177–215.

④ Horkheimer, *Critical Theory: Selected Essays*, Matthew J. O'connell et al.(trans.), The Continuum Publishing Corporation, 1982, p.226/215.

⑤ 马尔库塞和卢卡奇一样,也是从分工来理解物化的,参见[美]马尔库塞:《论经济学劳动概念的哲学基础》,载《现代文明与人的困境》,李小兵等译,上海三联书店,1989 年,第 205~258 页。

粗糙了。这就导致对盛行于传统理论中的对待主体的立场的修正。"①

二、物化意识与资产阶级哲学

对于马克思而言，物化是人们在主体生存状态上观照到的一定的社会历史发展过程，尽管它是后者的表现，具有某种次生性，但是它无疑是一种在经济基础之中的社会存在。社会存在决定社会意识，物化必然会在社会的意识层面上得到表现。在《德意志意识形态》和《资本论》及其手稿中，马克思曾经对资产阶级意识形态进行过一般论述。他指出：意识形态没有自己的历史，它随着自己赖以产生的物质生产和物质交往的变化而变化。不过，由于资产阶级社会本身还是从封建社会到资本主义社会的一个过渡性阶段，在这里，意识形态还保持着某种相对独立性或者说是滞后性，意识形态领域中的阶级斗争还没有达到足够激烈的程度，因此马克思还没有能够对它与资本主义生产方式之间的关系进行更深入的研究。而在卢卡奇生活的时代，这种深入研究的条件已经具备了，所以我们看到，卢卡奇在自己的物化学说基础上对资产阶级意识形态问题进行了一次极为深入的社会分析，这被后来的西方马克思主义所继承，成为其意识形态批判的一般模型。

卢卡奇指出，物化现实必然要在意识领域中表现自己，形成物化意识，但物化意识的形成具有一定的滞后性，它只有在整个社会都彻底物化之后才能达到自己的普遍性。因此，"只有当商品问题不是仅仅表现为个别的问题，也不是仅仅表现为按专门科学理解的经济学的核心问题，而是表现为资本主义社会生活各个方面的核心的、结构的问题时，它才可能达到这种普遍性。因为只有在这种情况下，才能在商品关系的结构中发现资本主义社会一切对象性形式和与此相适应的一切主体性形式的原形"②。那么物化意识是在什么时候达到自己的普遍性的呢？出于策略的需要，卢卡奇认为那是在德国古典哲学发生、发展的时期。"德国古典哲学的伟大、矛盾和悲剧正在于，

---

① Adorno, Subject and Object, Andrew Arato, and Eike Gebhardt(eds.), *The Essential Frankfurt School Reader*, Urizen Books, 1978, p.502.

② [匈]卢卡奇：《历史与阶级意识》，杜章智等译，商务印书馆，1992年，第143页。

它不再——象斯宾诺莎那样——把每一个既定的事实当作不存在的东西,并让它们消失在知性创造的理性形式的宏伟建筑后面,而是相反,它把握住了概念的既定内容的非理性特征,牢牢地抓住这种特征,超越和克服这种证明,力求建立体系。"①但是从康德到黑格尔,古典哲学表现了资产阶级意识形态力图突破自身的物化现实的失败尝试,它的积极成果就是在方法论上找到了克服物化的辩证法。然后,卢卡奇引证恩格斯的结论,指出马克思主义哲学和无产阶级是德国古典哲学真正的继承人,它们在无产阶级这个历史的主客体身上找到突破二律背反的现实承担者。

如果说卢卡奇把从康德到黑格尔的德国古典哲学视为资产阶级意识形态克服自身的失败之旅的话,那么阿多诺则把这一过程搬到了从胡塞尔到海德格尔的德国当代哲学身上,不同的是,这是关于唯心主义的一次失败之旅。阿多诺批判唯心主义和霍克海默重建唯物主义其实一个问题的两个方面,它们都是要说明资本主义交换体制、物化是一个不可回避但需要超越和扬弃的社会存在"本体"。基于学派内部的分工默契,对德国当代哲学的清算显然是由阿多诺来承担的。20 世纪 30 年代,阿多诺就明确指出,从胡塞尔到海德格尔的当代哲学主流的基本问题就是反对唯心主义。胡塞尔哲学是"一个从内部摧毁唯心主义的尝试,一个以意识根据去击穿先验分析之墙、同时又试图尽可能完成这一分析的尝试",但是,"本质学说被认为是胡塞尔反唯心主义的最后一击,但它却揭示自身为唯心主义的顶点:纯粹本质。它似乎是驱除了任何主观构成的客观性,其实却不过就是它的抽象性中的主观性、思维的纯粹功能、康德意识统一意义上的'我思'"。②就此而论,现象学已经为自身的分解作了准备。以舍勒为中介,当代哲学发展到海德格尔阶段的时候,"客观理念和客观存在问题已经被主观的问题置换了。质料本体论的挑战被缩减到主观性领域内,被缩减到了在实在之开放的丰富性中它找不到它能够定位的东西的深处"③。阿多诺哲学思想的发展是始终围绕着与海德格尔的对话展开的,在这个意义上,它与海德格尔哲学的关系犹如马克思哲

---

① [匈]卢卡奇:《历史与阶级意识》,杜章智等译,商务印书馆,1992 年,第 186 页。

② Adorno,Husserl and the Problem of Idealism,*The Journal of Philosophy*,No.1,1940,p.6、18.

③ Adorno,The Actuality of Philosophy,*Telos*,31,1977,pp.123.

学与黑格尔哲学的关系，它需要在从内在颠覆海德格尔哲学之后重建哲学的现实性，所以《否定的辩证法》的第一部分就是对海德格尔哲学的批判，"否定的辩证法"正是在这个基础上得以展开的。依照对这一部分已有之深入的文本学解读，①我们看到，阿多诺首先揭露了海德格尔颠覆传统本体论这一"哥白尼式的革命"的本质，即他不过是以一种更加隐秘的逻辑座架使本体论成为不可摆脱的内在需要；海德格尔用存在去超越存在物，可存在物却又原封不动地被掩盖在存在中，并在存在的名目下禁止人们去认识和超越，这个存在具有神圣的本质，面对它的光芒，现实的存在即物化世界显得是卑鄙的、非内在的，因此也就是不值得改变的，只要忘却就可以了。由此，阿多诺指出，当代哲学最终在海德格尔这里以一种貌似革命的形式与资本主义制度、物化世界达成共谋。

物化的提出同时就期待着物化的扬弃。由于面临着的社会历史情景存在差异，对马克思而言，物化必然会在社会历史发展的客观进程中被扬弃，物化意识的扬弃即意识形态斗争只是一个附属问题；而对卢卡奇和阿多诺来说，物化意识的扬弃是扬弃物化的理论政治前提，正是在这个问题上，阿多诺拒绝了卢卡奇作为物化意识解决方案的总体性辩证法。他的这种拒绝，在《启蒙辩证法》之后演变成了"否定的辩证法"对总体性辩证法的批判。

三、反对总体性辩证法：一个辨析

阿多诺拒绝、反对总体性辩证法原本是一个非常清楚的思想史问题，但是我们注意到，在后现代氛围中，这个问题已经被搞乱了：总体性和总体性辩证法、总体性和同一性被等而视之，因此阿多诺对同一性和总体性辩证法的反对就被简单地、非法地转换成了对总体性的反对，他就此被演绎成了一个后现代主义者。我们希望能够在对卢卡奇的总体性观念、阿多诺的同一性观念的多重内涵进行揭示的基础上，澄清"否定的辩证法"反对总体性辩证法的本义。

---

①　张一兵《无调式的辩证想象——阿多诺〈否定的辩证法〉的文本学解读》一书的第二章"批判海德格尔：颠覆本体论哲学的颠覆"。

我们可以肯定地说,《历史与阶级意识》中的总体性观念主要指的就是总体性辩证法,①马丁·杰正是在这个意义上描述了总体性概念从卢卡奇到哈贝马斯的历险,②但这绝不是青年卢卡奇总体性观念的全部内涵③。依照他的内在理路,总体性首先指的是当下发生的社会历史的本体论建构过程,也就是《资本论》所描述的资本的抽象统治,我们权且称之为总体性Ⅰ。在资本运动过程中,社会中的个人和各个组成部分被整合为了一个有机整体,被纳入资本的全面统治之下。尽管个人在客观上成为总体的,但是在主观感受上,他却是原子化的、碎片化的,因为在资本主义条件下,人已经失去了存在的意义和价值,所以,总体性接着就指向一个人本主义的乌托邦理想,这也就是总体性Ⅲ。它一方面成为历史前进的目标,另一方面则构成了对当下的批判。作为《历史与阶级意识》中的显性话语的总体性辩证法其实是总体性Ⅱ,它处于上述两种观念之间。它反对由于分工的发展而导致的实证主义认识论,因为它只是直观地反映现实,从而既不能认识到现实(真理)是总体的(总体性Ⅰ),也不能认识到历史发展的方向是总体的(总体性Ⅲ),从而在客观上发挥了维护现实的意识形态功能。尽管总体性辩证法是一个方法论概念,但它必须要突破方法论在现实中找到自己的物质承担者,即作为历史主客体的无产阶级,就此而论它是一个具有实践品格的"革命原则"。至于同一性,在《否定的辩证法》的一个注释中,阿多诺区分了现代哲学中同一性的三种意思:同一性Ⅰ是指个人意识的统一性,即心理学层面上的 A=A;同一性Ⅱ是社会意识的统一性,即上升到逻辑学的 A=A;同一性Ⅲ是认识论上的主

---

① 关于这个问题,可以参见孙伯鍨先生《卢卡奇与马克思》一书的第三章"总体性与辩证法"。

② Martin Jay, *Marxism and Totality: The Adventure of a Concept from Lukács to Habermas*, University of California Press, 1984.

③ 澳大利亚学者 John E. Grumley 在他题为"卢卡奇和总体性:一个概念的历史变形"的博士论文中,对总体性观念的历史源流及青年卢卡奇所理解的总体性观念进行了极为出色的分析,他的一个基本观点是:《历史与阶级意识》中的总体性观念固然是黑格尔–马克思式的,即是一种辩证法,但它同时包容了青年卢卡奇在此之前赋予总体性观念的本体论意义和乌托邦冲动。该论文以《历史与总体性:从黑格尔到福柯的激进历史主义》为名(*History and Totality: Radical Historicism from Hegel to Foucault*, Routledge, 1989)出版。值得一提的是,这篇论文的指导老师是晚年卢卡奇的重要弟子格奥尔格·马库斯。

客体一致性,也即哲学唯心主义的另一种说法。①当阿多诺说同一性是意识的首要形式,它的本质就是对纯存在物的强暴的时候,他显然不是在说同一性Ⅰ和同一性Ⅱ,因为尽管它们本质上也具有暴力色彩,但是它们却是人类思想得以形成、交流和发展的必要的心理基础和思维基础,只要人类继续存在,它们就会继续存在下去并发挥实际的作用。他要批判的其实是有意识的强暴即同一性Ⅲ,换言之,就是现代资本主义社会中占据主导地位的同一性思维。同一性Ⅲ要求从概念出发,但是这种要求不能从思维本身得到解释,而只能由社会事实来解释,②这就是作为同一性原则的交换原则即同一性Ⅳ。③由此可见,在阿多诺提及的四种同一性中,前三种合起来与总体性Ⅱ处于一个逻辑层面上,其中同一性Ⅲ大致相当于总体性Ⅱ,同一性Ⅲ与同一性Ⅳ相关并由此指向总体性Ⅰ,而非同一性乌托邦则基本对应于总体性Ⅲ。

我们可以肯定,作为一种哲学观念,"否定的辩证法"在1931年即法兰克福学派正式成立的时候就大体确立了,而且它是内在地蕴含着对总体性辩证法的反对和批判的,但是它由阿多诺的个人观念转化为批判理论的晚期纲领、从对主流哲学的意识形态批判上升到同一性批判,是有一个过程的,在本质上,这是变化了的世界历史格局的要求和选择,同时又是阿多诺在尼采的影响下深化自己既有思想的一个结果。无论如何,在《启蒙辩证法》之后,随着法兰克福学派对变化了的形势的历史悲观主义解释的形成,对总体性辩证法的批评也就提上日程了。

"否定的辩证法"对总体性辩证法的批判的本质是对传统革命路线的理论反思。我们知道,卢卡奇所反对的物化意识主要是指实证主义认识方法,因为它直接反映了分工的要求,满足于对合理化的部分的认识,而不能认识到整体的不合理,因此它在客观上发挥着妨碍无产阶级认识客观总体真理、阻挠无产阶级的阶级意识的成熟的意识形态功能;总体性辩证法将把无产阶级从资产阶级意识形态的束缚中解放出来,使之认识到具体的总体真理,从而促进其阶级意识的成熟,按照卢卡奇的意思,接下来就应当是革命、消

---

①　Adorno, *Negative Dialectics*, E. B. Ashton(trans.), Routledge & Kegan Paul, 1973, p.142/139.

②　Adorno, *Negative Dialectics*, E. B. Ashton(trans.), Routledge & Kegan Paul, 1973, p.140/137.

③　Adorno, *Negative Dialectics*, E. B. Ashton(trans.), Routledge & Kegan Paul, 1973, p.147/144.

除物化和社会主义。然而20世纪30年代的现实却是:总体真理已经摆在无产阶级的面前,但是后者却在自觉逃避即将获得的自由,转而支持独裁的国家社会主义。从权威、纳粹到大众文化,法兰克福学派三四十年代的一系列经验研究所要解决的就是这个现实困境。在这些经验研究的基础上,霍克海默和阿多诺在《启蒙辩证法》中给出了一个历史哲学的解答。在他们看来,实证主义是理性的一个例证,"对于代表了受启蒙的理性的裁决法庭的实证主义而言,离开实证旨趣进入可理解的世界不再仅仅是被禁止的,而且是毫无意义的无聊举动"①。如果说实证主义只是让人局限在片段的现象,那么理性主义让人认识的只是它设置出来的幻象。因为卢卡奇只是停留在分工关系即劳动工作过程中的人与人的关系层面,而没有深入到人与自然的关系之中,所以他没有能够意识到,"统治不仅仅是以人同被统治的自然的异化为代价的,而且,随着精神的对象化,人与人之间的关系,甚至是人与自身的关系也被施魅了"②。这也就是说,人在统治自然的过程中形成了对人自身的统治,"在抽象的齐一化统治(它使自然界中的一切变成可以重复的)和工业的齐一化统治(抽象注定为了它而不断重复)下,被解放者本身最终就变成了黑格尔称之为启蒙的结果的'部队'"③。换言之,总体性辩证法只是看到了"可见的"意识形态,却依旧处于"不可见的"意识形态的控制中。

因此,"否定的辩证法"反对总体性辩证法就意味着要把批判深入到为后者遗忘的客体向度中去。这是因为,"第一次客观的抽象并非完全发生在科学思维当中,而是发生在交换体系本身的普遍发展当中;它独立于生产者和消费者对质的态度,独立于生产方式、甚至独立于需要而发生,社会机制作为次要的副产品往往能够满足这种需要。利润是首要的。人类被塑造成一个巨大的消费网络,拥有实际需要的人们被事先社会地构成了,这是天真的人们所难以想象得到的,而且,这不仅仅是由于工业发展的水平,也是由于

---

① Horkheimer and Adorno, *Dialectic of Enlightenment*, John Cumming(trans.), The Continuum Publishing Corporation, 1972, p.25/22.

② Horkheimer and Adorno, *Dialectic of Enlightenment*, John Cumming(trans.), The Continuum Publishing Corporation, 1972, p.28/24.

③ Horkheimer and Adorno, *Dialectic of Enlightenment*, John Cumming(trans.), The Continuum Publishing Corporation, 1972, p.13/11.

人们所进入的经济关系本身所致,尽管这在经验上很难得到证实。撇开一切特殊形式的社会差异不谈,市场体系中暗含的抽象代表了一般对特殊、社会对其被囚禁的成员的控制"①。客体向度的问题自然应当首先得到解决。但是我们看到,在马克思科学地提出雇佣劳动概念,从而为正确地消除资本主义社会的物化问题指明了出路——在生产资料所有制革命的基础上实现社会的总体革命——的地方,阿多诺却陷入了交换这个次生的、不断循环、似乎没有终止的领域中,对历史发展失去了信心,因此在马克思要求进入生产这个客体向度进行现实的革命的地方,阿多诺却进入了自然、作为对象的客体这个客体向度,主张进行批判、意识革命。鉴于启蒙理性的本质缺陷就是"人类的统治要求压抑了对他自己的自然存在的记忆"②,因此"否定的辩证法"的解决之道就是通过恢复对自然的记忆来重建主体和客体的平等的、伙伴式的星丛关系,以打破理性的同一性强制。

在阿多诺研究中,哈贝马斯开辟了一个非常恶劣的倾向,就是把《否定的辩证法》和《美学理论》贯通起来,影射阿多诺怀疑理性、抛弃了主体范畴,由此遁入艺术中去。艺术无疑是阿多诺所认为的理想的非同一性的模型,但它绝非阿多诺的目的和归宿。因为阿多诺的理想或乌托邦是每一个个人的全面解放,"否定的辩证法"只是实现这一乌托邦的道路,艺术则是这一道路中的一段,它的功能即在于为理性祛魅,使理性摆脱自己设置的幻象直接面对现实本身。这是艺术的真理,或者说是在艺术中显现的真理,至于具体的总体的真理,这还是需要由理性去发现的。因此,"否定的辩证法"反对总体性辩证法的旨趣在于:在为理性祛魅之后,让总体性辩证法真正发挥它的真理认识功能。在这个意义上,杰姆逊出人意料地称阿多诺为"同一性哲学家"是抓住了问题的实质的。③

张亮(南京大学)

---

① Adorno, Society, *Salmagundi*, nos.10-11, 1969-1970, p.148.

② Adorno, *Sociology and Empirical Research*, Adorno et al., The Positivist Dispute in German Sociology, Glyn Adey and David Frisby(trans.), Heinemann Educational Books, 1976, p.73.

③ Fredric Jameson, *Late Marxism, Adorno, or, The Persistence of the Dialectic*, Verso, 1990, pp.15-24.

从唯心主义总体性到唯物主义总体性
——兼评卢卡奇对《历史与阶级意识》的自我批评

在 1967 年版的《新版序言》中,卢卡奇对《历史与阶级意识》作了自我批评。[①]研究者们对此意见纷纭:有的认为这说明卢卡奇终于站到了列宁主义立场上,成为"辩证唯物主义和历史唯物主义"者了;有的认为卢卡奇的自我批评是违心的,因此不代表他的真实见解,他的内心仍然坚持《历史与阶级意识》的基本观点;有的承认卢卡奇的立场已经改变,但认为这种改变是一种悲剧,它说明政治对思想家人格的摧残,等等。在笔者看来,这些意见都是不能成立的。笔者赞同这样一种观点:卢卡奇在《新版序言》中确实超越了《历史与阶级意识》的唯心主义,但这种超越导致的并不是传统意义的"辩证唯物主义和历史唯物主义",而是本来意义的马克思哲学的立场。这可以从卢卡奇晚年的著作中得到印证。

不过,笔者无意介入前贤的争论。本文想说明的只是,卢卡奇的转变符合从黑格尔到马克思的哲学变革的实质。以总体性问题为例:卢卡奇抓住了黑格尔和马克思哲学中的总体性范畴加以阐发,这是《历史与阶级意识》的重大贡献,也是它的主要方面;但卢卡奇在《历史与阶级意识》中对马克思辩证法的唯物主义性质没有给予足够的重视,这对后人的认识产生了消极的影响。《新版序言》表明卢卡奇认识到了自己的这一失误,但很多后来者却缺乏这种意识,以致对他的自我批评产生怀疑。对于中国学者来说,未能正确区分"客体"和"对象"两个范畴,把对象性混同于客体性,是导致误解的重要原因。

---

① [匈]卢卡奇:《历史与阶级意识》,杜章智等译,商务印书馆,1999 年,第 10~20 页。

一、总体性:对旧唯物主义和唯心主义的超越

人们常说,马克思的世界观既超越了旧唯物主义,也超越了唯心主义,从而实现了哲学史上的伟大变革。这当然是正确的,但马克思所超越的并不是随便哪种唯心主义,而是黑格尔的"绝对"唯心主义,正如他所超越的并不是随便哪种唯物主义,而是费尔巴哈的"人本学"唯物主义一样。不能欣赏和把握黑格尔"绝对精神"和费尔巴哈"人本学"的精妙之处,就不可能理解和把握马克思的世界观。

在这里,恩格斯的看法是完全能够成立的。他认为,黑格尔已经终结了"全部哲学"①,因而马克思的"现代唯物主义"已经"根本不再是哲学,而只是世界观"②。从这一观点来看"全部哲学,特别是近代哲学的重大的基本问题"(思维和存在、或精神和自然界的关系问题),比较容易理解黑格尔和马克思的总体性观点。

众所周知,划分作为"哲学"的唯物主义和唯心主义的标准,是对"什么是本原的,是精神,还是自然界?"这一问题的不同回答。③马克思套用青年黑格尔派的话说,这涉及的是一个"实体"与"自我意识"的关系问题。凡认为自然界是本原的,属于唯物主义阵营;凡认为精神是本原的,属于唯心主义阵营。按照这个标准,强调"实体"的斯宾诺莎是唯物主义者,强调"自我意识"的费希特是唯心主义者。

黑格尔的总体性观点,表明他超越了旧唯物主义和唯心主义的对立。对此,马克思评论说:"在黑格尔的体系中有三个要素:斯宾诺莎的实体,费希特的自我意识以及前两个要素在黑格尔那里的必然充满矛盾的统一, 即绝对精神。第一个要素是形而上学地改了装的、脱离人的自然。第二个要素是形而上学地改了装的、脱离自然的精神。第三个要素是形而上学地改了装的以上两个要素的统一,即现实的人和现实的人类。"④显然,在这里,黑格尔用

---

① 《马克思恩格斯文集》(第四卷),人民出版社,2009 年,第 273 页。
② 《马克思恩格斯文集》(第九卷),人民出版社,2009 年,第 146 页。
③ 《马克思恩格斯文集》(第四卷),人民出版社,2009 年,第 278 页。
④ 《马克思恩格斯文集》(第一卷),人民出版社,2009 年,第 341~342 页。

"绝对精神"这一"因素"扬弃了精神与自然界的抽象对立。用他自己的说法，叫作"实体即主体"。正是由于黑格尔哲学把实体和主体这样统一为一，他的哲学才具有最大的包容性。按照黑格尔的看法，所有的哲学形态都只是同一个哲学，即绝对精神哲学的构成环节。①

马克思的总体性观点，则集中表现在《关于费尔巴哈的提纲》第一条和第三条中。在第一条中，马克思要求"对对象、现实、感性"，要"当作感性的人的活动，当作实践去理解"，即"从主体方面"去理解。在第三条中，马克思则把"实践"确定为"环境的改变"和"人的活动或自我改变"的一致。②显然，同黑格尔哲学一样，这里也有三个因素，即对象、主体和人的活动，或者说，周围世界（环境）、自我和实践。三个因素的统一（环境的改变、人的自我改变、人的活动）构成了马克思世界观的总体性，用《德意志意识形态》的话说："这是一些现实的个人，是他们的活动和他们的物质生活条件，包括他们已有的和由他们自己的活动创造出来的物质生活条件。"③

马克思和黑格尔一样，运用总体性观点既对旧唯物主义，也对唯心主义展开了批判。马克思把他的总体性唯物主义称为"彻底的自然主义或人道主义"，认为它"既不同于唯心主义，也不同于唯物主义，同时又是把这二者结合起来的真理"。④《历史和阶级意识》对此作了很多阐发，这里不再赘述。

二、唯心主义总体性

黑格尔所说的"主体"并不是个人主体，而是绝对主体，即神（上帝）。因此，表面上看，"实体即主体"的意思是说，自然界就是"神"。这似乎没什么了不起。毕竟，斯宾诺莎的"实体"本身就是思维与广延的统一，或者"精神"和"自然界"的统一，而费希特的"自我意识"则是自我和非我的统一，它能够为斯宾诺莎那貌似消极的"实体"注入积极性、主动性、能动性。但实际上，黑格尔对斯宾诺莎和费希特的综合绝不仅是一种机械的拼凑，而是一种创造性

---

① 马拥军：《马克思主义生活本体论概说》，《武汉大学学报》（人文科学版），2008 年第 2 期。

② 《马克思恩格斯文集》（第一卷），人民出版社，2009 年，第 500 页。

③ 《马克思恩格斯文集》（第一卷），人民出版社，2009 年，第 519 页。

④ 《马克思恩格斯文集》（第一卷），人民出版社，2009 年，第 209 页。

的结合。从"实体即主体"到"绝对即精神",尽管被费尔巴哈讥讽为"理性神秘主义",但其中却以颠倒的形式蕴含了最丰富的辩证法。

为了表明他所说的"精神"并不是我们一般所理解的"精神",黑格尔在他的《哲学科学全书》之前,先在《精神现象学》中研究了纯粹的"精神"的发生过程。《哲学科学全书》体现的则是作为这种纯粹不杂的"精神","神"(绝对)从"纯存在"这一开端发展到"绝对精神"的过程。从思辨逻辑的角度看,这个过程仅仅是知识自身(或绝对知识)的发生和发展;但从历史的角度看,这个过程是"神"(或上帝)的发育和成长过程。结果,"上帝的生活和上帝的知识因而很可以说是一种自己爱自己的游戏":一方面,作为"活的实体","只当它是建立自身的运动时,或者说,只当它是自身转化与其自己之间的中介时,它才真正是个现实的存在";另一方面,作为"正在重建其自身的同一性或在他物中的自身反映"的绝对真理,"就是它自己的完成过程,就是这样一个圆圈,预悬它的终点为目的并以它的终点为起点,而且只当它实现了并达到了它的终点它才是现实的"。①

黑格尔把历史与逻辑统一起来,意味着在他心目中有一个活的宇宙概念。他的"哲学科学"是思辨科学,而不是实证科学。实证科学只承认物理宇宙,不承认道德宇宙(或伦理宇宙),黑格尔的宇宙却是物理宇宙和道德宇宙的同一。这就回到了西方哲学的源头:古希腊的自然学,即 physics。众所周知,physics(本义为"自然学",后转为"物理学")本来出自希腊语的 phusika(自然),后来在经历了人学转折之后,才与 ethics(人伦之理或伦理)相分离,具有了"万物之理"或"物理"的含义。斯多葛学派研究人在宇宙中的地位,所形成的是一个道德宇宙概念,近代自然科学所形成的却是物理宇宙的概念。物理宇宙是一个僵死的宇宙,属于恩格斯所说的"机械的自然观"。黑格尔哲学的总体性,表现在他不仅强调思维与广延的同一,而且强调伦理世界、自然世界和宗教世界的统一;他以"活的实体"这一概念扬弃了旧形而上学的三个范畴(灵魂、世界和上帝)。

如果宇宙是一个活的实体,那么对它的研究就不能满足于"抽象"的知性逻辑(适用于实证科学)或"否定"的辩证逻辑(适用于康德的形上科学),

_____

① ［德］黑格尔:《精神现象学》,贺麟、王玖兴译,商务印书馆,1979 年,序言第 11 页。

而且必须运用"具体"或"肯定"的思辨逻辑对它进行认识。这正是黑格尔把逻辑学作为他的哲学全书的第一部分的原因。之后则是自然哲学和精神哲学。显然,黑格尔哲学的总体性不仅表现为旧唯物主义(自然哲学)和唯心主义(精神哲学)的机械相加,相反,它首先表现为一种生命逻辑的历史展开。正是在这一意义上,黑格尔以"绝对精神"超越了旧唯物主义和唯心主义的对立。

这是一种非常特殊的"唯心主义",完全不能用分析黑格尔之前的唯心主义的方法对它进行分析。马克思的新世界观就建立在对这种独一无二的"唯心主义"的超越上。

三、唯物主义总体性

按照费尔巴哈的观点,黑格尔的"神"不过是人的异化。应当从人的生活和人的认识出发来理解"上帝的生活和上帝的知识",而不是相反。马克思赞同费尔巴哈的观点,指出"绝对精神"实际上是"现实的人和现实的人类"的形而上学改装,隐藏在它背后的是真正"现实"的,即感性的或对象性的人的生活和人的认识。①恰恰是费尔巴哈的人本学,才使马克思成为唯物主义者。

《历史与阶级意识》对马克思的总体性观点的把握基本上是到位的。但由于对费尔巴哈未给予应有的重视,卢卡奇对作为总体性概念的"人"的理解产生了偏差。用卢卡奇《新版序言》中的话说,导致这一偏差的主要原因,是他当时尚处于马克思主义的"学徒期"②,未能把握马克思在《1844年经济学哲学手稿》中已经明确的"异化"同"对象化"之间的区别。

马克思指出,在黑格尔那里,"对象性本身被认为是人的异化了的、同人的本质即自我意识不相适应的关系。因此,重新占有在异化规定内作为异己的东西产生的人的对象性本质,不仅具有扬弃异化的意义,而且具有扬弃对象性的意义,就是说,因此,人被看成非对象性的、唯灵论的存在物"。"既然

① 正如在费尔巴哈那里一样,"对象""现实""感性"在马克思那里被当作同一个概念。参见《马克思恩格斯文集》(第一卷),人民出版社,2009年,第499页。

② [匈]卢卡奇:《历史与阶级意识》,杜章智等译,商务印书馆,1999年,第1页。

被当做主体的不是现实的人本身，因而也不是自然——人是人的自然——而只是人的抽象，即自我意识，所以物性只能是外化的自我意识。"①马克思把费尔巴哈的"对象"概念扩展为"对象性活动"，用来批判和取代黑格尔关于"自我意识的外化创立物性"的唯心主义观点；把"人是属人的自然界"这一思想扩展为人的对象性存在，用来论证人的活动的"对象性"性质："一个有生命的、自然的、具备并赋有对象性的即物质的本质力量的存在物，既拥有它的本质的现实的、自然的对象，而它的自我外化又设定一个现实的、却以外在性的形式表现出来因而不属于它的本质的、极其强大的对象世界，这是十分自然的。"②于是，表现为唯心主义总体性的"实体即主体"，在马克思这里就转化为表现唯物主义总体性的"对象性即主体性"。

"对象性即主体性"不同于"实体即主体"之处在于，马克思不是像黑格尔那样，把对象与主体等同起来，并在这一意义上强调总体性；相反，他像费尔巴哈一样，认为真正的对象绝不能为主体所包容，而是始终在主体之外，作为主体的外在力量与主体共存。因此，对于马克思来说，总体性观点包括两个方面：一方面，对象总是有它的主体，正如主体总是有它的对象一样，它们通过主体的活动不可分割地联系一起。这就是主体与对象关系的总体性。这一方面来自黑格尔，前面已经作了阐发。另一方面，主体总是对象性的，这既意味着主体之外总有对象，又意味着主体内在地包含着对象，主体的活动总是对象性的活动。用马克思的话说，人的活动体现的是"对象性的本质力量的主体性"，它并不是纯主体，而是把主体与对象联系起来的纽带，"因而这些本质力量的活动也必然是对象性的活动"。对象性的存在物进行对象性活动，"如果它的本质规定中不包含对象性的东西，它就不进行对象性活动。它所以创造或设定对象，只是因为它是被对象设定的，因为它本来就是自然界"。从其肉体来说，主体不过是内在的自然，正如对象不过是外在的自然一样。"因此，并不是它在设定这一行动中从自己的'纯粹的活动'转而创造对象，而是它的对象性的产物仅仅证实了它的对象性活动，证实了它的活动是对象性的自然存在物的活动。"③

①　《马克思恩格斯文集》(第一卷)，人民出版社，2009年，第206页。
②　《马克思恩格斯文集》(第一卷)，人民出版社，2009年，第208页。
③　《马克思恩格斯文集》(第一卷)，人民出版社，2009年，第209页。

人是自然存在物,或主体离不开对象,这一观点来自费尔巴哈。费尔巴哈的不足只是没有把人的活动本身当作"对象性的"而已。换言之,黑格尔的辩证法实际上是非对象性的辩证法,它徒有对象性的外表,并无对象性的实质,因为他的对象性活动只是思维活动;费尔巴哈把对象解释为感性,而不是思维,这就为马克思进一步把对象性活动解释为"感性活动"奠定了基础。在这一意义上, 费尔巴哈的唯物主义已经部分地超越了以往的旧唯物主义和唯心主义的对立, 因为以往的唯物主义和唯心主义都把主体和对象分离开来、对立起来,把"对象"变成"客体"(马克思在《关于费尔巴哈的提纲》第一条中,要求对"对象"不能"只是从客体的角度"加以理解)加以突出和强调。费尔巴哈强调了人的肉体本身就是内在的自然, 为马克思强调作为对象、现实、感性的外部自然本身是人的肉体活动的结果准备了条件。

把对象性与"感性",即人的自然性联系在一起,这必然使马克思以人的有限性代替绝对精神的无限性。在这个意义上,马克思是个毫不含糊的"唯物主义者"。人之为人并不在于他是思维主体,而恰恰在于他作为肉体主体的活动性,在于他的活动不过是内在自然同外在自然的相互作用。马克思由此以他的"新唯物主义"代替了黑格尔的新唯心主义(而两者之"新",就在于它们都是对旧唯物主义和旧唯心主义的超越)。

四、马克思哲学的独特性与卢卡奇的自我批评

对于黑格尔来说,"上帝的生活"具有唯灵论的性质。只有扬弃肉体生活,扬弃人的生活的感性性质,人才能接近上帝。费尔巴哈把灵性上帝的精神生活还原为肉体人的感性生活和精神生活,认为感性生活更为根本,其结果是导致对人的完整的生命活动的自然性的强调,忽视了人的生活的社会性质。

马克思所说的"生活"是完整的人的生命活动。人的肉体力量(自然本质)、社会力量和精神力量由此成为人的本质力量,即人的生命力的不同表现。它们作为相互不可分离的部分,融合为人的生命活动的整体。这使马克思对"对象性"的理解既不同于黑格尔,也不同于费尔巴哈,同时又能吸收两者的长处。对于黑格尔来说,"对象性"诚然表现为一种活动,然而只是某种精神活动;对于费尔巴哈来说,"对象性"与"感性"是同义的,然而他所理解

的"感性"主要限于人的自然性,从而忽略了"活动"的过程性特点。马克思把对象性作为人的生命活动的特点,就把生活与对象的生成("环境的改变")和主体的自我生成("人的自我改变")联系起来了。

这样,作为绝对精神自我生成和自我认识发展过程的黑格尔的哲学科学,就转化为马克思和恩格斯"关于现实的人及其历史发展的科学"①,即马克思和恩格斯在《德意志意识形态》中所说的"唯一的科学"②。"现实的人及其历史发展",集中表现在"人类社会或社会的人类"(《关于费尔巴哈的提纲》第十条的用语)的生成中。但不仅如此,人的肉身既然本身就是内在的自然,那么自然界对人来说的生成和人的依靠劳动的诞生就成为一回事。卢卡奇直到他的"社会存在本体论"中才认识到这一点,而在《历史和阶级意识》中,由于未能正确区分对象化和异化,卢卡奇误把无产阶级看作了"绝对精神"意义上的主体-客体,把无产阶级的阶级意识看作绝对精神的最终的自我认识,从而用对"无产阶级的生成过程"的考察,代替了对"现实的个人"的生成过程的考察。这样,自然界的本体论地位就被排除掉了,仿佛人和社会是非自然的,仿佛人的活动是非自然的活动。

在《新版序言》中,卢卡奇列举了《历史与阶级意识》的一大堆错误。我们不能把这些错误并列起来同等看待。其中,混淆"对象化"和"异化",才导致了其他的错误。因此,把"对象化"和"异化"相混同,这是《历史和阶级意识》的失误中最核心的方面。

这样说丝毫没有贬低《历史与阶级意识》的价值。哲学思想的价值并不单纯在于它不犯错误,而在于它所犯的错误是否具有必然性,因而能够成为哲学进展中不可缺少的"否定性"环节。《历史与阶级意识》的这一失误可以当之无愧地进入"天才人物的伟大失误"之列。俗话说,"矫枉必须过正",不过正不能矫枉。由于在《历史与阶级意识》之前,作为存在论概念的"对象"和"对象性活动"经常被同作为认识论概念的"客体"和"客观活动"相混淆③,不少马克思主义者陷入了旧唯物主义。《历史与阶级意识》走向了另外一个极

---

① 《马克思恩格斯文集》(第四卷),人民出版社,2009年,第295页。
② 《马克思恩格斯文集》(第一卷),人民出版社,2009年,第516页注②。
③ 直至今日,通行的马克思主义哲学教科书还在大谈实践是什么"客观的物质活动"。

端,把"对象性即主体性"混同于"实体即主体",从而陷入了唯心主义。正如《新版序言》所说的那样,这当然是一个错误,而且是一个"根本的和严重的错误"①。然而正是这一错误,才抵销、最终纠正了一个更加严重的错误:对马克思哲学的旧唯物主义理解。

卢卡奇在《新版序言》中对自己的错误作了充分的自我批评。他指出,由于未能正确区分异化和对象化,因此在《历史与阶级意识》中对异化问题的实际讨论方式,是"用纯粹黑格尔的精神进行的","尤其是,它的最终哲学基础是在历史过程中自我实现的同一的主体–客体"。这"并不是一种克服唯心主义体系的唯物主义实现,而是一种想比黑格尔更加黑格尔的尝试,是大胆地想凌驾于一切现实之上,在客观上试图超越大师本身"。②显然,这种自我批评比所谓的卢卡奇《历史与阶级意识》中"背离了列宁主义"的指责要严厉百倍,而且更加准确。

卢卡奇从《历史与阶级意识》的错误中得到了很好的教益。令人扼腕叹息的是,后来者却迷醉于卢卡奇的成功,无视于他的错误。在《新版序言》中,卢卡奇指出,跟在黑格尔后面,也将异化等同于对象化,"这个根本的和严重的错误对《历史与阶级意识》的成功肯定起了极大的作用"。因为"在哲学上对异化的揭示当时正在酝酿之中,很快它就成了那种旨在探讨人在当代资本主义中的状况的文化批判的中心问题。对资产阶级哲学的文化批判说来(我们只要看一下海德格尔就可以了),将一种社会批判升华为纯粹的哲学问题,即将本质上是一种社会的异化转变为一种永恒的'人类状况'(这是一个后来才产生出来的术语),是十分自然的事情。很明显,《历史与阶级意识》迎合了这种观点,虽然它的意图与这种观点不同,而且是对立的。因为当我将异化等同于对象化时,我是将它看作一种社会范畴——社会主义将最终消除异化——但是,尽管如此,由于它在阶级社会中的不能消除的存在,特别是由于它的哲学基础,它就同'人类状况'的说法相去不远了"。③

卢卡奇指出,因为对象化不可能消除,所以把异化等同于对象化,客观

①　[匈]卢卡奇:《历史与阶级意识》,杜章智等译,商务印书馆,1999年,第19页。

②　[匈]卢卡奇:《历史与阶级意识》,杜章智等译,商务印书馆,1999年,第17~18页。

③　[匈]卢卡奇:《历史与阶级意识》,杜章智等译,商务印书馆,1999年,第20页。

上必然导致异化"在阶级社会中""不能消除"的结论。这正是海德格尔等现代西方哲学家的错误所在。对比当今国内学术界把马克思哲学"海德格尔化"的现象,卢卡奇的这一自我批评难道不值得我们警醒吗?

马拥军(复旦大学)

卢卡奇与布达佩斯学派 *

　　作为马克思主义在东欧发展的重要思想流派之一，布达佩斯学派在 20 世纪中期以来的马克思主义发展史上具有重要地位并产生了重要影响。阿格妮丝·赫勒（ágnes Heller）、费伦茨·费赫尔（Ferenc Fehér）、乔治·马尔库什（György Márkus）和米哈伊·瓦伊达（Mihaly Vajda）等布达佩斯学派的代表人物,已经被公认为从马克思主义社会批判理论中走出的重要思想家。早在1971年,卢卡奇就颇有预见性地提请西方知识界对他称之为"布达佩斯学派"的这些年轻人的工作给予关注,因为在他看来,"通过对各个具有社会意义的发展阶段进行单独研究,这个学派试图对历史–本体论过程中的结构或结构性变化作出具体且确切的说明,而正确理解马克思的方法是为了实现这一目的……这是一个具有科学意义的思想路线,在未来肯定会有影响"[1]。随着布达佩斯学派学术影响的日益扩大, 在布达佩斯学派核心成员关于他们的导师的思想评价文集《卢卡奇再评价》（Lukács Revalued, 1983）中译本[2]出版以来,卢卡奇与布达佩斯学派的思想关联就逐渐引起国内学界的关注。但是相比于对卢卡奇与西方马克思主义的关系的研究来说,国内学界对卢卡奇与布达佩斯学派思想关联的研究还远远不够。布达佩斯学派受卢卡奇的直接影响是一个不争的事实,然而联结卢卡奇与布达佩斯学派的到底是什么,他们分别作出了怎样的理论表达,这些问题至今尚未得到清晰的阐明。考察

　　* 本文系国家哲学社会科学基金一般项目"东欧新马克思主义伦理思想及其现实启示研究"（项目编号:21BZX109）的阶段性成果。

　　[1]　Georg Lukács, The Development of a Budapest School, *The Times Literary Supplement*, No.3615, 1971.

　　[2]　[匈]阿格妮丝·赫勒主编:《卢卡奇再评价》,衣俊卿等译,黑龙江大学出版社,2011 年。

卢卡奇与布达佩斯学派的关系不仅对理解卢卡奇的整体思想，而且对把握布达佩斯学派独创性的理论贡献，甚至对探索马克思主义的可能发展都具有重要的理论意义。本文将从卢卡奇与布达佩斯学派的日常交往、精神滋养、思想分歧和哲学个性四个方面，探讨卢卡奇与布达佩斯学派的深层理论联结与精神守望，以期为国内学界理解20世纪马克思主义的演进和马克思主义哲学范式的转换提供有益启示。

一、亦师亦友

在布达佩斯学派成员的心目中，卢卡奇是一位可亲可敬的老师。在20世纪五六十年代，布达佩斯学派开始形成一个有机的学术团体，他们与卢卡奇一起思考。此时，生活在布达佩斯的卢卡奇更像一位"修道士"，过着一种严格的、苦行主义的生活。他的公共生活主要是与布达佩斯学派的成员定期聚会和讨论。伊万·塞勒尼(Iván Szelényi)曾回忆道："他只定期会见他的一小群核心弟子(他们每周在一个相当正式的场合与他共进晚餐，称他为'卢卡奇同志'，后来很久才叫他'久里叔叔')。玛丽莎①被允许进入他们的这个核心圈子，是卢卡奇和'他的'布达佩斯学派之间进行的富有启发性的讨论的亲历者。"②卢卡奇与布达佩斯学派成员之间的讨论是平等的，卢卡奇并未因为自己的学术地位而向他的学生们强加某种意见。而且在很多时候，老师和学生的身份甚至被颠倒过来。在写作《社会存在本体论》时，"卢卡奇经常每完成一章就把文本交给某个学生。全书于1968年打印完时，他把完整的手稿给了我们几个人……让我们提出广泛的批评性评论。他想把这些评论用于修改校样和最后修改。这样的讨论，即我们五个人都参加的讨论，在1968年至1969年的冬天进行；每次讨论一章或几章。辩论总是持续到深夜，尽管对卢卡奇的友谊、爱和尊敬弱化了我们的立场，但由于双方在理论上都固执己见，辩论经常是很激烈的"③。显然，卢卡奇最后接受了学生们的部分反对

---

① 玛丽莎(Marisa)指玛丽亚·马尔库什，是乔治·马尔库什的妻子。

② Ivan Szelenyi, In memoriam of Maria Márkus, *Thesis Eleven*, Vol.151(1), 2019, p.12.

③ [匈]阿格妮丝·赫勒主编：《卢卡奇再评价》，衣俊卿等译，黑龙江大学出版社，2011年，第166页。

意见,比如,对初稿的篇幅作一些删减,打算用一个简短的导言代替本体论思想史的前三章。这种状况表明,卢卡奇早已将布达佩斯学派的成员看作继承和发展了马克思主义辩证法的学生。在1971年写给《泰晤士报文学评论副刊》的一封信中,卢卡奇特别提到了赫勒、费赫尔、乔治·马尔库什、米哈伊·瓦伊达四个人的杰出工作。后来,在自传式对话中,当被问及自己的学生时,卢卡奇指出,赫勒和费赫尔"从一开始就是我的学生",虽然他不愿意将后来来到他身边前思想已基本成熟的乔治·马尔库什和瓦伊达称作自己的"学生",但他也承认,他们受到了他的影响。①

　　作为一位真正的哲学家,卢卡奇的个性和人格对布达佩斯学派产生了深刻且持久的影响。作为布达佩斯学派的旗手,也是卢卡奇最看重的学生之一,赫勒与卢卡奇的相遇可谓是一段富有意味的存在事件。20世纪40年代末,赫勒在布达佩斯大学学习,她学的是与哲学和马克思主义相去甚远的化学。有一次,她被一位朋友邀请去听卢卡奇的哲学讲座,这个经历对于赫勒来说是具有决定性的。她被卢卡奇所描述的哲学世界深深吸引,她感受到一种不可思议的力量在向她召唤,这是存在的召唤。很快,她改报哲学专业,并在接下来的几年内跟随卢卡奇学习和研究伦理问题。后来,赫勒在她的哲学自传《我的哲学简史》中回忆道:"我一生中最大的幸运是成为格奥尔格·卢卡奇的弟子。如果没有他,我永远不会成为一个哲学家,而会坚持我原来的计划,学习化学。我甚至不能想到这种可能性;回想起来,我甚至害怕提到它。卢卡奇彻底影响了我。"②在赫勒的眼中,卢卡奇是一位值得尊敬的真正的哲学家,因为他"使她的生活与哲学的真理相一致"③。正如后面将会看到的,尽管卢卡奇的思想经常发生重大的改变,但他终其一生都在践行青年时期已形成的哲学理想,即寻求现代人身上合乎人性的"好的东西",即马克思所讲的人的类本质。为了这种纯粹的精神追求,他可以放弃一切。在赫勒看来,卢卡奇与伊尔玛·赛德勒的爱情悲剧是卢卡奇选择哲学并使他的生活与哲学保持一致的结果。同样,卢卡奇为《历史与阶级意识》所作的"自我批评"

①　杜章智编:《卢卡奇自传》,李渚青、莫立知译,社会科学文献出版社,1986年,第201页。

②　A. Heller, *A Short History of My Philosophy*, Lexington Books, 2011, p.2.

③　[匈]阿格妮丝·赫勒主编:《卢卡奇再评价》,衣俊卿等译,黑龙江大学出版社,2011年,第38页。

并非仅仅因为通常认为的政治妥协，而是因为他一直都在默默坚守的哲学理想。赫勒说:"一旦卢卡奇公开认错……卢卡奇就面临着一个选择:他要么放弃所有伟大的哲学,要么可以带着伪装从事哲学研究。他选择了后者,因为在文学批评的面具之下,在哲学史的面具之下,隐藏着关于他对人的类和人的类得以表达的个性的承诺之表白。"①可以说,在卢卡奇身上集中表现出来的令人印象深刻的哲学个性,深深地渗入布达佩斯学派的每个成员的思想中,并在维持这个学派的一致性方面发挥着重要的作用。在很多时候,布达佩斯学派成员与卢卡奇讨论某项工作,不是因为卢卡奇说的是对的,而是因为他所具有的人格优势。后来赫勒指出,相比于布达佩斯学派这些有才华的人,卢卡奇是绝对的天才。

在长期的生活交往和思想交流中,卢卡奇与布达佩斯学派成员建立起了非常个人化的朋友关系,尤为值得一提的是赫勒和费赫尔与卢卡奇的日常交往。赫勒和费赫尔经常到卢卡奇家里做客,他们整晚都会聊天,聊天是简单的、自由的,涉及政治、音乐、哲学等很多方面。有时卢卡奇的家人也会参与其中。卢卡奇很爱旅行,不过自从1963年他的妻子G.波尔施蒂波去世之后,他便停止了这项活动,尽管接到了来自很多人的旅行邀请,但卢卡奇都拒绝了。从1964年6月到1971年,赫勒和费赫尔每年都会和卢卡奇一起去乡下度假。对他们来说,度假意味着散步和长谈。此时,对于布达佩斯的成员,特别是对于赫勒与费赫尔来说,卢卡奇越来越不像一位大师,而更像是一位和蔼可亲、受人爱戴的老人,尽管仍然可以在他身上发现古老而又伟大的哲学家精神。那时,尊重被彼此间的友谊和情感所代替。当赫勒等人就《社会存在本体论》提出批评性意见时,卢卡奇并没有感觉被冒犯,而是欣然接受,因为他把他们视为自己真正的朋友和亲人。

尽管卢卡奇无意于培育一个学派,但他对布达佩斯学派的形成和发展的影响是决定性的。1971年,卢卡奇的去世意味着布达佩斯学派的中心消失了。赫勒觉得卢卡奇已经把填补中心空缺的任务交给了她,学派的成员也都强烈支持她,但实际上没有人能够取代卢卡奇。很快,在政府当局的政治压

---

① ［匈］阿格妮丝·赫勒主编:《卢卡奇再评价》,衣俊卿等译,黑龙江大学出版社,2011年,第230~231页。

力之下，布达佩斯学派开始解体。1974 年，伊万·塞勒尼被捕，移民问题很快被提上日程。随后，布达佩斯学派成员中的马尔库什夫妇和赫勒夫妇移居澳大利亚，瓦伊达搬到了德国。尽管此后布达佩斯学派的各个成员仍保持着友谊和学术联系并在国际学术舞台上产生影响，但学派因中心的缺失和成员观点的冲突已名存实亡。

二、卢卡奇的思想遗产：人道主义"总问题"

布达佩斯学派解体后，当赫勒、费赫尔和瓦伊达多年后再次相遇时，瓦伊达指出："我们有必要讨论我们与我们老师的遗产的关系。尽管我们已经完全远离了卢卡奇的思想，远离了他的哲学思想以及可能更重要的历史思想，但我们完全意识到，我们自己的思想，实际上我们所有的思想，仍然通过一些隐秘的线索，与那份遗产联系在一起。"[1]但是要清理这份遗产并非易事，主要的理论障碍是：一方面，在卢卡奇漫长的理论生涯中，他的思想经常发生变化，有时甚至是相当惊人的变化，比如 1923 年卢卡奇出版了将马克思主义辩证法与批判理论和当代文化研究的问题出色结合起来的《历史与阶级意识》之后，他又以自我批评的方式对其作了否定；另一方面，布达佩斯学派成员所关注的理论议题极为广泛，包括需要、情感、日常生活、现代性、道德、美学、宗教等各种议题，而且他们的思想也处于不断变化之中。在这种情形下，问题不在于详细阐明卢卡奇遗产的哪些内容如何具体地表现和贯穿于布达佩斯学派的思考和写作中，而在于一般性的层面阐明前者留下了哪些为后者的形成和发展提供持续不断刺激和滋养的基本观念。正如阿尔都塞所说："确定思想的特征和本质的不是思想的素材，而是思想的方式，是思想同它的对象所保持的真实关系，也就是作为这一真实关系出发点的总问题……一切都取决于总问题的性质，因为总问题是组成成分的前提，只有从总问题出发，组成成分才能在特定的文章里被思考。"[2]同样，确定卢卡奇和布达佩斯学派之间联系的不是思想的主题或某种具体观点，而是他们的

---

①　Mihály Vajdá, Vajda, Darkness at Noon, *Constellations*, Vol.3, No.3, 1997, p.283.

②　[法]阿尔都塞：《保卫马克思》，顾良译，商务印书馆，1984 年，第 48 页。

思想的方式,只有从总问题出发,卢卡奇和布达佩斯学派的深层理论联结才能被正确思考和准确阐明。

作为对西方文明危机的反应和反思,卢卡奇终其一生都在面对和回答一个基本问题:在这个"脱节的时代",人能否过上一种没有异化的生活。而这个问题的答案是通过不同的思想路径和理论形态获得表达的。在1918年之前的前马克思主义阶段,卢卡奇主要是在艺术与生活的关系框架内进行思考。《心灵与形式》通过艺术讲述了一种生活哲学,这种哲学认为,作为人类世界的基础并使人的个性得以可能的心灵,可以通过与有形式的艺术的结合来克服混乱的生活,实现一种更高的生活。在"谁把我们从西方文明中拯救出来呢?"①这样的心境下完成的《小说理论》,将小说与更广阔的社会历史内容联系起来,分析了小说作为作者自由想象的形式在何种意义上(尽管此时卢卡奇对此并不乐观)展示出"推翻那个曾产生出它所分析的那种文化的世界"②功能。在1918—1919年走进马克思主义之后,卢卡奇并没有从扫罗摇身一变为保罗。虽然卢卡奇的《历史与阶级意识》认为阶级意识的生成以及共产主义革命在相当程度上是历史辩证法的结果,而且他也批判那种纯粹返回内在性的伦理学,但他此时陆续发表的《策略与伦理》《作为一个道德问题的布尔什维克主义》等文章表明,他仍然相信共产主义事业不仅是一个社会学问题,而且是一个道德问题。在他看来,"社会发展的方向取决于无产阶级的自我意识、精神和道德品质、判断力和利他主义"③。而在1956年之后,卢卡奇一方面在审美范畴内继续其年轻时已经开始探索的人类理性的救赎,另一方面在历史唯物主义框架内继续发展在《历史与阶级意识》中已经提出的历史辩证法。《审美特性》勾画了一种马克思主义的历史哲学,在这种哲学看来,艺术从本质上来说是一种对象化形式,一种人类自我意识的表达形式,通过它并在它之中,个体与类实现了统一。而《社会存在本体论》通过重建历史唯物主义的方式,阐明了异化与扬弃异化如何通过人的劳动在

① [匈]卢卡奇:《小说理论》,燕宏远、李怀涛译,商务印书馆,2017年,第2页。

② 杜章智编:《卢卡奇自传》,李渚青、莫立知译,社会科学文献出版社,1986年,第297页。

③ 吴付来主编:《马克思主义与伦理学》(第4辑),中国人民大学出版社,2021年,第129页。

历史中实现汇合,指明了"合乎人性的、合乎人类的发展前景"①。

在卢卡奇那里,存在着两种不同的探索问题的方式:一种是形而上学的,另一种是历史的。在形而上学的探索中,深受西方近代人道主义精神文化特别是青年马克思类哲学影响的卢卡奇始终相信,只有非异化的状态才配得上人的尊严,而且人能够在自由心灵的指引下找到丧失已久的人的类本质,真正成为人自身。这一点在卢卡奇对美学问题的探讨中表现得尤为明显,即使在卢卡奇走进马克思主义之后,这种理想信念仍然以隐性的价值前提规范和制约着他的历史分析。同时,卢卡奇通过重建历史唯物主义,将人的解放问题置于辩证的、客观的历史进程之中,从历史必然性的角度阐明了人的解放的可能性和现实性。这两种无论如何都表现出矛盾的思维方式,从不同的侧面回答了文明危机中人的救赎这个共同的基本问题,宣告人的救赎既是一项历史事业,也是一项精神事业。

布达佩斯学派成员从老师卢卡奇那里识别和继承下来的主要是这种人道主义的总问题。布达佩斯学派成员一般认为,卢卡奇的前后思想并不存在断裂,根本上是一致的。他们从人类精神文化层面将卢卡奇的思想主要视为一种文化批判理论,或"实践哲学"②。诚如乔治·马尔库什通过对卢卡奇早期的《海德堡手稿》与晚年的《美学》比较和分析后所指出的:"在这两部著作作为自身设定了同样的哲学目标这一事实背后存在一个问题,一直以来它的存在不仅仅是对卢卡奇的一种理论挑战(的确,这是一个囊括了他全部生活和著作的问题):也就是文化的可能性问题。"③如果将文化视为人的对象化活动,那么文化问题也是生活问题,即生活意义的创造问题,一种真正合乎人性的生活何以可能的问题。

当布达佩斯学派追随老师卢卡奇致力于"复兴马克思主义"的宏伟计划时,这种观念在很大程度上支配了他们的思考和写作。此时,该学派所进行的理论工作,一方面是挖掘和重建人道主义的马克思主义,使人们能够在马

---

① [匈]卢卡奇:《关于社会存在的本体论》(上卷),白锡堃等译,重庆出版社,1993年,第613页。

② [匈]阿格妮丝·赫勒主编:《卢卡奇再评价》,衣俊卿等译,黑龙江大学出版社,2011年,第170页。

③ [匈]阿格妮丝·赫勒主编:《卢卡奇再评价》,衣俊卿等译,黑龙江大学出版社,2011年,第5页。

克思身上看到他是个人自由和解放的倡导者，另一方面是将马克思主义与当代议题联系起来并检验它的当代效用。通过对马克思的人道主义解读，他们将受卢卡奇启发的马克思的哲学人类学清理出来并接受下来，认为人是自由的存在，而且人能够通过自身的对象化活动创造一个合乎人性的世界，而在这个过程中，人也不断地实现着自身。正如乔治·马尔库什以青年马克思一样的口吻所阐述的："人的首要特性，即人的'真正的本质'，就呈现在人创造和形成自身的主体性的自我行动中。"①同时，对马克思主义持开放态度的他们致力于充分调动马克思思想的批判潜能，构建以激进哲学为核心的当代社会批判理论，旨在改造现存的异化世界，用崭新的人道主义重新填充它，并从微观层面探索社会民主化和日常生活人道化的具体道路。如果说卢卡奇论证了自由的、理性的人可以通过自身的力量实现拯救，那么布达佩斯学派则主张现代性的偶然的居民可以通过负责任的选择和行动实现存在的跳跃。或许，赫勒终其一生的追问可以很好地说明布达佩斯学派共同的理论取向："好人存在——他们何以可能"②。

即使在布达佩斯学派与卢卡奇分道扬镳之后，这种观念仍然起着基本定向的作用。尽管赫勒后来转向了反思的后现代视角，但她始终没有丢弃早年便一直思考的问题：人怎么可能做出像大屠杀这样令人感到恐怖的事情。她在回忆和反思自己的哲学生涯时提到："虽然我的政治生活和个人生活都充满了冒险和戏剧性的转折，但在哲学上，我一次又一次地不断回到早期作品不连贯的思绪中。"③在这个意义上，赫勒始终是一个坚定的道德主义者。仍然作为理性主义者和怀疑论者的乔治·马尔库什将从马克思那里挖掘出来的哲学人类学观点主要应用于文化领域，历史地探讨了启蒙计划与现代性文化悖论的内在关系，以期使人们获得对现存文化作出独立判断、批判性反思以及实现超越的能力。在得到卢卡奇高度评价的《作为群众运动的法西斯主义》一书中，米哈伊·瓦伊达坦诚道，虽然在写作这本书时"最初的理论立场中最基本的一部分已经发生了某种转变"，但他的"哲学和社会理论观

---

① ［匈］乔治·马尔库什：《马克思主义与人类学》，李斌玉、孙建茵译，黑龙江大学出版社，2011年，第69~70页。

② ［匈］阿格妮丝·赫勒：《一般伦理学》，孔明安、马新晶译，黑龙江大学出版社，2015年，第9页。

③ A. Heller, *A Short History of My Philosophy*, Lexington Books, 2011, Introduction p.Ⅶ.

点本质上仍然深受格奥尔格·卢卡奇《历史与阶级意识》的影响"。①综观布达佩斯学派成员后来的整个工作可以看到，他们仍然坚守着通过卢卡奇获得的人道主义理想，仍然从人道主义总问题出发思考当代世界和当代人的生活。不过对理想的追求不再是通过建立一种没有矛盾的哲学体系获得表现，而是通过哲学与(后现代)碎片化世界的具体存在的对话获得表现。

三、卢卡奇与布达佩斯学派的分歧

1971 年卢卡奇去世后，布达佩斯学派开始走向衰落的过程也是其与卢卡奇分道扬镳的过程。此时，对马克思主义的吸引力和有效性产生怀疑的学派成员逐渐开始脱离马克思主义。而在与马克思主义分离之前，必须首先与卢卡奇的哲学分道扬镳。这种情况绝不是在卢卡奇去世之后才突然出现的，而是早在卢卡奇在世时便已潜在地表现出来了。

1918 年卢卡奇在转向共产主义时选择了一个绝对的东西，即与共产主义的绝对关系，这是因早年对绝对的焦虑而引发的存在的选择，展现的是克尔凯郭尔的姿态。对共产主义的绝对信仰造成了对个人激进哲学的否定，但卢卡奇并不想放弃后者，他试图在哲学与现实、责任与存在之间作出调和。但这种调和并不成功，主要表现为他在对现存伦理文化的反抗和对既定事物的实质性接受之间来回摇摆。其中最为典型的是他在《策略与伦理》一文中的观点：一方面承认个体的道德责任，另一方面又肯定必要的恶。结论似乎是，如果要拯救灵魂，就要牺牲灵魂。在文章的结尾，卢卡奇"用黑贝尔的《犹滴》中无比优美的文字来表达这种最深刻的人类悲剧感：'即使上帝在我和我的行为之间设置了罪过——我又有什么资格去逃避呢？'"②关于卢卡奇思想中的内在冲突，赫勒曾客观地评价道："卢卡奇相信自己的上帝，然而他也看到了'上帝创造的世界'的全部肮脏和恐怖，并且把这个现存的世界同

---

① ［匈］米哈伊·瓦伊达：《作为群众运动的法西斯主义》，孙建茵译，黑龙江大学出版社，2015年，英文版序言第 2 页。

② Georg Lukács, *Political Writings*, *1919–1929*: *The Question of Parliamentarianism and Other Essays*, NLB, 1972, p.11.

一个与上帝相称的理想世界加以对比。"①虽然后来的卢卡奇并没有严格放弃哲学,但他的思想天平越来越向客观主义和理性主义倾斜。在呼吁人们奋起捍卫理性主义的《理性的毁灭》一书中,卢卡奇似乎已经取消了哲学的激进自主性,因为哲学的"问题及其解决方向,都是由生产力的发展,社会的发展,阶级斗争的发展提出来的"②。而在《社会存在本体论》中,这种客观主义和理性主义以典型的形态表现出来。在其中,他对思维与存在、自然与社会、现实与理想的二元论作了猛烈的驳斥,并迫使自己在现存事物中推导出理性的原则。

可以说,卢卡奇仍没有放弃构建一种历史哲学的宏大叙事。在这种叙事中,由理性建构的连续的、统一的、同质的历史整体,作为真理与目的发挥着决定性的作用,凡是符合此模式的便是有意义的,凡是不符合此模式的便是无意义的。只有按照这种历史解释,卢卡奇才可以讲"必要的恶",因为它在历史中完成了它自身的历史使命,这是黑格尔的普遍历史哲学的新版本。在这个意义上,瓦伊达的论断是成立的:"卢卡奇的历史概念通常纯粹是一种经济决定论。关于资产阶级世界的历史,他接受了一种经济决定的决定论,即使他这样做是通过假设的阶级意识这个中介完成的,这种假设的阶级意识的演变——等于革命自身——是必要的。无产阶级不能逃脱他的使命。"③当然,这种决定论不同于第二国际的决定论,因为卢卡奇认为,意识绝不仅是经济基础的一个表象,而且是一种可以塑造世界的力量。

对宏大叙事持怀疑和批判态度的布达佩斯学派显然不同意这种观点,在他们看来,若要让个体真正获得解放,首要的任务是打破现代性的理性主义宏大叙事,因为在这种叙事中,只存在一种黑格尔所谓的统一的、普遍的历史,不存在特殊的故事,即使有特殊的故事,它们也是不重要的,不过是普遍历史实现自身目的的工具。他们意识到,这种目的论的宏大叙事潜在地包含着巨大的危险,因为它通过使特殊性从属于普遍性、使偶然性从属于必然

---

① ［匈］阿格妮丝·赫勒主编:《卢卡奇再评价》,衣俊卿等译,黑龙江大学出版社,2011年,第230页。

② ［匈］卢卡奇:《理性的毁灭》,王玖兴等译,山东人民出版社,1988年,序言第1页。

③ ［匈］米哈伊·瓦伊达:《国家与社会主义——政治论文集》,杜红艳译,黑龙江大学出版社,2015年,第62页。

性、使异质性从属于同质性，消除了个体的自由和选择，清空了个体的道德责任。在这个意义上，对于 20 世纪的文明灾难，宏大叙事难辞其咎。正如赫勒所指出的，"对现代性进行合法化的哲学在极权主义国家的灭绝集中营里得到了实现并不是一个比喻"，而是"实际发生的情况"。①不过，布达佩斯学派并没有抛弃"宏大叙事"，他们是历史主义者，仍然相信一般的历史。但他们是温和的历史主义者，拒绝赋予普遍历史以特权，也不再相信历史进步主义。他们无意于返回只有在想象中才存在的过去的"黄金时代"，也不期望超越现在，而是接受人的现代境况这一基本事实，并由此出发来探索迈向一种更好生活的可能。他们相信并用大量笔墨来论证个体是自由的并只能自己作出存在的选择和创造自己的命运。他们建构的激进哲学便是为现代性居民的行动提供指引或"拐杖"，帮助他们在偶然的存在湍流中航行。

　　这种分歧在布达佩斯学派对《社会存在本体论》的质疑和批评中得到了集中爆发。本来，布达佩斯学派成员对卢卡奇发展社会本体论的计划充满期待，感到兴奋。他们"期待着一部著作能够实现历史主义和在普遍的类的层面进行分析之间的综合，实现在实践—心性和哲学的普遍性之间的综合"②。显然，这部著作并没有让他们感到满意。当 1968 年全书的打印稿出来后，布达佩斯学派成员在惊愕之中与卢卡奇展开了激烈的争论。且不谈其中存在的诸多具体内容，多数的反对意见指向了建构社会本体论的客观主义和自然主义取向。卢卡奇认为，有目的的劳动是社会存在本体论的基本范畴，是社会实践的模式。布达佩斯学派成员认为，这种规定是成问题的，他们更欣赏或更愿意使用卢卡奇在其美学研究中阐述的对象化范畴来规定社会存在，因为这样就可以把广阔的对象化领域（比如日常生活领域、制度化领域、意识领域）和丰富的对象化形式（符号表征、主体间商谈、价值创造等）因而也是全部社会生活都纳入考虑范围之内。这种批判与随后的乔治·马尔库什对"生产范式"的批判在指向上是基本一致的。与这种劳动本体论密切相关的是，卢卡奇对价值持模棱两可的态度：有时将其视为道德范畴，有时将其

---

① ［匈］阿格尼斯·赫勒：《现代性理论》，李瑞华译，商务印书馆，2005 年，第 18 页。
② ［匈］阿格妮丝·赫勒主编：《卢卡奇再评价》，衣俊卿等译，黑龙江大学出版社，2011 年，第172 页。

视为劳动的副产品。而布达佩斯学派坚定地将价值视为"核心"①的东西,视为社会的、普遍的范畴。显然,这种观点与学派所激进倡导的人道主义价值是一致的。

在一定程度上,分歧也代表着布达佩斯学派在资本主义理解方面对卢卡奇的超越。卢卡奇作为马克思主义者并不怀疑由经济决定的阶级范畴的真实存在,对他来说,问题不在于阶级是否存在,而在于阶级意识是否缺乏,因而也在于是否能形成阶级意识。但对布达佩斯学派来说,是否存在一个既是客体又是主体因而是主客体统一的同质的无产阶级是值得怀疑的。实际上,在东欧和资本主义国家生活的经历使得他们意识到,20 世纪资本主义的分层化早已模糊了资产阶级与无产阶级的简单对立,因此有必要超越阶级的辩证法,超越劳动与资本的二元论解释框架。他们运用卢卡奇的总体性范畴致力于建立一种批判理论范式,分析 20 世纪资本主义,挖掘新的社会条件下的革命主体。作为同质化的群体的革命主体不复存在的事实,以及西方的自由市场和民主制在维护个人价值方面所取得的巨大成就,迫使他们将目光转移到在碎片化世界中自由行走的个人主体,他们的理论工作便是致力于唤起个人主体的道德意识和行动意志。由此,曾经被囚禁在决定论牢笼中的个体和个体性被解放出来,正统马克思主义和卢卡奇的马克思主义获得了新的血液。

四、哲学家的悲剧

哲学是时代精神的表达。卢卡奇和布达佩斯学派成员的对话和交锋在更深层次上反映了与那个时代的悲剧密切相关的两种态度。众所周知,20 世纪是一个矛盾的时代,主观与客观、理想与现实、特殊性与普遍性、偶然性与必然性以极端的形式相互冲突,它也是一个悲剧的时代,人的存在及其命运成为任何有良知的知识分子不得不回答的紧迫问题。赫勒曾说道,哲学家所过的既不是"积极生活",也不是"沉思生活",而是"世界观和行为的统一……

---

① 　[匈]阿格妮丝·赫勒主编:《卢卡奇再评价》,衣俊卿等译,黑龙江大学出版社,2011 年,第176 页。

即'积极生活'与'沉思生活'的统一"①。卢卡奇和布达佩斯学派成员是真正的哲学家,他们知道自己的历史和道德使命,他们不仅要创造某种激进的哲学,而且要将哲学与实践具体地统一起来,以便通过哲学揭示人的存在和命运。不仅如此,他们生活在自己的哲学中,将其转变为自己的存在方式,并用自己的生命实践证明自己哲学的现实性。他们及其生活就是自己的哲学。

　　无论在哲学中还是生活中,他们都不得不向绝对靠拢。只不过对卢卡奇而言,绝对是已经在社会主义中表现出来的、具有客观性的"类存在",对布达佩斯学派来说,绝对是被东欧的现实社会主义所破坏而在现代性进程中发展起来的"自由"。无论是哪种绝对,它们都是某种不容置疑的基本价值和理念。马克思认为,人是类存在,因而是自由的存在。绝对的东西投射出一个规范,成为理论解释的支点和方向,成为照亮黑暗世界的灯光。绝对的东西代表了人类的良知,是文明废墟上的坚定的守望者,是穿越黑暗世界的强大力量。在这个意义上,卢卡奇和布达佩斯学派成员都是不折不扣的人道主义者。

　　这恰恰是哲学家悲剧开始的地方。从外在方面来看,悲剧表现为他们想要通过绝对实现对现存世界的超越,但他们发现只有向现存世界妥协才有可能达到这种超越。走入马克思主义的卢卡奇一方面接受了作为事实存在的社会主义,另一方面又与之保持了一定的距离。而后来的布达佩斯学派则试图与他们所批判的人的现代性境况进行和解,他们挣扎和游走于理想与现实的两端,并试图调和二者,但裂缝总会存在,他们发现了超越的途径,但这种超越在何种意义上是成功的和现实的仍然是值得怀疑的。他们的社会计划假定了一个人道化的世界,一群具有道德意识并愿意冒着风险参与改造世界的人。他们的社会愿景过度地依赖一组不确定因素,这是激进的乌托邦主义,带着一个悲剧时代的悲观主义情绪。实际上,他们对此已有认识。卢卡奇总是认为,"生活在最坏的社会主义里也比生活在最好的资本主义里强"②。赫勒承认,自己的理论是"一种积极的斯多葛主义——伊壁鸠鲁主义的伦理学"③。

---

① A. Heller, The Moral Mission of the Philosopher, *New Hungarian Quarterly*, Vol.13, No.47, 1972, p.161.

② 杜章智编:《卢卡奇自传》,李渚青、莫立知译,社会科学文献出版社,1986年,第303页。

③ [匈]阿格妮丝·赫勒:《历史理论》,李西祥译,黑龙江大学出版社,2015年,第341页。

从内在方面来看，悲剧表现为他们的哲学与他们的个人生活处于相互冲突甚至是相互敌对的关系之中。作为哲学家，一个无法免除的道德责任是，他们必须像苏格拉底那样践行自己的哲学，否则，他们就没有资格被称为哲学家。这就意味着，他们必须创造性地为个人的世界赋以形式，为个人的生活注入意义。在这里，个体和生活的可能性都作为哲学形式的表现而受到了限制，甚至是被决定。生活并没有被拯救，恰恰相反，随之而来的是生活的毁灭。正如赫勒在谈到卢卡奇与伊尔玛·塞德勒的关系时指出的，卢卡奇的"哲学——介于生活和作品间矛盾的哲学——没有这一过程生活本身的毁灭就不能被实践。生活一般通过遵循这个形式的原则方式报复自身"①。摆在他们面前的悖论是，哲学若要实现自身就必须通过生活，而它又必然导致对生活的消除。

哲学不能放弃对绝对的坚守，又无法脱离作为基础的生活。在那个现实分裂、真理破碎的时代，任何想要弥合哲学与生活裂隙的做法似乎都是徒劳的，因为哲学与生活的分裂恰恰是那个时代维系自身的前提。因此悲剧是不可避免的。

但是悲剧的时代蕴含着无法估量的道德储备。雅斯贝尔斯说："被抛掷到这个世界及其一切不幸之中，对灾难的威胁无法逃避，人于是伸出双臂呼求解脱，呼求今生的援助或来世的救赎，呼求摆脱眼前的痛楚或从一切忧伤苦楚中获得解脱。"②哲学家的使命就是要深入其中揭示并激发悲剧时代所蕴含的伟大的、无限的、超越的人性力量。这项使命的意义绝不仅仅是道德的，而且是普遍的。它以一种道德的、悲剧的方式传达出一个不能被忽视的讯息，即人类的命运在一定程度上取决于个人的自我意识的觉醒和负责任的行动。

张笑夷（中山大学）

---

① ［匈］阿格妮丝·赫勒主编：《卢卡奇再评价》，衣俊卿等译，黑龙江大学出版社，2011年，第38页。

② ［德］卡尔·雅斯贝尔斯：《悲剧的超越》，亦春译，工人出版社，1988年，第71页。

无产阶级的阶级意识与集体自觉

——从卢卡奇到当代西方左翼

　　卢卡奇作为西方马克思主义的鼻祖,其《历史与阶级意识》一书一直以来被视为西方马克思主义的"圣经",成为西方社会左翼运动的重要思想资源和精神支柱,其思想效应绵延至今。可以说,当代西方左翼的一些思想创造仍然处于其理论的思想效应之内:奈格里等人立足劳动-工人阶级和工作-资产阶级的对抗逻辑重新理解劳动之于社会历史的意义,这可以看作对卢卡奇物化批判理论的再阐释,其在主体实践的社会历史范式上与卢卡奇如出一辙;西方激进左翼学者批判那些仅坚持卢卡奇"物化批判"而放弃"政党和革命学说"的左翼思潮为"假左翼",强调重构无产阶级的普遍性、集体性、主体性,要求重思历史与阶级之间的关系;文化马克思主义者弗拉契亚主张放弃卢卡奇开创的以思辨为特征的"哲学的"马克思主义,转向关注现实政治斗争的"民主的"马克思主义,却恰恰又回归了卢卡奇政党学说和革命主体的见解。可见,即便发展到当下以激进民主、激进平等、后现代、后结构主义、后马克思、新马克思为标榜的西方左翼思潮,其思想理论的内在机理或思维逻辑,依旧继续延展着西方马克思主义资本主义现代性批判的传统,仍未完全脱离卢卡奇的批判范式,仍然处处流露、映射、隐含着卢卡奇开创的"劳动-阶级-政党"三维分析框架,并借此展开当代资本主义现代性批判总叙事。在此意义上,整个西方马克思主义史都是卢卡奇的注脚。

一、物化劳动批判的基元意义

　　西方马克思主义资本主义现代性批判的源头始自卢卡奇,卢卡奇的逻辑源头始于物化劳动批判。在马克思主义阵营走向分化、马克思思想发展受困于教条主义和修正主义、西方社会无产阶级解放运动陷入僵局的历史背景下,卢卡奇从马克思商品拜物教思想中寻找突破口,力求向马克思思想本源回归。立足资本主义社会现实问题的物化批判,卢卡奇不仅重新激活了马克思商品拜物教思想深处的哲学机理,而且在返祖到黑格尔的思辨进程中,强化了无产阶级阶级意识的历史辩证法根基。在思辨的交叉口处、在现实的迷茫期,卢卡奇既揭批无产阶级在资本主义体系中陷入物化结构的被动命运,也批判性指出无产阶级提升阶级意识的历史迫切性与使命责任性。可以说,卢卡奇物化批判是西方马克思主义资本主义现代性批判之思想史的起始点。这一起始点表现在卢卡奇立足无产阶级现实困境而将马克思思想向黑格尔回溯的哲学路径中。因而阿多诺将《历史与阶级意识》一书描述为“关于黑格尔的最重要的马克思主义出版物”,齐泽克声言《历史与阶级意识》一书是“整个西方黑格尔马克思主义传统的奠基文本”①。

　　作为黑格尔哲学一大主题的劳动观念,一直以来都是卢卡奇批判分析劳动范畴的重要参照系。在《伦理体系》中,黑格尔阐述了劳动过程的三个阶段,即需要—劳动—享受。他指出,与把人保持在一种被动的宁静中的认识相反,欲望使人变得不宁静,促使人劳动。由欲望产生的劳动倾向使人获得享受,但这一过程只能通过劳动使主体“否定”、破坏或至少改变所欲求的客体才能完成。由此,劳动在需要和享受之间担当中介作用。卢卡奇揭示出黑格尔劳动辩证运动的两个方面:其一,通过劳动,劳动对象成为人的真正对象。对象在劳动前仅仅作为纯粹意识的理想性对象,尚未被真正纳入主观性之下。正是通过劳动的中介作用,对象性的本质属性在主体的作用下得以逐渐呈现,对象的直接存在形式被消灭,对象转为主体自身发展的合适手段,被打上主体意识的烙印,人和对象实现统一。其二,通过劳动,劳动对象成为劳动产品。劳动作为一种中介活动,并非以一种破坏的形式否弃与消灭对象,而是代之以另外的东西——劳动产品,即劳动是通过对对象的重塑,使得人的需求由主观欲望转变成客观外在力量。所以劳动并非人的本能,它总

---

　　① Žižek, Slavoj: Georg Lukács as The Philosopher of Leninism//A Defence of History and Class Con-sciousness: Tailism and the Dialectic Georg Lukács, London: Verso, 2000, p.152.

是"理性"的产物,抑或"精神的样式"。它表征着人作为自觉主体超越客观世界的力量,这是理性在世界上实现自身的一种方式。而劳动塑造与形成独立于人存在的劳动产品,也是理性的体现。黑格尔还强调劳动中工具的作用,主张主体正是通过工具将劳动与客体相对立,工具是主体与对象间的"存在的、合理的中项",是劳动过程的一个常数。不过,他仍然用理性去解释工具的产生。黑格尔继而分析了劳动的社会性,为他进一步披露资本主义生产过程中劳动异化所导致的矛盾开辟道路。他认为,劳动原本以满足个人的直接需求为目的,但当它变得抽象而普遍,个人的劳动就并非为了满足自己的特殊需求,而是为了满足一般的抽象需求,它生产出来的是用来交换特殊对象的一般产品,即商品。如此一来,依托商品交换的媒介,人与人交往的社会关系形成,劳动成为社会劳动。同时,在此情形下,由于劳动的社会分工日渐抽象化、专门化和精细化,致使人们之间愈来愈相互依赖,这种相互依赖造就了一种人无法控制的异己力量,使人的劳动不但不能按照自己的意图改造客观对象,实现主客体的统一,反而让人越来越疏远于客观对象。劳动中的精神元素和自我意识的丰富性被取消,劳动变成为一种空洞而抽象的活动,人在劳动中的自我实现变成为自我否定。虽然卢卡奇肯定黑格尔对资本主义生产方式内在矛盾的深刻认识,认为他不仅看到了劳动异化在生产过程中导致的矛盾,而且揭示了这种异化在整个社会关系中造成的对立与窘境。但是卢卡奇是将劳动异化视为资本主义社会生产关系的特殊现象;而黑格尔则是将其视为一种普遍的、本体论的、自我意识精神的特征,因而他没有也无法从他的劳动及其异化学说中得出革命的结论,而是相信资产阶级国家有能力保持总体的稳定状态,为资产阶级国家描绘了一幅不加批判和理想化的图景。

在批判性肯定黑格尔劳动及其异化观念的基础上,卢卡奇开辟了一条异于黑格尔劳动概念的阐释之路。卢卡奇的物化劳动观点是以对商品形式的分析为主要内核而形成的。总体上可分为两个层面:其一,以抽象劳动成为现实原则为标识的劳动过程的物化;其二,以时间空间化与物化意识的形成为标识的劳动主体意识的物化。

首先,卢卡奇将对商品"物化"的分析主要锁定在生产过程领域,揭示物化劳动与马克思商品拜物教之间存在的互相构成关系。他对现实生产过程中凝结在商品中的抽象劳动进行阐释，认为其无论在客体方面还是主体方面都为商品形式的普遍性所制约。在客体方面，质上不同的对象被归结为同一的商品形式，"现成的物以及物与物之间关系构成的世界"，即商品拜物教；在主体方面，人类劳动被抽取掉具体特征而成为形式相同的抽象人类劳动，"抽象人类劳动的这种形式相同性不仅是商品关系中各种不同对象所归结为的共同因素，而且成为支配商品实际生产过程的现实原则"①。通过回溯劳动过程经由手工业、简单协作、手工工场到机器大工业的发展历程，卢卡奇指认了抽象劳动及其在资本主义社会中具体表现为劳动合理化因素的不断增加，意味着劳动产品自身的有机的、由性质所决定的统一性被为计算性所规定的偶然性取代。同时，劳动主体"质的特性"也被逐渐消除。可见，在资本主义商品生产过程中，不仅人的劳动成为褫夺人的能动性的客观性过程，而且劳动主体本身蜕变成物质生产过程的附属物。

其次，劳动对象专门性、劳动过程可计算性和劳动主体被分割加剧，致使商品生产过程的物化现象在意识形态领域带来一种物化意识。卢卡奇指出，随着资本主义制度在越来越高的经济层次上生产和再生产自身，物化结构日益深入、侵袭人的意识。劳动合理化过程消除对象原本的"物性"而捕获了一种新的对象性，即可计算性。物化意识的基本特征就在于停留于这种新的物性，将它视为对象的唯一性质。伴随劳动合理化过程的是劳动主体的态度由积极主动转变为消极被动，"这种态度把时间和空间看成是共同的东西，把时间降到空间的水平上"②。"时间就失去了它的质的、可变的、流动的性质……凝固成一个空间。"③这种意识的物化"反过来又强化着对于劳动对象、劳动产品和劳动力的商品化，成为推动物化现象进一步展开的内在动力"④。由此，物化意识既是物化现象的结果，也是物化现象的内在环节，并强化着资本主义条件下的物化境况。卢卡奇将物化作为一种特定的意识形式来考察，指认这种意识接纳了抽象化与独立于人的能动性的资本形式，促使游离的、旁观者式的主体性的产生。他认为，游离的、旁观者式的主体性对资本主义商品的

① ［匈］卢卡奇：《历史与阶级意识》，杜章智等译，商务印书馆，1999年，第153页。

② ［匈］卢卡奇：《历史与阶级意识》，杜章智等译，商务印书馆，1999年，第156页。

③ ［匈］卢卡奇：《历史与阶级意识》，杜章智等译，商务印书馆，1999年，第157页。

④ 陈学明：《20世纪西方马克思主义哲学历程》（第一卷），天津人民出版社，2013年，第187页。

(再)生产十分重要——事实上,这种劳动主体意识本身已变成为一种商品。不难发现,作为特定意识形式的物化已逐渐衍生为一种畸形的、病态的实践结构,即一种主体相对于其他人和客观世界的被动性。也是在此意义上,霍耐特指出,卢卡奇将物化作为特定意识形式的论证过程依赖于社会本体论,并最终解释了物化为什么是一种统治形式。

卢卡奇的物化劳动理论承袭马克思在与社会历史现实的内在关联中把握哲学的历史规定性的思路,对黑格尔有关劳动概念的非历史的认识方法展开攻势,深刻揭示现代资本主义政治经济结构与一种畸形的、自我限制的理性形式之间的关系。在 21 世纪时代境遇下,这一西方马克思主义资本主义现代性批判理论源头因被当代西方左翼人士进一步聚焦在"非物质劳动"批判上而得以拓展。在当前人工智能化、网络化时代,新的劳动形式出现,诸如劳动过程的智能化、劳动替代的普遍化、劳动管理的数字化等。哈特、奈格里提出"非物质劳动",罗萨提出"新异论",并明确指出,人工智能、加速主义等作为最新型科学技术是一种新的霸权形式,其霸权的政治经济表现是使劳动成为非物质性的劳动,使人以人身依附的政治身份而存在,使人在新科学技术面前再次被异化,"新异化"由此诞生。罗萨在《新异化的诞生:社会加速批判理论大纲》中,把当代劳动情景描绘为一幅晚期现代的西西弗斯图景:"电子邮件一次又一次默默地塞满邮箱,我们就好像希腊神话里,被惩罚要在冥土不断重复推巨石上山的西西弗斯一样。在这种情况下,人们被逼迫着要不断追赶他们在社会世界与科技世界当中所感受到的变迁速度,以免失去任何有潜在联系价值的可能性,并保持竞争机会。"[1]在资本主义竞争逻辑的支配下,由于"成就"被定义为"工作除以时间",所以加速是保持竞争优势的最为直接的手段。于是我们陷入"事务成长量与科技加速命中注定般地结合在一起"[2]的荒诞境遇,被困于"科技加速—社会变迁加速—生活步调加速"的封闭的"加速循环"系统中,似乎求出无期,饱受五种新异化之苦,即"空间异化""物界异化""行动异化""时间异化""自我异化与社会异化"。此

---

① [德]哈特穆特·罗萨:《新异化的诞生:社会加速批判理论大纲》,郑作彧译,上海人民出版社,2018 年,第 40~41 页。

② [德]哈特穆特·罗萨:《新异化的诞生:社会加速批判理论大纲》,郑作彧译,上海人民出版社,2018 年,第 29 页。

异化虽非彼异化，但异曲同工之妙显而易见：卢卡奇结合韦伯的合理化计算形式分析黑格尔的劳动概念而形成自身的物化劳动思想，哈特、奈格里以及罗萨等人基于加速主义得出劳动霸权思想而提出非物质劳动的新异化。当物化劳动与非物质劳动相遇同框时，一方面彰显卢卡奇物化劳动理论的思想时代效应，另一方面再次将马克思的异化劳动思想推向前台。

我们一方面要认识到物化劳动理论的局限性：主张将生产力本身作为物化结构，而当所有人都无一例外地被置放在这个固化的物化结构中无以脱身之时，社会变革则无从可能。这使卢卡奇物化劳动理论陷入自身内在的逻辑困境，即揭示物化劳动的社会现实与克服物化、进行社会变革无关，这使改变世界的革命性任务再一次回落在马克思主义资本主义现代性批判理论上。另一方面，还需看到卢卡奇的物化批判强调现实社会中的物化领域是社会变革的潜在场所，这为当代西方左翼深度挖掘革命主体的主体潜质、革命潜能提供了始源性的理论支持。

二、提升阶级意识的必要性与"无产阶级"教化的可能性

当代西方左翼面临着一边新的世界危机在全球范围内极端扩散，而另一边反抗却"悖谬般消失"的现实窘境。事实上，卢卡奇早在 20 世纪 20 年代就对这样的问题有了敏锐觉察，这一问题也始终存在于西方马克思主义的资本主义现代性批判史之中，始终困扰着西方左翼人士。解决西方新左翼这一窘境的基本思路或许可以回到卢卡奇，在其阶级意识"觉解"的议题上再思解放议程，凝聚新的政治承诺。

在卢卡奇之后，启蒙辩证法的再启蒙、否定辩证法的同一性、交往理性的合理性及主体间性、妥协理论的包容性及其生态危机的现代性解救之路、性别问题的文化历史内涵，特别是列斐伏尔的日常生活之拯救、大卫·哈维的城市生活之救赎的空间理论，还有作为新左翼的美国马克思主义理论家布若威对超越直接利益的工厂内部意识形态斗争的强调，无不是在社会历史之维主张一种合理化的社会教化。也就是说，大众文化批判的兴起，无不缘起于卢卡奇的阶级意识何以提升的问题。长期以来，西方左翼知识分子认为，无产阶级丧失阶级意识，是为资产阶级意识形态所蛊惑，成为"物"的丛

林(消费社会)间的"现代新野人"(鲍德里亚语),在文化工业商品的围攻下"自愿"缴械;遂通过对包括日常生活实践在内的大众文化的政治批判与意识形态分析,来激发受压迫者阶级意识之"觉解"。而当"意识形态终结"论调甚嚣于晚期资本主义社会之时,齐泽克敏锐指明当代意识形态的犬儒主义面目。在他看来,意识形态的幻觉并不处于"知"的层面,而是处于现实与行为的层面。因为"他们对事物的真实面目一清二楚,但他们做事的时候,又仿佛对事物的真实面目一无所知"①。他们自以为洞穿一切幻象,对意识形态命题保持反讽性疏离,却恰是深陷意识形态幻象的表现。关于阶级意识培育,在左翼阵营内部也不乏批判的声音,这在朗西埃的《无产者之夜:19 世纪法国工人的梦想》《无知的教师:智力解放五讲》《哲学家和他的穷人们》《歧义:政治与哲学》等著作中均有体现。在朗西埃看来,左翼知识分子对无产阶级的"教化"——居高临下的"启蒙"、自外向内的"灌输"不啻一种"钝化"。"所谓钝化,就是让某个智力从属于另一个智力。"②这种教化/钝化行为建立于有知者与无知者的划分以及有知者对无知者的权威,这早在柏拉图的《理想国》、亚里士多德的《政治学》中即可见到。因此,左翼知识分子的包含着"有知/无知"二元结构的启蒙教化行为,与其说是慷慨给予无产者以自我解放的精神力量,毋宁说是对既定的感性分配秩序的再度巩固。关于阶级意识何以提升的问题,卢卡奇本人也曾清醒坦言:"与其说它符合真正的马克思主义学说,莫若讲它更接近当时流行于共产主义左派之中的以救世主自居的乌托邦主义。"③即便如此,卢卡奇对无产阶级阶级意识的反省仍然抓住了他所处时代问题的关键,从"是否存在"到"能否觉解"正是这一时期无产阶级革命的关键问题,而卢卡奇围绕"能否觉解""何以觉解"所形成的阶级意识理论,既为在资本主义制度条件下唤醒无产阶级意识提供了新的路向,也为整个西方马克思主义关于阶级意识的理论提出了新的问题范式。

针对无产阶级的物化命运,卢卡奇将突围的关键定位于对直接性与现实性的区分,并将这一区分追根溯源至黑格尔的辩证法思想。卢卡奇通过继

---

① [斯洛文尼亚]齐泽克:《意识形态的崇高客体》,季广茂译,中央编译出版社,2014 年,第 30 页。

② [法]雅克·朗西埃:《无知的教师:智力解放五讲》,赵子龙译,西北大学出版社,2020 年,第 17 页。

③ [匈]卢卡奇:《历史与阶级意识》,杜章智等译,商务印书馆,1999 年,第 12 页。

承黑格尔对直接性与现实性的区分，将黑格尔的辩证法思想重释为体现历史之生成的总体性辩证法，由此勘定无产阶级的阶级意识，并将阶级意识的升华与自觉视为物化危机的解决方案，彰显其努力摆脱资本逻辑的现实可能，从而激活西方马克思主义现代性批判理论的发展。

黑格尔哲学关于直接性与现实性的区分，构成卢卡奇总体性辩证法的理论基础。卢卡奇在写作《历史与阶级意识》时主要面临两个方面困境：一方面，在理论上马克思主义为第二国际教条主义所歪曲，过分注重马克思主义的科学性一面，导致实证主义、自然主义倾向；另一方面，在实践上由于历史宿命论导向而消极地"等待革命"，无产阶级的能动性被搁置，与夺取政权并进行社会主义建设的态势已经相去甚远。为此，卢卡奇严肃驳斥这种向教条后退的思路，重新恢复马克思主义的革命之批判维度，以期促使无产阶级意识的觉醒和阶级使命的自觉担当。而黑格尔关于直接性与现实性的区分，使超越实证主义的非总体性立场具有方法论作用。在《历史与阶级意识》1967年新版序言中，卢卡奇强调从黑格尔传统中揭示"总体"范畴的根源："《历史与阶级意识》代表了当时想要通过更新和发展黑格尔辩证法和方法论来恢复马克思理论革命本质也许是最激进的尝试。"[1]黑格尔指出："现实事物的表现就是现实事物本身，所以现实事物在表现中同样还是本质的东西，而且只有在具有直接的、外部的实存时，才是本质的东西。"[2]现实性是在总体过程中事物的本质与直接性相统一，是实存中本质性的映现。换言之，把握黑格尔"凡是现实的就是合理的，凡是合理的终将是现实的"视域中的现实性，是理解其"总体"范畴的关键。这样一种现实性无疑对马克思的辩证法产生了重要影响。黑格尔看到现实性与合理性相一致，拒斥用现存的东西来冒充事物本质。卢卡奇指出，从康德的《判断力批判》到席勒的《审美教育书简》，直至黑格尔的辩证法思想，成为解决现存事物的现存性与现实性难题的一种尝试。卢卡奇剖析道，尽管黑格尔将目光转向了现实，但他无法解释历史的真正动力，其视域中社会历史现实的根基最终归结为世界精神等超验存在物，将这些超验存在物当作历史之真正主体和推动力量。因而黑格尔在社

---

①　[匈]卢卡奇：《历史与阶级意识》，杜章智等译，商务印书馆，1999年，第376页。

②　[德]黑格尔：《逻辑学》，梁志学译，人民出版社，2002年，第263~264页。

会历史现实中重建的所谓同一性主客体仍然是一个绝对主体，其在抽象思辨中解决问题的做法无可避免地陷入历史的神话学之中。

卢卡奇在承接黑格尔关于直接性与现实性相区分思想的基础上，将黑格尔这一思想发展为自己的总体性辩证法，即以无产阶级阶级意识扬弃黑格尔辩证法的泛逻辑神秘主义，更为深入地揭批"直接"与"抽象"的历史制约性。他认为对历史与现实的把握本质上是方法论问题。资本主义社会物化现实未被清楚解剖的主要原因在于背弃了总体性方法，仅仅采取了纯粹直观与抽象形式的直接性方法。直接性方法有两大特征：第一，只考察现象与关注个别、孤立的事实。"坚持未被加工、未被把握的事实性，因为真正把握它们的、认识它们的真正意义的、认识它们在历史过程中的真正作用的每一个可能性，都由于在方法论上放弃了对总体的认识，而完全成为不可能的了。"①第二，只强调数量关系，关注可计算性原则与问题。"数量化是一种蒙在客体真正本质之上物化着的和已物化了的外衣。它只有在主体与对象处于直观的或实践的关系，并对对象的本质不感兴趣时，才能被认为是对象性的客观形式。"②它忽视事物的质的区分与质变，取消了从质的方面判断事物的思维。卢卡奇指出，由于总体性被资产阶级社会关系的直接性掩盖，资产阶级"将直接存在的既定的物的形式，看成客观的、真实的、首要的"，而将其结果的产生形式视为主观的、次要的，因此无法达至对历史本质的认识。因为对象性被资产阶级采取了直接性形式，资产阶级意识将历史性降格为存在的直接性，由此无法把握从属于物化逻辑的拜物教形式，无法找寻到消解物化理论和冲破资本逻辑之现实道路。卢卡奇认为，无产阶级通过推翻资本主义秩序，以总体性方法公开实现自己作为同一的主体-客体的历史地位。而对物化关系采取直接对象性认识的拜物教，也唯有置于无产阶级把握历史的辩证总体中方可实现。由此他真正揭露了物化形式的虚假面纱，敞开了跳脱资本逻辑的现实可能。无产阶级以现实性的阶级意识来观照和落实隐匿于经济过程中的客观社会结构，使自身摆脱物化束缚、形成自觉的阶级意识呈现为历史之必然。这样，卢卡奇经由揭示社会历史真实基础，将黑格尔

① ［匈］卢卡奇：《历史与阶级意识》，杜章智等译，商务印书馆，1999年，第239页。
② ［匈］卢卡奇：《历史与阶级意识》，杜章智等译，商务印书馆，1999年，第259页。

思辨哲学落归于社会现实基础上，使其所规定的总体并非黑格尔绝对精神自我运动变化的圆圈，而是现实社会历史的总体，即现实生产和生活的社会历史总体为社会存在本体。这种现实的生产和生活的承担者就是无产阶级，其阶级意识的自觉使自身成为社会历史的担当者、承载者、主人。可以说，卢卡奇在黑格尔思想的基础上，将社会历史理解为一种总体性生成，为克服被现存事物所物化而成的细致分工、简单劳动、破碎时间等劳动异化提供了一种可能。

如此一来，卢卡奇的阶级意识理论赋予同一的主体-客体，即无产阶级以社会历史进程的内涵，通过扬弃黑格尔辩证法思想，对第二国际马克思主义的进化论、宿命论和决定论倾向实现有效批判，发展出一种总体性的批判理论，完成批判理论的范式转变。使无产阶级回落到与现代资本主义病理诊断的结构性或实质性根源的直接对抗上，即在与资产阶级的对抗中、在社会历史同一主体-客体的一致中认识无产阶级自身，方可提升无产阶级的阶级意识。

确切地说，卢卡奇是指向一种历史性地扬弃早期资产阶级的分配关系，使之生成为一种更适合于现代资本主义生产关系的新形态——以一种更具体的总体性取代一种更抽象的总体性。这一总体性背后指向的是资本主义物化的事实及这一事实的充分展开。物化事实是资本主义生产方式、生产关系之必然。问题在于，卢卡奇清楚认识到，在这一典型的社会商品经济的物化事实面前，亟须无产阶级阶级意识的提升，亟需马克思主义思想理论文化的普及以提升无产阶级的阶级意识，亟须形成经济搭台文化唱戏的局面。显然，是无产阶级依托提升阶级意识发声唱戏。如若提升阶级意识所依赖的路径是社会历史总体性，需要从黑格尔绝对精神的抽象性转向社会历史的现实性，即物化现象与物化意识的当下性，那么当下的无产阶级及其阶级意识是现实升华发展提升到真正自觉，还是继续被经济大潮的商品化物化而保持无意识？不管是哪一方面抑或二者兼而有之，亟须解决的问题被卢卡奇言中，即如何对无产阶级进行教化。教化的最终目的在于实现无产阶级作为一个集体主体的阶级意识自觉、历史意识自觉。对此，卢卡奇的答案也比较明确，即通过马克思主义思想理论的大众化。

三、政党组织原则对无产阶级集体自觉的规约

1968 年五月风暴之后，告别阶级而寻找新的革命主体与路径已成为当代西方激进左翼的政治诉求，"重新定义身份政治"构成新左翼面临的基本问题——"建构一个'非先验'的革命主体和革命目标，成为当代激进左派保持自身激进性的基础所在"①。新左翼的激进立场及其对历史主体力量之恢复的愿景，也在一定程度上同卢卡奇政党组织学说的"主体"产生共鸣。

相比于《物化和无产阶级意识》，《历史与阶级意识》中的另一篇主要考察无产阶级政党组织问题的文章《关于组织问题的方法论》并未引发足够关注。探讨此问题，关涉卢卡奇将无产阶级意识从抽象向现实的落归。马克思主义实践旨趣强调将无产阶级意识抽离抽象性原则而赋予现实性品格，这凸显了无产阶级政党的重要意义。卢卡奇写道，"组织问题……是革命最重要的精神问题之一"②，"无产阶级阶级意识的发展和共产党的发展……以最密切的方式相互制约着"③。在此制约关系中，相似于《精神现象学》的"现象学家"范畴，作为无产阶级政治组织的共产党，成为无产阶级集体自觉过程中必不可少的一环。卢卡奇聚焦于"我们"这一范畴，从思辨的茧房中脱胎，提出政治诉求。

黑格尔探讨了《精神现象学》中的一条"暗线"，即作为现象学家的"我们"（Wir），此"暗线"贯穿绝对精神运动过程始终。为了厘清此条"暗线"，需要对绝对精神在德国古典哲学发展过程中的地位展开探究。《精神现象学》显露出来的历史感同费希特哲学紧密相连，它力求突破康德设定的纯粹形式和质料间的巨大鸿沟，达至后者对前者的完全依从。费希特从主观唯心论路向向客观路向的转变为黑格尔所接承，并体现在《精神现象学》中对"绝对知识"的陈述中：上帝是绝对精神，被造物是绝对精神的"否定物"，意识的发展过程即绝对精神从抽象普遍性经由与特殊性相互作用达至具体普遍性的

---

① 夏莹：《重构革命主体与当代西方马克思主义的哲学转换》，《中国社会科学报》，2015 年 2 月 6 日。

② ［匈］卢卡奇：《历史与阶级意识》，杜章智等译，商务印书馆，1999 年，第 392 页。

③ ［匈］卢卡奇：《历史与阶级意识》，杜章智等译，商务印书馆，1999 年，第 429~430 页。

自我展开过程,但在此否定之否定过程中,意识在最终发展为具体展开内容之前仍旧与后者相异,因此作为现象学家的"我们"的中介作用必不可少。怎样理解这种中介地位? 以绝对精神为奠基的"我们",将意识作为"正在显现为现象的知识加以陈述"①,陈述即意识自觉的发展过程的形式。黑格尔在《历史哲学》中指出,历史作为绝对精神之表象秘密选定历史的个体来实现自身,而唯有"世界历史个人"能认识并献身历史发展这一目的。可以说,现象学家在某种程度上也是观念性的"世界历史个人"。一方面,现象学家是把握了历史发展目的的"个人",尽管以一种感性形态而存在,却是绝对精神的自觉者,有别于仅停留于自然意识中的普通人。与"世界历史个人"不同的是,由于"我们"已经同时自觉到了绝对精神之作为最终目的和原初起点,已经统观绝对精神的辩证运动整体过程,因此"我们"站在了历史的终点。尽管"我们"并非绝对精神本身,但可以将这一辩证运动过程陈述出来。因此,如若没有"我们"在这一运动过程中、基于运动的客观必然性的中介性介入,此过程也就无法理解。另一方面,现象学家反映和表达着时代精神。时代性不仅指代当下所处的意识阶段,还指代处于当下的"普遍精神所走过的那些发展阶段"②,这些阶段已然沉淀为"我们"实质的、实体的、永恒的存在。黑格尔说,"我们"的时代是一个"新时期的降生和过渡的时代"③,这个时代需要统观历史之最终目的,绝对精神的实现即当下时代精神的实现。不过,黑格尔所谓的现象学家虽自觉到了绝对精神,但也许并不具有帝王英雄般"世界历史个人"的人格力量,还不等同于历史中的行动者,而更多是作为占据历史制高点的"旁观者",但恰是作为旁观者的"我们",成为世界精神的自觉者。

而卢卡奇所需要的为阶级意识提升而把脉的政党组织的"我们"又是什么呢? 为证明无产阶级政党的合法地位,卢卡奇将黑格尔那里本已包含但未显明的逻辑张力凸显出来,其与黑格尔之间的矛盾也一并呈现出来。由于无产阶级政党组织既是统观历史的旁观者又是引领时代前进的行动者,因而卢卡奇指认无产阶级政党组织就是当时革命所需的行动的"现象学家"。他

---

① ［德］黑格尔:《精神现象学:上卷》,贺麟、王玖兴译,商务印书馆,2010年,第13页。
② ［德］黑格尔:《精神现象学:上卷》,贺麟、王玖兴译,商务印书馆,2010年,第20页。
③ ［德］黑格尔:《精神现象学:上卷》,贺麟、王玖兴译,商务印书馆,2010年,第7页。

根据现象学家的作用进一步指出无产阶级政党在无产阶级及其阶级意识自觉的过程中在四个方面所发挥的职能。

其一，统观革命进程并给予正确的理论支撑。无产阶级中多数人在革命进程中受资产阶级思想约束，应当由旁观者来统观整个革命进程，从而得出指导革命运动的正确理论。卢卡奇认为："组织在理论和实践之间进行中介的能力，最清楚地表现在它对各种不同思潮表现出……更大、更准确、更可靠得多的敏感性。"[1]在革命进程中，历史社会条件约束和无产阶级内部分歧或许会致使思想观念参差不齐甚至互相对立。所以无产阶级政党为顺利开展革命实践，必须选择可以统观整个运动并与客观现实相一致的革命理论。卢卡奇所阐发的政党组织学说，在某种意义上正是这种理论的代表。

其二，为革命提供辩护。无产阶级阶级意识自觉需要超越传统哲学，因为后者是"从意识的物化结构中产生出来的"[2]。相较于资产阶级在这种物化结构中感到自己是被满足的和被巩固的，无产阶级在这种异化中则感到自己是无力与被摧毁的。由此，无产阶级产生了从资产阶级意识形态中解放出来的强烈诉求。这样，无产阶级政党的引导作用就显得尤为关键，因为它促使无产阶级清楚自身的异化境况与缘由，担负起历史责任和使命，使自己成为真正自在存在与自为存在的强大证明。

其三，引导革命摆脱自发性，走向集体自觉性。卢卡奇认为，无产阶级在实现阶级意识自觉的过程中存在朴素性的问题。朴素性表明无产阶级尚处于"自然意识"的自发阶段，仅仅处于革命实践的初期阶段。卢卡奇赞成卢森堡的观点，指出主要问题在于一些无产阶级政党没有充分发挥政治领导职能，也并未完全激发无产阶级阶级意识，以致在变化万端的革命形势和群众斗争之自发性、朴素性面前束手无策。而"为了沿正确的道路进一步发展行动，只需要启发意识，只需要一种明确的领导"[3]。

其四，指导革命实践具体展开。卢卡奇指出，革命过程是一个长期艰巨的必然性过程。无产阶级在努力达至彼岸"自由王国"的道路上将经历各种

① ［匈］卢卡奇：《历史与阶级意识》，杜章智等译，商务印书馆，1999年，第396~397页。
② ［匈］卢卡奇：《历史与阶级意识》，杜章智等译，商务印书馆，1999年，第180页。
③ ［匈］卢卡奇：《历史与阶级意识》，杜章智等译，商务印书馆，1999年，第402页。

阻难、错误和失败,其阶级意识也将遭遇"混乱的升降起伏"。鉴于此,无产阶级政党不仅需要吸取相关"错误"教训,而且应指引一条通向"真理"的道路,甚至"有时不得不采取与群众对立的立场;他必须通过拒绝无产阶级现在的愿望来向他们指明正确的道路"①。政党组织领导革命的成功经验与失败教训,对于提升阶级意识是同等重要的。如果说在《精神现象学》中黑格尔有关现象学家的论述并未构成其理论主题,那么卢卡奇关于无产阶级政党组织职能的规定,则将黑格尔并未主体化的问题凸显出来。就像马克思所说,黑格尔的最终旨趣并不是确证改变世界的可能性,他仅仅解释世界。以马克思主义者自居的卢卡奇却并不止步于此,他更进一步揭示出无产阶级政党在落实无产阶级意识自觉、突破物化劳动境况、达到集体自觉等问题方面的决定力量。由此,卢卡奇要解决马克思主义哲学的实践问题,即通过实践哲学突破黑格尔哲学体系束缚,在实践中使无产阶级政党之地位和职能得以落到实处,努力冲破黑格尔哲学桎梏而释放出历史本身巨大的实践力量,而找到真实的"我们"。

卢卡奇的努力一方面意欲突破黑格尔辩证法,却局限于黑格尔辩证法;另一方面,意欲完成革命的实践,却止步于阶级意识自觉的办法。卢卡奇因局限于黑格尔辩证法的"现象学家"的"我们",而将阶级意识的自觉担当者视为政党组织的"我们",而不是作为社会历史整体的无产阶级的"我们",如不是作为自在与自为统一的、自觉自律的无产阶级的"我们",那"我们"如何成为自觉的无产阶级,尤其是达到具有阶级意识、历史意识的集体自觉? 显然,卢卡奇的政党组织之说无力回答如何使无产阶级的政党组织成为无产阶级自身的"我们"这一问题。

卢卡奇没有完成的任务在其后的当代西方左翼中延续,身份政治开始成为西方左翼学者关注的核心话题,以"后马克思主义"理论家拉克劳与墨菲的"激进民主"思想为典型代表。他们秉持后现代的反本质主义视角,认为群体身份的统一性(阶级的同质化)已不复存在,当前时代的"斗争(包括工人斗争)却越来越不再是阶级斗争了"②,遂不再以无产阶级作为革命主体,

①　[匈]卢卡奇:《历史与阶级意识》,杜章智等译,商务印书馆,1999 年,第 429 页。
②　[英]恩斯特·拉克劳:《我们时代革命的新反思》,孔明安译,黑龙江人民出版社,2006 年,第 197 页。

而是代之以各式各样新社会运动(如女权运动、生态运动、反核运动等)中的多元身份主体。而面对去疆域化、网络化的"帝国",哈特、奈格里将从事非物质劳动、非同质化的"诸众"作为革命的承担主体。在朗西埃那里,阶级斗争被重新解释为围绕"同一种感性能力意味着什么"的斗争,是"那些自视有能力管理社会利益的人与注定只能够繁衍生息的人之间的斗争"①,所以"治安"秩序下的政治主体应是不被看见、不被倾听、不被计算的"无分者"。究竟什么样的群体能够承担其历史使命,不论是激进民主的多元主体,还是"诸众",抑或是不被计算的"无分者",当代西方左翼都在追寻并挖掘无产阶级集体性的潜能,都指向了谁能够成为"我们"并作为历史主体而认领现实责任,但是他们更多关心的是"我们是谁"的问题,追问的是无产阶级集体性的理论可能与逻辑根据,而卢卡奇对主体讨论的意义在于提出的"谁之合理性、何种责任"的追问,即不仅追问主体是谁,更对主体的合理性及其如何实现这一合理性提出了自己的独特理解,强调无产阶级集体自觉的现实道路,指向现实革命政党的社会实践活动。在这一意义上,卢卡奇是承继马克思这一理路较为鲜明的西方马克思主义思想家,而其后的西方马克思主义阶级理论不断蜕化,甚至将革命仅仅停留在理论的空中楼阁之中,这是其最为致命的缺陷之一。

韩秋红(东北师范大学)

---

① ［法］雅克·朗西埃:《思考"歧感":政治与美学》,谢卓婷译,《马克思主义美学研究》,2014年第1期。

评卢卡奇对青年黑格尔劳动概念的分析

卢卡奇是西方马克思主义的代表人物。国内学者对他已经展开了广泛而深入的研究,取得了大量成果。然而对于卢卡奇的《青年黑格尔》,学者们目前还没有给予足够的重视。《青年黑格尔》是卢卡奇在莫斯科时期创作的,成书于 1938 年秋末,由于某些政治上的考量,直到 1948 年才由苏黎世欧洲出版社第一次出版,1954 年又出了新版。在这部著作中,卢卡奇主要论述了黑格尔青年时期的思想发展,并对黑格尔和马克思的关系做了深入的分析。卢卡奇本人即是一位西方马克思主义理论家, 对发展马克思主义做出了杰出贡献,又是一位黑格尔思想的研究专家,在这方面同样取得了开创性的成果。作为体现这一贡献的著作《青年黑格尔》,它在卢卡奇思想中占有十分重要的地位,"属于黑格尔思想发展研究的开创时期",[①]是我们解读黑格尔、卢卡奇、马克思之间关系不可缺少的文本依据。虽然在这部著作中卢卡奇对黑格尔劳动概念的分析较为零散,但卢卡奇取得的开创性共享依然是一笔宝贵的理论遗产,有待挖掘。

一、卢卡奇对黑格尔经济思想的总体评价

卢卡奇对黑格尔劳动概念的分析是建立在他对黑格尔经济思想总体评价的基础上的。这种评价在黑格尔思想研究中具有开创性贡献,巴拉克里曾

[①]　Henry Silton Harris, Review, Philosophy and Phenomenological Research, Vol.38, No.4 (Jun., 1978), pp.575–579.

感叹道,"早就该强调政治经济学在黑格尔早期思想形成中的重要性了"①。不了解卢卡奇在这方面的贡献,就无法深入理解卢卡奇对黑格尔劳动概念所做的分析。首先,卢卡奇同意马克思在《1844年经济学哲学手稿》中对黑格尔经济思想的评论,认为自己对"黑格尔经济观点的分析将会证实马克思观察的正确性"②。由此可以看出,卢卡奇在评价黑格尔经济思想时,将马克思的观点作为其出发点。

　　但不可否认的是卢卡奇自己也对黑格尔演绎经济概念的特点进行了较为深入的挖掘。卢卡奇认为,"黑格尔在其哲学里面,并没有创造出一种经济学体系,他的经济观点是其一般社会哲学的组成部分"③。卢卡奇也并没有把这一点看作是黑格尔的不足之处,相反,他把这看作是黑格尔的优点。黑格尔没有局限于经济学范围内从事原创性研究,而是注重如何把他对经济学前沿的发现纳入他的有关社会问题的一般辩证法中,"把所有客观的社会和经济范畴看作人们之间不断变化的矛盾关系"④。矛盾运动是永不停息的,矛盾在统一性中消解了,又在更高层次上产生新的矛盾。黑格尔对社会经济的分析渗透着辩证法的思想。辩证法的运用是黑格尔区别于其他古典经济学家之处。更为具体地说,黑格尔在分析社会经济时注重描绘主体和客体的辩证发展,不仅把这种发展看作抽象的必然性,而且把这种发展呈现为人类社会现实演进的必然模式。基于这种主客辩证法,黑格尔从人与社会的关系中推出了所有的社会经济范畴,进而建立他的精神哲学体系。精神哲学又与逻辑学、自然哲学构成了黑格尔庞大的哲学体系。正是辩证法把各个体系联系成为更大的体系的有机构成部分。反观古典经济学家,他们在建立自己的体系时,不具有像黑格尔这样的辩证法思想,没能阐释经济概念内在的辩证运动,体系中各个部分的连接带有偶然性的成分。而黑格尔则把经济范畴演绎为范畴自身的辩证运动,经济范畴本身就有向另一范畴过渡的潜在可能性。当然,这并不是说黑格尔的经济学成就要高于古典经济学家,只能说借助辩证法他对经济学概念具有高超的理解水平。虽然卢卡奇注重挖掘黑格尔经

①　T. Blakeley, Review, Studies in Soviet Thought, Vol.20, No.4(Dec.,1979), p.383.

②　György Lukács, *Der Junge Hegel*, Aufbau-Verlag, 1954.S.369.

③　György Lukács, *Der Junge Hegel*, Aufbau-Verlag, 1954.S.369.

④　György Lukács, *Der Junge Hegel*, Aufbau-Verlag, 1954..S.420.

济思想中的辩证法因素,但他没有给予黑格尔从社会关系的角度理解经济概念这一重要思想足够的重视。黑格尔的这一思想不亚于辩证法,它体现在很多经济概念之中。比如,黑格尔区分了占有物(possession)和财产(property)。占有物体现的是人和物的直接关系,占有与第三方无关,但这种无关不是绝对的。一个人占有某物,也就把第三方排除在外了。排除是否有效需要得到第三方的承认。"一个物是我的财产是由于它被其他人承认了。"①财产不再是一种人和物之间的孤立关系,它体现的是人和人之间的社会关系。只有在占有物得到其他社会成员承认时,财产才能确立。不仅是财产概念,对于契约、价值、货币等经济概念,黑格尔也是从社会关系的角度进行分析的。也就是说,黑格尔洞察到了人和物关系下隐藏的人和人之间的社会关系,不是物本身就具有财产、货币等属性,而是社会关系、作为普遍性的社会赋予物以特定经济属性。马克思卓有成效地继承并发展了黑格尔在分析经济概念时的这两大方法。辩证法与从社会关系角度分析经济概念的方法在《资本论》中体现得最为明显。

卢卡奇不仅分析了黑格尔从事经济研究时的独到之处,对于黑格尔经济思想中他认为的不足和局限性也做了深入的分析。首先,卢卡奇从社会经济方面考察了黑格尔的局限性。一方面,黑格尔阅读的古典经济学家著作反映的是以英法为代表的发达资本主义国家的社会现实。另一方面,黑格尔生活的德国相对于英国和法国在社会经济方面是落后的。黑格尔接受的先进思想和德国社会现实之间存在巨大反差。落后的德国使黑格尔看不到阶级斗争及其客观经济原因,看不到经济因素在社会发展中的作用,却过于看重国家的作用,把国家看作理性的现实化。面对现代世界富人和穷人之间的对立,黑格尔不仅把这看作是事实,而且看作社会发展的必然结果。对于富人和穷人之间的经济不平等,黑格尔寄希望于国家来做出调整,认为国家的行为原则不同于市民社会,它有能力缓解富人和穷人之间的对立,使资产阶级社会能够在总体上保持健康状态。其次,卢卡奇剖析了黑格尔经济思想中的

---

① G.W.F. Hegel, *Hegel and the Human nature: A Translation of the Jena Lectures on the Philosophy of Spirit* (1805–06) *with Commentary*, Ed. & trans. Leo Rauch, Wayne State University Press, 1983. p. 112.

唯心主义因素。唯心主义渗透在黑格尔经济思想的各个方面,劳动、交换、货币、家庭、社会、国家等概念虽在黑格尔的分析中有其现实基础,但隐藏在它们背后的是精神。经济概念的运动成了精神外化的产物。黑格尔把国家置于市民社会之上,很大程度上也是起因于他的唯心主义观点。这种唯心主义把国家看作精神旅程中一个比市民社会更高的阶段,是精神的现实化。国家由于具有普遍性,它能够消解市民社会中个人之间的利益对立。

二、劳动概念在黑格尔超越康德、费希特中扮演的作用

立足对黑格尔经济思想的整体把握,卢卡奇抓住了在黑格尔思想中劳动概念所扮演的重要角色。"劳动是人类活动的主要方式,是实现主体和客体(使用黑格尔的术语)统一的主要方法,是扬弃客观僵死性的活动,是把人类转变成为自己活动的产物的推动力。"[①]在哲学思想中引入劳动概念是黑格尔区别于其他德国古典哲学家的一大特点。康德、费希特等主观唯心主义者,对人类的实践方面抱有偏见,他们的全部兴趣在于人类实践中的道德方面,经济实践并没有进入其理论分析视域。丰富多样的社会和自然成了人们道德活动的抽象背景。德国学者瑞德尔持有和卢卡奇相似的观点,认为"黑格尔吸收了最先进的政治经济学理论……这在德国唯心主义哲学中没有同行人。康德完全从他的实践哲学中把经济学理论排除了"[②]。黑格尔不同于康德、费希特等德国古典哲学家,"当我们考虑黑格尔对主观唯心主义伦理学的批判时,我们能够看到他对道德狭隘性,社会活动中主观方面和客观方面的坚硬对立总是抱有敌意"[③]。而黑格尔能够具有这样的思想,在卢卡奇看来,在于黑格尔的经济观点根本不同于康德和费希特,"对于黑格尔来说,经济是人的社会活动最直接、最主要、最可感的显现"[④]。他的这种渗透着经济现实的观点"受到亚当·斯密把劳动作为政治经济学核心概念的决定性影

①　György Lukács,*Der Junge Hegel*,Aufbau-Verlag,1954.S.213.

②　Manfred Riedel,*Between Tradition and Revolution:Hegelian Teansformation of Political Philosophy*,trans. W.Wright,Cambridge University Press,1984.p.108.

③　György Lukács,*Der Junge Hegel*,Aufbau-Verlag,1954.S.371.

④　György Lukács,*Der Junge Hegel*,Aufbau-Verlag,1954.S.371.

响"①。与卢卡奇类似,曼德尔也认为,"黑格尔受到自己年轻时经济学研究的
深远影响,特别是亚当·斯密的著作"②。

这种影响为黑格尔超越康德哲学的局限性提供了可能性。康德虽然把
哲学的能动方面提到了很高的地位,超越了文艺复兴和启蒙运动哲学中方
法论上的机械性限制,却导致了理论哲学和实践哲学之间的分裂。费希特没
有弥合这种分裂,反而使鸿沟更深。谢林虽然在消解理论哲学和实践哲学的
对立上取得了一定成果,但由于他没有广博的知识作为基础,并没有真正解
决这一问题。相比于康德和谢林,黑格尔对英国古典政治经济学家较为熟
悉。他在伯尔尼当家庭教师时,就利用主人斯泰格尔(Steiger)的私人图书馆,
"开始深入研究英国经济学家,特别是詹姆斯·斯图亚特爵士,同时也可能有
亚当·斯密,他们的观点几乎很快就对他的(黑格尔——笔者注)思想产生了
巨大的影响"③。关于黑格尔到底阅读了哪些政治经济学著作,现在并没有一
致的看法,学者们的考证大多基于罗森克兰茨(Rosenkranz)的说法。大致上
说,黑格尔在去耶拿之前就读过亚当·斯密的《国民财富的性质和原因的研
究》及詹姆斯·斯图亚特爵士的《政治经济学原理》。④通过阅读经济学著作,
黑格尔获得了更为全面的理论资源,能够在一定程度上超越落后的德国给
哲学家造成的限制,看到康德等无法看到的人类经济活动在社会发展中的
作用。特别是黑格尔对劳动概念有着深刻的理解。劳动是主体能动地改造客
体的活动,是主体和客体之间的直接中介。劳动能够实现主体和客体的统
一,弥合理论和实践之间的对立。但卢卡奇并没有详细说明黑格尔如何借助
以劳动为核心概念的古典经济学从而超越主观唯心主义的道德狭隘性,弥
合主观和客观,理论和实践的统一。虽然如此,卢卡奇从劳动概念入手分析
黑格尔对康德、费希特的超越性也是具有其深刻的理论意义的。劳动概念的
引入为从社会经济方面分析这种超越性提供了概念支撑,在社会经济现实

---

①　György Lukács,*Der Junge Hegel*,Aufbau-Verlag,1954.S.371-372.

②　Ernest Mandel,*The Formation of the Economic Thought of Karl Marx*,tans. B.Pearce,Monthly Review Press,1971.p.11.

③　Terry Pinkard,*Hegel:A biography*,Cambridge University Press,2000.p.53.

④　Norbert Waszek,*The Scottish Enlightenment and Hegel's Account of "Civil Society"*,Dordrecht: Kluwer Academic Publishers,1988.pp.112-114.

和哲学思想之间打入了关键性的一环，有助于避免教条式地理解经济社会和思想之间的关系。

劳动概念虽然为黑格尔超越康德哲学中的局限性提供了可能性，但这种可能性还与当时的环境有关。黑格尔生活的德国在当时固然落后，但与此同时，英国的工业革命正如火如荼地进行，法国也发生了大革命。这些影响世界进程的大事纷至沓来，不可能不对黑格尔的思想发展产生影响。黑格尔这位对时代变化有敏锐察觉的思想家，察觉到一个新时代来临了。这个崭新的资产阶级时代不同于古代社会，它高举自由的旗帜，注重人类的世俗需要，进而把创造财富作为追求的首要原则。大量的社会财富是由劳动创造的。这就必然使思想家对劳动给予极大的关注。黑格尔虽然是一位哲学家，但他同样像古典经济学家一样洞察到了劳动在社会发展中扮演的重要作用。正是立足社会环境的现实基础，加上黑格尔对古典经济学中劳动概念的精准把握，超越康德、费希特的社会哲学思想也就水到渠成。

三、劳动的中介作用

卢卡奇认为，黑格尔在他的经济观点中体现了概念的辩证运动。在分析经济概念时，黑格尔不仅运用了三个一组的概念分析模式，而且不同的概念以黑格尔特有的演绎模式组织起来，进而呈现经济概念的系统化特征。在《伦理体系》中，黑格尔从需要、劳动、享受推演到更高的三段模式。劳动演进的过程展现了复杂的关系结构。黑格尔认为，欲望是劳动的起始点。欲望和享受之间的不同在劳动中被设定了出来。劳动作为使人获得享受的活动，它如果能够顺利进行，首先就需要占有对象。这种占有是由主体对客体的欲望引起的。这时的占有不是要对客体施以形式变化，它是把事物直接置于主体之下的理想性环节。而劳动则是现实性的环节，它不是对对象的静观，而是使主体进入现实的对象之中，实际地加工对象成为主体需要的形式，达到真正意义上的占有，这种占有不再是理想性的，它是前两个环节的合题。这时占有的对象一方面具有第一个环节中的理想性，另一方面，经过劳动的否定性过程，对象进而成为能够满足需要的对象。劳动在需要和享受之间起到了中介的作用。通过劳动需要得到满足，而对象也被消灭了。对象的消灭意味着下一个劳动过程的开始。这种循环往复的劳动过程蕴含着人进一步发展的可能方向。这种发展的可能性是动物不具备的。因为动物不是通过劳动的中介作用来满足其需要,动物是直接消灭自然存在物获得满足。在劳动的中介作用中,卢卡奇看到了黑格尔在劳动概念辩证运动中的作用。一方面,"只有通过劳动,劳动的对象对人来说成为真正的对象"①。在劳动之前,对象只是理想性的,纯粹意识的对象,它还没有被真正纳入主体之下。人和对象的统一需要借助劳动的中介作用。主体通过劳动使自己的本质力量外化,消灭了对象的直接存在形式,对象被打上了主体意识的烙印,因而劳动使对象成为为人而存在的对象。另一方面,"对象通过劳动变成另一个东西"②。对象的这种变化是形式上的变化,只有对于有意识的主体才成立。劳动在转变对象形式时也不是随意的,它必须符合对象自身的内在规律。而且也只有在这种现实的形式转变中,在人和对象的双重转化中,对象内在的规律才能显现出来。拥有意识的主体也只有在和劳动对象的统一中才能实现劳动的目的,改变对象成为满足主体需要的形式。

劳动不仅在需要和满足之间发挥了这种中介作用,从更深层次的意义上说,劳动在人由作为个体的人向作为社会的人的发展中,在人从个体性向普遍性的发展中也扮演着重要角色。劳动能够实现这种发展在于通过劳动制造了工具。卢卡奇抓住了黑格尔的劳动和工具技术之间相互获益的辩证法。卢卡奇认为,"黑格尔表明了工具如何从劳动的辩证法中产生"③。由于在劳动中劳动的多样性被取消了,个体的劳动变得越来越具有机械性。"机械劳动的僵死特征直接意味着把人从劳动中排除的可能性;因为这里的劳动完全是机械性的,没有多样性。"④由于这种机械性,以及相伴随的劳动的单一性、重复性,产生工具的条件就具备了。工具无非是人的简单机械性劳动的对象性再现。作为对象性劳动的工具,他与劳动本身存在根本性区别。劳

---

①　György Lukács,*Der Junge Hegel*,Aufbau-Verlag,1954.S.376.

②　György Lukács,*Der Junge Hegel*,Aufbau-Verlag,1954.S.376.

③　György Lukács,*Der Junge Hegel*,Aufbau-Verlag,1954.S.379.

④　G.W.F. Hegel,*System of Ethical life*(1802/3)and *First Philosophy of Spirit*(Part Ⅲ of the system of Speculative Philosophy 1803/04),Ed. & trans. H.S. Harris & T.M. Knox,State University of New York Press,1979.p.117.

动直接作用于个体性事物,它没有持存性,是偶然的、个别的,在享受得到满足之后,劳动必须重新开始。而工具是劳动的合理化,它克服了直接劳动的偶然性、个别性,把劳动的主观性提高到普遍性的水平,因为工具可以被任何人使用,完成相同的产品。工具克服了直接劳动必须每次重新开始的坏的无限循环,使劳动具有了累积的性质。在工具的进一步发展中,像水流、风能、蒸汽等自然运动的力量被人所驾驭,工具在自然力的帮助下转变成了机器,机器用自然力替换了人力,主体则在一旁休息了。这种休息虽不是完全的,但为社会的发展提供了条件。工具、机器的采用使产品的数量超出了主体需要范围,产生了剩余物。由于是剩余物,它不是用来满足劳动主体自身的需要,而是成为其他主体需要的对象。并且由于这种关系的出现,主体劳动的产品克服了个体性的狭隘限制,而进入了普遍性之中。这种普遍性实际上也就是社会性。劳动主体通过剩余物走出自身,与其他主体发生关系,进入社会的普遍联系网中。这时主体与其产品的关系不仅表现为占有,而且由于他对产品的占有得到了其他社会成员的承认,他的产品发展为财产。财产获得方式或者说劳动方式的不同是等级差别的重要特征。农业等级的劳动直接作用于自然物,第二等级的劳动具有抽象性、普遍性的特点,其中手工业者的劳动是一种"塑形"的劳动,商人的劳动是一种纯粹的交换,绝对等级或者称为普遍等级从事公共服务的劳动。

四、劳动的外化、异化

卢卡奇认为,黑格尔在描绘劳动的辩证法过程中,也描绘了社会现实。黑格尔不仅看到了劳动的积极方面,他也看到了劳动的消极方面,看到了劳动的后果对人的摧残。人使用机器,似乎人不再劳动了,是机器在为他劳动,是机器在与自然对抗。然而事实并非如此,在这里人和自然的对抗关系只是被掩盖了,被推迟了,而没有被消灭。正如黑格尔所说:"当他(指人——笔者注)通过各种各样的机器使自然为其工作时,他并没有取消劳动的必然性,而仅仅是推迟了它,使劳动和他的距离更远。"①他的劳动不是像过去那样直接作用于自然,而是通过机器的中介作用才能与自然发生关系。而且由于人的活生生的劳动并不是作用于活生生的自然,他远离了这种鲜活的活动。剩下的只有越来越机器性的活动。并且这种活动也不是为了满足劳动者自己的需要而进行的,他的生产劳动是为了满足他人的需要。他自己需要的满足成了不确定的事情。黑格尔敏锐地看到了劳动的辩证发展对劳动者带来的影响。"劳动越具有机械性,它就越没有价值,他就必须工作得越多,"②换取自己需要的产品。这里的悖论显而易见,机械性的劳动意味着产品数量的增加,这本应改善劳动者的生存状况,但实际导致劳动者劳动时间的延长,劳动条件的恶化。黑格尔对机器的运用,劳动抽象性的增加给劳动者造成的消极后果的认识也是在不断深化的。在 1805—1806 耶拿精神哲学手稿中,黑格尔进一步认为,在劳动过程中,劳动者由于劳动的抽象性而"变得更为机械性,更迟钝,更没有精神。精神性的元素,充满自我意识的生活,变成了空洞的活动"③。劳动者虽然能够将部分劳动过程交由机器去完成,但是他自己的劳动毕竟变得越来越形式化。不仅如此,劳动者"迟钝的活动把他限制在一点,他的作品越完美,劳作就越片面"④。劳作越片面,劳动者越能在一点上精雕细磨。这时他不需要也不可能从事劳动的其他方面,劳动者陷于社会分工的巨大总体之网内。社会产品的增长伴随的不是劳动者的全面发展,而是劳动技能的萎缩,劳动环境的恶化、非人化。

卢卡奇紧紧地抓住了黑格尔的外化、异化概念,认为在黑格尔那里"劳

①　G.W.F. Hegel,*System of Ethical life*(1802/3)and *First Philosophy of Spirit*(Part Ⅲ of the system of Speculative Philosophy 1803/04),Ed. & trans. H.S. Harris & T.M. Knox,State University of New York Press,1979.p247.

②　G.W.F. Hegel,*System of Ethical life*(1802/3)and *First Philosophy of Spirit*(Part Ⅲ of the system of Speculative Philosophy 1803/04),Ed. & trans. H.S. Harris & T.M. Knox,State University of New York Press,1979.p247.

③　G.W.F. Hegel,*Hegel and the Human nature:A Translation of the Jena Lectures on the Philosophy of Spirit*(1805-06)with Commentary,Ed. & trans. Leo Rauch,Wayne State University Press,1983.p. 139.

④　G.W.F. Hegel,*Hegel and the Human nature:A Translation of the Jena Lectures on the Philosophy of Spirit*(1805-06)with Commentary,Ed. & trans. Leo Rauch,Wayne State University Press,1983.p. 139.

动不仅使人成为人,不仅使巨大复杂的社会进程得以实现,它也使人的世界进入异化、外化的世界"①。对于什么是外化,卢卡奇直接引用了黑格尔本人的说法,外化表现为"a.在劳动中,我使自己直接进入事物之中,成为存在的形式。b.与此同时,我使自己的存在外化,使其成为与我自己相异的东西,进而在其中保存自己"②。在黑格尔那里,异化、外化是主体劳动的必然产物,可以说它们之间存在共生关系。而这种必然性在交换中表现得更为明显。这时,主体满足自己的需要不是通过消费自己生产的产品,他自己的产品是以劳动剩余物的形式存在的,无法满足主体的多方面特殊需要。他需要的对象不存在于自己这里,而是存在于另一主体那里。为了使各自的需要得到满足,各个产品占有者在相互承认对方的财产权的基础上,进行交换。交换使个体劳动的产品获得普遍性的形式。在普遍性的形式之下,产品能够进行抽象的比较,且这种比较是建立在承认对方是平等的所有者的基础上的。价值就是比较之中的均等关系。这种意志关系表现在事物中,就是货币。货币又扩大了交换的范围。但是伴随着交换范围的扩大,交换的不确定性也在增加,有的交换是渐次进行的,有的交换是延期进行的。交换条件的不同,个体间的差异,造成了他们之间力量上的不平等关系。拥有力量,处于支配地位的人是自由的,他成为主人,而他的对方则是虚弱的,处于被支配地位,进而成为奴隶。主奴关系的辩证法在《伦理体系》中就已经出现了,虽然还没有像在《精神现象学》那样发挥得淋漓尽致。在这主奴关系中,奴隶的劳动产品被主人占有,奴隶不是为自己劳动而是为自身之外的主人劳动,异化达到了自身发展的顶峰。异化不仅存在于主奴关系中,在黑格尔的分析中,即使是小手工业者的劳动也是存在异化问题的。

五、劳动外化、异化的克服

虽然人的劳动导致了工具、机器的发明,但同时由于劳动的片面性,劳

① György Lukács, *Der Junge Hegel*, Aufbau-Verlag, 1954.S.385.

② György Lukács, *Der Junge Hegel*, Aufbau-Verlag, 1954.S.386./G.W.F. Hegel, *Hegel and the Human nature: A Translation of the Jena Lectures on the Philosophy of Spirit（1805-06）with Commentary*, Ed. & trans. Leo Rauch, Wayne State University Press, 1983.p.123.

动并没有导致人的全面发展。相反，人的劳动却导致了人的外化、异化。黑格尔的伟大之处在于他不仅描绘了人的外化、异化，描绘了社会现实，他也提出了扬弃这种苦难的方式。卢卡奇认为，黑格尔一直对于国家过多干预社会经济活动的所用理论持反对态度，但他怀有国家有能力减少富裕和贫困之间明显对立的观念，资本主义社会有能力保持总体的稳定状态。卢卡奇引用了黑格尔在《伦理体系》中的话作为证据，"政府应该尽其所能与不平等作斗争，与随之而来的虚弱造成的毁灭作斗争，可以通过使利润更难获得的办法而直接实现这一点"[①]。卢卡奇认为，"这一意义深远的见解混杂着资本主义的矛盾和国家可能使用的灵丹妙药的天真幻想，从此，这标志着黑格尔的全部幻想"[②]。在另外一处，卢卡奇也表达了类似的观点，认为"黑格尔过于理想化，他有这一想法，外化可以在资本主义社会内部得到克服"[③]。总之，在资本主义制度范围内，在国家干预的条件下，卢卡奇否认劳动导致的经济活动的非人化、异化能够克服，否认资本主义有自我完善的机制。

虽然卢卡奇否认资本主义有自我完善、克服发展过程中产生的矛盾的能力。但是他没有在这里给出应有的说明。资本主义社会没有能力克服自身发展中的矛盾犹如卢卡奇给资本主义下的"绝对命令"。资本主义的历史暂时性，它的必然灭亡的趋势对于卢卡奇来说成了不言而喻的必然真理。卢卡奇之所以持有这种观点，首先是由于他忽视了人类历史的发展，忽视了资本主义发展的现实。黑格尔社会哲学思想中的伟大历史感、现实感虽然得到卢卡奇的肯定，但他自己在这方面没能充分吸取黑格尔的优点。卢卡奇不像黑格尔那样有着宽广的历史视野。理论的有效性在于是否和历史发展的现实一致，是否回应了时代的关切。卢卡奇有关资本主义无法克服劳动的外化、异化所带来的社会经济活动扭曲的观点，在实践上是缺乏说服力的，他没能把资本主义所做的调整纳入其理论范围。布兰在书评中认为卢卡奇"把历史

---

① György Lukács, *Der Junge Hegel*, Aufbau-Verlag, 1954. S.383./G.W.F. Hegel, *System of Ethical life*(1802/3)and *First Philosophy of Spirit*(Part Ⅲ of the system of Speculative Philosophy 1803/04), Ed. & trans. H.S. Harris & T.M. Knox, Albany: State University of New York Press, 1979. p.171.

② György Lukács, *Der Junge Hegel*, Aufbau-Verlag, 1954. S.384.

③ György Lukács, *Der Junge Hegel*, Aufbau-Verlag, 1954. S.385.

唯物主义的信条看作哲学成就的顶峰"，①其实卢卡奇在运用历史唯物主义方面是存在缺陷的。

其次，卢卡奇对于黑格尔的观点做了片面的解读。黑格尔认为财富的不平等是必然的，这暴露了他的狭隘性，但他也提出了一些有益的观点。比如，面对市场的偶然因素导致的价格波动，黑格尔认为政府应该关注价格水平的变化，减少剧烈波动的影响。②相对于亚当·斯密的自由放任政策，黑格尔提出由政府出面克服社会经济发展中的外化、异化以及贫富差距的观点，已经是一个巨大的理论进步，它为在实践中改良资本主义提供了思想指针。考虑到当时德国的资本主义还处于起步发展阶段，无产阶级和资产阶级之间的斗争还未充分展开，我们不能期望黑格尔提出用暴力革命的方式解决阶级矛盾的观点。黑格尔具有改良主义色彩的观点尽管有不成熟的地方，但他关注于社会的平稳发展，在思想上致力于以有序的方式推动社会进步。

最后，从方法论上说，卢卡奇不赞同黑格尔对外化、异化和贫困问题的解决方案，也是由于他们对辩证法的侧重点不同。黑格尔的辩证法是一种和解的辩证法，而卢卡奇的辩证法则是一种革命的辩证法。黑格尔确实观察到了社会经济的辩证发展，确实是从永不停息的矛盾运动开始的，但黑格尔强调的是矛盾运动所达到的统一，事物演化所形成的和解，特殊性向普遍性的发展。享受是需要和劳动的统一，国家是个人和社会的统一。每个阶段都是以统一为完结。阿韦纳瑞指出黑格尔"通过融合寻找解决方法，而不是通过破坏——卢卡奇倾向于忽视这一方面"③。卢卡奇的忽视也是有其理论上的原因的。卢卡奇强调辩证法中的革命方面，强调革命在社会发展中的作用。辩证法的革命性质通过主体在实践中能动地改造客体而体现了出来。在资产阶级社会中，这种能动的实践活动很大程度上表现为资产阶级和无产阶级的斗争。也只有无产阶级能够实现主体和客体的统一。卢卡奇试图从阶级

---

① Henry Walter Brann, Review, *Books Abroad*, Vol.23, No.4(Autumn,1949), p.361.

② G.W.F. Hegel, *System of Ethical life*(1802/3)and *First Philosophy of Spirit*(Part Ⅲ of the system of Speculative Philosophy 1803/04), Ed. & trans. H.S. Harris & T.M. Knox, State University of New York Press, 1979. pp.168–169.

③ Shlomo Avineri. Labour, Alienation and Social Classes in Hegel's Realphilosophie. *Philosophy & Public Affairs*, Vol.1, No.1(Autumn,1971), pp.96–119.

斗争中挖掘资本主义必然灭亡的动因是很明显的。进一步地说，虽然黑格尔和卢卡奇都是辩证法的大家，但他们赋予辩证法不同的使命。黑格尔的辩证法不是要对现实社会中的问题提供解答或指导，它是对历史发展的总结，因而总是姗姗来迟。卢卡奇则对辩证法寄予厚望。辩证法不仅是看待问题的方式，也是事物发展的必然规律，它能够为现实的革命运动指明方向。也只有无产阶级革命才是克服异化的根本出路。

六、结语

卢卡奇在挖掘青年黑格尔经济思想的过程中做出了开创性的贡献。他在分析黑格尔劳动概念时紧紧地依据马克思主义的视角进行分析，展现了劳动概念在黑格尔思想发展中的独特地位。但是在卢卡奇的分析中，也存在未能全面挖掘黑格尔经济思想的深刻性质，阶级的分析方法过于浓厚等问题，这使卢卡奇没有充分看到在资本主义制度下劳动的辩证发展，以及资本主义社会自我调整的机制。

周　凡（北京师范大学）

曹江川（安徽大学）

当代激进政治哲学视域中的
《历史与阶级意识》

　　《历史与阶级意识》是西方马克思主义的"圣经",20 世纪 60 年代,成为学生运动和新左派运动的精神支柱之一;20 世纪 80 年代传入中国, 带来了人本主义的马克思主义。然而在此之后,它似乎已经过时,一般仅仅在讨论西方马克思主义的起源和法兰克福学派批判理论的渊源时被提及。直到《尾随主义与辩证法——捍卫〈历史与阶级意识〉》[①]的出版,才有了齐泽克等西方激进政治哲学家对它的重新解读。当代激进政治哲学的基本任务在于:回到列宁,重新开启革命的可能性。[②]而卢卡奇在《尾随主义与辩证法》中指出了《历史与阶级意识》的唯一目的:"是要在方法论上表明布尔什维克主义的组织和策略是马克思主义唯一可能的结果;就是要证明布尔什维克主义的问题是合逻辑地(这里是指辩证法意义上的逻辑)必然地从唯物辩证法的方法(指在其创始人那里的方法)中产生出来的。"[③]由此,在激进政治哲学的视域中,卢卡奇是"作为列宁主义的哲学家",或者说是"关于十月革命的哲学家",重读《历史与阶级意识》的目的在于恢复和继承十月革命的遗产,复兴左翼运动。

---

　　① 　此书约写作于 1925—1926 年,卢卡奇生前对此书只字未提,也未公开出版。德文原版和匈牙利译文出版于 1996 年,英译本出版于 2000 年。书名中的尾随主义(Tailism),有译成"尾巴主义"。

　　② 　葛兰西曾指出基督教意味着世界观,圣保罗意味着组织者、行动、世界观的传播,两者同样重要,因此,基督教应该称为基督教—保罗主义,在同样意义上,马克思主义应该称为马克思—列宁主义。(参见[意]葛兰西:《狱中札记》,曹雷雨等译,中国社会科学文献出版社,2000 年,第 294 页)基于此,当代激进政治哲学提出"回到列宁""回到保罗"等基本主张。

　　③ 　Georg Lukács, *Tailism and the Dialectic—A Defence of History and Class Consciousness*, Verso Press, 2000, p.47.

本文以齐泽克对卢卡奇的解读为例,揭示当代激进政治哲学对《历史与阶级意识》重新解读的基本定向,其基本要点是:①《历史与阶级意识》是关于"十月革命的哲学",而西方马克思主义后来的发展则是背叛革命的道路;②重解十月革命与斯大林主义关系之谜,重释革命的解放潜能;③以无产阶级普遍性与历史发展的辩证关系,重新开启革命行动的可能性。

一、悲观的产物,还是革命的哲学？

《历史与阶级意识》开创了西方马克思主义,而关于西方马克思主义是"失败的产物"[①]"与列宁主义的冲突"[②]"物化批判"等思想形象反过来构成了解读《历史与阶级意识》的主导话语。齐泽克认为,重读《历史与阶级意识》首先就要破除这些先入之见,恢复其作为十月革命的哲学,复活作为列宁主义的卢卡奇。

齐泽克认为,卢卡奇是关于十月革命的哲学家。第一,卢卡奇自身的思想发展存在着一个变化,称其是关于十月革命的哲学家,主要是指 1915 年到 1930 年阶段,包括《历史与阶级意识》《列宁》《策略与伦理》《尾随主义与辩证法》等,其中最重要的是《历史与阶级意识》,而这个阶段之后,卢卡奇已经有意地与之保持距离。第二,卢卡奇与后来的西方马克思主义,特别是法兰克福学派存在着原则性区别。

就第一点而言,卢卡奇对自身早期思想的发展有着明确的指认,其对资本主义文明的普遍绝望典型地体现在《小说理论》中。第一次世界战争的爆发,尽管使其老师(韦伯、西美儿等)充满希望,但卢卡奇却没有从中看到任何拯救资本主义现代性的希望。[③]"只有俄国革命才真正打开了通向未来的窗口;沙皇的倒台,尤其是资本主义的崩溃,使我们见到曙光。"[④]十月革命对卢卡奇来说,是人类摆脱战争和资本主义的道路。卢卡奇在《尾随主义与辩证法》中一再强调,《历史与阶级意识》《列宁》和《尾随主义与辩证法》具有

①　[英]佩里·安德森:《西方马克思主义探讨》,高铦等译,人民出版社,1981 年,第 58 页。

②　[法]梅洛-庞蒂:《辩证法的历险》,杨大春、张尧均译,上海译文出版社,2009 年,第 68 页。

③　[匈]卢卡奇:《小说理论》,燕宏远、李怀涛译,商务印书馆,2012 年,第 2 页。

④　[匈]卢卡奇:《历史与阶级意识》,杜章智等译,商务印书馆,1999 年,第 4 页。

"根本意义上的统一性"。在《历史与阶级意识》中,其研究辩证法和商品拜物教的目的是证明列宁的政党理论是这些研究的自然结果。因此,齐泽克提醒道:"今天我们需要避免的就是消除这个方面,而由此将卢卡奇纯化为去政治化的文化批判者、'物化'和'工具理性'的警示者,这些主题甚至不久前被'消费社会'的保守批评者所借用。"①显然,齐泽克认为,对《历史与阶级意识》的解读不能抓住物化批判,而错失了作为列宁主义政治哲学的真谛。

　　就此而言,直接关涉第二点。《历史与阶级意识》是关于十月革命的哲学,而这条革命的道路却在后来的发展,特别是法兰克福学派批判理论中闭合了。首先,社会民主党的议会政治从来就不是一条革命的道路,而是改良的道路。其次,斯大林主义是一条背叛革命的道路,斯大林主义变成了一种维持其统治的意识形态,而不再是关于革命的哲学。最后,作为西方马克思主义最有影响力的代表法兰克福学派同样是一条放弃革命的道路。

　　齐泽克认为,法兰克福学派的批判理论放弃了《历史与阶级意识》中所呈现的"公开的政治介入和哲学上更加思辨的黑格尔主义色彩(无产阶级作为历史的主体-客体,法兰克福学派的成员对这个概念保持着心有余悸的距离)"②。虽然批判理论对斯大林主义和社会民主党的改良主义都不赞成,但其所继承的物化批判同样是保守的,背离革命的。物化批判无论在霍克海默、阿多诺那里表现为工具理性批判,还是在哈贝马斯那里表现为生活世界的殖民化,抑或是在霍耐特那里表现为"承认的遗忘"③,都是纯粹思想的道路,都和政治实践行动毫无关系。究其原因,齐泽克认为,主要源于他们体制内的学者处境,源于他们从根本上认同西方的自由民主。守着卢卡奇思想的一半(物化批判)、放弃另一半(革命的政党学说),一方面可以保持他们批判者的身份,守护住左翼的光环,从而不陷入另一种简单的自由主义;另一方面则是为了与资本主义体系不相矛盾,守护住他们不愿公开承认的基本信念。在这里,齐泽克实际上有一个自我剖析。正如卢卡奇一样,齐泽克转向马

　　①　Slavoj Žižek, Georg Lukacs as the Philosopher of Leninism, Georg Lukacs, *Tailism and the Dialectic—A Defence of History and Class Consciousness*, Verso Press, 2000, p.153.

　　②　Slavoj Žižek, Georg Lukacs as the Philosopher of Leninism, Georg Lukacs, *Tailism and the Dialectic—A Defence of History and Class Consciousness*, Verso Press, 2000, p.153.

　　③　Axel Honneth, *Reification: A New Look at an Old Idea*, Oxford University Press, 2008, p.52.

克思主义之前也是一个文化批评者,这条道路守护的是社会批判立场,但基本意味着背离革命的立场。齐泽克认为,伊格尔顿等所代表的马克思主义文化批评学派同样属于这个路向。这种左翼对革命有意的回避,实际上是假的左派。从一定意义上讲,物化批判越是激进,不过是为了更好地被资本主义体制所辨认、识别和接纳。

因此,《历史与阶级意识》并不能仅理解为悲观的产物,也并不与列宁相对立,其主题也不能仅理解为物化批判,更确切地表达是关于革命的哲学,但这条道路在西方马克思主义后来的发展中一直处于被遮蔽的状态。西方马克思主义并不像有些学者所说的那样,直到阿多诺的非同一性逻辑瓦解了卢卡奇的同一性逻辑才终结,而是更加黑格尔主义的"规定就是否定"。齐泽克重新解读卢卡奇的目的在于重新打开这条被抛弃的革命道路。

二、革命是否意味着更大的恐惧?

要重新开启革命的道路,就必须回答一个现实问题,十月革命的道路似乎并没有开出美丽的花朵,列宁主义似乎走上了斯大林主义。而斯大林主义,无论在海德格尔、阿伦特,还是在霍克海默、阿多诺等看来,和法西斯的集权主义没有实质性区别。革命就此背上了沉重的包袱:革命是否意味着更大的恐惧?革命所带来的极权主义是否比被摧毁的旧社会更加恐怖?如果回答是肯定的,那么革命的道路必然是难以维系的;如果答案是否定的,那么重新释放革命的解放潜能就是可能的。

因此,必须重解列宁主义与斯大林主义的关系。齐泽克认为,从列宁主义到斯大林主义的过渡,未被认真加以反思,"这是列宁主义的悲剧所在"①。虽然海德格尔、阿伦特从形而上学角度,霍克海默和阿多诺从哲学—人类学角度对此展开了分析,但他们并没有深入这一转变的具体政治发展逻辑中去,因而实际上是一种主观的外部反思。究其原因,主要由于他们对革命立场的放弃、对自由民主的信仰,因此,他们对斯大林主义的出现,更多地选择

---

①　[斯洛文尼亚]斯拉沃热·齐泽克:《为列宁主义的不宽容辩护》,周嘉昕译,《马克思主义与现实》,2010 年第 2 期。

的是沉默，与之形成鲜明对照的则是他们对法西斯主义的浓厚兴趣。

　　齐泽克认为，正如列宁所说，不懂黑格尔的《逻辑学》就不能理解马克思的《资本论》，同样，不懂黑格尔的《逻辑学》也不可能理解斯大林主义的出现。从马克思主义经过列宁主义到斯大林主义的发展实际上是三个中介范畴三段论式的连续发展。三个中介范畴（普遍性、特殊性、个别性）分别是历史（全球的历史运动）、无产阶级（作为达到普遍性的特殊阶级）和共产党（作为个别的主体）。在第一个阶段，也即马克思主义阶段，中介是政党，政党实践的目的在于使无产阶级意识到历史发展赋予的普遍使命，将他们的经验意识上升到革命的意识。政党的作用只不过是一种"催生术"，使无产阶级从自在阶级上升到自为阶级。这种转换预设了一个前提：无产阶级与历史的一致。历史的发展赋予了无产阶级这个特殊阶级以普遍性，无产阶级代表了人类的普遍利益。政党的作用只不过是将这种潜在性实现出来。

　　但在实际的历史发展中，这个前提是没有保证的。如果认定无产阶级的自发性只能达到工联主义水平，革命主体的形成只能由政党的知识分子先行达到对历史发展内在逻辑的科学认识，然后灌输给无产阶级，那么这就发展到了第二个阶段，列宁主义。无产阶级成了中介。政党在认识到历史发展的内在逻辑之后，将之灌输给无产阶级，无产阶级成为实现历史发展的工具。在这个阶段，隐含的前提变成了：作为个别的政党与普遍的历史之间达到了规律性知识意义上的统一。换言之，历史的发展存在着客观的逻辑，政党的知识分子作为主体拥有认识历史发展规律的特权，掌握着历史发展的客观规律。在这一思想的主导下，必然带来了第三个阶段，斯大林主义。

　　在第三个阶段，历史成为中介。政党拥有着对历史发展逻辑的正确认识，因此，假借历史之名为自己对工人阶级的剥削和压迫提供了合法性依据。齐泽克指出，如果说在这个分别以政党、无产阶级和历史为中介的三段论中，每一个中介都是上一个中介的真理，也即是说，无产阶级作为中介是政党作为中介的真理，历史作为中介是无产阶级作为中介的真理，那么按照这种逻辑，只要我们认定无产阶级由于其特殊的历史地位，潜在地是普遍阶级，集中营的恐怖就不可避免。如果真是这样的话，那么《历史与阶级意识》就完全可能是斯大林主义的奠基文本。阿尔都塞认为，卢卡奇的黑格尔主义马克思主义是斯大林主义哲学的秘密地，拉克劳、墨菲等后现代主义［学界一般认定拉克劳、墨菲是后马克思主义,但齐泽克认为其属于后现代主义,这里我们采纳了齐泽克的说法。]认定其是标准的黑格尔的本质主义,就不是没有根据的。而斯大林主义对卢卡奇的批判,可以视为再次证明了吕西安·戈德曼(Lucien Goldmann)的定律:统治阶级的意识形态必然否认其真正的根本的前提。①

但齐泽克认为,这种解释并不正确。原因在于,这里的列宁主义并不是列宁的思想,是假的列宁主义,就其实质而言,是考茨基主义的观点。《历史与阶级意识》所理解的列宁主义也不是这种列宁主义。而要辨明真假,就必须回到十月革命具体的历史处境中去。在十月革命前夕,面对复杂的国际和国内矛盾,孟什维克的立场是遵循历史发展的客观逻辑,先实行民主革命,再等待机会成熟,实现无产阶级革命,任何时机不成熟的革命将会导致更大的恐惧。而列宁的立场则是要抓住时机,采取行动,介入历史。

这里,齐泽克提醒道,列宁的观点并不是要跨越民主革命阶段,或是将两个阶段合在一起,毕其功于一役。列宁的观点更加彻底,他认为,革命是把握时机的艺术。这里所提示出来的有:第一,并不存在纯粹客观的历史发展逻辑,在具体的客观条件和主观干预下,历史的发展并不会按照严格的线性逻辑发展。而上述的跨越论和合并论都还预设了这个前提,虽然两者在这个前提的实现途径上有所差别。第二,既然不存在纯粹客观的历史发展逻辑,也就不存在无产阶级与普遍历史发展逻辑的直接统一,同样也不存在政党的知识分子对历史发展客观逻辑先行的科学认识,然后灌输给无产阶级,而上述假的列宁主义(考茨基主义)、斯大林主义正是以此为前提的。这就清楚地表明了真列宁主义和假列宁主义(考茨基主义)、斯大林主义之间的原则性区别。第三,时机的艺术是行动的艺术。历史条件与革命爆发没有必然的因果关系,任何革命行动都不可能回溯至成熟的给定的历史条件。时机的艺术是当社会出现各种反对力量的时候,应积极地介入历史,加速冲突。尽管从理论上讲,时机可能并不成熟,但主观积极的介入可能彻底改变客观的力量关系,此时,先前判定时机不成熟的各种条件将发生变化,原先的不成熟

①　Slavoj Žižek, Georg Lukacs as the Philosopher of Leninism, Georg Lukacs, *Tailism and the Dialectic—A Defence of History and Class Consciousness*, Verso Press, 2000, p.161.

可能变成了行动的时机。而如果等待所谓的时机成熟，将可能错失时机，因为资本主义体制的自我修复能力可能将危机消化掉。

因此，列宁主义不等于斯大林主义。真正和斯大林主义内在关联的是考茨基主义，而不是列宁主义，和列宁主义内在关联的是卢卡奇。易言之，列宁主义不是列宁—考茨基—斯大林主义，而是列宁—卢卡奇主义。澄清了列宁主义与斯大林主义的内在区别，意味着十月革命和极权主义并没有内在关联，意味着革命的道路并不必然意味着更大的恐惧。

三、革命的道路如何重新开启？

卸掉了革命的包袱，回到作为列宁主义哲学家的卢卡奇，意味着试图以之作为思想资源，重新开启革命行动的可能性。

齐泽克认为，作为列宁主义的卢卡奇，一方面不赞同工人阶级由于客观的历史地位会自发形成革命的阶级意识，另一方面也不赞同伪列宁主义（工联主义、灌输论），但这不意味着卢卡奇像他的很多批评者所认为的那样，赞同这两者的"辩证统一"，无产阶级阶级意识形成于工人阶级自发的阶级意识和政党教育之间的辩证互动。原因在于，这里仍然假定了政党与历史发展客观逻辑的直接同一。结果是：第一，我们越是坚定认为工人阶级具有内在的革命本性，越是对工人阶级施加压力，让他们实现内在的潜能，斯大林主义不可避免。第二，这里没有给无产阶级革命行动留下任何可能性空间。如果无产阶级阶级意识是历史发展所赋予的内在潜能的自我实现，那么只需要将自在的向自为的作纯形式的转换，将已经潜在的阶级意识实现出来，这里无需任何革命行动；如果阶级意识是通过政党先行掌握再灌输给工人阶级，那么政党只不过是利用无产阶级作为工具来实现历史发展所赋予的必然性，再一次没有给无产阶级革命行动留下任何空间。

齐泽克认为，卢卡奇所理解的无产阶级普遍性是作为历史主体的内在自我分裂，这种普遍性实质是一种否定的普遍性。当我们说无产阶级作为普遍阶级，意味着无产阶级在全球秩序中没有任何地位可以安放，是一种马克思意义上的"并非市民社会阶级的市民社会阶级"。正如卢卡奇所言，在资本主义社会中，资产阶级与无产都是物化的，但资产阶级由于其特殊的社会地位还能保持虚幻的主体存在，而无产阶级自身的历史地位决定了这种幻觉是不可能的。"在日常生活的一切方面，当单个工人以为自己是自己生活的主体时，他的存在的直接性立刻就把这一幻想撕得粉碎。"①工人是纯粹的量，这种纯粹的量的存在，意味着工人生命时间的空间化，意味着对工人感性生活的剥夺。因此，无产阶级的普遍性不是客观的社会地位直接赋予的，生活所赋予的是其作为一种特殊的阶级处于"彻底的失位"状态，这不是一种理论意识，而是一种具体的生活处境。

在这里，无产阶级身上的普遍性和特殊性并不意味着直接的统一，即便是拉克劳、墨菲等后现代主义提出用偶然性主体来消解这个普遍性主体，但仍先行设定了这种直接统一，因此仍是一个"隐蔽的康德主义者"。②无产阶级普遍的革命潜能体现在其"彻底的内在分裂"，"因此，这种分裂是其特殊的实际的身份和阻碍无产阶级实现其特殊的实际的身份（他们'在社会中的地位'）的障碍、内在的堵塞之间的分裂——我们唯有从这种方式思考这种分裂，才有行动的可能性空间。行动的空间并不源自遵守事先给定的普遍的'原则'或'规律'，并因此给我们的行动提供'本体论的依据'。"③正是在这个意义上，列宁—卢卡奇主义政党和考茨基—斯大林主义政党的区别在于，在考茨基—斯大林主义的政党中，无产阶级普遍性是一种知识论意义上的，而在真正的列宁主义政党那里，无产阶级普遍性是一种生存论意义上的。在前者中，无产阶级以一种理论的直观态度与普遍的使命直接同一，而在后者中，无产阶级需以革命的实践行动作为中介实现他们在社会中的地位，普遍性是有待实现的。

无产阶级只能以革命的行动才能实现普遍性，但这并不意味着行动是一种盲目的冒险活动。行动本身是理论与实践的辩证统一。理论与实践的关系并不是相互外在的，而是辩证统一的，即使最直观的态度也显然是一种实

---

① ［匈］卢卡奇：《历史与阶级意识》，杜章智等译，商务印书馆，1999年，第253页。

② ［斯洛文尼亚］斯拉沃热·齐泽克：《是阶级斗争还是后现代主义？是的，请！》，载［美］朱迪斯·巴特勒、［斯洛文尼亚］斯拉沃热·齐泽克主编：《偶然性、霸权和普遍性——关于左派的当代对话》，胡大平译，江苏人民出版社，2004年，第112页。

③ Slavoj Žižek, Georg Lukacs as the Philosopher of Leninism, Georg Lukacs, *Tailism and the Dialectic—A Defence of History and Class Consciousness*, Verso Press, 2000, p.170.

践的，正如物化意识作为一种直观的态度在资本主义生产关系的生产与再生产总体中就是不可或缺的一环；即使最实践的立场也必然暗含着特定的理论框架。因此，"只有当实践就是对这些形式的内在倾向造成的运动进行深刻思考，并意识到这一运动和使其被意识到时候，实践才开始成为真正改变这些形式这样意义上的实践"①。理论与实践的辩证法不是被带入历史的，而是来自历史本身。无产阶级的行动不是不顾历史的发展，把自己的愿望和认识强加给历史，无论这种愿望采取哲学上多么精致的"应该"形式，都必然陷入主观主义和伦理主义。真正的行动在于"具体地、实践地实行发展的下一个步骤。"当无产阶级意识到其纯粹的客体地位，并采取行动实现其革命的潜能时，这种直接改变客体自身的意识是一种客体的自我意识。在这个意义上，主体才是实体，实体才是主体，无产阶级的行动才与历史的生成相一致。

由此，才有历史的辩证发展，才有新事物的不断产生。齐泽克认为，卢卡奇所理解的历史并不是机械的因果必然性历史，也并不是说迄今为止的历史都被客观的必然性支配着，只有在晚期资本主义出现危机时，随着无产阶级革命运动不断爆发，历史发展的客观逻辑才开始崩溃。毋宁说，所有人类的历史发展都是主观与客观相互作用的结果，并因此在必然性与偶然性之间保持着辩证的张力。在古代，一个偶然性都可能带来全球性危机，在资本主义社会，偶然性是资本主义体系辩证的反面，危机可能随时出现，"就在心不在焉的平日里，这种生活的自然规律性似乎牢固统一的一致会突然四分五裂"②。而在革命时期，偶然性空间彻底敞开，只要积极干预，就一定能够打破必然性的控制，改变历史的进程。

而积极干预危机，之所以能够塑造历史，还因为在这些"个别时机和因素包含有整体的结构"，不可能将时机和过程割裂开来，"发展并不作为一个在有利于无产阶级方向上不断加强的过程，并且后天的状况一定更加优越于明天，等等。发展毋宁意味着在一个特定的时刻，必须采取决定，并且，如

---

① [匈]卢卡奇：《历史与阶级意识》，杜章智等译，商务印书馆，1999年，第268页。
② [匈]卢卡奇：《历史与阶级意识》，杜章智等译，商务印书馆，1999年，第168页。

果后天采取这个决定,就会为时太晚"①。前者是一种尾随主义,而后者才是历史的辩证法。正是这每一个采取行动的时机才规定了历史过程的方向,历史也因此才成就为属人的历史。

面对资本主义自由民主在世界范围的胜利,人类历史似乎真的像福山等右翼所说的那样已经终结, 左翼也不复存在,"马克思主义已经于多年前死去, 少数老派马克思主义者只想着照顾家务。学院左派代之以后现代主义、多元文化主义、女性主义、批判理论和其他零零碎碎的思想,这些思想取向更多的是文化层面,而非聚焦经济问题"②。齐泽克认为,当今左翼的问题在于面对资本主义自由民主与激进主义的对立,未能质疑民主政治的前提,而直接接受了"民主的基础主义:将民主去政治化为普遍的本体论结构,而不是作为政治—意识形态霸权斗争的(再)协商的结果"③。换言之,当今左翼没有看到资本主义自由民主是政治权力斗争的结果, 而将之视为一种具有本体论意义的普世价值,因此,齐泽克认为,"唯一可取立场是卢卡奇在《历史与阶级意识》中提出的:民主的斗争不应该被偶像化;他是斗争的一种形式,并且它的选择应该根据对形势的全球性战略评估来决定,而不是根据它的表面上的优越的内在价值来决定"④。当今左翼比以往任何时候,更加需要聆听卢卡奇的教诲,将民主视为一种斗争策略,采取自由的革命行动,开启新的历史。

上述是齐泽克对《历史与阶级意识》重新解读的基本思路。齐泽克曾言:"对我们来说,列宁不是一个旧教条主义的乡愁式名字;恰恰相反,用克尔凯郭尔的话说,我们想重新激活的列宁是一个正在来临中的列宁。"⑤同样,卢卡奇对齐泽克来说,也不是一个乡愁式的名字,重述卢卡奇的目的在于激活正在来临的卢卡奇,复兴当今左翼的事业。尽管齐泽克对卢卡奇的解读存在

---

① Georg Lukacs,*Tailism and the Dialectic—A Defence of History and Class Consciousness*,Verso Press,2000,p.55.

② [美]弗朗西斯·福山:《历史的未来》,朱新伟译,《社会观察》,2012 年第 2 期。

③ Slavoj Žižek,Georg Lukacs as the Philosopher of Leninism,Georg Lukacs,*Tailism and the Dialectic—A Defence of History and Class Consciousness*,Verso Press,2000,p.176.

④ [美]朱迪斯·巴特勒:《齐泽克宝典》,胡大平译,江苏人民出版社,2007 年,第 196 页。

⑤ [斯洛文尼亚]斯拉沃热·齐泽克:《为列宁主义的不宽容辩护》,周嘉昕译,《马克思主义与现实》,2010 年第 2 期。

着或多或少的简单化，但如果我们用回到本真的卢卡奇的方法来回应同样未必恰当。

显然，齐泽克对卢卡奇的解读充分吸收巴迪欧和拉康的思想。在巴迪欧看来，革命是不能回溯至客观条件的"事件"；在拉康看来，历史发展的纯粹的客观逻辑作为一个"大他者"是不存在的。由此，齐泽克重解作为革命主体的无产阶级普遍性，重提革命是把握时机的艺术，重释革命行动的解放潜能，重新书写属人的历史。所以，不难理解，当美国发生占领华尔街的时候，齐泽克并不认为其只是简单的对民主的诉求，而是"揭示了问题出自资本主义本身"①，折射出时代对左翼的召唤；同样不难理解，齐泽克会把握时机，冲向街头，发表演说，介入历史。但正如他所担心的那样，"我唯一担心的是，哪一天我们就此回家，然后每年出来聚一聚，喝喝啤酒，缅怀我们在这里曾经拥有过的美好时光。请你们答应我，最终绝对不会这样！"②因此问题是，激进政治哲学如何能够保证革命行动不沦落为记忆中的乌托邦呢？

单传友（安徽师范大学）

---

① ［荷］哈西卜·艾哈迈德：《占领运动、左翼复兴和今日马克思主义：对话齐泽克》，杜敏、李泉译，《国外理论动态》，2013 年第 1 期。

② http://www.occupywallst.org/article/today-liberty-plaza-had-visit-slavoj-zizek/.

评卢卡奇在《历史与阶级意识》一书中
对人的存在方式的研究

国内学术界对"西方马克思主义"已经作出了长达四十多年的研究，无疑，"西方马克思主义"已成了我国的一门"显学"。但十分遗憾，纵观我国学术界对"西方马克思主义"的连篇累牍的研究，很少有人把注意力集中于"西方马克思主义"关于人的存在方式的理论，或者说，很少有人从人的存在方式的角度对"西方马克思主义"加以探讨。而实际上，在整个"西方马克思主义"理论体系中，最具创意的恰恰就是其关于人的存在方式的理论，更值得指出的是，这一理论随着时代的演变，随着人日益面临严重的存在危机，越来越显示出不可估量的现实意义。

卢卡奇是"西方马克思主义"的开创者，他的《历史与阶级意识》一书被奉为"西方马克思主义"的"圣经"。他的这一著作，开创了"西方马克思主义"思潮，同时也为以后的"西方马克思主义"代表人物对人的存在方式的研究奠定了基础。这里我们就以这一著作为主要依据，着重剖析卢卡奇对商品形式占支配地位的社会中，即在一切都成为商品的条件下人的存在方式的批判。

一、在"商品关系"的基点上形成了人的"物化"的存在状态

《历史与阶级意识》是一部论文集，收集于其中的每一篇论文都涉及对人的存在方式的研究，但对人的存在方式做出真正全面论述的是书中篇幅最长的那篇论文，即《物化和无产阶级意识》。那篇论文的一开头，卢卡奇引用了马克思在《〈黑格尔法哲学批判〉导言》中下述名言作为"题记"："所谓彻

底,就是抓住事物的根本。但人的根本就是人本身。"①通读整篇论文可以知晓,卢卡奇在这里之所以要把马克思的这段名言首先鲜明地呈现在作者面前,是有深刻用意的。卢卡奇除了要表明研究人本身,特别是研究人的存在状态,就是抓住了这个世界最根本的问题之外,还要进一步说明,而要真正认识当今人究竟处于什么样的存在状态,必须紧紧地把握当今商品范畴已成为整个社会的普遍范畴,商品的光芒已照射到社会的每个角落这一社会存在的"根本"。他这样说道:"在人类的这一发展阶段上","没有一个问题不最终追溯到商品这个问题,没有一个问题的解答不能在商品结构之谜的解答中找到"。在这种情况下,只有"在商品关系的结构中"才能"发现资本主义社会一切对象性形式和与此相适应的一切主体性形式的原形"。②他这里所说的"主体性形式的原形"指的就是人的存在状态。他所强调的是,只有把人置于当今社会的"商品关系的结构中"才能把人的存在状态揭示出来。

卢卡奇根据马克思关于资本主义的理论,特别是马克思在《资本论》中对商品拜物教的分析,强调资本主义社会的主要特征就是"商品交换及其结构性后果"对"整个外部的和内部的社会生活"产生"决定性的影响","商品交换"完全构成"社会进行新陈代谢"的"支配形式"。在这样一个社会中,生产本身,是为了交换价值而不是为了使用价值,即生产的目的不在于满足人的需要,而在于使一些人拥有更多的钱。在这一基础上,商品形式渗透到社会生活的所有方面,并按照自己的形象,即"商品的形象"来改造这些方面,使社会生活的所有方面都商品化,都进入交换领域。

卢卡奇还根据马克思关于资本主义的理论,特别是马克思在《资本论》中对商品拜物教的分析,进一步强调,"商品形式向整个社会的真正统治形式"的这种转化,"只有在资本主义社会中才出现"。③在前资本主义社会中,尽管也有商品交换,但由于这种商品交换没有成为"普遍范畴",从而它对社会生活的影响也非常有限。他这样说道:"一个商品形式占支配地位、对所有生活形式都有决定性影响的社会和一个商品形式只是短暂出现的社会之间

---

① 《马克思恩格斯文集》(第一卷),人民出版社,2009年,第11页。
② [匈]卢卡奇:《历史与阶级意识》,杜章智等译,商务印书馆,1992年,第143页。
③ [匈]卢卡奇:《历史与阶级意识》,杜章智等译,商务印书馆,1992年,第146页。

的区别是一种质的区别。""商品拜物教问题是我们这个时代,即现代资本主义的一个特有的问题。"①在卢卡奇看来,资本主义社会与前资本主义社会之所以具有这种质的区别,关键还在于生产的目的不同。他引用马克思在《资本论》第3卷中的一段话来说明一点:"产品进行交换的数量比例,起初完全是偶然的。它们之所以取得商品形式,是因为它们是可以交换的东西,也就是说,是同一个第三者的表现。继续不断的交换和比较经常的为交换而进行的生产再生产,日益消除这种偶然性。但是,这首先不是为了生产者和消费者,而是为了二者之间的中介人,即把货币价格加以比较并把差额装入腰包的商人。"②在卢卡奇看来,全部问题就源自生产不是为了消费者也不是为了生产者,而是为了使一些人的腰包装得更满。

一旦是为了"使一些人的腰包装得更满"而进行生产,就会"对所有生活形式"产生决定性的影响。当然这种影响主要表现在使人的存在状态发生了根本性的变化。那么人的存在状态究竟发生了什么变化呢?处于商品形式占支配地位下的人的存在状态究竟是如何的呢?这正是卢卡奇所倾心关注和着重研究的。

卢卡奇用"物化"(reification)这一概念来说明商品形式成为最基本的社会形式后的人的存在状态。对"物化"的具体含义,在他看来,马克思在《资本论》第1卷中已表述得十分清楚。他主要是指马克思下述一段话:"可见,商品形式的奥秘不过在于:商品形式在人们面前把人们本身劳动的社会性质反映成劳动产品本身的物的性质,反映成这些物的天然属性,从而把生产者同总劳动的社会关系反映成存在于生产者之外的物与物之间的社会关系。由于这种转换,劳动产品成了商品,成了可感觉而又超感觉的物或社会的物。……这只是人们自己的一定的社会关系,但它在人们面前采取了物与物的关系的虚幻形式。"③按照卢卡奇的解释,马克思在这里所描述的"物化"最贴切地说明了生活在资本主义社会中的人的存在状态。这里最关键的是"人与人之间的关系获得物的性质,并从而获得一种'幽灵般的对象性',这种对

---

① ［匈］卢卡奇:《历史与阶级意识》,杜章智等译,商务印书馆,1992年,第144页。

② 《马克思恩格斯全集》(第25卷),人民出版社,1974年,第368~369页。

③ 《马克思恩格斯全集》(第23卷),人民出版社,1972年,第88~89页。

象性以其严格的、仿佛十全十美和合理的自律性掩盖着它的基本本质,即人与人之间的关系的所有痕迹"①。这就是说,所谓"物化",最基本的含义就是人与人之间的关系变成了一种物与物的关系,这种物与物的关系获得了"幽灵般的对象性",具有"严格的、仿佛十全十美和合理的自律性",而正是这一"幽灵般的对象性"和"严格的、仿佛十全十美和合理的自律性",把人与人之间的本来的属性掩盖掉了。这就是说,在资本主义社会中,人的最基本的存在状态是仅仅作为一种"物"而存在着,人与他人之间的关联也就是一种"物"与另一种"物"之间的关系。"物化"笼罩着一切。

卢卡奇反复强调的是,"商品只有在成为整个社会的普遍范畴时",商品的那种本质才会暴露无遗,而与此同时,在"商品关系"的基点上所形成的人的"物化"的存在状态"才对社会的客观发展和人对社会的态度有决定性的意义",当然也只有在"商品关系"的基点上,才会出现"人的意识屈从于这种物化所表现的形式"这种情形,而任何企图理解和反抗"物化"都会造成对资本主义社会来说的"灾难性后果",并且也从而产生从"物化"这种存在状态下解放出来的强烈愿望。卢卡奇还提出,关键在于,人明明处于"物化"状态而还感觉不到"物化",而随着商品形式越来越成为一种统治的形式,人的这种麻木性也越来越严重。在资本主义社会的早期,人们实际上还能意识到"经济关系的人的性质",但在现代资本主义社会中,人们实际上已很难"看清这层物化的面纱"。他这样说道:"而商品形式向整个社会的真正统治形式的这种发展只有在现代资本主义中出现了。因此,毫不奇怪,在资本主义发展开始之时,经济关系的人的形式有时看得还相当清楚,但是,这一发展越继续进行,产生的形式越错综复杂和越间接,人们就越少而且越难于看清这层物化的面纱。"②

二、最基本的"物化"是劳动的"物化"

卢卡奇在论述"物化"这种人的存在状态时,着重剖析了人的劳动的"物

---

① [匈]卢卡奇:《历史与阶级意识》,杜章智等译,商务印书馆,1992年,第143~144页。

② [匈]卢卡奇:《历史与阶级意识》,杜章智等译,商务印书馆,1992年,第146页。

化"。在他看来,普遍的商品关系对人的存在状态带来的最大的影响表现在劳动上。具体地说就是"人自己的活动,作为某种客观的东西,某种不依赖于人的东西,某种通过异于人的自律性来控制人的东西,同人相对立"①。劳动明明应当是人自己的活动,而现在却成了与自己相对立的东西,人自己非但不能控制它,而且反而受其控制,这就是"劳动的物化"。人活在世上最基本的活动,亦即最基本的存在状态是劳动,现在劳动这种人最基本的活动、存在状态也不属于自身了,而是成了"通过异于人的自律性来控制人的东西"。卢卡奇对资本主义社会的批判,对在资本主义社会中人的存在状态的揭示之所以产生如此深远的影响,关键在于他紧紧抓住了人的劳动这种存在状态做出了尖锐和深刻的分析。

卢卡奇认为,在资本主义社会中人的劳动的"物化",人的劳动这种存在状态的"非人化",既表现在"客观的方面",又见之于"主观的方面"。他所说的"客观的方面"就是:"产生出一个由现成的物以及物与物之间关系构成的世界(即商品及其在市场上的运动的世界),它的规律虽然逐渐被人们所认识,但是即使在这种情况下还是作为无法制服的、由自身发生作用的力量同人们相对立。因此,虽然个人能为自己的利益而利用这种规律的认识,但他也不可能通过自己的活动改变现实过程本身。"②人通过自己的劳动创造了一个客观世界,这一客观世界由"物以及物与物之间的关系"构成,这一客观世界实际上就是一个不断地运动变化着的商品世界, 显然这一客观世界是人的劳动的产物,但现在它"作为无法制服的、由自身发生作用的力量同人们相对立",人尽管可以为自身的利益利用这一客观世界的规律,却无法对这一客观世界做出改变。人正与自身创造的客观世界相对立,这就是人在资本主义社会中表现在劳动上的第一个方面的真实的存在状态。他所说的"主观的方面"则是:"人的活动同人自身相对地被客观化,变成一种商品,这种商品服从社会的自然规律的异于人的客观性,它正如变为商品的任何消费品一样,必然不依赖于人而进行自己的活动。"③卢卡奇在论述人的劳动的

① ［匈］卢卡奇:《历史与阶级意识》,杜章智等译,商务印书馆,1992年,第147页。

② ［匈］卢卡奇:《历史与阶级意识》,杜章智等译,商务印书馆,1992年,第147页。

③ ［匈］卢卡奇:《历史与阶级意识》,杜章智等译,商务印书馆,1992年,第147~148页。

"物化"的"主观的方面"时,特地注明"在商品经济充分发展的地方"。①他的意思是说,一旦商品经济占了主导地位,那么不仅是人的劳动所创造的客观世界,而且连人自身的劳动本身也不属于劳动者了,具体地说,人自身的劳动变成了商品,它"如变为商品的任何消费品一样",完全不受人所控制,而是反过来控制人。人正与自己的活动相对立,这则是人在资本主义社会中表现在劳动上的第二个方面的真实的存在状态。为了论述这"第二个方面的存在状态",即表现在"主观方面的人的劳动的物化",要比"第一个方面的存在状态",即表现在"客观方面的人的劳动的物化"更具有根源性,他转引了马克思在《资本论》中下述一段话加以说明:"因此,资本主义时代的特点是,对工人本身来说,劳动力是归他所有的一种商品的形式……另一方面,正是从这时起,劳动产品的商品形式才普遍起来。"②这就是说,资本主义社会的特征是,劳动力仅仅是作为一种商品形式归劳动者所有,由此劳动产品也就成了一种商品形式而"普遍起来"。无论是劳动力还是劳动产品,只要具有了商品形式,即作为一种商品而存在,那么实际上它们都已不属于劳动者了。当然,劳动力成为商品是劳动产品成为商品的前提和条件。

卢卡奇还进一步用"劳动的抽象"来概括人的劳动的"物化",也就是说,在他看来,在资本主义社会中,人的劳动的"物化"用哲学的语言表述就是使"具体的劳动"变成"抽象的劳动","抽象劳动"构成了现实的原则。如果从人的存在状态的变化来看,那么这一变化就是劳动这种存在状态从具体的变为抽象。与在论述劳动的"物化"时他从"客观的方面"和"主观的方面"分别加以说明相一致,他也从"客观的方面"和"主观的方面"分别剖析人类劳动的抽象的。他说:"商品形式的普遍性在主观方面和客观方面都制约着在商品中对象化的人类劳动的抽象。"③至于"商品形式的普遍性""在客观方面"是如何制约着"人类劳动的抽象"的,他是这样论述的:"在客观方面,只是由于质上不同的对象——就它们自然首先获得自己作为商品的对象性这一方面而言——被理解为形式相同的,商品形式作为相同性的形式,即质上不同

①　[匈]卢卡奇:《历史与阶级意识》,杜章智等译,商务印书馆,1992年,第147页。

②　《马克思恩格斯全集》(第23卷),人民出版社,1972年,第193页。

③　[匈]卢卡奇:《历史与阶级意识》,杜章智等译,商务印书馆,1992年,第148页。

的对象的可交换性形式才是可能的。在这方面,质上不同的对象的形式相同性原则只能依据它们作为抽象的(即形式相同的)人类劳动的产物的本质来创立。"卢卡奇在这里说的是,借助商品形式的普遍性,在性质上各不相同的对象按照形式相同的原则被转变为可相互交换的商品。这些在性质上各不相同的对象具有形式上的相同性,而之所以能够做到这一点,它们实际上是作为"抽象的、形式上相同的人类劳动的产物"而被制造出来的,也就是说,这一结果只能通过在主观方面把人的劳动变成形式相同的抽象劳动才能达到。

这样,卢卡奇又从"在客观方面"制约着"人类劳动的抽象"进一步追溯到"主观方面"制约着"人类劳动的抽象":"在主观方面,抽象人类劳动的这种形式相同性不仅是商品关系中各种不同对象所归结为的共同因素,而且成为支配商品实际生产过程的现实原则。……在这里只要确定,抽象的、相同的、可比较的劳动,即按照社会必要劳动时间可以越来越精确测量的劳动,同时作为资本主义生产的产物和前提的资本主义分工的劳动,只是在自己发展过程中产生的;因此,它只是在这种发展过程中才成为一个这样的社会范畴,这个社会范畴对这样形成的社会的客体和主体的对象性形式,对主体同自然界关系的对象性形式,对人相互之间在这种社会中可能有的关系的对象性形式,有决定性的影响。"①卢卡奇在这里不仅指出了"商品形式的普遍性""在主观方面"对人的劳动所带来的结果就是使这种劳动成为"抽象的、相同的、可比较的劳动",成为"按照社会必要劳动时间可以越来越精确测量的劳动",而且揭示了这种人类劳动的抽象性已经成为"现实原则"和"社会范畴",即成为支配整个社会的生产和其他方面的普遍的、现实的原则。他在这里具体地指出了"人类劳动的抽象性",即把人的具体劳动变为可以计算的抽象劳动所产生的以下三个方面的影响:形成了社会的客体与主体的对象性形式,即破坏了客体与主体之间的统一,而是使两者相对立;形成了主体与自然界关系的对象性形式,即自然界对人来说本来是伙伴,现在变成了对立物;形成了人相互之间关系的对象性形式,即人与人之间原本是和谐的,如今人与人之间成了一种对抗的关系。卢卡奇所分析的人类劳动抽

---

① 〔匈〕卢卡奇:《历史与阶级意识》,杜章智等译,商务印书馆,1992 年,第 148~149 页。

象化所带来的这三个方面的消极影响具有极强的针对性。

三、贯穿劳动"物化"的是劳动越来越"合理化"

卢卡奇认为,贯穿人类劳动"物化""抽象化"的是人的劳动越来越朝着"合理化"的方向发展。可以说,他抓住"合理化"展开论述,不仅对在资本主义条件下人类劳动的特征的分析,而且对资本主义条件下人的存在状态的分析,都引向了深入。"合理化"不仅是资本主义条件下人类劳动的主要特征,而且也是资本主义条件下人的存在状态的重要标志。他这样说道:"如果我们纵观劳动过程从手工业经过协作、手工工场到机器工业的发展所走过的道路,那么就可以看出合理化不断增加是,工人的质的特性,即人的个体的特性越来越被消除。"[①]在他看来,随着资本主义工业的发展,合理化也在不断增加,蕴含于整个资本主义发展过程的是合理化原则的日益强化,而伴随这一过程的则是劳动者的个性的不断消失。

对于合理化的具体内容他也从以下两个方面加以揭示：其一,"劳动过程越来越被分解为一些抽象合理的局部操作,以至于工人同作为整体的产品的联系被切断,他的工作也被简化为一种机械重复的专门职能"[②]。卢卡奇在这里讲得十分清楚,劳动的合理化首先是"劳动过程的合理化",而所谓"劳动过程的合理化"指的是人的劳动越来越"被分解为一些抽象合理的局部操作",人在劳动中所从事的一些机械的、重复的动作,劳动者的劳动与作为整体的劳动产品不再具有直接的联系。其二,"在这种合理化中,而且也由于这种合理化,社会必要劳动时间,即合理计算的基础,最初是作为仅仅从经验上可以把握的、平均的劳动时间,后来是由于劳动过程的机械化和合理化越来越加强而作为可以按客观计算的劳动定额(它以现成的和独立的客观性同工人相对立),都被提出来了"[③]。卢卡奇所说的第二个方面的合理化是由第一个方面的合理化,即"劳动过程的合理化"带来的,它指的是社会必

---

①　[匈]卢卡奇:《历史与阶级意识》,杜章智等译,商务印书馆,1992年,第149页。

②　[匈]卢卡奇:《历史与阶级意识》,杜章智等译,商务印书馆,1992年,第149页。

③　[匈]卢卡奇:《历史与阶级意识》,杜章智等译,商务印书馆,1992年,第149页。

要劳动时间,"可以按客观计算的劳动定额"被提出来,对劳动定额进行合理的计算。劳动定额一旦进行这样的计算,那它就"以现成的和独立的客观性同工人相对立"。卢卡奇认为,严重的是,"这种合理的机械化一直推行到工人的'灵魂'里:甚至他的心理特性也同他的整个人格相分离,同这种人格相对立地被客观化,以便能够被结合到合理的专门系统里去,并在这里归入计算的概念"①。一当这种合理性浸透到人的心理世界,人的心理世界也开始注重"算计",也"被结合到合理的专门系统里去",也已同"他的整个人格相分离"而"被客观化",那确实如卢卡奇所说的问题变得十分严重。

卢卡奇认为,合理化原则就是"可计算性"。他指出:"对我们来说,最重要的是在这里起作用的原则:根据计算、即可计算性来加以调节的合理化原则。"②如果要真正搞清楚"合理化"究竟给人类带来了什么,必须进一步追溯"可计算性",即"一切依赖于计算"所造成的后果。他主要分析了以下两个方面的后果:

其一,劳动产品的被分割。"劳动过程的可计算性要求破坏产品本身的有机的、不合理的、始终由质所决定的统一。"③在他看来,关键的在于,既然对所应达到的结果必须预先做出越来越精确的计算,那么只有通过"把任何一个整体最准确地分解为它的各个组成部分",通过把注意力集中于研究那些"局部的规律",才能实现所谓的"合理化"。与对整个产品进行有机生产的"生产方式"决裂,既是"可计算性"的前提,也是其必然结果。"没有专门化,合理化是不可思议的。④在这种情况下,"统一的产品不再是劳动过程的对象",即作为劳动过程的对象和产物的劳动产品,必然被割裂而不具有统一性。劳动过程已变成为合理化的"局部系统的客观组合",而这种"局部系统的统一性"则纯粹是由计算所决定的,从而局部系统之间即使存在着某种联系,但这种联系显然是偶然的,而不具有必然性。卢卡奇的基本判断是:劳动过程的可计算性必然导致破坏劳动产品的有机统一性。他的原话是这样的:"对劳动过程的合理—计算的分析,消除了相互联系起来的和在产品中结合

---

① [匈]卢卡奇:《历史与阶级意识》,杜章智等译,商务印书馆,1992年,第149页。

② [匈]卢卡奇:《历史与阶级意识》,杜章智等译,商务印书馆,1992年,第149页。

③ [匈]卢卡奇:《历史与阶级意识》,杜章智等译,商务印书馆,1992年,第149页。

④ [匈]卢卡奇:《历史与阶级意识》,杜章智等译,商务印书馆,1992年,第150页。

成统一体的各种局部操作的有机必然性。"①

其二,劳动主体的被分割。"生产的客体被分成许多部分这种情况,必然意味着它的主体也被分成许多部分。由于劳动过程的合理化,工人的人的性质和特点与这些抽象的局部规律按照预先合理的估计起作用相对立,越来越表现为只是错误的源泉。"②对劳动过程进行计算,实际上是对劳动者的劳动进行计算,这实质上也是对作为人的"劳动者"进行计算。而这样一"计算",劳动者作为人的性质与特点被割裂,对劳动者的劳动的这种计算显然是与劳动者的那些作为人的性质与特点是相对立的。在卢卡奇看来,这正是造成在商品形式占支配地位的社会一切错误和罪恶的根源之所在。其直接后果是:"人无论在客观上还是在他对劳动过程的态度上都不表现为是这个过程的真正的主人,而是作为机械化的一部分被结合到某一机械系统里去。他发现这一机械系统是现成的、完全不依赖于他而运行的,他不管愿意与否必然必须服从于它的规律。"③卢卡奇的这段话告诉人们,对劳动者的劳动进行计算所带来的后果就是使劳动者不再成为劳动过程的主人,劳动者仅仅作为一种劳动工具在运作,仅仅作为"机械化的一部分"被纳入"某一机械系统里去",这一"机械系统"完全独立于劳动者,不管劳动者是否愿意,劳动者除了服从它是没有其他选择的。按照卢卡奇的分析,这里最关键的是,劳动者被实在地抽象为纯粹的量。

在"根据计算、即可计算性来加以调节的合理化原则"所造成的这两个方面的后果中,卢卡奇特别关注第二个方面的后果,即劳动者本身的被割裂。他说,伴随那种"科学—机械地被分割开来的和专门化的劳动"的是,"劳动主体必然相应地被合理地分割开来"④。他特别强调这种"分割"的"合理性",即从"可计算性"来看完全是"合理"的。对此,他又从两个方面加以说明:其一,劳动者的"机械化的局部劳动,即他们的劳动力同其整个人格相对立的客观化变成持续的和难以克服的日常现实","以至于人格在这里也只能作为旁观者,无所作为地看着他自己的现存孤立的分子,被加到异己的系

① [匈]卢卡奇:《历史与阶级意识》,杜章智等译,商务印书馆,1992 年,第 150 页。
② [匈]卢卡奇:《历史与阶级意识》,杜章智等译,商务印书馆,1992 年,第 150 页。
③ [匈]卢卡奇:《历史与阶级意识》,杜章智等译,商务印书馆,1992 年,第 150~151 页。
④ [匈]卢卡奇:《历史与阶级意识》,杜章智等译,商务印书馆,1992 年,第 152 页。

统中去"。①卢卡奇在这里说的是,在"可计算性来加以调节的合理化原则"的支配下,劳动者的劳动力同其自己的整个人格相对立这一点已经作为"常态"被"客观化"了,在这种情况下,劳动者的"人格"只能眼睁睁地看着自己作为"现存孤立的分子"被一体化到"异己的系统中去"。其二,"生产过程被机械化地分成各个部分",必然"切断了那些在生产是'有机'时把劳动的各种个别主体结合成一个共同体的联系"。②卢卡奇在这里指出,生产本来是一个"有机"的过程,而当生产是"有机"时,参与生产的各种个别主体必然会"结合成一个共同体",而如今生产已不再是"有机"的了,生产过程已被"机械化"地分割开来了,这样也就必然"切断"了原先把各种个别主体借助生产"结合成一个共同体"的联系。卢卡奇强调指出:在这一方面,"生产的机械化"把劳动者"变成孤立的原子","他们不再直接–有机地通过他们的劳动成果属于一个整体,相反,他们的联系越来越仅仅由他们所结合进去的机械过程的抽象规律来中介"。③

四、"原子化""孤立化"是劳动"合理化"的主要标志

卢卡奇用"孤立化""原子化"来概括"根据计算、即可计算性来加以调节的合理化原则"对劳动者所带来的割裂。"孤立化""原子化"是卢卡奇所描述的在商品形式所支配的社会中人们的基本的存在状态。

在阐述"孤立化""原子化"究竟是一种什么样的存在状态的过程中,卢卡奇深刻地提出了"把时间降到空间的水平上"的著名命题。他说:"随着劳动过程越来越合理化和机械化,工人的活动越来越多地失去自己的主动性,变成了一种直观的态度,从而越来越失去意志。"④他所说的"直观的态度"首先是指"把空间和时间看成是共同的东西,把时间降到空间的水平上"⑤。为了说明"把时间降到空间的水平上"这种"直观的态度"的具体含义,他特地

---

① ［匈］卢卡奇:《历史与阶级意识》,杜章智等译,商务印书馆,1992 年,第 152 页。

② ［匈］卢卡奇:《历史与阶级意识》,杜章智等译,商务印书馆,1992 年,第 152 页。

③ ［匈］卢卡奇:《历史与阶级意识》,杜章智等译,商务印书馆,1992 年,第 152 页。

④ ［匈］卢卡奇:《历史与阶级意识》,杜章智等译,商务印书馆,1992 年,第 151 页。

⑤ ［匈］卢卡奇:《历史与阶级意识》,杜章智等译,商务印书馆,1992 年,第 151 页。

引述了马克思在《哲学的贫困》一书的相关论述。马克思说，"由于人隶属于机器"，形成了这样一种局面："劳动把人置于次要地位；钟摆成了两个工人相对活动的精确的尺度，就像它是两个机车的速度的尺度一样。所以不应该说，某人的一个工时和另一个人的工时是等值的，更确切的说法是，某人在这一小时中和那个人在同一小时中是等值的。时间就是一切，人不算什么；人至多不过时间的体现。现在不用再谈质量了。只有数量决定一切：时对时，天对天⋯⋯"①按照马克思的论述，在这样一种境况下，"时间就失去了它的质的、可变的、流动的性质"，"它凝固成一个精确划定界限的、在量上可测定的、由在量上可测定的一些'物'充满的连续体"，亦即"凝固成一个空间"②。而一当"把时间降到空间的水平上"，劳动者必然被抽象为他身上所装载着的一定的劳动时间。除此之外，什么也不是。劳动主体"在这种抽象的、变成物理空间的时间里"，必然"相应地被合理地分割开来"，即被合理地"孤立化""原子化"③。劳动主体被抽象化、量化的过程也就是被"孤立化""原子化"的过程。

卢卡奇强调，"孤立化""原子化"成为人的最基本的存在方式，是商品形式占支配地位的资本主义社会所特有的。他认为，"这样产生的孤立化、原子化""只是一种表面现象"，它是资本主义商品形式占支配地位的资本主义生产方式的反映。④"个人的原子化只是以下事实在意识上的反映：资本主义生产的'自然规律'遍及社会生活的所有表现；在人类历史上第一次使整个社会（至少按照趋势）隶属于一个统一的经济过程；社会所有成员的命运都由一些统一的规律来决定。"⑤他的意思是说，当整个社会都受商品经济所控制，一切都成为商品，社会的所有成员的命运也受制于这种商品经济之时，人就会呈"原子化"状态。他在这里反复强调的是，人的呈"原子化"状态看上去是一种"表面现象"，但实际上是"一种具有必然性的表面现象"。"这种表面现象是一种必然的表面现象；也就是说，个人的实践中和思想上同社会的

① 《马克思恩格斯全集》(第4卷)，人民出版社，1965年，第96~97页。

② ［匈］卢卡奇：《历史与阶级意识》，杜章智等译，商务印书馆，1992年，第151页。

③ ［匈］卢卡奇：《历史与阶级意识》，杜章智等译，商务印书馆，1992年，第151~152页。

④ ［匈］卢卡奇：《历史与阶级意识》，杜章智等译，商务印书馆，1992年，第153页。

⑤ ［匈］卢卡奇：《历史与阶级意识》，杜章智等译，商务印书馆，1992年，第154页。

直接接触,生活的直接的生产和再生产——在这方面,对于个人来说,所有'物'的商品结构和它们的'自然规律性',却是某种现成碰到的东西,某种不可取消的已有之物——只能以孤立的商品所有者之间合理的和孤立的交换行动这种形式来进行。"①这说的是,在商品经济占统治地位的情况下,个人无论在"实践中"还是在"思想上"同社会的任何接触,个人生活的"直接的生产和再生产"本身,都不可避免地趋向于"原子化"和"孤立化"。"一切都成为商品","一切必须以交换的形式进行",这是任何人必须面对的,都以"某种不可取消的已有之物"让人们接受。在这种情况下,人只能把自己也当成某种"孤立的商品",只能在各个"孤立的个体"之间从事交换,这就是他们不可选择的生存形式。"工人必须作为他的劳动力的'所有者'把自己想象为商品","他的特殊地位在于,这种劳动力是他唯一的所有物。就他的命运而言,对于整个社会结构有典型意义的是,这种自我客体化,即人的功能变为商品这一事实,最确切地揭示了商品关系已经非人化和正在非人化的性质"②。在卢卡奇看来,人的存在状态呈"孤立化""原子化",实际上就是劳动者的"自我客体化",亦即"人的功能变成商品",而这一点充分表明,"商品关系"是一种"非人的关系",即商品关系是同人的本性完全相对立的。

卢卡奇还指出,"孤立化""原子化"看上去只是劳动者,工人的存在状态和命运,实际上是整个社会的存在状态和命运。"工人的命运成为整个社会的普遍命运;这种命运的普遍性的确是工厂劳动过程在这个方向上发展的前提。"③卢卡奇在这里强调的是,整个社会的"孤立化""原子化"甚至是劳动者的"孤立化""原子化"的前提。在他看来,其理由十分简单:首先,"因为只有当'自由的'工人产生了,他能够把他的劳动力作为'属于'他的商品,作为他'拥有'的物自由地放到市场上出卖时,劳动过程的合理化机械化才是可能的"④。这是说,只有在形成"自由的工人"的条件下,只有当工人可以把自己的劳动力当作自己所拥有的"物"放到市场上出场之时,劳动过程才能实现合理化、机械化,即劳动者才能借助劳动呈"孤立化""原子化"。其次,"只

---

① [匈]卢卡奇:《历史与阶级意识》,杜章智等译,商务印书馆,1992年,第154页。
② [匈]卢卡奇:《历史与阶级意识》,杜章智等译,商务印书馆,1992年,第154页。
③ [匈]卢卡奇:《历史与阶级意识》,杜章智等译,商务印书馆,1992年,第153页。
④ [匈]卢卡奇:《历史与阶级意识》,杜章智等译,商务印书馆,1992年,第153页。

有在整个社会生活按此方式细分为孤立的商品交换行动时，'自由的'工人才能产生出来；同时，他的命运也必须成为整个社会的典型的命运。"①这就是说，要形成"自由的工人"，整个社会生活必须划分为"孤立的商品"并纳入交换的体系。卢卡奇认为，关键在于不仅要明确，当"孤立化""原子化"成为人的主要存在状态之时，就意味着原先的那种"人的关系的自然关系"已被"合理物化的关系"所取代，而且必须知晓正是所有的资本主义生产的前提和条件在促使实现了这种取代。他这样说道："生产者同其生产资料的分离，所有自然生产单位的解体和破坏等等，现代资本主义产生的所在经济—社会前提，都在促使以合理物化的关系取代更明显展示人的关系的自然关系。"②在卢卡奇看来，认识"孤立化""原子化"是整个资本主义社会的普遍存在状态和命运，即认识"合理机械化的和可计算性的原则必须遍及生活的全部表现形式"这一点特别重要，只有认识了这一点，才能充分理解商品经济占主导地位的资本主义社会的下述现象的本质和危害性："满足需要的各种物品不再表现为某一共同体的有机生活过程的产品，而是一方面表现为抽象的类样品，另一方面表现为孤立的客体。"③

五、"原子化"渗透进人的意识："总体形象"的消失

在卢卡奇看来，最严重的是这种以"孤立化""原子化"为主要标志的"物化"的人的生存方式还渗透进了人的意识，形成了人的"物化"意识。他说："正像资本主义制度不断地在更高的阶段上从经济方面生产和再生产一样，在资本主义发展过程中，物化结构越来越深入地、注定地、决定性地浸入人的意识里。"④"分工像在实行泰罗制时侵入'心灵领域'一样，这里也侵入了'伦理'领域。但是，对于整个社会来说，这并没有削弱作为基本范畴的物化意识结构，而是加强了它。"⑤"分工中片面的专门化越来越畸形发展，从而破

① ［匈］卢卡奇：《历史与阶级意识》，杜章智等译，商务印书馆，1992年，第153页。
② ［匈］卢卡奇：《历史与阶级意识》，杜章智等译，商务印书馆，1992年，第153页。
③ ［匈］卢卡奇：《历史与阶级意识》，杜章智等译，商务印书馆，1992年，第153页。
④ ［匈］卢卡奇：《历史与阶级意识》，杜章智等译，商务印书馆，1992年，第156页。
⑤ ［匈］卢卡奇：《历史与阶级意识》，杜章智等译，商务印书馆，1992年，第163页。

坏了人的人类本性。"①卢卡奇对"物化"的存在方式的批判是同"物化"意识的批判紧紧联系在一起的。

在资本主义社会中"物化"意识的形成标志着"物化"已严重到无以复加的程度。卢卡奇这样说道:"世界上的这种表面上彻底的合理化,渗进了人的肉体和心灵的最深处,在它自己的合理性具有形式特性时达到了自己的极限。"②这种机械化、合理化一旦进入了"人的肉体和心灵的最深处",在这一"最深处"也受机械化、合理化所控制了,那就说明这种机械化、合理化已"达到了自己的极限"。他还这样说道:"商品关系变为一种具有'幽灵般的对象性'的物,这不会停止在满足需要的各种对象向商品的转化上。它在人的整个意识上留下它的印记:他的特性和能力不再同人的有机统一相联系,而是表现为人'占有'和'出卖'的一些'物',像外部世界的各种不同对象一样。根据自然规律,人们相互关系的任何形式,人使他的肉体和心灵的特性发挥出来的任何能力,越来越屈从于这种物化形式。"③卢卡奇在这里不但指出了,商品关系的"物化"必然导致人的意识的"物化",即商品关系的"物化"必然要在人的意识上"留下它的印记",而且揭示出人的意识一旦"物化"了,那么人的特性和能力都将成为"为人'占有'和'出卖'的一些'物'",都将"越来越屈从于这种物化形式"。

卢卡奇在论述"物化"意识时强调停留于"直接性"(immediacy)是其主要特征。他说:"这种合理的客体化首先掩盖了一切物的——质的和物质的——直接物性。当各种使用价值都毫无例外地表现为商品时,它们就获得一种新的客观性,即一种新的物性——它仅仅在它们偶然进行交换的时代才不具有,它消灭了它们原来的、真正的物性。"④在卢卡奇看来,合理化的过程就是使对象失去本真的"物性"的过程、掩盖一切对象的本真的"物性"的过程,与此同时,也是使对象获得一种新的"物性",一种曲解对象、不能反映对象的本质属性的"物性"。而"物化"意识的根本特征就在于,它只能"直接地"停留于对象所新获得的"物性",把这种曲解、表面化的对象的"物性"误

---

① ［匈］卢卡奇:《历史与阶级意识》,杜章智等译,商务印书馆,1992年,第162页。

② ［匈］卢卡奇:《历史与阶级意识》,杜章智等译,商务印书馆,1992年,第164页。

③ ［匈］卢卡奇:《历史与阶级意识》,杜章智等译,商务印书馆,1992年,第164页。

④ ［匈］卢卡奇:《历史与阶级意识》,杜章智等译,商务印书馆,1992年,第154页。

认为是对象唯一的、本真的"物性"。"物化"意识的"直接性"就在于它不可能达到对象的深层的"物性"。而"物化"意识之所以只能停留于"直接性",关键在于它缺乏"中介",即面对着对象,它根本没有能力通过多重"中介"让对象的结构呈现出来,并借助这个结构让对象与我们之间的关系呈现出来。没有了"中介","物化"意识除了获得一些"抽象的量的规定性"之外,什么也得不到。呈现在"物化"意识中的世界只是一个"永恒的、平面的"世界。卢卡奇还强调,"物化"意识停留于"直接性","清楚地表现出资本主义主体行为的直观性质"。"资本主义主体行为"实际上是围绕"合理计算"展开的,而"合理计算"的本质"最终是以认识到和计算出一定事情的必然的-有规律的过程为基础的",显然,假如"人的行为仅限于对过程成功的可能性做出计算",那么"经常于停留在这样一些'规律'可能发生作用的概率计算上面",而不企图深入到事物本身就变成是顺理成章的了。①卢卡奇反复强调"事实"与"现实"这两个概念是有本质区别的,平时人们所说的"事实"实际上只是事物的"现象",而"现实"才是事物的"本质"。"物化"意识永远只能停留于"现象"而不能达到"本质",也就是说,在"物化"意识那里,所有认识都只是关于"事实"的认识,而不是关于"现实"的认识。

卢卡奇认为,"物化"意识停留于"直接性"的过程也是丧失"总体性"的过程。行为主体丧失"总体性",是意识"物化"的必然结果。"由于工作的专门化,任何整体景象都消失了"②,也就是说,处于"专门化"工作状态下的人们,其脑海里是不可能具有"整体景象"的。卢卡奇把"总体性"视为马克思主义方法论的核心。他明确地提出:"不是经济动机在历史解释中的首要地位,而是总体的观点,使马克思主义同资产阶级科学有决定性的区别。总体范畴,整体对各个部分的全面的、决定性的统治地位,是马克思取自黑格尔并独创性地改造成为一门全新科学的基础的方法的本质。"③在卢卡奇看来,具体的、总体的观点是马克思对于辩证法,对于思想史而言,最重要的贡献。与此同时,他又强调总体性是无产阶级的阶级意识的主要内容。他极端重视无产

---

①　[匈]卢卡奇:《历史与阶级意识》,杜章智等译,商务印书馆,1992年,第161页。

②　[匈]卢卡奇:《历史与阶级意识》,杜章智等译,商务印书馆,1992年,第168页。

③　[匈]卢卡奇:《历史与阶级意识》,杜章智等译,商务印书馆,1992年,第76页。

阶级的阶级意识在历史上的决定作用，而他们所说的无产阶级的阶级意识的主要内容就是把握总体性，亦即"保持对总体性的渴望"。在他看来，无产阶级阶级意识与资产阶级以及其他阶级的阶级意识的分水岭就是能否把握总体性。而只有无产阶级产生了总体性的阶级意识，并据此为其争取自身生存、发展的权利而改变着世界的时候，历史发展才真正从自为走向自觉。卢卡奇把"物化"意识作为总体意识的对立面加以抨击。他们认为，历史要求无产阶级把握总体性范畴，实际上，无产阶级往往不具备这种意识。原因就在于无产阶级处于一个商品形式占支配的社会中，就在于其基本的生活方式是"孤立化""原子化"的。无产阶级一旦被这种"物化"意识占据头脑，就再也看不到社会的总体发展趋势，只能被局部的、眼前的利益牵着鼻子走。卢卡奇不但正确地分析了作为总体意识的对立面的"物化"意识的主要表现，而且还精辟地指出了这种"物化"意识的形成过程及其危害性。

卢卡奇进一步指出，"物化"意识不仅渗透于包括无产阶级在内的资本主义社会中所有的人的头脑之中，而且还在理论上有多重体现。在他所来，几乎所有的资产阶级科学都是"同样陷入这种直接性之中的科学"，都"把现实的总体分割成了一些部门"，都"由于专门化而看不到整体了"。①这些资产阶级科学看似在把握社会的整体，实际上它们所能达到的只是关于这一社会的抽象的、直接的知识，根本不可能具有总体性的高度。正是资产阶级经济学"非常成功的完全的合理化，即把它运用于一种抽象的、尽可能数学化形式的规律系统，才形成理解这种危机的方法论上的局限性"②。这就是说，资产阶级经济学在把握资本主义社会的整个经济运行过程的时候，在方法论上采取了抽象的办法，从而排除掉了内容，其结果因无力穿透内容而只能停留于对资本主义世界的直观。资产阶级法学比起资产阶级经济学来，"它的看法的物化更为有意识一些"，因为它"只不过把法律看成一种形式上的计算体系，借助于此，一定行为的法律结果就可以尽可能精确地计算出来"。③当然它不得不承认其无力把握内容，无力达到总体的高度。

---

① [匈]卢卡奇：《历史与阶级意识》，杜章智等译，商务印书馆，1992年，第168页。

② [匈]卢卡奇：《历史与阶级意识》，杜章智等译，商务印书馆，1992年，第170页。

③ [匈]卢卡奇：《历史与阶级意识》，杜章智等译，商务印书馆，1992年，第172~173、174页。

卢卡奇指出，当包括资产阶级经济学和法学在内的资产阶级的科学都不能把握资产阶级社会的"整体景象"之时，人们"希望等待能由一种综合性的科学，即由哲学来实现整体的联系"，但实际证明，人们对资产阶级哲学的这种期望是"多么的徒劳"。"要做到这一点，只有当哲学通过对问题的完全另外一种提法，通过专注于可认识事物、被认识事物的具体的、物质的总体来突破这种陷入支离破碎的形式主义限制时，才是可能的"，但显然，"资产阶级社会的哲学必然没有能力做到这一点"。①他特地对此做出了解释："这不是说，好像它没有对综合的渴望；也不是说，好像那个社会中最优秀的人物乐于接受敌视生活的存在机械论和与生活格格不入的科学形式主义。但是，在资产阶级社会的基础上，要使立场来一个根本性的变化，是不可能的。"②卢卡奇在这里再次强调，在商品形式占支配地位，即商品经济作为资产阶级社会的基础的情况下，要让哲学担负起认识社会的整体的使命是不可能的。

卢卡奇在论述"物化"意识如何丧失"总体景象"时强调，丧失"总体景象"的"物化"意识与人的"孤立化""原子化"的生存方式是互为因果、相辅相成的。一方面，商品形式的占支配地位，以及相应的人的生活方式的"孤立化""原子化"滋生了"物化"意识，使人的意识丧失"总体景象"，使人不再具有"对总体的渴望"；另一方面，这种停留于"直接性"、丧失"总体景象"的"物化"意识，也进一步强化了这种"孤立化""原子化"的人的存在方式。

六、无产阶级立场与"去物化"

卢卡奇的《历史与阶级意识》一书包含着极其丰富的内容，我们在这里之所以特地在该书如此眼花缭乱、无所不至的内容中专门摘取他关于"物化"状态的若干论述，并以"人的存在状态批判"为题，单独加以剖析，是因为在我们看来，他的这些论述，太具有现实意义了。

卢卡奇所说的"商品形式占支配地位的社会"实际上就是实施市场经济

---

① ［匈］卢卡奇：《历史与阶级意识》，杜章智等译，商务印书馆，1992年，第175页。
② ［匈］卢卡奇：《历史与阶级意识》，杜章智等译，商务印书馆，1992年，第175~176页。

的社会。从 20 世纪后半叶起,全世界在"别无选择"论的鼓噪下,沿着不同的路径都走向了市场经济。西方原先有两种经济模式,即"盎格鲁-撒克逊资本主义"和"莱茵资本主义",前者是"完全的市场资本主义",后者比较而言市场化并不那么彻底,在相当长一段时期内,前者呈"压倒""降服"后者之势。而在东方,改旗易帜的那些国家和地区完全倒向了市场经济不消说,就是那些仍然以社会主义自称的国家和地区也大多相继选择了市场经济模式,尽管它们在市场经济前加上了"社会主义"这一限制词。卢卡奇在差不多一个世纪之前所说的商品范畴成为整个社会的普遍范畴、社会生活的所有方面都进入交换领域,在当今的世界真的完全兑现了。

问题在于,让商品形式占支配地位对人来说意味着什么?究竟给人带来了什么?无疑,市场经济作为一种配置资源的最佳方式,它确实给人类带来了巨大的经济效益,20 世纪下半叶起,生活在地球的各个国家都不约而同地选择市场经济这种经济模式,具有必然性。大家越来越认识到,市场经济是一种中性的机制,资本主义可以利用,社会主义也可以利用,当今人类社会要发展自己,必须利用这种机制。可是,正当人们越来越认可市场经济,并陶醉在由市场这只"看不见的手"所带来的经济繁荣之时,实际上市场经济也正把人们引入一种新的生活状态之中。

纵观进入市场经济时代以后当今人类的存在状态,会越发感到卢卡奇当年对在商品形式占支配地位的社会中人的存在方式的揭示的深刻性和尖锐性。卢卡奇的这一论述的现实意义就在于能使我们看清当今人的那种存在方式的实质与危害。尽管我们知道人类不可能也不应该因为市场经济使人生活在这样一种存在状态之中,存在着这样的负面效应,而放弃市场经济这种资源配置的最佳方式,"告别"市场这只给人类带来无穷财富的"看不见的手",但是人类也不应当对与市场经济如影随形的这种人的存在方式熟视无睹,不应当为了财富的增加而就这样活下去。人类必须在维持市场经济机制的同时,切实改变目前的这种存在方式。如果这样去认识,那么卢卡奇对在商品形式占支配地位的社会中人的存在方式的揭示的意义就会清清楚楚地呈现在我们面前。

卢卡奇当年所说的一切,可以说今天就在我们身边发生着。他用"物化"来表述商品形式占支配地位的社会中的人的存在状态,他说,人与人之间的关系变成了一种物与物的关系，这种物与物的关系获得了"幽灵般的对象性"，当今人际关系不就是样一种冷冰冰的物与物之间的关系吗？他把"物化"主要归结为人的劳动的"物化"，他说，不但劳动所创造的商品世界正"作为无法制服的、由自身发生作用的力量同人们相对立"，而且人的活动本身也"同人自身相对地被客观化，变成一种商品"，这也不正是今天人们劳动的真实状态吗？他又把劳动的"物化"与"抽象性"联系在一起，他说，人的具体劳动正变为可以计算的抽象劳动，人类劳动的抽象性已经成为"现实原则"和"社会范畴"，在当今不也正是既可从"客观方面"又也可从"主观方面"看到这种"抽象性"的负面作用吗？他又把劳动的"物化"追溯到"合理性原则"和"可计算性原则"，他说，"用可计算性来加以调节的合理化原则"的支配下，劳动者只能眼睁睁地看着自己作为"现存孤立的分子"被一体化到"异己的系统中去"，当今不也是把"合理性"和"可计算性"奉为至高无上，以至人本身也成了处处"被计算"和"加以合理化的"对象了吗？他进而把"孤立化""原子化"概括为在商品形式所支配的社会中人们的基本的存在状态，他说，人的存在状态呈"孤立化""原子化"，实际上就是劳动者的"自我客体化"，亦即"人的功能变成商品"，而且正成为整个社会的存在状态，走向"孤立化"和"原子化"不也正是今天人类的普遍命运吗？卢卡奇对商品形式占支配地位的社会中人的存在方式的揭示，是对我们的一种警示，它提醒我们：我们实际上也生活在这样的状态之下，而这种存在状态是一种"非人"的生活方式。

卢卡奇对在商品形式占支配地位的社会中人的"物化"的存在方式的揭露与批判，是同对这一社会中人的"物化"的意识的揭露与批判紧紧联系在一起的。他认为最严重的是"物化"的人的生存方式还渗透进了人的意识，形成了人的"物化"意识，"物化"意识使人的思维停留于"直接性"上，而"物化"意识停留于"直接性"的过程也是丧失"总体性"的过程，即使人失去了全面地、总体地认识问题的能力。在一定意义上，卢卡奇在《历史与阶级意识》一书中对当代资本主义的批判重心放在对"物化"意识的批判上。对"物化"的意识的批判是该书批判的主线，而对"物化"的人的存在方式的批判则是该书批判的辅线。从认识在商品形式占支配地位的社会的人的存在方式的角度来看，卢卡奇对在这一社会中人的"物化"意识的批判的启发意义在于，它告诉人们为何人明明生活于处处被"算计"，被"合理化"，日益走向"孤立化"

"原子化"的"非人"状态,明明本来应是实现自身的"具体劳动"却越来越变成"抽象劳动",无论是劳动的产品还是劳动的过程都反过来对抗自身,明明本来应是活生生的人与人之间的关系却变成了物与物之间的关系,并且这种关系获得了一种"幽灵般的对象性",却无法认清自己的这种真实处境,甚至还把痛苦的"非人"的生活当作幸福的生活来接受。在卢卡奇看来,关键就在于人的意识也被"物化"了。随着商品形式逐渐占支配地位,一方面人的存在方式越来越"物化"了,另一方面人的意识也日益"物化"。一旦人的意识也"物化"了,那人"越来越少而且难于"认识到自己究竟处于什么样的存在状态,自己究竟过的是一种什么样的生活。纵观当今社会,显然也存在着明明处于异化的状态之下却感觉不到异化的存在,把异化的生活当作幸福的生活来接受的情况,这一点与卢卡奇的时代相比,甚至有过之而无不及。卢卡奇关于商品形式占地位的社会中人的存在方式的理论的现实意义,不仅在于有助于人们对自己的存在状态产生"警觉",认清这种存在状态的实质,而且还能够使人们知道何以自己长期对这种存在方式麻木不仁,从认识当下人的"物化"的存在方式进一步觉察当下人的"物化"的意识。

当然,卢卡奇在《历史与阶级意识》一书中不仅揭露和批判了人的"物化"的存在方式和人的"物化"的意识,而且还探讨了如何"去物化"(de-reification)的问题。他对"去物化"的论述最引人注目之处是提出了"无产阶级立场"的问题。他论述"物化"的长篇论文《物化和无产阶级意识》的第三节的标题定为"无产阶级的立场"这是意味深长的。他认为,所有的资产阶级的社会科学和自然科学由于都渗透着"物化"的意识,或者说它们本身就都属于"物化"意识,从而不能指望依靠它们来为"去物化"指点迷津,他通过对"资产阶级思想二律背反"的揭示,来说明资产阶级的"科学"面对"物化"是无能为力的。他把希望寄托在"无产阶级立场"上。寄托于"无产阶级立场"不等于寄托于"无产阶级"。正如有学者所指出的,这就是卢卡奇与马克思的不同之处,对于马克思来说,"无产阶级"这一主体本身就够了,或者说,无产阶级在生产过程中所处的阶级地位就够了。对于卢卡奇而言,却必须在"无产阶级"之后加上"立场"二字。无产阶级只有站在无产阶级的立场上,它才真正是无产阶级。立场与阶级不可分离,并且,它不是阶级的补语:立场构成阶级的本质部分。①在他看来,在"无产阶级的意识暂时还屈从于物化"②的情况下,仅仅因为这个人属于无产阶级的阵营,就认为他一定能洞见"物化"的存在方式并为改变这种存在方式而斗争,这是不现实的。而只有真正具有无产阶级立场的人,才能担当起这样的历史使命。这种立场的确立,靠的并不是某种外在的必然性,这需要经历磨难和痛苦。当然,在他看来,要真正认识和改变这种"物化"存在方式,靠少数人具有无产阶级的立场还是不够的,必须有待于整个阶级的觉醒。他说:"随着无产阶级开始意识到自己的阶级立场,这一过程也就开始了。"③他还强调说,关键在于,具有无产阶级立场的人不但能够认清那种"物化"的存在方式的实质,而且还会采取行动积极地去改变这种存在方式,他这样说道:"因为连无产阶级本身也只有当它采取真正实践的态度时,它才能克服物化。"④卢卡奇把认识和改变那种"物化"的存在方式与"无产阶级立场"联系在一起,把持有"无产阶级立场"视为是认识和改变那种"物化"的存在方式的前提,对当今的人们特别具有针对性。当今人们避开"立场"来谈论问题,包括如人的存在方式这样的与人自身密切相关的问题,已成为时尚。实际上,正如卢卡奇所说的,站在什么立场上去认识这才是最重要的。任何人要真正认识"物化"的存在方式,并想对此有所作为,就要如卢卡奇所说的那样,首先应当端正自己的立场,看看自己是不是真正站在无产阶级立场上。

陈学明(复旦大学)

---

① 周凡执行主编:《新马克思主义评论》(第 1 辑),中央编译出版社,2012 年,第 27 页。

② [匈]卢卡奇:《历史与阶级意识》,杜章智等译,商务印书馆,1992 年,第 164 页。

③ [匈]卢卡奇:《历史与阶级意识》,杜章智等译,商务印书馆,1992 年,第 279 页。

④ [匈]卢卡奇:《历史与阶级意识》,杜章智等译,商务印书馆,1992 年,第 301 页。

论现时代的科学危机：
以胡塞尔和卢卡奇为例 *
——兼论现象学马克思主义的发生问题

　　现象学马克思主义是值得学界研究的理论思潮之一，这一思潮意味着马克思主义与现象学并非"两股跑道上的车"，而是具有交流与对话的空间。事实上，现象学与马克思主义具有生存论层面的原初动机。对现象学来说，这种生存论的诉求既是其理论的开端，亦是其理论的归宿。现象学的目的是清理出一个特定空间，以便能够考察人的现实处境。恩佐·帕奇认为，现象学规定的理论空间实则是马克思主义整个研究对象的一个特定实例。①在他看来，现象学与马克思主义对科学与哲学关系的研究是两种理论的契合点，进而构成了现象学马克思主义的原初的发生动机。近年来，学界关于现象学马克思主义的研究已经形成了一批高质量的学术成果，但大多数研究只是局限于个别人物思想的梳理和分析，完整、系统性的总体性研究还付之阙如，尤其是对现象学马克思主义的思想根源缺乏清晰、必要的辨识。为了进入对这一理论问题的考察，我们需要厘清现象学与早期西方马克思主义的联系。本文以胡塞尔和卢卡奇对科学危机的批判为例，通过勾勒两种理论的交汇处，概要性分析两者之间的相似与差异，以此方式探索现象学马克思主义的发生背景和理论契机。

---

　　* 本文系 2022 年度教育部人文社会科学研究青年基金项目(22YJCZH055)的成果。

　　① Enzo Paci. *The Function of the Science and the Meaning of Man*, trans. Paul Piccone and James E. Hansen. Evanston: Northwestern University Press. 1972, p.xxiv.

一、症候:总体性的丧失

哲学如何理解科学，或者说如何理解哲学与科学的关系并非完全取决于哲学和科学本身的特征，因为历史情境的变化能够折射不同世代哲学与科学的复杂关系,因此对这种关系的理解必定是历史性的。在希腊哲学产生之初,哲学的本义是"爱智慧",一切与知识有关的内容都可纳入哲学范围。亚里士多德将自己的哲学区分为第一哲学和第二哲学，其中第一哲学即是关于"存在本身"或"作为存在的存在"的学问,即实体哲学或形而上学;"第二哲学"是广义的物理学或自然哲学。在亚里士多德看来,只有那种探寻事物一般原理和原因,追问自然万物本原和根据的知识,才能称得上是真正的智慧,即"关于某些本原和原因的科学"①,对这种智慧的热爱与追求才算是真正的哲学,因此哲学是脱离感觉经验、最少实用性和包含最普遍原理的知识体系，它体现了古希腊人超越经验性和实用性的现象世界去寻找万物统一性根据或本原的思想冲动。

从笛卡尔哲学开始,新方法的应用赋予科学新的特征,哲学开始在比较狭隘的词义上发展起来。现时代的哲学不是与其他科学并列的科学,也不是更高的科学,它"虽然为一切具体科学奠定基础,但又通过把整体的存在作为主题而同这些具体'科学'区别开来"②。这种新的哲学概念不是源于哲学的固有含义,而是由于哲学之使命的迷惘,原因在于"诸科学已经占领了实际事物的所有领域。所以哲学只剩下一项任务,就是成为这些科学的科学"③。对具体科学而言,总体通过碎片化的方式进入专门的科学研究,而唯有哲学追求总体。这种对哲学的理解长期左右人们的认知,于是人们希望回溯到古代哲学中为此理解寻求辩护,不仅是到康德和笛卡尔那里,甚至到柏拉图那里去寻找为此信念辩护的根据,于是人们就越发相信哲学具有这样的任务。如胡塞尔所说:

---

① 苗力田编:《亚里士多德全集》(第7卷),中国人民大学出版社,2016年,第29页。
② 严平编:《伽达默尔集》,上海远东出版社,1997年,第98页。
③ [德]海德格尔:《黑格尔的精神现象学》,赵卫国译,南京大学出版社,2018年,第14页。

　　按照这种理解我恢复了哲学的最原初的观念，这一观念自柏拉图最初给予明确表述以来已构成了我们欧洲哲学和科学的基础，并为后者提出了一项责无旁贷的任务。按照这一观念，对我来说哲学应当是普遍的，并且在根本意义上是"严格的"科学。作为这样一种科学，它是从最终的根据中，或同样可以说，从最终的独立有效性中产生的。①

　　对哲学的这种理解反映在近代以来的许多著作当中。胡塞尔的《欧洲科学的危机与超越论的现象学》和卢卡奇的《历史与阶级意识》基于历史性思维方式批判性考察了哲学与科学的关系，并将科学与哲学的这种内在紧张关系冠以科学危机之名。他们对科学危机的指认与该时期资本主义社会发展形态存在关联，因此其理论态度、立场和核心观点存在诸多相似之处。

　　真正说来，胡塞尔和卢卡奇的批判对象不是科学本身，他们并不拒斥科学的发展及其取得的成就，而是反对科学的排他性特征。哈贝马斯说："当科学在方法论上不知道它要干什么时，它对自己的学科就更加确信不移。这就是说，它对一个没有问题的框架内的方法的进步更加确信不疑。"②因此，虚假的、具有保护性的科学意识总是想要将自己的世界观普遍化，它"忘掉科学的方法论同人类的客观形成过程的错综复杂的联系，并在抛弃和排斥这种联系的基础上建立起纯粹的方法论的绝对主义"③。现时代的科学倚重事实，要求一切以事实为准绳，人之生存的意义被排除在科学之外。然而重视客观事实，并且从客观事实中探寻决定世界结构和规律的科学不应用于强制性指导人的实践活动，因为自然规律和人的实践活动分属不同领域，但是自然科学并没有区分两个领域，于是"单纯注重事实的科学，造就单纯注重事实的人。……它从原则上排除的正是对于在我们这个不幸时代听由命运攸关的根本改革所支配的人们来说十分紧迫的问题：即关于这整个的人的

---

　　① ［德］胡塞尔：《纯粹现象学通论》，李幼蒸译，商务印书馆，1997年，第446~447页。

　　② ［德］哈贝马斯：《作为"意识形态"的技术与科学》，李黎、郭官义译，学林出版社，1999年，第134页。

　　③ ［德］哈贝马斯：《认识与兴趣》，郭官义、李黎译，学林出版社，1999年，第3页。

生存有意义和无意义的问题"①。胡塞尔认为，如果科学真理被局限于发现和构建客观的世界，被局限于搞清楚客观世界的总体面貌，如果科学认为客观构成的事物才是真实的东西，而历史也只是教导我们各种精神世界的形式、条件、观念和规范等，那么世界包括人的生存本身都不再具有真理性意义了。面对这样的生存处境，胡塞尔提出了一系列具有根本意义的质问：

> 如果科学只允许以这种方式将客观上可确定的东西看作是真的，如果历史所能教导我们的无非是，精神世界的一切形成物，人们所依赖的一切生活条件，理想，规范，就如同流逝的波浪一样形成又消失，理性总是变成胡闹，善行总是变成灾祸，过去如此，未来也如此，如果是这样，这个世界以及在其中的人的生存真的能有意义吗？我们能够对此平心静气吗？我们能够生活于那样一个世界中吗，在那里，历史的事件只不过是由虚幻的繁荣和痛苦的失望构成的无穷尽的链条？②

卢卡奇同样认为，科学不应强制指导人之行动的现实。他反对适时思想界流行的唯科学主义倾向，"愈认真地对事实进行考察（单独地、直接地考察），它们就愈不那么明确地指向任何一个方向。不言而喻，纯主观的决定将被'按照规律'自动行动的未被理解的事实的压力所粉碎"③。这就是说，科学是主体自我实现的手段，主体中介科学观察客体世界的规律，主体运用科学融入由自然规律所统治的客观世界，即人应是科学之主体与客体的辩证统一。

由此可见，问题的根本在于，科学将人的存在客体化了，它忽视了人的主体维度。科学遗忘了一个基本的存在论事实，即人是总要超出自身存在状态之外的存在，即人作为超越性的客体而存在。这样，科学无法为人的社会历史实践提供生存论意义。科学遗忘其任务，原因在于科学缺失了总体性立场。这里的意思是说，科学退化成为技术，退化为偏重有限的计算来控制人的行为的统治技术。科学不再是总体性的，而只是作为由客观规律统治的特

---

① ［德］胡塞尔：《欧洲科学的危机与超越论的现象学》，王炳文译，商务印书馆，2017年，第16页。
② ［德］胡塞尔：《欧洲科学的危机与超越论的现象学》，王炳文译，商务印书馆，2017年，第16~17页。
③ ［匈］卢卡奇：《历史与阶级意识》，杜章智等译，商务印书馆，2014年，第76页。

定事实接近人的实存,"这种看来非常科学的方法的不科学性,就在于它忽略了作为其依据的事实的历史性质"①。这样,缺失总体性的科学方法变得非历史了。正如卢卡奇所说:"如果说'事实'及其相互联系的内部结构本质上是历史的,也就是说,是处于一种连续不断的变化过程中,那么就的确可以问在什么时候产生出更大的科学不精确性。"②胡塞尔从人的存在方式强调历史性的意义:"我们——这个我们不仅拥有精神遗产,而且完全是并且仅仅是历史精神的形成物——只是以这种方式具有真正是我们所独有的任务。"③也就是说,作为历史-精神方式的存在,人的存在方式和存在结构唯有通过历史总体才能得到理解,但是科学所缺少的东西正是对历史总体的理解。

二、病理:误入歧途的理性主义

胡塞尔和卢卡奇将总体性立场的缺失看作现时代科学危机的体现,它揭示了在现时代,人之总体性异化物化的生存论事实。只是这种危机的表现形式及具体成因在胡塞尔和卢卡奇有所不同:在胡塞尔那里,这种危机表现为人沦为自然主义的统治,科学将人的主体客体化导致的各种生存危机;导致这种现象的理论根源在于"误入歧途的理性主义",将理性主义肤浅化,并最终陷入"自然主义"和"客观主义"④;在卢卡奇这里,它呈现为资产阶级社会的文化危机,表现为物化结构在人的意识领域的体现,"把形式的和数学的、理性的认识,一方面和认识一般,另一方面和'我们的'认识简单武断地等同起来就是整个这一时期的最突出的特点"⑤。

在胡塞尔看来,自然主义和客观主义态度不是自然科学的必然结果,问题的关键在于对自然科学方法的错误理解与僭越使用。胡塞尔认为,自然科学在运用自身的理论逻辑理解自然世界的同时,运用自然科学方法构造起

---

① [匈]卢卡奇:《历史与阶级意识》,杜章智等译,商务印书馆,2014年,第55页。
② [匈]卢卡奇:《历史与阶级意识》,杜章智等译,商务印书馆,2014年,第55~56页。
③ [德]胡塞尔:《欧洲科学的危机与超越论的现象学》,王炳文译,商务印书馆,2017年,第93页。
④ [德]胡塞尔:《欧洲科学的危机与超越论的现象学》,王炳文译,商务印书馆,2017年,第421页。
⑤ [匈]卢卡奇:《历史与阶级意识》,杜章智等译,商务印书馆,2014年,第185页。

来的、与自然世界相似的精神世界同样会付诸实施。如胡塞尔所看到的，自然科学家不可能献身于自然科学方法同时又对之保持批判性态度：

> 在他实际研究和发现的领域内，他完全不知道，所有这些思考所要弄清的东西，毕竟是需要弄清的，而这是为了哲学和科学的最高的决定性的关心，即对于真正认识世界本身，认识自然本身的关心。这种关心在科学最初创立时曾起过决定性作用。这种关心被传统地给予的，并且变成了技术的科学丧失了。任何一种引导他们进行这种思考的尝试，只要是来自数学家、自然科学家圈子以外的，都被当作"形而上学"加以拒斥。……以一种符合于他们的方式由他们自己满足，不过是以这样的方式满足的，即需要探究的整个维度完全没有看到，因此也完全没有加以考察。①

按照自然科学方法培养的理性人排除一切纯粹主观的东西，它要求人探求客观上真的存在物，因此"客观主义的科学将它称之为客观世界的东西看作是由所有的存在者构成的全体，而没有注意到，没有一门客观的科学能够给予成就着科学的主观性以应有的重视"②。也就是说，自然科学的快速发展不必然导致自然主义的客观主义态度，但是自然科学的成功导致理性主义的僭越，"误入歧途的理性主义"支配了人的精神，于是人们要求运用数学理性去建构自然，哲学也需要按照几何学原则建立统一的理性主义理论。这样，精确科学的世界观，或者说丧失了总体性立场、只具有相对合理性的自然主义的客观主义就出现了。质言之，在胡塞尔那里，现代科学危机的病灶就在于自然科学精神的理解错位及运用范围的僭越。

作为韦伯的学生，卢卡奇对科学危机的诊断延续了韦伯的基本看法。我们知道，韦伯研究的原初问题是人生存处境的现实性特征，人被置身于这样的现实性当中，他将人之生存的现实性本身的总问题归结到合理性这一总标题之下。韦伯的目的是清晰解释人整个生存的理性化过程，原因在于他认

---

① ［德］胡塞尔：《欧洲科学的危机与超越论的现象学》，王炳文译，商务印书馆，2017年，第73页。

② ［德］胡塞尔：《欧洲科学的危机与超越论的现象学》，王炳文译，商务印书馆，2017年，第415页。

为这个理性化过程生产出来的合理性是某种非理性的和无法理解的东西。韦伯认为,"非理性的"和"无法理解的东西"是由极端理性化导致的"不合理性的生活方式"。因此他将理性化看作特殊的、成问题的且值得探究的社会历史现象。卡尔·洛维特说:"韦伯所说的合理性尽管是一种专门科学的行为,是作为一种可受到更大范围的归因的原初的整体而被把握的,亦即是作为一种从各个方面受到规定和约束的整体,但它又是一种特有的'生活行动'和'生活方式'。"①在韦伯那里,资产阶级社会是在这种"理性化生活方式"的道路上发展出来的,"它所依赖的是现代科学、特别是数学与精确的理性实验为基础的自然科学的特质",资本主义精神即是西方理性主义精神发展的一部分,而且可以"从理性主义对于人生基本问题的根本立场中演绎出来"。②

受韦伯影响,卢卡奇将自然科学的特质,尤其是理性化、合理性等分析要素与资产阶级社会本质性地关联起来。他说:

> 自然科学的方法、一切反思科学和一切修正主义的方法论理想,都拒不承认它的对象中有任何矛盾和对抗。……自然科学的认识理想被运用于自然时,它只是促进科学的进步。但是当它被运用于社会时,它就会成为资产阶级的思想武器。③

在卢卡奇看来,自然科学得到的纯粹事实是抽象掉所有不可控制的外在变量,将现实世界的现象归置在不受外界干扰的环境中得到的结果,因此这一现象不仅可以通过精确的数量、数与数的关系表现出来,而且会经由这一表现形式得到进一步加强。马克思说:"最一般的抽象总只是产生在最丰富的具体发展的场合,在那里,一种东西为许多东西所共有,为一切所共有。这样一来,它就不再只是在特殊形式上才能加以思考了。"④这种抽象性的思维方式不仅反映了资产阶级社会的历史特点,而且因为资产阶级社会的原

---

① [德]卡尔·洛维特:《韦伯与马克思》,刘心舟译,南京大学出版社,2019年,第31页。

② [德]韦伯:《新教伦理与资本主义精神》,阎克文译,上海人民出版社,2018年,第197、239页。

③ [匈]卢卡奇:《历史与阶级意识》,杜章智等译,商务印书馆,2014年,第60页。

④ 《马克思恩格斯全集》(第30卷),人民出版社,1995年,第45页。

因这一趋势被彻底化和全面化了,进而就出现了各种"孤立的"事实和"孤立的"科学,即"发现事实本身中所包含的倾向,并把这一活动提高到科学的地位,就显得特别'科学'"①。

卢卡奇不仅在思想领域批判了资产阶级社会的实证方法,而且深入资产阶级社会中开展进一步的社会形态学分析。他将几何学式的理性世界称为资本主义第二自然的世界,其本质是将日益增长的对自然的统治与总体性的丧失联系在一起。世界分裂成客观的自然与单一的心理的自然(第二自然)同样是资产阶级社会物化异化的结果。他说:

> 人自己的活动,人自己的劳动,作为某种客观的东西,某种不依赖于人的东西,某种通过异于人的自律性来控制人的东西,同人相对立。更确切地说,这种情况既发生在客观方面,也发生在主观方面。在客观方面是产生出一个由现成的物以及物与物之间关系的构成的世界,它的规律虽然逐渐被人所认识,但是即使在这种情况下还是作为无法制服的、由自身发生作用的力量同人们相对立。……在主观方面,人的活动同人本身相对立地被客体化,变成一种商品,这种商品服从社会的自然规律的异于人的客观性,它正如变成商品的任何消费品一样,必然不依赖于人而进行自己的运动。②

由此可见,卢卡奇认为,不能反省科学方式的根本意义,自然科学方法的僭越使用,及其造成的总体性立场丧失等结果,本质上都是资本主义生产关系的结果。

三、哲学精神的再生

现时代科学危机的实质是人沦为客观性统治的对象,人自身的生存意义和目的在客观事实性的统治结构中旁落了。以施特劳斯等人为代表的结

---

① ［匈］卢卡奇:《历史与阶级意识》,杜章智等译,商务印书馆,2014 年,第 55 页。
② ［匈］卢卡奇:《历史与阶级意识》,杜章智等译,商务印书馆,2014 年,第 152~153 页。

构主义人类学将无意识、无意义的精神结构看作社会运作的根本,而人只是作为结构发生作用的媒介而存在就反映了人的这一生存处境。总体性立场的获取是超越科学危机的方法,但在论及克服科学危机方法时,胡塞尔与卢卡奇有不同的思考。

胡塞尔首先从哲学史角度剖析了自然主义的客观主义产生的原因。胡塞尔认为,笛卡尔"用自己的心灵的'我'代替自我,以心理学的内在性代替自我学的内在性,以心理上的'内在的知觉'或'自身知觉'的自明性代替自我学的自身统觉这样一种引起严重后果的形式中,产生效果的,并且在历史上,直到今天还有影响"①。一旦这种心理误解在思想中扎下根来,思想就会误入自然主义和客观主义的圈套。从康德开始的德国观念论虽然试图克服这种"非常严重的朴素性",但是它并没有完成这一任务,"没有达到对于这种哲学的欧洲人性的新形态来说是更高反思的决定性阶段"②。胡塞尔建立超越论现象学来完成这一任务。因为,超越论的现象学"以唯一可能的方式克服自然主义的客观主义和各种形式的客观主义,即通过下面这样的方式,进行哲学思考的人从他的自我出发,而且是从纯粹作为其全部有效性的执行者的自我出发,而且是从纯粹作为其全部有效性的执行者的自我出发,他变成这种有效性的纯粹理论上的旁观者"③。

一旦超越论现象学作为现代哲学屈从于自然主义的客观主义的现状的冷漠观察者的先验视角是可能的,"人变成了世界的不参与的旁观者、概观者,他变成了哲学家"④。通过这种方式,超越论现象学提供了人超越自然主义的客观主义的方法,但是这种方法是否真的有效呢?是否能够发挥其预想作用呢?胡塞尔回到先验主义阶段寻求可行性依据。他说:

> 在科学之外的,尚未由科学触及的文化,是处于有限性之中的人的任务和成就。人生活于其中的敞开的无限的地平线尚未展示出来,他的目的和他的活动,他的商业和交往,他的个人的,他的社会的,他的民族

① ［德］胡塞尔:《欧洲科学的危机与超越论的现象学》,王炳文译,商务印书馆,2017年,第106页。
② ［德］胡塞尔:《欧洲科学的危机与超越论的现象学》,王炳文译,商务印书馆,2017年,第412页。
③ ［德］胡塞尔:《欧洲科学的危机与超越论的现象学》,王炳文译,商务印书馆,2017年,第402页。
④ ［德］胡塞尔:《欧洲科学的危机与超越论的现象学》,王炳文译,商务印书馆,2017年,第403页。

的，他的神话的动机，——所有这些都是在终究可通观的周围世界中运动的。在这里没有无限的任务，没有其无限性本身就是工作领域——而且是以这样的方式成为工作领域的，即在其中工作的人意识到这种无限任务领域的存在方式——的理念的获得物。①

换句话说，在先验阶段，这种特殊的自然态度，这种与社会文化世界的统一才是人之存在的通常模式。这种态度从起始的、原初的态度中就已经被生产出来，而且其他世代的更高的不同的态度深深地扎根于这种原初态度中。因此，为了恢复原初总体性立场，胡塞尔呼吁以个体为基点改变自身的理论态度，寻求个体精神的重新定向，从而获得"存在的历史上的根本方式"，这就意味着"改变自己态度的个别的人，作为他们的普遍的生活共同体（他们的国家）中的人，还继续具有他的自然的兴趣"②。

问题的根本在于，从自然主义或客观主义向总体性立场的转向为何会导致历史性观点呢？将历史的实在把握为总体如何可能呢？这种总体性的转向到底意味着什么？我们知道，总体性立场指的是主体客体之间的统一，因为总体性如果仅仅栖居于客体之中，而不假设主体的总体性的话，自然主义和客观主义所营造的外在世界观就无法被触动，科学的危机无法被超越。人作为知识的主体，但同时也是知识的客体，人通过自身的实践创造了他所了解的客观世界，也创造了他自己的历史，总体性和历史性的立场可以说是人创造历史、理解历史的过程。然而，人是如何创造历史呢？人当然不可能单独创造历史，这种纯粹个体主义的英雄史观极易滑向黑格尔主义。在黑格尔的哲学体系中，人是一个抽象的概念，随即被更加抽象的绝对精神所取代。而绝对精神的发展是通过人的历史来总体性呈现，绝对精神将每一个具体的人化约为总体性的手段。对胡塞尔来说，黑格尔的方案是不可取的，因为在这一方案中人被牺牲掉了，人只是作为绝对精神的介质而存在。胡塞尔通过揭示先验自我的交互主体性来满足总体性立场的要求，他因此假定由自我

---

① ［德］胡塞尔：《欧洲科学的危机与超越论的现象学》，王炳文译，商务印书馆，2017年，第378~379页。

② ［德］胡塞尔：《欧洲科学的危机与超越论的现象学》，王炳文译，商务印书馆，2017年，第398页。

构成的主体间的共同体是常识的以及科学的客观世界的先决条件。[①]在胡塞尔看来,人类历史的决定性因素是精神,但是他所说的精神并非黑格尔意义的绝对精神,"精神并不是在自然之中或在自然之旁的精神,而是自然本身被纳入精神领域"[②]。因此,在胡塞尔那里,精神指的是思想与行为的统一,其真正的发展不仅是真实的人类的生成,而且是每一个单独的人的个性的生成。

胡塞尔构建超越论现象学是要借助于"克服自然主义的理性的英雄主义而从哲学精神中再生"[③]来超越科学之危机。胡塞尔说:

> 这是以一种新型实践的形式实现的,以对一切生活和生活目的,一切由人类生活已经产生的文化构成物和文化系统进行普遍批判的形式实现的,因此也是在对人类本身以及对明确地或不明确地指导人类的诸价值的批判的形式中实现的。此外,它是这样一种实践,它所抱的目的是,通过普遍的科学的理性,按照各种形式的真理规范,提高人类,将人类转变成全新的人类——能够依据绝对的理论的洞察而绝对自我负责的人类。[④]

胡塞尔讲的总体性恢复不仅指向新的理论态度,而且指向新的现实的实践结构,作为人之根本的新的精神生活方式。要言之,胡塞尔的哲学转向不仅仅指一种新的反思态度,还包括人的新的实践能力,最后结果就是"在其中,一切可以想象到的问题,存在的问题和规范的问题,以及所谓实存的问题,都找到了它们的位置"[⑤]。

如果改变自身的理论态度来恢复总体性立场是可能的话,这种精神的重新定向能成为超越科学危机的思想路径吗?在胡塞尔那里,总体性立场更应该是纯粹哲学家的立场,而这种立场只是暂时的,因此在实现精神定向的同时,必须要借助生活习惯、文化结构和社会环境等外在内容来促成这种持

---

①　[德]胡塞尔:《笛卡尔沉思与巴黎讲演》,张宪译,人民出版社,2008年,第170页。

②　[德]胡塞尔:《欧洲科学的危机与超越论的现象学》,王炳文译,商务印书馆,2017年,第419页。

③　[德]胡塞尔:《欧洲科学的危机与超越论的现象学》,王炳文译,商务印书馆,2017年,第421页。

④　[德]胡塞尔:《欧洲科学的危机与超越论的现象学》,王炳文译,商务印书馆,2017年,第400页。

⑤　[德]胡塞尔:《欧洲科学的危机与超越论的现象学》,王炳文译,商务印书馆,2017年,第420页。

续性的定向来实现总体性的变革。胡塞尔说:

> 改变态度只能以一种绝对的意志决心的形式具有一种对于整个以后生活习惯地继续有效的持续性,这种意志决心就是在周期性的、但内在地统一的时间,总是重新采取同一种态度,而它的新的兴趣,则通过能在意向上消除分立的这种持续性,作为有效的东西,应当实现的东西,加以保持,并且在相应的文化构成物中实现它。①

可见,胡塞尔的方案同样是基于个体主义的方案,而且这种总体性立场并不像是一种可欲、可实现的现实,更像是哲学家的自我陶醉,类似于哲学家们为了抵御自然主义和客观主义的外在冲击,转而回到自我沉思的故居去寻求精神栖居之所。总体性哲学立场对自然主义和客观主义的批判当然是合理的,揭露和批判客观事实性对人的统治结构同样是必要的,人不应该一直屈从于固执的客观事实的统治,人应该通过这种批判来超越与自然主义的客观主义相连接的非理性主义世界观,但是在这之后个人在精神领域的转向就能解除外在压抑吗? 胡塞尔认为:"只有意向性的现象学,而且是超越论的现象学,才借助于他的出发点和它的方法,给人们带来了光明。只有从这种现象学出发我们才能理解,并且是从最深刻的根据上理解,什么是自然主义的客观主义。"②但是作为不可欲求的非现实性存在,纯粹在思想领域确立的总体性立场更像是哲学家自我陶醉式的浪漫遐想。真正来说,个人从来都是一种社会性存在,通过改变理论态度的方式实现精神的重新定向,并不能真正走向一种总体性立场的转向,因此人的生存危机只有通过发展个人的社会特征来克服。

四、人的生存危机与总体性的社会革命

胡塞尔关注总体性转向的过程,尤其是转向过程的精神变化,这主要是

---

① [德]胡塞尔:《欧洲科学的危机与超越论的现象学》,王炳文译,商务印书馆,2017年,第398页。
② [德]胡塞尔:《欧洲科学的危机与超越论的现象学》,王炳文译,商务印书馆,2017年,第420页。

因为他将这一物化、异化的时代看作是欧洲精神错误转向的结果，因此他相信通过个体精神的重定向，人就能够恢复总体性立场。这种理论的缺陷在于，胡塞尔自始至终都将危机分析局限在哲学范围之内，他未能将具体的社会历史结构纳入分析视域，他没有意识到人的生存目的和生存意义的沦丧是人的生存异化和物化的结果，其实质是社会历史领域的异化和物化结构在人的精神世界的总体反映。因此总体性的立场不能完全依靠精神的重新定向，而应借助总体性的社会历史革命。卢卡奇摒弃了颇具个体主义方案，因为在他看来，

> 个体决不能成为事物的尺度，这是因为个体面对的是必定作为僵化事物的集合体的客观事实。个体发现这些事物是已经存在的、一成不变的。面对这样的事物，个体只能作出承认或者拒绝的主观判断。……对个体来讲，物化和决定论都是不可消除的。任何一种想从这些前提出发而达到"自由"的尝试必然都是要失败的，这是因为纯粹的"内在的自由"是以外部世界的不变为前提的。①

既然物化的资本主义世界不是源于纯粹个人精神的偶然故障，而是资产阶级社会生产关系的结果，因此超越物化的过程不能简单地通过改变个体的理论态度来实现，不能将一切的希望寄托于精神领域的持续转向，不能简单地认定"处于无限性理念指导下的科学的文化，意味着整个文化的根本改造，意味着作为文化创造者的人类的整个存在方式的根本改造"②，也就是说，当前的物化和异化生存状态只有在现实的社会实践中被真正的克服，才能进一步在哲学和精神层面被超越，而从个体主义出发的方案是注定失败的尝试，因为这些尝试都以外部世界的不变为前提的。

卢卡奇提出了超越科学危机的另一条道路。他认为："只有阶级才能和现实的总体发生关系并起到实际上的改造作用。"③但是资产阶级社会是在理性化的生活方式的道路上发展起来的，理性化表明了西方资产阶级生活

---

①　[匈]卢卡奇:《历史与阶级意识》，杜章智等译，商务印书馆，2014年，第294页。

②　[德]胡塞尔:《欧洲科学的危机与超越论的现象学》，王炳文译，商务印书馆，2017年，第395页。

③　[匈]卢卡奇:《历史与阶级意识》，杜章智等译，商务印书馆，2014年，第294页。

方式的基本特征及历史命运,在这个意义上,资产阶级必然面临着思想的二律背反,因此不能超越其阶级意识的局限性。真正能够掌握总体性的只有无产阶级这样的历史主体,因为无产阶级的个体是历史上第一个能够与阶级无条件同一的个体,它的自我认识伴随着社会性和历史性的自我意识,拥有阶级意识的无产阶级是真正的历史主体。因此,总体性立场的获取只有通过无产阶级承担的社会历史革命才能实现。只有受物化的社会条件影响深远并且历史命运取决于战胜资产阶级,通过物质和思想的双重批判克服资本主义造成的物化和异化状态,才能真正获得总体性立场。用卢卡奇的话来说,无产阶级是"历史进程中第一个能够(客观地)充分认识社会的主体","随着无产阶级的出现才完成了对社会现实的认识"。①

在卢卡奇看来,总体性立场的获取不是个人之私事,不能简单地通过改变自身的理论态度来实现精神领域的转向,而是交往和行为形式的总体性变革。社会历史的根本革命与总体性哲学立场的确立不但不可分割,而且本质上是同一的过程。物化、异化世界的转变需要通过无产阶级的总体革命才能发生,相应地也将伴随着无产阶级阶级意识的觉醒和发展。卢卡奇的观点与他对社会发展的理解一致,在一篇论文中,卢卡奇说明了他的观点:

> 社会发展是一个统一的过程。这就意味着,某一特定阶段的发展如果在社会生活的任何领域发生但却不影响所有其他的领域,这种发展就不能实现。通过社会发展中的这种协同性和一致性,这才可能从另一种社会现象的视角来理解并获得对该同一过程的理解。②

当然,卢卡奇不是彻底否定胡塞尔超越科学危机的努力及其积极意义,他也认为需要恢复被总体性立场,因为他也看到了总体性丧失的景象:

> 由于工作的专门化,任何整体景象都消失了。但是,由于对把握整体的需要还不会消失,所以就产生了这样的印象和责备,好像是同样按

---

① [匈]卢卡奇:《历史与阶级意识》,杜章智等译,商务印书馆,2014年,第72页。

② Georg Lukacs,The Old Culture and The New Culture. *Telos*. 1970,Vol.4,p.21.

此方式工作的科学,也就是说,是同样陷入这种直接性之中的科学,把现实的总体分割成了一些部分,由于工作的专门化而看不到整体了。①

但卢卡奇的目标不只是人之总体性立场的恢复,而是将其看作引起总体性社会历史革命的契机。因此,对卢卡奇来说,胡塞尔的纯粹哲学立场同样是需要被批判和超越的事物的一部分。如果说在胡塞尔那里,个体精神必须重新回归先验主义以消除虚假的客观性,进而实现对自然主义的客观主义的超越的话,那么在卢卡奇这里,关键在于发动资本主义生产方式的革命,而这又同时也需要重建人之精神,该过程总体上呈现为无产阶级阶级意识觉醒和政治实践活动的辩证统一。

胡塞尔与卢卡奇对现时代科学危机的关注在于他们试图寻找特定的基点,通过这一基点,人类的物化和异化状态能够得到矫正,人从外在的决定中解放出来,从而以人的现实生存为根本的社会结构能够建立。在资本主义时代,事实的客观性取代了由宗教观念操持的传统,人们借助客观科学来保障自身的生存,这样,"对于历史的意义的信念,对于人性的意义的信念,即对于人为他个人的生存和一般的人的生存获得合理意义的能力的信念,都崩溃了"②。为了克服科学危机,胡塞尔和卢卡奇采取了不同方法,对前者来说,这是纯粹哲学家的事业,而对后者来说则是伴随阶级意识觉醒的总体性社会革命。两种不同的致思方式反映了胡塞尔与卢卡奇在哲学理念的分歧、对理论与实践关系理解的根本差异,这种差异与冲突构成了现象学与早期西方马克思主义对话的空间。

五、余论:现象学马克思主义的发生问题

一般说来,"现象学马克思主义"概念肇始于美国社会批判杂志《目的》的创办人兼主编保罗·皮科在1971年发表的"现象学马克思主义"一文。③此

---

① ［匈］卢卡奇:《历史与阶级意识》,杜章智等译,商务印书馆,2014年,第174页。
② ［德］胡塞尔:《欧洲科学的危机与超越论的现象学》,王炳文译,商务印书馆,2017年,第25页。
③ Paul Piccone, Phenomenological Marxism. *Telos*, 1971, 9.

后该术语便不胫而走。沿着现象学马克思主义的发展进行思想史梳理的话,我们可以在西方马克思主义那里发现不少的线索,比较研究早期西方马克思主义代表作家与胡塞尔的现象学思想的相似与差异无疑是探究其发生问题颇具可行性的研究路径。纵观现象学马克思主义的发展史,第一代西方马克思主义代表作家在与同时代的哲学家展开对话的过程中促成了第二代西方马克思主义代表作家寻求横向思想资源来超越思想的界限,这就是"现象学马克思主义"的理论动机和历史诱因。也就是说,在对话与互补的意义上,现象学马克思主义的发生问题才能进入哲学研究的问题域当中。

　　首先,从理论来源看,"现象学马克思主义"内部各种思想互相交叉渗透,互相影响。西方马克思主义代表作家如卢卡奇,法兰克福学派的代表人物马尔库塞,法国现象学代表人物萨特与梅洛·庞蒂,东欧新马克思主义代表人物科西克等,他们或者将现象学方法运用于马克思主义研究,或者将现象学方法与马克思主义理论与实践进行内在综合,因此即便他们没有完成专门的现象学马克思主义著作,但在其广阔的学术视野中综合了现象学方法和内容。例如卢卡奇的早期著作《小说理论》和《灵魂与形式》提出的脱离时间的意义结构的本质概念包含了现象学的基本特征,而他对阶级意识的分析间接运用了悬隔和直观等基本现象学方法。从身体现象学到现象学马克思主义建构,梅洛·庞蒂借助身体和知觉概念,在存在主义的个体经验与马克思主义的社会历史之间实现合理嫁接,因此梅洛·庞蒂不是借用马克思主义一些细枝末节的观点,而是将马克思的辩证法和历史观内在地吸收到现象学理论的内部,这就是现象学马克思主义的一种典型发生机制。越南现象学马克思主义学者 Tran Duc Thao 直接地将胡塞尔现象学与辩证唯物主义做了深刻比较和综合,并提出了辩证现象学概念。①大致来说,大多数现象学马克思主义者不同程度地接受了现象学和马克思主义的双重影响,有的是从现象学进入马克思主义,有的则是借用现象学资源重构马克思主义,各种学者理解和接受现象学或马克思主义的思想动机有着显著差异,从而标示着现象学马克思主义内部差异化的思想结构。

---

① Tran Duc Thao, Marxism and Phenomenology. *Graduate Faculty Philosophy Journal.* 2009, Vol. 30, No.2.

其次,从思想倾向看,现象学马克思主义存在差异,但是在一些核心观点上具有一致性。现象学马克思主义大多强调辩证法在马克思主义的中心地位,着重分析马克思主义哲学的方法论意义,弱化马克思主义具有的革命诉求,淡化其变革社会历史现实的重要意义,于是容易片面地理解马克思主义总体性特征。现象学马克思主义一般被看作是现象学与马克思主义的联姻,这种"联姻"是西方马克思主义学者的常见思维方法。现象学马克思主义一方面体现了西方学者以自己的独特理解吸纳马克思主义的教益以突破现象学理论内在局限性的努力,另一方面体现了西方学者对马克思主义进行现象学改造的思想实验。可以说,现象学马克思主义发展了马克思主义思辨性和批判性特征,因此它越发具有纯粹的哲学味,从而更为本质地偏离了马克思主义的实践内核。

最后,从发展趋势看,现象学马克思主义学者重视的是深度挖掘马克思主义经典著作中包含的现象学内容,例如 Roslyn Bologh 通过分析马克思对资本现象、日常生活现象和语言现象的论述,直接指认马克思所运用的理论方法是一种辩证意义的现象学方法。[1] Ian H. Angus 通过比较研究胡塞尔的《欧洲科学的危机与超越论现象学》和马克思的《资本论》论证现象学马克思主义的理论基础,并且将危机、身体与世界规划为现象学马克思主义的三个基本主题。[2]事实上,如梅洛·庞蒂所说,现象学信徒除了在黑格尔和克尔凯郭尔那里,也可以在马克思、尼采和弗洛伊德那里,到处都能发现现象学。[3]近年来,除了直接将马克思主义与胡塞尔现象学进行直接的比较研究,研究者也开始分析其他现象学马克思主义者的代表著作,其中大多都集中于马尔库塞和梅洛·庞蒂等人,对萨特、科西克等人虽有涉及但不够深入,学界仍需进行更多更细致的挖掘工作,这也是现时代现象学马克思主义研究的主要路向和重点工作。

滕藤(北京大学)

---

①　Roslyn Bologh,*Dialectical Phenomenology*. Routledge,2011.

②　Ian H. Angus,*Groundwork of Phenomenological Marxism*. Lexington,2021.

③　[法]梅洛·庞蒂:《知觉现象学》,杨大春、张尧均、关群德译,商务印书馆,2021 年,第 2 页。

卢卡奇物化观的理论旨趣与实践启示

　　作为西方马克思主义的重要开创者,卢卡奇在《历史与阶级意识》中通过对资本主义社会结构的深刻分析,刻画了资本主义统治下"普遍物化"的现实图景,提出了通过唤醒无产阶级的阶级意识来消除"物化"的救赎路径,无产阶级不再作为历史的旁观者,开启了一条既不同于西方资本主义也不同于教条马克思主义的资本主义批判道路。当今世界,社会信息化数字化智能化进程不断加快,人类社会正向"数智"时代迈进,资本与网络、信息、数据、算法等"数智"要素加速耦合,成为宰制人民大众的新桎梏,人的生存面临"新物化"困境。重思卢卡奇的物化观,对于反思批判数字资本主义,超越"数智"时代新物化困境具有重要现实意义。

一、理论溯源:卢卡奇物化观的生成理路

　　任何思想理论都是所处时代的产物。卢卡奇在《历史与阶级意识》1967年新版序言中曾提到自己在早期学习生涯中研究《资本论》受到了"社会学家"马克思的启发,借鉴了西美尔、韦伯的方法论,同时受到黑格尔的影响。国内学者基本上都是沿着上述思路去理解卢卡奇物化观的渊源, 只是在理论来源的具体细节与分析深度上存在一定差异, 如有的学者认为青年卢卡奇物化观有一个丰厚的多重背景线索,是一种奇特的理论逻辑混合[①];有的则深入纯粹意识中主体生成的视角,探讨了卢卡奇物化观多重来源,认为其

---

　　① 张一兵:《文本的深度耕犁:西方马克思主义经典文本解读》(第1卷),中国人民大学出版社,2004年,第4页。

首要鲜明的是深受狄尔泰和西美尔生命文化哲学的影响所带有的一种文化批判特质[1]；也有学者提出，应立足卢卡奇相关文本去解读卢卡奇物化观来源，关注其思想转换的环节，即现代主义艺术、两个宗教的世界之间的对立和马克思主义的辩证法对物化观的影响。[2]国外学者在考察物化观来源方面，有的学者侧重从物化的词源意义考证、[3]有的从卢卡奇理论整体性的环节出发，把物化观放置于卢卡奇的社会辩证理论中进行论证，并重申了其理论的马克思主义源头、黑格尔《精神现象学》的影响，以及韦伯式理性观社会学分析带来的效应[4]，有的学者从新康德主义和新黑格尔主义的混合角度谈论了西美尔社会学人本主义倾向对卢卡奇的深刻影响，深刻改变了卢卡奇对资本主义条件下人的存在方式的认识。[5]总的来看，对卢卡奇物化观生成的理解和阐释，必须尊重文本原则和理论创立者自身理论探索的独特理路。

（一）奠基与赓续：对马克思商品拜物教理论的继承发展

卢卡奇的物化观与马克思的商品拜物教理论具有同构性。这种同构性，是基于对资本主义社会中人同商品生产高度依赖的相关联性进行论述的。马克思在《资本论》中对商品和货币的分析，揭示了"货币拜物教的谜就是商品拜物教的谜"[6]，而这个"谜"就是资产阶级掌控者对资本主义社会生产过程所要极力掩饰剥削工人们的现实状况，本质上就是"使工人处于和他自己劳动的实现条件完全无关、相外化和相异化的状况"[7]，进而为资本主义"合理"统治进行虚伪辩护。正是在这一过程中，工人阶级被剥夺了"人"的属性，

---

① 衣俊卿主编、周凡执行主编：《新马克思主义评论》，中央编译出版社，2012年，第6~12页。

② 陈学明等：《20世纪西方马克思主义哲学》，人民出版社，2012年，第103页。

③ ［美］汉纳·F.皮特金：《物化的再思考》，载于衣俊卿主编、周凡执行主编：《新马克思主义评论》，中央编译出版社，2012年，第90~122页。

④ ［美］安德鲁·阿拉托：《卢卡奇的物化观》，载于衣俊卿主编、周凡执行主编：《新马克思主义评论》，中央编译出版社，2012年，第30~89页。

⑤ ［西德］R·施泰格瓦尔德：《卢卡奇和生命哲学》，载于冯章主编：《国外马克思主义研究》（Ⅱ），中央编译出版社，2015年，第111~152页。

⑥ 《马克思恩格斯文集》（第5卷），人民出版社，2009年，第113页。

⑦ 《马克思恩格斯全集》（第25卷），人民出版社，1974年，第100页。

成为与商品同位阶的存在,被异化为资本生产过程中"活"的工具。同时,马克思进一步分析了异化产生的两种情况。第一,资本原始积累时期的异化。商品归属于不同的所有者,且所有者之间必须是相互依赖的:一方面是货币、生产资料和生活资料的所有者;另一方面是自由劳动者,由于他们脱离生产资料而获得了形式上的自由。正是这种情况造成商品生产两极分化。因此,资本关系就是以劳动者和劳动条件的所有权之间的分离为依据的。资本主义生产一旦站住脚,它不仅把这种分离保持下去,而且以不断扩大的规模再生产这种分离。第二,资本生产过程中的异化。资本主义是以扩大再生产的规模追求剩余价值为目的。在资本主义生产条件下,无论是劳动资料或生活资料都不隶属于工人且同工人相对立。由此可知,消灭"异化"需要满足两个条件:第一,在高度发展的生产力下,占人类大多数的无产阶级与占有生产资料的资产阶级相对立。第二,以生产力的普遍发展为前提,建立人们普遍的交往。这样马克思就把异化的主体从抽象天国中拉到了资产阶级社会中的现实个人。

卢卡奇正是在马克思的商品拜物教理论基础上实现了物化观的建构。卢卡奇从马克思所揭示的商品拜物教这一物化现象出发,结合资本主义社会发展的现实,揭示了这种物化现象本质上是一种商品结构,湮没了人的现实的存在。人的存在必须通过商品呈现出来,离开商品奢谈人成为一种美丽的谎言。因为这种基于商品结构的物化现象是现代资本主义的特有问题。人在商品中变为被商品支配的非自主、非自由的另一类可以交换的商品或者说是一种"物",这个"物"以出卖劳动为生。可是人们在这种关系中却"越难于看清这层物化的面纱"①,这层面纱的虚幻是资本主义物化后商品景观构筑的,它制约着人们的主观与客观的视野,人们不能获得片刻的自由与闲暇,相反的是必须依赖商品、依赖物化来确证自己的存在。正是商品拜物教取代了资本主义的传统信仰,导致资本主义在19世纪末20世纪初不断鼓吹技术至上,资本主义社会生活发生了巨大变化。卢卡奇正是体察到资本主义社会的新变化,才在马克思拜物教基础上提出了物化概念,这一概念与马克思《1844年经济学与哲学手稿》中的"异化"概念不谋而合。

---

① ［匈］卢卡奇:《历史与阶级意识》,杜章智等译,商务印书馆,2009年,第151页。

（二）引借与超越：对马克斯·韦伯"工具合理化"思想的批判扬弃

卢卡奇也受到了马克斯·韦伯"工具合理化"思想的影响。韦伯的"工具合理化"思想是在论述建构资本主义意识形态整体框架的基础上发生的，他的合理性思想和法理性社会机制成为资产阶级主流学术公认的基础。韦伯在其著作中区分了马克思所说的产生于资本主义经济发展中的"对象化"和"异化"，但与马克思不同的是，他从价值中立出发来审视对象化的形式合理性，将主体的目的合理性祛除了，当然这种中立本身就带有价值色彩的观点。实际上，只有目的合理性才会关注人，而形式合理性是工具理性，只关注生产和社会本身的客观进程。在这个过程中，人的主体性是有害的、无足轻重的，应该被加以量化和计算，这恰恰也是工业社会的内在要求。

虽然韦伯通过合理化理论对西方资本主义社会的起源做了探讨，但是并没有将资本主义社会的发展看成是一个动态的过程。在韦伯看来，资本主义社会就是"合理化"和"机械化"的增长过程。卢卡奇在韦伯的基础上推进了社会批判理论的逻辑深度，在生产技术层面开创了一种对工具理性（科学技术）的资本主义文明的批判。因此，卢卡奇是从马克思对资本主义社会中商品结构的分析出发来探讨物化现象的存在。韦伯虽然也对资本主义社会中存在的物化现象做出了批判，但并没有从无产阶级的立场出发，"合理性"并不能解决"物化"所带来的问题。马克思总是从历史事实，从现实发展的客观规律出发引申出价值问题，批判的重点则在于资产阶级对无产阶级的压迫奴役和经济上的无限度榨取，而这一切是从生产的客观实际实践出发的。卢卡奇指出，正确认识物化现象是消灭物化的前提。无产阶级作为被物化的对象，只有认识到自己的生存困境，才能通过自身的实践活动突破困境。当无产阶级的意识符合发展的过程的客观要求时，就会上升为发展过程的客观意识，无产阶级的实践活动才能实现。

（三）孕育与成熟：从狄尔泰、西美尔等"生命哲学"思想中脱胎升华

卢卡奇早年在文学和艺术理论方面贡献极大，这与他在海德堡和弗莱堡学习期间受到狄尔泰和西美尔的"生命哲学"、李凯尔特的新康德主义哲学以及曼海姆意识形态问题的影响密不可分的。这种理论经历使得卢卡奇的物化观呈现出一种对人类文化命运的深切关怀和对资本主义商品结构中人的处境的深切同情，成为卢卡奇物化观的显著标识。在卢卡奇看来，资本主义的生存与文化的各种形式在19世纪已经是最后的形式了，正在经历着危机与巨变，而这些文化形式的解体可以说是受到世界革命进程的深刻影响。这样的巨大社会革命带来的现实的变革必然造就新型的人的形成。在苏俄表现为苏维埃新人的出现，那么在欧洲呢？现实必然是扬弃已经解体的资本主义旧文化，而应该更多关注人的存在，毕竟卢卡奇在那个时代正值经历着资本主义总危机。资本主义总危机的复杂性造成社会思潮纷繁复杂，机会主义、修正主义、新康德主义、新黑格尔主义等在那个时代都表现出一定的势头。但是由于卢卡奇在现实生活中与新康德主义接触较多，受其影响也就不言自明。

20世纪初新康德主义的代表人物是西美尔。西美尔致力于要为"唯物史观"提供来自心理动机的方面的补充，以此丰富唯物史观的基础，扩大唯物史观被第二国家经济决定论所掩盖的现实。在西美尔看来，人们自身拥有一定的爱好、兴趣，包括心理动机，这些也会发生一定的社会关系，当然这些因素对于西美尔而言是一种抽象的学说，并不能有效解决唯物史观的时代发展问题，反而把唯物史观唯心主义化。但是由此而引发的关于唯物史观的方法论的讨论影响到了卢卡奇。由此卢卡奇深刻讨论了辩证法的主体向度，揭示了人在主体方面如何面对资本主义所谓的"科学"的入侵造成的物化问题。对于此问题的解决，卢卡奇求助于生命哲学，他用生命哲学的方式，用他独特的审美兴趣去想象世界，并把艺术家作为其哲学的主体，但是现实的政治斗争又迫使卢卡奇必须追赶上革命的步伐，革命是对生命的一种超越，也是重建新文化的契机，所以必须借助无产阶级意识觉醒去开创一种与社会

主义相适应的文化。在卢卡奇的这种文化关怀中充满着对资产阶级意识形态的不彻底性,显示了卢卡奇对心灵深处文化家园的复杂情怀。无论怎样,卢卡奇物化观所体现的独特的文化哲学关怀倾向表明了物化观其内在的文化逻辑,这种文化可能性,是人们致力于自身解放所不可缺少的滋养因素,可以说狄尔泰、西美尔等所孕育发展的生命哲学是卢卡奇物化观升华为文化哲学关怀的催化剂。

二、核心旨趣:卢卡奇物化观的图景刻画

卢卡奇是通过揭示资本主义商品结构之谜表现出物化现象,进一步来叙说其物化观的,因此理解卢卡奇的物化观,必须把握卢卡奇物化观在不同领域的不同表现,呈现资本主义商品结构一体化对人的统治和奴役。

(一)经济活动中人被"计算化"

如何摆正抽象劳动在现代资本主义社会中的地位,成为卢卡奇物化观要解决的一个决定性的问题。在安德鲁·阿拉托看来,"卢卡奇遵循马克思对拜物教的论述,竭力主张是物化引发了社会性'事物'的第二自然——这种第二自然似乎、并且是否定社会世界的历史性"①。卢卡奇何以要强调"第二自然",很显然同资本主义所造成的二元分立的哲学观念有一定的联系,这种联系被庸俗的历史唯物主义者进行了阐释,而把社会与自然简单地同化,造成社会历史自然化的观点,这就在一定程度上损害了对商品所体现的生产关系的认识。因为资本主义的劳动关系就是为了掩盖抽象劳动创造价值的事实。对"第二自然"的揭示,是为了更深刻地揭开资产阶级政治经济学家们所创造的一种"幻觉",这种幻觉得益于人在经济活动中被计算化。人一旦被嵌入资本主义工业化生产过程,就成了生产过程计算合理化的一个部件,

① [美]安德鲁·阿拉托:《卢卡奇的物化观》,载于衣俊卿主编、周凡执行主编:《新马克思主义评论》,中央编译出版社,2012 年,第 30~31 页。

卢卡奇说："社会必要劳动时间,即合理计算的基础,最初是作为仅仅经验上可把握的、平均的劳动实践,后来是由于劳动过程的机械化和合理化越来越加强而作为可以按客观计算的劳动定额(它以现成的和独立的客观性同工人相对立)。"①也就是说,在资本主义现代劳动中,一系列的劳动管理体制造就的是人被合理化的"计算",人不可能获得自主的劳动愉快,而只能被硬拉到劳动中进行生产,为资本主义生产创造超额利润。

人在经济活动中被计算化,工人也就"失去自己的主动性,变成一种直观的态度,从而越来越失去意志"②,从而也就验证了法国大革命时期曾流行的一种哲学观念——"人是机器"。正是工人在被计算化中,一种物化现象的"第二自然"造就的幻觉不断侵入资本主义经济活动的世界,而制造了劳动过程中一系列的虚假机制。在卢卡奇看来,泰勒制剥夺与消灭了工人的个人特质,每一名工人也不过是零散的机器碎片,他们只能接受被安排的命运。而这样的命运也象征着人类的普遍命运。在人类普遍被计算化的经济活动中,人被标签化,而能够被标签化的只能是资本主义的遍及世界的商品,商品泛化必然撕裂人性,使得人们要确证自己的存在,就离不开标签式的商品。所以,人在高度组织化、合理化的资本主义社会中,人所从事的经济活动本质上是被计算化的,它一次次地拉开了人与人交往的距离。

(二)社会交往中人的"客体化"

首先,从现实的世界来看,经济活动是人类从事生产不可或缺的。然而无数的历史事实告诉我们,要深刻认识卢卡奇从经济层面到总体社会层面的物化问题,就必须涉及人在社会交往中的实际问题。对此卢卡奇写道:"要使资本主义生产完全产生效果的前提成为现实,这种变化过程就必须遍及社会生活的所有表现形式。"③其中最重要的形式就是资本主义上层建筑在意识形态领域中大力推广的社会科学说教,促使人在社会交往中逐步趋向

---

① [匈]卢卡奇:《历史与阶级意识》,杜章智等译,商务印书馆,2009年,第154页。
② [匈]卢卡奇:《历史与阶级意识》,杜章智等译,商务印书馆,2009年,第156页。
③ [匈]卢卡奇:《历史与阶级意识》,杜章智等译,商务印书馆,2009年,第163页。

被客体化。

其次,人在社会交往中被客体化,离不开资本主义合理化,也就是韦伯所说的"工具合理化"问题。与其说现代资本主义的统治是资本的统治,不如说是建立在资本基础上的现代官僚的统治。马克斯·韦伯曾探讨了现代资本主义起源与新教伦理的关系,从而为我们认识资本主义发展提供了一个别样的视角,而这样一个视角深刻影响到卢卡奇,从而扩展了向社会交往深度的挖掘与探析,在他看来,"法律、国家、管理等等形式上的合理化,在客观上和实际上意味着把所有的社会职能类似地分成它的各个组成部分, 意味着类似地寻找这些准确相互分离开的局部系统合理的和正式的规律"①,这些正体现了社会交往得以进行的相关机制,它们成为固化人的有利工具,人受其奴役而逐渐被客体化。

最后, 人的自我客体化, 是与人在社会交往中被商品掩饰社会而造成的。人的自我客体化与人在社会交往中被客体化是同步发生的两种不同的客体化状态。资本主义制造合理的客体化去掩盖"直接物性",而把现代资本主义的全权统治发挥到淋漓尽致。似乎工人们正被"科学的铁的规律"的物化统治,而不能有任何的争取合理权利的反抗。然而这种过度的人的自我客体化也出现了不可避免的危机,因为现代资产阶级越来越难以去解决自我客体化造成的物化症候,即资产阶级的现代科学回避整体上研究社会存在的问题,而只局限于对局部特殊规律进行系统性的封闭处理,而无法真正把握具体的、现实的社会交往中的问题。

(三)人的主观意识的"普遍物化"

人在经济活动中被计算化,人在社会交往中被客体化,都不过是物化表现在现实客观层面的表现, 而物化最深刻的表现则体现在人的主观意识被普遍物化。当然,卢卡奇更多的是以非理性主义的学说去解读人的主观意识被普遍物化,因为这种解读很好地体现了人的主观意识被普遍物化是资本

---

① ［匈］卢卡奇:《历史与阶级意识》,杜章智等译,商务印书馆,2009 年,第 167 页。

主义意识形态取得统领地位的一个重要标志。①对资本主义新发展过程中物化结构对人的意识的影响,卢卡奇认为"物化结构越来越深入地、注定地、决定性地侵入人的意识里"②,这无疑是卢卡奇公开晓喻,以警醒世人资本主义已经走出了早期资本主义的经济统治形式,而迈向了与日常生活息息相关的精神统治形式。正是工人意识物化,人类的心灵、人类的伦理等也在发生翻天覆地的变化,物化意识结构的问题越来越成为工人命运与人类命运的现实写照。"世界的这种表面上的彻底的合理化,渗进了人的肉体和心灵的最深处"③,因为它已经映照在日常生活的领域,即使工人们心不在焉,去做一个"有闲阶级"依然不能逃避被奴役与统治的命运。整个社会结构都普遍物化,人们在物化造就的割裂的"资本主义社会整体"中感受被撕裂的日常生活。

在卢卡奇所处的时代,资产阶级的思想也已经无法去追求统一,相反是必须要忍受二元分裂的物化意识。资产阶级在资本主义文化的内容上再也提供不了任何新的养料,只能不断变旧的思想形式为新形式,继而维持摇摇欲坠的思想统治,实现对工人阶级的控制。这种思想的控制与束缚使得工人们只能咀嚼资产阶级赏玩的衍生物。被普遍物化后的人的主体意识可以说遭受了巨大的创伤,它支配了人的生存结构。技术官僚、资产阶级辩护士、工人阶级贵族等都成为物化普遍化默然从之的拥护者,这些技术知识型的主体不断去破坏工人们团结,但是这也为无产阶级意识的渐次觉醒提供了契机,如何利用与觉醒主体意识,就成为无产阶级克服物化意识带来的消极影响的一大命题。

三、实践启示:"数智"时代的"新物化"审思

卢卡奇所揭示的资本主义"普遍物化"图景在当今现实世界不仅仍然普遍存在,而且日益演变成为更系统、更精细、更难挣脱的桎梏。随着社会信息

①　[苏]奥伊泽尔曼:《作为帝国主义时代资产阶级哲学批判者的卢卡奇·捷尔吉》,载于冯章主编:《国外马克思主义研究》(Ⅱ),中央编译出版社,2015年,第167~177页。

②　[匈]卢卡奇:《历史与阶级意识》,杜章智等译,商务印书馆,2009年,第161页。

③　[匈]卢卡奇:《历史与阶级意识》,杜章智等译,商务印书馆,2009年,第170页。

化、数字化、智能化进程不断加快,时间与空间、虚拟与现实、自然与社会的边界正在逐渐消失,人类社会正向"数智"时代迈进,资本与网络、信息、数据、算法等要素加速耦合,开始更系统更全面地宰制人的一切,西方资本主义社会已经步入数字资本主义新阶段。在数字资本主义新阶段,生产实践和社会交往实践在资本的控制下变得更加精确化可计算化,一切社会关系加速数据化算法化,人的精神创造活动面临人工智能替代危机,遭遇沦为人的客体的风险,资本和科技联手编制的牢笼正酝酿着"新物化"危机。卢卡奇的物化观,不仅为"数智"时代分析和认识数字资本主义的"新物化"现象及其本质提供了"批判的武器",也为"数智"时代建设中国特色社会主义现代化强国、旨归人的全面发展和社会全面进步具有重要启示意义。

(一)警惕"数智化"消费中的物化"陷阱"

改革开放以来,随着社会主义市场经济的发展,我国取得了经济快速发展和社会长期稳定"两大奇迹",但在经济体制和市场运行机制发挥实际作用的过程中,人们对可支配收入的态度及其所追求的商品的价值取向发生了一定程度的偏转,"数智化"消费打破了传统的货币消费方式,也消解了人在传统消费中的焦虑感和负罪感,人的消费欲望被无限地激发出来,模糊了人对于现实世界中消费与支付的时空边界,将未来的支付能力拿到当下进行兑现,丧失了对生活不可控风险的自我掌控。超前消费成为一种潮流,借助数字化平台的便捷性和即时性,在超出个人收入能力的情况下将未来收入提前支出,以便使个人在脆弱的经济状态之下通过对物质的拥有而获取短暂的满足感,已成为马克思曾着力批判的"商品拜物教"的新表现形式。这种被纸醉金迷的物质世界所装饰的消费主义本质上破坏了生产的目的,不仅忽视了物质的生产和消费环节,最终应该应用于满足人民群众的生产、生活需要,还使人陷入毫无防备意识的消费陷阱之中,人们为了购买而购买、为了攀比和炫耀而购买,忽视了商品作为消费对象对社会主体的人的满足程度,导致物质已经在人类生活世界拥有主导权,在一定程度上引发人类生活秩序的混乱和错位。在以超前消费和快消费为主要特征的"数智化"消费浪潮中,人们表面上是被物欲所绑架,实质上是陷入了资本的"物化陷阱"。

　　"理念引领行动,方向决定出路"①,避开"数智化"消费中的"物化"陷阱是破除"消费迷思"之关键。首先,必须正确看待需求和消费,形成理性消费观。生产本身,就它的整个结构来说,是为了使用价值,而不是为了交换价值,因此在这里,只有当使用价值超过消费需要量时,它才不再是使用价值而变成交换手段,变成商品。②马克思说:"私有财产不仅使人的个性异化,而且也使物的个性异化。"③正确认知自身的物质需求和消费行为是形成理性消费观的必要前提。应当提升全社会的消费教育水平,形成以政府为主导、以家庭为主体、以高校和社会团体为主要推动力的培育和监督机制,更广泛更深刻地从多角度引导全体公民消费观念和消费行为的变化,不断深化广大人民对生存需求、发展需求、享受需求与各类消费观念的认识,以推动消费需求结构变革为重点,以适时、适度为核心消费理念,积极构建倡导理性消费的良好社会环境,为杜绝非理性消费观念的传播提供必要的社会条件。其次,必须处理好人与自然的关系,形成绿色消费观。在中央政治局第四十一次集体学习中,习近平将倡导和推广绿色消费作为形成绿色发展方式和生活方式的一个重要抓手,指出:"人因自然而生,人与自然是一种共生关系,对自然的伤害最终会伤及人类自身。"④应当加快推动绿色消费相关法律法规的完善,明确界定绿色消费的现实意义和价值指向,明确政府及其他相关管理部门的职责权限,推动构建符合社会主义市场经济发展方向的绿色消费体制,以同时满足经济发展需要、生态需要为着力点,增强绿色产品供给,通过改变消费心理和消费道德促使群众形成可持续消费理念。重构消费自由必须遵循一定的限度,在绿色发展方式和生活方式的正确引导下,逐渐在消费领域形成生态消费理念,构筑绿色消费文化,形成人与自然同命运共呼吸的文化思维,实现人与自然可持续和谐发展。

---

① 《习近平谈治国理政》(第二卷),外文出版社,2017 年,第 539 页。

② [匈]卢卡奇:《历史与阶级意识》,杜章智等译,商务印书馆,2009 年,第 150 页。

③ [匈]卢卡奇:《历史与阶级意识》,杜章智等译,商务印书馆,2009 年,第 160 页。

④ 《推动形成绿色发展方式和生活方式　为人民群众创造良好生产生活环境》,《人民日报》,2017 年 5 月 28 日。

(二)避免"数智化"语境下人的存在碎片化

自我意识是人类特有的反映形式，是人的心理区别于动物心理的重要特征，也是人确证自我存在的首要前提。而在整个社会"数智化"推进过程中，人的自我意识的呈现由理性评判转向为一串串数字的组合，人的整体性不再接受哲学的审思，取而代之是冰冷的数值总和，由绝对数值来完成对人的各阶段、各层面的确证，人社会属性的存在也就被具体的数值所量化，人确证自我存在的过程变成了成了数字运算，自我存在的整体性也被肢解为碎片化数值。这一"数智化"过程本质上是一种物化的数字呈现，不仅抹杀了人作为社会主体的创造力，还扭曲了人与外部世界的辩证关系，对人的理想信念造成冲击。人们接受的信息受到机器应用算法的掌控，自媒体的爆发式发展导致人们的视野和思维存在碎片化趋势，成为新时代加剧人的物化、丧失自我意识的重要潜在因素。人作为行为的主体，本应是主动获取信息的主体，主动地借助网络和媒介认识世界和改造世界，却在"数智化"过程的运行中成为被动接受的对象，被固化在了既有的"数字"运算中，成为科技产品的附庸，丧失了突破自我和创造的可能，成了资本和技术的奴仆。

"思想、观念、意识的生产最初是直接与人们的物质活动，与人们的物质交往，与现实生活的语言交织在一起的。"①避免"数智化"语境下人的存在碎片化，一方面要充分利用高科技的自身优势、整合多种新媒体平台，破除信息传播途径的单一性、信息传播内容的滞后性及信息传播效果的不对等性，推动实现科学技术与文明创建实践之间的良性互动，使物质恢复其工具性本质，而不是成为左右人一切实践过程和结果的主宰；另一方面应当以大力推进社会主义精神文明建设为重点，以中华优秀传统文化、革命文化和社会主义先进文化为丰厚滋养，努力提升全社会的道德文化水平，培育和践行社会主义核心价值观，尤其是要充分发挥各级领导干部的引导示范作用，以自律自觉的状态和高尚的精神境界率先垂范，促使广大人民群众摆正态度立场，重新唤起对理想信念的追求和人自我意识的复归。人自己的活动，人自

① 《马克思恩格斯选集》(第一卷)，人民出版社，2002 年，第 151 页。

己的劳动,作为某种客观的东西,某种不依赖于人的东西,某种通过异于人的自律性来控制人的东西,同人相对立。①正因为在这些形式中,在直接商品关系中隐藏的人民相互之间及人们同满足自己现实需要的真正客体之间的关系逐渐消失得无法觉察和无法辨认了,所以这些关系必然成为物化意识的社会存在的真正代表。②

(三)消解"数智边缘人"困境

信息科学技术的进步,推动了人的"数智化"存在形式的同时,也抛弃了数智化的"边缘人"。人的"数智化"存在并不是天然就有的,而是需要一定代价的,包括一定的学习适应能力、支付能力等,如果不能够付出这些代价,就成为"数智边缘人",如无法支付智能手机和网络费用的山区的孩童、无法使用二维码等现代技术的老人,等等。他们好像被看不见的海浪围剿在一座岛上,面对"数智化"的过程毫无应对能力,最后成为"数智边缘人"。消解人的"数智化"存在造成的"数智边缘人"困境,要坚持以人为本,尊重和发扬人的价值,为促进和谐社会建设提供人力支撑。在这一过程中,我们要特别珍视人的价值存在,"带领人民创造幸福生活,是我们党始终不渝的奋斗目标。我们要顺应人民群众对美好生活的向往,坚持以人民为中心的发展思想"③。只有这种以人民为中心的情怀,这种发自内心深处的深厚的文化关切才能唤醒对人民的尊重,而这无疑是现阶段将人从"数智化"中解放的最伟大的实践。因此就必须凸显人作为文化主体和历史创造者的重要性,要将社会主义关于人的自由全面发展的本质要求与"数智化"进程中人的现实需求有机结合起来,让"数智化"为人服务,而不是人服从于"数智化",使社会治理在现代技术的支撑下向着更人性化的方向发展。

张文娟(中国消防救援学院)

---

① ［匈］卢卡奇:《历史与阶级意识》,杜章智等译,商务印书馆,2009 年,第 152 页。

② ［匈］卢卡奇:《历史与阶级意识》,杜章智等译,商务印书馆,2009,第 161 页。

③ 《习近平谈治国理政》(第二卷),外文出版社,2017 年,第 40 页。

转换和超越：卢卡奇从历史本体论走向社会存在本体论

——兼论卢卡奇对马克思历史唯物主义理论传统的恢复

　　青年卢卡奇和晚年卢卡奇在理论上有一定程度的分野，这鲜明地体现为他在本体论问题上从历史本体论走向了社会存在本体论。在《历史与阶级意识》中，卢卡奇把马克思主义归结为一种方法论、认识论，他批判了新康德主义对马克思主义的侵蚀及康德和黑格尔在理论上所面临的主观与客观、思维与存在的二元分离，提出以"历史"作为本体揭示事实之间的历史联系与事物的变化发展，并确立了历史本体论。在《关于社会存在的本体论》中，卢卡奇将社会存在视为一切社会物质关系和精神关系的总和，赋予了存在以鲜明的历史性特征，以劳动作为社会存在的核心，构建了马克思主义哲学真正的本体论—社会存在本体论。本文首先梳理了历史本体论形成的原因，分析了历史本体论的理论贡献和理论缺陷；其次，详细阐明了卢卡奇从历史本体论转向社会存在本体论的原因；最后，在阐述社会存在本体论内容的基础上，分析了社会存在本体论超越历史本体论的具体表现，并重点交代了卢卡奇通过确立社会存在本体论，对马克思历史唯物主义理论传统的恢复。

一、"历史本体论"的形成及其理论评析

　　在《历史与阶级意识》中，卢卡奇将马克思主义哲学归结为一种认识论、方法论，侧重于从"方法"的层面为马克思主义哲学的"正统性"正名。或者说，当马克思主义哲学面临新康德主义侵蚀的时候，卢卡奇力图通过本体论

的塑造与此针锋相对，这种本体论在《历史与阶级意识》中表现为历史本体论。

历史本体论的塑造是卢卡奇对康德、黑格尔哲学的批判性反思。康德哲学面临的最大弊病在于形式与内容的对立。在形式上，康德赋予了理性范畴以普遍的认识功能，即任何东西都可以被先天形式所把握；在内容上，"自在之物"却具有排他性，致使理性无法对其进行把握。简言之，主体的理性无法触及彼岸的"自在之物"。针对此问题，康德给予了解决之道，他提出了"实践理性"，具体地说，即期望个体在伦理实践中通过道德自律达到主体与自身的统一。但道德自律也只是给个体带来心灵上的安宁，主体与客体、形式与内容本身的矛盾并没有得到解决。当康德深陷主体与客体二元分裂的时候，黑格尔用"绝对精神"推动着主客体在历史中的运动。绝对精神为了实现自己，外化出自然界、人类社会，之后对其扬弃并最终回到自身，以达到绝对的自由。在这个辩证运动过程中，异化充当着逻辑中介，满足了"绝对精神"从分离走向复归，也见证了主客体的真正同一。事实上，黑格尔的理论也并没有超出意识的范围，他所达到的是"主观自然与客观自然、主观精神与客观精神、客观精神与绝对知识仅仅在思想领域中达成的和解"①。康德与黑格尔都未能实现主客体的真正同一，卢卡奇认为其原因可归结为二人都未能以"历史"为本体，"仍然禁锢在思维和存在、形式和内容的两重性中"②。基于抽象的形而上学给康德和黑格尔带来的是将"事实"作为出发点，而并没有将事物的发展变化即"历史"作为出发点，这样就难以实现主体与客体在真正现实历史中的同一。

历史本体论的塑造是卢卡奇对第二国际等对马克思哲学思想歪曲解读的回答。众所周知，马克思的资本主义批判理论是一种内含社会革命与人类解放的历史性的学说。这一理论不仅向我们论证了无产阶级革命的实践合法性，也给我们提供了一种批判资本主义的独特方法论。但在马克思恩格斯逝世之后，受实证主义思潮及社会达尔文主义的影响，以考茨基为代表的第二国际的理论家对马克思的哲学思想进行了科学主义和实证主义的解读。

---

① ［德］哈贝马斯：《现代性的哲学话语》，曹卫东等译，译林出版社，2004年，第62页。

② ［匈］卢卡奇：《历史与阶级意识》，杜章智等译，商务印书馆，2014年，第69页。

具体地讲,考茨基认为马克思主义是一种"经验科学",唯物史观是基于大量历史事件的经验研究而推导出历史规律的一种方法;普列汉诺夫认为历史唯物主义是自然唯物主义在历史领域的拓展;拉法格用经济唯物主义去阐释马克思的唯物史观。上述理论家的共同点在于,他们都是从实证主义的角度去解读马克思的唯物史观,马克思主义本身所具有的革命性与批判性在此消失殆尽。此外,他们坚信一种社会达尔文主义,这表现为他们坚信资本主义最终面临崩溃的历史必然性,为此,他们甚至采用数学理论、经济学理论对其进行论证;在清醒地认为资本主义的危机不可避免之后,他们在革命策略上选择了消极地等待。以上思想均反映出第二国际理论家已经严重背离了马克思主义。卢卡奇显然与之不同,在《历史与阶级意识》中,他提出了历史概念并塑造了"历史本体论"。其一,他认为马克思主义的正统性必须从马克思主义本身来寻找,马克思主义的实质就是它的辩证法,第二国际强调纯粹事实、背离总体性的科学主义割裂了事实和现实的内在联系,否认了事实的历史性质。其二,社会历史的发展离不开一切能动因素和创造性因素的交织,尤其是主体人的实践活动,第二国际的理论家把社会历史看作是纯粹自然规律,否定了社会发展过程中能动因素的作用包括主体的作用。

历史本体论的塑造使得"总体性""物化""阶级意识"等概念有了坚实的理论基石。《历史与阶级意识》这部著作中曾经出现了较多范畴,学界对于究竟哪一范畴在其中起统率与基础性作用存在不同看法。但有一点是明确的,即历史概念在其中始终占据着重要的位置,也正如卢卡奇在序言中所说:"我们在这里的基本前提是相信,在马克思的理论和方法中,认识社会和历史的正确方法已经最终被发现了。这个方法在其最内在的本质上是历史的。所以不言自明,它必须被经常运用于自身,而这就是这些论文的焦点之一。"①卢卡奇不仅注重采用历史观的方法认识各种现象与问题,还基于对"总体性""物化""阶级意识"等范畴的探讨来突出历史概念的重要性。其一,总体性其实就是社会历史的总体性。卢卡奇在谈论整体与部分的关联、主体与客体的相互作用时,所立足的是社会历史的整体和过程,他对于总体性的分析与阐释也总是以社会历史领域中的各种具体现象为参照。不仅如此,他以总

---

① [匈]卢卡奇:《历史与阶级意识》,杜章智等译,商务印书馆,2014年,第42页。

体性的缺失表达了资本主义社会存在的暂时性，以总体性的实现表述真正理想的社会历史形态所具有的特征。简言之，从总体性范畴出发，可以更好地把握社会历史的发展趋向。其二，在卢卡奇那里，物化的出现意味着与真正历史的背离，物化使得工人与自己生产的产品相分离并受其制约；在资本主义生产体系之下，工人失去主体性成为某一生产链条上的一个原子；物化意识深入工人的内心，使得工人只能成为社会历史的旁观者。卢卡奇对于物化的具体阐述意在揭示产生异化的根源，找到克服异化的途径并最终重新占有历史。历史这一概念使异化有了前提。其三，卢卡奇强调无产阶级阶级意识的重要性，这源自阶级意识的成熟度影响着某一阶级对于社会历史总体的把握程度。封建时期的阶级意识在事实上是一种等级意识，源于这一时期的人只能认识到被等级意识掩盖下的阶级意识。资本主义时期的阶级意识以资产阶级的阶级利益为根本，它是对资本主义永恒性的认识。上述两个阶级的阶级意识都无法把握社会历史，而无产阶级致力于探求理想的、新的社会形态，这与社会历史的发展趋向具有一致性，因而无产阶级对于阶级意识的掌握便是对社会历史发展趋向的把握。可以说，阶级意识这一范畴需要通过历史概念才能得以说明。

在《历史与阶级意识》中，通过对历史本体论的塑造，卢卡奇在黑格尔与费尔巴哈历史观的基础上发展了马克思的哲学。马克思把对历史的理解与辩证法联系在一起，使哲学回归社会历史，卢卡奇也揭示了历史是人自身活动的产物。首先，他将历史看作一个总体，强调整体对于个别事实的决定作用。其次，他认为历史是一个辩证生成的过程，其意在与资产阶级理论家、第二国际庸俗马克思主义者完全划清界限。最后，他指出历史是主客体的统一体，既阐明了历史是主体的人的能动的创造性活动的产物，又肯定了历史在实践过程中的客观性。然而历史本体论思想的形成处于卢卡奇从黑格尔哲学向马克思主义哲学的过渡时期，其思想难免带有一些资产阶级思想家的痕迹。这一特点鲜明地体现为卢卡奇对"物化"与"异化"概念的混淆，由于他未能正确区分这二者，导致他将异化普遍化，这一理解在后来被过分解读，使得马克思主义人道主义化。此外，卢卡奇的历史本体论思想在辩证法与实践观上存在两个缺陷。在辩证法上的缺陷表现为卢卡奇将辩证法仅仅局限在社会历史领域，排斥自然辩证法。他指出："我指的是将马克思主义仅仅看作是一种关于社会的理论、社会的科学,因而忽视或者否认它同时也是一种关于自然的理论的倾向。"①卢卡奇把自然当作社会的范畴,为了克服庸俗马克思主义者对马克思主义的错误理解,他否认辩证法对自然规律的概括,也否认了在自然领域应用辩证法的可能性。不仅如此,卢卡奇将自然本身视为一种社会范畴,强调不存在什么单纯的自然辩证法,然而不承认自然辩证法也就不能深刻地说明历史辩证法。在实践观上的缺陷表现为他并没有全面地论述实践范畴,也并没有专门论述过实践的内涵。当恩格斯把实验与工业也视为实践的时候,卢卡奇对此观点给予了批评。这说明卢卡奇在此时并没有真正抓住实践的本质,也没有对实践有全面正确的认识。上述的两个缺陷反映出卢卡奇思想中黑格尔元素的残留,同时,这也预示着他在《关于社会存在的本体论》中社会存在本体论思想的形成。

二、从"历史本体论"到"社会存在本体论"的转换

卢卡奇在晚年提出了"社会存在本体论",这是对青年时期"历史本体论"思想局限性的突破,也是他对马克思主义哲学理论根基的进一步探索。对于卢卡奇本体论转向问题的探讨,应着重把握其完成这一转向的原因。卢卡奇从"历史本体论"转向"社会存在本体论",其原因可归结为三个方面:在思想层面应对逻辑实证主义和生命哲学等资产阶级哲学思潮的入侵;在理论层面弥合自然与社会的长期分裂;在哲学高度上解答马克思主义哲学的本体论根基。

首先,"社会存在本体论"的提出可在思想层面上抵御逻辑实证主义和生命哲学等资产阶级哲学思潮对马克思主义哲学的侵蚀。逻辑实证主义兴起于 20 世纪初期,它以石里克(Moritez Schlik)、卡尔纳普(Rudolf Carnap)和艾耶尔(Alfred Jules Ayer)等人为代表人物,该理论将哲学的任务规定为对语言进行逻辑分析,这样做的目的在于以最理想的逻辑结构保证科学判断的意义。他们拒斥形而上学,因为形而上学问题会使科学家陷入连续不断的

---

① 张翼星:《为卢卡奇申辩——卢卡奇哲学思想若干问题辨析》,云南人民出版社,2001 年,第161 页。

争论之中，相反，若对语言进行逻辑分析，命题是否具有意义则可通过经验证实或者证伪来加以判定。如石里克就提出了"经验证实原则"，他认为科学知识"它的最终任务就是把纷繁复杂的知识尽可能地简约化"①。卡尔纳普则用"直接证实"和"间接证实"进一步论证了这个原则，并对科学哲学与形而上学的区别作了说明，"形而上学与其说是理论，毋宁说它是诗歌。用科学方法来研究自然的哲学，其对象并不是自然科学。因此科学哲学的任务是对科学作逻辑分析，或者说是对科学的语言系统作句法分析"②。石里克和卡尔纳普的思想展现了逻辑实证主义理论的鲜明特征：即它停留于"学院式研究"、脱离于现实社会、注重概念和语言本身的逻辑推演。正因为如此，逻辑实证主义理论逐渐演化为一种"形式主义"，它以对"客观性"的强调湮没了人的主体性，也使理论走向了抽象的同一性。人本主义理论家霍克海默认为，在逻辑实证主义理论下，人所看到的并不是真实世界，所谓的人间疾苦、悲惨境遇在无形中被遮蔽，统治集团利用这种"肯定性"的思维方式欺骗大众，以此巩固自己的极权统治。立足马克思主义哲学的理论立场，逻辑实证主义显然与之格格不入，后者不仅没有正确认识马克思主义哲学的本质精神，也缺乏人文关怀旨趣和鲜明的实践立场，若任其肆意传播和发展，马克思主义哲学必受其侵蚀，此时，卢卡奇"社会存在本体论"的登场显得尤为重要。

　　生命哲学大致产生于 19 世纪 70 年代，它将万物的本原归结为一种生命冲动，但生命的根本性意义在叔本华、尼采、柏格森、狄尔泰等人看来，是与意志、权力和情感这些因素相互联系并发生作用的，也就是说，生命存在首先是一种精神范畴。生命哲学强调一种过程论，狄尔泰就把生命看作一种转瞬即逝的流动，并认为它本身绝非一种实体而是一种能动的创造力量；柏格森用"生命之流"规定宇宙的本质，因其不断变化与流动不息又将之称为"绵延"和"意识流"。基于"过程论"思想，生命哲学家发现了生命本身的生成性和创造性。此外，生命哲学在价值论上关注人的个性，尼采就重视个体的风格，他认为这种个性对人的生命存在意义重大，为此曾指出："风格使人的

①　M.Schlick, *General Theory of Knowledge*, New York, 1974, p.13.

②　Rudolf Carnap, *Philosophy and Logical Syntax*, London, Kegan Paul, 1935, p.84.

生命得到辩护,拥有风格的生命的力量无须证明。"①狄尔泰认为,在精神层面的自我思考可以巩固并塑造人的个性。不容否认的是,上述思想在理论层面推动了哲学的发展,但它的蔓延在一定程度上冲击了马克思主义哲学的理论根基。我们可以在对生命哲学理论缺陷的分析中把握这一问题。诚然,生命哲学的"过程论"思想从生成性的角度揭示了生命的过程性,但其仅仅是在思维领域对生命过程作了抽象发展,并没有将生命的过程性与人的生存、发展的需要相联结。生命哲学过分张扬人的个性,却忽视了劳动、社会关系等与人的个性的关联,最终在理论上走向个人主义。为了打消资产阶级对马克思主义哲学的误解,凸显马克思主义哲学的理论特色,卢卡奇走向了"社会存在本体论"。

其次,"社会存在本体论"的提出可在理论层面上弥合自然与社会的长期分裂。早在维柯(Giambattista Vico)的思想中,自然事物与历史就有了严格的界限,在他看来,自然事物与历史最重要的区别在于,自然事物是人类所不能认识与理解的。自然事物是由上帝所创造的,只有上帝可以认识它们,而人类之所以能够认识历史是因为历史是人类的创造物。显然,维柯在对历史的认识上走向了唯心史观,在他那里,"上帝创造人"是认识历史的起点,"神意"指引着人进行活动以实现自身的意志;从表面上看,人在有目的性地创造历史,实质上人是按照上帝的旨意行事。可见,在维柯的思想中,自然与社会彼此对立。法国启蒙思想家伏尔泰最早使用了"历史哲学"一词,他批判了神学历史观,力图将启蒙哲学运用于历史,为此他强调把理智与知识的发展当作衡量社会进步的标尺。但是在对"何为历史进步的基础"这一问题的理解上,他过分倚重精神文化,看不到生产方式的积极意义,自然本身的重要性被忽视了。爱尔维修(Claude Adrien Helvétius)在对社会历史学说的构建过程中强调人的肉体感受性,他认为纯自然与纯客观的抽象性质—肉体感受性,是他建立如自然科学一样严密可靠的社会历史理论的哲学基础。基于肉体感受性,他将人的本质归结为自然的人、视抽象的利益为人类劳动与交往,政治设施产生的根源。更为重要的是,通过肉体感受性,他向我们揭示了社会发展的真正动力。然而爱尔维修过分强调人的自然本性,忽视了人的本

---

①　[德]费迪南·费尔曼:《生命哲学》,李健鸣译,华夏出版社,2000年,第51页。

性的社会性与历史性根基,这使得自然与社会的联系依旧没有实现。

上述理论家思想的共同点在于,他们均未能把自然与社会紧密联系起来,其理论也将滑向独断论抑或唯心主义。在马克思主义哲学理论中,人既是自然存在物,也是社会存在物,人与动物都有基本的生理需求,但人因为能通过实践作用于外部自然界并建立社会关系而高于动物,因而在实践的基础上人是自然存在物与社会存在物的统一。马克思曾谈道:"只要有人存在,自然史和人类史就彼此相互制约。"①这意在说明,自然与社会是辩证统一并处于一种良性互动之中的。具体地讲,外部自然是人存在和发展的基础,立足这一基础,人在实践活动中将自己的本质力量对象化并创造人类历史,而人类历史反过来又作用于自然界。假如将自然与社会二者割裂开来,历史便丧失了根基,自然也缺少了方向,人类社会的发展将难以得到正确的理论说明。卢卡奇正是看到了自然与社会长期分离在理论层面的消极影响,才最终决定以"社会存在本体论"弥合这两者的鸿沟。

最后,"社会存在本体论"的提出是为了说明马克思主义哲学是不能不研究本体论的。在《关于社会存在的本体论》中,卢卡奇直接提出了"返回到存在去"的口号,这一口号的提出出于以下两个方面的考虑:其一,当代人对马克思主义产生了众多误解和歪曲,只有回到马克思主义的哲学基础,才能恢复马克思主义的理论传统,即"马克思主义者今天的任务只能促使马克思的真正的方法、真正的本体论获得新生"②。按照以往传统对马克思主义的设定,马克思所建立的新唯物主义与传统的形而上学哲学体系相决裂,它是一种帮助人们认识世界、改造世界的科学方法论,而并没有设定一种前提即存在。这种观点试图说明,马克思新唯物主义的诞生预示着本体论的终结。然而卢卡奇认为,马克思哲学具有本体论的思想,并且,探究马克思哲学的本体论问题是把握马克思哲学本质的根本,它是将马克思哲学与费尔巴哈的唯物主义、黑格尔的辩证法、现代西方哲学经验主义相区分的重要标志。正确揭示马克思哲学的本体论意蕴,能展现马克思主义哲学的理论特质。其二,在《历史与阶级意识》中,对恩格斯"自然辩证法"的否定和对列宁反映论

---

① 《马克思恩格斯选集》(第一卷),人民出版社,1995年,第66页。
② 俞吾金:《俞吾金集》,学林出版社,1998年,第194页。

的批判，需要立足马克思主义的哲学基础再次进行纠正和反思。即基于对"社会存在"的考察，阐明自然界的优先地位及思维和存在的异质性。当然，马克思哲学的本体论不同于传统哲学，传统哲学以先验的、抽象的、理性的存在作为本体去探究世界的真实面目，而马克思哲学自诞生起就"拒斥形而上学"，它力图基于现实的感性活动—社会存在去探讨自然界和人的存在方式。如果说传统哲学拘泥于一种形而上学的本体论框架，那么马克思的哲学则与之保持着一种张力，它既对旧的形而上学的本体论框架予以解构，又基于现代西方本体论哲学的语境重新建构了本体论，实现了本体论范式的现代转换。转换后的本体论是一种"实践本体论""劳动本体论"，通过实践，卢卡奇向我们说明社会存在中的各种关系需要通过实践才能加以把握；通过对劳动的分析，卢卡奇阐明了"社会存在本体论"的核心，揭示了劳动在自然存在到社会存在飞跃过程中的重要性。基于上述分析，当我们在认识马克思哲学的本体论时应清楚地明白，马克思主义哲学始终是以现实生活作为出发点去探讨现实社会中人与自然的存在的，它既是一种方法论，又是体现生活本质的世界观。此时本体的意义不是专门针对世界的本原，而是与人的日常生活相关联，成为我们理解现实世界的钥匙。马克思哲学的本体论是一种现代的本体论，它的出现也暗含了本体论在未来的走向。

三、"社会存在本体论"的确立及其对马克思历史唯物主义理论传统的恢复

卢卡奇在《关于社会存在的本体论》中为马克思主义哲学寻找到"社会存在"的本体论根基，他认为，自然本体论是社会存在本体论的前提，劳动创造着人及其本质，目的性劳动驱动着人类社会的发展。社会存在本体论不仅实现了对历史本体论的超越，而且在哲学的高度上恢复了马克思历史唯物主义理论的传统。

（一）社会存在本体论的理论内容

传统哲学是在抽象的意义上谈论"存在"问题，与之不同的是，卢卡奇赋

予了存在以鲜明的历史性特征,他将存在区分为无机存在、有机存在和社会存在,揭示了存在从起源到未来发展的整个过程。在自然存在和社会存在的关系问题上,卢卡奇认为自然居于优先地位,社会存在的发展以自然存在为前提,自然存在通过不断的发展,必将转向社会存在。这一观点也向我们表明:自然是人类社会发展的前史,它的发展推动着社会的发展,在此基础上,自然本体论就成为社会本体论的前提。诚如卢卡奇所分析的,马克思的哲学本体论是社会存在本体论,那么,对于"社会存在"范畴的界定就显得尤为重要。按照卢卡奇的理解,首先,社会存在是一个有机的总体,它所指的是现实社会中的诸多局部整体的集合体,这些局部的整体囊括了劳动、分工、语言、意识等;它们虽各具不同的功能,但对于它们的理解,必须将之放在社会存在的总体中。其次,社会存在是存在和意识的统一体。在这里,我们不能停留于二元对立的思维模式去认识意识与存在的关系,卢卡奇认为衡量存在与非存在的标准在于其是否对现实生活发挥着实际的作用,而他所理解的意识是推动社会存在运作的条件。这里的意识不是纯粹的认识和逻辑的抽象,而是"连续性的媒介",或者说是一种"社会记忆",在社会过程的连续性中发挥着作用。最后,社会存在是各种异质构成要素相互作用的统一体。"社会存在只有在这种统一中实现自身,这种统一在社会存在的错综复杂的相互作用中以实现自身的方式获得自己的规定性和特性。"①这也就是说,不能简单地将社会存在中的各要素或各范畴对立起来,而是应该合理把握其中的复杂关系,在某种程度上,异质要素的相互作用才真正揭示了社会存在运行系统的真实状况。

早在《青年黑格尔》中,卢卡奇就曾讨论了劳动与人类生存活动的联系,而在《关于社会存在的本体论》中,他认为,劳动是社会存在本体论的基础和出发点,社会存在的发展是通过劳动来实现的。对于劳动范畴的理解,马克思与卢卡奇是相互贯通的,马克思认为,劳动作为"实践概念"是一种生产范式,但同时它又具备生产美学的内涵,指向人的自我实现。在这种理解的基础上,卢卡奇肯定了劳动对于有机生命的再生产和社会存在的再生产的双

---

① [匈]卢卡奇:《关于社会存在的本体论》(上卷),白锡堃、张西平、李秋零等译,重庆出版社,1993年,第696页。

重作用,如果劳动对于前者的改变体现为周围世界的变化,那么"社会存在的再生产"则特指通过劳动能够生产出比维持自身再生产更多的东西。不仅如此,在社会存在的再生产过程中,劳动促进了语言的形成,语言的形成使个体的交往活动更加密切,人的一切社会活动和人们之间的社会关系也在此基础上得以形成。

卢卡奇强调劳动的基础地位,在一定程度上就是将社会存在本体论视为劳动本体论。那么,在何种意义上去理解社会存在本体论就是劳动本体论,无外乎两点:第一,劳动是实践的基本形式。卢卡奇认为劳动是实践的基本形式,这是因为,人类社会的全部实践活动都可以基于劳动而作出解释。当黑格尔将实践理解为纯粹的精神活动的时候,卢卡奇抓住了劳动的根本意义,并且揭示了劳动的目的与人类全部社会实践活动目的的一致性。第二,劳动具有目的性设定的功能。劳动具有目的性设定的功能体现了劳动的本质特征。卢卡奇说:"我们所知道的最高级的存在形式即社会存在,只是由于目的论的东西在它内部现实地发挥作用,才能作为独特的存在结构而从它的实存赖以为基础的那种有机生命的存在阶段中形成出来,成为一种新的独立的存在类型。"①这说明,社会存在的形成和发展以目的论设定的实现为基础。社会存在因为有劳动的目的论的设定才与自然存在有了本质的区别,假如抽去了劳动中的目的论的设定,劳动便不能称为劳动,进而,它也不能构成社会存在的基本事实。此外,目的论与意识、需要相互联系,意识引导着主体进行相应的目的设定,而目的设定的结果则是服务于人的需要,因而,目的、意识和需要就构成了一组相互作用的共同体。其中,意识并不是从属于存在的,相反,它主动参与劳动目的性的设定,并在一定意义上左右人,引导着人对自然物的改造,最后通过劳动的行为影响他人并形成全新的人与人的关系。与意识联结在一起的需要体现了劳动的主体性特征,个体有发展个性的需要,人类有发展类的需要,劳动则不断满足该需要,推动个体与类的发展。

---

① ［匈］卢卡奇:《关于社会存在的本体论》(上卷),白锡堃、张西平、李秋零等译,重庆出版社,1993年,第13页。

（二）社会存在本体论对历史本体论的超越

社会存在本体论的确立无疑是卢卡奇思想的一大壮举，其实现了对历史本体论的超越。其超越性表现为：在"实践"与"历史"概念的基础上，重建了本体论的价值取向；摒弃了离开自然界的存在谈论马克思主义哲学本体论的做法；用物质生产劳动作为实践的核心内容，使劳动实现了客观因果性和主观目的性的统一。

第一，社会存在本体论在"实践"与"历史"概念的基础上，重建了本体论的价值取向。在《关于社会存在的本体论》中，卢卡奇是基于历史性的原则考察三大存在的，这显然是承接了《历史与阶级意识》中的"历史"概念。此外，卢卡奇将社会存在本体论视为劳动本体论，也就同时将其看作是实践本体论，实践参与劳动的目的性设定，它在社会存在的形成中起到了关键性作用。前文提到，社会存在是一个有机整体，里面囊括了多种元素，通过卢卡奇的分析可发现，社会存在本体论是集劳动、实践、意识和价值四个特点于一体的现代本体论，其中，"价值"范畴是对本体论价值取向的重建。对本体的追寻可回溯到古希腊，众多哲学家都期望用一种抽象的"客观存在"或"主观存在"来揭示宇宙的本原。此时的本体只用于描述世界的存在属性，并不具有价值取向。当卢卡奇以社会存在作为马克思主义哲学的本体论根基后，人的需要成了社会存在中的一部分，劳动也具有了鲜明的价值性，这显然超越了《历史与阶级意识》中历史本体论对社会历史发展趋向的单纯把握。

第二，社会存在本体论摒弃了离开自然界的存在谈论马克思主义哲学本体论的做法。在《历史与阶级意识》中，卢卡奇将自然看成历史范畴，将辩证法局限于历史领域而不承认自然辩证法思想，这种观点意在强调自然的东西不能与社会的东西相分割、自然界只有被社会关系所中介（加工、改造），对社会过程来说才有意义。这种理解显然是错误的，它不但没有正确看到自然存在之于人类社会的重要性，还将自然存在和社会存在严格对立起来，忽视了二者的辩证关系。而在《关于社会存在的本体论》中，卢卡奇将自然存在看成是无机存在和有机存在的统一体，他不仅承认了自然存在的优先地位，还认为自然存在对于社会存在的发展具有基础性作用。从自然存在出发谈论马克思主义哲学的本体论，是对马克思所谈论的实践基础上的自然与社会的辩证统一关系的正确理解。卢卡奇在《历史与阶级意识》中仅仅把辩证法理解为是人类历史的辩证法，否认历史是自然的辩证运动过程到《关于社会存在的本体论》中把自然存在作为一般存在的前提，这是他对自身思想的自我批评与修正。

第三，社会存在本体论将物质生产劳动作为实践的核心内容，使劳动实现了客观因果性和主观目的性的统一。在《关于社会存在的本体论》中，人的主观目的的设定并不是随意的，它是以自然因果性为前提条件的，进而在劳动过程中，目的性和因果性都起着作用。卢卡奇在分析社会存在时，肯定了劳动范畴的核心地位，它的重要性不在于它是一种具体的劳动，而是在于人能够通过劳动手段实现个体的目的，在此基础上，社会历史也得以发展。劳动之所以能够对人类主体产生决定性影响，归因于劳动的目的性设定，人们通过劳动不仅改造着外在自然，"同时改变他自身的自然。他使自身在自然中沉睡着的潜力发挥出来，并且使这种力的活动受他自己控制"①。人类社会的发展是由主观目的性和自然因果性相互作用造成的，人们在对真正的现实以及对现实反映的基础上进行的目的性设定，不仅体现出合乎现实的因果性，而且表现出目的性设定的主体性。卢卡奇所理解的劳动实现了因果性和目的论的统一，在劳动中，这两个方面虽处对立面，但共同作用，劳动目的论的现实有效地实现了因果性本质的保留与主体的社会性的实现的统一。

此外，在卢卡奇看来，历史发展的趋势呈现着客观因果性的特征，但是发展的途径却包含着人的主观目的，人的主动性成了推动历史发展的因素之一。这显然超越了历史本体论对历史的理解，因为，历史本体论忽视了客观因果性和主观目的性的统一。

（三）社会存在本体论对马克思历史唯物主义理论传统的恢复

"社会存在本体论"的确立，不仅有力地回击了资产阶级思潮对马克思

---

① ［匈］卢卡奇：《关于社会存在的本体论》（下卷），白锡堃、张西平、李秋零等译，重庆出版社，1993年，第46页。

哲学的曲解，还在修正青年时期错误思想的基础上，恢复了马克思历史唯物主义理论的传统。

第一，通过揭示劳动的主观目的性和自然因果性统一的特征，严格划分了马克思的唯物主义哲学和旧唯物主义哲学的界限，还原了以实践为基础的历史唯物主义理论的框架。马克思在《关于费尔巴哈的提纲》中曾指出："从前的一切旧唯物主义包括费尔巴哈的唯物主义的主要缺点是：对对象、现实、感性，只是从客体的或者直观的形式去理解，而不是把它们当作人的感性活动，当作实践去理解，不是从主体方面去理解。因此，和唯物主义相反，唯心主义却把能动的方面抽象地发展了，当然，唯心主义是不知道现实的、感性的活动本身的。"①在这段中，马克思揭示出旧唯物主义哲学的理论缺陷体现为要么忽视主体能动性和实践的作用，要么过分夸大主体的创造性，这就容易陷入机械唯物主义和主观唯心主义的错误之中。事实上，卢卡奇曾在《历史与阶级意识》中对自己早年的实践观作过自我批判，他谈道："如果不以真正的实践为基础，不以作为其原始形式和模型的劳动为基础，过度夸张实践概念可以走向其反面：重新陷入唯心主义的直观之中。"②为了修正这一错误，在《关于社会存在的本体论》中，卢卡奇通过揭示劳动的主观目的性和自然因果性特征，阐明了个体的选择是建立在对现实必然性认识的基础上的，在劳动实践的过程中，人对社会历史的发展具有选择功能，这种思想正是对马克思以实践为基础的历史唯物主义理论框架的还原。具体而言，首先，卢卡奇承认了劳动是实践的客观前提，这就从根本上建立起了劳动基础上的现实的主客体关系，这无疑超越了其早期用实践概念所规定的抽象的主客体的统一。其次，卢卡奇明确地将劳动与实践联系起来，承认了劳动在理论和现实上与实践的一致性，继而由此阐明了劳动与实践的内在一致性，即劳动是一切社会实践的原型。最后，卢卡奇通过阐释劳动之于改造自然、发展社会和实现人类自我的功能，推导出了实践本身的价值与功能。总之，通过揭示劳动的主观目的性和自然因果性统一的特征，卢卡奇印证了马克思对实践理论的系统阐述：即劳动实践使人从自然中分离出来；劳

---

① 《马克思恩格斯选集》（第一卷），人民出版社，1995年，第133页。

② ［匈］卢卡奇：《历史与阶级意识》，杜章智等译，商务印书馆，2014年，第12~13页。

动实践活动是人与自然之间联系的中间环节；在实践的基础上自然与社会实现了统一，从劳动实践出发，才能揭示出人的本质，才能说明人与人、人与自然和人与社会的关系。

第二，通过揭示劳动在社会存在本体论中的基础地位，在理论层面高度肯定了马克思的社会关系理论。在马克思的理论中，社会关系是分析人类生活实践和历史发展的基本视域，在对资本主义进行剖析的过程中，马克思将商品、货币、资本等放在社会关系之中进行考察。而在其社会历史观中，社会关系构成了它的存在论基础。在社会关系之上，人的本质或现实性存在得以规定，人的实践活动也因其而变革。这正如雷蒙·阿隆（Raymond Aron）所说的，马克思"第一个也是最基本的思想是：所有的人都处在一定的、必然的关系之中，这种关系是不依他们的意志为转移的。……每个人，不管他愿意不愿意，都有自己的社会关系，而理解历史进程的条件就是要懂得这些超个人的社会关系"①。可以说，借助社会关系，马克思正确定位了存在者，确立了考察社会现象的方法，形成了社会批判话语的基本视域，也指认了理想化的社会关系模式。卢卡奇在对社会存在的分析与阐述中，显示出了他对马克思社会关系理论的认同。他赋予了劳动以目的性设定的角色，又用"意识"概念去引导人的改造活动进而调节人与人之间的关系，通过劳动—语言—交往这一逻辑，人们之间的社会关系得以确立。从某种层面来讲，劳动就是人类的物质生活存在和精神生活存在之间的物质关系的中介。不仅如此，社会存在本身就是联系，其中的诸要素所形成的关系都可以用联系来理解，社会存在本体论也可以说是以劳动为基础的关系本体论。对于这一点，卢卡奇认为，劳动使主客体之间形成了对立又统一的关系，这种关系恰恰成了社会存在的根本内容。换言之，社会存在的产生和发展得益于主客体之间的相互关系与相互作用。对于主客体之间的关系，它有直接性关系和间接性关系的区分，直接性关系是主客体之间缺乏对劳动中介的全面认识所导致的，这种直接性使得主客之间的关系简单化；而间接性关系则表现出主体的社会性，它是主体在个体独立意志的作用下形成劳动手段，以此作用于客体所形成的。相较于直接性关系，主客体间的间接性关系更能获得社会的普遍认同，它也

---

① ［法］雷蒙·阿隆：《社会学主要思潮》，葛秉宁译，华夏出版社，2000 年，第 99 页。

由此成为社会的普遍关系。马克思强调人的本质是一切社会关系的总和，卢卡奇在对劳动概念分析的基础上，详尽论述了主客体关系，并将之理解为一种"关系"本体，他虽然没有直接阐明社会关系这一概念，但主客体的间接关系之中无不蕴含着马克思社会关系理论的丰富意蕴，这表现出卢卡奇对马克思社会关系理论的认同与延续。

第三，通过考察自然存在和社会存在的关系，将马克思唯物主义哲学的研究领域定义为研究社会历史，彰显了马克思主义哲学不同于旧哲学的革命意义。卢卡奇对自然存在和社会存在的关系是这样阐述的："自然界，无论是有机自然界还是无机自然界，其规律和范畴均构成社会范畴的归根到底的、不可取消的基础。"①"社会存在的自我完善中的本质性倾向恰好在于用自然性和社会性的本体论上的混合形式取代了纯粹自然的规定。"②卢卡奇的这两个论述意在说明，自然存在是社会存在形成和发展的基础，社会存在的发展离不开自然存在的发展，也就这二者的关系是辩证统一的。马克思也关注自然与社会之间的关系，为此，他强调了实践的基础性作用，所不同的是，马克思更加侧重于研究社会历史领域的现象。现实问题是解开马克思哲学理论的钥匙，尤其是物质利益问题使得马克思放弃了对黑格尔思辨哲学的信仰，转而研究政治经济学。卢卡奇认识到了马克思唯物主义哲学的研究领域是社会历史领域，在他看来，马克思突出了历史性在哲学中的地位，这实际上是在方法论的层面上对历史作出新的解释。卢卡奇发现，马克思善于历史性地考察社会现象，因为社会现象是在历史过程中发生变化的，它的变化也借助特殊的历史条件。基于此，卢卡奇也重视历史性原则，他一改早期仅仅将人类社会视作历史过程的观点，而是从一般存在的意义上重新界定历史，这种变化是一种革命性的转变。以历史主义思想为基础，卢卡奇便能正确理解马克思哲学的批判话语体系和寻求政治解放和人类解放的理论旨趣。从这个意义上说，马克思主义哲学具有不同于旧哲学的革命意义，它体现为，当旧哲学还在力图用"客观存在"去描述世界的真实面目时，马克思早

① ［匈］卢卡奇：《关于社会存在的本体论》（上卷），白锡堃、张西平、李秋零等译，重庆出版社，1993年，第644页。

② ［匈］卢卡奇：《关于社会存在的本体论》（上卷），白锡堃、张西平、李秋零等译，重庆出版社，1993年，第645页。

已将哲学从天国下降到世俗,他不仅站在历史主义的立场上去分析问题,还以历史性为原则,通过实践的手段去解决问题。在资本主义社会的问题上,马克思力图通过研究资本主义制度的运行机制,揭示资本主义社会生产的非正义和寻求自我增值的目的,以此论证资本主义制度存在的暂时性。不仅如此,他期望通过革命的手段建立一种理想的社会模式以此取代资本主义社会。可以说,马克思所言的历史性表现为一种彻底的批判和变革精神,当以往哲学家停留于解释世界的时候,马克思更加希望找到改变世界的现实途径。

四、结语

综上所述,卢卡奇塑造的"历史本体论"是对康德、黑格尔哲学的批判性反思,是对第二国际歪曲解读马克思哲学思想的积极回应,也是为了给"总体性""物化""阶级意识"等概念寻找坚实的理论基石。它的确立虽然具有辩证法和实践观上的理论缺陷,但不容否认的是,它在一定程度上发展了马克思的哲学。

卢卡奇从"历史本体论"转向"社会存在本体论"有着深层的理论原因,而后者的确立实现了对前者的超越。这种超越表现在:它在"实践"与"历史"概念的基础上重建了本体论的价值取向;它摒弃了离开自然界的存在谈论马克思主义哲学本体论的做法;它将物质生产劳动作为实践的核心内容,使劳动实现了客观因果性和主观目的性的统一。我们在评价卢卡奇晚年所构建的社会存在本体论时,往往认为社会存在本体论是对马克思主义哲学本体论的现代阐释。事实上,卢卡奇的社会存在本体论在某种意义上实现了对马克思历史唯物主义理论传统的恢复,因为它还原了以实践为基础的历史唯物主义理论的框架、在理论层面高度肯定了马克思的社会关系理论、并且将马克思唯物主义哲学的研究领域定义为研究社会历史,彰显了马克思主义哲学不同于旧哲学的革命意义。

然而,卢卡奇虽然为马克思哲学具有本体论作了辩护,也用社会—实践"本体"规定了马克思哲学的本体论范式的转换,但并不能说他对马克思哲学本体论的解读是完全正确的。从某种层面来讲,卢卡奇对马克思哲学本体论的解读还存在些许问题,这表现在:其一,卢卡奇仍是在近代哲学之本体的实体性框架下理解"存在"概念,并未理解马克思"存在"概念的本质。在卢卡奇那里,"存在"是事物的根本,它是"先验的""超感性"的。而马克思所言的"存在"强调的是感性实践活动的历史性展开。其二,卢卡奇并没有把握住马克思在考量本体论时,是以社会存在为真正出发点的。卢卡奇强调以抽象的自然存在作为逻辑出发点考察社会存在本体论,而马克思重视对自然与人的相互关系的分析,并认为自然是人化的自然,而不应该是抽象的自然。其三,卢卡奇将社会存在的实质归结为劳动的"目的性",未能彰显马克思实践唯物主义哲学之本体的关系性。因为在马克思那里,社会存在的本质是社会生产关系。概而言之,卢卡奇的社会存在本体论,具有一定的内在局限性。但是瑕不掩瑜,其内在的局限并不能掩盖卢卡奇社会存在本体论的理论光辉。

当下,我们在审视卢卡奇的本体论思想,尤其是社会存在本体论思想时,应该立足其理论整体,并以马克思哲学为理论依托,以期对其作出科学与全面的认识。

屈直(西南政法大学)

卢卡奇视域下形而上学的内在困境

通俗来说，形而上学是将世界视为一个由本体与表象所构成的二元存在，即认为在变动不居的表象背后隐藏着不变的规定性。通过对规定性的求索，直面人类生存的意义，追寻人类思维的极限。从这一层面上说，形而上学实质上就是关于"人"的问题，它是有关于人类作为主体能够去求索这一世界之终极的大问题。认识论问题是形而上学的一个重要组成部分，在西方哲学的发展过程中，认识论问题并非是一以贯之的"焦点"问题。及至近代批判哲学，认识论问题才逐渐成为一个充满争议的核心问题。这一问题便是人类何以能够认识这一世界？认识的确定性由谁来保证？

一、何为形而上学的内在困境

在卢卡奇看来，对认识论问题的不同理解是新旧哲学根本区别之所在。对于旧哲学而言，客观世界通常被视为"独立于认识主体而产生的"，而新哲学则"将世界把握为自己的产物"。①其原因就在于，近代哲学家们试图将形式体系把握为理性的本质，在他们看来，只要能够建立完满的形式体系，便可以通过把握形式体系来把握整个世界。卢卡奇指出，以前的理性主义只是一种部分性的体系②，但是近代批判哲学则要求建立的可供逻辑推演的总体的形式体系，而当以某种原则展开的形式体系试图把握整全的世界之时，形式同内容的矛盾也便凸显了出来。形式与内容是构成认识的两个端项，形式

---

① [匈]卢卡奇:《历史与阶级意识》,杜章智等译,商务印书馆,2009年,第180页。
② [匈]卢卡奇:《历史与阶级意识》,杜章智等译,商务印书馆,2009年,第184页。

是主体认识的思维形式,而内容则是主体的认识对象,即客体。形式与内容的张力是认识论问题的核心,它探寻的是主体的思维形式何以涉及、如何涉及客观世界的内容。

卢卡奇认为形式体系,最先是随着笛卡尔哲学而出现的[①],而后是在康德哲学之中得以确切地体现出来。笛卡尔的理性体系是以"我思"为基点建立的。在笛卡尔看来,周遭的一切都是可怀疑的,一切均可怀疑,意味着一切均可被抽象,而一切均可被抽象则意味着"我"能思维,而"我"能思维则意味着"我是"。换言之,"我想,所以我是"。[②]而后笛卡尔通过存在着有限的"我是",推演出必定存在着无限完满的"是"——上帝。再之后,笛卡尔用上帝的至善与完满来确证了认识的可靠性。可以看出,从"我思"到"我是"经由"上帝是"最后到"认识是",在这一完整的推理过程之中,笛卡尔构建了自己的理性体系,从而为认识的客观性找到了支撑点。

笛卡尔所依凭的"怀疑"是思维行动本身,它是纯粹无内容的,一旦怀疑有内容,则怀疑本身也值得怀疑。因此,笛卡尔的理性体系是以纯粹形式为开端建构的。这里就出现一个问题,即纯粹形式实质上同经验内容是无涉的。笛卡尔用"我思"来确证"我是",然而"我思"是无广延的实体,而"我是"则是有广延的实体,所以从"我思"推出"我是",只是语词之间的单纯推理,无法涉入经验内容本身。因而,笛卡尔的理性体系实质上只是一种形式体系。

在卢卡奇看来,这种形式体系是一种隐性的独断。语词作为理性语言,是一种主观逻辑。所以,语词之间的推演,实质上只是主观逻辑之间的演绎。因而,将这样一种形式体系把握为本质性的东西究竟有多少的正确性?[③]当我们用词语来框定事物内容时,我们实质上是用主观逻辑来规定客观事物,即用思维形式规定了事物鲜活的内容,而这种规定是一种非法的规定。近代批判哲学家们或多或少都涉入这样的怪圈之中。霍布斯在《论物体》之中指出,我们对于事物的知觉与经验,是通过不同层次的观念组合起来的。[④]在他看来,我们经验到一个事物,虽然尚未看清它,但是便会有一个底层的观念,

---

① ［匈］卢卡奇:《历史与阶级意识》,杜章智等译,商务印书馆,2009 年,第 188 页。

② ［法］笛卡尔:《谈谈方法》,王太庆译,商务印书馆,2000 年,第 27 页。

③ ［匈］卢卡奇:《历史与阶级意识》,杜章智等译,商务印书馆,2009 年,第 182 页。

④ ［英］霍布斯:《论物体》,段德智译,商务印书馆,2019 年,第 18 页。

即"物体",而后稍近一些便会有一个新的观念,再之后近距离地观察它,则会知觉到这一"物体"的各式样态,这也是观念。那么我们对事物的认识究竟是指向了事物本身还是指向了观念?不同于霍布斯,贝克莱更为直接地表达了人类的知识对象就是观念。①那么观念作为主观逻辑显化的外壳,自然是能被主体把握的。由此,卢卡奇指出近代批判哲学家们实质上走向了同维柯历史观一样道路。在维柯看来,"认识和创造就是同一回事"②,既然人类世界是由我们自己创造的,那么人类史亦应当由我们自己所书写。而近代批判哲学家们则指出:由于认识对象是我们自己所创造的,所以我们可以通过构建整全的形式体系去把握它。在卢卡奇看来,这一观点在康德哲学之中走到了极致。"他用比他的前人更激进的方式作出了这一革命结论。"③

康德哲学是为了应对时代危机而产生的。假使我们的认识对象只是观念,那么观念源自何处?一方面,假设它源自物体对我们感官的刺激,那我们是否独断了观念就等同于物体本身。而且,我们的感官无法经验到事物同事物之间的联系,那么万事万物的联系要么如同休谟所谈论的那样来自心灵的联想④,要么走向斯宾诺莎,将其看作绝对实体的设定。如果,万事万物的联系来自心灵的联想,那么认识的确定性也便无从找寻,因为心灵只能为联系提供或然性;如果来自绝对实体的设定,那么命定论的樊篱便笼罩了下来。另一方面,假使观念来自不论自然或是上帝的"天赋予"。首先,我们必须独断一个无限完满者的存在,即使它不叫上帝;其次,认识便抛开了事物内容,而从纯粹形式的逻辑推演中去找寻客观性,那么认识同事物内容本身便也完全割裂开来了。我们只需如同笛卡尔那般,在形式体系中找到一个不可怀疑之点,便可以通过逻辑推演来确保认识的客观性。

这便是形而上学所面临的内在困境,这一困境被卢卡奇称为形式同内容的分野,通过这一张力牵涉出两个大问题,一是思维同存在的大问题,二是自由与必然的大问题。在卢卡奇看来,近代批判哲学家们对认识论问题的

---

① [英]贝克莱:《人类知识原理》,关文运译,商务印书馆,2010年,第22页。

② [意]维柯:《新科学》,朱光潜译,商务印书馆,2017年,第170页。

③ [匈]卢卡奇:《历史与阶级意识》,杜章智等译,商务印书馆,2009年,第181页。

④ [英]休谟:《人类理解研究》,关文运译,商务印书馆,2011年,第78页。

探讨,构成了哲学问题来源的基础。①为了解决形式同内容的张力,康德在认识领域与实践领域同时发起了"哥白尼革命"。

二、康德对形而上学内在困境的解决方式

在康德看来,形而上学之所以会陷入这般困境其原因就在于,形式体系凌驾于经验教导之上②,囿限于单纯概念之间的推演。那么造成这一困境的主要原因就在"逻辑"。在《纯粹理性批判》的第二版序言中,康德指出,逻辑学至亚里士多德以来,"直到今天也不能迈出任何前进的步子,因而从一切表现看它都似乎已经封闭和完成了"③。要了解亚里士多德的逻辑学,我们必须先了解三个部分:前提、词项、三段论。"前提就是关于某一事物肯定或否定另一事物的句子"④,而词项则是前提分解之后的成分,即"谓项被谓项所谓述的东西"⑤。三段论是一种谈论方式,它由大前提、小前提和结论构成。每一段句子,都是由一些词项构成,通过在词项之间建立某种规则的推演,便可以得出相应的结论。一个完善的三段论包含了几种推演的规则,笔者在此便不赘叙。可以看出词项之间的推演规则便是逻辑规则。因而,亚里士多德的"逻辑"实质上就是形式逻辑。这一"逻辑"自亚里士多德起,便再也没有任何进步,笛卡尔从"我思"肇始的逻辑推演便遵循了亚里士多德的形式逻辑。

如上文所述,词项之间的推演实质上是主观逻辑的推演,它同经验内容是无涉的。如果将词项的由来归为抽象,那么抽象只能得到一般概念。但是一般概念并不具有必然性与客观性,因为经验世界的表象是纷繁复杂、变动不居的,所以它们无时无刻不在涌现,无时无刻不在变化。那么通过对现时所经验到或认知到的表象进行抽象得到的一般概念只是对过去和现时现刻有效,而并不必然对将来有效。并且,对于事物内容所进行的抽象实质上是非法的,因为事物本身是鲜活、变化的,而抽象则是用僵死的形式否定了鲜

① ［匈］卢卡奇:《历史与阶级意识》,杜章智等译,商务印书馆,2009年,第182页。

② ［德］康德:《纯粹理性批判》,邓晓芒译,人民出版社,2017年,序第11页。

③ ［德］康德:《纯粹理性批判》,邓晓芒译,人民出版社,2017年,序第8页。

④ ［希］亚里士多德:《工具论》,刘叶涛等译,上海人民出版社,2018年,第60页。

⑤ ［希］亚里士多德:《工具论》,刘叶涛等译,上海人民出版社,2018年,第61页。

活的内容。因此,在卢卡奇看来,近代批判哲学家们的认识论便是将我们的认识以及认识一般同形式、理性的认识武断地等同起来。①造成的结果便是,他们试图通过构建形式体系以确保理性认识的客观性与有效性。而当康德意识到了形式同内容的张力是源于形式逻辑同经验内容的无涉,那么他的做法便指向了对形式逻辑的改造。

在康德看来:"向来人们都认为,我们的一切知识都必须依照对象,那么我们不妨试试,当对象必须依照我们的知识时,是否会有更好的进展。"②由此,康德发起了认识领域的"哥白尼革命"。康德指出:"尽管我们的一切知识都是从经验开始的,它们却并不因此就是从经验中发源的。"③我们所处的这个世界是由物自体和现象界所构成的。物自体是主体认识所无法企及的,属于不可知的领域。而现象界则属于认识的可知领域,是主体所经验到的世界。但是主体所经验到的世界并不天然地等同于世界本身,因为真实世界在不同"类"面前所呈现的样态是有所不同的。所以,对于世界本身是何种模样的,我们并不能知晓,我们所知道的不过是人类这一物种所能经验到的世界图式。在卢卡奇看来,康德的物自体,实质上揭示了"抽象的、形式的理性化的'人'的认识能力的一种界限或一种"④。所以,同以往哲学家们不同,康德首先做的便是为主体认识划定界限。物自体是作为主体认识的不可知之域、知性概念不可侵入之域而存在。主体所能够经验到的只是物自体所散发出来的感性杂多,对于物自体本身是何种样态,主体并不知晓。

但是,当主体把握现象世界的时候,现象世界总能透显出固定的秩序。在康德看来,这些秩序不是现象世界本身所固有的,而是先天地放置在主体的认知结构之中。这即是说,主体所经验到的世界,并不似镜子般如实地反映自身,物自体所散发出来的感性杂多,在为主体所经验到之前,必须接受"知性范畴"的改造。康德认为,感性是接受能力,它能够对物自体所散发出来的感性杂多予以接受,而知性则是构成能力。主体认知经过对感性杂多的接受,进入到知性,在知性之中对所接受的表象进行建构。概念的建构是由

---

①　[匈]卢卡奇:《历史与阶级意识》,杜章智等译,商务印书馆,2009 年,第 183 页。

②　[德]康德:《纯粹理性批判》,邓晓芒译,人民出版社,2017 年,序第 12 页。

③　[德]康德:《纯粹理性批判》,邓晓芒译,人民出版社,2017 年,第 1 页。

④　[匈]卢卡奇:《历史与阶级意识》,杜章智等译,商务印书馆,2009 年,第 185 页。

两点组成的,其一是概念的逻辑形式,其二是经验内容的被给予。①那么当概念的逻辑形式源自认识主体,并先于经验,构成经验的组成部分时,人的知性概念就为现象界奠定了法则,经由人类知性,现象表现出如其所是的模样。而当康德将秩序赋予主体,也就为秩序找到了一个普遍根据,即先验的认识形式。知性是人皆有之的认识机能,因而它具有普遍性,而一旦知性获得了普遍性,那么它应然是客观的。所以主体先验的认识形式就成了知识确定性的保障。而主体的认知工具——知性范畴,仰赖于"先验自我"的确证,但是先验自我属于物自体的领域,因此知性范畴并不能用作其上,故人的认识止于知性。

如此,康德便将以往同经验内容无涉的形式逻辑,改造成先于经验并构成经验组成部分的先验逻辑,从而完成了对形式逻辑的超越。并通过将"知识"同"对象"进行颠倒、为认识划定界限,康德完成了他的"哥白尼革命",用"知性为自然立法"回答了思维同存在的大问题。但是如前文所述,人的认识仰赖于两个方面,一是物自体所散发出来的感性杂多,二是主体自身的先验认识形式,从中可以看出主体在认识领域是没有自由的。因为一切认识实质上都是"既定的",主体作为"人类"只能认识如此这般的世界。那么自由何在?实质上,康德在为主体认识划定界限时,也为自由留下了余地。

在康德看来,人是理性存在者,而理性是一种冲破认识界限对"绝对"和"无限"形成知识的心理倾向和冲动,它是一种超越知性的推理能力。但是当将理性应用在认识领域,则会出现"二律背反",因为物自体是不可认识的,我们要对物自体形成认识,只会导致悖谬。而在实践领域,理性是一种立法能力。在康德看来,自由即是按照自己颁布的法则去行动,人因着有理性,就有了为自身"立法"的能力,从而获取了自主选择的权力。人的自由就在于人能够自主地选择行善或作恶,当人自主地选择去行善,他便拥有了自由,因为他是按照他的意志去行动。所以,在实践领域,康德将自由视为道德的基础,使得人不再是因为信仰上帝而去道德,而是因为去道德而信仰上帝,从而实现了实践领域的"哥白尼革命",解决了自由同必然的大问题。

---

① ［德］康德:《纯粹理性批判》,邓晓芒译,人民出版社,2017年,第178页。

三、卢卡奇对康德解决方式的批判

卢卡奇指出，康德的解决方式并没有弥合形式与内容的分野，而只将"分野"悬置了起来，并使得形式同内容的分野更为深层地进入主体的内在结构中。在卢卡奇看来，理性主义有一个明显的缺点就在于："它不能把概念内容溶化为理性。"①这点在康德的自在之物中表现得尤为明显。自在之物是康德整个哲学体系的核心所在。在康德看来，自在之物是知性概念无法侵入的不可知之域。那么，这里便出现一个问题：自在之物"是否可以被设想为由'我们'知性所创造的"②。因着自在之物它表征了经验事物的内容，那么这一内容就其真实性而言，是否可被视为既定存在之物。而"作为"既定存在之物，要出现在形式体系中，必定要获得知性的外壳，即使不能被知性概念入侵，但是它也必须以知性的形式存在于体系的建构之中。所以，康德哲学实质上是将"非理性"——经验内容——的东西视为既定的东西，而将其囊括进形式体系之中，并以此为基点建构形式体系，通过"理性"同"非理性"的对立建确立了认识的客观性。

但是，一旦将"非理性"作为既定的形式囊括进形式体系中，那么问题就不再是如何去弥合形式同内容的分野，因为"非理性"的内容已经被既定的形式所设定，那么问题便转变为了形式体系何以可能以及如何可能。所以，虽然整个体系形式是仰赖于这一不可触及之物——经验内容——而建构的，但是它到底仍然是同内容无涉。并且，形式体系的建构仰赖于某原则，那么依据原则，各个形式环节本身的衔接便只能被设定为必然的，因为"形式体系是封闭的，必须被构造成能适用于一切东西"③，如此才能通过逻辑推演来建构完善的体系本身。

因此，康德的解决方式只是将形式与内容的对立悬置了，他为物自体和现象界划上了一条永不能逾越的鸿沟，从而用"界限"掩盖了形式与内容的

① ［匈］卢卡奇：《历史与阶级意识》，杜章智等译，商务印书馆，2009年，第187页。
② ［匈］卢卡奇：《历史与阶级意识》，杜章智等译，商务印书馆，2009年，第188页。
③ ［匈］卢卡奇：《历史与阶级意识》，杜章智等译，商务印书馆，2009年，第190页。

分野。并且,在卢卡奇看来,这种理性体系实质上也是一种独断,它独断了"非理性"的经验内容必然要进入到形式体系之中。[①]而后,卢卡奇指出,康德在实践领域实现的"哥白尼革命"也没能取得成功,反而使得形式同内容的分野,更为深层地进入了主体之中,从而彻底暴露了形式体系的缺陷。

首先,当"非理性"的经验内容无法溶解于形式体系之中时,感性、具体的人也同样无法被囊括进形式。所以,当主体试图以理性的、形式的认识方式去把握现实内容之时,此时的认知主体便只能是思维主体,因为"思维只能把握它自己创造的东西"[②]。所以,用形式体系去把握现实,便也只能从思维出发,抛却变动不居的表象,向内去寻找认识的基点,从而无法逃脱思维的内向性,永远围陷于形式的窠臼之中。例如笛卡尔的"我思","我思"只能朝向思维主体自身。而康德的道德主体,实质上也是思维主体。因为道德律令与道德行为之间的勾连被局限在了主体自身之中,体现为纯粹的内心形式。

其次,在卢卡奇看来,自由同必然的张力仍是没有解决[③],而是如同现象界与物自体一般被放置在了各自的领域。认识领域仍是受到了必然性的制约,感性所接受的来自物自体的杂多是被给定了,而知性所构筑的认知形式是先验的,亦是被给定的,所以主体在认识领域仍是受到了必然性的制约。而在实践领域,自主也沦为形式,主体虽然可以自主地选择行善或者作恶,但是如若主体选择作恶,那么就沦为动物。所以一个有理性的存在者实质上只能选择去行善,如此才不会同禽兽无异。并且,当主体去行善之时,它首先指向的不是外显的实践行为本身,而是向内去寻找善良意志。由于主体去道德的行为不能被任何外在于道德的因素所引起,它只能是由行善意志本身所引起,因而只有把去道德的行为视为目的,主体才是自由的。那么便不能通过外显的道德行为来评判主体自由与否,因为单从行为上看,无法确认主体所实行的道德行为对于主体来说是手段还是目的。要评判主体是否是自由的,只能观察主体是否有去道德的意志。但是心灵是分属于物自体之域,所以主体自由与否并不为其他主体所知晓,而只能依靠主体自身对自我内

---

① [匈]卢卡奇:《历史与阶级意识》,杜章智等译,商务印书馆,2009年,第190页。

② [匈]卢卡奇:《历史与阶级意识》,杜章智等译,商务印书馆,2009年,第195页。

③ [匈]卢卡奇:《历史与阶级意识》,杜章智等译,商务印书馆,2009年,第198页。

心的评价，如此"自由就变成对内在事实加以评价的观点"①。

最后，由于自由与必然只是被放置在了不同的领域，其分裂实质上并未得到解决。而自由同必然的分裂在康德那同现象与本质的分裂相同一，那么"永恒化的分裂便会进入了主体最内在的结构之中"②。如此造成了，不仅世界分裂为现象与本体，连带主体也二元化。如前文所述，去道德的行为并不代表行为主体是按照自己的善良意志去行善，那么他者便无法通过道德行为来认知行为主体，因为去道德的行为有可能只是主体达成目的的手段。所以康德的道德主体只能是个体主体，那么基于个体主体所建构的伦理，则会流于形式。个体心灵属于物自体领域并不为他者的知性认知所感知，从而"伦理学成了纯形式的、无内容的"③。

所以，康德所描绘的"现象界与物自体"的世界图景，实质上只是用界限遮掩逻辑矛盾。不论在认识领域还是实践领域，形式同内容的分野依旧没能被解决。虽然，整个体系是以"非理性"的不可溶解性为基点而建立的，且立足形式同内容的逻辑对立。但是内容被视为知性所创作的既定形式，从而被裹挟在理性体系之中。在卢卡奇看来，德国古典哲学的功绩就在于："把形式与内容的逻辑对立推到了极点，而作为哲学的基础的所有对立都汇合到这一对立之中。"④然而德国古典哲学的缺陷在于，它仅仅抓住了对立，却没能解决对立。

四、形而上学内在困境产生的根源

如果我们说形而上学的内在困境是通过形式与内容的张力凸显出来的。而形式逻辑作为自亚里士多德起便一直在沿用的逻辑规则，却只是在近代批判哲学之中被用以建构一个完善的形式体系以求把握整全的内容。在卢卡奇看来，之所以造成这一困境的原因有如下几点。

---

① ［匈］卢卡奇：《历史与阶级意识》，杜章智等译，商务印书馆，2009年，第198页。
② ［匈］卢卡奇：《历史与阶级意识》，杜章智等译，商务印书馆，2009年，第199页。
③ ［匈］卢卡奇：《历史与阶级意识》，杜章智等译，商务印书馆，2009年，第199页。
④ ［匈］卢卡奇：《历史与阶级意识》，杜章智等译，商务印书馆，2009年，第191页。

首先,卢卡奇认为近代哲学"试图仿造数学方法的样板,用它的形式来把握物质"①。自巴门尼德以来,数学对哲学的影响既是深刻的又是不幸的。笛卡尔在《谈谈方法》之中盛赞过数学,他认为:"数学推理,确切明了。"②在笛卡尔看来,数学、逻辑有这样一种魔力,它是感官感知不到的,但是它是天然地"有",所以笛卡尔认为它们是"天赋"的。霍布斯也十分重视数学,在他看来推理就是计算。③数学之所以能够对形而上学有这样一种吸引力,其原因就在于,形而上学试图创造这样一种体系:"它能把合理化了的存在的全部形式上的可能性、所有的比例和关系都包括在内。"④而数学为此提供了完满的样板,数学方法便是将各式的内容通过某一公理进行精确化和合理化,从而将其进行统合。

但是,这里会出现几个问题。第一,数学"从一开始就要保持尽可能的局部,因而它是可以被相对化的状态"⑤。数学的内容虽然亦是作为既定的"非理性"的内容,但是它是一种相对的状态,它的作用主要是"推动",即推动体系形式的改造。而哲学的对象,作为经验事物的内容,它是作为一种"本质"而存在着的,在某种意义上,它可以被称为"绝对"。按照黑格尔的话说,"哲学并不考察任何无关本质的规定,而是考察事关本质的规定"⑥。那么在这里,内容作为"绝对"本身,它虽然也推动体系的变化,但是体系始终无法把握它,而只能通过同"绝对"的对立来支撑彼此的存在。所以,数学的方法对于哲学来说是不适用的。第二,在数学中,"创造和可把握性是完全同一的";而在哲学中,"创造只是意味着用知性可以把握事实而已"⑦。在数学方法中,通过公理可以推演出局部的体系,通过局部体系可以反观既定的内容,而后通过对内容做精确化、合理化的描述再返回到局部的体系之中进行验证。之所以如此,是因为"数学的目的或概念是分量,而分量恰好是一种无关本质

① [匈]卢卡奇:《历史与阶级意识》,杜章智等译,商务印书馆,2009年,第192页。
② [法]笛卡尔:《谈谈方法》,王太庆译,商务印书馆,2000年,第7页。
③ [英]霍布斯:《论物体》,段德智译,商务印书馆,2019年,第17页。
④ [匈]卢卡奇:《历史与阶级意识》,杜章智等译,商务印书馆,2009年,第205页。
⑤ [匈]卢卡奇:《历史与阶级意识》,杜章智等译,商务印书馆,2009年,第191页。
⑥ [德]黑格尔:《精神现象学》,先刚译,人民出版社,2020年,第29页。
⑦ [匈]卢卡奇:《历史与阶级意识》,杜章智等译,商务印书馆,2009年,第192页。

的,无概念的关系"。因此,数学的创造从来不是一种"质"的创造,而是就内容的分量进行的推演,因而它是可被把握的。所以,就数学的方法而言,它的创造和可把握性是同一的。但是哲学的创造是一种主观逻辑的创造。前文我们提到过,这种主观逻辑的创造同数理公式不同,它是同内容相分离的,因为内容作为"绝对"并不为它所把握。那么哲学对于内容的把握实质上只是概念的把握,即卢卡奇所说的知性的把握。

其次,数学并非是最深层的原因,因为数学只是资本主义经济发展的工具。在卢卡奇看来,形而上学朝着体系形式发展只是社会各个部门专门化、合理化发展的一个缩影,经济学、法学也面临同样的困境。那么造成这一困境最为深沉的原因就在于:"资产阶级由于其社会存在,必须用这些思维形式来思维世界。"①而"社会存在",便是商品经济的发展以及由此导致的"物化"。

物化是人与人之间的社会关系被掩盖为物与物的关系的虚幻形式。物化借由商品关系而产生的。而在资本主义时代商品才达到了普遍形式,因而要厘清商品关系是如何渗入社会生活的方方面面, 首先要廓清商品的三个阶段。卢卡奇指出,最初劳动产品会出现交换是因为"需求",即劳动产品所具有的使用价值可以满足自身或他者的需求。在这一时期,劳动产品的使用价值与交换价值仍然是统一的,交换价值并未获得独立的形式,交换行为只是偶发性的行为。就生产而言,它所指向的目的也是使用价值。在这一阶段"使用价值开始转化为商品"②。而当商品的交换不再是为了使用价值,而是为了交换价值时,使用价值就变成了交换手段,由此便进入第二个阶段。在这一阶段里,商品之所以是商品,其原因就在于它的可交换性,可交换性必然要求质上不同的对象获得形式上的同一, 所以商品形式逐渐地获得了普遍性。而可交换性并非是基于生产者与消费者之间的偶发性的交换行为,而是基于介入他们的"商人"。商人通过交换行为获取"差价",并用交换行为确立了等价交换。因而经由"第三者"的出现,"连续不断地交换行为和比较经常的为交换而进行的再生产"③消除了交换的偶发性。由此,便进入第三个阶

①　[匈]卢卡奇:《历史与阶级意识》,杜章智等译,商务印书馆,2009 年,第 192 页。

②　[匈]卢卡奇:《历史与阶级意识》,杜章智等译,商务印书馆,2009 年,第 147 页。

③　[匈]卢卡奇:《历史与阶级意识》,杜章智等译,商务印书馆,2009 年,第 149 页。

段,即资本主义时代。在这一阶段,由于商品关系成为整个社会存在的普遍范畴,那么由"商品关系所产生的物化对社会的客观发展和人对社会的态度"便取得了决定性的意义,换言之,只有商品关系成为整个社会存在的普遍范畴时,物化才具有决定性的意义。

所以,在资本主义时代由于商品经济的充分发展,商品形式便取得了普遍形式的地位。这样造成的后果,就客观方面而言,产生一个"物以及物与物之间关系构成的世界"[1];从主观方面来说,"人的活动同人本身相对立地被客体化"。马克思在《1844年经济学哲学手稿》中曾经提到过劳动的异化。在马克思看来,劳动是主体自身本质力量的确证,是自由自觉的对象化活动,"在改造对象世界的过程中,人才真正地证明自己是类存在物"[2]。但是由于私有制,劳动发生了异化,成了维系生存的手段,而不是确证自身类本质的目的。卢卡奇从商品经济的角度,提出了劳动的物化。劳动的物化造成了:劳动"变成了一种商品,这种商品服从社会的自然规律的异于人的客观性"[3]。在卢卡奇看来,发生物化劳动的原因就在于劳动的抽象化。就客观方面而言,只有以抽象劳动为本质创立的产品才能以相同的形式消除产品本身质的不同。换言之,质上不同的东西,为使其交换成为可能,只能将其归结为某种抽象的本质的活动,如此才能使交换变得普遍。就主观方面而言,抽象劳动的过程就是现代劳动的过程。在现代劳动的过程之中:一方面,由于资本所推崇的可计算性"劳动过程越来越被分解为一些抽象合理的局部操作"[4],破坏了产品本身的有机的、由质所决定的统一,从而导致"人无论在客观上还是在他对劳动的态度上都不表现为这个过程的真正的主人"[5],即人同自己的劳动相对立。另一方面,劳动被肢解为一些机械重复的环节,这种机械化活动使得工人在劳动之中失去自身。

综上所述,随着私有经济的发展,商品的使用价值与交换价值逐步分离,商品生产趋向交换,为了使交换可进行则要求建立形式上的同一,如此商品

---

① [匈]卢卡奇:《历史与阶级意识》,杜章智等译,商务印书馆,2009年,第150页。

② 《马克思恩格斯文集》(第一卷),人民出版社,2009年,第163页。

③ [匈]卢卡奇:《历史与阶级意识》,杜章智等译,商务印书馆,2009年,第151页。

④ [匈]卢卡奇:《历史与阶级意识》,杜章智等译,商务印书馆,2009年,第152页。

⑤ [匈]卢卡奇:《历史与阶级意识》,杜章智等译,商务印书馆,2009年,第153页。

形式便逐渐成为社会存在的普遍范畴。而当商品形式成为社会存在的普遍范畴之时,物化便发生了。物化的发生一方面导致人与人的关系被物与物的虚幻关系所掩盖,另一方面,世界也物化为物及物与物之间关系构成的世界,在这一发展过程中,数学或者我们说理性计算成为私有经济发展的有力工具。所以形而上学试图建立形式体系并非是偶然的,而根源于整个社会的物化。物化使得社会发展趋向合理化、专门化、局部化的发展,因而哲学也便呈现出如此这般发展的样态。由此,卢卡奇指出:"近代批判哲学是从意识的物化结构中产生的。"[1]

五、总结

在卢卡奇看来,形而上学的内在困境是通过形式同内容的分野而凸显出来的。当近代哲学试图通过建立形式体系来把握客体,实质上这种把握只是知性的把握,即将经验内容视为既定的"非理性"的存在,而后通过赋予它以知性的外壳,将其裹挟进形式体系中。所以,如何把握内容的课题就转变为如何建构体系的问题,康德的物自体与现象界便是最为清晰的例证。但是"非理性"的存在实质上仍是不为形式体系所把握的,因而它成了瓦解整个形式体系的关键点。这种合理化、体系化的思维形式不是哲学所特有的,而是同资产阶级的经济发展与分工发展息息相关的。当资本主义经济发展到一定高度,商品形式成为社会存在的普遍范畴时,整个社会也便趋向了形式化、合理化的发展。这种发展要求抹杀质的区别,建立形式的趋同。因而,形式同内容的逻辑对立不仅仅是形而上学所面临的困境,更是整个社会结构物化的结果。

方诗慧(辽宁大学)

---

① ［匈］卢卡奇:《历史与阶级意识》,杜章智等译,商务印书馆,2009 年,第 180 页。

德萨米"灌输论"与
卢卡奇"无产阶级意识"的异同

一、卢卡奇"无产阶级意识"理论介绍

(一)卢卡奇"无产阶级意识"的背景

首先马克思没有对"阶级"做出明确定义,这对后来的理论工作造成了困难。卢卡奇处于十月革命后,欧洲普遍进行社会主义革命尝试,均没有成功的消极社会背景之下,部分无产阶级者对革命有消极态度,认为还没有到革命的时候。社会主义出现要等资本主义自行瓦解,反对无产阶级革命的机会主义。有人对共产主义的实现产生怀疑,倒退回资本主义的修正主义、庸俗唯物主义。卢卡奇为了解决当时的理论困境,激励无产阶级革命斗志,反对消极等待机会,发展了马克思的理论,形成了"无产阶级意识"理论。卢卡奇认为无产阶级在与资本主义斗争中认识到自己的状况,从而行动起来。无产阶级意识一般是潜的,只有在资本主义经济危机才上升为行动。这种潜在的、理论性质的无产阶级意识在历史的发展中具化为现实,也就是党。卢卡奇认为不能消极等待历史必然性的出现,而应该"自己解放自己",如马克思所说:"无产者在这个革命中失去的只是锁链,他们获得的将是整个世界。"[①]卢卡奇批评庸俗的马克思主义:"很快就步资本主义经济学的后尘。取消了辩证的方法、总体对各个环节在方法论上的优越性,而是各个孤立的部

---

① 《马克思恩格斯文集》(第二卷),人民出版社,2009年,第66页。

分的反思联系。①庸俗的马克思主义把重要的、正确的抛弃了,是一种理论倒退。卢卡奇的"无产阶级意识"理论把个别国家的、局部的无产阶级革命的失败,纳入总体的视角,看作通向胜利的必要途径。②卢卡奇的理论批驳了当时甚嚣尘上的机会主义、修正主义、庸俗的马克思主义,激励了无产阶级的革命信心,为当时的无产阶级革命做出了贡献。

(二)卢卡奇"无产阶级意识"理论的形成

卢卡奇通过批判资本主义来形成自己的"阶级意识"理论。卢卡奇认为资产阶级将现有社会结构看作永恒的自然规律,忽视实质起源于经济关系的人的关系。他认为资产阶级的意识是一种"虚假"意识,不能实现对经济结构的科学认识,也无法解决经济危机和社会问题。卢卡奇批判了黑格尔关于直接性与现实性相区分相统一的思想,并通过对黑格尔辩证法的扬弃,发展了总体性辩证法,更深入地揭示历史与现实的本质。他强调无产阶级阶级意识是摆脱黑格尔辩证法的泛逻辑神秘主义的关键,同时指出资本主义社会物化现实未被清楚解剖的原因是因为背弃了总体性方法。③卢卡奇批判了机会主义,认为机会主义从部分、表象、结果出发来考虑问题,"混淆了无产阶级实际的心理意识状态和无产阶级的阶级意识"④把局部利益的斗争看作结果,而不是通向最终结果的过程(教育手段)。资本主义经济危机是一个很好例子,资本主义经济危机的根本原因是生产与消费之间的矛盾,也就是生产过剩。而表象却是一个个国家经济危机的蔓延,资本主义经济学家把握了"细节",总结了一个个经济危机的原因,如投资与储蓄的不平衡等等,这是用局部掩盖总体。卢卡奇通过对资本主义意识的批判,推出了自己的总体辩证法理论,从而形成了"物化—总体辩证法—无产阶级意识"的解决方案。

---

①　[匈]卢卡奇:《历史与阶级意识》,杜章智等译,商务印书馆,2009 年,第 53 页。

②　[匈]卢卡奇:《历史与阶级意识》,杜章智等译,商务印书馆,2009 年,第 88 页。

③　韩秋红:《无产阶级的阶级意识与集体自觉——从卢卡奇到当代西方左翼》,《哲学论坛》,2022 年第 1 期。

④　[匈]卢卡奇:《历史与阶级意识》,杜章智等译,商务印书馆,2009 年,第 122 页。

(三)卢卡奇的解决方案

卢卡奇提出了物化理论,卢卡奇认为解决物化的关键在于通过"总体性"的方法唤醒无产阶级意识。卢卡奇认为:组织问题虽然处于争论的中心地位,但作为革命的精神问题还是遭到了忽视。共产党的概念经常被机会主义反对和诽谤,也被工人阶级误解为纯粹的技术问题。卢卡奇非常重视组织问题,他认为:"组织问题是理论与实践之间的中介,只有以组织这种具体中介形式的存在,理论才能化作革命的精神武器,才能武装无产阶级,成为物质武器。"①卢卡奇引用了马克思在《黑格尔法哲学批判导言》里的话:"批判的武器当然不能代替武器的批判,物质的力量只能用物质力量来摧毁;但是理论一经群众掌握,也会变成物质力量。"②卢卡奇认为,组织其实就是统合掌握群众的中介形式,把理论这种精神武器,通过组织转化为物质力量。因此,卢卡奇认为组织问题是至关重要的,是值得去进行工作的,而当前的组织还没有达到马克思所描写的"理论与实践的统一",需要阶级意识真正和实际介入历史,这样才能洞察物化,克服空想社会主义。③

他还指出:"革命的命运(以及与此相关联的是人类的命运)要取决于无产阶级在意识形态上的成熟程度,即取决于它的阶级意识。"④卢卡奇重视无产阶级意识:无产阶级需要通过实践实际地改造社会生活形式,这需要以无产阶级的阶级意识的觉醒为前提。当无产阶级意识到自己作为商品的社会地位时,就会产生对于实践的冲动。在扬弃物化的过程中,阶级意识的成熟和发展起着至关重要的作用。马克思的异化扬弃主要从消灭资本主义私有制、无产阶级的阶级斗争以及生产力的高度发达入手:"马克思更多的是诉诸社会生产实践,克服异化依赖于大力发展社会生产力,消灭社会分工,直

---

① 单传友:《卢卡奇物化批判的重新审视》,复旦大学,2014年博士学位论文,第59页。
② 《马克思恩格斯文集》(第一卷),人民出版社,2009年,第13页。
③ [匈]卢卡奇:《历史与阶级意识》,杜章智等译,商务印书馆,2009年,第166页。
④ [匈]卢卡奇:《历史与阶级意识》,杜章智等译,商务印书馆,2009年,第117页。

至实现共产主义社会。"①卢卡奇的物化的解决更多是无产阶级意识觉醒,"自己解放自己"。这点差异不是卢卡奇对马克思的背叛,而是对马克思的理论的发展,马克思宏观地预测了共产主义社会的出现,然而共产主义何时出现是不具体的。卢卡奇在经济危机和欧洲无产阶级运动的失败的背景下,发展了马克思的理论,通过"无产阶级意识"和它的外在形式"党",促进无产者认识到自身的地位与使命,进而影响到实践,这并不是所谓的向唯心主义的倒退,而是意识反作用于物质,精神武器转化为物质武器。

二、德萨米"灌输论"介绍

(一)德萨米的"灌输论"的理论背景

德萨米活跃于法国大革命失败后的七月王朝时期,法国七月王朝是一个资本主义性质的王朝,七月王朝的建立有大量无产阶级流血牺牲,果实却被资产阶级攫取,无产阶级发现被欺骗背叛,产生大量不满情绪。由于法国长时间革命,工人力量显现。这个时期工人起义频发,工人大规模结社,七月革命之后的法国空想社会主义者进行了一轮又一轮的罢工与起义,当时"人民之友社"有三千多共和党人,呼吁罢工的"人权社"有四千多起义军,他们在后期逐渐形成联盟,里蒂埃断言,有6万人由此组成了广泛的固定联盟。②法国工人虽然有革命热情,但急需理论指导。德萨米的理论来源于18世纪的法国唯物主义、傅立叶的公有学说、巴贝夫主义及其革命理论。德萨米学习了拉伯雷、卢梭、巴贝夫、邦纳罗蒂、西哀士、摩莱里、爱尔维修、傅立叶和邦纳罗蒂的观点。德萨米的理论不同于德国人的严谨的体系哲学,他是直观的法条式的理论,以"公有制"为政治纲领,建立公社。"一个人数为一万人的公社,组成联合社或公社系统,依照地理状况和地区性质的不同,组成不同数量公社构成的省,由一定数量的省构成一个共和国,最后,所有各个不同的

---

① 阳桂红、刘大欣:《关于马克思异化思想和卢卡奇物化理论的比较》,《湖南大学学报》(社会科学版),2009年第3期。

② [法]乔治·莫朗热:《七月王朝时期的共产主义思想》,雷勇光译,黄建华校,商务印书馆,1985年。

共和国合起来构成一个伟大的全人类共同体。"①德萨米的法典基础是自然法。德萨米认为:"宪法是非自然的随时代变化暂时的政治和国家的产物;根本法则不同,根本法是自然的永恒的先于政治和国家的。立法者的任务在于寻求和识别它,然后予以公布。"要求:"不应该使人民去适应法律,而应该使法律符合于人民。"这种以自然法为根本法的思想贯彻德萨米的哲学,成为"德萨米思想的拱顶石"。德萨米的"灌输论"出自哲学章节,德萨米有意把科学文化知识和无产阶级教育灌输给无产者。

(二)德萨米的"灌输论"的意义

德萨米被同时代的马克思评价为"比较有科学根据的法国共产主义者"②。这是因为德萨米不同于其他空想社会主义,他认识到了无产阶级的力量,他看见了人民群众的巨大革命力量,德萨米要求主动地对无产阶级进行教育,这是德萨米不同于其他空想社会主义者的先进的方面。德萨米认为:"要往无产者的头脑里灌输真理:你有责任给无产者进行这一洗礼!"③学者孙代尧在《"灌输"论探源》一文中认为德萨米不同于以往的空想社会主义者把无产阶级看作受苦受难、值得同情和可怜的阶级,而意识到无产阶级是变革现存制度的力量,并认为无产者不会自发地在理论上达到共产主义,要给无产阶级灌输真理。它比马克思恩格斯首次使用灌输概念早了两年。至于马克思两年后开始接受和使用这一概念,大约就是受到德萨米著作的启示。④学者王建华反对把德萨米当作"灌输论"的首倡者,他认为德萨米提出的"灌输"一词与马克思主义的"灌输论"有原则性的区别。⑤德萨米的"灌输论"是否具有"灌输论"源头的理论价值是有争议的,但他主动对无产阶级的教育和改造,对无产阶级的阶级意识的培养是有一定理论价值,值得我们探究的。

---

① [法]德萨米:《公有法典》,黄建华、姜亚洲译,商务印书馆,1982年,第31、36页。

② 《马克思恩格斯文集》(第十卷),人民出版社,2009年,第7页。

③ [法]德萨米:《公有法典》,黄建华、姜亚洲译,商务印书馆,1982年,第98页。

④ 孙代尧:《"灌输"论探源》,《江西社会科学》,1989年第6期。

⑤ 王建华:《试析关于"灌输论"首创者的几种观点——兼论马克思主义灌输理论的形成》,《思想教育研究》,1994年,第5期。

（三）德萨米对无产者教育的阐述

德萨米引用了莱布尼茨的话："我始终认为，如果改造了教育，那就改造了世界。"来阐发他对教育事业的关注，尤其是对无产者的教育。德萨米对教育抱有极大希望。德萨米认为："人之间之所以存在着巨大的差距，是因为腐败邪恶的教育制度和长期奴役。"当时有人认为，科学与艺术导致道德败坏，德萨米认为道德败坏是因为知识垄断，科学与艺术是消灭财产不平等和知识垄断的武器："科学和艺术是强有力的武器，而几乎总是由暴政凶残地加以滥用。"①德萨米反对禁止无产阶级使用科学和艺术的有害逻辑、反对卢梭的部分错误观点。德萨米认为错误的根源是私有制，而不是科学技术。"废除了私有制，科学和艺术将不是不公平和堕落行为的帮凶，而是获得持久的幸福、真正而完善的文明的又一种手段。"②德萨米认为科学与艺术不具有阶级性，无产阶级得到就是反抗资产阶级的武器，资产阶级得到就是压迫无产阶级的工具，不能因为资产阶级利用科学与艺术压迫无产阶级，就放弃科学与艺术。

德萨米在《公有法典》中创造性地提出了一个新的共产模式——用技术进步和发明创造解放人类。在生产方面，德萨米希望采用分工制。德萨米还注重机器对人的生产环境和工作量的改善，德萨米畅想："惊人的机械和化学的手段来消除劳累而令人不快的劳动，人不愿意做的工作被机器和马匹替代。未来的人只需要管理机器和马匹。"③德萨米认为当时的生产力已经足够人民的食物和衣料供给。当时的机器也可以简化劳动者的工作，缩短工时。德萨米认为公有制对机器的利用会使自然服从人的意志。德萨米希望依靠细致化分工和机器和畜力的合理使用达到减少每个人的工作量的目的，再通过教育和引导使公有制下的每个人都成为热爱劳动的劳动者。通过科学的土地种植安排、高效的生产模式、机械畜力的广泛使用和快速利用巧妙

---

① ［法］德萨米：《公有法典》，黄建华、姜亚洲译，商务印书馆，1982 年，第 239 页。
② ［法］德萨米：《公有法典》，黄建华、姜亚洲译，商务印书馆，1982 年，第 239 页。
③ ［法］德萨米：《公有法典》，黄建华、姜亚洲译，商务印书馆，1982 年，第 75 页。

发明等方式解放当时悲苦的劳动者，使每个劳动者都能快乐的工作并全面发展。①

德萨米认为应该取消家庭教育，进行公共教育。德萨米大声急呼："不要分散家底！不要家庭教育！不要家庭关系！不要夫权！自由结合！两性完全平等！离婚自由！"②德萨米认为："家庭教育有诸多弊端，如儿童教育极不完善，易发生危险，无法实行一切精细的、一切明智的预防措施，不如公共教育能整合资源，建立专门的场所，供孩子玩耍和体育锻炼。"③德萨米采用男女分开的教育模式，德萨米认为："男子天性适于运动和爱活动，他们必须保护和捍卫祖国；妇女应为祖国生产强壮的公民。"④所以两性教育是不一样的，男性应该锻炼从事农业劳动和机械操作，养成能适应最艰苦行动的习惯并在最有益身心的俭朴条件下过活。女性应该学习各种轻微的农业劳动和手艺，应该热爱祖国，并激发男子对祖国的热爱。因而，她们也要参加那些唤起男子赞赏祖国的明智法律的学习；她们将练习演唱那些点缀节日的共和国赞歌。⑤

德萨米不仅认为应该加强无产者的科学艺术教育，更应该加强无产者的无产阶级意识教育，他对无产者大声疾呼："无产者们，各国人民谋求复兴的机会有时在一个世纪内只出现片刻！当这个时刻来到时，务请你们当心，不要因为争吵和分裂而错过了它！"德萨米认为知识属于财富，必须通过人民组织使财富与知识回到人民手中，人人得到免费的知识，"必须消灭那种保证少数人享乐而把一切重担都加在其他人肩上的特权。这种特权就是知识方面的特权；人人都有获取知识的权利，因而应该使所有的人就像得到食物和呼吸的空气一样，免费得到知识。然而，知识完全属于财富，而政权又完全依靠知识；政权把财富和知识都集中在少数人的手中，这少数人只有在人民的社会组织面前才会放弃权力。"

而且德萨米还注重青年的教育："我们的青年由于从事不断更新的活

---

① ［法］德萨米：《公有法典》，黄建华、姜亚洲译，商务印书馆，1982年，第69~70页。
② ［法］德萨米：《公有法典》，黄建华、姜亚洲译，商务印书馆，1982年，第125页。
③ ［法］德萨米：《公有法典》，黄建华、姜亚洲译，商务印书馆，1982年，第130页。
④ ［法］德萨米：《公有法典》，黄建华、姜亚洲译，商务印书馆，1982年，第137页。
⑤ ［法］德萨米：《公有法典》，黄建华、姜亚洲译，商务印书馆，1982年，第138页。

动,就会产生与国家原则相符合的感情。青年会养成把他们所看到的好景象都归功于祖国的习惯,因为祖国是一切的主宰。他们也会把自己的健康、幸福和愉快归功于国家的神圣法律。青年人由于经常过着共同的生活,最后便把自己的幸福同别人的幸福融合在一起;由于不受私利和野心的沾染,也由于通过自己的经验和别人的记叙深信祖国的慈爱,于是,为祖国服务和博得祖国的表扬的愿望,成为青年人行动的唯一动机。"①德萨米认为可以通过对青年的教育,使青年热爱公有事业,通过对青年人的博爱、平等的教育实现公有事业的延续。德萨米认为,通过教育和引导使公有制下的每个人都成为热爱劳动的劳动者。通过科学的土地种植安排、高效的生产模式、机械畜力的广泛使用和快速利用巧妙发明等方式解放当时悲苦的劳动者,使每个劳动者都能快乐的工作并全面发展。②德萨米认为人民受到无政府主义的影响颇深,需要有强有力人物带领人民,加强人民的教育,让人民显示自己的愿望。

德萨米认识到了无产阶级是一种新兴的阶级,是改变世界的"关键力量",沃尔金认为:"德萨米以前的空想主义者中,没有一个人能像他这样地看到无产阶级的积极性对社会改革事业的意义。"德萨米对无产阶级的"灌输"理论,对当代的意识形态斗争和青少年理论教育工作有一定的积极作用。对文化传承发展、新时代中国特色社会主义文化建设、社会主义文化强国建设具有一定的理论价值。

三、两者的区别与相同

（一）对资产阶级的批判

如上文所述,卢卡奇的"阶级意识"理论是通过揭露资本主义意识的"虚假性"证成的,资本作为资产阶级的私人财产限制了资本主义生产发展,同

---

① ［法］德萨米:《公有法典》,黄建华、姜亚洲译,商务印书馆,1982 年,第 138 页。
② ［法］德萨米:《公有法典》,黄建华、姜亚洲译,商务印书馆,1982 年,第 71 页。

时限制了资产阶级意识。其意识归根结底只是一种"虚假的意识"①。资本主义发展的没有被意识到的革命原则由于无产阶级的理论和实践而被社会意识到了的时候，资产阶级就在思想上被逼进了自觉反抗的境地。资产阶级"虚假"意识中的辩证矛盾加剧了："虚假"意识变成了虚伪的意识。②卢卡奇批判了资本主义的学说。通过对它们的批判，证成了"物化""总体辩证法""无产阶级意识"理论。德萨米认为私有制就像潘多拉的魔盒，是一切苦难的源头。私有制制度下的无产者的生活凄惨。德萨米认为无产者的苦难的根源不在于人，而在于私有制的制度，私有制导致垄断，使小企业者被打压、破产，从而进一步分化贫富。德萨米认为工业大王、银行富豪、金融巨头这些垄断资本家得到的财富沾满了受害者的血。③德萨米认为资本主义民主制度中存在一些根本性的缺陷，这些缺陷导致这种民主制度实际上只是一种虚假的民主。德萨米发现经济对政治的超乎想象的影响力，使资本主义的政治体制下政治权力平等的两个人，因为经济权的不平等而政治权力不平等。这使得资本家能够通过操纵经济系统来掌握政治权力，并且在政治上获得优势。德萨米认为物质生产已经足够全体人的生活，还有人生活困顿、饥寒交迫，是因为分配不均，是因为私有制，私有制是万恶之源。

(二)无产阶级的教育

卢卡奇与德萨米都认为对无产者的教育至关重要，不同点是德萨米的教育更侧重于通过教育让人们认同"公有制"，巩固革命成果。而卢卡奇的教育贯穿无产阶级斗争，卢卡奇认为无产阶级意识是革命斗争的关键。德萨米对无产者的教育更多的是无产阶级革命之后，除了培养合格的劳动者之外，更是确保不会复辟和颜色革命的工作。德萨米在《公有法典》中提道：在它的一切制度、措施、条例和探讨中，特别是在教育方面，它将永远不忽略下述原则："从所有人的意识中，从所有人的心灵中，把谋求统治权、特权、优越性、

---

① [法]德萨米：《公有法典》，黄建华、姜亚洲译，商务印书馆，1982 年，第 111 页。

② [法]德萨米：《公有法典》，黄建华、姜亚洲译，商务印书馆，1982 年，第 112 页。

③ [法]德萨米：《公有法典》，黄建华、姜亚洲译，商务印书馆，1982 年，第 81~82 页。

优先权、优越地位,总之一句话,把谋求任何特殊权力的极微弱的意图和愿望,都铲除干净。"①德萨米在注里面说:"人民认识了真理就不会反驳正常的劳动对人来说是乐事、天才不需要优越的条件。"②卢卡奇的无产阶级意识是在革命斗争的关键,卢卡奇认为:"资本主义的分裂恰恰提供了理解阶级意识的途径。阶级意识不是个别的或全体的心理意识,而是变成为意识对阶级历史地位的感觉。这种感觉总是要在眼前的局部利益中变具体的。局部利益可能具有双重的功能:或者是通向目标的一步,或者是把目标掩盖起来。究竟是发挥哪一种功能则完全取决于无产阶级的阶级意识,而不取决于局部斗争的胜利或失败。"③卢卡奇的教育更多的是使"党"发挥作用,一方面统合无产者,教育无产者联合起来;另一方面促进无产者认识到自己的阶级地位与历史使命,从总体的角度来看待整个革命,激励无产者不计较一时成败,把失败当作通向目标的环节,坚定理想信念,更加热情地投身实践。

(三)建立工人组织

德萨米与卢卡奇都意识到无产阶级的巨大力量,卢卡奇要利用"党""工人委员会"团结工人、教育无产者。德萨米要建工人组织,通过工人结社组织推行革命,通过革命达到公有制社会,在公有制社会推行"公社",实现共同劳动,按需取用的共产主义社会。德萨米的历史观点,和大多数空想社会主义者一样,片面、表面地思考革命问题,没有意识到无产阶级本身就是资本主义社会制度的产物,是与资产阶级紧密联系的阶级。不能辩证地看待无产阶级与资产阶级的关系,想把时间倒退到斯巴达时代,明显是不合时宜的。卢卡奇认为:"革命工人委员会决不能同它的机会主义的丑化的模仿相混同,革命工人委员会是无产阶级的意识从它产生那一天起就不倦地为之斗争的一种形式。它的存在,它的不断发展表明,无产阶级已经站在它自己的意识的门槛上,并因而已经站在胜利的门槛上,这是因为工人委员会是在政

---

① [法]德萨米:《公有法典》,黄建华、姜亚洲译,商务印书馆,1982年,第252页。
② [法]德萨米:《公有法典》,黄建华、姜亚洲译,商务印书馆,1982年,第252页。
③ [匈]卢卡奇:《历史与阶级意识》,杜章智等译,商务印书馆,2009年,第132页。

治上和经济上对资本主义物化的克服。"卢卡奇对工人委员会提出要求：一是克服无产阶级在时、空上的分裂；二是克服直接利益与最终目标的辩证分裂。无产阶级不仅要与外部敌人、资产阶级斗争、更要和自身斗争、和资产阶级的腐蚀斗争，这些理论对当代意识形态建设和反腐败斗争都有一定的理论价值。

（四）通过无产者改变世界

德萨米的"灌输论"与卢卡奇的"无产阶级意识"都希望通过无产者改变世界。德萨米不同于其他空想社会主义者认识到了无产者的地位，沃尔金认为："德萨米已经认识到阶级、认识到平等的朋友是穷人、无产者。"但是德萨米虽然发现了无产者的力量，发现无产阶级有改变世界的能力，但因为其没有唯物历史观，就不能坚持无产阶级立场，就会提出："不是人民应当成为资产阶级，而是资产阶级应当成为人民。"这样让资产阶级参与公有事业的口号。卢卡奇认为："在历史本身之中，在无产阶级自我组织为阶级的方式之中，因此也就是在无产阶级的阶级意识之中，看到发展的载体。"他们还不能"注意眼前发生的事情，并且有意识地把这些事情表达出来""无产阶级在意识形态方面还要走很远的路程，在这方面存有幻想将是十分危险的。但是，同样危险的是看不到活跃在无产阶级身上的趋向于在意识形态上克服资本主义的力量。任何一次以不断提高的和自觉的方式进行的无产阶级革命都产生了正在成长为国家机构的整个无产阶级的斗争机构，即工人委员会，这一事实举例来说就是无产阶级的阶级意识正在开始胜利地克服它的领导层的资产阶级性的标志。"①卢卡奇认为资本主义社会存在"二律背反"，而克服这种"二律背反"的关键在于"无产阶级意识"的觉醒。资产阶级由于其思想的二律背反，使其难以超越自身的局限从物化结构中摆脱，因此物化的扬弃只有靠无产阶级来完成。卢卡奇结合当时的无产阶级革命现实，物化的扬弃应该是无产阶级"自己解放自己"，也就是无产阶级意识觉醒。这需要进行意识形态斗争，使无产阶级形成对本阶级历史地位的感觉和对本阶级历史角

① ［匈］卢卡奇：《历史与阶级意识》，杜章智等译，商务印书馆，2009 年，第 128 页。

色的总体自觉,才能摆脱商品拜物教。发挥"党""工人委员会"的组织作用,团结广大无产者,使理论的精神武器转化为物质武器。无产阶级的阶级意识的觉醒之后,就能意识到自己作为商品的社会地位,从而产生实践的冲动。组织把无产者团结起来用实践的手段改造社会,进而扬弃物化,实现共产主义。在扬弃物化的过程中,阶级意识的成熟和发展起着至关重要的作用。

德萨米的"灌输论"存在其"空想社会主义"局限性,德萨米所说的"真理"不是马克思的"科学社会主义",不是剩余价值学说,不是历史唯物主义,而是18世纪的法国唯物主义和其《公有法典》中的思想。至于德萨米的"灌输论"是否属于卢卡奇的"无产阶级意识"是有待商榷的。德萨米的"灌输论"在当时法国共产主义急需理论指导的时候,确实给当时的无产阶级运动以理论指导,让数以万计的无产者联合起来,进行罢工、武装夺权的革命运动,在这一方面应该给予肯定。但是《公有法典》毕竟属于空想社会主义著作,其思想缺乏科学性,就如同卢卡奇所说的:"注意眼前发生的事情,并且有意识地把这些事情表达出来。"但是仅仅是直观的思维,直观的表达,充满幻想和非科学的猜测。马克思认为无产阶级的任务是改造世界,无产阶级就在无产阶级自我意识中改造世界,其思维不是资产阶级的直观的思维,而是参与着历史发展。卢卡奇认为无产阶级意识就是实践,意识到了历史主义,抛弃了直观思维,从这点上来看,德萨米的思想还没有达到无产阶级意识的范畴。

四、无产阶级意识的当代启示

习近平在文化传承发展座谈会上,又一次强调了"两个结合"的重要性。希望通过马克思主义基本原理同中国具体实际、同中华优秀传统文化相结合,从而形成中国式现代化的文化形态,达到又一次的思想解放、理论和制度创新的成效。①作为理论战线的从业人员,我们需要将理论与实际相结合,坚持问题导向,不能沉溺于故纸堆,故步自封,温故须知新,要在旧的理论中发现新的价值。习近平在中共十八届政治局第43次集体学习中的讲话:"回

---

① 人民日报评论员:《深刻理解"两个结合"的重大意义——论学习贯彻习近平总书记在文化传承发展座谈会上重要讲话》,《人民日报》,2023年6月7日。

顾党的奋斗历程可以发现，我们党之所以能够不断历经艰难困苦创造新的辉煌，很重要的一条就是我们党始终重视思想建党、理论强党，坚持用科学理论武装广大党员、干部的头脑，使全党始终保持统一的思想、坚定的意志、强大的战斗力。"[1]无论是卢卡奇还是德萨米，他们都用理论武装无产阶级头脑、教育指导无产者团结革命，他们都相信共产主义社会的到来、全人类的解放，并为之奋斗。通过卢卡奇"无产阶级意识"与德萨米"灌输论"的异同比较，我们明晰了卢卡奇与德萨米的理论分歧，丰富了马克思主义理论路径，重申了无产阶级意识对无产阶级革命的重要意义，对意识形态工作和教育（特别是青少年理论教育）工作有一定积极作用和理论价值。我们在比较了卢卡奇和德萨米的理论之后，应更加努力地投身无产阶级理论工作，将无产阶级理论带给每一个无产者，用马克思主义武装无产者头脑，把无产阶级意识"灌输"到每一个无产者的脑中，更要用坚实的理论知识说服无产者，将精神武器转化为物质武器，从而达到总体的成功。

王昭颖（辽宁大学）

---

[1]　《习近平谈治国理政》（第二卷），外文出版社，2017年，第67页。

合理化原则下人的主体性的
丧失及时代意义
——基于卢卡奇《历史与阶级意识》

　　青年卢卡奇对资本主义社会结构的深入透视，是立足人的主体性问题而展开的，因为在卢卡奇看来，人不仅是社会存在的主体，而且是历史活动和发展的主体，更重要的是人能够凭借自身的主体性活动而成为社会的总体存在。因此他在物化理论开篇就借用马克思的话表达的人的存在的根本性，"但人的根本就是人本身"，借此开启了对资本主义社会物化结构下人的主体地位的考察。在马克思商品拜物教思想的启发下，卢卡奇同样选择了商品这一经济元素作为探讨资本主义生产结构和社会批判的切入点，"因为在人类的这一发展阶段上，没有一个问题不最终追溯到商品这个问题，没有一个问题的解答不能在商品结构之谜的解答中找到"①。商品的实质就涉及资本主义的实质，从商品的生产和交换过程的考察就能揭示资本主义的社会结构下人的存在状况和人与人之间关系的真实境遇。由此，卢卡奇以商品的生产和交换的时代变迁展现了"物"对"人"的主体性地位的掩盖和取代的历程，也即物化的形成过程。当物化延伸到人的意识领域时，意味着人的世界彻底屈从于物的世界，这是现代资本主义商品时代给人造成的生存的危机。卢卡奇对物化产生的根源进行了现代性的解剖，将其指向了马克斯·韦伯称赞资本主义文明的重要原则——合理化原则，以合理化原则下主体实质内容的缩减与二者的失衡来解释现代资本主义社会内在的深刻矛盾，也正是这种矛盾与时代创造了无产阶级足以承担整个社会命运所需的客观条

---

　　①　[匈]卢卡奇：《历史与阶级意识》，杜智章等译，商务印书馆，1999年，第148页。

件。由此,卢卡奇提出了一个生活在现代资本主义社会中的无产阶级如何打破物化结构实现主体意识觉醒的问题。

一、物化与人的主体地位

商品的出现是人类劳动能力的提高的必然结果，也是社会发展程度的重要表征。在资本主义社会随着科学技术在工业生产领域的工具化运用,物的商品化成为覆盖整个资本主义社会的普遍现象，因此分析商品成为剖析资本主义社会核心问题的切入点。马克思从商品出发来揭示资本主义经济规律继而表明资本主义生产方式必然被取代的历史命运,而卢卡奇从《资本论》中摘取了马克思关于商品的经济学分析来展现人的主体地位在商品发展的不同阶段中的历史变化，以此来揭示资本主义物化现象及其产生的意识形态问题。卢卡奇一方面从商品的"对象性形式"上展示了劳动者与商品规律在主导地位上此消彼长的变化过程，另一方面又从物化的生成机制上描述了人们对待商品的"主观态度"变化,这两个层面完整地诠释了人的主体性地位如何在物化世界中消失殆尽的过程。

卢卡奇所说的"对象性形式"是指在商品的生产和普遍性交换中所引起的与人的主体性相对立的"物"的客观存在形式,即卢卡奇所指出的由人的劳动结果所创造出来的一个异质的物的世界。卢卡奇借用了黑格尔的"第二自然"的概念来指称这个物的世界作为人的社会活动结果却不受人控制的客观规律性,"它的规律虽然逐渐被人们所认识，但是即使在这种情况下还是作为无法制服的、由自身发生作用的力量同人们相对立"[1]。而这一客观的、对象的、异质的力量形成历程也是工人的主体地位的不断消减的过程。在对马克思的经济学理论的分析中卢卡奇指出，原始社会中人们生产产品是为了使用,所以产品所体现的价值就是使用价值,生产是为了人,交换是为了满足人的各种不同的使用需求,所以交换也是为了人。这里的人就是一个鲜活的主体,而商品只是从属于和满足于人的需要的一种客体。在现代资本主义社会中,商品的交换获得了普遍性形式,人们不再为了使用而交换,

---

① [匈]卢卡奇:《历史与阶级意识》,杜智章等译,商务印书馆,1999 年,第 153 页。

而是为了交换而交换,这时生产商品的数量和时间成为衡量人的价值表现,生产也只是为了交换。此时,商品获得了支配和统治人的地位,人在这样的经济关系中越来越看不到人的地位和人与人之间的社会关系,"因此,毫不奇怪,在资本主义发展开始之时,经济关系的人的性质有时还相当清楚,但是,这一发展越继续进行,生产的形式越错综复杂和越间接,人们就越少而且难于看清这层物化的面纱。"①卢卡奇以经济发展中商品的历史演进来投射劳动主体地位的变化,深刻揭示由商品交换所引起的物化对主体价值的遮蔽。但是卢卡奇对商品作用的强调,使得他对物化现象原因的揭示似乎停留于商品的普遍交换层面,却未触及资本主义私有制的核心领域。除此之外,他对"对象性形式"的理解局限在物化层面上,而忽略了"对象性形式"的自然属性的一面。单从这两个层面上来看,他在无产阶级革命实践道路的理解中,之所以对现存的历史前提条件视而不见也就可以说得通了。

在第二个层面上,即主观上"商品拜物教性质中产生出来的那些基本问题"②,是指商品交换在人的劳动活动中取得了绝对的支配地位并以必然性力量同人相对时,人们在情感态度上的变化。卢卡奇同样从历史的角度分析指出,原始社会的生产过程中人的劳动活动及其能力是与劳动者直接统一的,人们依靠自身所具有的各种能力去生产能够满足自己需要的产品,即生产是为了人的使用需要。人们有了剩余商品之后开始了商品的交换,起初人们在商品交换中看重的不是商品的物的价值,而是商品中凝结的能满足自己不同方面需要的另一个劳动的特殊能力。所以,人对主体的能力的态度就决定了人对商品的主观态度。在资本主义社会中,由于商品在人的生活中获得了绝对性地位,一切事物都可以作为商品参与到资本主义市场规律中去,此时人们追求的不再仅局限于物的使用, 更多的还有物的交换。与此相联系,人们对物中凝结的他人特殊能力的需要开始让位于对商品本身的需要,商品交换所带来的经济上的繁荣使得商品本身获得了神秘性力量而备受追崇。因此卢卡奇指出,资本主义普遍化的商品交换,不仅决定和支配着生产过程,而且还决定了人们在商品生产和交换中的态度"只有在这一联系中,

---

① 　[匈]卢卡奇:《历史与阶级意识》,杜智章等译,商务印书馆,1999 年,第 151 页。

② 　[匈]卢卡奇:《历史与阶级意识》,杜智章等译,商务印书馆,1999 年,第 149 页。

由于商品关系而产生的物化才对社会的客观发展和人对社会的态度有决定性的意义"①。卢卡奇借马克思的商品拜物教来说明商品资本主义社会获得了普遍性而掩盖了其本质内容，其造成的结果是人们在主观上对商品的崇拜取代了对人们自身劳动能力的肯定。可以看出卢卡奇对马克思商品拜物教的解读有其独特和深刻的地方，但是两者在利用拜物教对资本主义社会披露的侧重点上是存在着一定的差别的，如马克思通过对资本主义拜物教现象的层层剥离，挖掘出其存在的社会根源，从而将资本主义对工人剥削的秘密公示于众，而卢卡奇借助马克思的拜物教所要展示和突出的则在于：劳动者即工人无论是在作为客体上和作为主体上，其主体性地位都在不断地降低，"马克思的批判重点是指向奴役、压迫和经济上的榨取，卢卡奇批判的重点则是人的独立主体地位和自由意志的丧失"②。

卢卡奇更进一步指出，商品关系不断获取其客观力量并蔓延至整个资本主义社会，乃至引起人们主观态度的变化之所以成为可能则在于劳动力的抽象化。卢卡奇这里表达了马克思关于劳动二重性的思想，劳动力体现了不同人身上的特殊能力，这种特殊能力通过人类物质性活动被转化为商品在市场上进行交换，这就需要衡量不同劳动力价值的统一标准（社会必要劳动时间），这一标准能够将不同质的劳动力转化为量上大小的规定，从而完成其在市场上交换的任务。然而卢卡奇并没有停留于抽象劳动的揭示上，他进一步指出，劳动力的抽象化，一方面使其成为商品完成在市场上的交换并促进其经常交换，另一方面将劳动力简化为相同形式的标准又反过来支配劳动生产过程，由此工人的劳动力在交换和生产中都在不断地被量化处理，从而成为资本主义社会中合理化系统中的一个要素。

二、合理化原则下劳动主体的现实境遇

合理化原则来自韦伯的"工具理性"，韦伯将经济学意义的理性经济人作为社会学研究的前提和出发点，力求通过研究纯粹的个人理性行为达到

---

① ［匈］卢卡奇：《历史与阶级意识》，杜智章等译，商务印书馆，1999年，第152页。

② 孙伯鍨：《卢卡奇与马克思》，南京大学出版社，1999年，第7页。

关于整个社会行为理解，为此他提出理想型概念作为社会模型。韦伯认为人类社会即是理性化水平不断提高而由传统型向理想型不断提升的过程，而资本主义社会便是由于合理化原则的作用而具有"理想典型"的特征。卢卡奇同韦伯一样希望达到社会的整体性认识，但又不能停留于社会现象的单纯意识上，特殊的政治身份和立场使得卢卡奇必须借助于马克思对资本主义社会的批判性分析为革命低谷时期的无产阶级寻找现实的出路，重新复归无产阶级的历史主体地位。因此，一切被视为合理化来支配和控制主体的普遍性原则都将成为卢卡奇鞭挞的主要对象，"对我们来说，最重要的是在这里起作用的原则：根据计算、即可计算性来加以调节的合理化的原则。在经济过程的主体和客体方面发生的决定性的变化"①。这种发生在主体和客体上的变化尤指作为整体的存在按照合理化原则被拆解和组合之后，其内部和外部所产生的双重变化。卢卡奇从整体性上解剖了资本主义社会结构中这种形式合理化对人的本质内容的剥离，这种剥离是对人的有机统一性的破坏，造成的结果便是无产阶级主体性的丧失和资产阶级意识形态的加强和固化。

从劳动过程来看，分工是对人的劳动过程统一性的拆解。人的劳动过程在手工业生产时期是劳动主体根据自身的需要，从自然界获取直接的生产资料并对这些原材料进行加工、组合，从无到有创造产品的过程。在这个过程中，人将自己的能力、意志、想象力充分发挥出来，所以最终的产品是作为一个完整的成果而体现着人自身的完善性。当看到自己的劳动产品时，人作为鲜活的主体感觉到满足和快乐，体验到自身存在的意义和价值。合理化的原则被作为生产原则，要求对劳动的整体过程进行分割，工人的劳动就变成了局部性的机械操作，其成果不再是以整体呈现的产品而是一些零散的产品部件。由此，劳动操作过程的分割中断了产品内在的有机整体性，产品内部的联系成为这些部件之间的偶然联系。可见，卢卡奇所揭示的正是资本主义工业在技术理性兴起时的机械化生产。这种合理化生产对劳动主体生产过程的分割使得人与产品之间内在的直接性联系也被中断了，人在产品上看不到自己的完整品质，更感受不到自己的主体性地位。因此，人的外在的

---

① ［匈］卢卡奇：《历史与阶级意识》，杜智章等译，商务印书馆，1999年，第155页。

整体性存在被合理化原则所否定和肢解，成为资本主义生产系统中的一个孤立要素，"无所作为地看着他自己的现存在成为孤立的分子被加到异己的系统中去"①。

从人的内在机能来看,合理化原则造成人的内在机能统一性的破坏。人的整体性存在不仅表现为肢体上的有机体联接和活动的连续性，还表现为内在的心理机能和活动的有机统一性。人的内在统一性主要指理性和非理性的统一,人是自身活动的主宰者。非理性主要表现在人是有感情、有激情、有欲望的存在,这些非理性因素影响着主体自身的活动,激发人们主体意识的发挥,而理性因素则能进一步促进人们反思和意识到自身的整体性活动,意识到自身的社会存在和历史性地位,从而在行动中达到自觉。但在机械化操作面前,人潜在的能动性和创造性失去了现实性机会,日复一日的机械化操作使得人逐渐失去了情感和意志上的知觉,现实的人如同机器一般不再具有人的个性特征。当人的心理特性被合理计算的时候,人之为人的内在自我存在也被抹杀了。在这样的"合理性"的计算要求下,生产者的劳动者除了机械的操作之外,仅有的态度就是直观。在直观的态度面前,时间成为衡量一切的标准,但是生产过程中时间也没有脱离被"合理化"的要求,它被分割成固定的、可计算的空间单位,而单位时间里人生产的数量成为人的价值的体现,"时间就是一切,人不算什么;人至多不过是时间的体现"②,人的价值开始屈从于物的价值。甚至连人的任何主观的东西,即人的性质和特点也被当作"错误的源泉",在合理化面前不得不被抛弃掉,人彻底失去自身的主体性而沦为现代资本主义生产系统中的客体,"资本主义的生产过程是一个连续不断地走向更高程度的合理化的发展进程，在这个过程中存在着一种倾向,即倾向于消除工人的性质上的、人的和个人的属性方面的差别"③。

从社会有机体来看,合理化原则引起人与人之间关系的物化。在卢卡奇看来,人自身不仅在外在和内在方面是一个有机的整体的存在,而且作为主体的人与另外的主体之间也是有机联系的整体——有机联系的共同体。由

---

① [匈]卢卡奇:《历史与阶级意识》,杜智章等译,商务印书馆,1999年,第157页。

② [匈]卢卡奇:《历史与阶级意识》,杜智章等译,商务印书馆,1999年,第157页。

③ 姜华:《物化的遮蔽:韦伯的合理化原则——青年卢卡奇对韦伯合理化思想的分析与批判》,《学术交流》,2017年第7期。

于凝结着劳动创造价值的物品既能用于满足自身的使用需要，也能直接满足他人使用的需求，社会关系形成于人们互换其劳动成果的交往联系中。在社会交往中，个人直接以主体者的身份同其他主体者发生直接性的联系，彼此以相互认同的态度在交往中处在一个有机的统一体中。现代资本主义机械化的生产直接中断了由劳动需求而连接在一起的人们之间的自然统一性，随着"可计算"性从生产领域逐渐过渡到整个社会交往范围，合理化原则同样成为选择是否交换该物品支配原则，其目的是使物品成为商品进而能够在市场交换中为自己带来更多的利益。此时，物的商品性质超出了物本身的价值，由此产生这样的结果，即"现代资本主义生产的所有经济——社会前提，都在促使以合理化的关系取代明显展示出人的关系的自然关系"①。在官僚统治中，各个部门的工作都要求进行"合理"划分，同样为了达到各系统部门的可计算化，相应的，官僚人员也以这种合理化的分工结构所需的工作态度为其职责和荣誉。由此，合理化作为一种客观的物质性活动原则逐渐侵入作为主体的人的"伦理领域"，而被提升为人与人之间社会活动的原则。卢卡奇指出，合理化切断了有机统一体中人与人的自然联系，社会关系中一切"人的"因素及其自然形式被清除在外，社会关系被规范化为客观的机械联系。作为个体的人从主体滑向客体，其主体间的认同关系被神圣化的商品关系所遮蔽，个体成为孤立的原则式的存在。

当生活中的一切因素都被卷入合理化原则的计算系统时，便会出现人类社会中的"第二自然"，它反映到人的意识中便呈现为合乎必然性的"自然规律"，这就是物化的意识结构。这种物化的意识在生产中表现为劳动者的直观态度，在交往关系中表现人对其所属的物化关系的服从态度。与物化的商品结构相比，物化的意识结构具有稳定性和反作用力的特性，一方面表现为人们在意识中对这种合理性的认同，另一方面表现为从意识上加固这种合理化，即从意识上寻找某种方法使这种"自然规律"永恒化，如现代资本主义的法律和新闻界失去其本身应有的操守和贞节逐渐扭曲为意识形态上的机器。物化意识结构的形成标志着合理化原则在整个资本主义社会中达到了自身作用的极限，在这个限度里最大可能的加固资本主义社会中的"第二

---

① ［匈］卢卡奇：《历史与阶级意识》，杜智章等译，商务印书馆，1999年，第159页。

自然"在人类社会中的力量,使之成为不可抗拒的"必然规律","由此,物化意识既是物化现象的结果,也是物化现象的内在环节,并强化着资本主义条件下的物化境况"①。在这个社会中的"必然规律"面前,作为个体的人无自由意志可言。

合理化原则对主体地位的褫夺在异化出一个同人相对立的客观世界的同时,还造成了人同他人相分离和对立,营造出一个物化的社会关系体系。合理化原则对人的主体意志的盘剥导致人的头脑中发生了意识领域、思维领域的物化,这种物化进一步使人同自身相对立,人成为物化的人。人的现实性逐渐淹没在由合理化原则所搭建的物化结构和关系中。卢卡奇指出,作为真实内容的主体价值被合理化的计算原则剥离之后,整个资本主义生产和运行的系统成为仅靠抽象的原则在起作用的空壳子,极为不稳定。人们在经济生活中的联系成为碎片式的拼接,充满了偶然性。物化的生活结构在拒斥任何非理性的同时,使得真实的社会联系和本质内容成为资产阶级哲学家无法达到的"自在之物",而合理化原则在最大程度上支配和改变人们生活的同时,也为资本主义社会深刻的矛盾和全面的冲突埋下了祸根,资本主义社会的矛盾和冲突成为其制度本身无法克服的"二律背反"。卢卡奇借此指出,资本主义社会的痼疾根源于合理化原则主导下的工具理性和价值理性的失衡,由此造成物对主体的全面侵蚀,资产阶级不仅没有竭力去清除这种物化,反而寻找机会反复强调这种物化的合理性,人们意识的物化成为资产阶级意识形态的有力工具。故而,要复归人的主体地位、实现人的自由,就必须破除资本主义意识形态的魔法,而这个历史任务只有无产阶级才能完成。

三、卢卡奇物化理论的时代价值和现实意义

卢卡奇透过物化现象对资本主义社会合理化原则进行了抽丝剥茧式的剖析,将物化问题由商品生产领域逐渐深入主体内在的意识领域,以此展现

---

① 韩秋红:《无产阶级的阶级意识与集体自觉——从卢卡奇到当代西方左翼》,《理论探讨》,2022年第1期。

了人的主体性在现代资本主义的沉沦和迷失。他对人的主体性的认同与强调、对合理化原则下人的现存状态的深切关怀及未来人类历史趋向的敞明，坚守和发扬了马克思主义的批判原则和革命立场，在启蒙了现代西方马克思主义批判新路向的同时也为当下人的现实境遇提供了深刻的反思。

卢卡奇从资本主义商品的结构出发，揭露出合理化原则下单一的机械化劳动对工人主体性的摧残以及对主体意识的麻痹，以此批判了资本主义社会中不合理的非人性的物化结构。指出在这种物化的生产结构下工人的唯一自由便是出卖自身劳动力商品的形式自由，因此"自由的"工人命运被紧密地连接在一起，"他的命运也必须成为整个社会的典型命运"①。在这个历史条件下，扫除资本主义商品拜物教迷雾的无产阶级的革命实践，成为复活人的主体性、把握社会本质和内容，实现人类自由解放的关键。在《德意志意识形态》中，马克思对分工的历史条件下人类解放的实际可能性进行了探讨，其中也同样表述了无产阶级代表整个人类命运的历史处境和历史使命，"这个阶级构成了全体社会成员中的大多数，从这个阶级中产生出必须实行彻底革命的意识，即共产主义意识，这个意识当然也可以在其他阶级中形成，只要它们认识到这个阶级的状况"②。尽管二者对于革命实践的方法与途径的理解不尽相同，但对当下无产阶级作为革命主体与其开展革命实践之必然的重视，表明卢卡奇对马克思革命志向的坚守与努力。此外，在对现代资本主义的批判中，卢卡奇将"总体性"范畴视为马克思主义的科学方法论，并用它来阐明人作为主体的内在机能的有机统一性和社会有机联系的共同体性，指出当这种有机统一性被资本主义合理化原则所破坏时，整个资本主义社会便会由于失去支撑而处于摇摇欲坠的状态。这种有机统一性也是马克思所特别强调的，"甚至在统治阶级中间也已经透透出一种模糊的感觉：现在的社会不是坚实的结晶体，而是一个能够变化且经常处于变化过程的有机体"③。正是敏锐洞察到隐藏在资本主义物化结构下由理性和非理性的对抗所导致整个社会有机统一性的失衡，卢卡奇才以马克思主义者的身份重申了资本主义社会的历史走向。

---

① ［匈］卢卡奇：《历史与阶级意识》，杜智章等译，商务印书馆，1999 年，第 159 页。
② 《马克思恩格斯文集》（第一卷），人民出版社，2009 年，第 542 页。
③ 《资本论》（第一卷），人民出版社，2018 年，第 10~30 页。

马克思在《资本论》中立足物质生产劳动的二重性揭露了商品拜物教的社会根源,戳穿了资本主义虚假意识形态的外衣。科学的唯物主义立场和方向，使得马克思对资本主义意识形态的批判始终固守在资本主义的物质批判及建立其上的制度批判层次上。卢卡奇立足现代资本主义的新变化,意识到无产阶级革命自觉性的重要性,因此强调无产阶级政党的教化作用,以阶级意识来激发无产阶级革命主体的实践，这虽然偏离了马克思的唯物主义方向，但辟化出资本主义批判的新方向——文化批判。在卢卡奇的启发之下,西方马克思主义者对资本主义文明展开了深刻的反思批判,这种批判路径被法兰克福学派贯彻至今。霍克海默和阿多诺接过卢卡奇对资本主义理性化原则对主体压制的深度反思,指出表征着人类文明的启蒙精神发展到资本主义社会被异化为工具理性,随着工具理性侵蚀到主体的思维领域,具有个性化差异的人被社会"同一化"了,"彻底的社会化就是彻底的异化"。[①]马尔库塞更为明确地指认了科学技术上的工具理性在对社会的同化中所包含的资本主义政治合理化的意图，即资本主义对整个社会的控制不再是对劳动主体的奴役,也不是新闻媒体的思想灌输,而是科学技术进步所带来的好处赢得了人们对当下生活方式的认同,由此"科学技术成为意识形态的新形势"[②]。在这种情况下,作为革命主体的工人阶级迷失在技术理性带来的繁荣盛景中,失去了其批判性和革命性的意识,而被同化到资本主义阵营中去。为挽救被工具合理性所泯灭的主体性,重构社会合理性,哈贝马斯以主体间性塑造了交往行为理论,强调主体与主体之间的自由交谈和平等对话,以此达成主体间的共识和自我认同。这种建立在意识共识基础上的主体解放显然是在消解了卢卡奇阶级意识之后又对其意识形态哲学的进一步重构。

工人阶级作为劳动主体及其创造性价值是卢卡奇探寻革命实践道路最为关注的重要方面。由于洞悉到现代资本主义商品社会中主体及主体意识日趋物化,人类自由解放的道路变得遥遥无期。故而,卢卡奇指出,无产阶级作为劳动阶级在整个生产过程中日甚一日地感受到自己在物化结构和关系中被置于客体的地位而面临着被毁灭的命运，这种感受逐渐上升到对整个

[①]　[德]霍克海默、阿多诺:《启蒙辩证法》,洪佩郁、蔺月峰译,重庆出版社,1993 年,第 56 页。

[②]　王凤才:《批判与重建——法兰克福学派文明论》,社会科学文献出版社,2004 年,第 127 页。

阶级处境乃至社会本质的意识，这种基于社会总体性的意识不仅使无产阶级从非现实性的客体回归到社会存在的主体上，而且使无产阶级产生了消除一切使自身成为非现实性的社会行动，"对它们的消除如果是真正的消除的话，就不能是一场简单的思想运动，而必须提高为是对它们作为社会生活形式的实际消除"①。这样，卢卡奇以无产阶级主体地位的自觉觉知和革命意识的觉醒作为打破资本主义物化结构，实现主体自由解放的主要途径。当前，网络科技的加速发展逐渐改变着人们的劳动形式，非物质型的数字劳动逐渐取代物质型的生产劳动并在人们的生活中占据着主导地位，劳动主体一方面是多元而丰富的生活世界的创造者，同时又是这个多彩世界的体验和享用者。就前者而言，人们的劳动性质仍未脱离卢卡奇所指认的"工具化"；就后者而言，人们似乎在物与情境的消费体验中超脱了压抑性的生活世界，沉浸在丰饶的虚拟空间带来的快感和刺激中，迷失了自我、丢弃了现实世界的价值观认同，人的主体性地位再次失足在数字资本的洪流之中。如何脱离"工具化"的宿命，克服主体及其意识新异化的峻境，成为我们与卢卡奇所面临的相似的时代难题。卢卡奇对唤醒阶级意识之重视则为新时代中国特色社会主义意识形态的塑形具有重要的启发性作用。

刘广慧（辽宁大学）

---

①　[匈]卢卡奇：《历史与阶级意识》，杜智章等译，商务印书馆，1999年，第272页。

马克思意识形态理论视域下卢卡奇意识形态理论逻辑运演
——纪念《历史与阶级意识》付梓 100 周年

以卢卡奇《历史与阶级意识》的出版为起点,西方马克思主义已走过 100 年的历史。在这 100 年的发展史中,《历史与阶级意识》可以说具有举足轻重的影响地位。这种影响莫过于其把马克思主义对资本主义的哲学批判重心由社会政治批判转向为文化批判,对之后西方马克思主义各流派的意识形态、技术理性、大众文化、心理机制等批判奠定了基础。一直以来,国内外学界对卢卡奇的思想给予了高度重视,特别是对《历史与阶级意识》中无产阶级意识问题的理论实质和理论困境的研究成果较多。但这些研究缺乏对卢卡奇意识形态理论整体逻辑运演的梳理,并且也少有以马克思意识形态理论的视域对其理论发展和理论局限的评析。本文试图以卢卡奇的文本为依据,还原卢卡奇意识形态理论逻辑运演的整个过程,并以马克思意识形态理论视域对其进行评析。这对于推动卢卡奇研究和马克思意识形态理论研究向纵深发展,构建中国特色社会主义意识形态理论具有重要理论价值。

一、入场:揭示资产阶级物化意识

卢卡奇的意识形态理论开始于对资产阶级物化现象的发现。正如卢卡奇在《历史与阶级意识》一书"物化和无产阶级意识"篇章中开篇就提到的:"马克思描述整个资本主义社会并揭示其基本性质的两部伟大成熟著作,都从分析商品开始。"①他本人发现资本主义物化现象也始于资本主义商品问题。

卢卡奇受马克思"商品拜物教"概念的启发,把问题的焦点放在了资本主义商品交换上。卢卡奇认为,一个社会商品交换及其结构性后果能影响整个外部和内部的社会生活,或者说商品形式占支配地位、对所有生活形式都有决定性影响的社会的形成是物化现象出现的重要条件。这是因为,商品交换在资本主义社会之前甚至在很原始的社会形态就已存在,但那时商品交换的目的主要是获得使用价值,商品关系还较为清晰。但在现代资本主义社会,商品交换更多是为了谋取交换价值,并且商品形式渗透到社会生活的全部方面,商品关系神秘化,"人们就越少而且越难于看清这层物化的面纱"②。卢卡奇深刻领会马克思在《资本论》中得出的"劳动产品成了商品"的结论,并以此为根据对物化现象做了基本规定。劳动产品成了商品,意味着劳动已经被商品形式所制约,人自己的劳动成为某种客观的、不依赖于人的东西与人相对立,控制人。这就是物化在主观层面的规定性。在客观层面,由于商品形式的普遍化,人与人之间的生产关系表现为物与物的虚幻关系,一个由物与物之间相互关系的世界形成并同人们相对立。物化现象客观层面的程度不断加深会进一步导致主观层面的物化更为严重,即"人的自我异化"将更突出。根据"劳动产品成了商品"和商品形式的普遍化,卢卡奇不仅对物化现象的主客观层面进行了规定,而且分析了对象化抽象人类劳动的形成。质上不同的劳动对象只有采取相同的商品形式才具有可交换的形式,而这种形式只能由抽象的人类劳动才可以创立出来。这种对象化抽象人类劳动的形式相同性既是商品交换的前提,同样已成为商品实际生产过程的现实支配原则。从对象化人类劳动的相同性出发,卢卡奇找到了物化现象的根源——资本主义合理化原则。

卢卡奇对资本主义合理性原则的揭示受到马克斯·韦伯的合理性和可计算性原则的影响。韦伯认为,现代资本主义社会经济、政治、法律、精神等各领域都受到一种严格、精确的合理性原则支配。这种合理性原则在经济领

---

① [匈]卢卡奇:《历史与阶级意识》,杜章智等译,商务印书馆,2017年,第130页。
② [匈]卢卡奇:《历史与阶级意识》,杜章智等译,商务印书馆,2017年,第133页。

域主要体现为工具理性及由此扩展出的形式合理性对资本主义生产的影响。"工具理性"即"通过对外界事物的情况和其他人的举止的期待并利用这种期待作为'条件'或者作为'手段'以期实现自己合乎理性所争取和考虑的作为成果的目的。"①即是说,工具理性强调的是目的,看重的是实现目的的手段。对于资产阶级来说就是通过一切手段追求个人财富。韦伯还指出,可计算性是资本主义经济最本质的特征。"在严密精算的基础上进行理性化,对致力追求经济成果进行妥善计划且清醒冷静的运筹帷幄,实乃资本主义私人经济的一个根本特色。"②卢卡奇以韦伯的理论为渊源,深刻揭示了资本主义经济发展过程的合理化现象和起支配作用的合理化原则。现象主要表现在两个方面,一是劳动过程愈显机械性、重复性、局部性、合理性;二是社会必要劳动时间愈显客观性、可计算性,同劳动者相对立。对这种现象起支配作用的原则是"根据计算、即可计算性来加以调节的合理化的原则"③。卢卡奇强调,资本主义合理化原则产生的后果就是无产阶级主体性的丧失。由于资本主义的合理化原则,资本主义生产过程的客体逐渐丧失统一性,逐渐专门化和独立化,从而资本主义生产过程的主体也被分成不同的部分。此时劳动主体(工人或劳动者)已经不是劳动过程的主人,而是"作为机械化的一部分被结合到某一机械系统里去"④。劳动主体只能服从机械系统的规律,失去自己的意志和主动性,丧失主体性。这种劳动过程和劳动者的物化加剧,将导致工人意识物化过程的加速,物化意识最终形成。正如卢卡奇所说:"正像资本主义制度不断地在更高的阶段上从经济方面生产和再生产自身一样,在资本主义发展过程中,物化结构越来越深入地、注定地、决定性地沉浸在人的意识里。"⑤更为严重的是,物化意识的形成使人们难以看到遍及生活全部的合理机械化和可计算性原则,人们将自觉屈服于资本主义经济的"自然规律",无法走出物化意识的巢穴,陷入了恶性循环。在这种情况下,无产

---

①　[德]马克斯·韦伯:《经济与社会》(上卷),林荣远译,商务印书馆,1997年,第56页。

②　[德]马克斯·韦伯:《新教伦理与资本主义精神》,康乐、简惠美译,生活·读书·新知三联书店,2019年,第49页。

③　[匈]卢卡奇:《历史与阶级意识》,杜章智等译,商务印书馆,2017年,第136页。

④　[匈]卢卡奇:《历史与阶级意识》,杜章智等译,商务印书馆,2017年,第136~137页。

⑤　[匈]卢卡奇:《历史与阶级意识》,杜章智等译,商务印书馆,2017年,第141页。

阶级就出现了阶级意识的缺失,不可能对物化和物化意识予以反抗。在如何超越物化问题上,卢卡奇并没有直接得出无产阶级阶级意识的形成,而是首先对资产阶级思想进行了哲学反思。因为在卢卡奇看来,只有从"具体的、物质的总体"出发才能对物化予以突破,并且这一突破需要由哲学来完成。进而,卢卡奇在考察了资产阶级思想的二律背反之后认为,只有无产阶级是真正的阶级,只有无产阶级的意识才是总体的意识,才能真正超越物化。

二、过场:批判资产阶级思想二律背反

卢卡奇并没有在揭示资本主义物化现象之后直接提出无产阶级阶级意识的形成问题,而是对以德国古典哲学为代表的资产阶级思想进行了哲学考察。这一环节是卢卡奇意识形态理论的重要组成部分。

近代资产阶级哲学是理性主义的哲学,资产阶级企图用理性主义把握整个世界,但逐渐失去了对整个世界的把握能力。卢卡奇从康德哲学开始对近代资产阶级理性主义的情况进行考察。近代哲学"不再把世界视为独立于认识主体而产生的(例如由上帝而创造的)什么东西,而主要地把它把握为自己的产物"①。这一点在康德的"哥白尼式的革命"中表现得已经非常明显。近代资产阶级理性主义试图建构一个普遍适用的体系,来涵盖人在自然和社会中的生活所面对的全部方面,但非理性的部分(既定性的部分)却无论如何也无法融入这个体系中。这一点在康德的"自在之物"概念中表现得最为明显。康德在《纯粹理性批判》中回答了我们认识世界和能够认识世界的形式和范畴问题,但同样也表达了对于世界本身是什么或者认识的最终实质问题是什么的不可回答性。卢卡奇也重述了这一问题,"不能抽象地和形式地看待理性主义,把它变成为一种人的思想本质中固有的超历史原则"②,即理性主义的体系必然有非理性的界限。但资产阶级哲学还是在努力试图超越和克服这种非理性,力求建立一个包罗万象的体系。这也就是卢卡奇所

---

① [匈]卢卡奇:《历史与阶级意识》,杜章智等译,商务印书馆,2017年,第160~161页。

② [匈]卢卡奇:《历史与阶级意识》,杜章智等译,商务印书馆,2017年,第163页。

说的"德国古典哲学的伟大、矛盾和悲剧"①的地方。因为只要如此,哲学一定会落入不可解决的二律背反。这种二律背反就体现在:一方面,如果理性主义体系必须具有普遍性,那只能承认非理性的、既定性的内容不存在,那么这种理性主义思维还是独断主义;另一方面,如果理性主义体系被迫承认非理性的、既定性的内容进入体系内,那么这个体系也就不成体系了,因为这些事实之间的关系已不再是理性的。但资产阶级理性主义最终还是走进了独断主义的时期,导致他们只能把握部分性领域的现象,建立抽象的部分性体系,而不能"把可知的整体统一地加以把握"②。卢卡奇指出,放弃把现实把握为整体致使资产阶级的理性主义体系"日益控制着资产阶级社会存在的细节,使它们服从于它所需要的形式,但同时,也日益失去了从思想上控制作为总体的社会的可能性,并因而丧失了领导这个社会的资格"③。

卢卡奇认为,古典哲学并没有在抽象的进退两难前止步不前,而是想通过"走向内发展的道路"以求对整体的把握。"这条向内发展的道路就是先验哲学的道路。"④先验哲学力图找到一个思维的主体,这一主体又是全部各观内容的创造者,即找到一个同一的主体—客体。"从同一的主体—客体出发,把每一种既定性把握为同一的主体—客体的产物,把每一个两重性把握为从这种原初统一中派生出来的特殊情况。"⑤但是在卢卡奇看来,越是如此,古典哲学的不可解决性就越发明显。康德在《实践理性批判》中的"行为"的主体就是这样的同一的主体—客体。主体的自由不受经验的限制,完全出于纯粹理性自身的法则(康德称为道德法则)来自己决定自己的行动。这一法则是理性自己为自己所确立的。卢卡奇认为,康德的道德法则与"知性、感性异在的现实、既定性以及经验"之间仍然存在着不可逾越的两重性。道德法则只对理性有效,是以行为动机作为评判标准,而行为一旦出现就已经落入了经验的现象领域,不受道德法则而受自然法则的评判。这样看来,康德并没有解决既定性和非理性的问题,而是使理性与非理性之间不可解决的、永

---

① [匈]卢卡奇:《历史与阶级意识》,杜章智等译,商务印书馆,2017 年,第 168 页。
② [匈]卢卡奇:《历史与阶级意识》,杜章智等译,商务印书馆,2017 年,第 171 页。
③ [匈]卢卡奇:《历史与阶级意识》,杜章智等译,商务印书馆,2017 年,第 172 页。
④ 程恩慧:《卢卡奇无产阶级革命理论的三部曲》,《马克思主义理论学科研究》,2017 年第 2 期。
⑤ [匈]卢卡奇:《历史与阶级意识》,杜章智等译,商务印书馆,2017 年,第 174 页。

恒化了的分裂进入主体最内在的结构之中。所以卢卡奇强调,当既定现实被理解为主体的产物时,思维也就采取了纯直观的态度,也就在这时,既定现实以非理性的形式成了不可克服的东西。德国古典哲学一刻也没有停止对主体统一的重建,总是试图用一种固定的模式把握整个世界,这为辩证法奠定了基础。正如卢卡奇所说:"起源、认识创造者的创造,自在之物的非理性的分解,被埋葬的人的复活等等,现在都具体地集中在辩证法的问题上。"①这在黑格尔的概念辩证法中得到最大彰显。黑格尔的辩证法建立在其"实体即主体"的思想之上,"一切问题的关键在于:不仅把真实的东西或真理理解和表述为实体,而且同样理解和表述为主体"②。辩证的否定是黑格尔辩证法的核心。主体中包含着纯粹的否定性,它自己否定自己,将自身树立为自己的对立面,然后扬弃自身,恢复自身的统一性,由此而成为现实。主体的自我运动、自我实现、自我完成的过程就是绝对精神或世界精神历史地生成过程。在卢卡奇看来,黑格尔哲学之所以提出绝对精神,是因为它"不可能在历史本身之中发现和指出同一的主体—客体,所以它被迫超越历史,并在历史的彼岸建立自我发现的理性的王国"③。所以卢卡奇认为,古典哲学的倒退一切都归因于它把问题局限在了纯思想的范围内,误入了概念的神话而找不出出路。古典哲学至终仍是没有解决和不能解决的二律背反。

三、出场:提出唤醒无产阶级意识

卢卡奇意识形态理论的最终出场是提出唤醒无产阶级的阶级意识。卢卡奇认为,无产阶级的意识具有中介性和总体性的特点,只有形成阶级意识的无产阶级才是真正同一的主体—客体,才能克服物化。并且,卢卡奇也认识到无产阶级意识必须要转变为实践才能发挥作用。

关于阶级意识,卢卡奇进行了历史考察。卢卡奇认为,阶级意识不是组成阶级的单个个人的思想、所感觉的东西的总和或者他们的平均值,而是作

---

① [匈]卢卡奇:《历史与阶级意识》,杜章智等译,商务印书馆,2017年,第196页。
② [德]黑格尔:《精神现象学》(上卷),贺麟、王玖兴译,上海人民出版社,2013年,第61页。
③ [匈]卢卡奇:《历史与阶级意识》,杜章智等译,商务印书馆,2017年,第202页。

为总体的阶级在历史的行动中对社会总体的认识。这就涉及一个阶级对社会总体认识到什么程度,对他们自己的阶级利益能意识到什么程度。如果一个阶级的阶级利益涉及了社会总体,这个阶级在社会中就是主动的阶级,即统治阶级或革命的阶级,相反就是被动的阶级、被统治的阶级。所以,在卢卡奇看来,前资本主义时期没有自觉的阶级意识。因为,对于前资本主义时代的许多阶层来说,"他们的阶级意识就其本质而言既不可能具有一种十分清晰的形式,也不可能有意识地对历史事件发生影响"①。卢卡奇指出,在资产阶级社会,只有资产阶级和无产阶级才是纯粹的阶级。但由于资产阶级的阶级局限性,它的阶级意识只是"虚假的意识",不是关于社会总体的阶级意识。资产阶级的生产始终地和必然地从个别资本家的立场出发来观察经济生活,这就在意识层面限制了资产阶级对社会总体的把握。资产阶级意识表现出纯直接性的特点。"直接性和中介就不仅是对待现实的客体所采取的相互隶属、相互补充的方式,而且还同时是……辩证地相关的规定。"②简言之,直接性就是一种纯粹直观,是对客体只肯定和接受的认识方式,而中介则是通过辩证地把握历史总体中的中介环节和中介要素,对客体加以批判、否定、改造的认识方式。卢卡奇指出,资产阶级思想恰恰缺少了中介,"资产阶级思想的最终的、决定整个思想的立场就变成为纯直接性的立场"③。正因为如此,资产阶级无法形成关于社会总体性的阶级意识。

卢卡奇认为,只有无产阶级才能形成真正的总体观念,也就是关于人作为统一的主体—客体的地位的自觉意识。这是由无产阶级本身特殊的历史地位决定的,即无产阶级既是物化的牺牲者,又是扬弃物化的根本力量。在资本主义社会中,资产阶级和无产阶级同样面临直接性的限制问题。但由于资产阶级始终以主体的角色自居,以抽象的反思范畴认识社会的细枝末节,所以只能禁锢在直接性中,不能达到自觉的阶级意识。而无产阶级是暂时被迫作为社会客体的角色出现的,受到资本主义物化的沉重影响,所以他们被迫力求超越直接性。"只有当工人意识到他自己是商品时,他才能意识到他

---

① ［匈］卢卡奇:《历史与阶级意识》,杜章智等译,商务印书馆,2017年,第100页。

② ［匈］卢卡奇:《历史与阶级意识》,杜章智等译,商务印书馆,2017年,第213页。

③ ［匈］卢卡奇:《历史与阶级意识》,杜章智等译,商务印书馆,2017年,第213页。

的社会存在。"①相对于资产阶级思想的纯粹直接性,无产阶级在认识到自己社会存在的那一刻,直接性的障碍就已经内在地克服了。无产阶级把握社会总体依靠的是思维的中介性。无产阶级认识到全部总体都包含在每一个被辩证地、正确地把握的环节中,这些环节的最终目标就是把社会认识为历史的总体。这种中介性的思维模式体现了辩证的方法,"辩证的方法之不同于资产阶级思想,不仅在于只有它能认识总体,而且在于这种认识是由于整体对部分的关系已变得根本不同于在以反思规定为基础的思想中的关系才成为可能"②。卢卡奇称这种辩证法为"历史的辩证法"。无产阶级只有掌握历史的辩证法,才能把握具体的历史形态,才能认识到历史前进与后退的辩证性,才能在此过程中达到自我认识的更高阶段。卢卡奇指出:"无产阶级唯一的武器,它的唯一有效的优势就是:它有能力把整个社会看做是具体的、历史的总体;有能力把物化形式把握为人与人之间的过程。"③卢卡奇阐述了无产阶级意识对于阶级斗争和无产阶级革命的重要性。"革命的命运(以及与此相关联的是人类的命运)要取决于无产阶级在意识形态上的成熟程度,即取决于它的阶级意识。"④所以,只有成为实践的无产阶级意识才能取得阶级斗争的胜利。正如卢卡奇所说:"无产阶级本身也只有当它采取真正实践的态度时,它才能克服物化。"⑤无产阶级意识的形成过程同样就是无产阶级革命的过程,这就需要无产阶级扬弃自身,把阶级斗争进行到底,实现无产阶级社会。只有这样,无产阶级才能实现自身。所以,在卢卡奇这里,"以无产阶级的内在转变、自我教育为内涵的意识革命就成为总体性的无产阶级革命的核心问题"⑥。

---

①　[匈]卢卡奇:《历史与阶级意识》,杜章智等译,商务印书馆,2017年,第227页。

②　[匈]卢卡奇:《历史与阶级意识》,杜章智等译,商务印书馆,2017年,第228页。

③　[匈]卢卡奇:《历史与阶级意识》,杜章智等译,商务印书馆,2017年,第259页。

④　[匈]卢卡奇:《历史与阶级意识》,杜章智等译,商务印书馆,2017年,第117页。

⑤　[匈]卢卡奇:《历史与阶级意识》,杜章智等译,商务印书馆,2017年,第269~270页。

⑥　衣俊卿:《20世纪新马克思主义》,中央编译出版社,2012年,第60页。

四、评析:卢卡奇意识形态理论的承继与倒退

从入场来看,卢卡奇从资本主义经济领域入手得出无产阶级意识缺失,是对马克思意识形态理论的继承。马克思开始发现意识形态问题就是植根于现实的人的物质生产实践,具体来说,就是关注到无产阶级在生产过程中被剥削和压迫的现实。马克思在《1844年经济学哲学手稿》中用异化概念对无产阶级生存状况的概括与卢卡奇的物化概念高度相像。虽然卢卡奇直接混同了物化和异化的概念,但就对资本主义经济的分析来看,卢卡奇"实际上所研究和阐明的主要是资本主义社会的异化现象"①。卢卡奇的物化概念已经深刻揭示了物的关系掩盖人与人之间关系的异化本质。但对物化或异化根源的追究,卢卡奇却远不及马克思深刻。马克思对异化的根源追寻到了资本主义生产社会化与生产资料私有制的矛盾。工人被资本家雇佣,工人的"劳动不是自愿的劳动,而是被迫的强制劳动"②,工人不是为自己生产财富,而是自我牺牲。马克思还从异化劳动看到了非工人(即雇主或资本家)在此过程中获得了私有财产,私有财产又变成实现异化劳动的手段。"私有财产一方面是外化劳动的产物,另一方面又是劳动借以外化的手段,是这一外化的实现。"③相对于马克思从资本主义生产过程出发分析异化问题,卢卡奇主要是从资本主义商品交换的视角研究物化。虽然在进一步研究物化问题时卢卡奇也深入到了资本主义的生产过程,但他贯穿了韦伯的合理性和可计算性原则,仅论证了机械化生产体系对工人劳动的影响,却没有发现资本剥削的秘密。除此之外,卢卡奇之所以把物化和对象化作为相同概念看待,是因为其深受黑格尔绝对精神运动的影响。在黑格尔那里,主体的对象化就是异化,对异化的扬弃及主体性的恢复过程就是绝对精神自我运动的过程。卢卡奇将对象化直接等同于物化,并且全部持批判态度,是对黑格尔的复归。只要机器运转一天,工人劳动一天,对象化将始终存在。所以,如果不区

---

① 燕宏远:《沉思与批判——卢卡奇走向马克思的道路》,社会科学文献出版社,2020年,第87页。

② 《马克思恩格斯文集》(第一卷),人民出版社,2009年,第159页。

③ 《马克思恩格斯文集》(第一卷),人民出版社,2009年,第166页。

分开对象化和物化,卢卡奇将永远无法超越物化。如此看来,卢卡奇对物化根源的探寻及对物化和对象化同一的错误理解是对马克思异化思想的一种倒退。

从过场来看,卢卡奇对资产阶级思想进行哲学批判,是对马克思意识形态理论的继承。卢卡奇认为资产阶级思想具有不可解决的二律背反,马克思认为德意志意识形态是本末倒置、虚假的意识形态,二者具有异曲同工之处。马克思正是在与以黑格尔哲学(包括青年黑格尔派哲学)为代表的德意志意识形态进行彻底决裂的基础上才建立了自己以实践为基石的意识形态理论。马克思早在《黑格尔法哲学批判》中就通过对黑格尔"国家决定市民社会"观点的批判阐明了研究意识形态问题需要从现实经验、存在出发的方法论。在马克思看来,黑格尔把国家看做是市民社会的内在目的和外在必然性,这是一种神秘主义的思维方式。马克思认为,市民社会的本质是特殊利益和私人需求,国家不可能成为市民社会的内在目的。马克思论证了市民社会无论在时间还是逻辑上都是国家产生的前提,不是"国家决定市民社会",而是"市民社会决定国家"。马克思批判黑格尔之所以会颠倒二者之间的关系,是因为"黑格尔在任何地方都把观念当作主体,而把本来意义上的现实的主体……变成谓语"①。马克思称黑格尔这种将思维和存在、现实和理性、主语与谓语关系的颠倒称为"法哲学和黑格尔整个哲学神秘主义之大成"。马克思在《1844年经济学哲学手稿》中通过对黑格尔《精神现象学》主客观关系颠倒的说明进一步批判了黑格尔抽象的思辨唯心主义哲学。在《德意志意识形态》中,马克思分析了德意志意识形态的虚假性,彻底清算了黑格尔哲学。马克思认为:不论是鲍威尔的自我意识哲学,还是施蒂纳的利己主义,都没有摆脱思辨唯心主义的统治,本质上仍然是神秘主义。"他们按照自己关于神、关于标准人等等观念来建立自己的关系。他们头脑的产物不受他们支配。"②正是因为德意志意识形态把存在和形式、主体和客体、现实和思想的关系颠倒了,所以他们在精神的迷宫中无法走出。

从哲学批判的结论来看,卢卡奇基本上延续了马克思的思路。卢卡奇也

---

① 《马克思恩格斯全集》(第3卷),人民出版社,2002年,第14页。
② 《马克思格斯文集》(第一卷),人民出版社,2009年,第509页。

明确指出,德国哲学就是一种"把问题局限在纯思想范围内的做法"①。但从哲学批判的出路来看,卢卡奇并没有继承马克思,马克思在哲学批判基础上走向了现实,而卢卡奇却在意识领域内兜了圈子。马克思在批判黑格尔哲学的基础上,为意识形态奠定了科学基石——实践。在《关于费尔巴哈的提纲》中,马克思就提出:"人的思维是否具有客观的真理性,这不是一个理论的问题,而是一个实践的问题。"②在《德意志意识形态》中,马克思直接明确了其意识形态的基本观点,即"生活决定意识",并进而在《共产党宣言》和《政治经济学批判序言》中阐述了"社会存在决定社会意识"的基本理论。所以在马克思那里,对资本主义意识形态的消解最终还是要落脚到无产阶级的革命实践,还是要铲除资本主义私有制。而卢卡奇在批判资产阶级思想的二律背反之后,证实了只有无产阶级是真正的同一的主体—客体,只有无产阶级的意识觉醒才是真正消除物化。这无疑把问题又放回了意识领域,从这一点看,是对马克思意识形态理论的倒退。

从出场来看,卢卡奇提出唤醒无产阶级的阶级意识及其转化为实践,是对马克思意识形态理论的继承。马克思在《哥达纲领批判》中将共产主义社会分为初级和高级两个阶段,并且论证了在共产主义初级阶段社会仍然会受到资本主义意识形态的束缚。这就要求无产阶级同样需要建立强大的意识形态来与其相对抗。关于无产阶级的解放问题,马克思始终强调解放的唯一途径是无产阶级的革命实践,在于"使现存世界革命化"。无产阶级只有消灭自己现存的占有方式,从而消灭全部至今存在的占有方式,才能获得社会生产力,才能真正解放自己。从这里可以看出,马克思论述的无产阶级意识形态与资产阶级意识形态的斗争只是无产阶级革命中的一部分,无产阶级革命根本上是要消灭资本主义的生产方式、消灭私有制。而卢卡奇的意识形态理论更多的是论述无产阶级意识相对于资产阶级意识的优越性,并且直接把无产阶级意识形态的形成过程看做为无产阶级革命的过程,把无产阶级革命局限在了意识革命的范围内。虽然卢卡奇也强调了实践对于无产阶级意识的重要性,但他只提出了观点,并没有论证无产阶级如何通过总体性

---

① ［匈］卢卡奇:《历史与阶级意识》,杜章智等译,商务印书馆,2017年,第172页。

② 《马克思恩格斯选集》(第一卷),人民出版社,2009年,第500页。

来恢复阶级意识的具体路径,在如何转向实践的问题上停滞不前了。或者说,正是因为卢卡奇把革命的核心放在了意识领域,所以他也不可能找到无产阶级解放的具体路径。由此,卢卡奇意识形态理论并没有在马克思意识形态理论的基础上前进,相反是一种带有理论幻想的倒退。

五、启示:坚持意识形态的唯物史观向度

党的二十大报告明确指出:"意识形态工作是为国家立心、为民族立魂的工作。"[①]意识形态领域安全关乎道路方向、制度稳定、精神风貌、理论发展和文化命运。所以,习近平多次强调,要"牢牢掌握意识形态工作领导权,建设具有强大凝聚力和引领力的社会主义意识形态"。以马克思意识形态理论的视域对卢卡奇意识形态理论演进进行全过程审视,启示建构新时代社会主义意识形态需坚持一个重大原则,即坚持意识形态的唯物史观向度。这是做好新时代意识形态工作的基本遵循。

第一,需要认识到社会主义意识形态的特殊性和时代性。在马克思和卢卡奇所处的时代,无产阶级的力量还不足以建立起自己的意识形态。但是历史发展到今天,社会主义意识形态已经成为可以与资本主义意识形态同台博弈的世界两大意识形态之一。正确认识社会主义意识形态的特殊性和时代性是加强社会主义意识形态建设的首要前提。一是社会主义意识形态是代表最广大人民利益的意识形态。社会主义意识形态与资本主义意识形态的根本区别就在于,社会主义意识形态代表最广大人民的根本利益,资本主义意识形态代表资产阶级的利益。认识到这一点,也就认识到社会主义意识形态建设的重要性,也就能准确把握社会主义意识形态建设的首要任务和价值指向。二是社会主义意识形态具有扼制敌对意识形态的历史使命。社会主义意识形态作为工人阶级意志的体现,作为代表最广大人民利益的意识形态,不仅在统一人民思想、凝聚人民精神等方面发挥作用,也承担着保证意识形态领域安全,扼制敌对意识形态的历史使命。除了与社会主义意识形

---

① 习近平:《高举中国特色社会主义伟大旗帜　为全面建设社会主义现代化国家而团结奋斗——在中国共产党第二十次全国代表大会上的报告》,人民出版社,2022年,第43页。

态相对立的资本主义意识形态以外，还有众多社会主义敌对分子、敌对势力的意识形态破坏意识形态领域安全，阻碍社会主义意识形态建设。对各种敌对意识形态加以扼制是维护意识形态领域安全，建设强大的社会主义意识形态的必经之路。三是社会主义意识形态在世界范围的影响力不断增强。随着中国特色社会主义的迅速发展，综合国力不断增强，中国特色社会主义制度在世界范围的吸引力和影响力不断提升，特别是人类命运共同体思想的推广和获得赞扬，中国智慧和中国方案被越来越多的国家认同和关注。这些都表现出中国特色社会主义制度，从而中国特色社会主义意识形态在世界范围的影响力不断增强。

第二，新时代意识形态工作必须以新时代物质生活实践为根本遵循。马克思的意识形态理论和卢卡奇的意识形态理论都注重从经济领域考察意识形态问题。意识形态作为观念上层建筑的范畴，取决于一定历史时期由生产关系总和构成的社会经济基础，从而取决于一定历史时期的物质生产力，这是任何历史时代都不以人的意志为转移的普遍真理。新时代意识形态工作同样要坚持这一基本原理。党的十九届五中全会深入围绕人民物质生活实践，深入分析了我国当前和今后发展的机遇和挑战。这些机遇和挑战不仅会影响我国的发展大局，同时也会引起意识形态领域的发展变化。一方面，新时代以来，特别是"十三五"以来，我国发展转入高质量阶段，同时制度优势、治理效能、物质基础、市场空间等展现出多方面的优势，极大振奋广大人民群众的精神，有利于社会主义意识形态的建设和巩固，但同时也势必会加剧国内外敌对思潮的进一步攻势。另一方面，我国发展的不平衡不充分的问题仍然突出。特别是农业基础不稳固、城乡区域发展和收入分配差距较大、生态环保任重道远、民生保障存在短板、社会治理还有弱项等问题势必会影响意识形态领域的稳定。同时会给国内外敌对思潮营造薄弱环节，从而影响意识形态安全。这些由社会物质生产实践因素所造成的意识形态领域的变化是新时代意识形态工作的根本遵循。

第三，在意识形态斗争中建构社会主义意识形态。当今意识形态领域的斗争，不论是全球范围内社会主义和资本主义两种意识形态的对立，还是国内外敌对势力在意识形态领域的攻势和错误思潮在意识形态领域的干扰，都日益激烈。面对这些敌对思潮和错误认识，我们必须同他们进行彻底斗争,深刻批判他们的理论诟病,揭露他们丑陋的政治目的。与此同时,我们也必须加强自身建设,建构起新时代具有中国特色的社会主义意识形态。一是必须同各种敌对思潮作长期斗争。由于国内发展处于两个百年的历史交汇处,国际局势也处于世界百年未有之大变局,在这样的历史时刻,敌对思潮总是会在意识形态领域制造事端,攻击我国社会主义的建设和发展。民主社会主义、新自由主义、历史虚无主义、普世价值论等思潮披着西方的外衣,向中国渗透西方的意识形态和价值观,反对社会主义意识形态,从而企图达到西化、分化中国的目的。我们应该清醒地认识到,当前资本主义的发展仍然没有超出马克思对资本主义发展规律的预判,马克思当时对资本主义的批判在今天仍然具有时代意义,是我们学习借鉴的重要内容。二是必须同各种错误认识作长期斗争。当前社会中对意识形态的认识存在一些误区,这些认识上的问题从根本上说就是脱离了历史唯物主义。主要表现为意识形态终结论和意识形态淡化论。意识形态终结论来源于西方,主要代表人物有科隆、希尔斯、贝尔、利普赛特、福山等人。这一部分人认为,西方经济出现复苏现象、社会矛盾也逐渐缓和、社会主义发展处在低潮,资本主义已经是最高级的意识形态,不会再有比资本主义更科学合理的社会形态,意识形态已经走上了终结。贝尔认为,"在西方世界里,在今天的知识分子中间,对如下的政治问题形成了一个笼统的共识:接受福利国家、希望分权、混合经济体系和多元政治体系,从这个意义上讲,意识形态的时代也已经走向了终结。"①也就是说,贝尔认为,资本主义社会的表面繁荣可以忽略意识形态的统治问题。福山在《历史的终结》也提到,自由民主的理念已经是社会发展到最完美阶段的社会形态和理论体系。但现实社会并不像他们所想象的这样,资本主义社会的矛盾并没有有所缓解,而是更加尖锐。社会主义的生命力也并没有消退,一切都没有超出马克思历史唯物主义的视域。意识形态淡化论主要恶意营造忽视、轻视意识形态领域严峻形势的氛围。西方资本主义国家同样是想通过建构人们淡化意识形态的心理后趁虚而入,企图传播西方的价值理念,挑战我们的主流意识形态地位。和平与发展尽管仍然是当今时代的主

---

① [美]丹尼尔·贝尔:《资本主义的文化矛盾》,赵一凡、蒲隆、任晓晋译,生活·读书·新知三联书店,1989 年,第 87~88 页。

题,但这并不意味着没有不安全的因素,意识形态领域的斗争是没有硝烟的战争,这一斗争在今天仍然非常激烈。习近平也曾强调,"意识形态领域的斗争依然复杂"。并且意识形态领域的斗争早已不是隐性的,各种敌对的言论频发、思潮迭起,甚至还有反国家政权、反党的领导的暗流不时涌动。因此,意识形态问题在当今仍然需要从历史唯物主义的视角出发去看待,在资本主义和社会主义两种制度仍然竞争发展的当下,一刻也不能放松意识形态领域的警惕和关注。新时代社会主义意识形态要着重阐释新时代意识形态工作的重要性,突出意识形态关乎旗帜、关乎道路、关乎国家政治安全的重要意义,着重明确中国共产党掌握意识形态工作领导权、话语权、管理权的重大意义。社会主义意识形态的建构必然成为应对新时代意识形态领域复杂形势和严峻挑战的斗争武器。

综上所述,卢卡奇意识形态理论从揭示资本主义物化意识入场,经过批判资产阶级思想二律背反的过场,最终以提出唤醒无产阶级意识出场,是一个完整系统的逻辑运演过程。卢卡奇从经济领域入手考察意识形态问题、注重资产阶级意识形态的哲学批判、阐发无产阶级意识的特点及其重要性是对马克思意识形态理论的继承和发展。但归根结底,卢卡奇意识形态理论未深入资本主义社会的基本矛盾,未探寻到意识形态的理论真谛,未落脚到无产阶级的现实解放路径,最终把"意识革命"作为无产阶级革命的主要内容,在一定程度上是对马克思意识形态理论的倒退。即便如此,卢卡奇以其意识形态理论为重要组成部分的整体思想的确奠定了整个西方马克思主义研究的基底,对法兰克福学派的资本主义社会批判视角以及更多理论学派产生了深刻影响。当前国内学界对国外马克思主义理论研究成为热潮,表现在对法兰克福学派研究持续深入,对英美马克思主义和后马克思主义研究不断成为重心,对西方左翼思潮研究不断进展。面对如此的研究现状,回归到卢卡奇的思想资源,推动卢卡奇研究向纵深发展对于整个国外马克思主义理论研究,包括对当代中国马克思主义、21世纪马克思主义研究来说都具有十分重要的理论价值和学术意义。

刘镇玮(山东师范大学)

卢卡奇物化逻辑的嬗变研究 *

　　总体来看,卢卡奇的物化逻辑经历了从客体化原则、对象化原则、物化原则至物象化原则这样逐步"升华"的四个阶段。对戏剧、随笔、小说等文学样式的探讨代表了卢卡奇物化逻辑的前两个阶段,即从客体化原则到对象化原则,也是卢卡奇走向马克思的开端。基于"总体"概念的研究与展开代表了卢卡奇物化逻辑的第三阶段,即从对象化原则走向物化原则,这也是卢卡奇的马克思学徒期的"徘徊"阶段。通过对青年黑格尔与青年马克思的"往返穿梭式"解读与文献"回溯法"研究,使得卢卡奇迈向物象化原则阶段,也是卢卡奇"直面"马克思的阶段。此外,卢卡奇晚年试图以辩证理性原则破除物化迷雾,实施其所认为的"马克思式救赎"。由此,构成了卢卡奇关于物化的整部"戏剧"①——以物化逻辑展开的对资本主义现代性反思与揭示的"大戏"。

一、物化逻辑的萌芽:从客体化原则到对象化原则

　　《现代戏剧发展史》(1911 年)《心灵与形式》(1910 年)《小说理论》(1916年)等代表性著作,以文学视野的社会学研究构成了卢卡奇早期探索的切入点。这是卢卡奇物化逻辑的萌芽状态,即从新康德主义(以西美尔为代表)的"客体化"逻辑逐渐走向类黑格尔式的"对象化"逻辑。具体而言,卢卡奇在《现代戏剧发展史》中以戏剧为对象初步提出了客体化原则,在《心灵与形

　　* 本文系中国人民大学科学研究基金(中央高校基本科研业务费专项资金资助)基础研究品牌(持续)支持计划"西方马克思主义发展史"(项目编号:15XNI008)的阶段性成果。

　　① 张秀琴:《阅读卢卡奇:西方马克思主义形成史探究》,人民出版社,2021 年,第 2 页。

式》中以"心灵"（seele）、"形式"（form）为核心范畴,逐渐从客体化原则走向对象化原则,在《小说理论》中以小说发展形式的历史分析初步确立了对象化原则。

　　作为卢卡奇物化逻辑起点的物象化概念很大程度上受到了西美尔的影响。青年卢卡奇生活于20世纪初期的匈牙利,彼时匈牙利的资本主义（现代市民社会）尚未发育成型,但已面临被扼杀在摇篮的危险。这一时代背景一定程度造就了青年卢卡奇资本主义的浪漫反对派立场,而浪漫派的新康德主义者西美尔成为这一时期卢卡奇的精神向导也就顺理成章了。正如卢卡奇自己回顾这一段时所说,这一时期"在很大程度上"是戴着西美尔的"方法论眼镜"①去观察和理解马克思的。此外,西美尔和卢卡奇有着共同的理论先驱——狄尔泰及其"社会互动"理论。狄尔泰在《关于人、社会和国家科学史的研究》（1870年）一文中,将部分与整体之间的基本关系描述为个人与社会在历史关系中的相互作用。从社会发展的角度来看,狄尔泰的社会互动的根本问题是个人与社会之间的密切张力。西美尔在《社会学:关于社会交往形式的探讨》（1908年）中接受了狄尔泰的社会互动理论,并将个人与社会之间的关系视为社会学的一个基本问题。对于西美尔来说,社会不是一个真实的实体,而是个体之间发展的互动的综合,社会通过（包括机构、组织、系统、结构等的）互动或社会化而被废除或重建。而西美尔同一时期的著作《货币哲学》（1907年）对形式问题的探讨也保持了相似的立意。

　　据文本考证,从广义层面可以认为卢卡奇第一次使用物象化概念是在《现代戏剧发展史》的德译节选本（《关于现代戏剧的社会学》）中,即从匈牙利语的"objektivalodasa"翻译成德语"versachlichung",而且这一译法至少是经过卢卡奇本人认可的。此外,德语"物象化"（versachlichung）与"客体化"（Objektivierumg）为同根词,有着相似的内涵。不过,西美尔在《货币哲学》中除了明确使用"客体化"（Objektivierumg）、"对象化"（Vergegenstandlichung）概念之外,"物象化"（Versachlichung）、"物化"（Verdinglichung）等概念也同时出现在这一著作中。卢卡奇在《现代戏剧发展史》中虽然多次引述《货币哲学》

　　　① ［匈］卢卡奇:《历史与阶级意识》,杜章智等译,商务印书馆,1999年,"新版序言（1967）"第2页。

内容作为立论依据(如关于货币本质——把质进行量化处理),但是直到在《历史与阶级意识》中才开始大规模使用物化概念。因此,需要结合《货币哲学》中的物象化、对象化和客体化概念分析卢卡奇这一时期的物化逻辑状态。

《现代戏剧发展史》与《货币哲学》采用相似的叙事逻辑,即分别以"戏剧""货币"作为核心对象分析资本主义发展(从前资本主义社会向市民社会过渡)中产生的新现象。具体而言,戏剧(货币)与戏剧的悖论(货币的悖论)将研究对象戏剧(货币)的发展史与资本主义(市民社会)的发展史联系起来,并将戏剧(货币)视为资本主义发展的重要的表现形式,并以对前者的研究批判地审视后者。在此基础上,通过以戏剧(货币)为媒介的抽象,在返回"此岸"的资本主义过渡的具体历史时,过渡过程中的诸种矛盾、冲突、对抗、悖论自然而然地被现有抽象"眼镜"所观察,于是主体与客体、形式与内容、个体与集体等范畴纷纷涌现。这些涌现的范畴是说明人性在现代市民社会逐渐丧失的有力理论工具,因此,物化概念群及相关周边概念出现在《现代戏剧发展史》和《货币哲学》中也就不足为奇了。

尽管如此,《现代戏剧发展史》中出现的物象化、物化概念与客体化、对象化概念相比还是偶然且模糊的。一方面,卢卡奇并没有直接使用对象化这一概念,而更多地在讨论这一概念的周边概念,即对象;另一方面,因为在当时的研究中从客体化到物象化之间缺乏中介性的范畴工具,所以卢卡奇虽然在思维上已经体认物象化,但苦于找不到合适的中介性范畴工具。可见,《现代戏剧发展史》时期,卢卡奇在思想上已经达到了对物象化的把握,但因明确的概念使用与思考速度之间的落差而错过了对物象化的明确而系统的定性。

《心灵与形式》出自卢卡奇物化逻辑发展的从客体化原则向对象化原则的过渡阶段。换句话说,青年卢卡奇开始摆脱受西美尔影响的新康德主义,逐渐转向(由韦伯和布洛赫中介的)黑格尔主义。就研究对象而言,卢卡奇从《现代戏剧发展史》中的"戏剧"转向《心灵与形式》中的"文学样式",即对随笔进行尝试性的哲学分析。具体而言,卢卡奇在客体化原则与对象化原则之间来审视心灵与形式的关系,这一审视不再单纯地聚焦于对作为心灵的客体的形式的疏离和对立的确认,而开始关注客体的客体化问题。从认识论来看,如果说客体化原则是一种主体意识的产物(一种肯定意识),那么对象化原则就是对这一意识的再意识(反思意识)。不过,对以"心灵"与"形式"概念为对象的主客体关系的探讨,还未达到对象化原则的境界,也即《心灵与形式》处在从客体化原则向对象化原则过渡阶段。

卢卡奇《心灵与形式》中的形式化范畴虽然处于客体化与对象化之间,但在逻辑高度上已经触及物象化范畴的意蕴高度。卢卡奇在《心灵与形式》写作的具体表述中往往把物化、物象化和对象化概念相混淆,虽然思维已经触及作为物象化的心灵的形式化,但文字表达和呈现的仍然是心灵的客体化和对象化。因此,在《心灵与形式》中对肇始于《现代戏剧发展史》的针对狭义客体化(即非物象化逻辑下的非此即彼的二元对立论)的质疑态度也愈加明显。直到在《小说理论》中,卢卡奇努力将黑格尔哲学具体运用到美学问题分析中,力求寻找"文学类型的一种普遍辩证法",以期"在范畴和历史之间"找到(比黑格尔那里)"更为紧密的联系"。①可见,诉求一种社会的和历史的辩证法(即理性辩证法或总体辩证法)一开始就是卢卡奇的探索冲动,他正是在这个意义上来探索主客体和对象(中介)的关系的,即对象化问题。

卢卡奇认为,其《小说理论》是将黑格尔哲学成果专门应用于美学问题分析的著作,并寻求比在黑格尔那里更密切的范畴和历史的联系。卢卡奇的《小说理论》对于理解黑格尔美学(以《美学讲演录》为代表)具有重要的中介意义,换句话说,卢卡奇对德国文学、英国文学批判的影响甚至比哲学更广泛、更强大,黑格尔将小说定义为"现代公民史诗",这也被卢卡奇视为《小说理论》的核心主题。不过,卢卡奇在一定程度上用马克思的(小说中不完美的前身在不同时期是如何具体地出现在社会上)观点来批判黑格尔对于主导艺术形式的超历史解读——艺术现象是僵化的并被人为地依附于一定的时期。即便如此,作为"从康德到黑格尔过渡"时期的成果,卢卡奇的《小说理论》充分继承了黑格尔的遗产——从历史哲学中把握史诗与小说的异同和审美范畴的历史化。卢卡奇通过《小说理论》在黑格尔美学理论框架下重新阐明了小说的意义,即除了从小说的"起源"来说明这一艺术形式的发展脉络之外,更为重要的是关注形式与历史之间的内在联系。事实上这两方面融合于同一过程,在《小说理论》中,卢卡奇意图通过黑格尔的辩证法克服康德

---

① [匈]卢卡奇:《卢卡奇早期文选》,张亮等译,南京大学出版社,2004年,"1962年序言"第Ⅷ页。

哲学的"不可知论和主观唯心主义"局限,确证真正经典作品的历史和跨历史本质特征。换句话说,卢卡奇想要在黑格尔的框架下创造一种关于小说的类型学,以探寻文学形式与历史的关系。

卢卡奇在《小说理论》中认为,对象已经是形式化的囊中之物,而客体则是形式化的界限,对象是主体的创造物。只有能够被赋形的客体才具有对象性,否则它就依然是与主体相对峙的彼岸世界。从某种意义上来说,卢卡奇在这一时期已经意识到客体(作为本质)最终无法被对象化,而对象化活动则是从彼岸世界到此岸世界的中介。所谓对象化,就是形式化,就是赋形,并因此充当了心灵与生活之间的中介。而主—客体则是心灵与形式之间的"对视"。因此,也就不难理解为什么卢卡奇后来要用主体(总体)辩证法来替代客体(总体)辩证法了——作为一种从康德化接近黑格尔化的努力结果(绝对精神就在此岸世界之中,主体世界就是"罗陀斯")。"主体性问题"这个人本主义的核心关键词也就这样成了整个西方马克思主义(特别是其人本主义一派)的伟大旗帜。

文艺青年时期的卢卡奇,通过对具有辩证法萌芽色彩的"形式"概念的探索,为其物化逻辑搭建了"戏剧"的平台。总体来看,在这一阶段,卢卡奇对于形式概念的探讨实际上始于《现代戏剧发展史》,即已断定文学中的真正社会因素是形式;在《心灵与形式》中,卢卡奇虽然大都在纯粹客体化原则中探讨形式问题,但也多次探讨了艺术形式的重要性;而在《小说理论》中,卢卡奇才真正以对象化原则探讨形式概念。对卢卡奇而言,形式既是具体的,又是一般的;既是赋形(对象性活动),又是先验;它是二者的结合(在《历史与阶级意识》中这一结合或统一被称为"总体"——虽然在《小说理论》中也出现过"总体"概念,但其内涵还比较混沌,如"心灵"概念一般,更多指的是先验或超验的维度以及史诗式的乌托邦维度)。可见,这一阶段对于卢卡奇物化逻辑发展的重要意义是,通过对形式概念的具体——历史的强调,使得卢卡奇不断展现其激进知识分子的姿态,即以对象性活动(赋形)破除主客体二分的悖论。

二、物化逻辑的确立：社会基本结构的对象性与物化形式

20 世纪 20 年代，卢卡奇开始从对象化原则走向物化逻辑，并在这一探索过程中确立了物化逻辑，即作为中介的对象性形式本身也被再次客体化了。在卢卡奇看来，这样的物化逻辑是现代资本主义社会典型的结构性特征。这一时期的核心文献是《历史与阶级意识》（1923 年）一书，在《物化和无产阶级意识》等篇章中，"物化概念群" 的核心范畴——"客体化"（Objektivierung）、"对象性"（Geganstandlichkeit）、"物化"（Verdinglichung）、"物象化"（Versachlichung）、"异化"（Entfremdung）、"外化"（Entausserung）等概念悉数登场。其中，在"物化概念群"中使用频率最高的无疑是"对象性"和"物化"这两个术语。

"对象性"（对象化），即人与世界之间的一般交往形式（实践和思想情感表达），是社会基本的结构形式。这一术语是卢卡奇这一时期最有成效的概念，也是卢卡奇批判性地掌握了一种特定的意识形式。它融合了黑格尔的外化或物化概念、马克思的拜物教或异化概念以及韦伯的合理化概念，不仅在劳动和经济领域得到应用，而且在政治、法律、国家、行政、科学和哲学等领域也得到应用。但是卢卡奇在回顾自己的理论活动历史时认为，在这一阶段他将异化与对象化混淆起来使用。"只有当社会中的对象化形式使人的本质与其存在相冲突的时候，只有当人的本性由于社会存在受到压抑、扭曲和残害的时候，我们才能谈到一种异化的客观社会关系"，"但《历史与阶级意识》并未认识到这种两重性"。①

在卢卡奇看来，物化概念首先是一个哲学的历史概念，具体而言，物化是一种"表现形式"（Gegenständlichkeitsform），是在资本主义这一特殊的社会历史阶段中人类主体生活的一种表达方式。众所周知，在康德看来，经验对象的确立是通过经验主体的建构来实现的。同样，卢卡奇认为，一个社会能否被定义为资本主义社会的决定性因素是人类活动的"历史"形式。换言之，物化是资本主义社会固有的客观性形式。卢卡奇之所以将物化归结为资本

---

① ［匈］卢卡奇：《历史与阶级意识》，杜章智等译，商务印书馆，1999 年，"新版序言（1967）"第20 页。

主义特有的社会关系,除了采用马克思"商品拜物教"分析之外,还结合了韦伯的合理化概念。因此,卢卡奇声称:"现代资本主义产生的所有经济—社会前提,都在促使以合理物化的关系取代更明显展示出人的关系的自然关系。"①当人与人之间的关系转化为商品之间的客体关系,物化就不仅仅是资本主义社会的一个理论概念,在卢卡奇看来,它还是人类主体对整个世界采取的实际态度或行动。显然,因为融入了韦伯的合理化概念,所以卢卡奇的物化概念与马克思的异化概念并不完全一致,且与马克思主要将异化(狭义上)应用于劳动工人相比,卢卡奇的物化概念的外延更为宽广。

对商品拜物教的批判构成了卢卡奇《历史与阶级意识》的核心主题。卢卡奇通过《历史与阶级意识》反驳第二国际的"正统马克思主义"和1925年后即斯大林时期真正发展起来的"辩证唯物主义",并对西方马克思主义,如法国的吕西安·戈德曼、梅洛–庞蒂等人,以及德国的法兰克福学派的发展产生了重大的影响。卢卡奇认为,资本主义社会的方方面面都可以用"解开商品结构之谜"来解释,而商品结构是一切形式主体性,以及一切形式客体性存在的"原型",在可见的内在规律中隐藏了人与人之间关系本质的一切痕迹。

卢卡奇在商品形式的普遍化和分工中找到了资本主义社会物化现象的经济和社会基础,即可计算性的合理化。在增加劳动的合理化过程中,每个复合体(对象)都被精确地分解为元素,这种对生产对象的解构也意味着对生产主体的解构。此外,资本以"资本拜物教"的形式成为新的绝对客体。资本"不仅根据自己的需要改变生产关系",而且还因此改变前资本主义社会的历史,让世界上所有的一切都按照它的逻辑来重新秩序化,以便"把它们变成使整个社会从现在起彻底资本主义化的统一过程的一些环节"。②在这一过程中,资本主义给自己创造了一个"物化的直接性"(Unmittelbarkeit der Verdinglichung),取代了原始的有机的直接统一性。同时,资本主义的这种"物化的直接性"取消了一切对象性活动的中介本质(商品、货币和资本),而将它们都变成"拜物教"式的某种绝对的客体性。也就是说,康德的物自体和

---

①　[匈]卢卡奇:《历史与阶级意识》,杜章智等译,商务印书馆,1999年,第158~159页。

②　[匈]卢卡奇:《历史与阶级意识》,杜章智等译,商务印书馆,1999年,第161页。

现象界之别被卢卡奇(借用黑格尔)改造为物自体与物象自体的世界之别。换言之,物象也成为类物自体式的存在,或者说现象界也物自体化了。不难发现,在这样的理论预设下,卢卡奇的理论意图在于恢复"中介运动"来解释那种令人眼花缭乱的"形式"的发生,从而将大众的意识从"魔法"中解放出来。

不同于马克思将劳动(二重性及其创造剩余价值的能力)作为市民社会的对象化(物化)形式的决定因素,在这一时期,卢卡奇多次强调阶级意识是对象化形式的决定性因素。在这一意义上,卢卡奇将资产阶级辩护士的二律背反意识称为物化意识,并将超越这一意识的历史任务寄托于无产阶级。即在卢卡奇看来,只有无产阶级才有可能造就一种不被客体化(绝对化)的对象性活动意识——无产阶级阶级意识。

正如卢卡奇曾在《现代戏剧发展史》《心灵与形式》《小说理论》中探讨了文艺形式的具体历史发展和社会功能一样,在《历史与阶级意识》中,卢卡奇以相同的方法讨论了主客体关系下的人的生存状况即思维和存在问题,这正是他在先前所强调的对象化原则(的赋形功能)。在《历史与阶级意识》中,卢卡奇对前一阶段的探索作了再次梳理并进行了较为积极的肯定,不过卢卡奇在《历史与阶级意识》中更加强调造成二元论的社会历史根源如何"赋予美学,即关于艺术的意识,以一种世界观性质的意义",并主张新的赋形(对象性活动)要"以关于其物质基础的具体内容为目标",而非"停留在对艺术现象作出解释和说明"。①概言之, 就是要恢复对象性活动真正的赋形功能、创造功能即中介功能。

卢卡奇认为,要恢复对象性活动的赋形功能,"创造(erzeugen)'创造者'(erzeuger)的主体"②,就必须引入"辩证法"。"文化哲学倾向就是力求克服主体的物化的分裂及其客体的——同样是物化的——僵硬和不可理解"③,为此,必须引入"辩证法"。也就是说,辩证法的引入是为了重建主体的统一性,以建立主体理解客体的可能性,"溶化"主体和客体之间一成不变的"僵硬对

---

① [匈]卢卡奇:《历史与阶级意识》,杜章智等译,商务印书馆,1999年,第219~220页。

② [匈]卢卡奇:《历史与阶级意识》,杜章智等译,商务印书馆,1999年,第224页。

③ [匈]卢卡奇:《历史与阶级意识》,杜章智等译,商务印书馆,1999年,第225页。

立"①。显然,这恰是《心灵与形式》中"形式"的任务,但形式本身也逐渐被客体化了,这一任务在《小说理论》中又交给了对象性活动(中介),而对象性在市民社会的特殊形式(物化)也导致主体的物化和与客体的分离,因而必须引入辩证法。如此一来,卢卡奇逐步完成了从"形式""对象"到"辩证法"的概念转型,亦是卢卡奇从客体化原则经对象化原则达到物化原则的物化逻辑思想路线图的前三个环节。

卢卡奇指出,"历史的本质恰恰在于那些结构形式的变化","人借助这些结构形式和他当时的环境世界发生关系,这些结构形式决定了人的内部生活和外部生活的客观属性"。②然而,这些结构还需要以认识作为总体的历史发展过程的途径去发现和揭示,而"直接性"(的思维和感觉)是这一过程的最大障碍,所以,只有使对象更加具体化地对直接性的超越并达到中介的概念体系时才可能做到。也就是说,中介越强大,"和纯直接性的距离越远",关系网就越大,事物就"越是彻底地进入这些关系体系",并因而变得更容易"被把握"。③卢卡奇认为,作为辩证过程因素的直接性和中介之间也遵循辩证法原则。卢卡奇既反对将中介(对象性活动)直接现实化,也反对将中介客体化,二者具有客体主义的同样本质。当然,这并不是说卢卡奇忽视中介,正相反,恰是为了强调中介,卢卡奇才竭力把它从客体化原则中解救出来。作为对现实资本主义超验的对象性活动即客体化原则的超越,卢卡奇诉诸无产阶级经验的对象性活动。

《历史与阶级意识》创作的一个重要理论目的——通过将总体范畴作为马克思主义方法的革命本质来克服第二国际时代的经济主义。不过卢卡奇对总体范畴的定义并不简单明了。总体性既不是个体历史事件的机械集合,也不是超越个体事件的先验原则,而是真正承认作为个体事实的基础。卢卡奇将总体性视为克服物化意识高于一切的最佳方式。与物化意识相比,总体的视角是将所有局部现象视为总体的事件,将辩证过程的事件视为思想与历史的统一的视角。

---

① ［匈］卢卡奇:《历史与阶级意识》,杜章智等译,商务印书馆,1999年,第227页。

② ［匈］卢卡奇:《历史与阶级意识》,杜章智等译,商务印书馆,1999年,第241~242页。

③ ［匈］卢卡奇:《历史与阶级意识》,杜章智等译,商务印书馆,1999年,第243页。

卢卡奇认为,具体的历史的总体辩证法理论,就是历史唯物主义,在实践中,则体现为争取新的对象性形式而从事的、代表着人类未来发展方向和趋势的无产阶级的革命斗争。而历史唯物主义正是无产阶级斗争活动的实践表征。换言之,在总体辩证法这里,理论与实践是统一的,而且是具体的和历史的统一。这种具体的历史的总体辩证法并非纯粹思辨式的设定,而是由人类经验活动对象的复杂性、多变性和多元性决定的,而且也唯有总体可以准确呈现这一复杂的、相互作用的对象性形式结构的特征。

然而,卢卡奇将超越物化及其意识的途径诉诸无产阶级的阶级意识,无疑是一种"用意识形态超越意识形态"的超历史行为。由于"作为社会与自然之间物质交换的中介的'劳动'被遗忘了"①,脱离这一中介的无产阶级的阶级意识无疑成了黑格尔历史理性的变种,倒不如说成了一种用马克思主义术语伪装的绝对精神。卢卡奇将革命实践归因于意识的转变,在客观上无疑是纯粹的奇迹。

三、物化逻辑的演化:作为对象化的两种形式的外化和异化

马克思"巴黎手稿"在 1932 年的首次公开出版,以及这一时期学界对黑格尔特别是青年黑格尔研究的复兴,引发了学界对重新理解黑格尔以及马克思与黑格尔思想的关系问题的关注。在卢卡奇看来,"德国广大阶层的文化意识忽视马克思的作用,乃是德国文化里的一个极其重大的弱点","如何理解马克思在德国文化上过去和现在的意义问题同样是非常重要的"。②因此,卢卡奇一方面力图"以(青)马解(青)黑",同时另一方面力图"以(青)黑解(青)马"。《青年黑格尔》(1938 年)和《青年马克思》(1955 年)正是卢卡奇上述探索的代表性成果。

卢卡奇对青年黑格尔和青年马克思进行交叉往返式解读,即一方面从(青年)马克思回到(青年)黑格尔,另一方面又从(青年)黑格尔回到(青年)

---

① 　[匈]卢卡奇:《历史与阶级意识》,杜章智等译,商务印书馆,1999 年,"新版序言(1967)"第11 页。

② 　[匈]卢卡奇:《青年黑格尔》(选译),王玖兴译,商务印书馆,1963 年,"序言"第 5 页。

马克思，作为各自青年时期使用的重要概念——外化和异化也在这一意义上得到探讨。总体来看，卢卡奇穿梭在马克思《1844年经济学哲学手稿》和黑格尔《精神现象学》之间，在一种"互文性"方法中比对作为对象化一般的外化及其特殊的异化。通过以上两个文本的"往返穿梭式"对照，卢卡奇认为，黑格尔的外化逻辑的劳动辩证法与马克思的异化劳动辩证法，在其具体现实历史性，尤其是在阶级立场方面存在着巨大差异，代表着两种截然不同的对待经济学与辩证法之间关系的立场和态度，即前者是客观唯心主义的，后者则是辩证的历史的唯物主义的。

关于辩证法与经济学的关系问题，青年黑格尔与青年马克思皆对之进行了探讨，而这一问题也是卢卡奇自青年起就关注的问题。如果说《青年黑格尔》是力图继《历史与阶级意识》之后，探索经济学与辩证法的关系问题，是第一次对《历史与阶级意识》"徘徊"期澄清的努力，那么《青年马克思》中对马克思和黑格尔思想关系问题的研判则与《青年黑格尔》中的相关内容依然保持一致。也正因此，本节的讨论将《青年黑格尔》作为核心文本。

与《历史与阶级意识》相对照，《青年黑格尔》依然力图以辩证法（理性主义的代名词）作为切入点梳理黑格尔思想的发生史，即古典哲学辩证法如何被黑格尔纳入进一个社会历史范畴的辩证法。在卢卡奇这里，辩证法是解释现代性（市民社会/资产阶级社会）矛盾的经济社会根源的核心范畴，它既是认识论又是方法论，是对现代性矛盾的揭示、表达（再现）、反思和批判，并在这个意义上可称之为现代理性。

总之，卢卡奇对青年黑格尔和青年马克思的交叉往返式解读，就是为了提供辩证法原像，即它是一种现代理性，一种对现代社会—经济矛盾的历史揭示与反思。因为这种揭示与反思是从人的自由这一人本主义的视角来介入的，所以主客体关系必然会成为相关话题展开的核心线索。此时，主—客体及其中介（对象化活动）就会成为这个线索中的重要节点，也是不可回避的纽结，客体化、对象化、实证性、外化、异化等相关范畴就是对这些纽结和线索的串联和概念化。从青年黑格尔前耶拿时期的"实证性"范畴到耶拿时期的"外化"范畴，再到马克思的"异化"范畴，卢卡奇力图向我们呈现对象化的两种形式，即作为对象化一般的外化及其特殊的异化，以及二者的形成史及其异同乃至现实意义。正如卢卡奇力图在自己的叙述中所展现的黑格尔和马克思一样，他也力图借他人之口说出自己的现代性故事——"辩证法的形成史：实证性、外化和异化"。

对"实证性"概念的考察既是卢卡奇对青年黑格尔辩证法思想形成史考察的切入点，也是卢卡奇对自己青年时期"形式"概念的回顾和清算。黑格尔的"实证性"概念与卢卡奇的"形式"概念都是作为对象性活动及其结构的本质即辩证法概念的雏形，各自服务于黑格尔、卢卡奇的外化逻辑或物化逻辑。因此，在《青年黑格尔》中，卢卡奇对黑格尔耶拿时期的思想即前《精神现象学》（1807 年）时期黑格尔的相关著述（讲稿和文章）中体现的思想发展轨迹作了大量以自我为参照的反思分析。卢卡奇得出的基本结论是，这一时期黑格尔主要基于自己前耶拿时期的相关研究成果，一方面力图为自己提供一个明确的方法论基础，这就是客观唯心主义方法论的确立；另一方面继续深化法兰克福时期肇始的经济学研究，初步提出了劳动辩证法思想并在此基础上首次提出了"外化"概念，从而使得前耶拿时期的"实证性"概念的二元论困境得以暂时缓解，即可以从更加辩证的角度来审视现代市民社会，进而把现代市民社会视为一个虽然是异在的，但却是必然的社会历史发展环节。

卢卡奇通过对黑格尔耶拿时期思想发展轨迹的考察，厘清了黑格尔从前耶拿时期的"实证性"概念到耶拿时期"外化"概念的演变过程，并将外化逻辑视为《精神现象学》的总框架，论证了"在耶拿，黑格尔成为黑格尔"——辩证法思想的正式形成与黑格尔时代的来临。此外，卢卡奇以"互文性"的研读方法，将这一时期黑格尔的作为对象化活动的外化概念与马克思"巴黎手稿"中的异化概念进行比较分析，阐明二者在根本立场，尤其是在历史观上的根本差异。也正是在这一过程中，卢卡奇在《青年黑格尔》中的叙事特征得以彰显。一方面，对青年黑格尔思想采取"回溯"式研究法，即以较晚期著作观照耶拿时期以及前耶拿时期的思想；另一方面，对马克思与黑格尔思想关系的分析采取相互"往返穿梭式"的叙述方法，既强调马克思《1844 年经济学哲学手稿》中异化概念对黑格尔《精神现象学》中外化概念的超越，又时刻提醒读者注意黑格尔辩证法对马克思辩证法的先驱性意义。甚至可以说，卢卡奇以"矫枉必须过正"的态度强调黑格尔辩证法之于马克思辩证法的重要意义，即便是其唯心主义（宗教/精神）的外衣也无法掩盖其光辉。正如在《青年黑格尔》中所体现的,卢卡奇虽然在结论中一直引述马克思的话来批判黑格尔,但论证过程中却时刻在强调黑格尔辩证法的重要性。也正是由于这一原因,卢卡奇虽然一直强调黑格尔的外化与马克思异化之间的区别,但实际上并未将二者明确地区别开来。

显然,卢卡奇这一次用物化逻辑来走近马克思的异化逻辑,以便将黑格尔的外化逻辑历史化的做法依然有超历史之嫌,而这一切皆源于基于对象性原则对辩证法的理解,以及这一理解所能提供的不同的现实观之间的差异。

四、超越物化逻辑的出路:辩证法与历史唯物主义的重建

卢卡奇在中晚年试图通过辩证理性原则来破除物化逻辑,以便走出物化迷雾,接着以对黑格尔思想史的梳理来"直面"马克思,并强调后者对前者的超越,此后卢卡奇的物化逻辑发展更多地转向了现代性的核心范畴——理性问题上来。在卢卡奇这里,理性即是辩证法,理性的毁灭就是其在现代市民社会中无法正确出场,这是物化的最突出表现,也正是卢卡奇《理性的毁灭》(1954年)一书的主要写作目的,即尝试以理性来恢复辩证法,也即扬弃对象性中的物化。其后,在《审美特性》(1963年)一书中卢卡奇力图构建自己的审美历史唯物主义或美学历史唯物主义。《审美特性》是卢卡奇早期美学研究的集中体现和延续,所不同的是其早期偏向于康德美学,而《审美特性》更偏向于黑格尔的美学观。从卢卡奇物化逻辑的发展线索来看,《审美特性》以审美反映为例,以特殊性范畴(作为个别性和普遍性的中介)来探讨文艺作为客体化方式的对象性,并借此重申其理解的马克思主义辩证法的主客体同一性原则。因此,《审美特性》依然是物化逻辑主旨线索的成果,延续的依然是对作为物化的客体化的不同环节及其相互关系的探讨。

卢卡奇的《理性的毁灭》在很大程度上是受狄尔泰非理性主义的影响。狄尔泰对青年黑格尔的研究是德国新黑格尔主义的起点,并在美学、宗教、教育、历史、社会学、心理学等方面产生了广泛影响,其中最为著名的莫过于开创了"生命哲学"流派。受狄尔泰影响,卢卡奇在《理性的毁灭》中将德国帝国主义的公民意识形态描述为一种生命哲学。当然,这一对生命哲学的探讨

并没有脱离物化逻辑的基本框架，即关注主客体的互动的动因及其结果——客观结构的制度、组织、系统等。

《社会存在本体论》(1971年)是卢卡奇晚年力图返回对象性存在的社会性的积极尝试,该书是一部未完成的著作,探讨的是如何重建历史唯物主义这一卢卡奇终身致力于研究和回答的问题,因此《社会存在本体论》除了与《审美特性》存在继承关系外,更为重要的是与早期的哲学著作(尤其是《历史与阶级意识》)对于存在的社会历史属性的强调保持着一定的连续性。也即是说,卢卡奇从青年时期就一直关注社会本体论属性,之所以在不同的阶段呈现不同的样式,是因为其在不同的阶段对这一问题的关注采取了不同的研究视角(主要是文艺和哲学两个视角)。职是故,倒不如说《社会存在本体论》是一种"回归",即卢卡奇晚年以哲学视角"回归"其早期的探索。通过这种高段位地对早期《历史与阶级意识》等著作的"回归",实现对其研究成果的总结和升华。

《社会存在本体论》延续了《审美特性》(甚至《历史与阶级意识》)中对本体论的持续关注,并为此一方面坚决反对自康德以来的认识论主义倾向及其现代翻版,即现代实证主义;另一方面接续《理性的毁灭》和《审美特性》一如既往地批判存在主义本体论。在卢卡奇看来,存在主义本体论本质上也是一种类认识论主义的倾向。因此,卢卡奇对二者的反对和批判实际上可以归结为对认识论主义的反对和批判。作为出路,卢卡奇强调用本体论考察世界的不可避免性,以及本体论问题的必要性。

赋予存在以社会本体论的基底,既是要反对包括黑格尔在内的客观唯心主义等一切唯心主义认识论(及其本体论),也要反对机械版本的唯物主义认识论(及其本体论)。为此,卢卡奇一再重申真正的马克思的辩证法,强调存在的社会性、历史的过程性,以及人类历史中对象性结构形式的更替与升级。卢卡奇认为,只有用马克思的"批判的本体论的方法""才能真正做到回归存在本身"①。于是,他接续《审美特性》中的审美特殊性,又研究了社会存在的特殊性。由是观之,卢卡奇对存在的关注不过是对物化逻辑的终极范

---

① 　[匈]卢卡奇:《关于社会存在的本体论》(上),[德]本泽勒编:《关于社会存在的本体论》(上),白锡堃等译,重庆出版社,1993年,第37页。

畴的关注,是对物化逻辑的核心原则即对象化原则的哲学表达,是力图突破物化寻求真正的现实的持续努力。

在《社会存在本体论》中,卢卡奇明确且坚定地认为,劳动是人的社会实践(社会化)的本体论基础(再生产则是劳动的具体化),劳动造就了对象性并因此造就了存在。卢卡奇之前的物化逻辑关注"形式"范畴和"特殊性"范畴,而在《社会存在本体论》中,之前一定程度上被边缘化的对象性的重要范畴——"劳动"被置于中心地带。当卢卡奇强调(从个例中发展而来的)个性的社会性原则的时候,是将劳动放在人的社会化原则的必要手段的意义上进行理解。显然,卢卡奇对存在的界定是与他的对象性范畴联系在一起的,因此也与本体论问题联系在一起。概言之,对于卢卡奇来说,存在就是对象性存在,即辩证存在。因此,对象性辩证法也就具有了本体论意义。

在卢卡奇看来,存在是一个自我维持和自我再生的过程,最发达的现实形式就是社会存在。现实和存在都是一个持续更新的过程,在这一意义上,现实性、存在性即是过程性。在这一更新过程中,对象性活动(如劳动)本身的历史性决定了社会存在的历史性,过程性不过是对历史性的另一种表达。但是把握社会存在,培养正确的现实观(存在论)并非易事,因为物化及其意识形态的作用给这一认识过程设置了障碍,而且"社会愈是发达,社会结构的社会化程度愈高,那么物化便愈是明显地要让人们脱离对于社会现象的正确认识"①。卢卡奇认为,这正是现代(资本主义)社会的矛盾之处,即一方面不断消灭旧的物化形式;另一方面又不断再生产出物化的更高级形式,资本主义的发展过程就是物化形式的不断发展的过程,这恰是卢卡奇物化逻辑的核心论题。从这个意义上来说,卢卡奇一生都没有走出物化逻辑的幽灵。他毕生的探索,从审美和哲学两个维度对对象性活动及其结构(无论是以"形式""特殊性"还是"劳动"为名)进行梯级深化,试图让真正的辩证法真正成为历史唯物主义的题中应有之义,即赋予唯物主义以社会—历史性(或者说具体的总体性)。卢卡奇用一生的探索确立了物化(异化、外化),以及对象性活动(劳动)在历史唯物主义中的核心范畴地位,由此也奠定了整个西

---

① ［匈］卢卡奇:《关于社会存在的本体论》(下),［德］本泽勒编:《关于社会存在的本体论》(下),白锡堃等译,重庆出版社,1993年,第787页。

方马克思主义的研究基调——重建历史唯物主义。

探寻卢卡奇物化逻辑的嬗变过程，勾连其不同时期思想升华的纽结，梳理其思想发展的主干和枝叶，铺陈其一生思想展开的画面，从某种意义上讲就是整个西方马克思主义形成与发展的缩影。更形象地说，这是一场关于物化逻辑的戏剧：作为这部剧的主角，卢卡奇"扮演了"康德、黑格尔、马克思等多重角色，并不停地更换自己的辩证法"外衣"（从形式、特殊性到劳动），但也不过是假他人之口演绎了自己的物化逻辑大戏。颇具戏剧性的是，有关卢卡奇的戏剧，也以不同的姿态在延续至今的整个西方马克思主义诸流派中不停地上演。从这个意义上来看，卢卡奇一生的思想理路似乎就是整个西方马克思主义形成与发展谱系的一个镜像。

张秀琴、郑天才（中国人民大学）

卢卡奇无产阶级革命理论的三部曲

　　《历史与阶级意识》作为西方马克思主义的圣经,从 20 世纪 80 年代就先后有众多的研究文献对此做出了研究和阐释。"物化和无产阶级意识"是卢卡奇专门为出版《历史与阶级意识》一书所作的两篇文章之一,同时也是集中体现卢卡奇无产阶级革命理论的重要文本。但是大多数的研究文献都将焦点集中于卢卡奇的物化理论和无产阶级意识上,由物化理论直接引入到无产阶级意识的觉醒,而对于作为两者中间环节的资产阶级思想批判却少有提及,将三部曲就生生变成了二重奏。

　　早在 20 世纪 80 年代,学者赵桂琴认为"卢卡奇发展了《资本论》的物化思想,把物化扩大到对资本主义全面的经济文化的社会分析之中"①,但是仅仅将物化理论与马克思的异化理论联系在一起,未能挖掘出其背后对资产阶级现代文明的反思和无产阶级意识在革命进程中的重要性。进入 21 世纪后,学者赵燕认为,卢卡奇"形成了一套比较完整的物化概念和学说……尽管存在一些理论上的缺陷,卢卡奇在《历史与阶级意识》中阐述的物化概念所达到的理论成就和产生的重大影响仍然是不可忽视的"②。学者王福生将卢卡奇物化理论与现代性的批判、总体性的辩证法联系在一起,认为"以总体性辩证法作为自己思想与行动的方法论原则的无产阶级就此构成了其现代性批判事业的新的落脚点……以总体性辩证法作为自己方法论原则的无

---

　　① 赵桂琴:《卢卡奇物化思想述评》,《辽宁大学学报》,1988 年第 1 期。
　　② 赵燕:《论卢卡奇的物化概念——读〈物化与无产阶级意识〉》,《马克思主义哲学研究》,2008 年第 3 期。

产阶级意识将最终从实践上破除这种物化"①。

笔者认为,对现代性的批判、对资产阶级思想的哲学反思、无产阶级意识的觉醒,三者不可分割地统一在无产阶级革命的进程中。卢卡奇首先对资本主义社会的物化现象进行了批判,但并不是在对资本主义社会的物化批判后就直接得出无产阶级意识的,而是通过对以德国古典哲学为代表的资产阶级思想进行深刻的哲学反思后得出的。德国古典哲学达到了对其存在基础的二律背反的最高思辨表达,即辩证的方法超越了资产阶级社会,然而把辩证的方法当作历史的方法继续下去还需要无产阶级来完成。无产阶级的自我认识就是对社会的自我认识,只有克服了资产阶级思想的直接性和量化,无产阶级才成为真正的阶级,变为实践了的无产阶级意识才能不断朝向总体的转变,即无产阶级革命。现代性批判、哲学反思、无产阶级意识,三者不可分割地统一在卢卡奇的无产阶级革命理论中。

一、对现代性的批判:物化是资本主义社会的普遍表现

卢卡奇在《历史与阶级意识》中对资本主义社会的物化现象作了深刻的批判,将批判的矛头直指现代资本主义社会。卢卡奇在《物化和无产阶级意识》一文中明确指出:"一个商品形式占支配地位、对所有生活形式都有决定影响的社会和一个商品形式只是短暂出现的社会之间的区别是一种质的区别。"②在原始社会中,商品尚未达到影响整个社会的程度,只有在资本主义社会中,商品才越来越超出经济的领域渗透到社会生活的各个方面。这种资本主义社会也可以称之为现代社会,现代社会的主要原则是合理化原则。

(一)物化现象与合理化原则

物化是指在资本主义条件下人的个性和价值逐渐被物的价值和量所替

---

① 王福生:《现代性批判与总体性辩证法——卢卡奇的〈历史与阶级意识〉解读》,《岭南学刊》,2008 年第 1 期。

② [匈]卢卡奇:《历史与阶级意识:关于马克思主义辩证法的研究》,杜章智等译,商务印书馆,1996 年,第 144 页。

代,人与人之间的社会关系采取了物的虚幻形式。合理化原则是在手工业向机器大工业的发展过程中不断形成的,是指将生产过程分解为一个个精确的生产步骤,并将工人视为无差别的生产因素分配到生产过程中,以达到最大限度地获取利益的目的。在手工业中,单个的劳动者独自完成着整个产品的生产过程,劳动者实现着自己的本质。在机器大工业中,工人只是作为机器的一部分,完成简单的局部性的操作,人失去了自己的特性。合理化是现代资本主义社会的主要原则,卢卡奇的物化理论不仅是对资本主义物化社会的批判,更是对以合理化原则为标志的现代社会的批判。

合理化既遮蔽了生产过程的有机性,又造成了主体性的丧失。合理化把生产过程分解成可计算的生产要素,生产过程中的客体和主体都发生了变化,物的属性和主体的价值消失在合理化的进程中。"劳动过程的可计算性要求破坏产品本身的有机的、不合理的、始终由质所决定的统一"①,人们不再独立地完成商品的生产过程,而是完成商品生产的一部分,是同传统的有机生产方式的决裂。商品的生产过程被分解为局部的系统,部分之间的联系不再是有机的联系,而成了偶然的关系。工人的地位日益为机器(自动化的机器)所取代,理性开始反对自身,工人阶级由欣喜转到了失落,进而失去自身的价值。

生产的主体随着生产的客体的分解也被分解开来。合理化将劳动过程分解为一个个可以量化的环节,人在其中也被视为一个可以量化的因素。合理化将人肢解为一个个机械的动作,人不再是一个具有独立的人格和特性的人,而仅仅是合理化过程中的一个要素而已。主体不再是实现着自身的主体,而是一个个镶嵌在现代资本主义社会大机器上的螺丝钉。在资本主义社会大机器中,人自身是没有任何价值的,人的意义和价值只有通过机器才能显现出来。人失去了与生俱来的独立性,即自由。人不再是自由的,而只是一个服从着机械必然性的螺丝钉,尊严、情感、意志等原先属于人的特质的东西统统被剥夺了。人除了机器赋予他的东西以外,再也没有什么其他的东西了。我们创造了机器,但是机器本身一经产生便失去对它的控制力,人类不

---

①　[匈]卢卡奇:《历史与阶级意识:关于马克思主义辩证法的研究》,杜章智等译,商务印书馆,1996年,第149页。

得不跟随机器运转的速度来调节自己的步伐。合理化掩盖了一切物的使用价值的属性,任何产品都将作为商品出现在人们面前。使用价值的生产不是为了使用价值本身,而是为了交换价值的实现。土地的肥力仅仅具有地租的含义,物质上的直接占有成了生活的唯一目的。"随着劳动过程越来越合理化和机械化,工人的活动越来越失去自己的自主性,变成一种直观的态度,从而越来越失去意志。"①物化的世界是资本主义合理化的必然结果,与这种合理化的状况相对应的意识形态则是物化意识。

(二)物化意识的浓雾与总体性的丧失

物化意识深深植根于现代化的每一个人的内心中,从根本上导致了无产阶级运动的低谷和社会主义运动的衰落。无产阶级的运动更多关心的是如何从资产阶级那里获取更多的经济利益,即所谓的工联主义的盛行。它使得作为单个的工人不再思考整个阶级的问题,而开始关心生产,关心自己能否获得利益,进而作为整体的工人阶级就丧失了对整体社会的把握和理解。当人们越是沉醉于单个生产环节的规律性的同时,就越不能理解作为整体的社会是如何运转的以及正在发生哪些变化。它同样使得工人阶级囿于这种纯直观的直接性,失去了对资本主义社会的洞察力和批判力。工人阶级不再是作为资产阶级的对立面,而是作为资本主义的一部分添加到资本主义社会中,日益与这个正在剥削着和创造了这个压抑世界的资产阶级融为一体。工作的专门化使得任何整体的景象都消失了。资产阶级已经失去了总体上领导社会的能力,日益控制着社会的方方面面(社会学和经济学的),却在总体上丧失了对整个社会的把握能力(哲学的)。资本主义社会下的人日益被分裂为原子化的个人,社会的各个方面支离破碎地堆积在一起。资产阶级的经济学和法学在这方面表现得极为明显。资产阶级经济学没有把各种因素都放在一个统一体中来考察,作为使用价值的使用价值本身没有成为资产阶级经济学的研究对象。资产阶级经济学"越发展,越科学,就越多的变成

---

① [匈]卢卡奇:《历史与阶级意识:关于马克思主义辩证法的研究》,杜章智等译,商务印书馆,1996年,第151页。

一种具有局部特殊规律的形式上的封闭系统,对于这种系统来说,处于这个领域本身以外的世界以及甚至首先同这个世界连在一起的、由这个领域加以认识的物质,即这个领域自身、具体的现实的基础,在方法论上和原则上被看作是无法把握的"[1]。在资产阶级法学中内容和形式的矛盾更加尖锐,形式上的(法律的)合理性越来越失去了对内容(政治经济的)的把握。"法的这种观点使法律的产生和消失变成某种——法学上——同样无法理解的东西,正如危机对于资产阶级政治经济学来说变得不可理解一样。"[2]资产阶级的经济学和法学都丧失了对社会整体把握的能力,那么资产阶级哲学能不能做到这一点呢,答案依然是否定的。"在资产阶级社会的基础上,要使立场来一个根本性的变化,是不可能的。"[3]哲学是在思想中被把握的时代,哲学是时代的精华。当我们将哲学被视为时代的精华并指引着时代时,哲学在思想上参与现实世界的构造和形成。然而资产阶级的哲学已经失去了这种从总体上把握社会的能力。

二、对资产阶级哲学的反思:先验哲学无法为无产阶级指明道路

资产阶级的合理化的现代性之所以陷入如此的困境,是和资产阶级的近代哲学分不开的。"近代哲学向自己提出了这样的问题:不再把世界视为独立与主体而产生的(例如由上帝创造的)什么东西,而主要地把它把握为自己的产物。"[4]近代哲学是理性主义的哲学,资产阶级用理性主义来把握这个世界,然而资本主义越来越掌握的却是社会存在的细节,逐渐失去了对社会整体的把握能力。唯有对资产阶级哲学进行深刻的反思,才能为无产阶级

---

① ［匈］卢卡奇:《历史与阶级意识:关于马克思主义辩证法的研究》,杜章智等译,商务印书馆,1996年,第169页。

② ［匈］卢卡奇:《历史与阶级意识:关于马克思主义辩证法的研究》,杜章智等译,商务印书馆,1996年,第174页。

③ ［匈］卢卡奇:《历史与阶级意识:关于马克思主义辩证法的研究》,杜章智等译,商务印书馆,1996年,第176页。

④ ［匈］卢卡奇:《历史与阶级意识:关于马克思主义辩证法的研究》,杜章智等译,商务印书馆,1996年,第178页。

指明道路。

（一）资产阶级哲学的夙愿与非理性的界限

"近代批判哲学是从意识的物化结构中产生出来的。"①不明白哲学和存在基础之间的关系,不明白德国古典哲学的实质就是内容与形式的关系,就不能明白为什么资产阶级哲学已经失去了对时代的把握能力。对于中世纪的月亮之上和月亮之下的对立,近代思想要求把各种现象统一起来,理性主义成了他们认识事物的唯一方式。理性试图把握现实,把现实理解为一个体系,然而非理性的东西却始终无法融入理性的谱系。非理性的既定性既不能被当作无关紧要的东西加以拒绝,又无法被囊括到理性的谱系。每一种理性的体系对于它后来的体系来讲都是部分性的、不完整的,最终被融化到新的更高的体系中去。

然而近代理性主义却越发地认为它终结了人类历史。近代的资产阶级将资本理性化,使得资本获得最大的利润,然而这种理性化仅仅具有局部的意义,一切不能被资本化的东西作为既定性的东西起来反抗这种体系。资产阶级经济学深入研究了商品的价值问题, 却对作为价值的物质承担者的商品的使用价值漠不关心;资产阶级法学从形式上、程序上确立了公平正义,却对作为法律设立本身的目的的实质正义漠不关心。"人的存在的'最终问题'被禁锢在人的知性不可把握的非理性之中。"②因此,不能抽象地形式地看待理性主义,把它变成一种人的本质中固有的超历史的原则,任何一个理性形式体系都必然有着非理性的界限。这种非理性的既定性在理性要求把握整个世界的时候,它就具有了瓦解整个体系的能力。

资产阶级的理性主义开出了一条合理化的道路,一切事实都以量化的形式出现。在资本主义经济学中,工人作为商品可以用货币衡量,商品对人

---

① ［匈］卢卡奇:《历史与阶级意识:关于马克思主义辩证法的研究》,杜章智等译,商务印书馆,1996年,第177页。

② ［匈］卢卡奇:《历史与阶级意识:关于马克思主义辩证法的研究》,杜章智等译,商务印书馆,1996年,第180页。

的需求可以用边际效用的大小来衡量，事物的规定性被蒙蔽在数量化的外衣下。然而，"社会发展的倾向主要表现在社会结构（阶级的成分，力量的对比）的不停的质的变革中。"①工人所具有的这种双重的特性使得他意识到自身的异化，并向着这种异化超越。此时，工人的质的特性正如在资产阶级经济学中使用价值的质的决定性对其产生的瓦解性的作用一样，也具有了一种决定性的作用。资产阶级把工人变为无差别的商品，然而就质的多样性而言，每一个工人又都是独立的个体。物化表现得越直接，量与质的分离在工人阶级身上就表现得越明显，无产阶级质的特性就越来越具有了一种像非理性的既定性对资产阶级理性化的哲学所具有的瓦解性意义。

（二）先验的哲学与内在性的美学

"如果思想不想放弃对整体的把握，那就必须走向内发展的道路，就必须力图找到那个思维的主体。"②这条向内发展的道路就是先验哲学的道路。先验哲学试图把世界与主体把握为同一的，先天理性形式是我们认识世界的从而获取经验的前提条件。然而，经验在某种程度上依然是先验的，依然始终无法消除既定性的存在。从理论上澄清和把握对象并没有消除偶然性的存在，反而使得这种偶然性得到了进一步的强化。人们摆脱了自然的非理性的桎梏，又陷入了自己创造的第二自然的非理性的反抗。这种非理性的力量抛弃以往不可认识的形式的外衣，表现为一种合理的必然性。这种实践哲学激起了纯粹转向内心的道德愤慨，却丝毫没有触动现实的根基，实践因此又回到了直观的立场。

"在先验哲学中只是一种可用来解释世界的很成问题的假设的东西，在艺术中以完善的状态存在着。"③美学试图重建被社会消灭了的人，"生活的

---

① ［匈］卢卡奇：《历史与阶级意识：关于马克思主义辩证法的研究》，杜章智等译，商务印书馆，1996年，第271页。

② ［匈］卢卡奇：《历史与阶级意识：关于马克思主义辩证法的研究》，杜章智等译，商务印书馆，1996年，第192页。

③ ［匈］卢卡奇：《历史与阶级意识：关于马克思主义辩证法的研究》，杜章智等译，商务印书馆，1996年，第213页。

全部内容只有在成为美学的时候才能不被扼杀"①。至此,美学成了生活中唯一可以唤醒人们麻木心灵的领域。然而美学走的依然是一种向内发展的道路,它只是拒绝这个世界,而不是去拯救这个世界。

(三)生成的辩证法与历史主体的出场

"这样一来,问题的提法就超出了纯认识论的范围。"②进入了辩证法,生成和变化对资产阶级的理性主义来讲都是可怕的和不可理解的。它试图用一种固定的模式来解释这个世界,然而现实就是历史的生成和变化。黑格尔为历史的运动找到了抽象的逻辑的和思辨的表达,历史的生成在黑格尔那里是世界精神的自我运动和复归。世界精神成了历史的主体,一切现实仅仅是世界精神的外化和显现。这种思辨的辩证法蕴含了批判的一切要素,然而黑格尔却得出了实证的无批判主义。为此,意识的立场就必须转化为自我意识的立场。意识的立场是主体对客体的意识,它依然建立在主客体分裂的基础上;自我意识是主体对自身的意识,世界被把握为他自己创造的世界,认识这个世界就意味着认识他自身。

然而,黑格尔的这种自我意识的立场转变仅仅停留在哲学家的头脑中,而要实现它,还需要无产阶级的参与。德国古典哲学的伟大之处在于它为历史找到了抽象的、逻辑的和思辨的表达,然而它的局限性也恰恰在于它仅仅为历史找到了抽象的逻辑的和思辨的表达。历史的主体消失在幕后,黑格尔哲学陷入了概念的神话。德国古典哲学"的目的是从思想上克服资产阶级社会,思辨地复活这个社会中并被这个社会毁灭了的人,然而其结果只是达到了对资产阶级社会的完全思想上的再现和先验的重演"③。"要由行动来证明和指出的主体和客体的统一,思维和存在的统一,事实上,在思想规定的起

---

① [匈]卢卡奇:《历史与阶级意识:关于马克思主义辩证法的研究》,杜章智等译,商务印书馆,1996年,第215页。

② [匈]卢卡奇:《历史与阶级意识:关于马克思主义辩证法的研究》,杜章智等译,商务印书馆,1996年,第217页。

③ [匈]卢卡奇:《历史与阶级意识:关于马克思主义辩证法的研究》,杜章智等译,商务印书馆,1996年,第227页。

源和现实生成的历史的统一中得到了实现,并找到了自己的基础。但要理解这种统一,就必须指出历史是从方法论上解决一切问题的场所,而且具体地指出这个是历史主体的'我们',即那个其行为实际上就是历史的'我们'"①,即正在生成的无产阶级。

三、对现实总体性的把握:无产阶级意识的觉醒和实现

卢卡奇认为,无产阶级要想成为真正的阶级,成为历史的主体,就需要启发了的无产阶级意识,以无产阶级意识的总体性来克服资产阶级物化的片面性。"就无产阶级的意识来说,发展是不会自行发挥作用的,旧的直观的机械的唯物主义所不能理解的真理,即变革和解放只能出自自己的行动,'教育者本人必须受教育',正在变得越来越适用于无产阶级。"②十月革命的成功使得卢卡奇燃起了无产阶级革命的热情,然而西欧无产阶级革命的失败却使得他不得不去思考无产阶级意识的问题。

(一)无产阶级意识的中介性

社会存在就其直接性而言,对无产阶级和资产阶级都是同样的。然而在对直接既定东西的远离上,资产阶级和无产阶级却有实质的区别。对资产阶级来说,"这种远离就意味着将时空上远离的对象纳入合理化的计算中……既标志着资产阶级思想的顶点,又标志着它的'不可逾越的障碍'"③。然而,"对无产阶级来说,这种'远离',即这种对直接性的超越,所意味的就是相反的,就意味着行动对象的客观属性的变化"④。工人意识到自己是商品这一点

① [匈]卢卡奇:《历史与阶级意识:关于马克思主义辩证法的研究》,杜章智等译,商务印书馆,1996年,第223~224页。

② [匈]卢卡奇:《历史与阶级意识:关于马克思主义辩证法的研究》,杜章智等译,商务印书馆,1996年,第304页。

③ [匈]卢卡奇:《历史与阶级意识:关于马克思主义辩证法的研究》,杜章智等译,商务印书馆,1996年,第260页。

④ [匈]卢卡奇:《历史与阶级意识:关于马克思主义辩证法的研究》,杜章智等译,商务印书馆,1996年,第260页。

并不能在现实生活中改变自己的处境，黑格尔的主奴意识辩证法也仅仅具有主观的意义。然而，当工人能够意识到他自身是商品这一点而言，意识已经开始具有实践的含义。

直接性是一种直观的立场，中介是一种原则和方法，一种将物与物之间的关系转化为人与人之间的关系的原则和方法。它对对象的考察不仅是考察对象本身的性质，还要考察对象所处的历史环境及与周围事物的关系，历史不是孤立的历史事件的总和，而是各种原则和结构的不断变化和内在关系。我们不是要消灭直接性，而是要扬弃直接性，每一种中介性都会产生一种新的直接性。"直接性和中介本身都是辩证过程的因素，存在的每一阶段和理解它的每一个阶段都具有《现象学》意义上的直接性。"①无产阶级和资产阶级同样处于物化的直接性中，资产阶级对机器的考察仅仅局限在机器本身，而对机器的资本主义应用却置之不闻。历史的本质恰恰在于结构形式的变化，对任何历史事件的考察不仅是对事实的考证分析，更重要的是对它所处的历史环境的结构形式的考察。

（二）无产阶级意识的总体性

无产阶级意识必须是总体性的意识。总体性不是一切孤立的历史事实的堆积，而是部分的意义在总体的关系中得到展现，在以单个客体为目标的行动中，甚至在决定历史发展的因素可以是表面上看起来无关紧要的东西中，我们始终能看到它对于总体改变的渴望和意义。"个别环节和因素包含有整体的结构……以实践为目标的形式表现出来。"②总体性不排斥部分的多样性，但总体总是优于部分的。个别的事实和行动被熔化到总体的目标中，历史的任务就不仅仅表现为认识的任务，更表现为一场实践的革命的任务。"只有当实践就是对这些形式的内在倾向造成的运动进行深刻思考，并意识到这一运动和使其被意识到的时候，实践才开始成为真正改变这些形式这样意义

---

① ［匈］卢卡奇:《历史与阶级意识:关于马克思主义辩证法的研究》,杜章智等译,商务印书馆,1996年,第236页。

② ［匈］卢卡奇:《历史与阶级意识:关于马克思主义辩证法的研究》,杜章智等译,商务印书馆,1996年,第261页。

上的实践"①,无产阶级意识的总体性才开始成为真正改变现实的总体性。

无产阶级意识的总体性是具体的总体性,是把握现实的总体性,把握总体性就是把握整个资本主义社会现实。然而社会民主党人却把资本主义的现实理解为孤立的事实堆积,假借僵化的事实为根据否定历史发展的倾向。"机会主义者必须始终'以事实为基础',以便据此或者否定发展的倾向,或者把他们贬低为一种主观上、伦理上的应该如此。"②社会民主党人陷入这种物化的直接性中,无产阶级只有把资本主义的现实放到辩证的历史总体中来认识才能冲破物化的浓雾。"总体性范畴所指称的现实是一个动态性的社会发展过程。如果说物化意识力图把现实理解为一些不变的、孤立的事实的堆积的话,那么,总体性的方法则强调现实是一个不断向前发展的过程。"③

(三)无产阶级意识的觉醒

历史不是僵硬的、孤立的事实的堆积,历史是生成的历史。历史发展中蕴含的历史发展倾向是即将变为现实的历史,它代表了历史发展的方向。事实仅仅是孤立的历史事件,现实才是一个动态的变动的发展过程。"历史发展的倾向构成比经验事实更高的现实。"④社会历史发展中所蕴含的发展倾向是如此的重要,以至于在它成为现实之前就已经在历史发展中起到了决定性的作用。"在这些倾向中表现出来的过程的意义就是资本主义的消灭。"⑤无产阶级意识的觉醒必须把握住现实的脉动,既要成为历史的剧中人,又要成为历史的创作者。人成了历史的真正的主人,资产阶级的物与物之间关系

---

① 〔匈〕卢卡奇:《历史与阶级意识:关于马克思主义辩证法的研究》,杜章智等译,商务印书馆,1996年,第263页。

② 〔匈〕卢卡奇:《历史与阶级意识:关于马克思主义辩证法的研究》,杜章智等译,商务印书馆,1996年,第270页。

③ 俞吾金、陈学明主编:《国外马克思主义哲学流派新编(西方马克思主义卷)》,复旦大学出版社,2002年,第20页。

④ 〔匈〕卢卡奇:《历史与阶级意识:关于马克思主义辩证法的研究》,杜章智等译,商务印书馆,1996年,第268~269页。

⑤ 〔匈〕卢卡奇:《历史与阶级意识:关于马克思主义辩证法的研究》,杜章智等译,商务印书馆,1996年,第269页。

开始转化为人与人之间的关系,人成了历史的出发点和落脚点。

无产阶级的意识处于资本主义物化的遮蔽之中, 只有自觉的阶级意识才能使无产阶级成为真正的阶级,并将其付诸实践。意识不是对现实的反映,不是与现实相对立的另一个维度,意识本身就是现实的一部分,它参与现实的实现和改造。真正的现实不是事物向你呈现的那个样子,而是实践的倾向。世界不是一成不变的事物的集合体,而是过程的集合体。没有事物也就无所谓反映事物,反映与被反映依然是二元思维的逻辑,依然无法克服事物的既定性,消除自在之物。只要思维和存在依然保持着僵硬的对立,对这个世界的纯粹直观认识与改造世界本身就依然是分裂的。"当生成的真理就是那个被创造但还没有出世的将来,即那正在(依靠我们自觉的帮助)变为现实的倾向中的新东西时,思维是否反映的问题就显得毫无意义了。思维正确性的标准虽然就是现实性,但这现实性并不是现成的,而是生成的——并不是没有思维的参与。"[1]这里的思维是历史生成的一部分,即无产阶级意识参与到革命的进程中,并塑造着历史。无产阶级的实践是革命的实践,这种革命的实践需要变为实践了的阶级意识。至此,人类才进入了真正的历史。

综上所述,《物化和无产阶级意识》不仅是卢卡奇对资本主义现代性的批判,更是对资产阶级文明根基的哲学反思、对无产阶级革命意识的深切关注。卢卡奇对资本主义社会物化的批判不仅是对资本主义的批判,更是对现代性的批判。卢卡奇并不是在对资本主义社会的物化批判后就直接得出无产阶级意识的,而是通过对资产阶级思想深刻反思后得出无产阶级意识的中介性的,进而由对古典哲学辩证法的内在性超越才得出不断朝向总体转变的实践的无产阶级意识。卢卡奇关于无产阶级意识的论述并不是浪漫的革命幻想,而是在对其所身处的革命环境进行深刻反思后的理性的抉择,具有鲜明的实践倾向和革命意图。现代性批判、哲学反思、无产阶级意识,三者不可分割地统一于无产阶级革命的进程中。

程恩慧(上海理工大学)

---

① [匈]卢卡奇:《历史与阶级意识:关于马克思主义辩证法的研究》,杜章智等译,商务印书馆,1996年,第299页。

无产阶级："阶级意识"的主体性走向与建构

"阶级意识"是卢卡奇在《历史与阶级意识》中对《资本论》第三卷"阶级"残篇遗留之问的理论应答，也是使无产阶级革命从"应然"转向"实然"的实践之策。十月革命的胜利与西欧各国无产阶级革命的败落，这一现实的"错位"，使卢卡奇关注到无产阶级自觉反抗资本增值逻辑及统治形式何以可能的问题。近些年来，一些当代西方左翼学者对卢卡奇思想进行了批判性引注。人们渐渐发现，《历史与阶级意识》中的一些核心概念的生产力并未穷尽。[1]卢卡奇试图以"阶级意识"概念再证作为"现行资本主义制度的葬送者、世界历史之普遍主体"的无产阶级及其历史角色的"意义"，即理论与实践辩证统一的革命主体性力量。卢卡奇对"阶级意识"概念的独创性见解也成为西方马克思主义对无产阶级的认识从历史主体走向革命主体性的初啼。

一、恢复历史性：总体性辩证法"解蔽"阶级意识

百年前，"阶级"概念在自然必然性的机械论中遭到形式主义化、教条主义化而陷入脱离社会历史内容的抽象普遍性中，在资本主义社会危机进入汛期时，从理论层面破解这一静止僵化的"科学"假象至关重要。卢卡奇认为，正确理解并运用马克思的哲学方法的本质是"改变现实"的必要条件。通过对实证主义历史观与德国观念论历史哲学的非历史性、超历史性的反思，卢卡奇将主体问题重新置于属人领域的目的性与社会历史的规律性这一相

---

[1]　Robert P. Jackson, Lebowitz, Lukács and Postone: Subjectivity in Capital, *Science &Society*, Vol. 81, No.2, April, 2017, p.248.

互交织又各自作用的矛盾问题之中,并以"阶级意识"概念来表征实践必然性的动态生成。总体性辩证法是恢复"阶级"概念历史性的革命性原则。其局限性在于对马克思主义辩证法进行了逻辑主义的、纯精神性的,甚至本体论化的解读,致使阶级与历史的内在联结陷入另一种抽象的普遍性。

(一)历史性的遮蔽:形式直观与绝对主体

为恢复以历史为解释原则与理论硬核的马克思的"新世界观",卢卡奇将理论斗争的矛头首先对准了"梅林-普列汉诺夫正统"的庸俗马克思主义持有的实证主义历史观,让成为匈牙利无产阶级革命运动节节败落的理论"遮羞布"无处遁形。事实上,经济还原论使"阶级"概念陷入无内容和自我封闭的抽象性之中并与资产阶级思想的二律背反深层共谋,其症结都在于非历史性甚至反历史性,由此难以寻得真正的革命力量。具体地说,意识的物化结构或曰资产阶级世界观首先典型地表征为近代理性主义将形式的、数学的、理性的认识等同于认识一般。不同于前资本主义时代,近代理性主义作为全部现象相互联系的原则,成为一种普遍性的认识结构。这是一种质的意义上的变革。数理方法从一般对象性前提中设计、构造出对象的方法转为"对于我们"而言的把握现实的唯一可能方式。这种资产阶级思想也即近代理性主义体系化原则的问题在于其所有的形式规律的必然性,它将无力统一任何一种内容事实性,即面对感性内容的存在和存在方法时就将其视为完全不可溶化的既定事实,其体系内部也呈现出并列、凌驾或屈从的关系而非其设想的科学的统一性。在诠释路径上,卢卡奇将拉斯克所认为的形式与内容之间偶然的、非理性的与观念上的关联与资本主义商品生产实践所带来的物化现实相连接,由此破解由我们所创造的认知体系为何呈现出直观的独断主义,并与人自身相异在、相对立。

扬弃德国观念论历史哲学在主体方面的运思,是卢卡奇恢复"阶级"概念历史性的思想资源与关键环节。不同于古代世界和中世纪世界中历史是某一更高秩序的附带考虑与外在表现,近代哲学中主体的兴起意味着历史成为根本性的存在方式本身,世界全面地、自为地成为人的世界,主体性这个潘多拉之盒由此打开。观念论哲学大多认为理性足以洞察自然与历史的所有秘密,意图将历史全盘主体化而穷尽形而上学的一切可能性,这种"泛神论"催生了形态各异的绝对主体,并强化了自启蒙以来的主体控制与利用历史的权威结构。卢卡奇以"哲学的基本问题和存在基础之间的关系"[①]为论思基点,以资产阶级思想的二律背反为典型症结,意图证明资产阶级直观思维方式中的抽象必然性与消极偶然性致使历史的真正主题 "陷入不可理解的黑夜之中"。在这一视域下,康德—费希特式的"行为"的主体只是直观的、理论的,进而是停留于思维主体内部的。它"把认识的主体和'人'分离开,并且把认识者变为纯粹的即纯粹形式的主体"[②],由是其客观必然性的"合规律性"根植于先验的物质基础之上,而现实内容的生成则作为不可消除的偶然性外在地停留于一片混乱的"相对的合目的性"中。这种"同一的主体—客体"既无法真正破解纯自然性、非理性与实际存在的桎梏,又反陷于自己所创造的且同时异在并与对立于自身的"现实"之中。卢卡奇认为,黑格尔将历史视为整个体系的一部分、一环节,将其置于绝对精神自我实现的彼岸,致使主体性又落入抽象思辨、神秘崇高之中,在此"人类趋向完备的发展,要么由先于人类的决定所指导,要么由先于现实的人的本性的人性所指导"[③],其庞大的概念的生命有机体仍是"无人身的理性"的自我运动,但同时他将所有的逻辑问题建立在内容的物质特性之上使哲学找到事物的秩序与联系的意义,历史作为实体使行为的主体或起源的主体重新出现了。

(二)历史性的生成:对象性形式与创造"创造者"的主体

黑格尔绝对精神的历史性问题被卢卡奇借由康德、李凯尔特、马克思、恩格斯等人的思想桥梁转化为社会历史的对象性形式问题,在这一语境下,总体性辩证法能够在思想规定的起源和现实生成的历史之间建构统一性,由是无产阶级作为唯一能实现"把辩证的方法当作历史的方法"[④]的创造"创

---

① [匈]卢卡奇:《历史与阶级意识》,杜章智等译,商务印书馆,2017年,第184页。

② [匈]卢卡奇:《历史与阶级意识》,杜章智等译,商务印书馆,2017年,第207页。

③ [波兰]莱泽克·科拉科夫斯基:《马克思主义的主要流派》(第1卷),唐少杰等译,黑龙江大学出版社,2015年,第83页。

④ [匈]卢卡奇:《历史与阶级意识》,杜章智等译,商务印书馆,2017年,第236页。

造者"的主体才可能被哲学地澄清。经历对资产阶级思想的二律背反性的反思,卢卡奇认识到以形式逻辑、自然科学或统计学规律意义上的机械论式的自然必然性仍是局限于"自在之物"中的。李凯尔特提出的"对它的集体(即对他的阶级)有效的文化价值"①就已模糊地发现了这一立场所未能把握的现实。黑格尔历史观中的实践必然性以总体性范畴,这一黑格尔方法的进步方面实现对历史现实的属人的合目的性维度的把握。对象性形式作为社会过程中人们交往的一般形式成了认识历史必然性的中介范畴,卢卡奇认为"历史的本质恰恰在于那些结构形式的变化,人借助这些结构形式和他当时的环境世界发生关系,这些结构形式决定了人的内部生活和外部生活的客观属性"②,而通过"中介这个范畴有助于理解这样一种过程,它保证了附着于人为性的直接性与正在生成的总体之间的联系,并允许不断的持续超越"③,有助于突破对象的直接既定的物的形式,把握"客体本身的结构构造原则和真正的运动倾向"④。以中介范畴实现社会发展的合目的性合规律性,就其内在运行机制而言,卢卡奇通过恩格斯的历史合力论初步引出了"阶级意识"概念:一是个体或团体有意识地社会实践虽然相较于任何理论体系和思想观念而言具有优先性、真实性,但它们"仅仅是……真正历史研究的材料"⑤;二是作为历史发展决定性因素的"经济的情况"是可以综合个体意志代表的矢量,由此卢卡奇发现了对"生产过程中特殊的典型的地位"进行"理性的适当的反应"的阶级意识,也即"抽象地、形式地来看——同时也就是一种受阶级制约的人们对自己的社会的、历史的经济地位的无意识"⑥。这种"无意识"就是人与周围客观世界发生关系的一定结构形式。如果没有这一中介化、关系化的现实,人们则无法确证自己内部生活与外部生活,而周遭世界的存在如果没有意识范畴的辩证统筹也是无法确证自身的,就此历史才能真正地变为人的历史,而不同社会形态的质的不同恰在于其结构形式的变换,而这

①　[匈]卢卡奇:《历史与阶级意识》,杜章智等译,商务印书馆,2017年,第238页。

②　[匈]卢卡奇:《历史与阶级意识》,杜章智等译,商务印书馆,2017年,第241~242页。

③　[法]米歇尔·盖伊、[法]拉乌尔·基尔希迈尔、吴子枫:《马克思主义与主体性》,《国外理论动态》,2017年第1期。

④　[匈]卢卡奇:《历史与阶级意识》,杜章智等译,商务印书馆,2017年,第244页。

⑤　[匈]卢卡奇:《历史与阶级意识》,杜章智等译,商务印书馆,2017年,第108页。

⑥　[匈]卢卡奇:《历史与阶级意识》,杜章智等译,商务印书馆,2017年,第110页。

一形式结构本身是具有历史特殊性的。

在总体性辩证法的视域中,"阶级意识"在抽象的、形式的维度是以阶级分析法透视历史发展过程所得出的对象性形式,可以为作为创造"创造者"的无产阶级补充具有绝对精神色彩的历史性。具体地说,一是确证无产阶级在这个世界中的存在方式。卢卡奇认为,黑格尔与马克思在现实本身上是分道扬镳的,后者从历史唯物主义中掌握了总体及其运动的真正性质,清算了概念的神话。二是确证无产阶级是世界历史之普遍主体。阶级意识不是某个体或团体的主观意愿、某种逻辑推演的先验原则或神秘主体的"绝对律令",它"不是什么从外部(主观地)被放到客体里去的东西,不是价值判断,或和它们的存在相对立的应该,而是它们自己的客观具体的结构本身的显现"[1],与社会生产运行结构中具体地位的内在联结凸显了无产阶级的革命主体性。三是确证无产阶级蕴藏着一种定向的运动。正如"共产主义对我们说来不是应当确立的状况,不是现实应当与之相适应的理想。我们所称为共产主义的是那种消灭现存状况的现实的运动"[2],具体到无产阶级的意识与实践中,通过对整个社会发展阶段的认识,"我们就能看到那些趋向现实的中心、趋向我们惯常称为最终目标的倾向"[3],即最终目标在无产阶级自由解放的进程中并非彼岸理想,而是与具体过程中现实的、真实的环节相辩证统一,所以梅洛·庞蒂称"卢卡奇延续的是'一种把主体性融入历史又不将它当作一种副现象的马克思主义'"[4]。四是确证无产阶级是一个不断进展、不断丰富自身的结构而非单一的实物性世界根据。随着"辩证过程把对象本身的对象性形式变为一个流动的过程"[5],近代批判哲学中形式与内容、思维与存在、主观与客观、主体与客体、自由与必然之间的坚固壁垒和僵硬对立被消解,"人类社会运动的内在逻辑便能同时被理解为人本身的产物,以及从人和人的关系中产生出来并且摆脱了人的控制的力量的产物"[6],走向理论与实践的

---

①　[匈]卢卡奇:《历史与阶级意识》,杜章智等译,商务印书馆,2017 年,第 253 页。

②　《马克思恩格斯全集》(第 3 卷),人民出版社,1960 年,第 40 页。

③　[匈]卢卡奇:《历史与阶级意识》,杜章智等译,商务印书馆,2017 年,第 77 页。

④　Maurice Merlea-Ponty, "Lemarxisme'Occidental", in *Les Aventures de la Dialectique*, Paris: Gallimard, 1955, p.57.

⑤　[匈]卢卡奇:《历史与阶级意识》,杜章智等译,商务印书馆,2017 年,第 276 页。

⑥　[匈]卢卡奇:《历史与阶级意识》,杜章智等译,商务印书馆,2017 年,第 66 页。

辩证统一。五是确证无产阶级具有普遍性与具体性的相互作用。如果说黑格尔将"政府成员和国家官员"视为理性国家的"普遍阶级"实际上倒退到特殊利益领域,卢卡奇接续马克思认为"工人的命运成为整个社会的普遍命运;这种命运的普遍性的确是工厂劳动过程在这个方向上发展的前提"[①],同时他也看到作为辩证方法的物质基础的是 "资本主义社会及其生产力和生产关系的内在对抗性"[②],从资本主义社会形式特殊结构中将个体与社会的冲突把握为阶级斗争中客观的经济对抗。

此时,卢卡奇思想的局限性也非常突出。他将现实以具体总体的方式逻辑化,将历史的发展以辩证的方法思维化,将社会发展的规律性与人的活动的目的性之间的相互作用以中介范畴的形式概念化地联结在一起,致使无产阶级的革命主体性的历史维度在一定程度精神化从而走向抽象的普遍性。但是卢卡奇通过马克思主义辩证法的优先性,认为"唯物主义辩证法是一种革命的辩证法"[③],"理论上反对辩证法就必然意味着从本质上跟整个革命观点断绝关系"[④],追溯意识的产生与行动本身之间真正的、必然的联系,恢复"无产阶级"概念的历史性具有深刻的理论价值。

二、确证主体地位:阶级意识对物化现实的"祛魅"

一战后的世界局势依然动荡不安,无产阶级的"意识"在应然与实然间的巨大张力成为当时革命运动的理论困局与现实障碍。它冲击着无产阶级作为人类历史这部剧真正"剧作者"的主体地位。经由总体性辩证法,卢卡奇认为, 由整体关系决定着的一切认识客体的对象性形式在资本主义社会中发生了质的变化。从马克思的政治经济学批判中的商品范畴出发,卢卡奇认识到这一质的变化可以概括为物象世界的客体化, 这种物化的对象性结构带来无产阶级革命运动的内在意识形态危机, 而无产阶级意识作为资本主

---

① [匈]卢卡奇:《历史与阶级意识》,杜章智等译,商务印书馆,2017年,第158页。

② [匈]卢卡奇:《历史与阶级意识》,杜章智等译,商务印书馆,2017年,第58页。

③ [匈]卢卡奇:《历史与阶级意识》,杜章智等译,商务印书馆,2017年,第49页。

④ [匈]卢卡奇:《列宁》,张翼星译,远流出版事业股份有限公司,1991年,第70页。

义社会变革的内在自反性维度，确证了无产阶级在社会历史发展过程中的主体地位。

(一)无产阶级革命运动的现实危机：生活世界的物化意识

从发生维度来看，卢卡奇关于资本主义社会物化现象的批判离不开无产阶级革命运动失败后的理论困局，即由于布哈林、考茨基等人缺少对其政治经济学批判的方法论前提的反思，以致实证科学式的马克思主义无法有力回击当时工人运动中甚嚣尘上的资产阶级与机会主义思潮，甚至使无产阶级专政理论陷入了合法性危机。就具体问题来看，此时流行的马克思主义理论虽然认识到了资本主义制度的意识形态机器对于工人真正利益的遮蔽，以及政党进行教育宣讲、议会斗争的重要作用，但是并不能完全解释现实境况中无产阶级对资本主义论调的支持与社会主义思想的传播困难问题。在经济还原论中，工人群体在经济过程中对自身阶级地位、立场与利益的理解与其所在的生产组织的先进性具有机械的一致性，而卢卡奇通过引用梅林的观察来证实这类观点的荒谬，当时"正是最大的、技术上组织最严密的机器工厂的工人最顽强地坚持与资产阶级和小资产阶级政党的组织统一，而雪茄工人、鞋匠、裁缝等则更迅速地加入革命运动的行列"[①]。更深入地说，卢卡奇认为，"无产阶级的大部分仍然在思想上受资产阶级的影响；甚至最严重的经济危机也不能动摇他们的态度。结果是，无产阶级的态度、它对危机的反应远不及危机本身的激烈程度"[②]。由是，卢卡奇试图对马克思主义政治经济学批判进行兼具延续性与独创性阐释，恢复经济理论与革命实践之间的整体互动性，作为"克服经验的纯直接性的方法论杠杆"的阶级意识是其中最关键的中介范畴，以无产阶级立场来建构破解物化现实的革命蓝图、反抗机制。通过阶级意识来"祛魅"资本主义社会物化现实的合理性幻景，卢卡奇意欲实现的不是重申一种悲观主义文化观，宣告人们彻底陷入现

---

① Georg Lukács, John Rees, Slavoj Zizek, *A Defence of History and Class Consciousness: Tailism and the Dialectic*, London: Verso, 2000.p.69.

② [匈]卢卡奇：《历史与阶级意识》，杜章智等译，商务印书馆，2017年，第408页。

代性的"囚笼"中,而是更加积极地为"改变世界"的哲学方法论找到植根于生活世界的行动机制。

从构成维度来看,卢卡奇的物化批判理论从商品形式的普遍结构出发,将马克思的商品拜物教批判与韦伯的合理性理论、层级官僚组织制理论及西美尔的客观文化理论相结合,把第二国际所持有的单一经济领域的阶级剥削路径重构、丰富为资本主义社会物化逻辑统摄下的抽象统治机制,试图澄明资本主义社会制度中的对象性形式结构。"只要人们想知道,他任何时候都能够知道;从原则上说,再也没有什么神秘莫测、无法计算的力量在起作用,人们可以通过计算掌握一切。而这就意味着为世界祛魅。"[1]韦伯论断中所涉及的可计算性形式与合理化过程,在卢卡奇看来,都成为资本逻辑宰制下商品拜物教"造魅"运动的"帮凶",其所造就的"第二自然"使得人们彻底成为资本主义化统一过程的一些环节。卢卡奇认为,物化宰制的根源是商品形式上可计算的统一性倾轧了质的各异性,以无产阶级为核心的所有人都逐渐被物化命运所支配:他们的行为选择和价值判断被资本主义合理化的工具理性所规训,成为资本增值的中介环节;现存社会制度走向"政治极致"——物化意识正无孔不入地渗透在国家机构、政党体系、教育制度、宗教风俗当中,并无时无刻地筛选、塑造和驯服社会成员。[2]当符号化、客体化、原子化成为整个社会的普遍命运,并内化为一种物化意识,有着支配所有人精神活动和心理活动的现实效力,人们对改变世界的无力感、对等级制度的敬畏心、对官僚主义的接受力,以及对宗教仍抱有幻想……它们真实地构成了人们的日常经验。值得注意的是,卢卡奇关于无产阶级"灵魂"的枯萎、畸变与反抗性自主意识的同时发生的观点往往被认为是其极左思想的残余,但这还可以阐释为无产阶级革命意识发生机制没有区隔于物化现实的独立场域。因此,只要支撑劳动力作为一般商品的社会结构仍然存续,"关于劳动力价格、使用时间和强度的冲突永远不会结束"[3],无产阶级的革命主体性仍会

---

① ［德］马克斯·韦伯:《学术与政治——韦伯的两篇演说》,冯克利译,生活·读书·新知三联书店,1998年,第29页。

② ［匈］卢卡奇:《列宁》,张翼星译,远流出版事业股份有限公司,1991年,第83页。

③ Georg Lukács, John Rees, Slavoj Zizek, *A Defence of History and Class Consciousness: Tailism and the Dialectic*, London: Verso, 2000. p.29.

不断生成。

（二）资本主义社会变革的能有空间：物化意识的非平衡性

在此，卢卡奇认识到物化现实的非平衡性使阶级意识这一中介范畴敞开了走出资本增值逻辑的"能有"空间，是资本主义社会形态的内在自反性维度。资本主义社会形态不同于先前任一社会形态的特殊性在于商品结构的普遍化，它在遮蔽社会现象实际构成的同时，其内在基本矛盾的持存会带来经济危机的周期性展露，不断冲破物化现实的虚假合理性，显示出真正的总体性。鉴于资本主义社会的物化现实并非"铁板一块"，个体体验、社会运动、经济危机等多要素都共同地构成了物化意识的非平衡性。其中，资产阶级意识在"从一开始起和由于它的本质的原因"[1]，即在生产关系中表面上的主体地位。这使它的阶级利益是以既促进又对立的方式作用于自身的阶级意识，所以他们保持将经济事实进行自然化、永恒化的意识形态改造的倾向，以维系其虚假的统治地位。可事实上，资产阶级意图掌握全局的倾向不仅不可能实现，而且在其用阶级意识最充分、最极度地把握经济事实的地方恰恰是"虚假意识与客观经济事实之间所维系的那种表面的平衡"[2]破裂的地方，并且容易与其制度中固有的私人财产功能与客观经济功能之间的不可互解性相叠加，这一观点最典型地体现在金融投机的迅速蔓延与其崩溃的不可避免性。"对于资产阶级来说，按永远有效的范畴来理解它自己的生产制度是生死存亡问题：它必须一方面把资本主义看成是由自然界和理性的永恒规律注定永远存在的东西，另一方面必须把无法忽视的矛盾与这种生产方式的本质无关而表面的现象。"[3]这种吊诡的二律背反使得资产阶级从革命胜利的一开始就决定了它会不断反叛自身，进而必然地走向彻底的灭亡。而无产阶级的革命性正是发生在资产阶级丧失其社会变革力之处。

---

[1]　[匈]卢卡奇：《历史与阶级意识》，杜章智等译，商务印书馆，2017年，第123页。

[2]　Georg Lukács, John Rees, Slavoj Zizek, *A Defence of History and Class Consciousness：Tailism and the Dialectic*, London：Verso, 2000. p.65.

[3]　[匈]卢卡奇：《历史与阶级意识》，杜章智等译，商务印书馆，2017年，第83页。

卢卡奇看到"列宁已非常正确地指出,没有任何一种形势是没有出路的。不管资本主义可能处于什么形势,总是会有某种'纯粹经济的'解决办法"①,但驱动资本主义社会物化现实的革命性的生产方式"必然无视资本主义制度客观的经济限制,并表现为阶级意识的内在的辩证的矛盾"②。无产阶级虽然在生产关系中是彻底客体化的,但是它却可以向蕴含质的范畴的新内容不断敞开,所以卢卡奇提出"无产阶级的优势仅仅在于,它有能力从核心出发来观察社会,并把它看作是互相联系着的整体,并因而能从核心上,从改变现实上来采取行动"③。这一优势的实现正是基于无产阶级拥有打破资本主义社会直观形式的中介范畴——阶级意识。"对于无产阶级而言,意识与存在之间的关系不同于之前出现在历史中的任何阶级;无产阶级阶级意识的积极作用在革命时代获得了新的意义。"④这一意义就是用其独有的历史唯物主义来重估一切价值、重写被资产阶级所歪曲的历史叙事。在这里,可能会有人会质疑这一功能的独有性,因为就连马克思都曾在《德意志意识形态》提到共产主义的意识"当然也可以在其他阶级中形成,只要它们认识到这个阶级的状况"⑤。就在这一问题的缝隙,容易滋生将革命理论折衷化、阶级问题泛化的机会主义。事实上,马克思这里所指的是现实中个体或社会团体具有支持无产阶级革命的客观可能性,而卢卡奇是从阶级整体的角度出发论证其"归顺"的客观不可能性,因为在卢卡奇看来,"阶级意识被规定是一个要归因于阶级利益的问题"⑥。这一属性决定了尽管阶级内部单一个体或某个阶层(如流氓无产阶级)可能背离其客观的阶级属性,但形成一种抛弃自身阶级利益的集体自觉是不可能形成的,其背面是彻底的乌托邦救世主主义和绝对的主观唯心主义。

延展来看,卢卡奇经由阶级意识对物化现实的"祛魅",意在确证被市场

①　[匈]卢卡奇:《历史与阶级意识》,杜章智等译,商务印书馆,2017年,第409页。

②　[匈]卢卡奇:《历史与阶级意识》,杜章智等译,商务印书馆,2017年,第126页。

③　[匈]卢卡奇:《历史与阶级意识》,杜章智等译,商务印书馆,2017年,第132页。

④　Georg Lukács, John Rees, Slavoj Zizek, *A Defence of History and Class Consciousness: Tailism and the Dialectic*, London: Verso, 2000. p.50.

⑤　《马克思恩格斯选集》(第一卷),人民出版社,2012年,第170页。

⑥　[匈]卢卡奇:《历史与阶级意识》,杜章智等译,商务印书馆,2017年,第112页。

经济与私有财产所支配剥削的无产阶级才是社会历史的主体，而在当下的马克思主义研究中，社会历史主体到底是资本还是阶级，还在以或隐或显的方式争论不休。马克思在价值形式学说中对黑格尔"实体即主体"命题的改造成为社会历史主体论争的关键思想资源，而与生命事物化紧密联结的"时间"就成为基于价值范畴的资本主体论与基于劳动范畴的阶级主体论的矛盾焦点。受到柏格森生命哲学的影响，卢卡奇认为资本主义社会合理化进程中由具有同质性、可计算性、可分割性的时间表征着一种现代的深入"灵魂"的泰罗制，个体在其中会"失去自己的主动性，变成一种直观的态度，从而越来越失去意志"①，进而隶属于抽象的现代社会机制。换言之，资本主义社会的历史特殊性让社会必要劳动时间成为雇佣劳动与资本"共谋"的关键纽结。不难发现，马克思在《资本论》中关于价值作为"自动的主体""过程的主体""一个处在过程中的、自动运行的实体"的论述扬弃了黑格尔的只是作为意义结构的时间，也即作为绝对精神活动本身的时间。尽管如此，将这一论断认作马克思彻底弃置了黑格尔的具有认识能力的超历史的主体，支持价值或资本为历史规定的盲目的主体的佐证仍是不可取的，对时间概念的狭隘认识是证伪的关键要素之一。卢卡奇模糊地指出："这'同一种'变化的阶级意义对无产阶级来说则相反，是在于能达到消除孤立化，在于能意识到劳动的社会特性，在于使社会原则的抽象普遍的表现形式能够越来越具体化和不断地得到克服。"②这表明他认识到具有质的、可变的、流动的性质的时间有着本体的崇高地位。就社会本质方面说，价值仍是一定社会条件下生产者之间的一种社会关系，对物化现实的扬弃成了生命形式。将价值或资本视为社会历史的主体，只会让"我们"的存在方式视为被价值形式结构化的结果，进而从属于物自体化的现象界，在此基础上废除而非实现总体性是对资本主义的消极反抗，只会迎来"'斗争的各阶级同归于尽'和新的野蛮状态"③而非人的真正解放。

遗憾的是，卢卡奇对物化现实的"祛魅"只是诉诸"抽象地、形式地来看"

---

① ［匈］卢卡奇：《历史与阶级意识》，杜章智等译，商务印书馆，2017年，第156页。

② ［匈］卢卡奇：《历史与阶级意识》，杜章智等译，商务印书馆，2017年，第265页。

③ ［匈］卢卡奇：《历史与阶级意识》，杜章智等译，商务印书馆，2017年，第409~410页。

意义上的"被赋予的"阶级意识,这意味着这一阶级意识静止在了历史的起源,而没能与资本主义社会的现实发展进行有机联结,如劳动的技术过程、社会的具体分工以及更普遍的社会生活等,进而不能完成对物化现实的真正扬弃,就连其本身的概念意涵都陷入了主观主义与客观主义的窠臼。

三、建构主体性:阶级意识对尾巴主义的批判与反思

"尾巴主义"是列宁在《怎么办》中对反对布尔什维克主义的机会主义倾向做出的概括,意在批判以工人运动的自发性压倒政党工作的自觉性现象。《历史与阶级意识》出版后引发了巨大争议,其中"阶级意识"概念首当其冲。卢卡奇认为大部分的指摘不仅将自己的思想扭曲为其"对立面",而且还显露出其尾巴主义宿命论的实质。通过进一步澄清"阶级意识"的概念意涵,卢卡奇明确了组织问题是无产阶级的社会历史主体地位与"改变世界"的革命主体性之间交互联结的关键纽结。

(一)回应责难:再释"被赋予的"阶级意识的概念意涵

从争议缘起来看,我们会发现《历史与阶级意识》描绘的"阶级意识"概念图景确实具有一定的内在缺陷,但"被赋予的"阶级意识问题直指其"所处时代问题的关键,从'是否存在'到'能否觉解'正是这一时期无产阶级革命的关键问题"[1]。责难者鲁达什从两个维度阐发了"被赋予的"阶级意识的荒唐之处:一是指摘其主观唯心主义,认为"阶级意识"是哲学家"赋予"工人阶级的,是一种毫无经验事实根据的抽象思辨,并不能解决资本主义社会商品拜物教所带来的工人阶级对自身真正利益理解的偏差,于无产阶级革命自觉提升而言并没有存续的必要;二是指摘其机械唯物主义,认为阶级意识的"被赋予"性意味着一种功能依赖,也就是说,它仿佛是一个数学术语,其任务在于取代因果关系本身。[2]卢卡奇承认其运思逻辑的模糊性,"如果可以用

---

①　《列宁选集》(第四卷),人民出版社,2012年,第160页。

②　Georg Lukács,John Rees,Slavoj Zizek,*A Defence of History and Class Consciousness:Tailism and the Dialectic*,London:Verso,2000.p.63.

另一种不容易产生误解的、更好的方式来表达,我不会为'被赋予'一词而流泪"①。综合前文,无论是总体性辩证法对历史本身进行了逻辑主义的理解,还是物化批判对作为物质变换中介的劳动的忽视,都表明阶级意识与对象性形式结构之间只是在抽象的、形式的维度上的统一。就其行文而言,卢卡奇将马克思描述富兰克林、加利阿尼等人对资本主义社会客观经济规律认知的偏差视为阶级意识的重要表征无疑是失当的,这反映出虽然卢卡奇虽有意将阶级维度引入了人有目的的活动中,但如何以社会经济总体中的理性的适当反映进行填充仍是模糊不清的,从抽象的、形式的"无意识"的现实过渡到具体的、内容的"有意识"的事实就成为阶级意识的理论难题。"阶级意识"概念图景的内在缺陷并不代表它是责难者所说的神秘的"第三个地方""诸神的头""历史恶魔",因而可以被弃如敝屣,因为其概念发生的现实基础仍在,"无产阶级可以根据自己的阶级地位,正确地认识历史的过程和各个阶段。但它总是有这种知识吗?当然不是。既然承认这一距离是事实,每一个马克思主义者都有责任认真思考其原因,最重要的是,思考克服这一距离的方法"②。是否承认并试图克服这一"距离",是卢卡奇与以鲁达什为代表的尾巴主义者们思想观点的核心分歧,也是阐明"阶级意识"的重要价值所在。

对于"阶级意识"概念意涵的再诠释,卢卡奇强调其意在塑造一个使主观因素与客观因素、理论逻辑与历史逻辑的辩证统一的中介范畴,助力于客观形势与主观能动的有机联结。从哲学方法论来说,他认为"解释辩证法在多大程度上成为'人类活动的产物'的问题"③是《历史与阶级意识》中恢复马克思主义辩证法革命性的重要环节。同时,哪些真正的中介形式已经客观地存在于特定的发展阶段,或者以可识别的方式存在,也是一个辩证的、一个具体的历史问题。无产阶级的阶级意识是"对中介的认识,也就是那些真正

① Georg Lukács, John Rees, Slavoj Zizek, *A Defence of History and Class Consciousness: Tailism and the Dialectic*, London: Verso, 2000, p.98.

② Georg Lukács, John Rees, Slavoj Zizek, *A Defence of History and Class Consciousness: Tailism and the Dialectic*, London: Verso, 2000, p.66.

③ Georg Lukács, John Rees, Slavoj Zizek, *A Defence of History and Class Consciousness: Tailism and the Dialectic*, London: Verso, 2000, p.101.

的中介形式,通过这些形式产生社会的直接表象,预示着对社会现实的实践批判、辩证批判的立场:革命无产阶级的实践批判立场"[1]。具体地看,卢卡奇认为,所谓"被赋予的"阶级意识意在"从呈现在面前的事实中,重建客观的情况和'主观的'时刻(而不是相反)。通过忽略客观情况中无关紧要的细节,我们可以区分出人们根据对他们情况的正常、正确认识所能做的或允许的事情"[2]。如果排除"被赋予的",即"它被认为是帮助从混淆的表面联系和主观心理条件中挑出客观上具有决定性、因果性的内容"[3],那么就难以解释什么样的理论争辩和组织建设会有助于在一个进步而非倒退的方向上解决这种矛盾,因为将主观因素从无产阶级革命现实中抽离会致使变革社会的可能性被生产力完全束缚,无产阶级革命运动被视为激进的边缘性活动、一种侥幸的偶然。卢卡奇认为,此种方法论释义在无产阶级革命实践的历史运动与无产阶级革命家的理论分析中都能体现,如恩格斯关于1870—1871年普法战争的短评、马克思在《路易·波拿巴的雾月十八日》中对保皇党与秩序党的批判等。值得注意的是,这种"具体地、内容地来看"的阶级意识,不能满足于对无产阶级的历史性或具有社会历史主体地位的逻辑确证,还需要现实的、具体的、活生生的革命生力军。

(二)应对现实:意识变革与组织建设的耦合关系

从争议核心来看,阶级意识与组织建设之间的相互关系是卢卡奇借由总体性辩证法来实现摆脱物化增殖逻辑抽象统治、生成无产阶级革命主体性的关键纽结。卢卡奇在《尾巴主义与辩证法》开篇就提出,"从方法论上证明布尔什维克主义的组织和战术是马克思主义的唯一可能结果"[4]是《历史

---

① Georg Lukács, John Rees, Slavoj Zizek, *A Defence of History and Class Consciousness: Tailism and the Dialectic*, London: Verso, 2000.p.94.

② Georg Lukács, John Rees, Slavoj Zizek, *A Defence of History and Class Consciousness: Tailism and the Dialectic*, London: Verso, 2000.p.64.

③ Georg Lukács, John Rees, Slavoj Zizek, *A Defence of History and Class Consciousness: Tailism and the Dialectic*, London: Verso, 2000.p.63—64.

④ Georg Lukács, John Rees, Slavoj Zizek, *A Defence of History and Class Consciousness: Tailism and the Dialectic*, London: Verso, 2000.p.47.

与阶级意识》写作的核心目的。首先,卢卡奇明确了个体行为难以抵御物化现实的侵蚀,内部阶层分化不足以使阶级主体的分析模式失效。物化批判理论的核心不在于描述资本主义社会现代性"囚笼"可能致使个体自由意志与革命动能的彻底丧失。它意图阐明个体的、零星的、自发的革命行动对于变革资本主义社会的现实制度而言只能是蚍蜉撼树,因为资产阶级会"凭借着统治阶级惯有的正确本能意识到, 随着它的统治程度的提高和权力机器的加强,它的权威的真正社会基础正在缩小,于是便尽最大努力既扩展这种基础……又在它的主要敌人组织起来实行真正的反抗以前,果决地击垮它们"[1]。同时,内部阶层分化是一种社会发展过程中的自然现象,但卢卡奇并没有将它作为固定事实悬置于阶级问题之外, 而是提出由产业层级的高低所带来的客观经济地位的分野是否会使整个阶级的客观利益出现分歧的问题,换言之,就是"客观的、被赋予的阶级意识本身是否必须被看作是有分歧的和分阶层的"[2]。在此,卢卡奇没有选择将这一问题置于纯粹理论思辨之中,而是试图通过策略性地组织分析与行动打破直观的思维方式。他提出,"无产阶级的客观经济存在的统一性"能使无产阶级的客观经济阶层成为其整体的阶级意识发展中的一些阶段[3],这里的"阶段化"则诉诸不断向阶级意识"自为"状态迈进的组织建设应对阶级利益内部的局部分化时应有的敏感性、融合度和统摄力, 而无产阶级的集体自觉正是在这一实践运动中现实的生成。由是,他认为"就阶级而论……这种服从是一种漫长斗争的产物,这种斗争随着无产阶级组织为一个阶级而进而一个新的阶段"[4]。

其次,阶级意识——具体地、内容地看来——就是作为革命运动产物与前提的组织问题。在卢卡奇看来,"第一,革命的客观成熟是可以存在的,而无产阶级的意识仍然落后于客观的经济发展。第二,无产阶级政党可以从自身的实际立场积极介入到无产阶级意识的发展过程, 从他们的实际水平到在客观上所可能达到的最高水平,是无产阶级政党的任务。对于这里所考虑

---

[1]　Georg Lukács,John Rees,Slavoj Zizek,*A Defence of History and Class Consciousness:Tailism and the Dialectic*,London:Verso,2000,p.67.

[2]　[匈]卢卡奇:《历史与阶级意识》,杜章智等译,商务印书馆,2017 年,第 429 页。

[3]　[匈]卢卡奇:《历史与阶级意识》,杜章智等译,商务印书馆,2017 年,第 432 页。

[4]　[匈]卢卡奇:《历史与阶级意识》,杜章智等译,商务印书馆,2017 年,第 156 页。

的问题——这是一个相当基本的历史唯物主义方法论问题"①,此处的阶级意识正如"自觉的先锋队的自治组织所代表的那样,其本身就是一种手段,有利于以革命的方式来缓解这种客观可能性与普通成员的实际意识状态之间的紧张关系"②。至此,阶级意识的"被赋予"特质的中介功能已然呈现出来了,它"既不等同于无产阶级个别成员的心理意识,也不等同于整个无产阶级的(大众心理)意识;但相反,它是意识到阶级的历史作用的意义"③,这里的"意义"不仅旨在区别工会斗争与无产阶级的真正解放,更重要的是它指向了"实践的中介形式,也就是说,指向真正的阶级意识的中介形式"④。正如列宁所说"把领袖和阶级、领袖和群众结成一个整体,结成一个不可分离的整体"的党才能真正地称为"无产阶级政党"⑤,而卢卡奇则希望以阶级意识解释其中的连接机制,即以其抽象内涵拢括阶级群众在革命过程中的"平均水平",以无产阶级组织形式为具体外延来实现"过程"与"意义"之间的辩证统一。在此,"从一开始,列宁所认可和应用的组织形式就被一切机会主义者斥为'人造'形式"⑥以及外部灌输论"以致阶级失去了它的外在性质"等质疑一定程度上被阶级意识的社会中介功能所消解,进而为"共产党人并没有发明社会对教育的影响;他们仅仅是要改变这种影响的性质,要使教育摆脱统治阶级的影响"⑦提供理论支撑。可见,卢卡奇关于阶级意识的观念的要点并不在于"工人阶级'向自身显现'的方式决定着其'客观的'存在"⑧,而是通过经

① Georg Lukács, John Rees, Slavoj Zizek, *A Defence of History and Class Consciousness: Tailism and the Dialectic*, London: Verso, 2000, pp.67-68.

② Georg Lukács, John Rees, Slavoj Zizek, *A Defence of History and Class Consciousness: Tailism and the Dialectic*, London: Verso, 2000, p.86.

③ Georg Lukács. John Rees, Slavoj Zizek, *A Defence of History and Class Consciousness: Tailism and the Dialectic*, London: Verso, 2000, p.85.

④ Georg Lukács. John Rees, Slavoj Zizek, *A Defence of History and Class Consciousness: Tailism and the Dialectic*, London: Verso, 2000, p.85.

⑤ Georg Lukács, John Rees, Slavoj Zizek, *A Defence of History and Class Consciousness: Tailism and the Dialectic*, London: Verso, 2000, p.81.

⑥ Georg Lukács, John Rees, Slavoj Zizek, *A Defence of History and Class Consciousness: Tailism and the Dialectic*, London: Verso, 2000, p.172.

⑦ 《马克思恩格斯选集》(第二卷),人民出版社,2012年,第418页。

⑧ Georg Lukács, John Rees, Slavoj Zizek, *A Defence of History and Class Consciousness: Tailism and the Dialectic*, London: Verso, 2000, p.172.

由有意识的组织领导实现的无产阶级革命自觉的提升。

最后,理解无产阶级阶级意识的决定作用的关键在于"时刻"与"过程"的辩证统一。尾巴主义者对经济决定论、群众自发性的过分依赖致使他们必然地将"时刻"无限延宕,对机械地理解"过程"本身是其症结所在。卢卡奇将"时刻"理解为"过程"基本倾向的集中,在此之后形势将呈现为不同的方向。阿尔都塞强调:"不是总体结构'决定'形势,而是形势'决定'整体结构"①。但他所坚持的偶然相遇的"幸运"与卢卡奇所坚持的"准备革命"的主动创造是大相径庭的,激进左翼所强调的事件降临与"革命的艺术"与此同理。卢卡奇认为把"时刻"和"过程"分开是不可能的。主体并非僵硬地、毫无联系地面对客体。辩证的方法既不要求无差别的统一,也不要求时刻的明确分离。恰恰相反,它引起了一个时刻的、不间断的独立过程和这种独立的、不间断的废除。对于无产阶级革命运动的过程而言,没有任何时刻共产党不能活跃,这是因为没有任何时刻完全缺乏对这个过程的特点、萌芽、主观时刻产生积极影响的可能性②;当客观形势发展到起义的"时刻",那么革命过程的自觉的、主观的时刻就会上升到独立的活动,即"无产阶级的阶级意识成为独立的并采取了客观形式这一点,只有当它在每个时刻真的体现无产阶级这个时刻的革命意义时,对无产阶级才有意义"③,就是在这个意义上阶级意识的"决定性"作用才得以发挥。阶级意识在革命时机中体现的主观因素的"决定性"并不体现为一种思辨的唯心主义倾向,卢卡奇认为,"那些认识到社会条件中的'主观'时刻,但却不能同时认识到主观和客观在其中的辩证的相互作用的人,才没有资格掌握它们的客观性的类型和基础"④。

虽然卢卡奇后来意图澄清并补充"被赋予的"阶级意识与内部世界、外部世界的互动机制,但这一中介范畴始终含混不清地处于辩证的方法、历史

---

①　夏莹:《无主体的主体性:当代法国哲学中的主体政治系谱学》,《贵州大学学报(社会科学版)》,2019 年第 4 期。

②　Georg Lukács,John Rees,Slavoj Zizek,*A Defence of History and Class Consciousness:Tailism and the Dialectic*,London:Verso,2000.p.172.

③　[匈]卢卡奇:《历史与阶级意识》,杜章智等译,商务印书馆,2017 年,第 416 页。

④　Georg Lukács,John Rees,Slavoj Zizek,*A Defence of History and Class Consciousness:Tailism and the Dialectic*,London:Verso,2000.p.62.

的本体与行动的主体之间，无法有效支撑群众、政党与历史之间的相互关系,最终使政治问题与组织问题的耦合落入乌托邦救世主义之中。因此,无产阶级的革命主体性建构还是停留于意识的内在性,并随着"阶级意识"概念一起被丢弃在卢卡奇不愿言说的现实政治舞台之中。但反观当下,当代西方左翼学者普遍过度地依赖于新的、碎片式的主体,几乎完全地拒斥任何工会的或政党的组织,这使他们"或者在无穷无尽的形而上学追索中陷入对主体政治身份无根界定的无底深渊;或者深陷二律背反的泥潭,变法无门"①,而重塑卢卡奇关于组织问题的思考能让我们进一步反思尾巴主义的当代形态。

四、无产阶级:革命主体性对历史主体地位的再确证

卢卡奇对无产阶级作为真正同一的主体—客体的描绘，在他晚年的自我反思中已经被认为是思辨的思维方式的复归,"一种比黑格尔更加黑格尔的尝试,是大胆地凌驾于一切现实之上,在客观上试图超越大师本身"。经常地自我反思与自我批判是卢卡奇作为思想家的一贯品格,从"主—客同一体"的进路出发确证无产阶级历史主体的方式已经得到宣判,那是否意味着《历史与阶级意识》一书对革命主体性力量探寻的全部失落呢? 事实上,对卢卡奇思想的评介语境应当是马克思主义哲学、西方马克思主义、现代西方哲学思潮三维叠加的, 革命主体与主体性问题也正是这三重视域的重要交接点之一。

(一)辩证法的革命性:主体性的现实维度

通过"阶级意识"对阶级理论的补充,我们可以重新审视西方马克思主义中无主体化与过度主体化的两种思维方式,并反思当下所流行的"无主体"的主体性思潮。卢卡奇对"阶级意识"概念的独创性阐释,一是在具体的

---

① 韩秋红:《当代西方左翼学者资本主义现代性批判的三重维度》,《马克思主义研究》,2022年第3期。

总体视域中，以社会—历史的客观结构为基础从形式上补充了无产阶级作为真正历史主体的辩证形态；二是在与物化现实的对抗中，以政党组织的发展为动力从内容上明晰了无产阶级作为革命主体性力量的现实形态。在探讨改变世界的革命实践中，他重申人的主观目的之于现实的先在性，澄明了人的实践理性不是对现实世界的机械反映，而是内含实践对象的、意图实现从"可欲性"向"可行性"转变的构建冲动，并由此打开了主体性之维。主体性是真正破解了主观主义与客观主义这一认识二元论框架的。后一方面则体现为阶级意识与个人或团体心理状态的不可化约性，前者的真正基础是历史—社会的运行架构，它是"目的"先在的发生场域，催动了主体性从"空"的建构冲动走向现实的赋值、生成与化约的辩证运动。可见，从主体到主体性的转换不仅是种概念更迭，更是对具有革命的政治立场、建构的实践理性、辩证的运动方式等批判与建构视域的进一步展开。卢卡奇以总体性辩证法解蔽阶级意识的路径一方面将马克思主义主体性思想的存在空间，即科学主义、实证主义的决定论思维方式与人本主义、主观能动的意志论思想方式两端的内在张力，以"社会–历史"中介范畴的视域加以重塑；另一方面则启迪了西方马克思主义对具有形而上特质的历史必然性的批判与对具有非同一性特质的社会对抗性的建构。但遗憾的是，阶级意识对主体性的"破译"裹挟于神秘化的总体力量统摄下的理论与现实直接统一的生成机制中，所以其主体性思想虽然意在继承马克思主义主体性思想问题视域的个体性特质与人类性旨趣，它并没有为两者的辩证统一提供良好的参考。

其后的西方马克思主义人本主义流派的代表萨特认为卢卡奇视域中的主体性紧紧困于下层经济基础与上层阶级意识之间，并没有真正打破机械决定论，他认为"主体性之所以根据定义是非知（哪怕是在意识层面上），是因为个体或有机体'要成为'其存在"①。在此，萨特强调一种富有实践力量的现实行动本身、出于人自我完善和自我创造的内驱力，以及改变自身与改造外在世界的同步性。而这一主体性理路未解决专注于个体自我完整化的主体性如何在世界性、人类性的维度加以呈现。与之相对的，西方马克思主义

---

① ［法］米歇尔·盖伊、［法］拉乌尔·基尔希迈尔、吴子枫：《马克思主义与主体性》，《国外理论动态》，2017 年第 1 期。

科学主义流派的代表阿尔都塞对"空无"之主体性意涵的追求则深陷于主宰复杂结构的偶然情境之中,主体由形势"寻唤"而来,在非确定性所敞开可能空间中不断被生产,而剥去情境、形势后,主体性只是纯粹的空。这种空无在当代激进左翼基于符号学视域的分析下表征为实在界,它对象征秩序的威胁可以带来潜在的革命力量,其现实化身就是资本主义秩序所排除的、处于剩余地位的边缘人群,他们的持存本身就是引发"历史性中断"的革命可能。这一理路的局限性在于对"社会–历史"之宏观视域与"个体—意识"之微观视域的混淆,换言之,他们用符号机制将现存社会、现实的人加以思辨化、形而上化,将作为冲破"我思"前提的意向性结构直接等同于实践的革命主体性本身。不仅如此,当代激进左翼还只关注到了无产阶级内部的特殊群体,忽视了资本主义秩序运行的内在颠覆性,以及唤醒、凝聚、引领革命意志的现实路径。

(二)"新无产阶级":集体自觉的生成

卢卡奇是一种从肯定性的积极建构维度来思考革命主体性的,作为中介范畴的阶级意识是一种融入资本主义现实情境之中的主体性原则,为无产阶级作为世界历史之普遍主体的地位打开了再确证的途径。寄托于绝对丧失的普遍性结构的无产阶级革命话语在较为发达的资本主义社会中势必是脆弱的、式微的,第三次科技革命、新自由主义、后福特制生产方式等要素的发展使我们进一步确证无产阶级在今日之问题不会是以往任一历史时期问题的重复。评介与审思当代激进左翼对"先将来时主体""无分之分""贫民窟"等革命主体就成为百年后回看卢卡奇所提出的阶级意识概念的重要现实语境。这些作为资本主义秩序"剩余"的"新无产阶级"实质上是对革命主体性进行以一种否定性的消极持存,意味着对发达资本主义工业社会单向度的意识形态对无产阶级的彻底宰制,自觉的乃至自发的革命意识没有提升或觉醒之可能,对资本主义现存秩序的反抗只能是依托于结构自我运行本身,"新无产阶级"只是空无的主体性位置所寄托的思辨形式,个体或团体的自觉意志和能动性实践都被彻底地消解了,其追寻共产主义的人类性旨趣也只能寄托于一种绝对偶然。而卢卡奇通过物化意识与阶级意识的对比讨论,看到了社会存在与社会意识、经济地位与行为方式之间内在运行机制的复杂性。在资本逻辑不断扩张、自我持存的需求下,无产阶级的革命意志被生产关系的调整和意识形态的囚笼所遮蔽。在阶级利益与阶级意识的内在联系中,我们可以认识到只要资本主义社会基本矛盾未解决,无产阶级阶级意识的革命性是无法消解的,这也是他区别个体心理状态或大众心理学与阶级意识内涵的重要旨归。

　　阶级意识概念延续并发展了马克思主义的阶级理论,在阶级意识的中介下,资本增值运行架构的内在关系还原为人与人之间的关系,打开了无产阶级历史主体地位的确证方式思维范式的转换途径——由传统观念论哲学先验、形而上学色彩的静态指认到马克思主义哲学革命意义上具有相对稳定性的动态建构。首先,尽管卢卡奇将无产阶级视为总体性视域下的主-客同一体具有强烈的黑格尔式的形而上学色彩,但他的无产阶级本身仍是经典马克思主义视域中经验的、现实的、特定的社会群体,而非承担中介作用的主体性位置。其次,阶级意识所设定的主体性原则不局限于意识内在性,而是真正向作为自主意识产生机制前提的现实世界敞开了。很遗憾,《历史与阶级意识》对"敞开"的内在机制问题还是模糊地停留在"感觉",没能真正立足于马克思主义实践观,进而卢卡奇在晚年的《社会存在本体论》对此展开了再探讨。再次,无产阶级阶级意识所设定的主体性原则有着透析与打碎资本主义社会一切形式合理性规范的稳定动能。卢卡奇将马克思主义的阶级分析法运用于现实的人之生活世界与社会历史发展的内在趋势之中,无产阶级的阶级意识与革命主体性在与资本增值的竞争、对抗中不断持存、共同生长,直到消灭资本主义私有制才能真正"空无"。可惜的是,卢卡奇低估了资本主义经济架构运行的复杂性,妄图以阶级意识的生成发展包纳无产阶级革命主体性的具体现实情境,这种"幼稚病"在某种程度上导致晚年卢卡奇在对中介范畴予以肯定的同时离弃了"阶级意识"概念。最后,无产阶级个体自在的心理状态与自觉的阶级意识之间的"差距"不再被理论规制为本质主义的,而是以暂时性、生成性的样态呈现于无产阶级的组织问题中。无产阶级的历史主体地位也在富含实践理性的政治哲学维度中得以动态地建构。与意识变革相耦合的组织建设成为凝聚无产阶级革命的集体自觉、对抗资本增值社会形态的必要环节,为克服当代激进左翼的"阿喀琉斯之踵"提供了重要参考。

在《历史与阶级意识》的三大概念(总体性、阶级意识、物化)中,阶级意识是无产阶级革命性构建的关键要素与线索,但它总以"最薄弱的一环"出现在后人的研究中, 如法兰克福学派从资本主义社会病症批判的角度分析了工人阶级革命意识普遍丧失的现象、英国新左派马克思主义者从意识形态维度阐发工人阶级危机的成因、当代法国哲学将没有清晰自觉的意识作为主体性缺失的重要因素……正如马克思所说"历史的动力以及宗教、哲学和任何其他理论的动力是革命,而不是批判"[1],确证无产阶级的革命赋能并唤醒、提升其集体自觉,成为 21 世纪国外马克思主义研究的一个重要问题。

张雨晴(东北师范大学)

---

[1] 《马克思恩格斯选集》(第一卷),人民出版社,2012 年,第 172 页。

陈学明　吴晓明　李冉　张双利　主编

世界马克思主义研究
前沿理论追踪
（第三辑）
（下）

天津出版传媒集团

天津人民出版社

下册：资本主义智能化新趋向研究

金融—数字资本与资本逻辑的全面扩展 *

　　众所周知,在马克思所处的年代,占统治地位的资本形式还是依托于工业革命中所形成的机器化体系的产业资本。而随着资本主义社会的不断发展,金融资本、数字资本等新形式开始出现并不断壮大,以至于在当今社会它们已经代替产业资本占据了统治性地位,这是资本主义发展过程中所出现的新变化。就深化对当代资本主义社会现实问题的把握,进而推动马克思政治经济学批判理论研究的进一步发展而言,展开对金融资本和数字资本的深入研究具有重要的理论和现实意义。在这里需要注意的是,虽然从外表来看,似乎金融资本的形成更多的是商业行为发展的结果,而数字资本的形成则更多是科学技术发展的结果,二者间存在着较大差异。但如果从内在逻辑的角度来看的话我们就会发现,实际上二者都构成资本逻辑进行扩展从而使资本增值趋于无限的一种具体方式,而且金融资本和数字资本对资本逻辑进行扩展的角度之间还存在着互补关系,因而随着资本主义社会的逐渐发展,二者既不会毫不相关,也不会作为资本主义社会发展不同阶段的不同表现形式相继出现,而是必然会趋向融合,形成"金融—数字资本",并推动资本逻辑走向更高发展阶段。因此,在对金融资本及数字资本本身的特性分别进行研究和把握的基础之上,进一步从资本逻辑扩展的角度出发,对两者趋向结合的必然性及其后果进行整体把握,这不仅将有利于我们对资本逻辑全面控制人类社会的具体方式形成清晰的理论自觉,对资本主义社会发展的最新趋向和现实动态形成更为准确的把握,而且也会为我们进一步

　　* 本文系国家社会科学基金青年项目"阿尔都塞的政治哲学思想及其当代价值研究"(项目编号:21CZX010)的成果。

探索超越资本的文明、开创人类文明新形态提供理论和现实基础。

一、金融资本：资本逻辑从 G（货币）的角度的扩展

马克思通过对资本主义生产方式的本质性研究揭示出，资本与集聚起来的货币有根本性区别。虽然在前资本主义社会中也有货币和商业交往等要素，但是在前资本主义社会中，商品交换的目的是为了获得某种商品的特殊使用价值，在马克思看来，此时的商品交换活动遵循 W—G—W 的运动公式，货币只是交换活动的中介，具有特殊使用价值的商品构成公式的起点和终点。但随着资本主义生产方式的逐渐形成，资本开始遵循 G—W—G' 的方式运动，在这里货币不再作为交换活动的中介，而是既充当交换的起点，也充当其目的和结果；资本所谋求的不再是附着在某种特殊商品之上的特殊使用价值，而是以货币形式表现出来的价值的无尽增殖，这构成资本逻辑的核心内容。

在马克思所处的时代，资本的原始积累已经完成，以农业劳动为基础的旧的生产关系已经宣告解体，依托于工业革命而形成的机器化工厂成为当时在社会上占主导地位的生产组织形式。在资本主义私有制的条件下，工人已经丧失了全部的生产资料，只能通过出卖自己的劳动力以谋求生存，资本家则对劳动资料和生产工具都进行了垄断，因而工人要想维持生存，就只能使用资本家的生产资料和生产工具从事生产。在工业革命的年代，这就表现为工人需要通过雇佣劳动关系进入工厂中，只有运用资本家所拥有的原材料和机器从事生产，才能维持自己的生存，资本家对工人的剥削也相应地主要通过这种方式在工厂中得以实现。由于资本的自我增殖主要是通过工厂中的机器化大生产这种方式而实现的，因而在这个时代，资本主要体现为依托于机器化大生产的产业资本。

在这里需要注意的是，虽然在马克思所处的时代，资本依托于工业产业获得了巨大发展，但从资本逻辑的角度来看，产业资本实际上并不是资本发展的最高形态。它并不是资本逻辑最纯粹、最充分的表达形式。要知道，资本所追求的并不是任何特殊的使用价值，而是价值的无尽增殖。在工业革命的浪潮下，机器体系的运用极大地促进了物质财富的增长和资本家对工人的剥

削,因而它极大地促进了资本的自我增殖。但与此同时我们也要注意到,机器化大生产在推动资本增值的同时,其本身也构成资本逻辑能够在何种程度上得以实现的界限。因为当资本主要体现为产业资本的时候,资本增值的节律就必然要依附于机器体系和工业产业本身的发展节律,而这又是由科学技术的发展、工艺水平的提升、社会组织形式的变化、现实的物质资源条件等一系列要素所决定的。因而在产业资本阶段,资本增值的实现依然要受到这一系列外在条件的限制,资本逻辑的展开也要在一定程度上受制于外在条件,而不能完全以资本自身为对象而充分地、无限地展开。因此,资本逻辑对于无限自我增殖的要求,必然会推动资本尝试摆脱这些外在条件的限制,从而更为充分地发展其自身。

事实上,金融资本的形成与发展就构成资本逻辑对其所受到的外在条件限制的一种摆脱。在《资本论》第 3 卷中,马克思就已经对这种将在日后成为金融资本的生息资本的特性进行了考察。马克思发现,生息资本的运行虽然与资本的 G—W—G′的这一现实运动方式有紧密联系,但是两者间存在重要差异。马克思发现,生息资本的运动方式是"G—G—W—G′—G′"[①],即资本家 A 将资本出借给另一位资本家 B,资本家 B 运用资本从事生产,赚取剩余价值,并将其所借入的资本附上一定量的增加额之后交还给资本家 A。在这里我们可以给运动过程添加括号,以区别两种资本发挥作用的具体方式,即将运动过程表达为 G—(G—W—G′)—G′。在这里,括号内的部分是马克思所揭示的资本的一般性运动方式。当我们将括号内的部分看作一个整体来重新审视这一公式时就会发现,括号内的部分从整体上来说是一种资本,但它并没有出现在运动过程的两端,而是处在运动的中间位置。也就是说,在这里"资本是作为商品出现的,或者说,货币作为资本变成了商品"[②]。G—W—G′的公式得以成立的条件就在于,资本在 W 这一环节中找到了劳动力这种特殊的商品,对其进行消费本身就能创造出新的价值,因而将包含劳动力商品的 W 置于公式中间位置可以使公式成立。而当资本主义生产方式得以全面确立之时,资本可以持续性地通过剥削工人的剩余劳动价值实

---

①　《马克思恩格斯文集》(第七卷),人民出版社,2009 年,第 380 页。

②　《马克思恩格斯文集》(第七卷),人民出版社,2009 年,第 382 页。

现自我增殖,在这种情况下,资本本身也就表现为了一个可以不断创造价值的要素,因而在这里,将资本作为一个整体放置在 G—W—G'公式的中间位置同样能够使公式成立。而这也就意味着,"货币除了作为货币具有的使用价值以外,又取得一种追加的使用价值,即作为资本来执行职能的使用价值"①。资本本身成了一种特殊的商品,其使用价值就是促成资本本身的自我增殖。

因此,当我们将自我增殖看作资本的使用价值,将资本看作一个处在中间位置的特殊商品的时候我们就会发现,在这里,"价值额、货币,在没有等价物的情况下付出去,经过一定时间以后交回来"②。从生息资本的角度来看,在这一过程中,货币并没有转化为商品,资本也没有通过商品转化为货币而实现自我增殖,资本始终保持着货币形态走完了整个运动过程,即"它在运动中保存自己,并在执行职能以后,流回到原来的支出者手中"③,并实现了自我增殖。而这也就意味着,在生息资本的情况下,资本不用再考虑增殖得以实现的具体方式,只要资本能够作为资本执行职能,那么资本就可以通过一系列金融手段实现自我增殖。并且在这一过程中,资本所面对的对象均是各式各样的资本,而无须面对具体的生产过程。正如马克思所指出的那样,"商品和货币在这里转化为资本,并不是由于商品转化为货币,货币转化为商品,并不是由于它们对买者或对卖者的现实的关系,而只是由于它们的观念上的关系"④。只要资本等于价值增值的观念存在,只要能够促成资本执行职能的雇佣劳动关系存在,这一增殖过程就能持续进行。

事实上,这就构成了金融资本相较于产业资本所具有的一个重要特点。当资本主要表现为产业资本的时候,资本逻辑的扩展必然要受到产业本身发展的外在条件的限制,资本增值的实现程度并不由其自身所决定,而是由与产业相关的一系列外在条件所限定。然而当发展到金融资本阶段之后,只要资本能够作为资本执行职能,那么资本就具有了一种实现自我增殖的特殊使用价值,资本增值的过程就不必再经历资本与具体产业之间的形态变

---

① 《马克思恩格斯文集》(第七卷),人民出版社,2009 年,第 378 页。
② 《马克思恩格斯文集》(第七卷),人民出版社,2009 年,第 395 页。
③ 《马克思恩格斯文集》(第七卷),人民出版社,2009 年,第 384 页。
④ 《马克思恩格斯文集》(第七卷),人民出版社,2009 年,第 384 页。

换、货币与商品之间的形态变换,而完全在资本本身的范畴内就能持续不断地进行。在这一情况下,当 G—W—G' 这一运动公式中的 W 不再必须由某种特殊的具体商品来充当,而是可以由资本本身来充当时,资本增值的公式便不再需要掺杂进任何非资本的要素,从而能够被进一步简化为 G—G' 的公式,即由资本直接导向资本的自我增殖。这样,资本增值将不再受各种外在条件的限制,而是达到一种资本以自身为对象的"无限"增殖。

也正是在这一意义上,金融资本的形成意味着资本主义社会中的拜物教形式发展到了资本拜物教这一最高发展阶段。在金融资本这里,正如马克思所指出的那样,"好像贷出的资本从来就没有丧失货币形式。当然,这种交易实际上是由现实的回流决定的。但这一点不会在交易本身中表现出来"①。虽然资本增值最终要依托于具体的生产过程,但金融资本掩盖了这种具体的生产过程与资本增值之间的联系。在 G—G' 公式能够直接成立的情况下,就好像自我增殖本来就是资本自身所天然拥有的一种能力,而具体的生产过程只是附着在资本增值之上,是资本增值的具体体现一样。这样,产业与资本之间的关系就发生了颠倒。之前是产业规律与资本运行互相影响,而现在却变成了资本凌驾于产业之上,具体的产业生产能否顺利开展,完全要取决于资本是否青睐于它,取决于资本是否为其提供启动资金和发展的必要条件,"金融资本和实体经济之间的关系已经由一种双向度的依赖转变为一种单向度的依赖关系"②。这样,资本成了产业赖以存在的根基,资本能够控制产业的发展。"在生息资本的形式上,资本拜物教的观念完成了。"③资本成了凌驾于整个世界之上的"物神",因为金融资本在构成整个增殖过程的结果的同时也构成增殖过程的前提,即"资本家 B 不是支出自己的资本,而是支出 A 的资本;但没有 A 的同意,他就不能支出 A 的资本"④。所以在这一意义上,金融资本获得了对整个生产体系的决定权,它可以反过来决定生产活动的节律,从而使之更好地服务于金融资本的增殖。

---

①　《马克思恩格斯文集》(第七卷),人民出版社,2009 年,第 390 页。

②　王庆丰:《金融资本批判——马克思资本理论的当代效应及其逻辑理路》,《吉林大学社会科学学报》,2013 年第 5 期。

③　《马克思恩格斯文集》(第七卷),人民出版社,2009 年,第 449 页。

④　《马克思恩格斯文集》(第七卷),人民出版社,2009 年,第 380 页。

因此,金融资本代表了资本增值摆脱外在条件限制、追求自身无限增殖的一种重要形态,它试图从 G—W—G'公式中 G 的角度对公式进行扩展,最终将具体的劳动过程排除出公式,使资本拜物教真正趋于完成。

二、数字资本:资本逻辑从 W(商品)的角度的扩展

资本逻辑要求资本摆脱一切外在条件的限制,从而达到一种无限的自我增殖。金融资本从 G—W—G'公式中 G 的角度对资本增值进行扩展,使资本增值能够在一定程度上通过以自身为对象而趋于无限,从而构成了资本逻辑扩展的具体方式之一。除了从 G 的角度入手之外,资本还可以从 W 的角度入手扩展资本逻辑, 这一对 W 部分的转变与扩展是通过数字资本实现的。

马克思的政治经济学批判超越古典政治经济学的一个重要环节在于,古典政治经济学在对资本主义经济规律进行把握的时候, 所关注的往往是分配和交换领域中的基本规律, 而马克思则将研究目光进一步推进到了生产领域。通过将对资本主义经济规律的分析推进到生产领域,马克思发现资本增值虽然最终是在交换领域中实现的, 但其秘密实际上深藏在生产领域之中。正是由于古典政治经济学没有将研究深入到生产领域,因而他们才会看到"劳动力的买和卖是在流通领域或商品交换领域的界限以内进行的,这个领域确实是天赋人权的真正伊甸园。那里占统治地位的只是自由、平等、所有权和边沁"①。在生产领域中,"我们的剧中人的面貌已经起了某些变化。原来的货币占有者作为资本家,昂首前行;劳动力占有者作为他的工人,尾随于后。一个笑容满面,雄心勃勃;一个战战兢兢,畏缩不前,像在市场上出卖了自己的皮一样,只有一个前途——让人家来鞣"②。在生产领域中展现出来的实际上是资本对劳动、资本家对工人的无情剥削。因为在劳动价值论的视域下,交换活动本身并不创造价值,只有劳动本身才是价值创造的源泉。旧的生产方式的解体使得自耕农等前资本主义社会中的生产者丧失了其生

---

① 《马克思恩格斯文集》(第五卷),人民出版社,2009 年,第 204 页。
② 《马克思恩格斯文集》(第五卷),人民出版社,2009 年,第 205 页。

产资料,成了只能通过出卖劳动以谋生的劳动力提供者,而资本家在垄断生产资料的同时也拥有了购买并消费工人劳动力的可能性。在这一情况下,资本家便得以通过雇佣劳动来支配工人进行劳动,无偿占有工人劳动所创造的剩余价值,从而推动资本的不断增殖。因此,资本增值的秘密实际上就在于,资本家无偿占有了工人创造的剩余价值,正如马克思所指出的那样,"资本是死劳动,它像吸血鬼一样,只有吮吸活劳动才有生命,吮吸的活劳动越多,它的生命就越旺盛"①。

资本通过吮吸、吸纳活劳动而实现增殖,因而在无限自我增殖要求的推动下,资本必然会试图无限地吸纳活劳动。但需要注意的是,资本对劳动的吸纳并不能凭空进行,它需要依托于一定的具体劳动和生产过程。在产业资本占主导的年代里,资本对劳动的吸纳依托于机器化大生产而进行。在这种情况下,资源的有限性、产业本身的发展规律、技术进步的节律等一系列要素都会成为资本增值无法真正趋向无限的界限。而依托于 20 世纪以来信息技术、数字技术的飞速发展,数字资本的逐渐兴起则为突破这些限制提供了可能性。通过运用数字技术和虚拟世界的基本特点,资本对活劳动进行吸纳的方式得到了极大扩展。由于虚拟世界中的基本规律和行为方式都是人为创设的,因而数字资本就能够直接对数字世界中人的行为本身的意义和方式进行调整,既能够将原本的非劳动行为重新定义、扩展为可以被剥削的劳动行为,同时也能够创造一系列更便于资本对其进行剥削的新劳动形式,从而突破对劳动的吸纳所受到的外在条件的限制,使剥削趋向于无限化扩展。

首先,就重新定义劳动行为这一方面而言,数字资本的兴起使得一系列传统意义上的非劳动行为成了劳动行为。人们的包括劳动和非劳动在内的一切行为都会在世界中留下某种痕迹,在数字化的虚拟世界中,这些痕迹会以数据的形式保留下来。"大数据"技术的广泛应用使得对这些信息的全面收集和把握成为可能,通过对这些数据的分析、收集,对每个人的基本形象和行为模式的全面刻画就成为可能。而当一个人的性格特征及行为模式已经被全面掌握之后,以各种手段对他进行支配和控制实际上也就成为可能。事实上,这正是国内外各大互联网巨头正在从事的工作,他们通过广泛地收

---

① 《马克思恩格斯文集》(第五卷),人民出版社,2009 年,第 269 页。

集人们的行为数据,准确刻画每个人的用户画像,并进一步通过资讯、广告的精准投放等方式来塑造、引导人们的消费倾向和行为以实现更高的获利。从这一角度来说,数据实际上就已经成为具有特定的使用价值的商品,人们生产数据的活动也具有了劳动的特征。而人们在数字化世界中对数据的生产与人们在现实世界中对商品的生产之间又有着很大的不同,因为一般而言人们都会清晰地意识到自己所从事的生产具体商品的行为是一种劳动,但对数据的生产则往往不是如此。被大数据技术所捕获的数据往往都来自人们的购物、休闲娱乐、资讯搜索等行为,这些行为一般都会被认为是日常生活中的非劳动行为,但是这些行为却事实性地创造出了可供分析和运用的数据,因而实际上已经具有了劳动的特质。劳动与非劳动之间的界限趋向模糊,即便是休闲行为也具有了劳动的特征,因而"几乎所有的休闲时间都被纳入数字资本主义的剥削体制之中"①;生产与消费之间的界限也趋向模糊,甚至还出现了一系列"生产性消费"②。而更进一步来说,数字资本不仅通过数字技术将人们的非劳动行为转化为了劳动,而且它也同时创造了对这些劳动进行剥削的具体方式。虽然数据是通过每一个人的活动所集体生产出来的,数据的生产者们却无法拥有这些数据本身。"我们面对的是,这些集体性的一般数据,却是被某些大公司,如谷歌、苹果、微软、阿里巴巴无偿占有的,这些大公司不仅占有,而且从中获利,而那些生产这些作为原材料的一般数据的数字劳动者(即他们数字平台的用户)没有丝毫回报。"③这就构成了一种无偿占有人们对数据的集体性生产的新剥削方式。因此数字资本不仅实现对劳动的重新定义,人们的一系列日常性的非劳动行为都通过数字化而被转化为能够生产数据的劳动行为,同时数字资本也已形成了一整套无偿占有人们的劳动成果从而对人们的劳动进行剥削的具体运作机制。

其次,就创造新的劳动形式方面而言,数字资本的兴起创造了一系列新的,更便于剥削的劳动形式。在前数字化时代,劳动的具体形式无论发生怎

---

① 孟飞、程榕:《如何理解数字劳动、数字剥削、数字资本?——当代数字资本主义的马克思主义政治经济学批判》,《教学与研究》,2021 年第 1 期。

② Christian Fuchs, *Digital Labour and Karl Marx*, Routledge, 2014, pp.280–281.

③ 蓝江:《数字资本、一般数据与数字异化——数字资本的政治经济学批判导引》,《华中科技大学学报》(社会科学版),2018 年第 4 期。

样的变化,从大体上来说,都要与现实的物质前提密切相关,因而劳动的具体形式也要受到现实物质条件的制约。数字技术的诞生为人类社会带来的一个重要变化在于，它创造了一个不同于人们所生活于其中的现实世界的虚拟世界,虽然这个虚拟世界要运行在一系列硬件平台之上,因而终究无法根本性摆脱物质基础,但就人在其中的存在和生活方式而言,数字化的虚拟世界确实已经成为一个人们真实地生活于其中，又与现实物质生活有较大间距的新生活世界。现实世界是人类对自然界进行改造所形成的产物,其中既体现了人们的能动性,也体现了自然条件对人的限制;而虚拟世界则是一个完全人造的世界,无论是其底层逻辑,还是人们在其中的行为方式,实际上都是人为设计的结果。在虚拟世界中,人们可以在很大程度上摆脱外在客观规律的制约,并自行创设规律。事实上这也就意味着,依托于数字化技术所形成的虚拟世界,人类得以根据自己的意愿和目的创造一系列新的、可以摆脱具体的物质性条件限制的非物质劳动形式。

　　正是基于这一特点我们发现，由于数字资本可以直接创制虚拟世界中的基本规则，因而数字资本可以在虚拟世界中创设和塑造一系列新劳动形式,这些劳动形式所满足的不是每个人的自由全面发展的需要,而是资本的自我增殖的需要。同时由于这些劳动都是在虚拟世界中完成的,因而能够在最大程度上摆脱外在物质性条件的制约。例如,在今天的各大数字平台上有多种多样的应用商店排行榜,网络购物平台销量热度排行榜,微博、知乎、豆瓣等平台的热搜排行榜,以及娱乐选秀节目的粉丝人气排行榜等一系列榜单,这些榜单的出现催生了众多专门从事打榜、刷流量、刷评价的工作者乃至服务机构,他们付出了劳动时间,满足了人们对排名和评价的需要,收获了一定的经济利益,这形成了一种新的劳动形式。但通过从事这种所谓的劳动,人们付出了大量的劳动时间,却又并未产出任何具体的劳动产品,也没有促进个人的自我完善和提升。这些劳动的意义仅仅在于为资本增值提供了可供吸纳的劳动时间,其缘起本身就是为资本所塑造的,其对劳动主体本身而言仅仅体现为一种无意义的异化劳动。数字资本能够通过不断制定虚拟世界的基本规则来创造越来越多与之类似的无意义劳动,从而推向对人的劳动时间的无尽占有。

　　由此可以看出,由哈特、奈格里等学者所提出的非物质劳动概念在一定程度上确实切中了现代社会非物质劳动所占比重正在逐渐增加这一社会现实,但他们以之为基础所推导出的观点却是过于乐观且片面的。因为在哈特和奈格里看来,由于非物质劳动所生产的产品并不是传统意义上的物质性产品,而是知识、语言、信息、情感等内容,这些要素恰恰是构成主体本身的重要因素,因而这种非物质劳动实际上也构成了一种正在生产主体本身的生命政治生产,"生命政治生产的最终核心不是为主体去生产客体——人们一般就是这样去理解商品生产的,而是主体性自身的生产"①。由于这种作为非物质劳动的生命政治生产不再是一种主体生产客体的过程,而是主体生产主体的过程,因此在这一生产过程中,生产便不必再经过主体—客体—主体的循环,而是可以由劳动主体自发地组织起来共同完成。这也就意味着,不经过物质产品中介而直接生产主体本身成为可能,所以资本所提供的劳动资料对于生命政治生产的展开而言就已经不再是必备要素了,资本与生产过程的关系越来越外在化,人们可以通过自组织式的方式团结起来,通过非物质劳动而实现自我发展和自我完善,这就构成了一条主体性革命道路。但这里的问题在于,由于数字资本能够塑造虚拟世界的基本规则,重新定义人们的劳动行为。因而事实上一方面,非物质劳动在当代社会的现实条件下并未变成一种人们完全自由自觉的自我创造活动,而是由于数字平台的大规模使用而在很大程度上处于数字资本的控制之下,并被数字资本塑造成了一种服务于资本增值而非人的全面发展的新劳动形式;另一方面,虽然非物质劳动所提供的产品可以脱离物质基础,但非物质劳动得以运行的场域基础,例如今天人们所使用的手机、电脑、互联网及一系列软硬件交流平台和开发平台,都依然是由资本所提供的,因而运用这些基础性软硬件平台的非物质劳动从根本上来说就无法摆脱数字资本的规训和管控,其内容是被资本所塑造的。因此,在数字资本支配下的非物质劳动依然体现为一种与人的全面发展和自我实现相背离的异化劳动,而且它甚至可以突破物质性劳动所受到的物质条件的限制,更为全面而彻底地占有人们的劳动时间。

　　因此,在这一意义上,数字资本通过创造一系列新的、更便于资本对其

---

　　① ［美］迈克尔·哈特、［意］安东尼奥·奈格里:《大同世界》,王行坤译,中国人民大学出版社,2016年,"序言"第3页。

进行剥削的新劳动形式,突破了剥削所受到的外在条件限制,使剥削得以趋向于无限化扩展。这也就意味着对于 G—W—G' 这一公式来说,数字资本对中间的 W 的形式进行了扩展,它变得更合乎资本剥削的要求。

三、金融资本、数字资本的结合与资本逻辑对生产力发展的僭越

通过对金融资本和数字资本的分析我们可以看出,对于 G—W—G' 的增殖公式而言,金融资本实现了资本以资本为对象的自我增殖,将公式简化为 G—G',实现了资本拜物教的彻底形成,从而从 G 的角度对资本逻辑进行了扩展;数字资本则通过对非劳动行为的改造和对新劳动形式的创设,使资本对劳动的吸纳过程得以摆脱外在条件的限制而无限扩展,从而从 W 的角度对资本逻辑进行了扩展。因此,资本追求无限自我增殖的需要必然会趋向于将二者结合在一起,形成一种"金融—数字资本",从 G、W 两个角度共同对资本逻辑进行扩展,使之能够全面摆脱各种外在条件的限制,而趋向于资本的无限增值。事实上,在当代社会中这一融合已趋近完成,在日常生活中我们随时都能看到大资本与数字技术的高度融合。这种融合催生了一个又一个以数字技术、互联网技术为基础的行业风口,催生了一次又一次对传统领域、传统行业的革命,催生了一次又一次大资本之间的"烧钱"、竞争、并购大战。这一系列所谓的行业变革虽然总是使用"震撼世界的词句",但从结果来看,它们在很大程度上都并没有真正促成生产力的重大飞跃,反而为我们呈现了另一个重要结果,即在金融资本与数字资本的结合的条件下,人类社会的发展将与生产力的发展全面脱钩,并完全服务于资本增值。

在这里需要我们加以注意的是,虽然在很长一段历史时期内,生产力的发展与资本主义生产方式的发展及资本增值的进程保持着一致性,经济发展即意味着生产力的发展,但事实上,生产力发展与资本增值的发展之间并不具有天然的一致性。金融资本与数字资本的出现,尤其是二者的相互结合,使得资本增值与生产力发展之间的全面背离成为可能。金融资本颠倒了资本与现实的生产过程之间的关系,将资本拜物教推向完成,在 G—G' 公式能够成立的情况下,资本增值不再必须依赖于生产力的发展,而是可以自行发生。但尽管如此,金融资本本身还不足以斩断资本增值与生产力发展之间

的最后联系。因为虽然金融资本在很大程度上使得资本增值得以摆脱现实生产活动,从而使得资本增值得以趋向于无限运行,但仅仅依靠金融资本事实上还无法使资本增值真正脱离一切外在性限制。正如金融资本的运行公式 G—(G—W—G')—G'所表达出来的那样,无论我们在这一过程中增加如何复杂的金融手段,其作用都是在公式的两端添加新的 G 和 G'以增加公式的长度,并将最中间的括号内的部分伪装、隐藏起来。但无论如何伪装,金融资本最终都不能真正摆脱正中间被括号所括起来的部分,也即与 W 直接相关的这一最终的现实生产过程。事实上,资本的现实运动依然构成金融资本得以成立的真正地基,只有当资本能够作为资本执行职能的时候,贷出的货币才能够被视为可以实现自我增殖的资本,从而推动金融资本的层层增殖。也就是说,就 G—W—G'这一原初的资本增值的公式而言,金融资本最终不能真正取消掉 W 这一与现实生产活动相关的关键环节。一旦脱离了作为其地基的现实商品,失去了生产力发展所提供的现实支撑,金融资本的运作就只能呈现为巨大的金融泡沫,其所带来的就只能是财富的虚假增长,这种虚假增长随时都会趋于崩溃。

数字资本的兴起则通过重新定义虚拟世界的规律、重新定义劳动、重新定义生产过程为消除金融资本所面临的最后障碍提供了可能。通过创造一个在极大程度上独立于物质生产过程的虚拟世界,资本增值将不再受制于现实的生产活动,而是能够为自己创造自己所需的劳动形式以支撑资本的无限增值。这样,资本增值的节律就得以完全抛弃生产力发展的节律而自行发展,而且甚至能够绑架推动生产力发展的现实条件,使之服务于资本增值,从而造成生产力发展的停滞和资本增值的高速运行。现代社会中以比特币为代表的数字货币技术的形成实际上就是这种金融资本与数字资本相结合的典型案例。比特币实际上由计算机生成的一串串复杂代码组成,获取比特币的方式被称为"挖矿",其实质就是通过对哈希运算的不断重复而最终获得一串特定的数值。这一过程非但就人类社会的生产力发展而言是毫无意义的,反而消耗了大量可以被用来推动生产力发展的电力和算力资源,以谋求一种纯粹的货币财富的增加。同时,无意义的挖矿运算成了"币圈"金融资本无限增殖的坚实后盾,数字货币本身也成了金融寡头用以收割社会财富的重要工具。当其渗透到人类社会的全部方面之中时,实际上也就意味着整个人类社会都成了建立在无意义劳动基础上的金融资本无限增殖的附庸。事实上，一系列大型互联网企业的发展轨迹也体现出了同样的特点。很多互联网平台虽然打着高科技企业的旗号，但实际上所从事的却只是资源整合的工作。其所提供的并不是一系列足以真正改变世界的新技术，而只是一系列用于强化对人的行为进行分析和控制的新算法，其最终目标只是促成资本更快、更好的自我增殖，而不是服务于科技水平和人们生活质量的稳步提升。

因此，正如马克思对资本主义生产方式的把握那样，虽然资产阶级在历史上曾经起到过积极作用，但随着人类社会的不断发展，这种生产关系将逐渐成为限制生产力发展的新的桎梏。在产业资本年代，这种资本逻辑对生产力发展的桎梏效应还没有全面体现出来，而今天金融—数字资本的形成则清晰而明确地为我们展现了资本逻辑的发展对生产力发展的全面桎梏。金融—数字资本造成了人类社会的发展与生产力发展相脱钩，人类社会完全成了资本增值的附庸。正如有学者所指出的那样，"1930 年，约翰·梅纳德·凯恩斯预言，到 20 世纪末，科技水平将足够进步，以至在英美等国家，人们每周的工作时长会缩短至 15 小时"，尽管就技术本身发展速度而言，这一目标似乎并非无法实现，今天以人工智能为代表的一系列科学技术的新发展似乎意味着人类可以逐渐摆脱必要劳动的束缚，而逐渐获得更为充分的自由时间，但事实上，科技的发展却并未导向自由时间的逐步增加，甚至真实情况却"恰恰相反，一项项技术集结起来，变着法儿地使我们所有人更忙碌"[①]。在这一过程中，由于人们的工作越来越多地服务于资本增值，而距离生产力发展越来越远，因而人们越来越难以在其劳动过程中感受到自己所创造的价值，感受到自己在一定程度上推动了社会的发展，而只会逐渐感受到其所从事的是与社会发展无关，甚至是对他人有害的毫无意义的工作。

更进一步来说，随着资本增值的需要不断将人们的劳动裹挟进去并予以吸纳，越来越多无意义的工作开始被填充到人们的生活中，从个人的角度来看，每个人的生活都变得忙碌而缺乏意义，而从社会整体的角度来看，这则体现为整个现代社会都呈现了一种全面加速的态势。当代加速主义思潮

---

① ［美］大卫·格雷伯：《毫无意义的工作》，吕宇珺译，中信出版社，2022 年，"序言"第 XVII 页。

用"加速"这一概念来描述现代社会所出现的新变化,在现代社会中,"科技加速、社会变迁加速,以及生活步调的加速,已经形成一种环环相扣、不断自我驱动的反馈系统"①。人们的生活步调越来越快,享有的自由时间却越来越少;996式的工作方式成为常态,但是人们的生活水平却并没有像工作强度的提高那样获得迅速提高;人们的生活并没有得到全面改善,反而是在很多方面都恶化了。与此同时,资本逻辑则进入了一种"极点惰性"的状态。"现代社会系统已经封闭起来了,历史走向了终结,形成如地球自转轴南北极的极点一样,充满极速旋转,却又毫无位移的'疾速的静止',或曰'极点惰性'。"②就像地球虽然在快速旋转,但处在旋转轴上的极点实际上却并未变动一样,资本增值的逻辑始终稳定地凌驾于整个人类社会之上。生产力的发展完全为资本的逻辑所停滞,整个社会的发展都服务于资本增值,而并不会促进生产力的发展,因而希求生产力的"自然"发展终将炸毁资本主义生产方式的外壳这一希望本身也是渺茫的。也正是在这一意义上,尽管当代加速主义思潮通过加速概念在一定程度上准确把握了现代社会所面临的现实问题,但是其所提出的"共鸣"等解决方案却是难以真正落实的。因为"共鸣"意味着与加速的步调保持同步,但在加速只体现为资本增值的加速而非社会进步的加速的情况下,以"共鸣"为基础超越资本主义的计划是难以实现的。

四、结语

总的来说,金融资本通过使资本增值不必经历商品、货币的形态变换,而只需在资本本身的范围内就能够实现,从而从 G 的角度对 G—W—G'公式进行了扩展。数字资本则通过转变非劳动行为和定义新的劳动行为,扩展了资本对劳动剥削的范围和可能性,从而从 W 的角度对 G—W—G'公式进行了扩展。在两者相互结合成为金融—数字资本的条件下,人类社会将被金融—数字资本全盘架空,生产力发展与资本增值相互脱节,推动资本增值并

①　[德]哈特穆特·罗萨:《新异化的诞生——社会加速批判理论大纲》,郑作彧译,上海人民出版社,2018 年,第 38 页。

②　[德]哈特穆特·罗萨:《新异化的诞生——社会加速批判理论大纲》,郑作彧译,上海人民出版社,2018 年,第 50 页。

不会直接导向人们生活水平的改善乃至人的全面发展的实现。因而事实上，要想超越资本的文明，实现人的自由解放与全面发展，就必须看到金融资本与数字资本的结合已经使人类社会偏离了生产力发展的航线。一味地顺应两者实际上只能使人类社会越来越深地陷入资本逻辑的支配和统治之中。而只有破除金融—数字资本对生产力发展的联合架空，将人类社会的发展重新定位到推动生产力发展这一赛道之上，人类社会才能真正超越资本逻辑的统治，并迎来解放的可能性。

正是在这里我们可以看出，以资本的文明为基础的现代西方社会实际上很难从根本上真正应对由金融—数字资本的结合与资本逻辑的全面扩展所带来的现实挑战。因为随着资产阶级取得社会统治地位，其将自身的特殊利益上升为全社会的普遍利益，并将现代资本主义国家打造为了马克思意义上的"虚幻的共同体"。"三场伟大的资产阶级革命——英国的、美国的以及法国的——在各自的进程中都展示了财产共和国的出现和强化。在每个国家，宪政和法治的确立都有助于私有产权得到合法化。"①在这种资产阶级的利益凌驾于整个人类社会之上，并将自身视为全社会的普遍利益的"虚幻的共同体"中，社会的发展只会导向资本逻辑的扩展与资产阶级利益的实现，而无法导向全社会每个人共享发展成果，无法导向每一个人的全面发展。所以我们看到，西方式现代化的发展虽然在历史上曾经创造了巨大的物质财富，但这最终并未导向人的全面发展，而只能导向人被资本所统治的社会现实。而且更进一步来说，在这种"虚幻的共同体"之下，在资本与国家的庞大联合的统治之下，事实上我们也是很难找到某种坚实的反抗性力量的。事实上，很多当代西方左翼学者都致力于寻找新的革命主体和反抗性力量，并且也提出了一些新的革命方案。但通过对这些方案的审视我们就会发现，这些理论建构并不能真正导向突破资本逻辑对整个社会的统治的现实运动，或者是其所找到的革命主体仅仅是社会上的边缘群体，其既不具有进步性力量，同时也难以真正整合为一股强大的社会力量，或者是其只探讨了革命发生的可能性和革命主体所蕴含的革命"潜能"，却没有进一步展现这些

---

① ［美］迈克尔·哈特、［意］安东尼奥·奈格里：《大同世界》，王行坤译，中国人民大学出版社，2016年，第5页。

潜能转化为现实性的具体方式。因此,相关的理论尝试事实上都没有取得突破性进展。

与西方社会不同的是，中国则在中国共产党的坚强领导下走上了中国特色社会主义道路,开辟了中国式现代化,这其中蕴含了应对资本逻辑扩展问题的全新可能性。我们始终坚持人民至上，坚持以人民为中心的发展思想,追求实现全体人民共同富裕的发展目标,因而当金融—数字资本的发展试图架空生产力发展以实现资本逻辑的全面扩展的时候,以人民为中心的党和政府可以成为应对资本逻辑的坚实力量,这也构成我国所独有的制度优势。事实上,在不断推进中国式现代化历史实践的过程中,我们已经探索出了一系列超越西方现有文明形态的新的实践与新的可能性。在坚持以公有制为主体、多种所有制经济共同发展的基本经济制度和以按劳分配为主体、多种分配方式并存的分配制度的基础上,在深化对资本的作用和规律的把握的基础上,中国共产党带领中国人民探索了以资本辅助于人的全面发展的"公有资本的逻辑",探索了以土地国有化辅助"公有资本的逻辑"的具体方式,也探索了以国家规范和引导资本发展的适当方式。这一系列实践尝试中实际上都已经蕴含了超越西方现有文明形态,开创人类文明新形态的现实可能。因此,在党的坚强领导和中国特色社会主义制度的支持之下,当面对金融—数字资本的发展与资本逻辑试图全面扩展自身的时候,我们不会在发展过程中完全顺应资本的要求,而是会坚持以人民为中心的发展道路,从实现全体人民共同富裕的角度出发,以"正确认识和把握资本的特性和行为规律"为基础,为资本的运行设置"红绿灯",力求实现"在社会主义市场经济条件下发挥资本的积极作用,同时有效控制资本的消极作用",从而做到对资本发展的规范和引导,"既不让'资本大鳄'恣意妄为,又要发挥资本作为生产要素的功能"。[1]与此同时,"解放和发展社会生产力,增强社会主义国家的综合国力,是社会主义的本质要求和根本任务"[2],在发展过程中不断以坚持解放生产力和发展生产力这一根本任务来矫正社会运行模式,也有助于我们抵御资本逻辑的全面扩展,从而以高质量发展引领社会生产力

---

① 《习近平谈治国理政》(第四卷),外文出版社,2022 年,第 211 页。

② 习近平:《在庆祝改革开放 40 周年大会上的讲话》,人民出版社,2018 年,第 31 页。

的进一步解放和发展。这样,通过合理地引导、规范金融资本和数字资本的运行,为资本逻辑的扩展划定界限,中国特色社会主义和中国式现代化将能够实现破除金融—数字资本对生产力发展的架空,并以中国式现代化全面推进中华民族伟大复兴。事实上,这不仅有力地推动了以中国式现代化开创人类文明新形态的历史进程,而且也为全人类应对资本逻辑在新条件下的新变化这一时代性、人类性难题贡献了可资借鉴的中国智慧和中国方案。

董键铭(中国社会科学院哲学研究所)

数字资本时代人的生存状况：反思与批判

时至今日，资本主义尚没有发展到马克思所宣告的那个被炸毁的阶段，而是出现了新变化和新特征。资本与数字技术的结合孕育出数字资本主义，它成为资本主义发展的新阶段。数字资本主义直接促使生产方式、社会生活和个人生存方式等发生改变。问题由此派生：数字资本主义是怎样塑造人的生存活动的？数字资本主义使人的生存方式发生了哪些新变化？数字资本主义是否让人实现了真正的幸福？数字资本主义场域中的人能否创建出理想的生存方式？事实上，由于数字资本主义没有改变资本的基本矛盾和一般本性，数字资本主义催生出一种人的生存悖论。数字资本主义既促使人的生存方式发生前所未有的新变化，又根据自己的原则和需要给人戴上了镣铐，让人体验生存之痛。从这种意义上讲，对于数字资本主义场域中的人的生存状况的反思和批判，不是为了肯定数字资本主义造就的新图景，而是为了澄明数字资本主义为什么和怎么样剥削且控制当代人，进而探寻一条抵抗数字资本主义的统治、创建新生存方式的可行性道路。

一、数字资本主义的出场与人的生存方式的新变化

由于资本具有创新能力，资本主义在当今社会依然具有在场性。资本创新意指，资本通过创新形态和改变载体来保持增殖势头和延缓自身崩溃的时间。资本与先进技术联姻作为资本创新的重要途径，能够为资本主义发展注入新活力和推动资本主义绽露出新特征。进一步说，资本与数字技术的合流孕育出数字资本主义，它是资本主义的当代在场样态。数字资本主义在创新生产体系、变革劳动方式、重构日常生活等过程中，促推人的生存活动呈

现出新特质和新变化。

资本积累的持续向来需要资本创新的支撑。也就是,当最大限度增殖的实现受到阻滞时,资本就力图展开创新发展来开拓积累的新途径。关于这一点,马克思曾清晰地指出:"资本家是资本的能动代表。他的目的本身不是享受,不是使用价值,而是交换价值的增大。同货币贮藏者一样,资本家绝对渴望发财致富;对他的资本的任何一种限制,都是对这种发财致富的渴望的限制,都是必须加以突破的。"①那么接下来要问:资本是如何展开创新发展的呢?"在经济危机爆发时,资本主义往往会重组。新技术、新组织形式、新剥削模式、新就业机会和新市场都会出现,创造出一种积累资本的新途径。"②从斯尔尼塞克的这句话可知:资本不仅具有自我创新的能力,而且创新路径不止一条,也就是说,资本致力于通过创新技术、转换生产体系、重塑劳资关系和重构时空结构等来化解自身的积累危机和造就新的历史场景。

既然如此,资本以技术为载体进行自我形态创新而获得新生具有可能性。自20世纪70年代以来,西方发达资本主义国家爆发的通货膨胀和滞涨迫使资本开创新的积累途径。数字技术即网络信息技术作为先进社会生产力的代表,为资本主义迫切的创新需求提供了技术支撑。正是在这样一基础上,资本把数字技术融入生产、流通和管理等社会活动各个维度,促推资本主义发展进入到数字资本主义阶段。在数字资本主义时代,资本在利用数字技术改变生产方式和重构社会生活的基础上,使得人的生存状态发生新变化。如普雷希特所言,"数字化不是一个墨守成规、单纯的经济模式效率的提高,而是二百五十年来我们经济模式的一次巨大转变,是世界历史范围内生活和价值观的巨大转变"!③

深究下去,数字资本主义是怎么重塑人的生存方式的呢?

其一,数字资本主义创建信息化、自动化的生产来重构劳动条件和劳动结构。随着网络信息技术在生产领域广泛应用,数字资本创造出自动化或曰智能化的生产。这种生产是以市场为导向,注重顾客的特定需求,也即根据

---

① 《马克思恩格斯全集》(第37卷),人民出版社,2019年,第384页。

② [加拿大]尼克·斯尔尼塞克:《平台资本主义》,程水英译,广东人民出版社,2018年,第42页。

③ [德]理查德·大卫·普雷希特:《我们的未来:数字社会乌托邦》,张冬译,商务印书馆,2022年,第25~26页。

客户提供的需求数据从事有针对性的产品生产。例如,资本主义企业能够根据顾客的需求变化,调整自动化设备的生产流程,在同一条生产线上生产出符合顾客需要的新产品,也就是可以存储和分析特定顾客的使用历史数据及其他顾客的使用数据,为特定顾客设计和生产符合其需求的商品。由此,在数字资本主义世界里,消费者不再被动地接受生产的产品,而是有更多的机会去追求适合自身个性的商品和专业服务。

随着这种信息化、自动化的生产方式的确立和发展,劳动形式和职业结构相应地发生了变化。在信息化、自动化的生产条件下,数字资本促使劳动者的体力劳动强度普遍减轻和劳动技能日趋弱化,成了智能机器设备的监控者和调整者。就像波斯特所勾描的,"如今,由于工作场所中引进了电脑,一种新型工人正在产生,他们远离生产场所,坐在监视器前、坐在开关前、指示灯前,坐在一个信息阐释器前"。①同时,数字资本促使从事软件开发、信息加工和算法编程等知识型工作或曰脑力劳动的人员比重不断增加,成为越来越多的资本主义企业的核心劳动力。也就是说,在数字技术的生产和应用成为数字资本创建信息化、自动化的生产的必要条件下,技术精英在生产过程中发挥着越来越重要的作用,体现为技术精英之间的语言交流、团队协作等是创新数字化生产技术和改进生产管理的重要手段。于是,数字资本大幅增加了对技术精英的需求,使得他们能够获得稳定的工作和高额薪酬。此外,数字资本让大多数的劳动者"习惯于流动、能跟上突然的转换、能够适应各种不同的企业、从一套规则转到另一套规则的灵活性、有适应单方面庸俗无聊的语言交流的才能、善于处理对有限可能性的交替选择"②。

其二,数字资本主义在催生数字化经济形式中造就新的就业样式。在当今的数字时代,数字资本开辟出越来越多的潜在数据,并将其用于生产结构优化和了解个人的需求变化等。数字资本生产和提取数据是通过掌控数字平台来实现的。数字平台是使两个或两个以上的群体开展互动的数字基础设施,如网络界面、应用软件(App)等。由于数字平台的广泛应用和大数据生产的普遍化,数字资本催生出以数据为基础的新型经济形式。这种经济新形

---

① ［美］马克·波斯特:《信息方式》,范静哗译,商务印书馆,2014年,第184页。

② ［意］保罗·维尔诺:《诸众的语法:当代生活方式的分析》,董必成译,商务印书馆,2017年,第109页。

式很大程度上化解了传统市场那种生产和需求的信息不对称，也就能及时掌握市场上的潜在需求，继而革新产品生产技术和调整服务方向来响应市场需求。随着数字化经济形式的兴起和发展，数字资本开创出新型的网络服务业及其外延行业，如网红直播带货、情感服务、时间服务等。以时间服务在数字资本主义世界中的发展为例："在日本，Time Bank、Time Ticket 等都是其中的典型代表。具体来说，就是能够以 30 分钟为单位（Time Ticket）或 10 秒为单位（Time Bank），购买在平台上注册的用户的时间。时间购买者可以从相应对象处获得建议，抑或是实际委托特定的工作。"①在这一背景下，数字资本把许多低技能劳动者和部分专业型劳动者吸引到网络服务业及其外延行业，使得从事非物质生产和服务业等劳动的人数日渐增多，并将这些劳动者的劳动过程置于消费者和数字平台的双重监督之中。

其三，数字资本主义建构出全球化、网络化的生产体系，使得资产者寻找廉价劳动力的速度加快，促推劳动者的劳动具有了更大的灵活性。当前，资本同网络信息技术联姻而建构出一个超越时空限制的网络空间，在这个空间中，人们可以在全球范围内即时地传递信息、展开商贸往来和协调工作任务等。如卡斯特所言，"新信息技术可以让工作任务分散化，同时即时地在互动式通信网络里协调整合，不论是横跨各洲大陆，或是在同一栋大楼的不同楼层"②。正因为如此，网络信息技术给资本的全球拓展加上了数字化翅膀，也就是说，数字资本利用网络空间去加速全球布展，建构出一种全球化、网络化的生产体系，继而变革自身同劳动力的结合方式和重塑劳动过程。

具体言之，同建构全球化和网络化的生产体系相伴而生的是，数字资本促使生产摆脱地域限制，体现为生产可以不固定于某一个地域的特定工厂，并能够在世界各地找寻且雇佣廉价的劳动者，这也致使劳动者工作的不稳定性增强。同时，在全球化、网络化的生产条件下，数字资本促推劳动者的工作突破时空限制和劳动获得相对的自由性，展现为劳动者的工作地点不局限于工厂或办公室，即能够在路上、咖啡馆或家里等空间场所开展工作，并

①　［日］森健、日户浩之：《数字资本主义》，野村综研（大连）科技有限公司译，复旦大学出版社，2020 年，第 110 页。

②　［美］曼纽尔·卡斯特：《网络社会的崛起》，夏铸九、王志弘等译，社会科学文献出版社，2001 年，第 320 页。

可以规划和安排自己的工作时间。与之相伴随的是,劳动者的工作时间和休闲时间的界限变得模糊。如维尔诺指出的,"工作不再按照在工作中心才有效的明确的标准和程序来构成专门的、独立的实践,而这个标准和程序与那些管理非劳动时间的标准和程序是截然不同的,所以也就没有清晰的、界限清楚的门槛来划分劳动时间和非劳动时间了"①。

其四,数字资本主义重构人的主体身份,形塑数字化的交往模式。在数字资本主导的网络世界中,人们要想通过电脑或智能手机来使用数字平台进行信息搜索、网购、交流等活动,需获得个人登录数字平台的账号和密码,这又以个人在数字平台上填写自己的详细信息为前提。当人们在数字平台上完成个人信息录入,相应地,这些信息资料被数字平台记录下来,并为主体创建出不同于现实身份的电子身份,继而使每个人具有了双重在场性和双重身份。就是说,个人在某一个物理空间打开电脑或手机去使用数字平台,这一行动是在此时此地完成,具有一个现实身份;同时,他在数字平台上传递信息和互动交流,则是以网络身份完成的。这样一来,在网络信息技术支撑下,资本通过加快信息传输来加速交流沟通的速度,重构人的身份认同,开启了主体间交往的新模式。

数字资本主义开启的交往新模式即是构建出数字化交流模式。在数字资本主义的网络世界里,主体间的交流不用面对面,即不需要共时的处于某一空间场所,信息传递、情感表达通过数据包来实现。于是,人们足不出户就可以了解世界各地的风土人情和正在发生的实时信息,就能够与远程网络在线者开展共时性交往。网络交往既可以匿名开展,不强迫对方认同自己的观点,又可以让个人能够根据自己的时间和需求传输和接收数字信息。正因为如此,在网络交往中的个人有了更多的能动性,也更能体感到彼此间互动交往的自由轻松。另外,资本利用网络信息技术创建出"电子会议"。电子会议作为多人同步性的互动交流方式,它能把居住于各地的参与者集聚在同一网络空间展开相关话题的讨论,因而,它改变了一些以往的交往习惯和话语范式,建立出新的交往礼仪和话语体系。

---

① [意]保罗·维尔诺:《诸众的语法:当代生活方式的分析》,董必成译,商务印书馆,2017年,第134页。

　　其五,数字资本主义通过塑造多维且加速的社会时间来变革人的时间体验和时间意识。自资本诞生以来,资本在按照自己的原则和要求建构社会时间的过程中,改变人的时间体验和重构人的时间意识。到了当今的数字时代,数字资本把时间从空间中解放出来,使得人的日常交往可以不受物理时空的束缚,能够在同一空间中置身于两种时间架构,即同时处于现实时间和虚拟时间之中。譬如,人们在收看电视的活动中,"一方是我们的直接行动的真实时间,在这个时间里我们在此处和此时行动着,另一方是间接互动性的真实时间,它优先照顾电视节目的时间段的'此时',而不顾及'此处',也就是相聚地点的空间"①。数字资本在改变时间结构的同时,造就加速的时间模式和形塑加速的时间意识。也就是说,数字资本利用网络通信技术把时间塑造成为没有延迟的即实或曰瞬时的时间,体现为当代人可以通过网络与不同地方的他人进行瞬间性的信息传输;数字资本把当代男女的生活节奏带向加速的轨道,展现为,在一个固定的单位时间内,通过减少时间间隔来组织开展更多的活动,或者同时做很多事,比如在网络上浏览信息的过程中同时语音聊天。

　　数字资本主义在把人置于两种时间结构和加速的时间模式的基础上,使得人的时间体验形式呈现出"体验短/记忆短"的特点。对此,罗萨描述道:"在我们晚期现代的数字媒介世界,出现了一种新的时间体验形式,跟'经典的'那种'体验短/记忆久'或是'体验久/记忆短'的时间体验和时间记忆模式完全背道而驰,变成了"体验短/记忆也短"的时间模式。"②通俗来说,在网络信息技术支撑下,数字资本创造出一种没有时间延迟的网络空间,体现为时间在人们链接网络的那个瞬间便实现了到场。借用斯洛特戴克的话来讲,"对于无线电和光信号的传播来说,地球已经成了一个几乎不动的点——信号在不停地旋转,几乎不需要时间,形成了一个电子信号的垫子,地球的表面宛若有了第二个大气层"③。在这个网络空间中,数字资本把其构序的数字信息

---

①　[法]保罗·维利里奥:《解放的速度》,陆元昶译,江苏人民出版社,2004年,第49~50页。

②　[德]哈特穆特·罗萨:《新异化的诞生:社会加速批判理论大纲》,郑作彧译,上海人民出版社,2018年,第135页。

③　[德]彼德·斯洛特戴克:《资本的内部:全球化的哲学理论》,常咺译,社会科学文献出版社,2014年,第216页。

即时地推送给个人,这些海量信息可以短暂地吸引和刺激人的感觉意识,使得个人的时间在浏览各类瞬间到场的数字化信息中飞快流逝;但是同时,他们的生活同获取的诸多信息几乎没有关联而很少能产生共鸣,难以形成长时间的记忆,甚至从浏览各种数字化信息的情境中退出就忘记了所浏览的内容。

数字资本主义的生发是资本自觉调整或曰自我创新的结果。数字资本主义作为资本在当代社会的出场形态,它通过改变生产方式和更新社会生活来重塑人的生存方式,即促推人的行为观念发生重大改变。倘若仅仅看到这一面,看不到数字资本主义不可能真正让人创建和过上美好生活,那么就是片面理解数字资本主义的一般本性和基本特征。事实上,今天的数字资本主义正最大限度地把人置于其增殖链条之上,制造着人的生存之痛。

二、数字资本主义的负面效应与人的生存之痛

在增殖本性未发生变化的前提条件下,资本必然要最大限度地占有和夺取社会财富,致使人们难以摆脱被盘剥和被支配的命运。数字资本主义作为资本主义发展的新阶段,没有改变追求利润最大化的本性,变化的仅是积累模式和统治人的样式。就是说,数字资本主义不会放弃对人的剥削和奴役,由此数字资本主义不可能从根本上消除社会不平等问题,反而会制造出一些新的社会不平等;同时亦把统治权力延展和渗透到日常生活的各个维度,对人实施无处不在的监控和操控,进而企图最大限度地把人规训成为单向度的人,一种无否定性思维的、主动臣服其统治的人。

过去几百年,在资本主义条件下,资产者须吮吸和占有劳动者创造的剩余价值才能不断积累财富,反过来说,劳动者创造出的财富不可能用来改善自己的物质生活,而是被少数资本家窃取,因而资产者积累了大量财富,劳动者积累了贫穷,致使贫富差距产生。对此,马克思鲜活地描述道:"资本家迫使工人进行这种剩余生产(即超过工人本身生活需要的生产),并且运用一切手段来尽量增加这种同必要生产相对立的相对剩余生产,直接把剩余产品据为己有。"①而这种现象在今天的数字资本主义世界中依旧存在和上

① 《马克思恩格斯全集》(第33卷),人民出版社,2004年,第342页。

演。与以往不同的是，劳动者被剥削和被奴役的形式发生了改变。随着自动化生产在数字资本主义世界里成为主导性生产方式，数字资本促使许多职业加速消失和对低技能劳动者的需求减弱，进而使得那些不具备专业技术的劳动者和部分行业的专业型劳动者成为易被解雇的群体。这就像鲍曼指出的，"在工作能力的清单上，他们既没有特别的技能，也没有与顾客进行社会交往的艺术，因此他们最容易被人取代；他们几乎没有任何可以让他们的老板不惜一切代价将他们留住的特别之处"。①于是，就业和失业成为低技能劳动者面临的常态，也就是这些劳动者寻求长期稳定的工作状态已成为不可能。因此，为了保住工作和维持生计，低技能劳动者不得不忍受资本主义企业降低薪酬，占有自己创造的经济成果。这直接造成财富的收入和分配的不平等，也间接弱化了劳动者对从事相关工作的兴趣。

由于财富产生的基础是人类的劳动时间，资产者掠夺物质财富的过程也就是榨取劳动者的剩余劳动时间的过程。马克思曾指出，"资本主义生产的目的是剩余，而不是产品。工人的必要劳动时间——以及产品中用来支付这个时间的等价物——只有在提供剩余劳动的情况下，才是必要的"②。综观资本占有和榨取剩余劳动时间的历程，资本在创造自由时间即非劳动时间的同时，不断拓展将自由时间转变成为剩余劳动时间的路径。当今时代，数字资本主义通过创造弹性工作方式来打破工作和生活的界限，使得劳动者的工作时间和休闲时间的界限日趋模糊起来，进而最大限度地掌控和占有劳动者的自由活动时间，即最大限度地延长劳动者的劳动时间。如哈特和奈格里所说，"福特制产业承诺——八小时工作、八小时休闲、八小时睡眠——就全球来说，只在少数工人身上实现，无法再成为一个指导性的思想。无论是好岗位还是差岗位，工作与非工作的界限正在瓦解"③。在此种情境下，大多数劳动者的自由时间悄然地被资产者所侵吞，失去了规划和组织时间的可能性，从而丧失了实现自由全面发展的根基。

数字资本主义不仅把休闲时间最大可能地降为劳动时间，而且把休闲

---

① ［英］齐格蒙特·鲍曼：《流动的现代性》，欧阳景根译，中国人民大学出版社，2018年，第253页。

② 《马克思恩格斯全集》（第33卷），人民出版社，2004年，第252页。

③ ［美］迈克尔·哈特、［意］安东尼奥·奈格里：《大同世界》，王行坤译，中国人民大学出版社，2016年，第208页。

时间规划成为消费时间。"资本是按照时间顺序通过生产领域和流通领域两个阶段完成运动的。资本在生产领域停留的时间是它的生产时间,资本在流通领域停留的时间是它的流通时间。所以,资本完成它的循环的全部时间,等于生产时间和流通时间之和。"①由此可知,资本加快自身的周转需要加速生产和加速流通。消费的加速则构成资本加速流通即缩短流通时间的重要一环。正如罗萨所说,"每个时间单位的资本周转和商品周转的增多自然也作为经济上必然的联系,导致了与生产速率的提高相对应的每个时间单位消费行为的增多……因而,资本主义的时间经济'迫使'与生产过程中的情况相似的消费强度的增大"。②也正因为这样,数字资本会通过创新生产方式来减轻当代人的劳动强度和增加当代人的休闲时间,同时亦会创造各类消费活动来占据和填充当代人的休闲时间。

深究下去,数字资本重塑人的生存方式的具体过程是什么样的呢?数字资本主义"为了增强消费者的消费能力,就决不能让他们休养赋闲,得时时刻刻让他们保持清醒和警觉,不断地让他们接触新的诱惑,因此让他们永远处于一种亢奋状态,而且,其实也是一种永远猜疑和不满足的状态"③。也就是说,数字资本利用数字媒介来不断地编造和推送有针对性且新奇的消费幻象,如消费广告。这些消费幻象往往让观众感受到贴心、切合自己的需求点,继而促使观众主动地把消费行为与实现美好新生活相联系,体现为试图投身于层出不穷的消费活动中去实现消费幻象所展现的那种生活样式。另外,数字资本在营造时尚化、个性化的消费活动来吸引人们眼球的同时,创造意象性消费,也就是塑造出一种象征和区分身份价值的符号化的消费行为,诱使人们在你追我赶地消费活动中追寻消费所象征的社会地位、身份认同等符码意义。这样,在营造各式消费娱乐活动、创造数字化和符号化的消费幻象等基础上,数字资本得以点燃当代男女的消费欲望,促使当代男女主动地把闲暇时间用于追逐和模仿其设计好的消费狂欢。

数字资本主义在把休闲时间尽可能地转变成为劳动时间和消费时间的

① 《马克思恩格斯文集》(第六卷),人民出版社,2009年,第138页。

② [德]哈尔特穆特·罗萨:《加速:现代社会中时间结构的改变》,董璐译,北京大学出版社,2015年,第194页。

③ [英]齐格蒙特·鲍曼:《全球化:人类的后果》,郭国良、徐建华译,商务印书馆,2013年,第80页。

同时，让人在加速的时间体验中承受非期望的时间压力和失去方向感而产生焦虑情绪。具体而言，在数字资本制造的加速情境中，当代男女用于思考的时间越来越少，用于筹划个人生活的时间不断被挤压，日渐担忧在加速竞争的生活中难以有效利用时间去做好准备而被排挤出局。举例来说，在数字资本主义世界里，当代男女常常会快速浏览一下以往造访或其他新颖的网页，但不会仔细阅读和深入思考网页信息，一天下来，他们为此花费了大量时间，不得不用更少的时间处理当天本应或想要做的事情。这便容易引发一个问题：个人不得不承受因不合理安排时间所造成的因时间缺乏而带来的压力。这种时间压力越大，个人就会加剧因未能有效利用时间去做本应做的事而产生的急躁和焦虑之感。与此同时，当代男女在加速更新的数字资本主义生活中感到短暂性、不稳定性，失去了时间维度上的方向感和身份确定性，也就是说，"在这样的世界当中，社会变迁是随机的、片段的，甚至是狂乱变化的，而不是进步的、有方向的；社会行动者感觉到他们个体生活和政治生活没有方向、轻飘易变"①。结果显而易见，当代男女承受着各种难以掌控的生活重负，几乎无法长远规划生活且对未来心生迷茫，从而很容易在心理层面产生惆怅、恐慌和焦虑。

　　数字资本主义不单单没有从根本上消除财富差距分化和时间贫困，还在现实的历史中制造着新的不平等。这种新的不平等的典型样态即数字鸿沟。数字鸿沟是指人们接触和占有数字信息资源的不平等和使用网络信息技术机会的不平等。数字资本主义造就的数字鸿沟在西方资本主义国家中具体呈现为，上层人士比贫穷群体拥有更多的机会去使用网络信息技术，优先体验和占有网络社会和数字经济所带来的好处。值得强调的是，"除了数字鸿沟之外，数字资本主义还与许多其他问题相关。这不单是一些人拥有电脑和宽带网络，而另一些人没有电脑和宽带网络的问题，还涉及人们能否有效地使用这些系统——不论检索或是发布信息。"②这就意味着，数字鸿沟即使得以跨越，体现为贫穷群体拥有跟其他群体一样使用网络技术去获得数

①　[德]哈特穆特·罗萨：《新异化的诞生：社会加速批判理论大纲》，郑作彧译，上海人民出版社，2018年，第62页。
②　[美]丹·席勒：《信息资本主义的兴起与扩张：网络与尼克松时代》，翟秀凤译，北京大学出版社，2018年，第242~243页。

字信息的机会,也不能说明数字资本主义所造成的贫富差距真正得以消除。因为少数资产者才是数字资本主义世界里的主人,对那些在网络世界中能发表个人意见的下层群体而言,他们不可能在现实世界享有富人那样的物质生活,也没有能力操作大额资本在全球的移动。

数字资本主义造成的人的生存之痛远不止于此。也就是说,在日常生活中,人们使用数字平台会相应生产数据,数字平台通过分析使用者生产的数据,可以大致了解到他们的兴趣爱好和行为习惯,继而预测他们的行为意向和决定向他们展示的信息内容。譬如,"谷歌依据其他人的选择以及不同页面之间的链接数量,来决定向我们展示什么样的搜索结果;脸书借助我们朋友的推荐来决定我们将看到什么样的新闻"[①]。这里,问题的关键在于,资本主导这些数字平台的运转,并利用数字平台把人的生存活动变成了透明性存在,却令人难以察觉。如席勒指出,"在数字资本主义制度下,有大量源源不断的信息无时无刻不在被收集、被更新,其实它们都是为大企业和政府机构所用"[②]。与此同时,数字资本借助电子监控、云计算和大数据来将监控布展到街道、商场等日常活动的各角落,使得人主动或被动地参与其主导的监视活动。如吉伊所描述的,"每一次使用信用卡或借记卡都产生一个包含日期、时间、地点的记录——现在甚至可以不把它们从你的钱包中拿出来就进行扫描。在如今的美国,大部分你所做的事和你所去的地方几乎都不可能不留痕迹"[③]。就此而言,数字资本主义通过构造数字化、参与式的监控模式来把人的生存活动置于其监视之内,让人处于无处遁形的状态。

数字资本主义并不满足于监控人的生存活动,它还力图以数字媒体为依托重构人的意识结构,把人变成一个被管理和被规训的对象。具体说来,随着网络信息技术的发展和数字通讯设备的普及,人们通过网络开展日常交流和认知外在世界成为一种生活习惯。一旦链接到资本主义网络世界,人

---

① ［瑞典］大卫·萨普特:《被算法操控的生活:重新定义精准广告、大数据和 AI》,易文波译,湖南科学技术出版社,2020 年,第 95 页。

② ［美］丹·席勒:《信息资本主义的兴起与扩张:网络与尼克松时代》,翟秀凤译,北京大学出版社,2018 年,第 258 页。

③ ［美］保罗·吉伊:《城市、公民与技术:都市生活与后现代性》,许苗苗、李建盛译,北京师范大学出版社,2022 年,第 160 页。

们便淹没在数字资本主义媒介所制造的海量数字信息之中，自己的行为观念将无意识地被这些数据信息所形塑和引导。换言之，资本利用网络媒介编织新颖性的大数据，并借助网络效应把这些大数据包装成为大众行为，诱导人们依循这些数据去构建自己的主体性存在，实现与他人行为习惯的一致性，致使人的反思性被消解而成了无个性的大众。这就是斯蒂格勒告诉人们的："在自动社会中，那些被称为'社会'网络的数字网络引导着这样的表达，这些表达都屈从于强制规定，心理个人也屈从于这些强制规定，因为他们受到所谓的网络影响而不得不这样做。再加上社会交际网络，这种影响就变成一种自动的牧群效应，即一种高度模拟情境，而这种情境建构起一种弗洛伊德意义上的乌合群众的新形式。"[1]

概言之，在数字资本主义时代，财富分化、时间贫困和数字鸿沟等是数字资本主义给人带来的显性生存困境，而生存活动被监控和自我意识被重构是数字资本主义致使人面临的隐性生存窘境。这也恰恰说明，数字资本主义的盘剥和控制已渗透到人的生存活动的各个维度，给人带上了难以挣脱的镣铐。对于在数字资本主义世界里戴着镣铐跳舞的人们来说，他们不能自由地选择何种生活，即试图借助数字技术实现真正的自由和真正的幸福只是美好愿望，唯一的自由是跟随数字资本主义的步伐。

三、抵御数字资本主义与人创建理想生存方式的可能

数字资本主义改变且重塑人的生存方式，却没有使人过上真正的美好生活，反而令人承受生存之痛。数字资本主义之所以会造就这种历史场景，主因在于数字资本主义内蕴双重历史作用。数字资本主义作为资本与数字技术联姻的产物，不可能舍弃增殖本性来服务于人创造美好生活，定然会把数字技术变成牟取经济利益和规训人的生存活动的工具。因此，若要克服数字资本主义造成的人的生存困境，从根本上讲，须否定资本对数字技术的统摄，使数字技术成为创造美好生活和创建理想生存方式的手段。

---

① [法]贝尔纳·斯蒂格勒:《南京课程:在人类纪时代阅读马克思和恩格斯——从〈德意志意识形态〉到〈自然辩证法〉》,张福公译,南京大学出版社,2019年,第116页。

　　资本的历史作用始终是以双重性形式在场。所谓资本的双重历史作用就是,资本既能够繁荣经济、促进生产,进而促推社会生活更新和人的生存方式变革, 又会力图将整个社会资源和个人的所有活动纳入其增殖和控制的范围,继而滋生出种种社会问题或曰造就诸种生存困境。关于资本的双重历史作用,马克思在《哲学的贫困》一书中已对之进行了阐释:"资产阶级借以在其中活动的那些生产关系的性质决不是单一的、单纯的,而是两重的;在产生财富的那些关系中也产生贫困;在发展生产力的那些关系中也发展一种产生压迫的力量。"①数字资本主义作为资本在当代社会的布展样式,它没有改变资本的双重历史作用的存在形式。因此,数字资本主义可以驱动社会生活革新和人的生存方式转变,却不可能放弃对人的盘剥和奴役,这在很大程度上会致使人遭受生存之痛。在此种情况下,人们要克服生存困境,需要抵御数字资本主义的控制和支配。

　　由此派生,人们是否能成功抵御数字资本主义的统治,化解自身的生存之痛呢? 数字资本主义孕育于资本和数字技术的合流,由此,人们与数字资本主义展开博弈,首先需要思考和厘清数字技术与资本的关系问题。按照马克思的视野, 在资本主义生产过程中,"科学通过机器的构造驱使那些没有生命的机器肢体有目的地作为自动机来运转, 这种科学并不存在于工人的意识中,而是作为异己的力量,作为机器本身的力量,通过机器对工人发生作用"②。也就是说,在资本逻辑占主导的地方,科学技术改变社会生活和重塑人的生存方式是确定的,但它的发展不具有真正独立性,它是资本主义创造财富和控制人的重要工具。那么具体到数字资本主义的现实存在来讲,资本构成了数字技术运行的主导原则。它使数字技术的发展服从于其增殖原则,执行其剥削和控制人的命令,而不是真正用来造福于每个人。由此延伸,数字资本主义场域中的人遭受到生存困苦,其主因是数字技术臣服于资本逻辑,而不是数字技术本身的发展。正像凯尔纳指出的,"技术均可以用来作为统治或是解放的工具,操纵社会或是启蒙社会的工具,这取决于现在与将来的文化的创造者和行动主义的知识分子怎样定夺运用和开发新技术以及

①　《马克思恩格斯文集》(第一卷),人民出版社,2009 年,第 614 页。

②　《马克思恩格斯文集》(第八卷),人民出版社,2009 年,第 185 页。

新技术将为谁的利益而服务"①。这样一来，人们抵御数字资本主义可能与否的问题，就转化成为否定资本对数字技术的统摄是否可能。

那么接下来要问：数字技术何以可能和何时能摆脱资本的统摄？从资本运行规律看，资本的内在否定性决定其最终将彻底退场。资本自我否定生发的条件是：生产社会化与私有制之间的矛盾性和不相容性。关于此，马克思曾指出，"资本的垄断成了与这种垄断一起并在这种垄断之下繁盛起来的生产方式的桎梏。生产资料的集中和劳动的社会化，达到了同它们的资本主义外壳不能相容的地步。这个外壳就要炸毁了"②。到了那个阶段，新的社会形态即社会主义社会将替代资本主义社会。根据在于，"在资产阶级社会的胎胞里发展的生产力，同时又创造着解决这种对抗的物质条件。因此，人类社会的史前时期就以这种社会形态而告终"③。相应地，数字技术的发展将脱离资本主义这一"外壳"，通往服务于人的自由全面发展的方向。

与此同时，科技发展具有促推社会生活更新和社会形态转变的历史作用，也就是科技发展存有加速资本主义消亡、推动新社会形态生发的能力。理由在于，"随着直接劳动同科学劳动（即科学在生产上的应用）相比日益变为从属的要素，科学技术不仅促使以往传统的生产方式解体，而且也促使资本这一统治生产的方式走向解体，让位于更高级的社会生产形式和社会组织形式"④。因此，数字资本可以把数字技术变成剥削和控制人的工具，但是同时，数字技术的发展也为否定其统治，促进人类创造美好生活积蓄力量。就像普雷希特所言，"我们必须学会适应，数字技术的可能性不能只从经济竞争的一个角度来看，还要把它看作是开启良好社会模式的机遇"⑤。这里，以数字资本运动与社会时间重构为例，资本利用数字技术延长劳动者的剩余劳动时间来实现发财致富，在这个过程中，数字技术会违背资本的意志，使整个社会的劳动时间日渐缩减，这在一定程度上为人们增加可以自由支

①　［美］美格拉斯·凯尔纳：《媒体文化》，丁宁译，商务印书馆，2013年，第571页。
②　《马克思恩格斯文集》（第五卷），人民出版社，2009年，第874页。
③　《马克思恩格斯文集》（第二卷），人民出版社，2009年，第592页。
④　丰子义：《现代化的理论基础：马克思现代社会发展理论研究》，北京师范大学出版社，2017年，第261页。
⑤　［德］理查德·大卫·普雷希特：《我们的未来：数字社会乌托邦》，张冬译，商务印书馆，2022年，第41页。

配的时间,也就是为自由时间的延长创造着条件。

这说明,数字资本主义在满足自身需求的进程中,创造着人们利用数字技术摆脱其统治、创建新的生活方式的可能性条件。对于这种可能性,波斯特、斯蒂格勒、斯尔尼塞克等当代思想家从不同视野出发作了肯定性阐释。具体来说,在波斯特看来,资本借助电子媒介把权力渗透到日常生活中去监控人们,也为人们反抗资本统治提供了条件。其中,电脑病毒成为数字资本主义时代的年轻人抵抗资本统治的一种方式。"病毒不再是一出弗洛伊德所言的俄狄浦斯情结剧,也许应把它看作是一种新的对抗形式,所抗衡的是控制着电脑化信息的那些人。"①斯蒂格勒认为,当代人既成为数字资本主义毒性的服毒者,又是起来抗争数字资本主义统治的主体。即"这是一场必须面对和反抗无数利益的斗争,其中既包括部分受这种毒性侵害的人们,也包括那些依赖这种毒性的人们。正是这段痛苦时期构成了蛹的蜕变阶段"②。在斯尔尼塞克那里,当数字平台被资本所掌控和支配,它就成为资本用来牟利和监控人的工具,所以为了美好未来的建立,需要深入了解平台的运作方式以及它能为我们做什么,在此基础上,"推动后资本主义平台,利用这些平台收集的数据,以便分配资源,实现民主参与,并进一步发展技术"③。

尽管数字资本主义在自己的运动过程中孕育了否定自身的条件和主体力量,预示着人们摆脱数字资本主义魅影具有可能性。但是人们究竟该如何与资本展开博弈,才能使数字技术摆脱资本的统摄?在数字资本主义仍然在场的情境下,人们抵御数字资本主义的方略应是:不否定数字技术的发展及其给人们的工作和生活带来的种种便利,同时关注且限制资本对数字技术的操纵,最大可能地把数字技术转换成为创造美好生活的工具。即是说,当数字资本的利益与人民利益不一致时,矫正资本利用数字技术来榨取人民利益的行为,促推数字技术服务于建构共同富裕且自由发展的新生活。这个策略的实现是有前提条件的。它需要开展数字资本主义批判,让人们意识

---

① [美]马克·波斯特:《信息方式》,范静哗译,商务印书馆,2014年,第7页。

② [法]贝尔纳·斯蒂格勒:《南京课程:在人类纪时代阅读马克思和恩格斯——从〈德意志意识形态〉到〈自然辩证法〉》,张福公译,南京大学出版社,2019年,第101页。

③ [加]尼克·斯尔尼塞克:《平台资本主义》,程水英译,广东人民出版社,2018年,第141页。

到,在数字资本主义场域所遭受的生存之痛,问题不在于自身或数字技术发展,而在于资本对数字技术的支配。应当承认,仅仅如此是不够的。正如席勒指出的,"技术应该受到约束,以便它不是服务于某人的私利,而是真正为了增加人类福祉。在使用这些技术之前,首先需要明确我们到底需要一个什么样的社会,清楚什么样的社会才能够推动人类发展、实现公平以及社会和环境正义。在这之后,再去考虑如何利用技术去实现它"①。因此,从根本上讲,只有变革资本主义制度,建立不以资本为本质范畴的社会主义制度,在这之后,数字技术才能彻底摆脱资本的统摄,成为服务于人们创造美好生活和创建理想生存方式的手段,促推人们追求崇高生活和感受生命的完整。

当下,数字资本使得经济社会和人的工作生活发生激烈变革,但不可能让人挣脱被盘剥和被奴役的锁链,从而致使当代男女成为为追求富裕幸福生活苦苦奋斗却招致不平等和不自由的伪主体。因而,审视和解构数字资本的运动规律及其造就的生存困境不是目的本身,这是为了探寻破解数字资本的宰制和创造真正属人的生存状态的可能性道路。在当前及今后相当长的一个历史时期,数字资本在繁荣经济和更新社会生活等方面发挥着不容小觑的作用。同时不能寄希望数字资本主动舍弃增殖本性来服务于人创造美好生活,这就需要运用社会主义制度等一切手段规范和引导数字资本的发展,进而按照以人民为中心来发展应用数字技术。这不仅是一种理论可能,而且在实践层面已显露出来。中国式现代化道路作为一种非资本逻辑的现代化发展道路,正在创造性地回应和解答怎样利用数字资本的积极作用又限制数字资本的负面效应,促使数字技术服从和服务于增进民生福祉和创造美好生活。

刘庆申(苏州大学)

---

① [美]丹·席勒:《信息资本主义的兴起与扩张:网络与尼克松时代》,翟秀凤译,北京大学出版社,2018年,第260页。

韩炳哲论资本宰制下
数字化时代"透明社会"的生存困境 *

　　人们对透明的向往由来已久。从古希腊时期先哲们对透明的追求,到近代思想家们对澄明的渴望,在这个问题上,理论思维往往把透明与真实、知识、权力等问题综合起来加以思考。不透明是真实的限制性因素,也是知识的制约性因素,更是权力运行的规则。因此,对透明的追求也就和反抗这些限制性条件和因素的思想解放、实践探索具有了千丝万缕的联系。尤其是到了 18 世纪,以卢梭为代表的思想家们从道德心灵出发着重探讨了透明问题。卢梭在其著作《忏悔录》的一开篇就指出了自己的任务和事业就是要毫不留情地揭露内心,追求道德心灵的透明化。这种道德性的内心的透明必然要诉诸对心灵的教化。这也可以被视为一种追求透明的内在的思路,但这一思路面临着过度依赖个体及其感受性的风险。且由于这一思路与外部环境之间所具有的不可分割的联系,这也同样为从外在的、社会生活环境的,乃至技术化的思路保留了发展空间。随着人类社会生活的演进,尤其是科学技术的发展,对透明的追求转化为对促使透明性得以实现的科学技术的依赖。由之,透明与心灵及其德性之间的关联减弱,而与科学技术、社会管理和资本逻辑相互纠缠。随着数字技术的发展,这种纠缠可以呈现为阿甘本的赤裸生命,也可能呈现为韩炳哲的透明社会。尤其是韩炳哲对透明社会的现象学描绘,深刻揭示了数字化时代资本、技术与人的关系,揭示了资本主义制度经由数字化对人的宰制。韩炳哲揭露了一个令人惊奇的事实——对不透明

　　* 本文系国家社科基金重大项目"人类命运共同体视域下的 21 世纪西方激进左翼文论批判研究"(项目编号:20&ZD290)的阶段性成果。

的反抗、对透明的不懈追求反而被数字技术改装为限制人、禁锢人的因素，而这个透明社会既方便权力渗透和社会管控，也方便资本逻辑的纵横驰骋。

一、何谓透明社会

在《透明社会》一书中，韩炳哲对透明社会的特性做出了界定："数字化时代的透明社会所追求的不是心灵的道德净化，而是利益和关注度的最大化。"①他意识到如今的透明社会与数字技术、社会管理和资本逻辑相互纠缠。它们交织在一起形成了一张无形的、透明的大网，把人们的思想和行动尽皆网罗于其中，而这无助于人们获得自由和尊严、幸福和快乐。人们已经困于其中，成为本质上被资本所操控的牵线木偶。为了进一步说明这一问题，韩炳哲主要从六个维度来表征透明社会：肯定社会、亲密社会、展示社会、加速社会、信息社会和监控社会，这六个维度是相互包含的关系。

透明社会首先是肯定性社会，这种肯定性成了亲密性的基础。在韩炳哲看来，做出这一判断的根本原因在于新自由主义时代的透明社会完全被资本所操控，服从资本的逐利逻辑。这一逻辑同时也是一种同一性逻辑，它要求不断地消灭否定和差异。他指出："'拒绝'的否定性无法为人们牟利"②，因此在资本所操控的透明社会里否定性必须被消除，只留下肯定性——"透明社会是一座同质化的地狱"③。韩炳哲具体讨论了距离这一否定性形式所造成的不便和阻碍。对他而言，距离不仅仅是一个时空概念，更是一个心理意义上的概念。也就是说，距离这种否定性形式在肯定性大行其道的透明社会里没有一席之地，整个社会都在排斥距离的存在，对距离"赶尽杀绝"。其结果是导致了一种整体上的亲密状态，因此透明社会是肯定社会也是亲密社会。韩炳哲认为通过分析这种亲密我们就更应该明白资本及其权力对社会的深度控制，也能够通过一些典型的社会现象来理解这种控制。比如说数字技术，尤其是手机便于人们之间的即时交往，也便于人们快速更新自己的状

---

① ［德］韩炳哲：《透明社会》，吴琼译，中信出版社，2019 年，第 75 页。
② ［德］韩炳哲：《透明社会》，吴琼译，中信出版社，2019 年，第 14 页。
③ ［德］韩炳哲：《透明社会》，吴琼译，中信出版社，2019 年，第 2 页。

态并把自己展示给别人。韩炳哲指出，因为"'亲密'是'透明'的心理公式。人们相信，通过公开自己内心的感觉和情绪，通过曝光自己的灵魂，可以实现灵魂的透明。"①但这也就意味着资本（资本家）可以利用人们主动的自我展示与自我曝光，不仅实时掌握人们的心理和思想，更能够方便权力更加迅捷、简单地渗透到人们的心灵深处，从而对人们进行规范、操控与支配。因此，透明社会是被资本所操控的肯定社会也是由其主导的权力所统治的亲密社会。

在对差异不断予以打击和消灭的前提下，透明社会呈现为一个展示社会。韩炳哲指出："透明社会是一个揭露与曝光的展示社会。"②透明意味着一种对可见性的要求，也就是说，事物在其统摄下必须可见，或者必须可以被观看。只有对事物不断地加以揭露和曝光，或者要求事物必须不断地自我展示，整个社会的透明性才能得以实现。韩炳哲认为这看似实现了整个社会的透明化，其实质则是资本主义制度实现价值增值的方式。因为随着数字技术的发展，衡量事物的价值形式发生了改变，产生了一种新的价值形式——展示价值。在这一问题上著名的理论家齐格蒙特·鲍曼与韩炳哲持同一立场。韩炳哲认为展示价值指的是，"如今，只有当事物被展示出来并得到关注时，才拥有了价值"③。在展示价值的驱动下，为了实现事物的价值增值，它们被要求主动或被动地将自己展示出来以求获得最大的价值。在数字化时代，人们展示自我的主要方式是通过社交媒体、软件来全方位地展现自己。人们的每一次展示、每一个操作都会留下数字痕迹——数据，这些数据看似对个人来说无足轻重，但在掌控着数字技术的资本家眼里却是资本增值的重要"食粮"。他们只需通过智能算法将这些数据收集起来就会产生巨大的价值，实现价值利益的最大化——"数字化时代的展示价值是资本主义得以实现的标志"④。因此，数字化时代的透明社会也是资本统摄的展示社会。

在韩炳哲看来，新自由主义时代透明社会的运行机制是加法逻辑而非

① ［德］韩炳哲：《透明社会》，吴琼译，中信出版社，2019 年，第 58 页。
② ［德］韩炳哲：《透明社会》，吴琼译，中信出版社，2019 年，第 60 页。
③ ［德］韩炳哲：《倦怠社会》，王一力译，中信出版社，2019 年，第 102 页。
④ ［德］韩炳哲：《透明社会》，吴琼译，中信出版社，2019 年，第 16 页。

叙事逻辑。因为"加法比叙事更为透明"①，这也就意味着叙事逻辑被透明社会排除在外——整个"社会的去叙事化愈演愈烈"②，阻碍信息、交际和生产高速循环的一切因素都要被剥离开来。其结果包含两个方面：一方面是信息生产的效率大幅提高，大量信息迅速充斥整个社会生活；另一方面则是信息、交际和生产的高速循环使整个社会处于一种超交际、超生产的加速状态。而这两个方面都是资本所期待的——"加速交流和信息的循环也就是加速资本的循环"③。因此在这种超活跃环境下的透明社会是信息社会更是加速资本循环的社会。不仅如此，韩炳哲发现数字化技术的快速发展并没有实现其承诺，没有让社会更加安适、美好，也没有更有益于人们的权利和利益的均等或者提升，而是带来了一种新的不平等和新的被压迫状态。人们没有进入到如边沁所言的全景敞视状态，而是进入了一个全新的、透明的数字化的监狱之中。进而言之，如果说阿甘本所论述的"赤裸生命与禁止相关，构成了主权的直接参照物"④，那么韩炳哲意义上的透明社会则与监视密切相关，构成了数字技术的直接参照物。数字化的监控模式无需监视者、无需透视镜就能发挥作用，它能够通过技术随时随地将一个人从内到外照亮。但在韩炳哲看来，这种全方位、无死角的监视将"透明社会降级为一个野蛮的监控社会。每个人都控制着每个人"⑤。因此，透明社会经由数字技术的发展成了一个野蛮的监控社会。

韩炳哲对透明社会的考察直指一个十分关键的问题，这个问题关联着人们对理想社会的追求。也就是说，在人们的认识中，透明相较于不透明而言距离真理和幸福较近，或者说透明是现代的、文明社会的某种标志。但韩炳哲通过对现实的考察，试图引发对这一问题的思考，即今天的资本主义制度主导的数字社会的透明是更加进步的透明吗？韩炳哲给出的答案是否定性的，这一社会只是看起来透明但实际上却在更加密不透风的网络的统摄

---

① ［德］韩炳哲：《透明社会》，吴琼译，中信出版社，2019年，第50页。

② ［德］韩炳哲：《透明社会》，吴琼译，中信出版社，2019年，第60页。

③ ［德］韩炳哲：《在群中：数字媒体时代的大众心理学》，程巍译，中信出版社，2019年，第52页。

④ ［意］吉奥乔·阿甘本：《神圣人：至高权力与赤裸生命》，吴冠军译，中央编译出版社，2019年，第156页。

⑤ ［德］韩炳哲：《透明社会》，吴琼译，中信出版社，2019年，第80页。

下。可见的枷锁,可见的影响透明的要素在消除,但是无形的统治力量则在增长。它们无孔不入,渗透于社会生活的各个角落。韩炳哲对透明社会的解读是对资本宰制下数字化透明社会的现实观照,将人们的生存环境置于社会发展的现实情况中来审视和考察,揭示了透明社会事实上既方便权力的渗透和社会性的整体监视,也更方便于资本逻辑的纵横驰骋。资本主义制度或者资本主导下的数字技术所操控的透明社会最终只会是服从、服务于资本逻辑的社会,不会成为真正意义上的幸福、正义、安全的理想社会。

二、透明社会与自我剥削的主体

韩炳哲试图通过分析资本宰制下数字化时代主体自我展示、自我暴露的时代症候,透视并诊断对透明的过分追求给人们带来的愈演愈烈的负面影响。韩炳哲认为,透明社会的到来与数字技术进步紧密相关,数字技术改变了人们的存在方式并使之透明化,其结果是使个体无处遁形,处于完全暴露的状态,这种状态对个体而言意味着一种无法摆脱的命运。

数字化时代是信息大爆炸的时代,更是资本逻辑全面覆盖人的日常生活的时代,在其统摄下的人们面临着丧失把握自身生活及意义建构的能力。生活在数字化时代下的人们只要拥有相关设备,就无时无刻不在其影响与作用下不停地接收各种信息。韩炳哲指出了信息膨胀、加速与循环和资本逻辑运行的内在关系。即"归根结底,它源于资本的逻辑。更多的交流也就意味着更多的资本。加速交流和信息的循环也就是加速资本的循环"①。资本家为了获得收益不断地加速信息流通,将数字化技术的客观逻辑与资本的逐利逻辑紧密结合,使人们的日常生活被数字媒体生产出来的大量信息所包围。信息能够被持续地制造、迅速地产生本质上就在于其遵循的运算逻辑——加法逻辑,只有加法才能加速、才能产生大量信息并促使信息快速流通,从而带来更加丰厚的收益,服务于资本的价值增值。韩炳哲认为,这种加法逻辑导致了对社会的叙事性描述越来越少,"社会的去叙事化愈演愈烈"②。社

---

① [德]韩炳哲:《在群中:数字媒体时代的大众心理学》,程巍译,中信出版社,2019 年,第 52 页。
② [德]韩炳哲:《透明社会》,吴琼译,中信出版社,2019 年,第 60 页。

会的去叙事化意味着剥离意义、过程等阻碍信息高速流通的因素,这就使社会生活变得赤裸,最终使整个社会呈现出一种透明的状态。简言之,资本宰制下的数字化时代是社会叙事性丧失的时代,其结果是整个社会的透明化。受其影响,生存于这一现实境况中的个体不仅不能掌握变动的现实,丧失了对世界的真实感受,更为严重的是,这样的个体作为主体实际上也丧失了支撑其自身的意义结构。

数字化技术的快速发展导致了资本主义社会权力运行与统治模式的新变化,身处于其中的个体看似获得了更多的自由和选择的机会,但从本质上看则身处更加隐蔽、更加难以抵抗的控制性网络之中。韩炳哲认为传统意义上的全景敞视监狱在数字化时代已经过时,无法回应数字化时代对权力和个体存在方式本质关系的调整。韩炳哲认为,在今天的社会生活中发挥关键作用的社会权力运行模式是数字化的全景监控。这种数字化的全景监控是对社会成员高效的、全方位、无死角的监视,"无视角的透视远比有视角的监视更为有效,因为人们是全方位地,甚至是从内向外地被照得通亮"[1]。比如,在网络上人们的所有操作都被储存下来,这些被储存的信息为数据监控提供了基础。它不仅清晰、精准地捕捉人们的想法、愿望等,更以此为基础引导甚至主导人们的思想和行为。在数字化的全景监控中,人们几乎没有私人空间、没有隐私,人们的所有举动都被监视——"每个人都应该把其他人交给可见性和监控,私人领域也是一样"[2]。人们完全暴露在数字监视的场域中,每个人的生活都是透明的。因此,在韩炳哲看来,这种全方位无死角的监控是使整个社会能够透明化的关键。韩炳哲试图通过对这一社会内在的权力运行及这一运行得以实现的技术的分析,尤其是对这一技术如何侵入人们的生活并使之发生巨大转变的分析,唤起人们对资本主义制度下数字化社会的反思和批判。

韩炳哲认为透明社会不仅与一个能给人们带来更多幸福、更加正义、更加安全的理想社会相去甚远,而且在现实中导致了人与人之间交往方式的改变,也带来了更多的焦虑与疲乏,而个体丧失了反抗的能力,成了数字时

---

① [德]韩炳哲:《他者的消失》,吴琼译,中信出版社,2019年,第73页。

② [德]韩炳哲:《透明社会》,吴琼译,中信出版社,2019年,第80页。

代"被缚的普罗米修斯"。随着数字技术的发展,人与人之间的交流变得更加快捷、高效,跨地域的交流已司空见惯。这种方式将原来那些受到空间局限的遥远的他人、他物、他事尽可能近地带到人们的身边,尤其是在人与人实现了跨越空间的、更加切近而紧密的交往。但是,韩炳哲所追问的是这种距离的近是否真的有益于人们之间的交往,是否真的有利于我们对这个世界的理解和感受,是否能够促进自我的成长与进步,尤其是个体精神世界的发展与进步。在他看来,如今的数字技术,包括大数据等,并不必然带来人们渴望的近,因为这种近不仅仅是空间上的距离,而且更是内心的感受。以手机为例,韩炳哲指出,当我们使用手机的时候,发现通过手机这一界面,我们实际上召唤出了一个对自我加以肯定的世界。韩炳哲以点赞文化来描述在这个世界中人们的交往和态度。科学技术在这之中给我们提供的是另一个与我接近的个体,或者围绕着我的兴趣、爱好,或者围绕着我的检索词条,给我构建了一个围绕着且肯定着我的世界,这个世界剥夺了他者存在的权利。韩炳哲重点考察了人与人之间的交往问题,他指出:"人与人之间的交流需要呼唤作为'你'的他者,这种呼唤要求一种'原始距离',而数字化交际恰恰致力于消除任何一种距离。"①韩炳哲试图揭开这一消灭了距离的亲密关系的虚伪面纱。他发现这种亲密关系的背后,一方面是人们不断地展示自己,"人的私密被展览,隐私被公开,因为只有这样才能造成一种彻底的无距离感"②。其结果是人与人之间的边界被消解,所有人都"赤裸"地存在于世间。另一方面则是自我因为难以与那个与我有区别的他者的存在打交道而深陷自我肯定当中,最终能获得的仅仅是对自身的重复的"回声"。因此,在韩炳哲眼里,与其说数字化交际实现了社会的亲密化,毋宁说它导致了透明社会的产生,也加剧了人的孤寂。

　　韩炳哲试图通过分析资本宰制下数字化时代主体自我展示、自我暴露的时代症候,透视并诊断如今由于对透明化的过分追求而给人们带来的毁灭性的影响。他指出:"对透明无所不在的需求愈演愈烈,甚至让它登上神

---

① 〔德〕韩炳哲:《他者的消失》,吴琼译,中信出版社,2019年,第98页。
② 〔德〕韩炳哲:《在群中:数字媒体时代的大众心理学》,程巍译,中信出版社,2019年,第4页。

坛,一统天下。"①整个社会不仅"被彻底照亮",而且人们似乎更热衷于通过自我展示而使自己更加容易被观看,使自己更加透明。也就是说,"被彻底照亮"不仅意味着外部的强制,更是主体内心的渴望。对个体而言,它具体表现为人们热衷于在社交媒体上展示自己,不断地去揭露甚至曝光自己,使自己"晶莹剔透"地呈现在大众面前。韩炳哲认为,个体对自我展示的热衷实际上源于一种新的价值形式的产生——展示价值。在文化形态上,展示价值的出现标志着点赞文化的兴起。韩炳哲将点赞文化理解为肯定性的、表达认同和赞许的文化。个体在这一文化形态下,需要自身被看到、被点赞。但韩炳哲指出:"把自己照得通亮的人,完全奉献出自己,供人剥削。彻底照亮意味着极尽剥削。"②只不过这种剥削形式的存在方式十分隐蔽,人们不易察觉,甚至人们主动地通过自我展示而参与到了它的运行之中,但它更多的是以一种精神化、心理化、内向型的方式出现,它所释放的力量不是直接的情绪爆发,而是内心的反复研磨,不断地向自我开战,这在韩炳哲眼里正是透明社会的暴力所在。它使得人们将自己所拥有的一切自愿地展示出来,在展示中人们往往认为自己是完全自由的,没有受到任何外在力量的强迫,自己是自己生活的主人。韩炳哲解释道,数字化时代的人成了"被缚的普罗米修斯",它是自我剥削的功绩主体——其主要特征在于幻想自己身处自由之中,对自身施加暴力,同自身发动战争。③人们对此麻木无知,并未意识到自己已经深陷自我剥削的囹圄中无法自拔,还幻想自己是在自我实现、在创造价值,心甘情愿地去展示自己、书写自己、定义自己。因此,绝对的透明性只能迫使主体放弃自己的私人空间去揭露自己甚至曝光自己,最终沦为自我剥削的主体。

随着数字技术广泛渗透到人们日常生活的各个领域,关于人们的一切信息都能够被获取,在这样的状态下人们不仅已经毫无隐私可言,而且还在不断地曝光和展示自己。韩炳哲指出,在这样的透明社会中,关于人的一切都在为资本逻辑服务,都在为新自由主义的资本主义制度服务。在其中,人们锲而不舍地追求透明化,片刻也不愿停歇,这种盲目的对外展示带来的结

① [德]韩炳哲:《透明社会》,吴琼译,中信出版社,2019年,第1页。
② [德]韩炳哲:《透明社会》,吴琼译,中信出版社,2019年,第83页。
③ [德]韩炳哲:《倦怠社会》,王一力译,中信出版社,2019年,前言。

果是使人们没有时间思考、没有时间去建设自己的内心世界,这种对精神世界成长的放弃,对自己的一切信息与隐私的让渡,这种在数字化的环境中不断展示自己、揭露自己是这一时代一个典型的标志。因为只有采取这种方式,人们仿佛才能找到生存的意义,才能更好地融入社会生活,而这事实上表征着深刻的异化和自我剥削。

三、透明社会与人的精神危机

韩炳哲通过分析资本宰制下数字化时代对透明的强制追求,洞悉了资本主义制度经由数字化实现的对人的宰制、对社会的控制。这种宰制虽然以更为隐蔽的状态渗透到人们的生活当中,且其藏踪匿行取得了难以想象的成功,以至于人们很难完整、具体、清晰地感知到它,人们甚至认为自己已经拥有了对生活的主导权,他们在展示自己的过程中发现了、确认了自身的自由,但这种自由却是虚假的,是被制造出来的错觉。韩炳哲认为这对人的精神世界构成了更加密不透风的钳制,事实上受其影响人们已经身处于精神危机之中。

人们在透明社会中往往是无处可藏的,透明社会几乎将那些使人们能够隐藏自己的空间、距离等消灭殆尽。生活在资本数字化时代下的人们以透明的名义,要求消除一切边界、界限、门槛,甚至对距离感"赶尽杀绝"。当人们完全处于零距离、零界限、零隐私的社会中时,会因为"完全地照明引起某种精神上的倦怠"[①]。在韩炳哲看来,这种对透明的强制追求确确实实正在摧毁人们的精神世界——"空间距离的削弱带来的是精神距离的消融"[②],人们的精神世界因其距离的消失走向荒芜,毫无活力。距离的消融表面上是消除界限、消除门槛,其实质是"消除陌生者与他者的所有否定性"[③],其结果则是带来整个社会的否定性的丧失。韩炳哲对此表示十分担忧,在他看来人们的思考活力必须诉诸否定性才能被彻底地激发,否定性对于人们的思维能力

---

①　[德]韩炳哲:《透明社会》,吴琼译,中信出版社,2019年,第4页。

②　[德]韩炳哲:《在群中:数字媒体时代的大众心理学》,程巍译,中信出版社,2019年,第4页。

③　[德]韩炳哲:《他者的消失》,吴琼译,中信出版社,2019年,第91页。

的提升具有非常重要的意义。但是，过分追求透明化所带来的否定性的消失，会使得人们怠于以认真、严肃的态度去思考，甚至失去复杂思考的能力。因此，在韩炳哲看来绝对的透明性非但没有使人变得更加睿智，它还可能使人变得更加愚蠢甚至痴呆。

韩炳哲指出，在今天的社会生活中信息不是太少而是太多，这对人们的认知、判断等产生了诸多负面影响，甚至引发了心理问题。在传统认知里，信息越多越有利于人们做出正确的判断和决策，信息越多人们能够拥有的机遇也可能越多，因而在一般意义上人们往往期望尽可能多地获得信息。数字技术的进步使信息呈指数型增长，大量的信息铺天盖地席卷而来，但韩炳哲却指出过量的信息会引起一种心理疾病，即"信息疲劳综合症"。这一新型心理疾病的主要症状表现为人们在面对大量的信息时出现的一种普遍的茫然失措、感知麻木、分析能力瘫痪等问题，大量的信息不仅无助于人们，反而却使人们在做出抉择与判断的时候更加的困难了。这些问题在韩炳哲看来都源自数字化时代下不断增加的信息量所导致的人们的思考能力的进一步退化。对此，他指出："海量信息很大程度上增加了世界的熵，即世界的噪声量。"[①]这也就意味着资本数字化时代下的信息社会是一个充满噪声的社会，而在一个充满噪声的世界里人们的思维活动将会受到严重的影响和限制。因为深刻的思考有赖于安静而独立的时空，或者说深刻的思考往往需要和对象保持一种距离，太多的信息充斥在空间中，轰鸣于头脑里，将事物与我们之间的距离消解掉，精神的功能无法发挥其真正的效用，思考能力始终不能得到真正的激活，人们在面对信息的洪流时根本无法集中注意力，最终导致自身成为被操控的没有思想的牵线木偶。

韩炳哲观察到，透明社会看似是一个能够实现自由的空间，但它实际上却是一个幻象——人们只是主观上认为自己身处自由之中，可以自由思想、自由行动、自由选择等等，这些都使人们认为自己是生活的主宰者。韩炳哲试图揭开透明社会的虚伪面纱，他发现这个透明社会实际上掌握在垄断数字技术的资本家手中，在其控制下人们的生存日益严重地受制于数字技术的宰制，因而其所获得的自由也不是真正的自由，而是服务于资本且受到数

---

① [德]韩炳哲：《爱欲之死》，宋娀译，中信出版社，2019年，第77页。

字资本操纵与利用的。这些被允许的自由,是价值增值的重要途径,这些虚假的自由也是精神控制的结果和"成就"。他指出:"现在就连自由意志本身也被操控了。大数据是十分有效的精神政治的工具,它可以全面地获知关于社会交际的动态。这种认识是一种统治认知,可以介入人的精神,对精神在前反思层面施加影响。"①在韩炳哲看来,随着数字资本主义的勃兴,大数据已经成为侵袭自由的主要工具,它能够潜入到人们的精神世界对其施加影响从而使人们无意识地屈从于数字资本的力量。人们凭借自己的思考、判断所做的决定已经被大数据掌控,人们的自由正在遭到前所未有的挑战和破坏。换句话说,如果透明社会下的人们是真正自由的,那为什么焦虑、暴躁、抑郁等精神疾病困扰着越来越多生活在数字化时代下的人们,这也印证了数字化时代下的人们已经深陷伪自由之中,正在遭受着深刻的异化和生存之痛。

对整个社会而言,新自由主义时代对透明的强制追求将会产生一种新的暴力形式即透明性的暴力,它"强迫人们做到完全透明,让人类自身与系统中的一个功能性元素画等号"②。人们完完全全被曝光、被揭露,赤裸裸地展示出来。而这恰好也印证了阿甘本在《神圣人》中所言述的"我们如今所面对的是这样一种生命,它被暴露在一种史无前例地暴力下——在最为俗世、最为陈腐的方面史无前例"③。在资本宰制下数字化时代的透明社会里,这种生命被展现得淋漓极致,最终带来的后果则是迫使人和事物所隐含的内在意蕴被无情地揭开,使得人和事物失去了其本身所固有的神秘与光芒,整个社会透明化的进程不断加快,就连具有解放意义的美和艺术也在透明社会中无容身之地。韩炳哲指出,在资本宰制下的数字化时代,信息爆发式增长虽然有利于提高整个社会的透明度,但是信息的杂多带来了人们反应和处理上的困难,为了能够更加迅速高效地处理这些信息,人们往往希望这些信息以更加简单的形式呈现出来,所以照片、海报这种图像形式因能够方便人们快速获得信息而被数字化时代下的人们所青睐。短时间内整个社会的一切事物都化身为图像,人们被庞杂的数码图片环绕,认为自己身处在一个美

---

① [德]韩炳哲:《精神政治学:新自由主义与精神权力》,关玉红译,中信出版社,2019年,第16页。
② [德]韩炳哲:《暴力拓扑学》,安尼、马琰译,中信出版社,2019年,第145页。
③ [意]吉奥乔·阿甘本:《神圣人:至高权力与赤裸生命》,吴冠军译,中央编译出版社,2019年,第158页。

妙的世界。

韩炳哲认为这只是人们的错觉,正是由于这种错觉,个体本身也在不停地去生产这些图片,他们认为自己是在制造美,殊不知却加剧了整个社会的世俗化,因为这不是真正意义上的美。韩炳哲认为,对美的感知并非是瞬间的效应,而是需要人们长时间的积淀与反思。"美是由闪着磷火的历史沉淀而成的。美是一个优柔寡断者、一个迟到者。美不是瞬间的光芒,而是沉静的余晖。"①但是数码照片的出现,一方面因其更新速度快使得人们没有时间停下来去思考什么才是真正意义上的美;另一方面使得事物完完全全的暴露在人们的视线内,给人们带来最为直接的视觉冲击,然而这种"直接的诱惑和刺激又会阻碍人们对美的理解"②。因此,韩炳哲指出,绝对的透明性迫使所有事物通过数码照片"赤裸裸"地展示出来时,恰恰是整个社会的美尽失其魅力且被日益摧毁之时。

韩炳哲对透明社会给人与社会带来的影响的分析,映射出他已经洞察资本宰制下数字化时代所产生的一系列社会问题,揭露了一个令人惊奇的事实——对不透明的反抗、对透明的不懈追求反而被数字技术改装为透明的、限制人与社会发展的因素。但是他并没有止步于此,而是试图去寻找一条合适的出路,帮助人们有效地抵御透明社会的生存困境,改善和提升人的生存境况,从而开启一种全新的生活样态,达到自我解放、实现自我救赎。

四、抵御透明社会困境的有效途径

通过对资本宰制下数字化时代人们所处的社会环境进行深刻的剖析,韩炳哲试图号召人们突破数字化的藩篱,从而打开一个全新的领域,开启一种全新的生活状态。他给出的具体途径是"沉思生活""凝思生命"以及呼唤他者的回归从而帮助人们抵御透明社会的生存困境,获得自我解放、实现自我救赎。

韩炳哲认为资本宰制下数字化时代的人们想要抵御透明社会的生存困境,从主体自身来讲要学会"沉思生活""凝思生命"。生活在数字化时代下的

①　[德]韩炳哲:《美的救赎》,关玉红译,中信出版社,2019 年,第 99~100 页。

②　[德]韩炳哲:《美的救赎》,关玉红译,中信出版社,2019 年,第 100 页。

人们时常抱怨数字技术的发展使自己的一举一动都可能受到监视，没有个人私密空间可言，身处一个时刻被监控的透明社会里。在韩炳哲看来，数字监视技术的快速发展确实是造成这一问题的原因，但人们对透明的主动追求也是不容忽视的关键因素。他观察到资本宰制下的数字化时代孕育出了一种新的病态的主体类型——"暴露狂"。其具体含义是指："当人们不是因为外部强迫，而是出于自发的需求去暴露自己之时，当对不得不放弃个人私密领域的恐惧让位于不知羞耻地展示自己的需求之时，监控社会便趋于完美了。"①这些人在社交媒体软件上全方位地展示自己，毫无保留地暴露自己，就连自己的个人信息也十分乐意贡献出来供人观看。韩炳哲认为要想改变这一现状，必须从主体自身入手，因此他试图去激活"沉思生活""凝思生命"，并辅以其全新内涵。"沉思生活""凝思生命"的价值主要体现在两个方面：一方面是增强个人自我反思的意识和能力。苏格拉底曾言，未经反思的人生是不值得过的。但是数字化时代下的人们往往丧失了自我反思的意识和能力，沦为被资本操控的牵线木偶，这在韩炳哲看来是十分可悲的。因此，培养自我反思意识在资本宰制下的数字化时代就显得极为重要，它是反思自我行为与数字技术运作之间的关系是否正当合理的基础。比如，反思自身是否有盲目追随数字技术的倾向，是否存在在社交媒体软件上过分展示自己的行为等等。另一方面是不断提高自我研判能力。虽然数字化技术因其智能性能够为人们提供大量的信息，并且通过算法将这些信息整合起来为人们提供某种"最优方案"，但人们仍然要把握自身的自主权，把握住是否遵循算法程序及其规划的能力。具有高度自我研判能力的主体往往能够视具体情况而做决定，他们独立地判断，能够在大量信息与"最优方案"面前时刻保持清醒，忠于自己，使自身不至于在数字洪流中沉沦。因此，韩炳哲号召处于资本宰制下数字化时代的人们通过对"沉思生活""凝思生命"的唤醒来构筑属于自己的思想空间，从而真正有效地抵御透明社会的生存困境。

韩炳哲认为从社会层面来讲，通过培养全社会对距离的热情来重新建立与他者的关联，能够促使他者的回归进而抵御透明社会的生存困境。在人们的传统认知里，距离总是给人带来不好的印象和感觉，保持距离更是给人

---

① ［德］韩炳哲:《透明社会》，吴琼译，中信出版社，2019年，第79页。

们带来消极、压抑的负面感受,人们在潜意识里就有一种对距离的排斥。随着数字技术的发展,对距离的排斥更是有增无减,只不过数字化时代对距离的排斥不再是因为距离会给人们带来负面情绪,而更多的是因为距离阻碍了资本的流动和剩余价值的实现,因而不能被资本宰制下的数字化社会所接纳——"距离和羞耻心无法被纳入资本、信息及交际的高速循环。因此,人们便以'透明'的名义,消除了所有谨慎的回旋余地。"①这也就意味着数字化时代对距离"赶尽杀绝"的主要目的是要构筑一个服务于资本的社会秩序及其运行规则。资本要求构建一个透明社会,而这个透明社会已不再是一个能让人们更加幸福、更加正义、更加安全的理想社会,而是被数字资本控制的社会。因此,要想使人们从资本所操控的透明社会的困境中挣脱出来,摆脱资本的控制,培养全社会对距离的热情就显得十分必要。韩炳哲在《透明社会》一书中极力呼吁:"当今社会中,到处洋溢着对'透明'的热情,而人们的当务之急是培养一下对距离的热情。"②在韩炳哲看来,距离有着正面的积极意义。因为距离的存在对于促进人们的交往、人生阅历的丰富,以及精神世界的拓展具有积极意义。尤其是距离还为人们的生存提供了一种保护性的屏障,使人们的私密空间得到有效的保护,利于安全感的获得。当人们真正具有了对距离的热情,这将有助于他们重新树立起对他者的好奇心,意味着人们将有可能实现与他者的真正重逢,从而带来真正的安全和保护。

为了促使人们摆脱现实的困境,韩炳哲提出了"根本性倦怠"这一概念,试图帮助人们与现实中的已经被异化的生活保持距离。韩炳哲认为,透明社会下的个体在生活中被绩效驱动,他们是过分积极和活跃的,始终保持着昂扬向上的精神状态,不允许自己有片刻停歇,规定自己矢志不渝地前进。他们没有受到可见的外部强迫,相反他们是自我驱动的,是自我的要求、自我激励的,殊不知这会演化成为一种自我暴力,即不断地向自己开战,不断地施压于自身,使自己沦为过劳式的疲倦主体,与"被缚的普罗米修斯"一模一样,最终深陷自我剥削中无法自拔,遭受着深刻的自我异化和被剥削的生存之痛。

由此,韩炳哲试图通过调整主体内部的感知状态去解决过劳式疲倦问

---

① [德]韩炳哲:《透明社会》,吴琼译,中信出版社,2019年,第6页。

② [德]韩炳哲:《透明社会》,吴琼译,中信出版社,2019年,第6页。

题。"根本性倦怠"是韩炳哲受奥地利作家汉德克的启发而提出的一个用以抵御透明社会的新概念。在他看来,"根本性倦怠"与倦怠是有本质区别的。"根本性倦怠"是一种具有治愈功能的自我解放方式,它通过与异化的现实隔离开来并与之自觉地保持距离,能够帮助人们摆脱精神的枷锁,获得一种反思、审视现实的独立眼光。由之,"根本性倦怠"不是消极的,而是积极的。而倦怠则是通常意义上的,指的是人们因长时间的工作或者劳动之后而产生的精疲力竭的感觉和身心状态,因此它也是一种疲乏,而疲乏中的人的精神和身体状态往往使自身受到很大的影响,也往往给人带来压抑、焦虑等不良情绪。但是,"根本性倦怠"与一般意义上的倦怠的另一个本质区别是改变疲乏现状的方法。也就是说,一般意义上的倦怠可以自行恢复,充分的饮食和休息可以缓解并改变一天的工作所带来的疲乏和倦怠。比如说,一次让人心旷神怡的旅行也可以帮助人们从日复一日让人疲乏的生活中暂时脱离出来而获得精神上、身体上的愉悦,等等。但是对"根本性倦怠"的克服则是一种根本性的改变,是一种存在状态的本质性调整。

由之,根本性倦怠的价值主要体现在两个方面:一方面,"根本性倦怠"是一种引向对话、关注以及和解的倦怠[①],它不是简单的人与人之间的分离和孤立,也不是对极度疲乏的内心感受,而是通过一种距离感的再次获得,开启一片具有独立意义的中间地带,从而弱化、阻断人们对自我的过分关注和展示,将自我存在的重心转移到世界、转移到对周围世界的重新关注与接纳上。以此为基础,人们能够获得从自我剥削的囹圄中挣脱出来的可能性和自我疗愈的机会。因此,我们就能够理解"根本性倦怠"与一般意义上的倦怠之间的区别,而且也能够理解"根本性倦怠"所追求的不是与世隔绝,不是心如止水,而是重新获得对自己、对感受、对精神世界、对他人他物再次的重新照面、重新理解、重新打交道的机会。另一方面,韩炳哲通过分析资本宰制下数字化时代人们精神世界的问题和危机,尤其是人们的心灵所遭遇的被控制、被支配与被压迫的状态,想要再次激活心灵,安放人的价值与尊严。基于此,韩炳哲将"根本性倦怠"作为一种根植于主体内在理性的智力和感觉,能够唤醒主体感知的流通性,激活精神世界,从而构筑属于自身的独立思想空

---

① ［德］韩炳哲:《倦怠社会》,王一力译,中信出版社,2019年,第55页。

间,以帮助人们从精神的困厄中挣脱出来,实现自我治愈,最终塑造崭新的自我认知。因而,"根本性倦怠"因其能够"激发灵感,促使精神的出现"①被韩炳哲视为摆脱控制的合理方式。

韩炳哲以"沉思生活""凝思生命"和他者的回归为双重道路来唤醒那被数字"暴政"所奴役的意识,摆脱被资本所操控的数字技术对于人们的"劫持",重新获得真正意义上的自我,敞开新的生存空间,开启一种全新的生活状态,从而有效地抵御透明社会的生存困境。不仅如此,他还试图诉诸"根本性倦怠"来对上述内容加以具体化。但是韩炳哲所提出的方案是一种理想性的草案,更多地体现为一种情感上的怀旧和诗意的浪漫主义的想象,始终无法指明抵御资本宰制下数字化时代透明社会的生存困境的现实道路。

五、简要的总结

韩炳哲通过对透明社会的解析,进一步对新自由主义条件下人们的生存状况进行了批判性地审视。韩炳哲对透明社会的现象学描绘,揭示了资本宰制下数字化时代透明社会与主体的心灵及其德性之间的关联日益减弱,而与科学技术、社会管理和资本逻辑相互纠缠。他聚焦于分析资本宰制下数字化时代主体自我展示、自我暴露的时代症候,透视并诊断对透明的过分追求致使人们遭受到深刻的异化和自我剥削的生存之痛,尝试开辟出帮助人们有效抵御透明社会生存困境的药方以驱动人们构建真正意义上的安全、正义、幸福的理想社会。但是由于其理论深度的有限性和思考能力的局限性,尤其是缺乏唯物史观的批判性视野,造成了其理论旨趣与方法、效果之间的内在张力,从而削弱了自身的理论力量。

韩炳哲系统地揭示了资本宰制下数字化时代对透明的强制追求所带来的一系列问题。这是对新自由主义以及数字技术快速发展给个体与社会造成的影响所做的反思与批判,具有两方面的重要意义。一方面,从个体角度来看,通过激活"沉思生活""凝思生命"唤醒自我意识来帮助人们抵御透明社会的生存困境,有助于反思意识、批判意识以及创造力的提升。资本宰制

---

① [德]韩炳哲:《倦怠社会》,王一力译,中信出版社,2019年,第57页。

下的数字化时代产生了一个悖论,信息资源的丰富非但没有为人们思维能力的提升提供条件,反而导致了人们精神的贫乏与思维能力的衰退,此时"沉思生活""凝思生命"的重新激活就显得尤为必要。当人们再次重拾沉思时,思想活动将会与现实保持一定的距离,在这个距离的影响下,人们将有可能激发自身的思维能力,也有可能改善人们的精神状况。另一方面,从社会层面来讲,韩炳哲对透明社会的现象学描绘,反映出他已经洞察到资本与数字技术的紧密结合在改变和重塑人们生存方式的同时也创造了控制、剥削、监视人们的新形式,营造了一个看似更加自由、幸福、安全,但却实际上被资本所操控的、禁锢人的效绩社会,致使人们遭受深刻的异化和自我剥削。这也意味着,数字技术看似带人们进入了一个审慎的、有目的和潜在合理的行动空间,但实际上资本与数字技术的紧密结合只会助推权力向日常生活的全面渗透和无时无刻地监视与控制。虽然韩炳哲试图通过唤起人们倾听他者声音的能力来进一步解决问题,因而在韩炳哲的论域中声音是他者的最佳媒介,他希望人们能够成为热情好客的倾听者以重建与他者的关联。要想达到这一目的,倾听者要完全清空自身,充满耐心地去倾听他者的倾诉,还要以强大的包容心为他者搭建一个共振空间,包容和庇护他者。从社会层面来看,韩炳哲认为应该在全社会培养对距离的热情来重新建立与他者的关联。韩炳哲认为通过重新建立与他者的关联,能够使人们将关注的焦点从自我转移到他者,不再一味地逼迫自己去展示自己,帮助人们重新塑造自我,以更好地抵御资本主义对精神的统治。

但是令人遗憾的是,韩炳哲所给出的试图挽救人们精神世界、试图改变资本宰制下数字化时代现实状况的"药方"并不能从根本上解决问题。这一"药方"可能对某些个体或者局部有一定影响,但从长远来看,无法根本改变透明社会的生存困境。面对资本宰制下数字化社会对大众的监视和掠夺,当务之急不仅是要聚焦于主体自身的能动性,更要以历史唯物主义为基础,以政治经济学批判为方法,才有可能深入到对资本、对资本主义的本质分析中去。

关巍、鲁婧雯(大连理工大学)

何为数据劳动？*
——对数字资本主义批判中生长性数据的一种思考

丹·席勒在其《数字化衰退：信息技术与经济危机》中指出：数字资本主义"逐渐成为能够承载不断演变的资本主义政治经济结构的新的支撑点"[①]。而数字资本主义的重要组成部分与核心概念，就是数据。[②]一直以来，数字劳动研究主要落脚在主体批判上，如物质劳动与非物质劳动之争、网络活动是否以及何种程度上受到资本剥削、数据安全及隐私和监管等问题，数据则被称为"一般数据"并在数字劳动的框架下进行分析。国内外一般从三种意义和范围上分析数字经济：要么以马克思的剩余价值论为批判范式对数字劳动进行批判反思，将数据作为所有网络信息抽象出的一个整体存在的"一般数据"，并进行价值创造与价值交换的分析；要么直接将每个用户的网络活动痕迹总称为"一般数据"，将其作为"一般智力"在网络时代新的表现形式来讨论；要么将数据界定为被大公司和平台凭借权力无偿占有的那部分集体性的数字资本，从而进一步探讨社会主义解放的可能性。可以看出，"一般数据"在数字劳动的框架下可能是简单总和的代称，抽象整体的表达，或者是被有意选择的部分。但是数据这个名词的内涵与外延本身是模糊不清的，

* 本文系重庆市教委哲学社会科学重大理论研究阐释专项课题重大攻关项目"马克思主义为什么行"（项目编号：19SKZDZX02）、西南大学中央业务费重点项目"马克思社会主义社会正义观研究"（项目批号：SWU1909313）和西南大学人文社会科学特优学科研究后期资助项目"拉吕埃勒非哲学思想导论"（项目编号：21SWUHQZZ08）的研究成果。

[①] ［美］丹·席勒：《数字化衰退：信息技术与经济危机》，吴畅畅译，中国传媒大学出版社，2017年，第6页。

[②] 本文认为数字资本主义的批判领域中不仅有数字劳动也有数据劳动，两者有明显的区别，但为了保持文本的和谐性，前面部分暂时沿用"数字劳动"的称呼。

具有厘清的必要性。而要对数字资本主义进行反思与探索,对数据的清晰化处理是必不可少的环节：数据或者说资本追逐的可以创造价值的数据究竟为何？其价值创造与交换又何以可能？这些都是我们真正理解数据与数据劳动,进行深刻的资本主义批判不可跳过的重要课题。

一、以数字劳动为名对数据研究的三重遮蔽

丹·希勒曾说："数字资本主义指的是这样一种状态：信息网络以一种前所未有的方式与规模渗透到资本主义经济文化的方方面面,成为资本主义发展不可缺少的工具与动力。"①而对数字资本主义的批判反思则集中于以"数字劳动"为名的概念与形式、内容与危害的经验式阐述：要么试图用概念和界定来直接定性和批判数字经济的剥削性与资本性；要么利用具体案例来分析数字经济在隐私、监管、权力和责任以及剥削劳动上的具体体现；要么利用马克思政治经济学的分析范式对数字经济进行批判性思考。但无论是哪一种分析路径,都未曾将数据作为主角进行抽丝剥茧的分析。在一些理论中,数字劳动的开展领域不仅涵盖了商品经济的生产与再生产和传统的雇佣资本关系,也包括了新兴的以数字、数据,以及传媒平台为载体和形式的生产与消费、自愿与被迫的多重现实,即"它包括了关于数字媒体的存在、生产、传播和使用所需的所有形式的有酬及无酬劳动"②,但无论落脚点是劳动时间与消费时间之争,还是自由与异化的探讨,抑或是部分剥削还是全部剥削,其研究焦点都是作为活劳动的主体及其主体性。数据简单粗暴地作为一个未被分割的整体形式、一个不清晰的环节而被遮蔽了。

第一重是泛化的数字劳动概念对数据的遮蔽。具体说来,有学者认为一般数据并不是具体的某种数据,它代表着所有数据的抽象层面。数字化时代的典型特征是将一切都数字化并转化为可以进入云计算界面的数据,而这种数据的抽象形式就是区别于杂乱碎片的一般数据。基于一般数据,今天的

---

① ［美］丹·希勒：《数字资本主义》,杨立平译,江西人民出版社,2001年,第5页。

② Christian Fuchs, *Critical Theory of Communication: New Readings of Lukács, Adorno, Marcuse, Honneth and Habermas in the Age of the Internet*, University of Westminster Press, 2016, p.6.

异化已经实现了从马克思和卢卡奇批判的异化与物化（versachlichung）①到数字异化（datafied alienation）的转换。哈特和奈格里将数据作为马克思的"一般智力"引申出来的一个集体汇集概念，即"马克思认为，在资本主义发展的未来的一个点上，劳动力被科技、传播和语言的力量所穿透。一般智力是一种集体的、社会的智力，它是由汇聚起来的认识、技术和知识创造出来的"②。另一类学者则从"数字劳动"所指代的运用了数字技术的具体活动出发，认为一般数据是每一个用户数字活动所生产出的总体。必须指出的是，这里的生产概念和范围从意大利自治学派开始已经得到了很大拓展，从物质性生产延伸到了非物质的领域，譬如人的搜索、点击、购买、视频、游戏等网络活动，都被视为是数据生产中最基础的工作。

有观点认为，一般数据是被数字资本私人占有，并从中获利的部分。这种语境下的一般数据从一开始就不是个体的产物，而是在庞大数据构成的平台中不加区分纠缠在一起的共同意志与偏好的体现。在这个层面上，一般数据在本质上就是集体性的（collective）体现，但这种集体性被资本拥有者无耻地占有了。由于这种私人占有，原本共同性的数据变成了为某个公司、某个个体牟取利益的工具。因为这种私人占有关系，一般数据变成了数字资本，而如今数字资本在为数字资本家赢得了巨大权力的同时，也单方面强行侵入了人们的工作和私人领域。例如英国新经济基金会的邓肯·麦肯等人撰写的题为"数字经济的权力和责任"的系列研究报告（2018）③就展现出了对数据被掌控的不满与批判。总体而言，无论是以上哪种界定和范围划分，都未能清晰地展现出数据本身的应有之义，可见这种对数据有意无意地模糊在以往的数字经济研究中根深蒂固。

第二重遮蔽是利用劳动过程三要素理论来反思数字劳动时所形成的对

---

① 张一兵：《Versachlichung：物象化还是事物化》，《中国社会科学报》，2012 年 1 月 30 日。

② 蓝江：《数字资本、一般数据与数字异化——数字资本的政治经济学批判导引》，《华中科技大学学报》（社会科学版），2018 年第 4 期。

③ 该系列由四篇研究报告组成：由麦肯撰写的《数据独裁的崛起：数据收集》(The Rise of the Data Oligarchs：Data Collection)，由瓦林和麦肯撰写的《谁在监控工人？ 数据、算法与工作》(Who Watches the Workers？ Data，Algorithms and Work)，由麦肯、霍尔和瓦林撰写的《由计算控制？算法的兴起》(Controlled by Calculations？ The Rise of Algorithms)，以及由麦肯撰写的《数字权力者：技术垄断的问题与权力》(Digital Power Players：The Problem and the Power of Tech Monopolies)。

数据的遮蔽。马克思指出劳动过程的简单要素包括有目的的劳动或劳动本身、劳动对象和劳动资料。在数字时代,智力工人成为主要劳动者;劳动资料即数字技术,以及手机、电脑等终端生产工具;劳动对象变化为图像、文字、创意、经验、信息等抽象性的数据。西方马克思主义学者们对于劳动主体异化的探究拥有长久的热情,但是却忽视了主体以外的因素,这一特征在数字时代中也不例外:以哈特、奈格里为代表的自治主义马克思主义者认为,创造价值的劳动不再是传统的物质劳动,而是作为生产者的主体的智力、发明与创造等活动;泰拉诺瓦虽然错误地将网民的活动定性为免费劳动,但仍旧坚持主体的智力、发明、创造等活动才是互联网价值创造的来源;福克斯也将狭义的数字劳动定义为以数字技术为终端的社交媒介领域的用户劳动。国内学者则有的将数字劳动定义为将网络用户的脑力劳动作为手段,产出数字信息产品的工业、农业、知识等的活动①;有的认为数字劳动是互联网用户运用数字技术在赛博空间及其周边领域内开展的生产物质产品与非物质产品的活动②;有的则将重心放在数字资本上,分析劳动力主体与资本结合的四种主要形式③。

虽然这种观点承认网络活动也是创造价值的活动,但这种研究习惯,即在劳动过程中忽视可以产生价值的数据的重要性,并不是一朝一夕形成的。加拿大传播学者斯麦兹在《传播:西方马克思主义研究的盲点》中将西方马克思主义者们——从葛兰西、法兰克福学派到威廉姆斯、阿尔都塞——都没有注意到的电视经济从隐秘的角落拉到了台前,表明前人都是单纯地批判意识的工业化,而未曾从物质论的角度分析"受众商品"。但遗憾的是,或许是由于时代的限度,他未将数据的分类、形式和增值机制从"受众商品"中描画出来。西方马克思主义者在进行资本主义批判反思时,将人看作是同时具有消费主体与劳动客体两种属性的"产销一体者"的这种传统,自特拉诺瓦《免费劳动:为数字经济生产文化》将其定义为"免费劳动"后,在2008年的经济危机加速下, 最终演变为在世界范围内掀起对数字经济领域的生产与

---

① 吴欢、卢黎歌:《数字劳动、数字商品价值及其价格形成机制——大数据社会条件下马克思劳动价值论的再解释》,《东北大学学报》(社会科学版),2018年第3期。

② 朱阳、黄再胜:《数字劳动异化分析与对策研究》,《中共福建省委党校学报》,2019年第1期。

③ 孙蚌珠、石先梅:《数字经济劳资结合形式与劳资关系》,《上海经济研究》,2021年第5期。

剥削问题的研究热潮。但以上种种根植于资本主义批判的理论道路的扩展与延伸，都着重探寻数字技术在资本的驱使下渗透进社会所有维度后的意识形态批判和生命政治治理，以及对未来社会主义的构想，并未真正解开数据为何，以及何以成为数字时代生产的核心劳动对象和生产资料的谜题。

第三重遮蔽是指在生产力贡献中对数据分析的遮蔽。马克思曾说："劳动生产力是由多种情况决定的，其中包括，工人的平均熟练程度，科学的发展水平和它在工艺上应用的程度，生产过程的社会结合，生产资料的规模和效能，以及自然条件"[①]，而"随着大工业的发展，现实财富的创造较少地取决于劳动时间和已耗费的劳动量，较多地取决于在劳动时间内所运用的作用物的力量，……取决于科学的一般水平和技术进步"[②]。随着技术与数字经济的发展，数据作为马克思所说的作用物成为生产力的助力已是毋庸置疑的事实，只不过这种助力对社会政治经济有多大程度的影响，还未能被正确地看待。学者在将数据放置于资本循环和增值过程中进行地位与贡献的分析时，主要有两种观点，一类从生存论的视角将数据视为技术发展提高劳动生产率的新"石油"。这类学者认为在数字经济条件下，数据作为生产力要素应拥有与土地、资本等生产要素相似的地位：数据在数字资本主义尤其是垄断资本主义的技术掌控下，虽然无法自主创造出新的物质产品作为商品，但其提高生产力和劳动生产率的功效是毋庸置疑的，"对于这些生产过程来说，决定生产率高低的是数据信息及其传送这一技术手段"[③]。另一类观点将数据视为生产要素的同时，认为数据直接创造价值。但遗憾的是，这种也并未揭示出具体创造价值的环节。生产要素理论的早期雏形可以追溯到威廉·配第和布阿吉尔贝尔："土地为财富之母，而劳动则为财富之父和能动的要素"[④]，"财富和随之而来的税收除土地和人类劳动之外，没有其它来源"[⑤]。随着生

①　《马克思恩格斯全集》（第 42 卷），人民出版社，2016 年，第 26 页。

②　《马克思恩格斯选集》（第二卷），人民出版社，2012 年，第 782~783 页。

③　裴长洪、倪江飞、李越：《数字经济的政治经济学分析》，《财贸经济》，2018 年第 9 期。

④　[英]威廉·配第：《配第经济著作选集》，陈冬野、马清槐、周锦如译，商务印书馆，1981 年，第 66 页。

⑤　晓亮、陈胜昌：《生产力经济学》，四川人民出版社，1986 年，第 199 页。

产力尤其是数字技术和互联网技术的发展，信息由于其自身的 5V 特性①对生产力的基础性与持续性的作用而从生产力诸因素中分离出来，成为生产力中的一个独立因素而展现自己的发展优势。但即便如此，也没能正确衡量数据在生产力中的贡献。由此可以看出，无论是否认可将数据作为一种可与老牌生产要素同等重要的生产要素，都承认了数据在发展生产力和实现价值增值中的不可替代的作用，但与此同时，都并未细究是数据的哪一部分在哪个环节的过程中产生或增值了价值。而在寻找数据是在何时何地产生了何种变化以便吸引资本之前，有一个无法回避的问题需要厘清：数据价值的产生与增值是所有散碎信息整体同时在网络中发挥作用的吗？答案显然是否定的。那到底什么才是资本需要和渴求的数据？这就必须先对数据进行一个严谨而科学的划分。

二、原始数据、生长性数据和数据尾气

要理解何为数据劳动，首先要了解数据的构成。舍恩伯格在其《数据资本时代》中描述资本的衰退时，明确表示，数据"像盐和金币一样"具有价值，且"人类的未来就是一个知识与见解的未来"②。正如福克斯所言，数字资本主义是权力极不对称的不公平社会。要对数字资本主义进行批判性反思和扬弃，必然先厘清数据到底分成哪些种类，其分类依据又是什么，再就是要明确在数字经济下主体被资本占有和掌握的东西其本质与特征到底是什么，通过什么途径，这些被占有物得以显现成有价值物从而吸引资本的占有，并使得个体主体深陷束缚之中。

传统意义上的数据一般以"数字"的形式存在，但自从电子计算机问世以来，数据的内涵发生了变化，视频、音频、各类文件，以及人们的交易信息等，很多内容都被纳入了数据的范畴。通过研究国内外相关文献可知，对数

---

① 大数据的 5V 特点：Volume(大量)、Velocity(高速)、Variety(多样)、Value(低价值密度)、Veracity(真实性)。

② [奥]维克托·迈尔-舍恩伯格、[德]托马斯·拉姆什：《数字资本时代》，中信出版社，2018 年，第 256 页。

字经济的分析多以"数字劳动"为主题，使用这一概念的确能对分析数字经济有重要的启发意义，但这就遮蔽了数据需要分类讨论以及并未分类的问题。例如，人们上网和使用互联网社交媒体等行为通常都被认为是消费行为、社会交往行为以及休闲娱乐行为，在以福克斯的"受众商品"为代表的数字劳动研究视域中，这些行为被认为是为互联网平台提供和生产了使用价值。福克斯承袭达拉斯·斯麦兹的"受众商品论"概念并指出，这些行为产生了"受众"这样一个商品，因此这些行为其实是创造价值的"数字工作"。又例如，将目光聚焦于时间分类和产生价值的角度：苏特·加利（Sut Jhally）和比尔·李凡特（Bill Livant）提出了"观看即劳动"的观点、艾琳·米汉（Eileen Meehan）提出了"受众分级"（ratings）概念，以及 文森特·莫斯可（Vincent Mosco）提出了"控制性商品"（cybernetic commodity）概念。①

但问题在于，关于数据本身的谜题无论是在上述哪一种探究路径中，都掩盖了个人主体作为活劳动所进行的网络活动是否以及何以被资本剥削的问题。例如，所有网络活动产生的所有数据都能产生同质同量的价值吗？还是说产生价值的只是部分活动或部分数据？到底是哪一部分活动与数据？应该如何界定与分离？这部分活动与数据是如何成为有用数据产生价值与交换价值的？这些问题尚没有一个标准的解答。本文认为，作为用户痕迹的体现以及作为价值与交换价值来源的数据是解答这一系列问题的重点。因此，首先要厘清的就是数据这一名词下被掩盖的数据分类。

数据应根据其来源、范围、作用等分为原始数据、生长性数据和数据尾气三个组成部分。而未进行分类和操作的单个数据都只是偶然的、无序的、原子式的数据碎片。原始数据是来源于资本利用各种物质性手段如电脑、手机等智能设备，以及投入雇佣劳动者和电力等生产要素进行收集、储存的所有个体主体在网络上进行活动的痕迹碎片的集合体。其特点在于全面但杂乱无章。生长性数据则不仅拥有价值与交换价值，且其价值不是一次固定再无更改，而是可在交换过程以及主体痕迹更新中不断重复产生价值甚至增长价值的数据，同时它的形成与增殖需要原始数据作为前提条件。数据尾气

---

① ［英］克里斯蒂安·福克斯、汪金汉、潘璟玲：《受众商品、数字劳动之争、马克思主义政治经济学与批判理论》，《国外社会科学前沿》，2021 年第 4 期。

则是原始数据中，无法被纳入现有任何平台或者算法从而成为有用数据的信息碎片，或者在资本凝视中不具有处理价值的数据逸散。这部分数据的特点在于，虽然无法在资本框架中产生价值和交换价值，但作为个体主体的真实痕迹，代表了个体主体有意无意的意识展现，是拥有和数据身份结合进行主体解放与超越的可能性因素。那这三者究竟是谁产生，以及如何产生价值的呢？

首先，作为原始碎片或初级材料的数据是不具有价值和交换价值的。正如马克思所说，"没有一个物可以是价值而不是有用物"①。"有用性"作为生存论视角以及实践维度，无论是在资本主义世界还是社会主义社会都是不可替代的价值衡量标准之一，不仅是衡量价值与交换价值的尺度，也是评价数据是否具有价值与交换价值的依据。没有用的东西不可能具有任何价值。网络用户在互联网活动中产生和留下的原始数据本身是繁杂、参差不齐的，且原始数据无法直接运用于产生价值和交换价值：首先从内涵区别上，不是所有的数据都能转化为产生价值与交换价值的数据生产要素；从生产与再生产过程来看，生产数据、将有用数据筛选转化为数据生产要素、将生产要素作用于社会生产和再生产是作为一个整体的组成部分的不同步骤，是彼此区分但又环环相扣的三个环节与阶段；在作用性质上，数据只有转化为数据生产要素才能投入社会生产与再生产，也就是作为生产的原始材料参与进社会生产和流通领域。因此，未经处理的原始数据碎片不具有价值和交换价值。

其次，原始数据集合包里分离提炼出的生长性数据才是价值与交换价值的重要来源之一。本文认为，生长性数据分为两类：一类是经由平台及其算法对作为初级材料的原始数据进行收集、储存、清理、筛选、整合五个步骤后产出的，作为数据产品或者说数据商品存在的生长性数据，这是处于资本逻辑与特殊算法逻辑共同作用下，利用主体的网络活动痕迹碎片按需构建形成的；另一类则是作为同样历经上述五个步骤但由于不断收到用户新的活动痕迹从而以不断进化和丰满的数据身份而存在的生长性数据，数据身份自诞生起就脱离于个体主体的掌控卷入资本的旋涡，从而异化于个体主

---

① 《马克思恩格斯全集》(第43卷)，人民出版社，2016年，第31页。

体。前一类生长性数据由于经过特殊处理后剔除了杂乱的数据因子，从而转化为可以直接投入社会生产的生产要素存在，不仅具有了物质性的"有用性"，也具有了作为生产要素的流通性，因此其价值和交换价值就自然显现了。且这类数据本身也可以作为产品和商品在不同平台和企业间进行交换与买卖，实现其价值在流通中的进一步增值。后一类生长性数据即数据身份，也具有第一类生长性数据所拥有的有用性以及交换领域实现增值的特性，但是相对于第一种产品型数据来说，数据身份拥有独特的两条生长路径从而得以拥有更高和更持续的价值增长：即作为相对独立的数据主体，在个体主体并未使用网络以及产生网络活动痕迹时，自主地穿梭于赛博世界，进行与其他数据的沟通交流，交叉变化，实现其数据的增长；与此同时，作为个体主体的意志延伸（虽然是在资本与算法框架下的有限意志），数据身份会持续接收到个体主体源源不断的活动痕迹的"浇灌"，从而实现数据生长，因此其价值与交换价值也在源源不断的增长。

最后，数据尾气则是资本逻辑中没有产生价值与交换价值，但反而因此具有解放的可能性的自由数据。任何数据的出现与整理都离不开人的活劳动。在数据劳动中，活劳动将生产过程中所消耗的智能设备、电力等生产资料的价值也折算转移到数据产品中，叠加为数据的价值和交换价值了。其结果可用公式表达为：$W=x+c+v+m$。[①]其中，W 为最终价值，x 为原始碎片数据，c 为生产过程中不变资本的价值，v 为可变资本价值，m 为生产出的剩余价值。数据尾气，就是在这个链条中被资本逻辑无视的资本世界"逃脱者"。实际上，数据尾气同样来源于提供者提供的数据碎片，且是未被筛选的原始碎片，但却是非结构性的、不清晰的乃至不可被现有算法衡量的数据碎片，是在经历了上述原始碎片数据转化为数据产品或者生长性数据所必需的五个步骤——收集、储存、清理、筛选、整合——之后的数据渣。它们被资本拒之门外，这也就解释了为什么在实际运用中，数据只有被算法中介后才能为资本带来价值。这种被抛弃的状态却恰恰是一种自由的状态，是一种可以挣脱资本控制的社会主义式自由，代表了数据提供者的真实动态与真实想法。也

---

① 此处公式表述是为突出数据碎片参与生产形成价值的过程所用，暂不涉及数据碎片应是可变资本还是不变资本的讨论。

就是说,数据尾气由于其相对于资本来说的"无价值性",并未被资本逻辑纳入其中,但又是数据产生者的真实需求反映,这使得它具有了逃出资本牢笼、代表主体多元性的利益诉求的可能性,具有了主体解放的可能性。

由于本文主要目的是对数据研究进行基础性的正本清源,揭示出数据作为数据劳动甚至数字经济价值增值点的重要地位及特征,对于数据创造价值的具体展开则将在之后接续。数据的分类已然明晰,那以它为基础的数据劳动是什么呢,与数字劳动是等同的吗? 答案是否定的,既然如此,数据劳动与数字劳动的区别是什么呢? 这是本文接下来要阐明的另一个重点。

三、何为数据劳动?

首先,数据劳动是作为新的异化形式而存在的。如福克斯所说:"在当代资本主义生活中,网络已成为一个形塑当代资本主义生活,并同时被形塑的一个重要的社会技术体系。"①也像尼古拉斯·卡尔曾感慨的那样,网络劳动"是现代的佃农制度"②。数据生存方式在智能技术的加持下已然成为当今人们重要的生产与生活形式,其赖以生存和发展的支配逻辑依然是法兰克福学派长久以来批判传统所坚持的批判对象:资本主义在哲学与经验世界的无限延伸导致人与社会的物化和异化。安德鲁·芬伯格③(Andrew Feenberg)在对卢卡奇的物化理论进行再阐释的过程中将物化的商品逻辑扩展为技术逻辑,以期将其放置于技术民主政治的可能性中挣脱束缚。他明确将卢卡奇的物化概念理解为社会世界的"事物化"。将社会理解为一个"由人类的劳动和他们的生活再生产之间流动的相互交往组成"④的过程,而在资本主义制

---

① [瑞典]克里斯蒂安·福克斯、[加]文森特·莫斯可主编:《马克思归来》(下),"传播驿站"工作访译,华东师范大学出版社,2017 年,第 646 页。

② [美]尼古拉斯·卡尔:《数字乌托邦》,中信出版社,2018 年,第 38 页。

③ 安德鲁·芬伯格(Andrew Feenberg,1943—)为法兰克福学派批判理论当代代表人物之一,致力于技术批判理论的研究,代表作《卢卡奇、马克思和批判理论的来源》以及"技术批判三部曲":《技术批判理论》(1991)、《可选择的现代性——哲学和社会科学中的技术转向》(1995)和《质问技术》(1999)。

④ Andrew Feenberg, *Why students of the Frankfurt will have to read Lukács*, The Palgrave Handbook of Critical Theory, ed. Michael J. Thompson. Palgrave Macmillan, 2017, p.111.

度的框架中,这些交往只能由"物性逻辑"构成。这种物性逻辑对资本主义社会尤其是其政治经济领域的支配,并没有因为商品形式与劳动形式等在当代的演变而在数据时代消失,反倒由于其物理不可见性和网络渗透的深广而在数据空间野蛮生长,其力量显现越发的隐秘但强大。芬伯格将其描述为:"资本主义的经济范畴强加于社会世界的每一个方面,将社会进程冻结成僵化的形式,抵御大众的自主性。"①数据时代的主体虽然多了一个"数据身份",但从根本上看仍旧深陷资本主义的物化陷阱,未曾逃离出马尔库塞所说的"单向度"的社会而成为自由人。同时,芬伯格认为现代技术既是构建物化的原因,也隐藏着超越物化的可能。这意味着在数据时代,对资本主义进行批判和对社会主义进行畅想都离不开对数据与数据劳动的正确认知与把握。

目前"数字劳动"的概念界定,来源于对具体劳动形式的概括,而非劳动对象和内容的更新,据此界定的"数字劳动"不应等同于"数据劳动"。数字劳动(digital work)中的"数字"(digital)源自拉丁语"digitalis",被引入英语体系中后在 1650 年代指的是"与手指有关"的活动,1938 年开始意思增加为"使用数字",特别是在 1945 计算机出现后更是如此,自 1960 年起则更多地运用于录音或广播上。可见,数字劳动并非一开始就是特指在平台算法下处理电脑数据和大数据网络运用而发明的专用名词。需要注意的是,目前的数字劳动研究无论是国内还是国外都是基于对带有数字特征的劳动形式的概括来定义的,而非聚焦于针对数据进行生产这种劳动内容的更新来界定,这很明显应当予以区分。如现代自动化的农业和工业,机床控制和智能生产展现了在劳动过程中以数字为形式的生产方式变革,但这并未改变生产制度本身,未曾改变资本雇佣生产方式对人的吸血本质。

因此,"数据劳动"的界定不应以是否有数字形式参与生产来进行,而应该根据使数据劳动成为数据劳动的更深层次的生产内容来界定。本文认为,是其中作为新的生产资料使资本主义积累和剥削链条得以延续的"新石油"——数据——及针对它的操作,才使得"数据劳动"成为区别于其他只是利

---

① Andrew Feenberg,*Why students of the Frankfurt will have to read Lukács*,The Palgrave Handbook of Critical Theory,ed. Michael J. Thompson. Palgrave Macmillan,2017,p.113.

用了数字工具却并未跳脱出传统制度束缚的旧劳动形式，成为生产力增长的新希望。由此，为明晰界限，本文区别于蒂齐亚纳·特拉诺瓦(Tiziana Terranova)以互联网用户无偿、自愿的网络行为所提供的"免费劳动"来界定的"数字劳动"(2000)；特勒贝·朔尔茨(Trebor Scholz)用互联网上的休闲、娱乐和创造性的无偿活动并命名为"玩劳动"来代指的"数字劳动"(2012)；以及克里斯蒂安·福克斯宽泛的将包括信息通信技术行业(ICT)整个价值链上所涉及的各种劳动全部纳入的"数字劳动"。将"数字劳动"中，以数据作为劳动资料，针对数据本身进行操作，以使数据信息成为数据资本，使数据资本具有交换价值和价值得以可能的相关工作人员及其劳动、数据处理设备，以及数据处理平台和算法的总体界定为"数据劳动"领域。在此不过多涉及将所有网络主体尤其是网民个体作为数据生产者是不是劳动、有没有受到剥削等的深入探讨。

其次，数据劳动应是将生产领域中所有现实性存在，利用网络算法进行数据操作使其成为劳动对象与劳动材料的劳动。其中生产领域中的现实性存在不仅指在生产和操作中涉及的人、事、物等物质性的现实性存在，还包括知识、情感等非物质的现实性存在。数据操作主要指针对数据进行的收集、储存、筛选、提取、增减、整合等。数据劳动所包含的领域应为数据本身、相关劳动者及其劳动、数据处理工具(算法、设备、平台等)的总和。数据劳动在一定程度上可以看成是与数字劳动相交且有重合领域的集合。之所以说数据劳动与数字劳动是部分重合的，是由于两者的劳动主体、内容与形式及遵循的经济逻辑等有相同之处，但数据劳动有区别于数字劳动的新特征。

我们认为，两者的区别主要为以下几点：

第一，数字劳动者不一定是数据劳动者，数据劳动者一定是数字劳动者。作为两者看似完全重合实际仍是相交状态的重点领域，劳动者也就是个人主体无论在数字劳动还是数据劳动中都不可或缺。区别在于，数字劳动者可能只是借助设定好程序的自动机床进行切割工作的传统雇佣工人，其工作内容与形式都并未身处于网络空间，生产可进行操作和买卖的数据从而创造数据价值；数据劳动者则必然是利用可收集或处理数据信息的智能设备，身处赛博空间进行数据的产出、收集、储存、筛选、提取、整合等步骤的主体，两者的工作内容与形式有着根本上的区别。

第二，数字劳动是绝对的材料消耗型劳动，数据劳动是一定程度上无材料消耗①的增值劳动。从共同点来看，两者虽然都依赖于技术尤其是网络和数字技术的发展来组织社会生产和再生产，但数字劳动仍旧是以劳动者和雇佣关系为支撑核心，数字技术及其载体只是作为人类器官职能的延伸而存在，就像是数字时代的新式锄头。数据劳动则不同：数据劳动的劳动对象是电脑、手机、各类媒体传播 App 甚至某种具有特定目的的算法等有形和无形的数字技术产物，它不同于传统农业和工业的消耗型生产资料，是以网民的网络活动产生的数据——不论是偶然的、个别的还是筛选和整合过的——为劳动材料的，其优势不仅在于 5V，其自身不会因使用次数产生任何消耗的特性使得数据在生产领域和消费领域拥有更强的增值力。正如马克思所说："作为生产资料，它的耐久性，是它的使用价值的直接要求。"②数据的耐久性是其他生产资料永远无法比拟的：数据并不像传统的物质性生产资料会随着时间的流逝而产生损耗和减少，相反，它作为生产要素的价值还会随着新平台的新数据的不断交会和补充以及算法的不同而增值。

第三，数字劳动是有酬劳动，数据劳动是有酬、有偿或两者相结合的劳动。从劳动的结果来看，数字劳动者中的雇佣工人及其工资仍隶属于传统资本经济制度，这一部分本文不过多探讨，重点在于数字劳动中的数据劳动部分的酬劳。本文认为数据劳动为有酬劳动和有偿劳动的结合体。"酬"在汉语中是指用财物酬谢、给出力的人的报酬，其本质还是以劳动力换取金钱的交换；"偿"的本意指"归还"，引申为"抵偿"，又引申为"指回报、实现、愿望得以满足"。数据劳动者中有酬的部分一部分以传统雇佣劳动的形式存在，一部分以不固定的数据产出者的形式存在，相同点在于都进行了数据劳动且得到了报酬；而有偿劳动更多的是指拍摄上传 vlog、抖音刷视频等无酬的产生数据的劳动，这部分劳动无酬，但有满足感与快乐等情绪回报，这种积极正面的情绪回报也是数字劳动没有而数据劳动所特有的劳动补偿。

最后，数字本身并不等同于数据。人与事物的方方面面被拆解和被纳入

---

① 这里用"一定程度上无材料消耗"来进行限定是为了暂时不纠结对主体的工资、精力甚至劳动力再生产等付出和电脑手机等有形固定资产的折旧损耗等，以突出数据作为数据劳动的劳动对象的特殊性。

② 《马克思恩格斯选集》(第二卷)，人民出版社，2012 年，第 789 页。

数字范畴中，作为数字信息被数码系统对应进网络世界经过整理后成为数据。数据可以反映物质的存在形式，数字则代表了物质存在的数量。数字最开始只是用来表示数目的书写符号及文字的指称，最为人所熟知的则是发源于古印度，后传向世界的阿拉伯数字。我们今天所探讨的所谓数字时代，数字劳动乃至数据劳动，都是以这种阿拉伯数字演化发展后的应用得来的。公元500年前后，随着经济、政治以及佛教文化的兴起和发展，印度旁遮普的天文学家阿叶彼海特在简化数字方面有了新的突破：他把数字记在一个个格子里，如果第一格里有一个符号，比如是一个代表1的圆点，那么第二格里的同样圆点就表示10，而第三格里的圆点就代表100。这样，不仅是数字符号本身，而且它们所在的位置次序也同样拥有了重要意义。在被阿拉伯人采用之后，这种古老的计数方式与数字符号在公元10世纪由教皇热尔贝·奥里亚克传到欧洲并于公元1200年左右被普遍应用。

随着数学不断发展至今，数字早已不再是单纯表示数量的符号，而是在互联网和电脑等现代技术的加持下成了一种将人的身体、经验、情感、偏好等所有方面分解成可用数字表示的信息，并以不同的编码方式进入数据世界，呈现为一个整体的原始数据包的过程。这是由于在相应的记数系统中，数字位置决定了它所表示的值。例如"3"这个数字：在十进制数37中，它表示的值为30（十进制）；在八进制数23中，它表示的值为3（十进制）；在八进制数37中，它表示的值为$3 \times 8 = 24$（十进制）。当人们的经验与偏好等信息被拆解、对应成可被编码进互联网世界的数字信息，再进入相应的平台经过一系列的操作过程，产生的才是今天我们讨论的被生产和消费甚至剥削的数据。这些数字信息通过数字系统实现了将物质世界对应进网络世界。数字系统又称数码系统，是使用离散（即不连续的）的0或1来进行信息的输入、存贮、传输等处理的系统。相对的非数码（模拟信号）系统使用连续的数值代表信息。虽然数码的表示方法是分离的，但其代表的信息可以是离散的（例如数字、字母等），或者连续（例如声音、图像和连续系统的其他测量等）的，这样，现实世界的信息就成功进入赛博空间，并成为数据。

四、结语

借由厘清生长性数据从而进一步提出数据劳动，这实际仍是在资本世界的"变"中寻求"不变"的努力。自工业革命时代起，对于资本主义及工具理性的批判反思就从未断绝，变化的只有资本主义的具体生产方式及组织形式，这在被德国称为"工业4.0"的新时代中也是一样。因此，在正确认识世界和改造世界的原则下，对于数据和数据劳动的正确把握，是马克思主义者们不应跳过的一步。

首先，将生长性数据从数据分类中清理出来，是在网络时代中认识与改造世界的前提条件之一。正如丹·希勒预言的那样：数字经济作为以数据为核心和基本支撑的资本发展新形式，其中个人主体、平台与算法、数据三者构成了缺一不可的三足鼎立之势，将世界生产和生活全部装进了资本的大网。就像美国的阿尔温·托夫勒在《第三次浪潮》中明确指出的那样："计算不再只和计算机有关，它决定我们的生存。"[①]因此对其进行批判性反思不能仅仅局限于探讨主体在其中的作用与角色，对构成其支配网络的另一只"脚"，也就是对数据的探究，以及延伸出的数据劳动的分析，都理应受到足够的重视，才能全面厘清数字经济的资本逻辑与剥削逻辑，从而探索主体的自由和超越的可能性。

其次，区分数字劳动与数据劳动，不仅是理论的需要也是实践的要求，具有学术研究与社会实践双重的必要性。将数据劳动从数字劳动中区分出来，一方面，有利于厘清两者概念的边界，更好地对数字资本主义进行理论的批判。虽然也有部分学者在反思数字资本主义时，几乎已经能看见数据劳动的脸庞了，但对于数字劳动的数字的迷信和涉及疆域的泛化，以及未能明晰数字劳动与数据劳动的本质区别，还是使得他们未能建构出真正的数据劳动的理论体系，我们此次的严格区分，为建构真正的数据劳动的理论体系打下了坚实的基础。另一方面，从实践维度来看，只有区分开两者的内涵外

---

① ［美］阿尔温·托夫勒：《第三次浪潮》，朱志焱、潘琪、张炎译，生活·读书·新知三联书店出版社，1983年，第15页。

延并掌握数据劳动的本质特征,才能更好地应对和反思数字资本主义,并进一步结合中国特色社会主义信息化建设的经验,在以人为本的基础上,向世界展示马克思主义的生命力,同时"自觉运用历史唯物主义推动构建人类命运共同体"[①],为探索人类的未来开拓新的视野。

最后,开创共产主义的数字未来,在数据劳动的基础上实现个体的自由全面发展。正如中国自 2021 年 9 月 1 日起施行的《中华人民共和国数据安全法》第一条所说,要"保障数据安全,促进数据开发利用"。数据劳动依托的互联网虽无法具现为看得见摸得着的物体,但是可以以电脑、手机等智能设备为中介进行感知,人依然是不可替代的参与主体,因此数据劳动并未完全脱离物质的范畴。从马克思主义的政治经济分析范式来看,剩余价值学说对数字资本主义的批判依然具有合法性和真理性。这就要求我们在从政治经济学、人类学、生命政治学等视角对数据劳动和作为生产要素的数据等问题进行辨析时,坚持马克思主义的指导地位,思考如何在不进行科技倒退的前提下将数据、数据身份以及个人主体,从赛博蜘蛛网的掌控下解放出来,避免被数据平台的资本逻辑规训而异化为无个性的"常人",实现数据解放和自由全面发展。

蒋志红、江尧(西南大学)

---

① 黄其洪:《彰显历史唯物主义的新时代价值》,《中国社会科学报》,2020 年 11 月 12 日。

数字化时代世界资本主义的新问题
与全球治理新危机 *

一、数字鸿沟及全球治理的平等化危机

席勒(Dan Schiller)曾以数字技术在资本主义社会中运用的广泛性、普及性断言了数字资本主义时代的到来，其典型特征体现为，"信息网络以一种前所未有的方式与规模渗透到资本主义经济文化的方方面面"①。换言之，伴随数字技术的快速发展及其在资本主义制度下的广泛运用，数字技术正在成为资本积累的新工具，或者说，正在成为资本主义生存和发展必不可少的动力。有西方学者认为，数字技术可以超越资本主义社会固有的结构性不平等问题，引发资源共享和共同创造的革命，甚至断言数字技术将造就"无摩擦的资本主义"(friction-free capitalism)，果真如此吗？显然不是。事实是，数字技术不仅没有造就"无摩擦的资本主义"，而且数字技术运用中所造成的数字鸿沟，对全球治理的平等化进程构成严峻挑战。许多西方左翼学者从批判性的视角，对数字资本主义的剥削和不平等问题，进行了富有启发性的探讨，并由此得出结论：数字化技术带来的社会空间均衡化发展的可能性，并不意味着社会不平等和分化已经消失，而是变得越发严重。

在克里斯蒂安·福克斯(Christian Fuchs)看来，跨国数字资本造就了一个

＊　本文系国家社科基金重大项目"数字帝国主义批制与国际数字治理中的中国话语权研究"(项目编号:23QZD014)阶段性成果。

①　[美]丹·希勒:《数字资本主义》,杨立平译,江西人民出版社,2001年,第5页。

剥削全球数字劳动的不正义的世界。福克斯揭示了"生产性消费者"（互联网商品用户）如何既作为消费者，同时又通过分享作品、投票、评价等在线参与方式，为互联网公司提供无偿劳动，而这种免费的"自由"劳动，很容易遮蔽资本与劳动之间的不平等关系。在他看来，跨国数字资本充分使用前资本主义的各种生产方式，以及占据主导地位的资本主义生产方式，加速、加强对各种形式的数字劳动者的剥削，在国际范围内获得最大化的利润，进而造就了一个剥削全球数字劳动的不正义的世界。①

丹·席勒也指出，数字资本主义带来激进的社会和技术变革，但并没有减轻，反而可能增加了不平等和资本的统治。20 世纪 70 年代，资本主义再次爆发系统性危机，发展信息技术相关产业，作为一种对世界商业体系统性危机的反应，被引入大多数发达国家的市场经济中。②当人们寄希望于信息与通信产业的数字化转型能够帮助资本主义摆脱危机时，丹·席勒的分析为我们提供了一个令人沮丧的答案：数字化不仅不会减缓资本主义经济危机，缩小经济不平等的差距，减少劳动剥削，相反数字资本主义日益呈现出"数字化衰退"的趋势，即"资本延长使用雇佣劳动，资本寻找商品化的新场所并时常遭遇挑战，变化无常的资本危机，以及甚嚣尘上的金融投机行为催生了经济萧条与衰退"③。正如席勒曾指出的，互联网的重大成就，从某种程度上说，就体现为使得资本主义矛盾现代化。换句话说，数字化网络已经深刻嵌入后金融危机及一直持续至今的停滞危机综合征之中，并发挥日益重要的中介性作用。④

数字网络对 2008 年及之后持续至今的停滞危机的嵌入式影响，具体表现为市场体系的进一步深化。星罗棋布的计算机网络，与当下的世界资本主义体系相结合，极大延伸、拓展了自由市场的有效性范围。计算机网络及与

---

① ［英］克里斯蒂安·福克斯：《数字劳动和卡尔·马克思》，周延云译，人民出版社，2020 年，第267 页。

② Herbert Shiller, *Information amd crisis economy*, Norwood, Ablex. 1984, p.2.

③ ［美］丹·席勒：《数字化衰退：信息技术与经济危机》，吴畅畅译，中国传媒大学出版社，2017年，第9页。

④ ［美］丹·席勒：《信息资本主义的兴起与扩张：网络与尼克松时代》，翟秀凤译，北京大学出版社，2018 年，第 185 页。

之密不可分的整个电信系统,构成了跨国化经济活动的首要特征。在拓展市场有效范围的同时,计算机网络的空间布展也正在使爱德华·赫尔曼(Edward Hermann)的"市场深化"变成现实。所谓"市场深化",指的是伴随网络技术的普及、以及网络技术与市场机制的联姻,商业化范围和领域不断扩大的过程,比如家庭娱乐与教育的市场化和商业化即属此列。计算机网络的普及和广泛覆盖,正在使资本主义的商业行为和经济规则侵入到日常生活与文化领域,这在以前从未发生过。席勒说他将这一新时代称为数字资本主义,原因就在于此。席勒通过三个密切相关的领域来追溯这些变化,分别为:市场、技术、教育。席勒指出,如今的电信系统,在新自由主义导向下,在市场优先的政策下,已经从社会服务的定位转变为一种牟利手段。电信系统与跨国资本相结合,在全球范围内服务于某些特权群体,深化用户至上理念的同时,加剧了现有的社会不平等现象。教育亦是如此,借助于网络技术的中介作用及新自由主义的价值理念,教育已经被极大地市场化,被置于一种独特的市场逻辑之下。①

此外,就计算机网络及其促进与巩固的数字资本主义而言,在美国自由流通政策、美国公司控制全球信息市场和资本跨国化需求之间,存在一种直接而广泛的关系。就信息的自由流通而言,表面上构成美国政治经济利益的原动力,然而在其背后,却隐藏着无耻的自我扩张的企图,其背后是巨大的消费经济,是为美国战后的全球扩张运动做辩护。自由加剧不平等,从而成为一种压制,从这个角度来看,计算机网络发挥的作用,不亚于新自由主义政策变革的先导。信息自由流通表象背后的信息霸权,不仅对弱小主权国家构成威胁,而且伴随全球的市场化进程,必然会不断加剧全球资本对国家主权的侵犯。②此外,计算机网络与资本的联合,也使得网络化的跨国生产成为可能,进而对全球劳动力市场及世界劳动分工产生深刻影响。农民与一般贫困人口的需求被忽略,社会需求服从于原则性冷漠,电信服务的不平等现象加剧,体现为网络服务的不均衡性、全球电信服务的不平等性、电信接入方面的阶层性分化,公共服务福利主义日益被新的市场逻辑所取代,电信行业

---

① ［美］丹·希勒:《数字资本主义》,杨立平译,江西人民出版社,2001年,引言,第12~13页。

② ［美］丹·希勒:《数字资本主义》,杨立平译,江西人民出版社,2001年,第95~117页。

的公共服务特征受到新自由主义全球扩张的攻击。①

总而言之,计算机网络在资本主义国家的普及和运用,并未能减轻日趋严重的社会不平等,反而使之更加严重。贫富差距有历史遗留,更有其在数字资本主义下的加速演化。互联网在世界资本主义国家的发展,本身就受到强大的政治、军事因素,以及经济力量的共同驱动,因此它本身也很难成为一个理想的伊甸园,一个人类共同拥有的更自由、更美好、更民主的另类空间。许多人欢呼互联网是一场消除中介、消除独裁、解除监控的全新革命,任何人都可以自由表达、自由发声,任何人的观点和声音都能够被平等地听到、平等地传播。于是,世界陷入了商业"欣快症"和"预言狂热症"之中。但是未来的人类必将清醒过来:伴随互联网的到来,我们将再度陷入新的樊笼。当今时代,人们纷纷悦然接受网络,成为网民,网上逐浪、网上购物、网上社交、网上工作、网上娱乐几乎成为常态。然而,在人们欣然享受这一切数字化便利的同时,数字技术与资本、权力的联姻,也正在成为一种超级权力,对人们的生产、生活产生深刻影响。也许将来某一时刻,人们又将重新出发,努力摆脱这张可怕的"网"的羁绊,寻找新的人生方向。一句话,控制与反控制,也许本就构成整部人类的历史。也正因如此,数字资本主义不但没有消除,反而增加了市场制度的不稳定性及种种弊端,特别是不平等与以强削弱。②席勒曾直言,大数据背后存在权力落差,信息过剩的表象背后是"信息赤字",受利润最大化原则的驱使,原本可以用来造福人类的信息技术仅仅成为盈利的工具,显然信息产业无法帮助资本主义摆脱危机。在他看来,也许互联网技术的发展本身就是一场游戏,一场重新由强者操纵并制定规则的游戏,对此,我们唯一的选择只能是:面对这个新的全球化工具,我们只有积极参与,把握有利趋势,主动占据一席之地,并通过自己的努力去影响和修正规则。③

的确如席勒所言,网络技术正在成为新的全球化工具,并服务于资本全球盈利的目的,从全球范围来看,数字帝国主义正在不断加剧全球不平等。

---

① [美]丹·希勒:《数字资本主义》,杨立平译,江西人民出版社,2001年,第57~78页。

② [美]丹·希勒:《数字资本主义》,杨立平译,江西人民出版社,2001年,第275~292页。

③ [美]丹·希勒:《数字资本主义》,杨立平译,江西人民出版社,2001年,第290页。

以美国为代表的新帝国主义借助于数字技术,以金融资本为主宰,通过支配核心技术和网络处理器,实现其经济霸权。虽然在数字资本主义时代,帝国主义经济霸权的实现方式表现出某些新的特征,但其在全世界范围内掠夺剩余价值的本质并没有改变。数字帝国主义的数据霸权对国际经济社会和国际政治经济格局产生了巨大影响,美国作为典型的数字帝国主义,长期大量投入数字平台和数据库等数字化基础设施建设,通过数字寡头对全世界进行数字商品和资本输出,以此瓜分全球产业链。一些左翼学者注意到,知识垄断已经成为数字帝国主义掠夺全世界财富的全新手段。在层级化分工的国际产业链中,只有处在金字塔顶端、掌握核心数字技术的垄断者,才能掌握利润分配的话语权,身处各国代工厂的一线劳工则遭受多重盘剥,由他们创造的财富,绝大部分流入美国等帝国主义的顶端知识企业。①

麦克尔·哈特(Michael Hardt)指出,数字化劳动具有超越不平衡发展之物理边界的趋势,不平等以及数字化鸿沟弥散在众多断裂点上,带来新型的分化,比如各国中的数字化技术的友好者和不友好者之间、年轻群体和老年群体、精英阶层和弱势群体之间。如果"第一世界"与"第三世界"、中心与边缘、北方与南方曾经真正沿国境线区分开来,而今它们清楚地互相融合,将不平等和限制散布在众多断裂的界线上。不同的国家和地区,含有被认为是第一与第三世界、中心与边缘、北方与南方所属的不同部分。不平等发展的地理分布,以及划分的界限与等级的界线,将不再出现在稳固的国界线或国际分界线上,而是出现在流动的超国家的边界。数字化技术带来的社会空间均衡化发展的可能性,并不意味着社会不平等和分化已经消失,而是变得越发严重。数字化帝国的形成,可以将极端不平等的两端,压缩在同一个空间场域,从而创造出大资本对弱势群体的极端盘剥。不妨更加准确地说,中心与边缘、北方与南方不再决定着某种国际秩序,彼此间反而走得更近了。所谓帝国化,其特征就体现在极端不平等的人群紧密接触,进而造成一种永久的社会危机局面。②

① [以]尤瓦尔·赫拉利:《反思数字化时代资本主义批判范式》,中国社会科学网,2021 年 12 月 28 日。

② [美]迈克尔·哈特、[意]安东尼奥·奈格里:《帝国:全球化的政治秩序》,杨建国、范一亭译,江苏人民出版社,2008 年,第 318~320 页。

总而言之,资本主义条件下的数字化,并非是消除了阶级斗争、不平等、社会分化、社会危机的伊甸园。不管数字资本主义社会中数字技术的普及对人类美好生活前景做出何种承诺,唯一无法更改的事实就是:在资本主义条件下,所有的技术进步都服务于资本增值的目的,所有技术手段的扩展和运用,都被资本所利用,作为加剧、加深劳动剥削的条件,伴随跨国资本的全球扩张,技术进步也被数字帝国主义的侵略逻辑和霸权逻辑所支配,服务于跨越全球的资本增值获利的普遍目的。正因如此,数字资本主义条件下的数字化,同样意味着阶级斗争的复兴。换言之,数字资本主义条件下,数字化技术的普及和运用,并没有带来人们预期的多元和平等,也并没有消除阶级对立和阶级剥削。与此相反,数字技术在资本主义条件下的运用,导致其成为资本积累的工具,服务于资本占用劳动产品、扩大资本积累的目的。然而,在技术进步的光环笼罩下,这种资本和技术的联姻,往往只是被视为一种技术发展带来的自然后果,不但没有得到应有的检视和反思,反而极易被作为反对工人阶级的工具,服务于在全球范围延展资本主义剥削。

综上所述,数字资本主义绝不是一种"无摩擦的经济"(friction-free economy),在数字资本主义条件下,资本和劳动之间的经济冲突也将继续存在,阶级差异不但不会消失,反而会呈现出不断加剧的态势。技术服务于资本的增值逻辑,不仅渗透到政治、文化的方方面面,而且日益渗透、侵入人们的日常生活,从生产、生活的几乎所有领域获取巨大的利润。由此来看,对数字化技术持狂热态度,试图用世代逻辑取代阶级逻辑显然是站不住脚的。所谓世代逻辑,事实上是以技术进步模糊阶级划分的一种逻辑,这种逻辑否认人们对信息富裕和信息贫穷、信息拥有和信息不拥有、第一世界和第三世界之间的划分,认为伴随数字技术时代的到来,真正的区分将只会是文化意义上的世代的区分。这也就意味着,根据世代的逻辑,世代区分将取代阶级区分,资本获得其最终的"正确"并成功消除所有社会不平等只是一个时间的问题。在这种模糊了阶级划分的世代逻辑中,生产方式似乎不再具有物质形态,由资本主义私有制造成的阶级对抗似乎已经消失,工业生产体系似乎已经被水平的数字化交换网络所取代,一句话,似乎传统的资本主义私人所有权关系已经被终结。然而,事实上,尽管我们有可能在观念层面取消所有权,但是我们仍然生活在现实的物质世界中,我们仍然时时刻刻地处于数字化时代的社会分工体系之中,根本性的社会不平等和资本所有权关系,仍然构成数字资本主义的核心特征,数字化时代的有产者和无产者,被连接的和未被连接的,到处都存在着巨大的不平等的数字鸿沟。数字资本主义时代的资本所有权仍然体现为生产资料所有权,拥有并控制生产资料的人,和那些一无所有只能靠出卖自身劳动力为生的人,二者之间的划分仍然构成主要的阶级划分,仍然是使得资本私人积累成为可能的基础,数字资本主义时代工人所拥有的"自由",仍然只是在市场上"自由"交换劳动力的自由。①

　　简言之,伴随数字化技术的普及及资本的全球流动,新的社会不平等出现,互联网的剥削倾向加剧,数据所有权与数据掌控权之间的"数字化鸿沟"日益加深。结构性的数字不平等,造成社会财富向统治阶级流动,弱势群体不仅面临巨大挑战,而且受艰于掌握数字化技术能力不足,被剥夺了一系列基本需求。此外,数字化鸿沟还可能催生不同形式的权力,从而引发社会的不确定性和焦虑。换言之,数字化技术的普及虽然可能会带来社会空间的均衡化发展,但这种可能性并不意味着社会不平等和分化已经消失,在资本主义条件下,它已经变得越发严重。数字化帝国的形成,甚至可以将极其不平等的两端压缩在同一个空间场域,从而造成大资本对弱势群体的盘剥。②

二、意识工业生产的隐形控制及全球治理的民主化危机

　　斯迈思(Dallas Smythe)的意识工业生产与隐形控制,揭示了网络技术的民主潜能幻象,揭示了大数据实证主义的意识形态特征,及其对全球数字治理的民主化进程所构成的挑战。在斯迈思这里,数字劳动被理解为一种意识工业生产,在他看来,无线技术的发展极大地克服了时空障碍,工作场所与娱乐场所可以不再分开,互联网的普及为人们随时随地平等获取任何需要的数据和信息提供了可能。这种表面上的"平等可及性""即时性""丰富性"创造了一种繁荣与民主的网络假象,任何交换价值都是基于使用价值的事

---

① Rob Wilkie,The Spirit Technological,in *The Digital Condition:Class and Culture in the Information Network*,Fordham University press. 2011,pp.10–18.

② 宋建丽:《数字资本主义的意识形态批判》,《中国社会科学报》,2021 年 3 月 23 日。

实被视而不见,而斯迈思正是通过"意识工业"和"受众商品"的概念,揭示了这一被遮蔽的事实。斯迈思所谓的"意识工业",主要指经由对信息与通信技术(ICTs)的资本主义运用所创造的一种联合生产体系,这种生产体系不仅拥有不断演化的技术和物质基础,而且体现为一种意识工业的操作,强调生产性接合的通信能力和对意识本身进行全面管理。意识工业的生产,不但能够一般性地再生产工资关系,而且还能够不断创造新的消费需求,通过强迫消费者"自愿"消费不断扩展的大量商品,意识工业生产诱导消费者无意识地、不知不觉地接受不断增多的、新奇的需要。在此过程中,受众商品的出现至关重要。所谓受众商品,是指在商业广播模式中,受众参与到消费的必要劳动中,对商业信息作出反应,向自己以及他人免费推销商品和服务,进而沦为传播资本主义生产链条上被媒介"生产"出来的、特有的"商品"。[①]在这一生产过程中, 受众为媒介广告商付出免费劳动, 进而确保商品的销售和消费,确保媒介商品化过程的顺利进行,也使媒介、受众及广告商之间的利益互动关系得以实现。受众商品具有一定的符合广告商利益的交换价值,但这种交换价值往往被媒介连同其载体"受众商品"一起移交给了广告商。由于受众商品的免费劳动往往隐藏在娱乐、闲暇的表象背后,因此,受众极易陷入对网络技术之民主潜能的幻想, 进而遮蔽传播资本主义社会中信息的交换价值压倒使用价值这一事实。

也就是说,伴随计算机网络的广泛普及和运用,伴随数字技术对人类生产生活的加速媒介化,一种隐形的数字监控被悄然植入人们的日常生活,无处不在的隐形数字监控,一方面使得个体沦为无偿的文化劳动力,另一方面也使得人与人之间的社会关系日益沦为资本循环和资本增值的工具。网络平台和数字媒介在不断生产出海量个人信息的同时, 也赋予网络以前所未有的能量,网络的基本特征即匿名性正在发生改变。海量个人数据的生产,释放出巨大的信息洪流,人们的线上身份和线下身份逐渐彼此融合,这种融合不仅带来个人数据在质和量上成指数倍数的增长, 而且也使得这些数据通过用户和位置被自动搜索成为可能。换句话说,现实社会关系中的个体,

---

　　① 　Dallas Smythe,*Dependency road:Communications,capitalism,consciousness and canada*,Norwood,Ablex. 1981,p.9.

正在被数字化中介转变成信息循环过程中的无数节点，数据生产的个人化和普遍化同步进行，共同推动日益扩大的信息循环不断加速，进而成为资本扩张和资本强化的来源。①

如果说斯迈思重在揭示意识工业生产及隐形的数字监控，那么从法国社会学家米歇尔·福柯(Michel Foucault)的惩戒社会，到哲学家吉尔·德勒兹(Gilles Deleuze)的"控制社会"，则揭示了一种"被解析"的存在与"被掌控"的未来。在他们看来，对于民众的纪律化控制，已经不再是建立在机构的基础之上，而是建立在对活动的身体、情绪和资本流动持续不断的监视基础之上，从信息上被解读，成为"被解析"的对象。民众的感觉、资金流动将会被以几乎令人察觉不到的、非常微粒化的方式操控，并且通过精妙的、不断数字化的激励系统引向人的愿望、企业的利润以及政治利益集中的地方。影响我们生活的将不再是守则规定，而是由观察、监视、预测、评价、引诱和劝告所组成的一个多面复合体。核心词从规训变为掌控，对于施加控制的人而言，其初衷就是掌控未来和预测未来，他们意图从人类的行为模式中，预测到人们未来打算做什么，并由此对人们提前干涉、施加影响。商人作为施加控制的人，就是想让人们更多地去购买商品；政治家想要了解这种模式，就是想把人们引向他们拟定的政治议程。被观察者与观察者、数据提供者与数据提取者之间的这种不对称，或许是微粒社会中最大的问题。②

随着平台经济的兴起，监控用户数据、预测和调整用户行为，已经成为"21世纪众多最为成功公司的主要利润来源"。肖沙娜·朱伯夫(Shoshana Zuboff)在2019年出版的《监控资本主义时代》一书中，最先提出和使用了"监控资本主义"概念。所谓"监控资本主义"，指的是一种新的资本主义运作模式，其主要特征是无偿占有用户隐私和信息资源，并将之作为生产资料。不仅如此，网络空间中活动的个体，成为数据提取的肉身来源，处于无处不在的网络监控之下，成为持续服务于资本获利的肉身工具。数字技术和智能终端设备的普及，社交媒体的广泛应用，使得个体活动、身体状况，乃至情感

---

① [瑞典]克里期蒂安·福克斯、[加]文森特·莫斯可主编：《马克思归来》(上)，"传播驿站"工作坊译，华东师范大学出版社，2016年，第186~187页。

② [德]克里斯多夫·库克里克：《微粒社会》，黄昆、夏柯译，中信出版社，2018年，第119~127页。

波动,都日益处于韩炳哲所说的"透明社会"之中,如果说福柯曾以全景监狱来描述现代社会对个体的规训,那么"目前,我们并没有经历全景监狱的终结,而是一个全新的、非透视的全景监狱的开始。21世纪的数字化全景监狱是非透视性的,它已经不再从中心点出发,以全能的专制目光进行监视"①。在韩炳哲看来,超交际构成透明社会中人际交往的特征,个体在其中通过自我展示和自我揭露,参与"透明社会"的建造和运营。当人们不再基于外部强迫,而是出于自发需求去暴露自己的时候,在泄露个人私密领域的担忧和恐惧,让位于展示自己的需求之时,监控社会便趋于完美。②如果说朱伯夫通过"监控资本主义",表达了对自由市场秩序遭到破坏、社会民主遭到威胁、个体生存遭遇危机等一系列数字化病症的关切,那么韩炳哲的"透明社会",则进一步揭示了从"被监控"走向"自愿展示"这一更加深层的数字化心理依赖。无论怎样,数字化时代的资本主义,似乎并没能提供基于平等、信任的民主愿景,因为信任只在"知"与"不知"之间才有可能存在,而"透明"是一种消除了所有'不知'的状态,因此,它没有为信任留下任何的空间。至此,意义发生反转,越是透明,越是不信任,高度透明的社会,恰恰是一个高度不信任的社会,是一个道德基础脆弱不堪的社会。由于信任日渐消失,社会便更加依赖于监控。此外,透明社会完全遵循绩效社会的逻辑,"彻底照亮"意味着"极尽剥削"。③

正如著名社会学家加里·马克斯(Gary T. Marx)所写的那样:这种新形式的控制象征着,操控比强制更好,计算机芯片比监狱的高墙更好,远程的、不可见的过滤器比手铐和管制服更好。因此,微粒社会中的民主和公正,将不只是通过对选战和选民的解析而被改造,也可以通过行政机构正在采用的那些以程序算法为基础的预测机制被改造。而在此过程中,控制权的分布是极其不对称的。公民将会被测评,但他们不能反过来去测评那些测评他们的机构。数字化事物本身的这种矛盾,也会给民主蒙上一层迷雾。这种矛盾将

---

① [德]韩炳哲:《透明社会》,吴琼译,中信出版集团,2019年,第77~78页。

② [德]韩炳哲:《透明社会》,吴琼译,中信出版集团,2019年,第79页。

③ [德]韩炳哲:《透明社会》,吴琼译,中信出版集团,2019年,第79~83页。

会挑战法治国家的制度,使其陷入最危险的境地。[①]

由此可见,数字化时代的治理悖论就表现在,高度不透明的数字化机器,正在创造着无法辩驳的透明;数字化时代的治理难题体现为:我们怎样才能在将程序变得透明、对审查开放的同时,又不忽视公司和国家对于保密的正当诉求,我们需要弄清楚,数字化是如何一路让看不见的现象得以显现的。与此同时,不断被谈到的,还有神秘的电脑以及冷酷的程序。它们被认为是一种"幽灵般的存在",一些信息技术专家甚至喜欢称它们为"无法触及的、复杂的和难于理解的",这让它们更加难以掌控。于是微粒社会的核心中存在这样一个悖论:那些高度不透明的数字化机器,正在创造着无法辩驳的透明。这样的对立也让我们的制度不堪重负。国家陷入压力,一方面要保护民众,使之不为数字化耀眼的光芒所伤;另一方面又要将光芒照进机器的黑暗当中。这正是微粒社会中国家的一项艰巨任务。

这个既不透明又透明的悖论,会使我们在思考智能机器及其内在算法时,陷入一种独特的混乱。一方面,智能机器及其内在算法将决定我们的生活,控制我们的行为,化身为一种新的、几乎无法控制的权力,影响人类存在的方方面面,在统治着、影响着我们的同时,规训着我们,而这一切正是源于它对我们无情的透视和计算。另一方面,人类却无力地站在程序的对面,面对"看不见的机器",仿佛它们已经摆脱了人类的控制。由此,人类需要经历的,仿佛是一个"不可见的世纪"。按照这种解释逻辑,数字化的机器已经拥有了巨大无比的权力,而且是完全虚无的权力,它们能够看穿一切,但自己却无法被看穿,这样的存在,以前的人们称呼之为神。哲学家温迪·楚(Wendy Chun)指出,程序将会成为一切"不可见的却又有着巨大影响力的事物"的"强有力的隐喻","从基因密码到市场的'看不见的手',从意识形态到文化"。与此相应,有关电脑的类比也在被广泛地使用。据说,我们的基因密码也是数字化的,正如电脑代码一般。还有作者认为,我们的文化也是可以再编程的,我们的大脑就是一台由神经元构成的电脑,进化就是对我们的"编程",而基因密码每天都在被不断写入:"我们才是机器人,不断被写入新的基因,却对此茫然无知。"一切都是电脑,人也不例外。

[①] [德]克里斯多夫·库克里克:《微粒社会》,黄昆、夏柯译,中信出版社,2018年,第151页。

但首先这种想法是错误的;其次,我们也不愿接受这样的想法。它其实把一些最为世俗的东西神化了。电脑并不神秘,恰恰相反,原则上它比人更容易看穿,因为我们能对它的每个计算步骤的源头进行追溯。这在实践中绝非易事,在原理上却是可行的。假设我们要决定由谁享受一份社会福利,同时确保没有社会群体被亏待,要是由人来决定,虽然出于好意,可能还是会做出非常不公正的选择,因为他们受着深深固化且无意识的偏见的蛊惑。与此相对,程序隐瞒不了它的标准。我们可以核查是否所有数据都已输入;进行数据测试;为了理解运算过程,还可以删除数据或是输入其他数据。这可绝不简单,在搞懂程序的过程中,理论和实践上都存在着很多障碍。但程序的所有决定在原则上都比人更规矩,而且可以追根溯源。对电脑的神秘幻想,掩盖了这个简单的事实。程序在隐秘中运行的原因,不在于它们不可理解,而在于它们被隐藏了。它们被秘密地隐藏起来,程序的所有"谜团"都在于此。那些编写它们的机构,从脸谱网到德国大型电商扎兰多(Zalando),从银行到大学,从社会福利部门到特工组织,将它们视作企业或是国家机密,像保护金矿一样保护着它们。程序的不透明正是这种保密的结果。我们不知道它们在干什么,因此我们有正当理由对数字化感到巨大的不快。我们被看穿了,却又无法回看过去。但这种不透明是人为制造的,是权力的表达而非程序的本质。看清这一点至关重要:我们必须停止将程序神化为"有魔法的力量",因为这样我们正中了那些用不透明手段来为程序作掩护的人的下怀。相应地,问题来了,我们怎样才能在将程序变得透明、对审查开放的同时,又不忽视公司和国家对于保密的正当诉求。这是微粒社会的关键问题之一,因为它直接涉及微粒社会的权力结构。①

总而言之,大数据实证主义正在导致数字化治理的"去政治化"。在今日政治舞台上,伴随政府监视与大工业相结合的"监视工业复合体"的出现,权力精英介入管控,监视技术意识形态化,资本和权力融为一体。在这种监视性意识形态的背后,起支撑作用的是大数据实证主义。所谓大数据实证主义,即认为数据能够解决一切的意识形态幻象。在这种意识形态幻象支配之下,数字化治理及大数据治理被"去政治化",似乎治理的任务可以"实证性

---

① [德]克里斯多夫·库克里克:《微粒社会》,黄昆、夏柯译,中信出版社,2018年,第179~181页。

地"推论得出,而无须从作为主体的人类行为者得出。沿用卢卡奇物化批判的逻辑,大数据实证主义倾向于把一切都简化为"可计算"的量,并由此导致人类行为的物化。对技术能够解决一切的理念和逻辑的批判,在法兰克福批判理论传统中早已存在,霍克海默称之为工具理性,马尔库塞称之为技术合理性。大数据的兴起,在工具理性、技术合理性批判之外增添了一个新的维度,即大数据意识形态批判。它指向的是数字资本主义时代的如下观念:大数据能够控制、解决和克服资本主义的经济和政治危机。然而,作为工具理性的强化,大数据实证主义不但不能克服,反而加深了二元主义、决定论和线性逻辑,并产生了新的支配和剥削。

　　大数据实证主义向日常生活领域渗透,进一步造成数据殖民。除政治领域之外,数字实证主义也渗透到日常生活领域。传感器的小型化和相对低廉的成本意味着它们可以安装在几乎任何地方,从而允许分散式网络收集人们日常生活所产生的数据。互联网用户在社交媒体网络上花费的时间、创造的数据,都成为资本用于行为分析的免费数据。简言之,网络传媒与技术、文化和意识形态一起,建构着人类交往和日常生活的新样态,社会生活越来越被数据或利用数据的平台过度介入,数字资本主义条件下的劳动,通过数字信息和通信技术,与日常生活深刻联系在一起。从 20 世纪 70 年代开始,葛兰西的文化霸权理论,由斯图亚特·霍尔(Stuart Hall)和伯明翰学派扩展为一个完整的媒体和文化研究流派。霍尔认为,文化不仅受到意识形态的影响,而且受到技术的影响。他认为,互联网技术的普及,使得移动电话、高速宽带连接成为生活必需品,新闻信息、观点、意见和评论经由互联网广泛传播。在这种数字技术泛生活化的过程中,意识形态不但没有消失,其支配和统治的逻辑反而更加深刻地根植于文化和社会之中,成为一种隐形的规范,塑造着人们的信仰体系。①

　　除此之外,数字全球化背景下,数字帝国主义对全球数字信息的监控和掠取,严重威胁着各个国家的政治和文化安全。特别是美国经常以网络民主为借口,通过平台垄断和人工智能,推荐、传播美式价值观,肆意干涉别国内政。另外,为维护和强化数字霸权地位,数字帝国主义还不惜动用国家力量

---

① 宋建丽:《数字资本主义的意识形态批判》,《中国社会科学报》,2021 年 3 月 23 日。

发起贸易战、科技战,以此打压竞争对手。①军事工业借助网络化,不断加强对全球政治经济格局的掌控。监控资本主义从胚胎开始,就注定不仅仅局限于经济领域。从棱镜门及其他泄密事件看,互联网巨头与美国军方、国家安全局之间有着紧密的合作关系,资本主义国家事实上构建了"军工—数字复合体""政府—公司监控复合体"的公共和私人监控网络体系。军事工业借助网络化,加强对全球政治经济格局的掌控。在第二次世界大战结束后,为实现对社会主义阵营的"钳制",树立世界政治与经济霸权,美国在世界范围内到处驻扎军队,进行军事干预,逐步组建起一个由军队、军工企业和政府组成的"军事工业复合体"。美国的军事化战略并非旨在维护世界和平,而是为了进一步加强对全球的控制。要实现这一目标,其军事工业发展的核心,就必须聚焦在信息与传播技术上。美国遍布全球的军事行动,不仅要求有完善的信息传播基础设施的支撑,而且还要求具备迅速精准的情报获取能力以及战争宣传能力。这种军事化与网络化互相促进的过程,使得"数字资本主义被视为一种永久性的、普遍军事化的社会形态"②。

总之,数字资本主义的崛起,使剥削、不平等、支配、商品化等传统危机在信息时代继续存在。赫伯特·席勒提出"信息地缘政治"概念,强调信息对于实体空间的影响与控制,他认为,算法对网络空间地缘政治的影响,主要体现在算法权力带来的数字鸿沟和国际信息操纵两方面。数字鸿沟在算法的加持下,使发展中国家与发达国家在网络空间中的差异愈加明显。大型互联网平台的跨国运行,使其算法也完成了国际化传播,当算法成为收集展示信息的关键引擎后,操纵他国舆论就成为可能。经由算法操控,西方发达国家得以在社交媒体网络蓄意散布误导性的、歪曲事实的信息,利用算法、自动化和大数据分析等方式操纵公众舆论,形成互联网时代的"计算宣传"。各国的网络媒体平台,在网络空间这个除"陆海空天"之外的第五空间,形成了多"极点"。在众多"极点"的影响聚合下,形成了新的国际规则体系,构建了不同的网络文化,形成了网络地缘政治中的新型国际关系。

---

① [以]尤瓦尔·赫拉利:《反思数字化时代资本主义批判范式》,中国社会科学网,2021 年 12 月 28 日。

② [美]丹·希勒:《数字化衰退:信息技术与经济危机》,吴畅畅译,中国传媒大学出版社,2017 年,第 51 页。

三、全球数字治理与人类数字文明新愿景

随着全球化的深入发展,数字经济发展不平衡,传统的全球治理机制遭遇冲击,新的数字治理规则尚未建立,数字治理的制度供给缺失,多边治理机制乏力、秩序不合理等问题日益凸显,保护主义、单边主义思潮抬头,传统的全球治理体系已无法适应数字全球化时代的发展要求, 治理赤字呈现加剧趋势。在数字平台监管、人工智能伦理等诸多重要议题上,全球数字治理内在困境愈发凸显,全球治理体系面临碎片化风险。①

首先,数字贫困引发治理赤字。所谓数字贫困,是指数字化时代由于与数字技术相融合的程度低下而产生的贫困, 这种贫困放大了社会中既有的贫富分化、地区差距、城乡差异,带来贫困的叠加效应,催生出大量的"数字穷困地区"和"数字穷人"。在既有的社会生产力发展不均衡的现实背景下,数字化技术的应用和普及也呈现出广泛的国家、地区和个体性差异。受限于原有科技实力及教育素质的差异,不同国家、地区的不同个体,并不能平等地接入网络,并不能平等地进入网络,也不能平等地使用网络。换句话说,网络化数字化时代,人们接触数字技术的机会、掌握数字技术的能力,以及使用数字技术产品的能力并不均等,由此带来收入的不平等、地位的不平等以及未来预期的不平等,"数字鸿沟"的存在已经是不争的事实。

不仅如此,在越来越残酷的市场竞争、国际竞争的背景下,数字霸权主义兴起,西方发达国家和跨国企业为进一步获取垄断优势和超额利润,垄断关键的数据资源,封锁数字核心技术和数字创新成果,与部分富人和精英享受数字技术带来的增益相比,穷人只能在汹涌的信息化、数字化浪潮中苦苦挣扎,在不断地被排挤和被抛弃中,沦为数字时代的"弱智弱能"者,甚至沦为微不足道的"智能机器的奴隶",而这无疑会加剧"贫者愈贫,富者愈富"的发展趋势。伴随数字化技术、智能技术的普及应用带来的结构性失业大潮,生产的智能化及产业的转型升级使无法更新技能、融入社会的"数字穷人"彻底丧失劳动的价值,被视为"无用阶级"而被无情抛弃,接受失业、彻底被

---

① 《全球数字治理白皮书(2020 年)》,中国信通院发布。

边缘化,就是等待他们的命运。曼纽尔·卡斯特(Manuel Castells)将这种状况形容为"信息化资本主义黑洞",用来描述"数字穷人"的生存状况,他们没有"剥削的价值",被排斥在全球化的经济或社会体系之外,他们被视为"多余的人",被社会无情地抛弃。人通过劳动而成为人,劳动是人的神圣权力,通过劳动,人们才能实现自我肯定,才能获得尊严,才能最终实现自我价值。然而数字化时代数字穷人被取代、被排斥、被抛弃,不仅导致其生活意义丧失,导致其存在变得荒谬,而且更为严重的是,总有一天,这种被排斥和被抛弃,会给人们造成巨大的精神和心理压力,这种压力甚至大到让人们无法忍受。反过来说,这也可能成为解构社会,甚至颠覆现存社会秩序的破坏性因素。

第二,算法控制引发治理赤字。联合国儿童基金会创新主任托马斯·戴文认为,目前人工智能算法所使用的数据大多来自发达国家,这意味着它们几乎是在"茧房"中运行,嵌入具有偏向性的设定,并主要解决发达国家的需求。用于训练 AI 的数据生产并不平等,主要来自富裕国家和人群,机器对于低收入人群的了解仍然不足,并由此导致智能使用上的歧视和偏见。这种歧视和偏见表现在两个极端,除了智能数据收集上对弱势人群的忽视之外,主要是由于智能技术使用不当,导致弱势人群隐私泄露,从而对弱势人群带来的智能暴力伤害。

在根本意义上,数字技术本应是人类追求自由、解放和美好生活的手段,然而,一旦技术与资本携手形成超级权力,技术就有可能反过来变成"数字利维坦",转而全方位控制人类。霍布斯的《利维坦》一书本意即国家成为至上的权力,数字利维坦即数据公司,头部企业,成为一种新的至高权力,个体权利要让渡给它,寻求它的保护。特别是 2020 年以来,以数字技术、人工智能、大数据、自动驾驶等为代表的新科技,以前所未有的广度和深度渗透到人类社会的生产生活中,带来人类社会关系形态的深刻变革,也引发了人们对智能社会未来发展持续不断的探讨热情。目前已基本形成如下共识:数字化技术的发展最终是为了造福人类,因此可持续发展的数字技术应至少包含如下核心要素,即科学、人本、包容、普惠、共享,从而助力于塑造公平正义的全球治理新秩序,共同追求繁荣发展的人类美好未来和人类数字文明新愿景。

第一,需要警惕伴随技术变革而可能增加的不平等风险。然而,指出这一点并不意味着我们应该废除数字化技术返回到前现代技术，由于人类所遭受的数字异化是一个无法逆转的过程，因而不能简单化地处理人类的生存与数字化和算法、智能等技术之间的关系，也不应对数字化和算法技术产生盲目抵触和反抗心理。我们必须始终清醒地认识到：试图主张倒退到前现代，倒退到一个没有被数字"玷污"的浪漫主义的伊甸园是行不通的，数字技术革命带来的巨大变革，正在形成一种生产方式、生活方式、思维方式的巨大变革，正在演化出一种人类数字文明的新形态，人们必须以一种新的文明方式去理解世界和把握世界。

第二，要重视地缘政治在网络空间中的发展。互联网平台治理在传统内容的基础上应嵌入互联网治理因素。各国的网络媒体平台，在网络空间这个除"陆海空天"之外的第五空间，形成了多"极点"，在众多"极点"的影响聚合下，形成了新的国际规则体系，构建了不同的网络文化，形成了网络地缘政治中的新型国际关系。在平台治理研究过程中，地缘政治在网络空间中的发展值得重视。聚焦地缘政治的基础地缘体即互联网平台，分析其算法，明晰其基准行事，探讨网络空间中的地缘政治格局，有助于确定互联网全球治理的边界，促进全球网络空间的健康、有序、公平发展。

第三，全球数据治理应以实现全球数据共享，开发有助于应对贫困、健康、饥饿和气候变化等重大全球发展挑战的公共产品为目标。鉴于 5G 和物联网的应用，以及新冠肺炎疫情大流行引发的数字化、智能化加速，全球数据治理变得更加重要。如果没有一个公平正义的全球治理新框架，数据共享取得的进展可能会出现倒退，还可能加剧数据收益分配的不平等。为保证数字技术造福于人类的根本目的，警惕技术与资本携手形成的超级权力造成数字异化，我们就需要在人类命运共同体理念下，积极倡导全球合作，达成共识，促进负责任的人工智能准则的制定，呈现公共数据共享、人工智能发展安全对于全球风险治理方面的未来意义。是数据共享造福人类，还是数据私有服务于资本赢利，是两种截然不同的文明走向和结局。

第四，推动数字技术使用的民主化。开放数据，释放其价值，创造新的生产力与保障国家数据安全，加强个人信息保护之间的平衡，是全球数字治理需要处理好的核心问题。首先要按照公正原则，完善制度设计，既抑制"资本逻辑"的泛滥，也防止"技术逻辑"为所欲为。推动数字技术使用的民主化，对中低收入国家数字技术的专业能力和专业技术建设进行投资；建立治理体系，让第三方评估机构了解算法如何运作，从而保证数字技术的应用是不倾斜于任何人群的。同时，建立健全社会福利和保障体系，对落后国家、地区、企业进行扶持，对数字化进程中的弱势群体和数字穷人进行救助，维护他们的尊严和合法权益。

第五，消除蔑视和偏见，在平等承认的基础上，建立对弱势人群敏感的算法体系，助力人工智能构建可持续和包容的未来，以促进数字技术使用中的文化正义，促进全球治理中对弱势人群的包容性和接纳性。在推动数字技术大规模使用的同时，要制定合适的治理准则以确保相关技术的安全性，降低滥用数据和侵犯个人隐私等风险。要规范对数字技术的社会使用，倡导平等尊重和社会接纳，避免不平等对待和歧视。

习近平总书记强调，"数字经济是世界经济发展的重要方向。全球数字经济是开放和紧密相连的整体，合作共赢是唯一正道，封闭排他、对立分裂只会走进死胡同"[①]。在不确定性和风险日益增加的后金融时代，数据安全风险也与日俱增，攸关国家安全、公共利益和个人权利，对全球数字治理构成新的挑战。面对全球数字治理的赤字，各国亟须加强沟通，坚守多边主义、倡导公平正义、携手合作共赢，建立互信、密切协调、深化合作。当然，就目前全球范围来看，统一规范的数字经济治理框架还不具备，各国在数字经济治理上缺少共识，相关规则孤立且零散，无法形成有效的治理模式与完整的治理体系。换言之，数字化智能化时代的新挑战，使得旧的全球治理体系表现出供给不足、无法充分应对时代新挑战的特点，数字经济领域的国际合作面临政治考量、意识形态和文化安全等多方面的重大考验。[②]为自觉应对网络时代的风险和挑战，创造人类数字文明新形态，中国提出破解当前全球数字治理赤字、提升全球数字治理能力、共同构建全球网络安全命运共同体的中国方案。中国积极倡导开展双多边的数字治理合作，推动建立开放、公平、非歧视的数字营商环境，推动制定网络空间国际规则，促进经济文化和社会的可持续发展，努力消除数字鸿沟；秉持共商共建共享的全球治理观，积极主动

① 习近平在亚太经合组织领导人非正式会议上的讲话，2021年7月16日。
② 王毅在全球数字治理研讨会上发表的主旨讲话，2020年9月8日。

向世界提供数字治理公共产品,加快构建数字合作新格局,让更多国家和人民搭上信息时代的快车,共享数字技术发展成果。在开启人类数字文明新时代的征程中,中国无疑将发挥更加重要的建设性作用,坚定践行"对话而不对抗、包容而不排他,努力扩大利益汇合点、画出最大同心圆"的全球治理观,激发数字经济合作的潜能和活力,造福全世界人民。

四、结语

数字技术的加速运用,既可能加剧全球不平等,也可能成为扭转全球不平等加剧的催化剂。也就是说,如果不能摆脱资本利益的主导和羁绊,数字技术的加速发展和运用无疑会加深已有数字鸿沟,进而造成碎片化和离心化的社会撕裂,最终危及社会发展,危及全球治理秩序,破坏数字技术的良性发展进程;反之,如果在不断创新、完善数字技术运用的同时,始终自觉考虑如何应对可能的风险和不平等挑战,自觉摒弃排斥、控制和竞争的价值观,代之以包容、共享和互惠的价值观,从而减少可能扩大的脆弱性的不平等,则可能导向弥合数字鸿沟、加强全球向心力和凝聚力的数字文明的美好前景。简言之,数字技术的加速使用,改变着以技术为中介的人与世界的关系,这种发展趋势是强化、加速对弱势群体的边缘化和排斥,还是会促进社会包容和凝聚,将成为数字技术加速使用可能导向的两种不同路径,遵循社会达尔文主义的理念还是命运共同体的理念,以资本为中心还是以人民为中心,是两种不同选择。选择前者,只能将数字技术的发展导向一条"不归路";选择后者,才能保障数字技术的安全发展,实现数字技术造福人类的根本目的。

宋建丽(天津大学马克思主义学院)

化用、承认和扰沌：
数字时代的自我意识形态 *

他者，一个他者的幽灵，在数字空间中徘徊。

或许，我们每一个人在进入数字空间时，不免会有这样的感觉，在我的搜索引擎、购物界面、短视频 App，甚至是地图导航中，似乎有一种力量，支配着我们的选择。我购买商品之后，总是有一些我们熟悉且希望看的商品弹窗出现屏幕上，我刷的短视频之后，后面接连出现的短视频也大多符合我个人的兴趣，在高德导航或百度导航到某个地点之后，可能会向你推送你大概会喜欢的餐厅和酒店。一切都看起来是那么的自然而然。仿佛有一只看不见的手，将我们拽进了一个自己十分熟悉的世界。但是这个世界并不是我通过我的实践活动构造出来的世界，与我们自己筑造栖居的家园不同，这是通过背后的算法和大数据分析得出的数字绘像，能十分准确地判断我的偏好和性格，我的职业习惯和爱好，甚至我们无法直接描述的审美倾向，在数字算法的计算中，也能找到符合我们自己口味的感觉。我们在惬意享受这一切的同时，不由想到，难道在屏幕的后方存在着一个比我自己还了解我的他者，我所希望看到的、听到的、享受的一切，都在这个他者面前一览无余。而我们所需要做的就是顺势去享受面前的这一切。这或许就是为什么我们准备看几分钟短视频，结果一下子就刷了一个多小时的原因吧，这既是我们自愿的沉溺，也并非是出于我们自我意识的选择。

当我们熟悉了福柯式的权力批判，我们的生命不再面对监狱或精神病

---

* 本文系国家社科基金重大项目"人类命运共同体视域下 21 世纪西方激进左翼文论批判研究"（项目编号：20&ZD290）的阶段性成果。

院式的暴力规训时，我们是否仍然可以成为权力的产品？这既是一个生命政治学的问题，也是一个当代主体哲学必须面对的问题。在大数据和智能算法在数字空间里制造了一个对我的习性十分熟悉的他者，而这个看不见的他者以我所期望的方式，让我变成巨大的权力机制的一部分时，我们仍然面对着福柯的规训机制的难题，即我被一个无形地凝视着我的他者所监控，我在其中成为一个正常的人。但除此之外，更重要的问题是，这种无形他者的出现，是否在一定程度上冲击了自从启蒙以来的主体的自我意识，以及在这种自我意识之下的生命的意义？而自我意识如何去面对另一个自我意识的他者的存在？实际上，我们面对的他者并不止一个，至少，在黑格尔的《精神现象学》中，我们就面对着两种不同的他者。此外，在数字空间中，随着智能技术和大数据技术的发展，产生了一种新的他者形象。对这个新他者的形象的理解，我们仍然需要回到黑格尔那里，找到理解新他者的门径。

一、物的化用：作为第一他者的对象

在美国黑格尔研究学者罗伯特·皮平（Robert Pippin）看来，在整个德国古典观念传统中，黑格尔最特别之处并不在于他对自我意识的阐述，而是他将自我意识引入一个社会维度，"黑格尔认为，这样的尝试和成就本质上是社会性的，必然涉及与他者的关系。关于现实化作用的最后一个问题开始引入了这样一种依赖性，但是从一开始就很难理解为什么其他人需要参与到亲密性和私密性中来，这看起来似乎只是自我与自身关系的特征"[1]。寥寥数语，皮平十分清楚地概括了黑格尔与之前的观念论，尤其与康德和费希特等人的区别所在。简而言之，在费希特等人的自我意识哲学中，自我与自身关系的问题，是一个纯粹的内在性问题。它属于主体的内部，在自我意识设定的运动和变化中完成转变，这种自我与其自身的关系，并不涉及外在世界中的存在。即便涉及外在客体，在一定程度上，客体也是被设定的存在物，在经过主体意识的运动后再返回自身，成了自我意识的内在内容。

显然，黑格尔走了一条不同的道路。他敏锐地意识到，不可能在平整的

---

① ［美］罗伯特·皮平：《黑格尔论自我意识》，马晨译，华夏出版社，2022年，第23页。

自我意识的框架下来消化一切对象，而对象或客体并不是为自我而存在的存在物。在一定程度上，它总是无法完全被自我意识的设定所消化，即对象总是会呈现为一种他者存在，并挑战着主体存在的自我意识。如果不引入无法被内在自我意识所消化的他者概念，主体的自我意识便无法完全摆脱定在的范畴，无法实现对自我的超越。因此，黑格尔指出："与此同时，对意识而言，他者不仅为着意识而存在，而且在这个关联之外也存在着，是一种自在存在。他者是真理的一个环节，也就是说，意识在其自身内认作是自在体或真相的东西，就是我们要寻找的那个尺度，这是意识自己建立起来的，用以衡量它的知识。"①在这段话中，黑格尔强调了他者而实际上包含两个不同的部分，一部分是"为着意识而存在"，即这部分的他者或对象，在一定程度上符合意识的设定，属于意识谓词规定中一部分，从而可以很轻易地返回到自我意识之中，成为自我意识的自为存在。但是黑格尔继续指出，他者还存在着在自我与对象的关系设定之外的存在，被黑格尔命名为"自在存在"。与"为着意识而存在"的区别在于，后者才是构成黑格尔"真理"或"实际性"的一部分，也就是说，我们的自我意识运动，并不像德国古典观念论传统认为的那样，是一种平滑而顺畅的运动过程。与之相反，黑格尔看到了一个无法完全被自我与对象的关系设定所消化的他者，而只有在面对这种无法消化的他者面前，我们才真正遭遇了所谓的"真理"，那么其中隐含的意义在于，那种自我与对象的统一性关系并不是真理，或者说不是真理的全部，自我意识只有在真正遭遇它无法消化的他者时，才能完成对自我的扬弃和升华。在《精神现象学》的一个早期版本中，黑格尔似乎更直白地指出了无法消化的他者和自我意识走向真理过程的关联：

　　但正如这个进程的序列一样，也有必要将这个目标放进认知之中；这目标就存在于认知不再需要超越它自身之处，就存在于它找到了自己，并且概念符合于客体，客体符合于概念之处。所以，取向这个目标的进程也是不停顿的，是不在以前的任何过站上找到满足的。凡是局限在一种自然生命上面的东西就不能够由它自已来超越它直接的定在；但它会被一个他者逼迫来

---

① ［德］黑格尔：《精神现象学》，先刚译，人民出版社，2013 年，第 54 页。

做这种超越，而这样被破拽出来，就是它的死亡。①

　　在这里，黑格尔不仅指出了他者相对于自我意识运动的真理性，即意识必须通过一个他者，才能实现自我意识的升华。更重要的是，这种他者的介入，或者说他者对自我意识的超越，并不是自我意识直接实现的。它不会满足于"客体符合概念指出"，而是被"逼迫来做这种超越"，从而超越其是其所是的定在。这种与无法消化的他者的相遇，不再是遵守原先设定的意识的模式，而是必须在一个否定性的框架中，对自我意识进行反思，从而将对象重新纳入一种新的运动中。也正是在与他者的遭遇中，黑格尔与其他的德国古典观念论传统拉开了距离。因为与他者的相遇，自我意识运动不能保持自我同一性和肯定性的运动，而是必须被否定改变，这种被改变的运动痕迹，让那个在主体内部设定的主体与对象之间的统一体发生了分裂。所以黑格尔进一步指出："统一体分裂了，因为它是一个绝对否定的统一体，或者说一个无限的统一体。统一体是一种持存状态，正因如此，差别也只有在统一体之内才具有独立性。形态的独立性显现为一个特定的事物，显现为一种为他存在，因为它是分裂的东西。就此而言，对于分裂状态的扬弃是借助于一个他者发生的。但是统一体本身仍然包含着一个他者，因为那个流体恰恰是那些独立的形态的实体，而这个实体却是无限的。"②

　　事实上，问题并不在于自我意识在面对无法消化的他者时会走向分裂，即对原初的意识的否定，而是如何从这种分裂和否定重新走向统一和肯定。而这种经过分裂和否定的过程所形成的对他者-对象的吸纳，成了自我意识升华和扬弃的必经阶段，也是自我意识在通向绝对真理必须面对的困境。在《精神现象学》的第四章，即"自我确定性的真理"中，黑格尔实际上通过两种不同的他者来处理这个问题。一种是作为对象的他者，这种他者并不具有自我意识，尽管这种他者也试图摆脱自我意识的控制，但是它并不构成对自我意识真正的挑战。在这样的他者设定中，黑格尔意识到，"在这个过程中，个体性恰恰扬弃了它与他者之间的对立，而个体性之所以是一个自为存在，恰

---

　　①　G.W.F.Hegel, *The Berlin Phenomenology*, trans. M. Petry, Riedel, 1981, p.55.

　　②　［德］黑格尔：《精神现象学》，先刚译，人民出版社，2013年，第114页。

恰是依赖于这个对立。"①简单来说,黑格尔认为与个体有差别的他者,并不是对自我的真正否定,因为自为存在的个体正好就是在自我与他者的概念差别基础上出现的,在这个意义上,由于自我意识的运动,反而可以将这些有差别的对象纳入个体性中,这就是黑格尔所谓的"普遍的消解过程"。霍耐特的弟子,拉合尔·耶齐(Rahel Jaeggi)使用了"化用"(Aneignung)②的概念,更恰当体现了黑格尔在面对作为他者的对象被主体的自我意识消解过程。耶齐说:"反过来说,异化的取消并不意味着回到与自己和世界的不可分割的一体,而是反过来是一种关系,一种化用的关系。……这种化用关系应该被理解为一种生产关系和一个开放的过程,在这个过程中,化用总是同时意味着:对给定事物的整合和改造。"③也就是说,尽管作为他者的对象总是在一定程度上抵抗着主体的化用和改造,但这个过程是开放的,在我们不断地面对他者过程中,作为差异的对象不断地被化用到主体的自我意识范畴。总而言之,当主体意识面对一个无法消化的对象时,对象成了一个对象化的他者,在化用过程中回到了自我意识,并完成了运动。对于化用概念,我们可以从以下三点做进一步的理解:

第一,意识与作为他者物的遭遇是外在的,例如主体遭遇了一个从未见过,也对之没有任何认识的物,这个物是一个对象(Gegenstände),这个德文词的原意是处在我对面的东西,我无法描述它,对之没有任何认识。然而,意识只有在通过这种绝对矗立在主体对面的对象的化用,才能实现自己的圆满。如果排斥这样的对象,意味着意识永远是有限的残缺的意识,只有通过化用,将矗立在我们对面的对象纳入自我意识之中,自我意识才能实现圆满。

第二,对象的化用,实际上有两种。一种是认识上的化用,如对从未见过的事物的命名,让其在主体的认知结构中具有一定的位置,从而赋予对象一定的定位;另一种是实践上的化用,例如当主体看到一棵大树,通过自己的

---

① [德]黑格尔:《精神现象学》,先刚译,人民出版社,2013年,第115页。

② 对于耶齐的 Aneignung 的译法,笔者参考郑作彧教授的译法"化用",对于"化用"一词的详细解释,参见郑作彧:《化用的生活形式,还是共鸣的世界关系?——批判理论第四代的共识与分歧》,《社会科学》,2021年第3期。

③ Rahel Jaeggi,*Entfremdung:Zur Aktualität eines sozialphilosophischen Problems*,Suhrkamp,2016,p.20.

劳动（Arbeit），让这棵大树变成木材，进一步加工成家具。在这个意义上，曾经在与他者（大树）遭遇中的对象，在实践的化用下，变成了归属于主体的所有物（Eigentum）。在后一种意义上，物或对象的化用具有本体论的含义，即通过劳动的化用，主体得到了对对象的占有，从而让化用之后的对象成为主体的一部分。家具不再是与自我意识格格不入的外在物，而是被化用为主体生活方式的一部分。

第三，问题并不在于对对象的完全化用和占有，而是在于通过化用，主体的自我意识得到了圆满，从而进一步让主体的生命及自我意识得到扩展和变化。在这个意义上，耶齐指出："我们不要认为原初创造和生活形式之下的实践的化用有着天壤之别。由于化用过程（我们是从褒义角度使用这个词），生命形式不断得到再造。即便化用不是无中生有，但它们总是在化用过程中塑造和改造。"①换言之，在自我意识对对象的化用过程中，被改造的不仅仅是对象，也包括自我意识本身，自我意识在化用过程中不断脱离了原先设定的运动轨迹，在与不同的作为他者的对象遭遇的过程中，实现了生命的变形和转变。

不过，在物的化用过程中，自我意识事实上并没有遇到挑战，依照黑格尔的说法，真正的挑战并不在于物的对象，而是在于面对另一个具有自我意识的他者。他指出："一个自我意识为着另一个自我意识存在着。只有到了这个地步，自我意识才真正成其为自我意识，也只有在这个过程中，自我意识才通过一个他者获得自身统一。"②这就是皮平所说的黑格尔在自我意识哲学中引入了社会性的原因，真正的他者不是物质性和无机性的他者，而是有生命的他者，与另一个作为自我意识的存在者的相遇。

二、主奴关系：第二他者的承认

显然，当我们遭遇第二类他者，即与我们同样拥有自我意识的他者时，我们不能采用化用的态度。因为化用在总体上意味着需要按照主体的自我

---

①　Rahel Jaeggi, *Kritik von Lebensformen*, Suhrkamp, 2014, p.131.

②　［德］黑格尔：《精神现象学》，先刚译，人民出版社，2013年，第117页。

意识来改变对方,这意味着自我意识在遭遇到另一个自我意识时,一开始不可能是和平的,黑格尔的用词是"生死较量"(Kampf auf Leben und Tod),其原话是:

> 既是对方的行动,也是自己的行动。如果把这看作是对方的行动,那么这意味着,双方都企图致对方于死地。但这里面又包含着另一种行动,亦即自己的行动。至于前一个行动,则有搭上自己的性命的危险。双方都是自我意识,相互之间有一个特定的关系,即它们通过生死较量来考验自己和对方。它们必须进行这个较量,因为双方都必须把各自的自身确定性(即确信自己是一个自为存在)在对方那里和自己这里提升为一个真理。①

于是,两个自我意识之间的"生死较量",要么意味着一方的死亡,只剩下一个自我意志,直到这个自我意识遭遇第三个自我意识时为止;要么一方屈服,并且由于这种屈服,使两个自我意识的地位发生变化,形成了不平等的主体关系,即一方是主人,另一方是奴隶。黑格尔指出:"它们是作为两个相互对立的意识形态存在着。一个是独立的意识,以自为存在为本质,另一个是不独立的意识,以生命或为他存在为本质。前者是主人,后者是奴隶。"②这样,黑格尔并没有像之前的观念论那样,将主体的自我意识看成一种类型,而是将其分成了两类,即在生死较量中,屠弱的一方成为奴隶,而支配的一方成为主人,主人和奴隶各自拥有完全不同的自我意识。

首先来看奴隶。在暂不考虑主人情况下,奴隶的自我意识基本上与单纯主体的自我意识无异,因为奴隶主体面对的就是真正对象,对他者—对象的否定和化用,并返回到奴隶的自我意识,形成了整个循环,所以,黑格尔明确指出:"奴隶是一般意义上的自我意识,他同样也是以否定的方式相关联,将物扬弃。但物同时也是独立于奴隶的,所以奴隶在他的否定活动中不可能一劳永逸地将物消灭掉,换言之,他仅仅对物进行加工改造。"③也就是说,在主

---

① [德]黑格尔:《精神现象学》,先刚译,人民出版社,2013年,第120页。
② [德]黑格尔:《精神现象学》,先刚译,人民出版社,2013年,第122页。
③ [德]黑格尔:《精神现象学》,先刚译,人民出版社,2013年,第122~123页。

人不在场的情况下，奴隶完成的一般性的自我意识运动，对对象—物的否定和改造，本身也是整个自我意识运动的完整循环。

但是与一般的自我意识主体不同的是，这里多出了一个主人。主人的地位凌驾于奴隶之上，主人并不直接与对象物发生关系。他无法通过对物的否定和化用来实现自我意识的升华，所以主人的自我意识运动是另外一种运动。为了分析主人的自我意识运动，黑格尔显然把主人的自为存在的意识过程分成两个密切相关的部分。首先，与物的关系。这个部分显然是通过奴隶的自我意识运动来完成的，奴隶对对象物的化用，是主人自我意识完成的前提；其次，由于主人无法与物建立直接的联系，所以主人必须通过一个自我意识的他者，来实现与物的联系，这个他者就是奴隶。奴隶对物的化用，形成了劳动产品，如奴隶通过自己的劳动制造的家具，并没有留在奴隶手里，而是交给了主人，让主人在对化用之物的享受时，实现了其自我意识的圆满。黑格尔说："主人与物之间的关联转变为一个直接的关联，转变为对物的纯粹否定，换言之，这个直接的关联是一种享受。主人做到了欲望没有做到的事情，即以享受为目的，在享受中得到满足。"①但是在主人对化用之物的享受时，还存在一个根本问题，由于作为他者的对象物并不是来自主人主体的否定运动，而是来自奴隶，主人并不能自然地获得对物的享受，其中必须通过奴隶主体的中介。也就是说，倘若没有奴隶的存在，主人便无法直接享受物质产品。于是，为了源源不断地享受，主人还需要另一个过程，这个过程就是承认。

奴隶为什么要将它的自我意识之下的化用之物交给主人呢？仅仅是出于对主人暴力的恐惧吗？显然，黑格尔并不希望将主人和奴隶的关系建立在暴力基础上，因为这意味着主人和奴隶之间的关系并不稳定。因此，在主人和奴隶关系上，若让其关系获得相对稳定性，即主人可以源源不断地从奴隶身上获得化用之物，就需要另一个过程：承认（Anerkennung）。在奴隶的劳动过程中，不仅要实现对物的化用，他还需要进一步将自己设定为一个"无关本质的东西"，黑格尔指出："在这里，'承认'这一环节已经昭然若揭，也就是说，另一个意识即奴隶作为一个自为存在将自己扬弃，因此他对自己所做的

---

① ［德］黑格尔：《精神现象学》，先刚译，人民出版社，2013年，第123页。

事情正是主人对他所做事情。同样,在另一个环节那里,奴隶的行动就是主人自己的行动,因为奴隶所做的事情真正来说是主人的一个行动。"①简言之,奴隶虽然可以自主行为,但他的行为不是他自己的行为,而是通过"承认",他承认自己的行为是主人的行为,他承认自己不是独立自我意识的主体,而是主人自我意识的代理人(agent)。具体的结构我们可以用下图来表示:

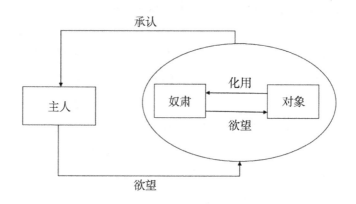

我们必须明白,奴隶将自己作为主人自我意识的代理人,是一个自我意识与另一个自我意识,即作为他者的自我意识相遇的结果。在"生死较量"中,作为他者的自我意识放弃了自己的独立地位,从而将自己的自我意识交给主人的自我意识, 这个过程就是承认。承认仅仅代表着奴隶对主人的承认,而不是主人对奴隶的承认。承认是单向度的,而不是双向的互相承认。因为,在黑格尔那里,承认意味着对主体自我意识的扬弃,从而将自己的行为变为另一个自我意识的代理,换言之,承认意味着自我意识的他者化,即当奴隶承认主人的时候,必然意味着其自我意识沦为主人的他者,而主人不是通过一个完整圆满的自我意识,而是通过奴隶的承认,将奴隶的自我意识他者化,实现了主人自我意识的运动和圆满。他者化意味着奴隶的自我意识在承认过程中,丧失了本质,只能充当主人自我意识的代理人。也正是在这个意义上,黑格尔才明确指出:"一个无关本质的意识成为主人的对象,并构成了主人的自身确定性的真理。"②也即是说,第二他者就是丧失了本质的自我

①　[德]黑格尔:《精神现象学》,先刚译,人民出版社,2013 年,第 123 页。
②　[德]黑格尔:《精神现象学》,先刚译,人民出版社,2013 年,第 123 页。

意识,他并非直接来自与陌生事物的遭遇,而是来自两个自我意识相遇的生死较量,在较量之后,一方放弃了自己自我意识的本质,承认了主人的主体地位,从而将自身他者化,成为主人自我意识的圆满的代理人。

不过,值得注意的是,黑格尔的主奴辩证法在历史上有两个非常著名的变型。一个是以科耶夫为代表的主奴辩证法,另一个是以霍耐特为代表的承认理论。

20 世纪 30 年代, 从俄罗斯逃亡到法国的亚历山大·科耶夫(Alexandre Kojève)在巴黎高师开设的了黑格尔讲座课程,实际上课程的主体部分就是黑格尔的主奴辩证法。不过,科耶夫在对黑格尔《精神现象学》的"自身确定性的真理"部分进行解读时候,认可了主人和奴隶间的承认只是奴隶单向度的承认,例如,科耶夫说:"这种承认是单边的,因为他不承认奴隶的人性的实在性和尊严。"①在这个意义上,科耶夫的确看到了奴隶在承认关系中被他者化,但是科耶夫的他者化的奴隶获得了比《精神现象学》中更广泛的含义。科耶夫说:"主人为得到承认进行斗争和冒生命危险,但是,他仅仅得到了一种对他来说没有价值的承认。因为他只有通过他认为有资格承认他的那个人的承认,才可得到满足。所以,主人的态度是一条存在的绝路。一方面,主人之所以是主人, 仅仅在于他的欲望不针对一个物体,而是针对另一个欲望,因而有一种被承认的欲望。另一方面,在成为主人后,作为主人,他必须得到承认;只有当他把另一个人当做奴隶,他才能被承认是主人。"②不难看出,科耶夫已经颠倒了主人和奴隶关系。在黑格尔的版本中,奴隶的承认是对自己的本质的否定,让自己成为主人的代理人。而在科耶夫的解读中,承认成了主人的焦虑,即如果主人得不到一个他者(奴隶)的承认,他就无法作为主人得到自我意识的圆满。在黑格尔那里,奴隶依附于主人,而在科耶夫的版本中,不是主人支配着奴隶,将奴隶他者化为代理人,而是充满焦虑的主人依附于奴隶的承认,没有承认,主人的存在就会灰飞烟灭。

更重要的是,科耶夫将主人面对奴隶承认的焦虑,转化为了当代人的普遍意识,即我们在社会中的生存,处于对他者承认的焦虑之中,科耶夫说:

---

① ［法］亚历山大·科耶夫:《黑格尔导读》,姜志辉译,译林出版社,2021 年,第 19 页。

② ［法］亚历山大·科耶夫:《黑格尔导读》,姜志辉译,译林出版社,2021 年,第 19 页。

"人希望得到他人的承认,纯粹的欲望成为承认的欲望。这种承认是一种行动,而不仅仅是一种承认。"①换言之,科耶夫显然将主奴辩证法存在主义化了。在科耶夫这里,代表存在意识的不是奴隶的他者化,而是主人面对承认的焦虑,主人实际上并不像《精神现象学》中担心与对象物的关系,而是关心一个无名他者的承认,而他者的承认,在科耶夫看来,已经成为人在世界上存在的第一个命题,即"人必须活着,但必须是(或成为)人"。与马克思不同,马克思认为人存在的第一个事实是吃喝拉撒等生命活动,而科耶夫通过主奴辩证法,将人类存在,人成为是其所是的人,必须得到他者的承认。这里的承认已经不是奴隶对主人承认,而是人在面对莫名他者时,寻求的普遍承认,只有在他者的承认之下,人才能在这个大地上立足。也就是说,在市民社会中,人的存在的标志是被承认,所以科耶夫指出:"人不同于动物,因为人是公民,人只能通过组织在国家中的民族,作为人实现。从根本上说,中介是在社会中和通过社会的活动,这是真正的承认,人承认他者(autre)是人,并被他者承认是人。正是在他者中和通过他者,人才得到满足。"②科耶夫在这里的承认,已经不是在带有主人和奴隶身份的承认,而是一个人面对普遍化他者的承认,人之所以为人的前提就是他者的承认,而人的发展和圆满,也只有通过非具体化的抽象的普通他者的承认才可能实现。

科耶夫的主奴辩证法和普遍他者的承认,显然激发了另一位思想家阿克塞尔·霍耐特(Axel Honneth)对承认问题的思考。不过,霍耐特已经彻底抛弃了主人和奴隶的用法,认为这种主奴关系,并不符合当代政治哲学的主流看法。与不平等的主奴关系相反,霍耐特试图建立相互平等的主体之间的承认关系,所以在《我们中的我:承认理论研究》(*Das Ich im Wir:Studien Zur Anerkennungstheorie*)中,直接用第一主体和第二主体取代了主人和奴隶。霍耐特说:"第一主体与作为在它面前对其自身实施否定的存在者的第二主体相遇了。无论如何,这种说法都可以解释,为什么被观察的主体的本体论需求只能在与他者的相遇中得到满足:如果第二主体只是因为他意识到了第

---

① [法]亚历山大·科耶夫:《黑格尔导读》,姜志辉译,译林出版社,2021年,第21页。

② [法]亚历山大·科耶夫:《黑格尔导读》,姜志辉译,译林出版社,2021年,第57页。译文根据法文原文有所改动。

一主体,才开展了一种自我否定,即一种去中心化的行为,那么第一主体因此遭遇的就是只能在第一主体在场的情况下才能改变自身状态的、实在中的某种要素。"①当霍耐特弃用了主奴关系,而是用第一主体和第二主体这样的词来表述承认理论时,意味着承认理论发生了一个巨大的转变。即从黑格尔的奴隶对主人的单向度的承认,变成主体间的互相承认。我们刚刚看到,科耶夫的承认仍然是单向度的,即他者对主体的承认,但科耶夫的他者是无名的普遍他者,主体无法承认这个普遍他者,只能等待普遍他者的承认,才能在所谓的市民社会中存在。霍耐特在此似乎再次推进了一步,即他的承认是无差别的主体间性的相互承认,主人和奴隶的等级关系不复存在,那么奴隶的承认不再是他者化,沦为主体的代理人,而是一种彼此之间的身份相互承认,即互相承认对方都是市民社会中的公民,可以在市民社会的公共空间中平等地协商和对话。

显然,霍耐特的承认概念,已经与黑格尔的承认相去甚远。黑格尔的奴隶的承认是本体论的,即奴隶在承认之中丧失了自身的本质,变成了纯粹生物学上的生命,即后来阿甘本所谓的"赤裸生命"(bare life)。主人和奴隶正是在有资格的生命(bios)和赤裸生命的不平等关系中实现了现代社会的结构。但是处于腓特烈三世统治的普鲁士王国的黑格尔,可以思考主人和奴隶之间的不平等,但是霍耐特却不行,他将当代新自由主义政治哲学的意识形态带入到主奴辩证法的承认关系之中,从而无法想象在不平等的主体之间的承认的本体论结构。相反,霍耐特的承认只是在现代抽象平等主体之间的身份承认,也就是说,将每一个主体都规训为一个规范性的可以对话的主体,这样的主体就是彼此相互承认的主体。于是,霍耐特将黑格尔的主奴关系的承认变成了一种庸俗化的新自由主义政治哲学的版本,无法理解承认并非在和谐共存的平等主体的对话,而是在不平等的主奴主体的生死较量中获得的。

霍耐特的承认概念的另一个错误在于,黑格尔承认概念的前提是对物的化用,即存在一个地位卑微的奴隶直接面对作为他者的对象物的世界。然

---

① [德]阿克塞尔·霍耐特:《我们中的我:承认理论研究》,张曦、孙逸凡译,译林出版社,2021年,第15页。

而，一旦将各个主体平等化，成为抽象的彼此承认身份的主体间性，立刻表现出来的问题是，当大家都是主人式的主体，应该由谁去直接面对物？西方世界的公民社会存在着主人式主体的相互承认，但不可否定的是，他们将直接面对物的环节转移到了第三世界，也就是说，繁荣的西方世界的彼此承认的公民主体的前提是以广阔的第三世界的奴隶化（他者化）为前提的，没有广大亚非拉世界对第一世界的承认，便不可能有西方世界的相互承认的公民社会。

三、扰沌：第三他者的兴起

当使用苹果手机时，手机的智能助手 Siri 一方面可以帮助我们解决现实的问题，如帮我们在一个城市里找到合适的酒店和餐馆，当然，也可以在无聊时，跟它对话打发时光。当我们与 Siri 对话的时候，我们是否想过，这个正在对话的 Siri 就是一个作为他者的物，还是另一个自我意识？在未来的智能驾驶中，支配汽车的主体已经从人类驾驶员逐渐转向了辅助驾驶的智能，当然，这个智能也可以通过语音与车里的人对话，服从主人的要求。例如，主人说："我想去一个能放松心情的地方。"智能驾驶的助手并没有在主人这里得到特定的导航地点，但这并不影响它经过数据搜索，给主人提供一个备选方案，因为这台智能驾驶的汽车已经将主人曾经去过的娱乐或放松心情的地方的数据留存，当然，智能驾驶的备选方案绝不是简单地在主人曾经去过的地方里选择几个，而是对主人经常去娱乐的地方，做一个对主人爱好和倾向的描绘，然后在地图上搜索出类似的地点，经过分析筛选，然后提供两三个选择给主人，让主人做出最后的决定。主人看到智能屏幕上给出的决定，感觉很满意，然后在几个选项中选择了一个作为目标地点。问题在于，这一切看起来都是由主人的自我意识来决定的，但是在主人的自我意识决定的背后，却是智能驾驶汽车通过 5G 通信网络实现的万物互联，进行反复的数据比对和筛查做出来的，而且最重要的是，智能助手已经对主人的秉性和爱好做出了分析，助手已经比它的主人更了解主人自己，从而把握的主人的喜好，让主人的自我意识仿佛体现出他自己的自由意志一样。

这就是数字时代的自我意识的新问题：无论在淘宝、还是在抖音，以及在智能助手和无人驾驶等领域出现的一个新的状况，在主人的自我意识认为支配着一切的时候，实际上在智能助手那一声"主人！我能为你做什么？"背后，已经被智能算法和数据分析计算了一切，我们选择了智能助手为我们选择的方案，而且仿佛一切是在我们自己的自我意识支配下进行的。正如约翰·切尼–利波尔德指出："当我们登录网站，进入谷歌搜索，或者而来到广泛意义上的互联网时，我们会碰到一个也许一眼就能辨识出来的世界。然而，这个世界的深度机器复杂程度却是捉摸不定的，我们可能无法真正理解它。我们一直遭受算法阐释的影响，却很少知道究竟是怎么回事。我们每天都得应对一系列无休止的尝试（对我们、社会，以及对社会总那些'疑似'我们的人所做的阐释）产生幽灵般的影响。"①在数字时代最大的悖谬就是：主体的自我意识恰恰是通过无所不在的幽灵体现出来的。

于是，我们的自我意识遭遇了第三种他者，这种他者既不是可以化用的对象，也不是通过承认而他者化的另一个自我意识，而是一种在数字时代之前从未出现过的他者，我们可以称之为第三他者。真正的问题并不在于数字世界上出现了一个未曾出现的第三他者，而是当我们的自我意识与这个第三他者相遇时，我们是否能具有类似于对象物和另一个自我意识时的经验，简言之，自我意识是否在存在论上可以面对第三他者？

在黑格尔那里，自我意识的运动和圆满必须通过对象物来实现，通过对作为他者的对象的否定和化用，从而让自我意识完成升华，逐渐摆脱定在和有限性。但是，在主奴辩证法中，主人的自我意识并不及物，他并不是直接通过与物的接触和化用来完成自我意识的圆满的，真正接触到物的是奴隶，奴隶对物进行了化用，通过承认主人的地位，从而将化用之后的物交给了主人，让主人得到了自我意识的圆满。同样，在这个过程中，由于奴隶对主人地位的承认，他自己的地位遭到他者化，从而降低为主人的"代理人"。因此，对于当代以对话伦理和协商政治为基础的承认理论的错误在于，他们的承认也是一种不及物的承认，由于没有物的否定和化用，主体不可能在相互协商和承认的基础上完成自我意识的圆满。那么只能说明，霍耐特的承认理论只

---

① ［美］约翰·切尼–利波尔德：《数据失控：算法时代的个体问题》，张昌宏译，电子工业出版社，2019年，第235页。

是一种主人们的承认理论，只是主人相互承认为主人的身份，但是奴隶对他们的承认，在新自由主义政治哲学中被抹杀了。一旦在现实世界中，主人的西方世界与那些偷渡的无证工人、移民工人和第三世界的世界工厂断裂开来，主人的相互承认的世界也会随之崩塌。

　　显然，对于自我意识与第三他者的关系，不能沿用新自由主义的政治哲学不及物的承认态度，我们只能重新回到自我意识与对象物的关系之中，才能找到思考第三他者的路径。无论是手机里的 Siri，还是天猫精灵，他们都会称呼自己的使用者为"主人"，但这种呼唤，仿佛在复制《精神现象学》中的辩证法，我们听到了机器的"主人"的呼声，以及我们对它们下命令时的"好的！"，这是一种承认，但不是主人和奴隶之间的承认，在数字时代，主奴辩证法只剩下了语言交流的躯壳，在那声迷惑色彩的"主人！"背后，隐藏的是巨大的智能算法的迷宫，眼前的 Siri、天猫精灵，以及扫地机器人，不过是哪个巨大幽灵的一个表现样式而已，通过这声"主人！"不是我们被奉为养尊处优的主人，而是我们变成了巨大算法操纵的傀儡，事实上，在数字世界里，操纵着手机和电脑屏幕的我们仍然是不及物的，我们点的外卖，并不是手机或电脑生产出来的，外卖的生产仍然属于某个具体的卖家，而那个卖家已经仆从于无所不在的算法平台，按照平台给他们提供的订单生产着，并获得与之对应的利润。当然，平台不是免费服务的，依照订货量的多少，平台也在其中抽取提成。关键在于，平台什么都不生产，平台也不及物，但是它把之前需要劳动的奴隶（具体的生产厂家）和供奉主人（消费者）共同纳入一个巨大的算法控制的平台之中，主人和奴隶同时成了第三他者的傀儡。

　　一旦我们放弃了从单纯的化用和承认关系来思考数字时代的第三他者，意味着我们需要重新思考那个看不见的幽灵的本质，以及它对我们自我意识形成的意义。珍妮·本内特（Jane Bennett）提出在德国古典哲学中那种面对物的做法是将物看成无生命的无机物，从而忽视了物本身的活力，2010年，她出版了《有活力的物：物的政治生态学》（*Vibrant Matter:A Political Ecology of Things*）中提出了无机物和有机物一样，同样具有生命力，在一定程度上，它们共同抵抗着人类对物质世界的化用，就是说，物的存在，包括在数字世界中的所有的物，都是"有活力的物"，它并非消极等待着人们处置的客体，而是以某种方式构成自身的网络，本内特说："有活力的、有生命力的、有能量的、活泼的、颤动的、振动的、飘忽不定的和发光的物，将会给人们带来更生态的和更有物质可持续性的生产和消费模式。"①尽管本内特试图将生命力的概念赋予所有物，包括构成我们数字世界的所有基站、传输器、传感器、服务器、甚至里面流动的电流以生命力，但是，这是一种"天真的实在论"②。在这个过程中，由于所有的物具有了活力，也意味着整个物的网络变成了一种玄学，一下子从启蒙之后的理性和自我意识的哲学，重新堕入到前现代的神秘主义之中。

而面对第三他者的另一种思路是由德国社会学家哈特穆特·罗萨（Hartmut Rosa）给出的，他称之为"共鸣"（Resonance）。为什么是共鸣？罗萨认为，在主体的自我意识对外在世界的化用和承认过程中，无论是物还是奴隶，都存在着逃离主人自我意识控制的部分，而这个部分将世界裂解成掌控（Verfügen）的世界，和"不受掌控"（Unverfügbarkeit），罗萨指出："每一个使用平板或电脑在工作的人知道，平板或电脑老是会搞出一些我们无法理解的事，一些毫无逻辑、没有道理的事，它们跟我们作对，而我们几乎束手无策，只能眼睁睁看着它们作怪。"③当然，当主体认为这些平板或电脑"毫无逻辑、没有道理"时，并不意味着它们真的毫无逻辑，只是它们的逻辑在主体意识的掌控之外，无法被自我意识所把握，也就是说，"我们在这些时候会觉得机器的'行动'纯然是非回应性的，即便它的界面明明被设计成跟我对话、在配合我们行为。电脑激起了共鸣，但它只是在按照算法运作而已。它虽然和我的所作所为有因果关联，但并没有在'配合'我，我和它只是机械性的因果关系而已，这种机械性的因果关系都是偶然的、不稳定的"④。显然，罗萨已经意识到存在一个不受掌控的他者，在这个第三他者控制的语言和逻辑下，并不完全向主体展开，也就是说，主体的自我意识并没有真正实现同第三他者的幽灵的完全交流，第三他者的算法和数据，也并不会完全向主体的自我意识

---

① Jane Bennett, *Vibrant Matter：A Political Ecology of Things*, The Duke University Press, 2010, p. 112.

② Hinchliffe Steve, Review of Vibrant Matter：A Political Ecology of Things, by Jane Bennett, *Dialogues in Human Geography*, No.3, 2011, pp.396-399.

③ ［德］哈特穆特·罗萨：《不受掌控》，郑作彧、马欣译，上海人民出版社，2022年，第76页。

④ ［德］哈特穆特·罗萨：《不受掌控》，郑作彧、马欣译，上海人民出版社，2022年，第76页。

敞开,我们只需要在屏幕前接受它赋予我们的结果而已。但是,当罗萨将我们在进入到数字世界的范围分为可掌控的世界和不受掌控的世界,不求掌控第三他者,而只是求得与第三他者的共鸣,实际上是一种非常弱化的态度,即主体的自我意识在面对第三他者时,并不具有真正的自我意识,而是将自己变成代理人,完成着幽灵般第三他者的算法控制的行为。

如何面对这个介于自我意识和非自我意识之间的第三他者呢? 主体如何在数字时代的保留自己的自我意识,我们是否还能像《精神现象学》中的化用和承认一样,完成自我意识的升华和圆满? 对于这样的问题的回答,在目前,不可能有很好的答案。本内特的"有活力的物"和罗萨的与"不受掌控的物"的共鸣,在一定程度上将主体降低到与物平齐的界面上,从而丧失了自我意识的自主运动,让主体沦为算法的傀儡。

在面对幽灵般的第三他者时,我们后续可以借用生物学上的扰沌(Panarchy)理论,作为思考主体的自我意识与数据和算法构成的第三他者之间的关系。1860 年,比利时生物学家保罗·埃米尔第一次提出了"扰沌"概念,不过真正让"扰沌"概念获得巨大影响力的是霍林(C. S. Holling)。在 2002 年出版的《扰沌:理解人类与自然体系的转型》(Panarchy: Understanding Transformations in Systems of Humans and Nature)一书中,他将扰沌作为未来人类和自然交往的基本范式。按照霍林的说法:"扰沌借鉴了希腊的潘神(Pan)的形象——普遍的自然之神。这位'有蹄、有角、有毛、有角的神'代表了大自然无所不在的精神力量。除了创造性的作用之外,潘神还可以有一个破坏性的、创造性的角色,这反映在潘神这个词上,它来自他矛盾的个性的一个方面。扰沌的属性被描述为与四阶段适应性循环的属性产生共鸣:作为宇宙自然的创造者和动力,四种元素——土、水、空气和火——的控制者和安排者。因此,扰沌代表了在这种对变化理论的追求中出现的综合体的固有特征。有两个特点使这种泛结构的表述与传统的等级表述不同。首先,正如前面所讨论的,适应性循环的重要性,特别是 a.阶段作为多样性的引擎和每个层次内新实验的发生器。因此,泛结构的层次可以被画成一套嵌套的适应性循环。"①

---

① C. S. Holling, Panarchy: Understanding Transformations in Systems of Humans and Nature, Island Press, 2002, p.74.

　　不过，扰沌并不是一个有着明晰定义的概念，毋宁说，它是自我意识的主体在面对不确定的第三他者时的隐喻。当罗萨使用"不受掌控"的世界的概念时，意味着自我意识的沦落，人类无法在自我意识的运动中找到自我圆满的道路。"扰沌"概念试图扭转这种趋向，毕竟我们需要主体通过参与数字界面的行为，在其中镌刻下自我意识的痕迹。在根本上，扰沌不是由外在于主体自我意识的物质构成的网络，它更不是与主体无关的实体，在一定程度上，它是由诸多参与到数字网络中的主体行为构成的，比如说，我们每一个人进行谷歌或百度搜索时，用微信微友圈或刷看脸书时，抑或我们看抖音和哔哩哔哩视频时，这些带有自我意识的数字痕迹，也留存在数字空间中，尽管我们不能像对物的化用一样，通过对物本身的本质的否定达成对物的占有，数字空间永远不可能被个体的自我意识所占有，但是参与数字空间的行为，自我意识的痕迹被永远地以数据的方式留存在数字空间中，我们可以从这些痕迹中窥探自我意识的痕迹。而扰沌的形成，恰恰意味着每一个主体，每一个自我意识，在行为中不断改造着扰沌，扰沌没有本质，它不断在人们的自我意识的参与中重新塑造自己。在这里，不是哪一个主体或者主人塑造了扰沌，而是人们共同自我意识扰沌，在这个扰沌空间中，它更像是斯宾诺莎式的内在性实体，将所有的生命都囊括在一个共同的空间中，这里有主体的自我意识，也有物与物的关联，正如托马斯·兰克（Thomas Lemke）指出："扰沌概念，推进了一个能够整合社会、经济和生物圈的一般系统理论。与以自上而下的结构、僵化的控制形式以及社会和生态系统内部或之间的垂直权威为特征的等级组织不同，扰沌唤起了灵活的共治循环、不同层次之间的移动互联以及复杂系统的进化能力。"[1]或许，扰沌仍然是一个不太确定的概念，不过就当下的数字而言，为了保存主体自我意识的尊严，不至于让自我意识堕入不受掌控的不确定性中，我们需要这个带有乌托邦色彩的概念。"扰沌"概念，或许正是这个带有浪漫色彩的概念，成为自我意识面对第三他者崛起的希望所在。

蓝江（南京大学）

---

[1]　Thomas Lemke, *The Government of Things*: *Foucault and the New Materialisms*, New York University Press, 2021, p.187.

ChatGPT 会吞噬我们的剩余快感吗？
——人工智能时代的病理学分析 *

　　随着一篇学生用 ChatGPT 撰写的作业被一位教授打了高分，瞬间让 OpenAI 公司开发的生成式人工智能应用 ChatGPT 成为全球人类共同关心的热点。截至 2023 年 4 月，ChatGPT 的活跃使用用户已经超过了 1 亿，全球大概有 30 亿~40 亿用户曾经使用过 ChatGPT 这样的软件。ChatGPT 不仅仅为人类带来了前所未有的人工智能技术的震撼，更重要的是，这种生成式对话型人工智能应用，以及与 Midjourney 等人工智能绘画软件一起，迫使今天的人类不得不反思自己在新智能技术社会背景下的生存状况。

　　我们对诸如 ChatGPT 这样的生成式人工智能已经进行了各个角度的反思，有科技哲学的、伦理学的、人文主义的，也有从国家治理层面和社会运行层面的反思。但在这些反思中，其中缺少了一个十分重要的视角，即精神分析的视角。当 ChatGPT 在抖音、哔哩哔哩、微博、Youtube、Twitter、Instagram 等国内外各大平台成为高热度的焦点时，很多普通人关心的问题是，一旦这种人工智能成为主流，是否会在诸多工作岗位上开始取代人类的工程师和设计师，甚至可以取代医生、教授、律师、会计师的时候，我们究竟在担心什么？在这种担心下面，是否存在着一种对 ChatGPT 精神分析式的误读，而这种误读是否本身就代表着一种人类的症候。即我们在面对 ChatGPT 这样的生成式人工智能的时候，我们看到的却是自己被拉康式的大他者压抑的症候，在拉康的巨大的象征能指链下面，隐藏着我们的力比多的欲望，而面对人类社

　　* 本文为国家社科基金重大项目"后现代主义和哲学发展路径与新进展研究"(项目编号:18ZDA017)的阶段性成果。

会的秩序和象征法则,总存在着欲望逃逸的可能性,这或许就是德勒兹和加塔利在他们的两卷本《资本主义和精神分裂》(*Capitalisme et schizophrénia*)中对我们的告诫。人类生命一种意义就在于不断逃逸象征秩序的可能性,内在性的精神世界意义不仅仅在于通过主体来支配外在的客观世界,更重要的是,它可以为我们缔造逃逸出象征秩序的剩余快感。

　　ChatGPT 的出现,无疑让人类最为担心的问题浮现出来,即我们是否可以在不依赖于我们内在性的情形下,实现最广泛的治理和支配。而这种智能的治理和支配似乎越来越不依赖于我们大脑,由于越来越不依赖于我们的内在心灵,或许那个原先逃逸象征秩序的剩余快感也开始变得毫无意义。所以,齐泽克(Slavoj Žižek)在《连线大脑中的黑格尔》(*Hegel in Wired Brain*)中也提出了焦虑的疑问:"现在人工智能正在与意识脱钩,当无意识但高度智能的算法比我们自己更了解我们时,社会、政治和日常生活会发生什么?"[①]因此,对这个问题的回答,我们还需要回到人的内在世界,从症候分析的角度理解,人类在面对 ChatGPT 之类的生成式人工智能的时候,究竟在担心什么?

一、作为象征秩序的崇高对象的 ChatGPT

　　在 ChatGPT 流行之初,我们大抵会有两种不同的态度。一方面,有人布置给 ChatGPT 一个任务,它可以像人类一样产出文字作品,甚至可以做出符合人类要求的 PPT,让一部分人感叹,一些工作完全可以由 ChatGPT 这样的生成式人工智能来完成,这一类人大多担心自己的岗位和工作,认为不久人类即将会被这些人工智能彻底淘汰。当然,另一方面,还有另一种态度,即一些用户会向 ChatGPT 提出一些十分专业或刁钻的问题,发现 ChatGPT 并不会拒绝回答这样的问题,更要命的是,ChatGPT 会组织好语言,对这类它实际上没有办法做出回答的问题进行一本正经的"胡扯",成了著名的"废话编辑器",也正是因为后一种状况,一些人对所谓的生成式人工智能表示出不屑,认为人工智能的进展不过尔尔。我们的思考,并不是在这两种态度中来选择一方,判断孰优孰劣,而是思考一个根本性的问题,这里的两种态度,是否都

---

① Slavoj Žižek, *Hegel in Wired Brain*, Bloombury Academic, 2020, p.31.

根植于同一种意识构型？

这里的一个核心问题是，我们真的了解 ChatGPT 吗？ChatGPT 是一个主体存在物，还是一个客观事实？它究竟以何种方式在互联网上与我们进行交谈和对话。OpenAI 公司，之所以称之为 GPT，用的正是乔姆斯基在语言学上设定的模型，即生成式语法，而 OpenAI 通过朴素贝叶斯算法，将这种生成式语法的构想，变成了模仿人类对话的模型，即生成式预训练转译器（generative pre-trained translator），在我们作为用户输入相应的命令的时候，其最底层的算法，就会找出我们提问的问题与其语料库中所储存数据的可能关联，并在对话中实现了这种关联。这种运算，类似于我们在面对一组数据时寻找关联的运算，如著名的斐波拉契数列，1，1，2，3，5，8，13，21，34……，我们经过对多项数据进行充分的观察后，会得出一个通项公式，即每一项等于之前两项之和。实际上，对于人工智能的机器学习算法也是如此，相当于在海量的数据中，最基本的算法是试图在这些离散的数据中找出可能的规律，正如斯蒂芬·马斯兰（Stephen Marsland）打了比方："就像量子物理学中的海森堡不确定定理一样，背后有一个基本法则在起作用，我们不可能知道一切。"①机器学习算法，就是通过反复的尝试，试图找到隐藏这些数据背后的关联性，并将这种关联性展现出来。当然，机器学习算法所能找到的关联，与语料库的丰富程度直接相关，也就是说，当我们赋予其语料库和数据越丰富的时候，机器学习算法越能达到我们所需要的规则。所以，从算法角度来看，ChatGPT 之类的与我们进行互动，并对我们的问题做出回答时，它所发挥的功能绝不是绝对正确地回答出提问者提出的问题，而是让它的回答在反复的尝试中越来越接近人类所希望得到的答案。

不能将 ChatGPT 与百度搜索，谷歌这样的搜索引擎相混淆，因为 ChatGPT 虽然在积累大量的数据库和语料库的基础上，可能正确回答某些问题，并能撰写出专业的论文，这绝不意味着 ChatGPT 的目的在于代替人类探索科学的答案，给出一些无法解释的问题的正确回答，而是它尝试着让呈现出来的回答语句，越来越切近人类用户所希望的要求，以至于人类用户无法辨别

---

① Stephen Marsland, *Machine Learning:An Algorithmic Perspective*(second Edition),Taylor & Francis Group,2015,p.35.

它是否是人工智能还是真正的人类。因此，当 ChatGPT 不能正确回答人类用户提出的问题时，并不代表 ChatGPT 就是"人工智障"，不值一提的高级玩具，而是说 ChatGPT 从人类用户那里得到了一个不满意的反应，它下次回答会对人类所要求的回答做出更为切近的选择，尽管不一定是正确的回答。换言之，ChatGPT 和生成式人工智能的算法目的恰恰不在于主观性，而是在于它通过大量的语料库和数据库的积累，弄清楚人类语言交往的奥秘，从而找到人类自己都不太清楚的语言和象征规则，让自己变成人类语言交往中的一部分。它未来的发展方向，也绝不是为我们提供人类无法回答问题的答案，而是让它看起来更像人类，从而不能通过简单的语言辨析就可以将人类和智能体区别开来。

不过，在精神分析的层面上，最有趣的问题，并不在于 ChatGPT 之类的生成式人工智能如何揣摩人类语言交往的奥秘，而是在于人类如何来想象 ChatGPT。实际上，对于绝大多数人来说，人类并不了解 ChatGPT，因为 ChatGPT 不是一个个体，它与全球数千万人同时对话，同时吸纳这些用户的语言和规则，并在强大算力的逻辑芯片中进行数据处理和分析，并面对这些用户同时作出解答，我们从未想过 ChatGPT 是一个真正全球性的庞然大物，它的触角实际上存在于世界各地的有线链接和无限网络中的数据交换中，每一秒钟，它完成着数百亿数据交换，它绝非一个个体化的人工智能，它已经将整个世界的存在囊括在统一的算法结构中，而我们不过是通过智能手机和电脑接触到它微不足道的毛细血管式的终端之中。但是，我们并不是这样来接触 ChatGPT 的，因为我们将其转化为一种虚构的个体化想象之中。也就是说，当我们作为用户与之进行对话的时候，实际上依赖于一种虚构形态，即我们需要将 ChatGPT 转译为一个虚构的实体，如同在我们面前进行对话的个体一样。没有这种虚构，我们与 ChatGPT 的对话就无法进行下去。因此，这不仅是一个我们与人工智能的交往的社会哲学问题，也不是一个我们如何认识 ChatGPT 的认识论问题，而是一个本体论问题，即我们如果要完成与 ChatGPT 的对话，作为用户使用 ChatGPT 的可能性的前提恰恰在于，我们需要将 ChatGPT 这个被传统认识论消化的剩余物，转化为一个基础的虚构构型之中，只有在这个虚构中，我们才能与之对话，才不会对之感到恐惧，才能在一个平常的用户界面上完成彼此间的数据交换。

　　阿德里安·约翰斯顿（Adrian Johnston）等人曾经给出一个非常有趣的术语：客观虚构（objective fiction），正好可以用来理解 ChatGPT 与我们之间互动关系的可能性，约翰斯顿等人指出，"客观虚构一词不仅指虚构和类似现象，它们构成了知识形式或客观现实的必要组成部分，没有这些组成部分，这些知识或现实就会瓦解"①。客观虚构这个概念，优点在于它并不是一个永恒的客观存在物，主体的交往在很大程度上无法彻底改变外在的客观存在，但是可以改变客观虚构，即精神分析的象征秩序规则。人与人之间的语言交往，需要一种虚构的象征秩序的支撑，在这个交往中形成一切存在物，只有还原为象征秩序中的对应物才能存在，我们才能在其中作为主体与之进行互动和交流。这样，我们并不需要真实了解与我们进行交流的对象的具体身份和存在样态，比如我们在互联网上遇到的对话机器人，以及在在线游戏中遇到的对手和伙伴，我们并不需要了解对方究竟是谁，具体做什么，甚至是不是真实的人类，这些对于我们使用网络进行交往并不重要。重要的是，我们可以将这个与我进行即时交往的对象，还原为我所理解的象征秩序中的身份，我们便可以与之进行对话和交流。换言之，当 ChatGPT 出现在互联网上的时候，它本身从不是以真实的样貌呈现出来，它只有一个脸庞（visage），一个颜貌（visagéité）。我们依赖于一种共同的客观虚构，这种虚构成为一台不断运行的抽象机器，不断地将其无法消化的对象编程其虚构秩序下的标准的颜貌，正如德勒兹和加塔利在他们《千高原：资本主义和精神分裂卷二》指出："抽象机器因而并非仅实现于它所产生的面孔之中，而且也以多种多样的程度实现于身体的不同部分、衣服、客体之中，它根据某种理性的秩序（而非一种相似性的组织）对它们进行颜貌化。"②

　　在某种意义上来说，我们之所以能在本体层面上，用智能手机和电脑向 ChatGPT 提问，进行交流对话，其前提必定是在一个客观虚构的象征秩序下，将 ChatGPT 颜貌化了。我们将其转译为我们可以理解的对象，而不是真实地理解 ChatGPT 的存在，我们所需要的也不是它的真实存在样态，而是它在我

---

①　Adrian Johnston, Boštjan Nedoh, Alenka Zupančič, *Objective Fictions: Philosophy, Psychoanalysis, Marxism*, Edinburgh University Press, 2022, p.2.

②　［法］吉尔·德勒兹、［法］费利克斯·加塔利：《千高原：资本主义与精神分裂（卷2）》，姜宇辉译，上海人民出版社，2023 年，第 159 页。

们的象征秩序下的颜貌化，呈现为一个可以被我们的内在意识所理解的对象，并如同日常生活中某个路人甲一样。在这里，我们不难发现，并不是 ChatGPT 本能欺骗了我们的感觉，它也绝不是披着狼皮的羊，而是一旦其进入应用，与人类进行交流，就在于它可以被人类本身颜貌化，让那个本身不可能被人类的日常生活知识所消化的对象变成一个有脸庞的对象。因此，我们不难理解，我们在影视作品、戏剧、游戏中思考的人工智能必须带有一个脸庞（尽管可能不是人的脸庞，如异形和铁血战士的脸庞），只有这种赋予脸庞的颜貌化，才让我们完成了象征秩序下的交换，才让无法理解的存在物以某种具象化的方式呈现出来。

总而言之，在我们面对 ChatGPT 的时候，对之进行哲学研究和精神分析的重点并不在于 ChatGPT 究竟是什么，而是不同的人试图赋予 ChatGPT 不同的颜貌，让其变成人类象征秩序可以理解和把握的崇高对象。或许，我们可以再一次回到齐泽克关于崇高对象（the sublime object）的定义："这就是为什么在严格的拉康的意义上，真实对象就是一个崇高对象——这个对象就是在大他者（即象征秩序）这种所缺乏东西的具现化。崇高对象使我们不能轻易接触到的对象：如果我们靠它太近，它就会失去崇高的特征变成一个日常庸俗的对象。"[1]这不正是我们对 ChatGPT 的意识形态构想的根源吗？如果我们了解 ChatGPT 背后的算法和运作机制，我们便能理解其算法的全球性和整体性，在一定程度上，它的内在算法对于那些懂得人工智能应用的工程师来说，并没有什么神秘感可言。恰恰是我们这些普通人，将一个不可理解的东西转化为日常生活的象征秩序下的可理解的对象，让其颜貌化，呈现为虚构的实在物，这种颜貌化让本身并不具有神秘色彩的人工智能应用披上了崇高的外衣，变成了象征秩序下的崇高对象。换言之，神秘的并不是 ChatGPT 本身，而是那些无法理解人工智能的象征秩序用崇高和神圣的符号，让其在意识形态的秩序中呈现出来。因此，对于 ChatGPT 的研究，并不在于 ChatGPT 之类的人工智能真的能做什么，而在于人类如何将其崇高化，而这种崇高化的对象，才是对人们产生巨大的冲击和震荡的根源。

---

[1]　Slavoj Žižek, *The Sublime Object of Ideology*, Verso, 2008, p.192.

二、反噬的俄狄浦斯：ChatGPT 与剩余快感

在索福克勒斯的《俄狄浦斯王》第一幕的最后，盲人先知忒瑞西阿斯终于道出了俄狄浦斯的秘密：

> 告诉你吧：你刚才大声威胁，通令要捉拿的，杀害拉伊俄斯的凶手就在这里，表面看来，他是一个异乡人，一转眼就会发现他是一个土生的忒拜人，再也不能享受他的好运了。他将从明眼人变成瞎子，从富翁变成乞丐，到外邦去，用手杖探着路前进。他将成为和他同住儿女的父兄，他生母的儿子和丈夫，杀害他的父亲的凶手和共同播种的人。①

直到这一刻，俄狄浦斯才从先知忒瑞西阿斯的口中得知了全部真相，那个"弑父娶母"的罪人，就在自己身上道成肉身。"弑父娶母"似乎成了俄狄浦斯一生的谶语，他拼命躲避，却无法逃离的命运，最关键的是，促成这一切的，并不是那个看不见的神灵，也不是先知忒瑞西阿斯，而是他自己，俄狄浦斯王。同样，当回到拉康式精神分析的话语中，那个"弑父娶母"的预言，实际上是一种大他者的象征秩序，始终悬临在俄狄浦斯头顶上的审判，无论他多么刻意去逃避这种象征秩序的实现，但他的逃避本身就是促进了"弑父娶母"谶语的实现。在最终见到忒瑞西阿斯之前，在揭破俄狄浦斯已经杀死了自己的父亲拉伊俄斯，并迎娶了自己的母亲伊俄卡斯忒的秘密之后，那个试图逃逸象征秩序的欲望，实际上完成了整个循环，最终被锁定在悲剧的演绎之中。

无论是弗洛伊德，还是拉康，以及后来的齐泽克，都十分重视俄狄浦斯神话在精神分析中的地位。事实上，尽管我们并没有遇到先知忒瑞西阿斯，也没有人向我们批下"弑父娶母"的谶语，但我们遇到的是同一个象征秩序的神话，即在我们试图逃逸的欲望之上，深深地用象征的利刃，将我们的欲

---

① 索福克勒斯：《俄狄浦斯王》，载［古希腊］埃斯库罗斯、索福克勒斯：《罗念生全集第二卷：埃斯库罗斯悲剧三种，索福克勒斯悲剧四种》，罗念生译，上海人民出版社，2004年，第358页。

望一分为二,一方面,那些无法被象征秩序所容纳的欲望被阉割了,成为无法被主体所掌握的对象 a(objet petit a),在阉割的那一刻,指向对象 a 的欲望成了永远的逃逸的欲望,无法成为主体意识的一部分,另一方面,我们剩下的欲望不得不蜷缩在一个象征秩序的规范下,服从于象征界的大他者的律令,正如对于阉割的主体,齐泽克有一个精彩的比喻:"在一个传统的授权仪式里,象征权力的物件同样让获得它们的主体站在行使权力的位置——加入一个国王手持权杖、头带王冠,他的话就会被视为一个国王的谕旨。这种纹章是外在的、不是我本性的一部分:我披上它们、我穿戴它们以行使权力。就是这样,它们'阉割'了我,通过在我的直接本性和我所行使的功能这两者之间引入一个裂口(换言之,我永远无法完全身处我的象征功能的层面),这就是臭名远播的'象征阉割'的意义:阉割正是我被卷入象征制度、采用一个象征面具或头衔时发生的事情。"[1]由此可见,在拉康那里,作为主体的我如果需要在象征秩序下生存下去,就必须接受象征阉割,产生一个永远逃逸我们的对象 a,也唯有在我们遭受了象征阉割的时候,我们才能在这个世界上拥有自己的地位和功能,正如俄狄浦斯只有在象征秩序上真正实现了忒瑞西阿斯的"弑父娶母"的谶语之后,他才能成为俄狄浦斯王。这样,我们可以得出拉康式的象征阉割的主体公式,正如第一次听说了"弑父娶母"谶语的俄狄浦斯离开了忒拜到了科林斯,一旦俄狄浦斯自己也相信了这个谶语时,他就成了被阉割的主体,符合公式:S→\$,穿过主体的竖杠代表着象征界对主体的阉割,由于主体被阉割,主体不停地欲望着失却的对象 a,这就成了拉康经典的欲望的幻象公式:\$?a,意味着为了掩盖我们永远无法获得的对象 a 真相,我们必须营造出来某种俄狄浦斯式的幻象,来掩盖真相。正如齐泽克所说:"幻象的作用在于填补大他者的缺口,掩盖它的不连贯性……幻象掩盖了这一事实,大他者,即象征秩序,就是围绕着某种阉割之后的不可获得对象建立起来的,这个对象无法被象征化。"[2]

或许,我们可以用这样的公式来解释 ChatGPT 在人们内心中泛起波澜

---

① [斯洛文尼亚]期拉沃热·齐泽克:《面具与真相:拉康的七堂课》,唐健译,广西师范大学出版社,2022 年,第 48~49 页。

② Slavoj Žižek, *The Sublime Object of Ideology*, Verso, 2008, p.138.

的症候。前文已经分析得出，作为一个被象征阉割的主体，我们面对 ChatGPT 永远不是真实的人工智能，那个真实的数据交换、处理和算法，从来都不在主体的视野之内。换言之，ChatGPT 究竟是什么，并不是主体最关心的事情，他们通过一个颜貌化的幻象，遮蔽了 ChatGPT 的真相，从而我们将 ChatGPT 之类的生成式人工智能视为一个对象，一个在象征界上幻化为某种个体形象的对象，我们不是在与巨大的数据处理的智能机器打交道，而是面对一个遮蔽真相的幻象在打交道。然而，对 ChatGPT 的颜貌化，也带来了进一步的结果，由于 ChatGPT 是一种幻象，一个被颜貌化的幻象，于是，一种类似于俄狄浦斯的"弑父娶母"的象征化的谶语在我们身上发挥了作用，弑父者俄狄浦斯终会担心他再次被新的主体所弑杀，而曾经通过理性的启蒙，将上帝赶下神龛，让大写主体登上空王座的人类，实际上也不时地感到焦虑，因为新的弑父者随时会出现，将人类变成它们的牺牲品，在大工业机器生产的时代，人们就曾担心过喷着蒸汽的机器铁人反过来奴役人类，让人类成为巨大机器附庸，无论是芒福德的"巨型机器"，还是卓别林的《摩登时代》都是大工业机器生产时代的俄狄浦斯神话的缩影。当然，在今天，巨型机器的形象，已经让位于更为具体的生成式人工智能的形象，但人们关于机器或人工智能的想象，却基于同一个意识形态的象征神话，即某种超越于人类控制的幻象化的形象，最终抛弃了人，甚至直接将人类消灭。

不过，正如拉康和齐泽克等人向我们揭示的更深层的 ChatGPT 的奥秘在于，我们对于 ChatGPT 的颜貌化，以及担心 ChatGPT 取代人类或消灭人类的幻象，本身是在人类自己的阉割的伤口上形成的，换言之，我们欲望的对象从来不是 ChatGPT 的真实样态，我们也不会真正讨论 ChatGPT 究竟会带来一个怎样的世界，我们对 ChatGPT 的讨论建立在人类在进入到现代文明的一个创伤性的裂口之上。如何来理解这个裂口，正如俄狄浦斯的裂口在于，他从小就被灌输了忒瑞西阿斯的"弑父娶母"的谶语，他没有意识到的是，这个阉割性的谶语让他选择了有意识地逃逸，但正是围绕着谶语的逃逸恰恰成就了俄狄浦斯的神话，完成了真正的弑父娶母。人类与 ChatGPT 的关系何尝不是如此呢？人类的创伤在于，他们害怕像人类在启蒙时的弑神一样的另一次弑父，因此，他们对于任何具有智能的人造物都感到恐惧，无论是蒸汽时代的机器，还是今天的 ChatGPT。但是人类的俄狄浦斯化的行为在于，他们在颜貌化的 ChatGPT 面前两种态度，要么焦虑，要么不屑一顾，实际上都在反噬着人类本身。因为当人类越试图用自己的言语和交谈来难住 ChatGPT 的时候，恰恰让 ChatGPT 生成为更强大的人类产品，人类每一次选择面对 ChatGPT 的态度恰恰是以另一次"弑父"为前提的，而人类任何逃逸人工智能的行为，都是人工智能飞跃发展的契机。

如果说俄狄浦斯对先知谶语的逃逸，代表着一种自我压抑，而他在压抑下生成了一种剩余快感（surplus-jouissance），换言之，如果俄狄浦斯不听信先知的谶语，安稳地在忒拜城或科林斯城生活下去，按照城邦本身的象征秩序生活，只有正常的愉悦与快感，唯有在俄狄浦斯选择了压抑自身，听信了先知的谶语，需要逃逸"弑父娶母"的命运，才会产生剩余快感，齐泽克说："正是某种剩余压抑造成了剩余快感。"[1]同样，当我们惊诧于 ChatGPT 的智能时，人类总是希望用某种回答不上来的问题来难住 ChatGPT，仿佛一旦 ChatGPT 回答不上来，人类就重新获得了人工智能仍然是一种低于人类的"人工智障"，人类依然可以战胜潜在的弑父力量，这就是一种剩余快感。我们在面对 ChatGPT 的焦虑中，反而生成了一种快感，而人类往往忽略的是，这些看似刁钻古怪的问题，实际上有效地生成 ChatGPT 的语料库、数据库，更有效地建立了人类心理的各种关联，并在人类的意识之外构成了一种连人类自身都不了解的象征关联和逻辑。

换言之，ChatGPT 似乎正在吞噬我们剩余快感，因为当我们为每一次庆幸逃逸了人工智能的僭越行为时，事实上这种逃逸的剩余快感进一步成就了生成式人工智能的成长。在这个意义上，俄狄浦斯被反噬了，俄狄浦斯越试图逃逸先知忒瑞西阿斯的谶语，他的剩余快感将他越推入到"弑父娶母"的实在界当中。今天当我们无法走出自启蒙以来奠定的人类主体的理性幻象，并试图用新的逃逸和超越人工智能的逻辑，来缔造人类理性无法战胜的神话时，ChatGPT 之类的生成式人工智能已经在新的算法逻辑上形成人类意识之外的数据关联，形成新的象征逻辑，并真正逃出人类主体世界的幻象。

---

① Slavoj Žižek, *Surplus-Enjoyment*, Bloombury Academic, 2022, p.221.

三、剩余快感的病理学

到现在为止,我们可以从前文的分析中的得出以下结论:

第一,人们在认识 ChatGPT 的时候,并不是需要真正地认识 ChatGPT 之类的生成式人工智能是什么,何为其所是,而是积极地转化为一个可以在象征秩序上理解的崇高对象。准确来说,从 ChatGPT 诞生以来,人们对于支撑 ChatGPT 等生成式人工智能的底层算法不感兴趣,对于它如何收集和分析数据不感兴趣,他们最感兴趣的是那些可以在他们意识形态幻象上找到对应物的东西,如 ChatGPT 在界面上向用户提问做出的惊为天人或愚蠢至极的回答。我们对 ChatGPT 的认识,大部分是基于这样的聪慧或愚蠢的表达之上,譬如,看看从去年以来的讨论 ChatGPT 的文章,绝大多数文章并不在于解释 ChatGPT 的基本原理和架构,而是努力找到人类主体在 ChatGPT 刺激出来的兴奋点,然后将这些人类的兴奋点(如取代某些人的岗位或工作)变成对 ChatGPT 的认识。这样看来,迄今为止的大多数人对 ChatGPT 的讨论,尤其是人文学者和媒体的讨论,很容易陷入这样一个怪圈,他们只能用在网络上看到科技用语,加上他们自己与 ChatGPT 交流的经验,以及一些极端的案例,描绘出一个高度契合于象征秩序的幻象,这个幻象被人类自己颜貌化了,仿佛变成了一个可以与人类直接交流的对象,然而,真正的 ChatGPT 的人工智能如何发挥作用,如何建立象征关联,其实都在这些人的关注点之外。换言之,我们需要的一个被颜貌化的崇高对象的 ChatGPT,而不是其真实之所是。

第二,为了适应这个崇高对象,主体围绕着其阉割的创伤建立了俄狄浦斯式的欲望公式,即让我们可以与 ChatGPT 进行交流的东西,并不是一个健全的日常主体,而是一个担心被人工智能弑父的逃逸主体。我们不仅将一个无法象征化的对象转译为象征秩序上的崇高对象的幻象,也需要让主体蜷缩在象征秩序之内,按照固定的象征法则来与 ChatGPT 的幻象进行交流,这是让 ChatGPT 交往成为可能的认识论基础。这意味着,一旦主体进入到与作为崇高对象的 ChatGPT 交流的时候,主体必然被阉割,它必须生成为一个符合 ChatGPT 交往方式的阉割主体,而主体被阉割掉的部分,成为剩余快感的来源。

第三，最为重要的是，当被阉割主体不断地去追求逝去的对象，形成剩余快感的时候，其实正是因为我们对 ChatGPT 的形象误认，将其颜貌化，主体试图逃逸被弑父的命运，于是选择了远离和逃逸。但悖论就在于此，当人类努力证明自己不会被人工智能所取代的时候，他越陷入 ChatGPT 之类的生成式人工智能的控制的怪圈，因为生成式人工智能就是吞噬数据的，我们通过剩余快感去逃逸象征秩序的控制，逃离 ChatGPT 的掌控的对话和行为，实际上都生成为新的数据和语料库，被 ChatGPT 所吞噬，在这个意义上，我们可以说，ChatGPT 吞噬了我们的剩余快感。

在这一刻，人类似乎再一次陷入俄狄浦斯的悖论，即当我们越想逃离象征秩序的崇高对象，就越成为崇高对象的一部分。我们的剩余快感，那个指向永远消失的对象 a 的力比多，实际上成为 ChatGPT 最丰盛的筵席，它在象征秩序上编织了更为庞大的网络，让每一个阉割主体都无法真正逃逸出其秩序的迷魂阵，我们手中的理性的阿里阿德涅之线，也不过是 ChatGPT 之类人工智能的映射出来的人类世界的镜像，当我们牵着这条线似乎走到迷宫终点的时候，却是向我们敞开了另一个更为庞大的迷宫的大门。由是观之，我们的剩余快感反而造成了我们的困境，在这个绝望之巅，我们仿佛只能哀嚎地问道：ChatGPT 真的吞噬了我们的剩余快感吗？

解开这个谜团的关键，并不在于我们试图逃逸崇高对象的快感，而是在于拉康和齐泽克如何来界定剩余快感。在《剩余快感》一书中，齐泽克明确地指出："当我们面对剩余快感的社会维度时，我们应该牢记，拉康的剩余快感概念是以马克思的剩余价值概念为蓝本的；然而，我们必须非常精确地了解剩余快感和剩余价值之间的联系。"[1]那么，在剩余价值和剩余快感之间有什么联系？一般来说，对马克思的剩余价值的理解，会放在政治经济学的剩余劳动时间下来进行，即被资本家无偿占有的工人在剩余劳动时间中生产出来的价值。但是，我们还可以从本体论的角度来理解剩余价值，其关键在于劳动力这种特殊的商品，用马克思自己的话来说，"商品形式的奥秘不过在于：商品形式在人们面前把人们本身劳动的社会性质反映成劳动产品本身

---

[1] Slavoj Žižek, *Surplus-Enjoyment*, Bloombury Academic, 2022, pp.240-241.

的物的性质,反映成这些物的天然的社会属性,从而把生产者同总劳动的社会关系反映成存在于生产者之外的物与物之间的社会关系"①。简言之,马克思看到在资本主义主张等价交换的市场上,存在着一种不等价交换的商品,即劳动力商品,资本家支付给工人的工资掩盖了剩余价值的事实,也就是说,基于劳动的量的普遍交换的等价形式的资本主义市场体系,在其建立普遍性征服了全世界的时候,也在其内部形成了一个非等价形式的症候。马克思说:"要从商品的消费中取得价值,我们的货币占有者就必须幸运地在流通领域内即在市场上发现这样一种商品,它的使用价值本身具有成为价值源泉的独特属性,因此,它的实际消费本身就是劳动的对象化,从而是价值的创造。货币占有者在市场上找到了这样一种独特的商品,这就是劳动能力或劳动力。我们把劳动力或劳动能力,理解为一个人的身体即活的人体中存在的、每当他生产某种使用价值时就运用的体力和智力的总和。"②正是对这种特殊商品的分析,让马克思彻底区别于资产阶级的庸俗政治经济学家。而庸俗政治经济学家们看不到被等价交换的形式所遮蔽的不等价交换的症候,剩余价值就是资本主义市场交换的奥秘,也是其症候所在。

那么,我们是否以同样的方式来理解剩余快感呢?其实,对于拉康来说,最核心的内容仍然是交换,不过这里不再是马克思意义上的市场的等价交换,而是象征交换,所有的物必须变成象征交换的对象,才能在象征能指链上流通和传递,成为可以把握的对象,这也就是 ChatGPT 之类的人工智能可以成为象征秩序的崇高对象的原因之一。ChatGPT 与我们的欲望相遇的时候,便完成了意识形态的象征交换,我们将 ChatGPT 颜貌化,成为一个可以在智能手机和电脑界面上交流的对象。但是,问题在于,由于变成崇高对象的 ChatGPT 并不是 ChatGPT 本身,在象征交换界面上运行的 ChatGPT 从来不是以计算机代码的形式展现出来的,而是以人类可以理解的象征秩序的方式呈现的,这意味在真正的 ChatGPT 和成为崇高对象的 ChatGPT 之间存在着一个差值,而这个差值或许构成了剩余快感产生的最深层的原因。③

---

① 《马克思恩格斯全集》(第 44 卷),人民出版社,2001 年,第 89 页。

② 《马克思恩格斯全集》(第 44 卷),人民出版社,2001 年,第 194~195 页。

③ 对于剩余快感的进一步分析,参见蓝江:《从剩余价值、剩余快感到剩余数据——数字资本主义时代的辩证逻辑》,《南京社会科学》,2023 年第 1 期。

　　为了理解这一点，我们需要基于拉康的精神分析，对剩余快感进行更为详细的病理学分析。

　　首先，ChatGPT 的运行逻辑并不同于象征秩序上的崇高对象的逻辑，我们不能将 ChatGPT 看成与人类无异的智能主体，这种人工智能的机器学习，更多地是通过朴素贝叶斯算法来寻找可能数据和预料库之间的关联，从而形成一种不同于人类意识的象征逻辑，在这个意义上，ChatGPT 无论怎么厉害，它始终需要通过象征逻辑和规则来运行，即便这些规则是人工智能通过自己学习得到的逻辑和规则，但这些规则仍然是一种符号性和象征性的朴素运算逻辑。在精神分析上，人类可能具有一些无法被象征逻辑的归纳出来的情态，例如，讨论最多的人类情感是否可以被智能化的问题，人工智能模仿人类的情感也是通过象征逻辑来运作的，这种逻辑与人类基于内在创伤形成的无意识系统无关，仅仅是在获得的符号和表征上来尽可能判定出人类不同的情感表达的符号性表现。有趣的是，一旦 ChatGPT 通过机器学习得出了这些规则，连人类自己都不会知道这些规则，这并不代表人工智能更像人类，或者模仿出拉康精神分析意义上的想象界和欲望之维，而是 ChatGPT 将人类的各种外显的表象展现在一套平面化的象征和算法系统当中，而人类不可能理解，也不需要理解这套象征和算法系统，人类仅仅关心的是这个无法消化的事物，是否可以转译为人类自己象征秩序上的对象。所以，在纯粹生成式人工智能本身的逻辑上，不存在剩余快感。人类的剩余快感也迅速被其象征化，我们不能在 ChatGPT 自身的逻辑中找到任何剩余快感存在的空间。

　　其次，由于问题不在 ChatGPT 的象征和算法系统中，那么一定在人类自己的象征系统中。换言之，真正将 ChatGPT 颜貌化，将其变成崇高对象的，恰恰是人类自己。人类逃避的崇高对象，并不是那个在机器学习系统逻辑上运作的 ChatGPT，而是逃避人类自己的崇高对象的想象，由于这个想象的对象，本身就依赖于人类自身的象征逻辑的阉割，因此，人类从一开始，就陷入到一个病理学症候之中。依照拉康的说法，任何幻象都是围绕着象征性的阉割创伤建立起来的，我们对 ChatGPT 的崇高对象化，就是在人类自己为了掩盖自己的创伤而创立的幻象，倘若如此，人类不可能真正在象征层面逃逸出 ChatGPT 的崇高对象，因为逃逸和崇高对象处在一个莫比乌斯圈之内，正如拉康所说:"莫比乌斯圈是一个只有一个面的表面，一个只有一个面的表面不能被翻过来。如果你把它翻过来,它仍然会和自己一样。"①拉康强调的是,我们在面对俄狄浦斯神话的时候,之所以无法走出谶语的陷阱,正是因为谶语本身就是我们阉割的欲望。对于 ChatGPT 而言,我们本身以阉割欲望的幻象建构了 ChatGPT 的崇高对象,当我们逃避的时候,并不是逃避 ChatGPT 之所是,而是逃避我们自己构建的幻象,而逃避行为本身也是幻象构建的,当我们通过创伤构建逃避幻象的时候,发现自己离自己的崇高对象的幻象越近,因为在主体层面上,它们属于同一个幻象,构成了一个封闭的莫比乌斯圈。

最后,我们可以找到作为主体的剩余快感的可能性,并不在于在象征层面上的逃避,而是要理解,如果我们面对的是 ChatGPT 的崇高对象,那么我们真正需要逃避的不是这个对象,而是其背后的象征系统。剩余快感必须指向这样一种可能,它告诉我们,对于 ChatGPT 的颜貌化和象征化,实际上不止一种可能,因为象征化的崇高对象高度依赖于象征秩序,倘若象征秩序遭到松动,那么就存在对 ChatGPT 其他的崇高对象化的可能性。它既可以颜貌化为一个与我们进行平等交往的智能主体, 也可以像贝尔纳·斯蒂格勒那样,将其颜貌化为一个代具(prosthesis),代表着人类本身的器官学发展。②这意味着,象征界并不是单层的,它可以演化为多层的象征架构,而 ChatGPT 也具有其他的崇高对象化的可能性。那么,剩余快感的逃逸,绝不是在单一的象征秩序下的逃逸,而是将二维平面变成三维层次的褶皱性平面,指向一个并非"弑父"性谶语下的人工智能的崇高对象,也只有在这种情况下,才能出现无法被 ChatGPT 的某一种颜貌化形象所吞噬的剩余快感。

剩余快感,代表着逃逸,也是一种无法被整合到单一象征秩序之下的力比多的流动。在单一的象征秩序下,我们面对的是固定的 ChatGPT 的形象,因此我们对他提出的任何问题, 实际上都在滋养这种形象的生长。于是,ChatGPT 在 GPT-4 下成长得越快,越让人类感到恐惧和焦虑。我们忽视了一个问题,ChatGPT 并不是为了取代人类而设计出来的, 它并不一定会成为科

①　Jacques Lacan,*Anxiety*:*The Seminar of Jacques Lacan X*,eds. Jacques-Alain Miller,Polity Press,2014,p.96.

②　对于这个问题,参见[法]贝尔纳·斯蒂格勒:《南京课程:在人类纪时代阅读马克思和恩格斯——从〈德意志意识形态〉到〈自然辩证法〉》,张福公译,南京大学出版社,2019 年,第 220~226 页。

幻小说中屠戮人类的未来智能。当然，在未来的社会中，随着生成式人工智能的进一步发展，我们或许会越来越在现实层面上依赖于人工智能的辅助，比如人类与机器之间的交流，人类对大型机器和社会的控制，都是在人类与智能体的合作的基础上生成的。当我们更换了象征秩序的莫比乌斯圈之后，不仅要求我们需要塑造一个新的 ChatGPT 或人工智能的崇高对象，更需要意识到人类本身就在这个关系之中，人类与 ChatGPT 的关系，就像一种物的纠缠关系一样，当我们将人工智能视为竞争性的对手，它就是对手，如果我们能够将其象征化为一个伙伴，它或许就是一个伙伴。

蓝江（南京大学）

智力解放、教学化社会与作为起点的平等 *
——朗西埃《无知的教师》解读

对法国当代思想家雅克·朗西埃(Jacques Rancière)的研究,是当前国外马克思主义研究、激进思潮研究、文艺理论研究、影像理论研究等多个研究领域共同的热点话题和前沿方向。尽管当前国内学界对于朗西埃的研究方兴未艾,但是一个相对稳定的研究范式却已然形成。这一范式的特点是以"政治-美学""艺术-政治"的整体结构把握朗西埃的思想主旨,通过辨析"歧义"(mésentente)、"艺术体制"(régimes d'art)、"可感性分配"(partage du sensible)、"治安"(la police)等朗西埃思想的关键概念,以及梳理 20 世纪 90 年代以后思想日渐成熟的朗西埃代表性著作等方式,凝练出其"平等主义的美学艺术观""作为介入性政治的艺术实践观""可感性分配和治安逻辑背后的新型生命政治观"等核心学术观点①,以此来整体性地把握朗西埃的思想体系和学术脉络。应该说,这样的理解是符合现代学术规范逻辑的,也极大地促进了国内学界对于朗西埃的理解与接受。但是我们必须清楚地意识到,这一理解

---

　　* 本文系国家社会科学基金一般项目"西方激进左翼复兴共产主义观念的批判性研究"(项目编号:15BZX015)的阶段性成果。

　　① 关于这一研究范式的形成,可以参考的代表性的学术论文有:蒋洪生:《雅克·朗西埃的艺术体制和当代政治艺术观》,《文艺理论研究》,2012 年第 2 期;张一兵:《身体化隐形构序的治安逻辑——朗西埃的生命政治学解读》,《哲学研究》,2012 年第 12 期;《走向审美的政治——论朗西埃平等两个维度》,《天津社会科学》,2014 年第 1 期。可以参考的博士学位论文有:南京大学中文系李三达的《朗西埃平等主义美学研究》(2014)、华东师范大学中文系吕峰的《感性分配的政治——朗西埃美学思想研究》(2015)、黑龙江大学文学院岳凤的《朗西埃美学思想研究》(2018)。可以参考的主要的研究性著作是:张一兵的《文本的深度耕犁·第三卷》,中国人民大学出版社,2019 年。

是以忽略朗西埃一系列的前期著作为前提的。①在这种背景下,在 2020 年,由陕西师范大学陈越副教授主编的"精神译丛",出版了巴黎索邦大学的博士生赵子龙翻译的朗西埃前期代表性著作《无知的教师:智力解放五讲》(以下简称《无知的教师》),这一译作的出版对于汉语学界对朗西埃前期思想的理解与研究提供了重要契机。《无知的教师》一书依据雅科托的教学实验对日常教育活动中的讲解逻辑进行了解构与逆转,并将这种讲解逻辑扩展到了对社会的理解之中,教学化的个人导致教学化的社会,教学的讲解逻辑既是近现代社会不平等的等级制逻辑,也是资本主义一系列意识形态背后的逻辑。除此之外,它还通过验证把平等作为起点的激进平等理念,确立了朗西埃自己的思想起点,而这一激进的平等理念是一直贯穿于朗西埃中后期的理论探索中的。《无知的教师》一书也因此成为勾连朗西埃前中后期思想的关键文本,值得我们对它加以深入解读。

一、日常教学讲解逻辑的逆转

1818 年,法国外教约瑟夫·雅科托(Joseph Jacotot)在荷兰国王的庇佑下,在鲁汶大学获得了一份教授法语的教职,但他一站上讲台,就出现了一个悖论性的困境:雅科托完全不懂荷兰语,来听讲的学生又不懂法语,没有一种语言可以作为中介来完成教学任务。迫不得已,雅科托只能采取权宜之计,他发给班上的学生一本双语版的《帕雷马科历险记》(一本法语的古代神话故事),让他们以翻译学读然后不断复述的方式来学习。最开始,雅科托并没有对这一充满偶然性和实验色彩的方法抱有多大的期待,但随着教学进程的展开,他惊奇地发现,这些学生不仅轻松地学会了法语,还能克服对于大多数法国人都并不轻松的学习困难。这不禁让雅科托疑惑地写下:"人的力

---

① 朗西埃的前期代表著作包括:《工人的夜晚:19 世纪法国工人的梦》(*La Nuit des prolétaires: archives du rêve ouvrier*)、《阿尔都塞的教训》(*La Leçon d'Althusser*)、《无知的教师:智力解放五讲》(*Le Maître ignorant:cinq leçons sur l'émancipation intellectuelle*)、《哲学家和他的穷人们》(*Le Philosophe et ses pauvres*)。

量竟然只取决于意愿,所有人都有能力去理解别人已经做过和理解的事情。"①

　　这一偶然的教学革命为雅科托带来了一场心智上的革命。教师通过"讲解"(expliquer)活动向学生传递知识并塑造他们的心智,这样的信念,在此之前,一直根植于作为一个普通教师的雅科托心中。但毫无疑问,鲁汶大学的教学实践颠覆了这一信条,传统教学过程中"知识—教师—学生"的稳定结构被就此打破,雅科托和朗西埃②开始意识到:被传统视为教学过程中最关键环节的"讲解"活动,只是教师基于对学生"无知"的虚构而制造出来的距离、秩序和层级,其根本目的并不是让学生获得新知,而是确立自己在讲解结构中的权威地位。因此,"必须逆转这个讲解系统的逻辑。讲解活动对于补救一个理解中的无能并不是必要的。与之相反的是,这种无能正是讲解这一概念的结构性虚构,是讲解的人需要无能的人而不是相反"③。可以说,讲解活动在朗西埃眼里,只是教育的"神话"(le mythe)和"寓言"(la parabole),它所起到的作用,只是不断"愚钝化"(abrutir)学习者的心智。

　　"愚钝化"原理是朗西埃反思雅科托教学案例时创造的重要概念。这一概念的含义并不像字面所指示的那样:一些老教师通过讲授一些杂乱无章、没有条理的知识来愚钝化学生的内心;相反,真正的"愚钝化者"(L'abrutisseur),其形象是博学、开明和善良的,正是这些突出的品质,使得学习过程中他的知识和无知者的距离越来越明显,仅凭学习意愿的知识学习和按照方法进行研究的差异越来越明显。④正是这一愚钝化,在朗西埃看来,为教学活动中的方法论者和进步论者打开了空间,在愚钝化制造的人为区分和差异空间

----

　　① Jacques Rancière,*Le Maître ignorant:cinq leçons sur l'émancipation intellectuelle*,Fayard,1987,p.2,p.5.中译文参见赵子龙译本有改动,之后省略说明。

　　② 克莉丝汀·罗斯(Kristin Ross)认为,《无知的教师》的读者或许会困惑,究竟谁是这本书的叙述者(narrator),朗西埃的声音经常滑入雅科托的叙述之中,这多少有些类似部分柏拉图对话中的苏格拉底。Cf. Jacques Rancière,*The Ignorant Schoolmaster:Five lessons in Intellectual Emancipation*,(trans.Kristin Ross)*Translator's instruction*,Stanford,1991.

　　③ Jacques Rancière,*Le Maître ignorant:cinq leçons sur l'émancipation intellectuelle*,Fayard,1987,p.2,p.5.中译文参见赵子龙译本有改动,之后省略说明。

　　④ 在朗西埃看来,苏格拉底的"认识你自己"是一种更为完善的"愚钝化"策略,他以询问的方式,隐蔽地展示了自己的知识,和面对自己的学生的无知。朗西埃对于苏格拉底的这种解读或许有片面之处,但可以引发我们思考:现在流行的对学生"批判性思维"的培养,在流于形式之后,是否也变成了一种变相的知识灌输,反而降低了学生思维的批判性潜质。

内，教师可以随心所欲地为学生打造智力的等级。在学生的潜意识里，为他树立没有讲解就不可能有"理解"的观念，这样当这个孩子成为一个讲解人时，这一理念就已经深深地寄居在他的心中，他也将会变成一个进步论者。就这样，"愚钝化"的原则彻底扼杀了一代代求知者内在的求知意志。

学习的意志，这正是雅科托和朗西埃在这场偶然的教学实践中洞察到的关键要素。当空设的愚钝化原则被消除后，雅科托的学生可以仅凭学习法语的意愿使自己学习，而不用教师做讲解去掌握法语。在这场教学实验后，雅科托谨慎地考虑到自己对于法语的掌握，是否有可能在这场教学活动中，被无意识地渗透，导致学生在学习过程中实际受到了自己的影响。为了验证这一点，雅科托继续用这种方法去教授音乐和化学等自己完全不通的领域，他将自己彻底转换为一个"无知"的角色，而学生依然可以有效地掌握这些领域的知识。他开始确信这种教学方法是有效的，并将其命名为"普遍教育法"（enseignement universel），其原则是"先去学习某件事，然后把它与所有其他的事情相联系，并依据这条原则：所有的人都有平等的智力"①。

"普遍教育法"所蕴含的智力解放色彩是不言而喻的：不管是老师，还是学生，所有人都有平等的智力，因而人人在知识面前都是平等的；将自己还原为知识面前的无知者，是教师开启学生智力解放进程的关键环节；所谓的智力层级和智商测试，只是陷入"进步论幻相"的旧教师确立自己权威的愚钝化策略。朗西埃指出，"人是操纵智力的意志"②，当学生在学习知识的过程中，将这一意志转交到教师的手中，他只能陷入"重力的法则"之中，使自己作为一个知性单子的惰性不断地牵引自己向下堕落。由于这种懒惰，学习者不断地在学习过程中产生分心，流失掉自己与他人平等的智力，从而受到歧视，而在他人的歧视之中，被歧视的人也学会了如何歧视他人。朗西埃形象地指出，歧视会装出谦逊的样子，比如当有人要求一个带有歧视他人目光的人评价一个学生的即兴演讲，他会温顺而谦虚地表示："我弄不懂它。"我们马上就会知道他的言下之意："这些都不合常识，因为我弄不懂它；连我这样

---

① Jacques Rancière, *Le Maître ignorant：cinq leçons sur l'émancipation intellectuelle*, p.12, p.50, p.40.

② ［法］雅克·朗西埃：《无知的教师：智力解放五讲》，赵子龙译，西北大学出版社，2020年，第72、106、87、86页。

的人都做不到！"如果你真想听他的道理，他会像换了一个人一样，谦虚变成了高傲。①"有种人，他之所以会认可别人在某些方面的高等，只是为了使他人认可自己在某一方面的高等，并且我们并不难发现，在这种话语背后所表达的是，我们的高等在自己的眼中，总会变成更高等的高等。"②这种用自己承认的低等去换回一份高等的做法，在朗西埃看来，会让我们获得对优势和不平等的激情。我们开始迷恋虚构的集体所建立的统治秩序，并热爱着被人操纵着意志而被支配的感觉。

　　在朗西埃看来，除了雅科托的实际教学经验，"普遍教育法"的逻辑之所以是成立的，还源于"言说的操练以及把一切成果看作语言的这种观念，是任何学习的先决条件"③。正是由于语言存在的普遍性，思想和情感才可以在真诚的表达中获得充分的交流，而人只要有与他人交流的意志，就可以操纵自己智力的意志，通过与另一个与自己具有平等智力意志的人的交流去掌握一种知识。基于这种对语言的理解，与旧教师将学习的过程理解为"讲解"不同，朗西埃和雅科托把学习过程理解为："将思想转为语词和将语词转为思想的任何翻译和反译（traduire et contre-traduire）。"④这种翻译才是学习最为本真的状态，也正因为此，即兴演讲可被视为普遍教育法最为典型的练习。朗西埃指出，借助于即兴演讲的练习，人类就可以依据自身作为理性存在的天性去认识自己，并在这场真诚的交流中，传达自己的思想，表达自己的情感。⑤

　　可以看出，与将教育还原为社会问题的一个方面而加以总体性反思与批判的一般做法不同，朗西埃是在对教育本身的"知识—教师—学生"结构

---

　　① ［法］雅克·朗西埃：《无知的教师：智力解放五讲》，赵子龙译，西北大学出版社，2020 年，第72、106、87、86 页。

　　② Jacques Rancière，*Le Maître ignorant：cinq leçons sur l'émancipation intellectuelle*，p.12，p.50，p.40.

　　③ ［法］雅克·朗西埃：《无知的教师：智力解放五讲》，赵子龙译，西北大学出版社，2020 年，第72、106、87、86 页。

　　④ Jacques Rancière，*Le Maître ignorant：cinq leçons sur l'émancipation intellectuelle*，p.12，p.50，p.40.

　　⑤ ［法］雅克·朗西埃：《无知的教师：智力解放五讲》，赵子龙译，西北大学出版社，2020 年，第72、106、87、86 页。

展开元批判。这种叙事模式与批判策略的选择，表明早期朗西埃在思考问题时，在方法论上仍然受到他的老师阿尔都塞的结构主义方法的影响。朗西埃指出，传统教育结构得以维系的基础是一种讲解逻辑，这种讲解逻辑通过愚钝化的策略，操纵学生的意志，让他们流失掉自己与他人平等的智力，从而使学生在面对知识时的平等状态被异化，产生对于优势和不平等的激情；而只有从根本上瓦解和逆转讲解逻辑，才能打破日常教育的结构，实现普遍教育和智力解放。

二、日常教学讲解逻辑的社会扩展

虽然有着对学校教育和教学逻辑的精妙洞见，但《无知的教师》一书仍然不能被简单地看作一本教育学或者知识社会学的实证性著作。就像朗西埃所指示的那样，教学化的个人必然导致一个教学化的社会。讲解逻辑潜在的不平等基础，直接作用于学生知识的获得，但也在灌输知识的同时，将等级制、进步主义、崇拜权威、信仰方法等一系列观念潜移默化于学生内心之中。在这个意义上，任何客观知识的教学过程，本身就是一种无意识的意识形态规训："讲解逻辑本身就是一种社会逻辑，它是社会秩序的体现和再生产的基础。"[1]

朗西埃认为，任何一个有机现代社会的核心政治筹划都是一个通过不平等的秩序让平等可见的工程，而人民的教育事业就处在这项工程的核心位置。讲解逻辑作为日常教育活动的内核本身是一个不平等的秩序，但在知识传递和进步之名的掩盖下，它却成了现代社会平等可见的重要手段。[2]当布尔迪厄等社会学家将法国学生在学校表现的巨大差异归结为先天文化资本的差异和社会区隔的趣味区分时，这种看似激进的批判姿态，在朗西埃看来，恰恰是以对教育内在的不平等秩序的承认为基础的，其本质是一种进步主义的意识形态。对布尔迪厄等法国社会学家以再生产理论为核心的教育

---

① Charles Bingham：*Jacques Rancière*，*Education*，*Truth*，*Emancipation*，Continuum，2010，p.6.

② Cf. Charles Bingham：*Jacques Rancière*，*Education*，*Truth*，*Emancipation*，p.6.

社会学的不满,是朗西埃对讲解逻辑进行社会化扩展的重要理论契机。①正如罗斯指出的那样,五月风暴的政治失败催生了法国社会科学对于权力问题的研究,布尔迪厄的社会学就在这样的背景下得到展开并迅速获得成功,在二十世纪八十年代的英语国家也产生了巨大影响。②从 1964 年的《继承人》到 1970 年的《再生产》再到 1979 年的《区隔》,布尔迪厄完成了自己的教育社会学三部曲,通过场域、文化资本、符号暴力、惯习、社会区隔等一系列概念为现代教育体制的不平等问题进行社会学祛魅。朗西埃对此展开了尖锐的批判:布尔迪厄的新社会学是一种"假定研究对象无知的权威话语"③;布尔迪厄在对大学体制和高等教育进行反思时,没有注意到工人阶级已经被大学体系排除在外的事实;同时,布尔迪厄笔下的被排除者、在教育体制中处于不平等地位的人也对造成自己现状的结构性原因毫无所知。朗西埃认为,造成布尔迪厄理论困境的根本原因就是他的研究体系得以展开的基础是假定研究对象的无知以及教育再生产体系的不被发现。也就是说,布尔迪厄对教育不平等问题的社会学研究是从不平等的前提出发的,如果真正秉持平等的前提,那么布尔迪厄笔下的文化资本、惯习和社会区隔根本就不会存在,所有人的感性实践经验都是平等的;而打破这种差异的方法也绝不可能是布尔迪厄等社会学家所提倡的教育改革,当教育的讲解逻辑没有被打破时,纯粹知识分配的再调整,依然发挥着同样的规训作用,不会真正地为学生带来平等。

可以这样说,将教学讲解逻辑扩展地应用到对社会的理解之中,将资本主义社会理解为一个大学校,是朗西埃对雅科托的教学实践最重要的洞见

①　朗西埃对布尔迪厄的批评并不单纯指向其教育社会学,在其另一本著作《哲学家和他的穷人们》中,他将布尔迪厄指认为与柏拉图的"哲学王"一脉相承的"社会学家王"(sociologist-king),对其社会学祛魅预设的前提不平等、科学工具化的方法、研究对象能动性等一些列问题展开了系统批判。朗西埃对布尔迪厄的批判,孰是孰非难以轻下论断,但却为我们提供了一个重要的比较共读的视角。(Cf. Jacques Rancière, *The Philosophy and His Poor*, Durham:Duke University Press,2004,pp.165-202)

②　Cf. Jacques Rancière, *The Ignorant Schoolmaster:Five lessons in Intellectual Emancipation*, Translator's instruction,Stanford,1991,p.5.

③　Cf. Jacques Rancière, *The Ignorant Schoolmaster:Five lessons in Intellectual Emancipation*, Translator's instruction,Stanford,1991,p.5.

和最深刻的发挥。教学讲解逻辑所直接确立的教师权威,导致了学生在知识学习过程中对于权威的崇拜,这种权威崇拜的心理会伴随着学生走出学校,进入社会;而当无数社会个体拥有权威崇拜心理时,韦伯笔下的资本主义合理化统治、科层官僚的行政操纵和经济管理、对社会支配性权力的非理性崇拜也就得到了持续的巩固和发展。讲解逻辑确立的愚钝化原则直接剥夺了学生平等运用自己智力的意志,造成了自己在教学过程中的无知与被动;同样,当学生带着这种无知和被动的姿态进入社会时,他们也就很自然地成了卢卡奇和马尔库塞笔下丧失反思精神和批判向度的被物化了革命意识的无产阶级和发达资本主义社会的单向度的人。为配合愚钝化策略所设计的智商层级和层层考试,孕育了学生对资产阶级等级制度的认同,对进步主义意识形态的接受,对优胜劣汰的资本主义竞争法则的信仰,对弱者的歧视,对真诚情感的冷漠、异化和疏远。因此,一个被讲解逻辑教学化了的个人,很自然地就是一个资本主义社会政治、经济、文化环境中的合格主体。学生从来就没有离开过"学校",他只是从接受知识的小学校迈向了资本主义社会的大学校。

　　值得注意的是,雅科托和朗西埃深刻地意识到,在学校为学生带来智力解放的"普遍教育法"绝不能被作为一种方法扩展到社会解放之中。正如朗西埃所指出的那样:"当普遍教育法变成一个好方法之后, 它也就被整合进了愚钝化策略的更新之中了。"①普遍教育法在雅科托那里只适用于家庭和个人,因为它一旦被学校和教育机构所收编,就只能变成讲解逻辑的进步体系的一种自我更新、自我调整,本质上还是一种旧教师的胜利。普遍教育法的本质应当是一种自然的方法, 它让每一个个体自觉地意识到学校或者社会强加给自己的不平等限制,反思"平等"谎言背后的不平等,真正独立大胆地运用自己的意志和理性,打破解释与进步的循环。在朗西埃看来,真正的社会解放不是给人民设定一个平等的目标, 而是让每一个人都认识到他们本身的平等就是这一解放得以实现的前提条件。在这个意义上,普遍教育法的本质就是让人们心中持有"平等不是一个目的, 而是一个起点"的激进平等理念,并把它当作在所有条件下都应当被坚持的假设,在日常生活中不断

---

① Jacques Rancière, *Le Maître ignorant:cinq leçons sur l'émancipation intellectuelle*, p.78, p.27.

地加以验证。"一切就在一切之中"①(Tout est dans tout)的普遍教育理念说到底不是任何方法,但同时又是所有的方法。雅科托和朗西埃拒绝将普遍教育法当作现成的方法和教条,其中固然有着避免陷入"进步者循环"和"旧教师胜利"的现实考量,但也能说明现实的教育问题从来就不是他们的真实关切(至少对朗西埃而言),因此普遍教育法如何真正的实施、如何进行社会化扩展等具体的细节问题自然也就不在他们的视野之内了。

　　朗西埃将日常教学的讲解逻辑扩展到对社会的理解之中,除了极大丰富了雅科托教学实验的意义和内涵之外,也将西方马克思主义的德法批判思想推到了一个极限位置。对现代资本主义社会的批判是西方马克思主义者一直延续的理论主题,但批判的视角却经历了一个从宏观到微观的渐变过程。早期西方马克思主义者如卢卡奇、葛兰西等人是以总体性视角批判欧洲资本主义,探讨其总体性的统治结构、统治形式、物化无产阶级革命意识的总体性辩证法。法兰克福学派虽然鲜明地反对总体化批判资本主义的做法,但他们自身也是从启蒙理性的倒退、工具理性和技术理性的宰制作用、大众文化和文化工业对大众意识形态的麻痹与整合、同一性哲学导致反犹主义等非理性主义出现等宏观角度完成自己对资本主义的检讨和批判。西方马克思主义对资本主义的批判真正地转向微观视角,得益于批判思想在法国的系统展开。虽然福柯不是一个西方马克思主义者,但是他对西方人文传统的考古学断代,对西方知识话语背后的权力谱系学批判,对资本主义从自由主义演进到新自由主义、统治形式从"控制-规训"转向"生命权力"的精妙洞见,为法国马克思主义对资本主义的微观批判敞开了视角。列斐伏尔对微观日常生活的"小事情异化"的批判②、德波对当代资本逻辑的景观要素批判③、鲍德里亚对消费社会背后的符号拜物教和符码拟真性的批判、阿尔都

①　Jacques Rancière, *Le Maître ignorant:cinq leçons sur l'émancipation intellectuelle*, p.78, p.27.

②　张一兵认为,列斐伏尔完成的对资产阶级社会的日常生活批判转向,主要是针对资产阶级日常生活的小事情异化;而德波所强调的是景观作为一种资本要素对大众日常生活的殖民现象,并认为具有革命性的、超越性艺术实践可以通过对日常生活的直接介入反抗这种殖民现象。参见张一兵:《日常生活批判与日常生活革命——列斐伏尔与德波日常生活批判理论的异同》,《中国高校社会科学》,2020年第5期。

③　张一兵:《日常生活批判与日常生活革命——列斐伏尔与德波日常生活批判理论的异同》,《中国高校社会科学》,2020年第5期。

塞后期创造"意识形态国家机器"概念重构马克思主义的意识形态批判等，都可以看作对当代资本主义社会从微观视角展开的重要批判。

这种微观视角的批判在法国的展开是由法国自身的思想传统、欧洲资本主义社会发展出现的新变化以及西方马克思主义到后马克思主义的逻辑转换等多重因素所决定的。①而当朗西埃在《无知的教师》一书中，将教学中的讲解逻辑扩展地理解为现代资本主义社会潜在的不平等逻辑时，他实际上将西方马克思主义对资本主义的微观批判推进到了一个极限位置：被资本主义总体性统治和微观异化的对象，反过来成为资本主义维系自身统治和发展的重要条件；被资本主义殖民的对象，反过来殖民了资本主义本身。朗西埃的这一洞见表明，在当下，继续西方马克思主义对资本主义的批判事业，要注意资本主义统治与被统治之间的辩证关系，被统治的对象不单纯地处于被决定者的位置，它具有一定的自反效果和反作用，这是我们今天对资本主义进行批判所处的一个理论极限位置。同时，当代西方马克思主义的批判话语从总体性的宏观批判转换为对日常生活微观场域内的种种异化现象的批判，这一话语转换本身也表明了资本逻辑部署自己统治过程时的策略转换，即由宏大的政治制度、经济逻辑总体统治转向了对文化、艺术、教育等微观上层建筑领域的日常渗透。这也是我们今天构建资本主义批判话语时所必须注意的一个逻辑前提。

三、激进平等理念的确立与实现

除了逆转与解构传统教育的讲解逻辑，并将这种讲解逻辑进行社会性的扩展之外，《无知的教师》一书在朗西埃自己的思想发展历程中也占据着重要的理论位置。

与阿尔都塞的彻底决裂是朗西埃展开自己独立思考的起点，1968 年红

---

① 张一兵认为，伴随着 20 世纪 60 年代西方马克思主义在实践中走向衰落，西方马克思主义在新的历史语境中演化为后马克思思潮、后现代马克思主义和晚期马克思主义三种理论形态。后马克思思潮和后现代马克思主义由于拒绝马克思的社会生产和人类解放逻辑，实际上已经离开马克思主义；与之相反，晚期马克思主义者依然坚持马克思主义的基本原则和基本观点。参见张一兵：《西方马克思主义、后（现代）马克思思潮和晚期马克思主义》，《福建论坛》，2000 年第 4 期。

色五月风暴的爆发是这一决裂的直接因素。作为 20 世纪"告别革命"的大潮到来之前的最后一次激进革命浪潮,被称之为"蔷薇花革命"的五月风暴尽管没有结出任何实质性的果实(除了动摇了戴高乐政府的统治基础外),但毫无疑问地塑造了整整一代法国年轻人的精神结构,并为年轻一代的法国左翼思想家开拓了全新的理论视野,正如巴迪欧在回忆五月风暴时曾指出的:"总体上说,历史与主体的矛盾,是五月风暴的启蒙为我们这一代人塑造的思想起点。"①对学院权威性的质疑、对知识自上而下传递进程的反对是那一代法国年轻人在风暴之中被共同孕育出来的情感结构。在这一浪潮中成长与实践、在这一氛围中体验与感受的朗西埃,很自然地对站在讲台上、高高在上的、化身为法兰西乃至整个欧洲左派知识分子权威的阿尔都塞有一种"精神弑父"式的造反冲动和欲望。但与此同时,以阿尔都塞为代表的法国知识精英,为什么在面对真实的革命行动时,会如此踌躇犹豫、立场暧昧且毫无行动? 这些问题倒逼朗西埃思考:会不会在这些思想权威的理论体系中就存在着某种缺陷,并最终导致他们无力面对现实的政治行动?

朗西埃在参加五月风暴时成立的激进革命组织"无产阶级左翼"(Gauche prolétarienne)获得的宝贵实践经验,以及为写作博士论文大量准备的对于工人生活的经验研究,帮助他形成了对于这一问题的基本理解。朗西埃认为,被左翼理论家和马克思主义者视为历史与政治主体的无产阶级,在叙事之中却完全以被虚构的简单形象出现,工人与劳动人民的实际生活和肉身经验被完全简化为毫无能动性的体力劳动和被虚假观念支配的意识形态头脑。阿尔都塞、萨特和布尔迪厄等知识精英都思考中,朗西埃确立了自己以平等为核心的问题意识。把资本主义生产方式下脑力劳动与体力劳动的分工当作无条件的前提加以接受,从而确立了自己与劳动人民和无产者之间直接的秩序等级。于是,知识精英成了掌握解释权力的"旧教师",而无产阶级则变成了无知的学生。②没有"旧教师"为工人讲解关于解放的知识,工人也就不可能获得解放,无产阶级的主体化过程在阿尔都塞等人那里最

① Alain Badiou, *The adventure of French Philosophy*, Verso, 2012, p.107.

② Cf.Oliver Davis, *Jacques Rancière*, London: Routledge, 2010, p.3.

终完全变成了一个被动的过程。而这一问题的症结就在于,在这些左翼知识精英的头脑中,一开始就没有把无产阶级当作与其平等的主体加以思考,从而导致这些理论家尽管仍把平等和解放作为最高的价值目标,却因为前提的不平等,而在追寻平等的道路中渐渐迷失。如同掌握了"普遍教育法"之后的雅科托认识到了"进步和教育之下,被抹去的是平等和解放"[①]一样,朗西埃也在革命和风暴之后认识到,忽视了平等的前提,对于平等的追寻就摆脱不了象征进步的秩序和代表权威的解释,而这只会让本想走向平等的解放之路渐渐地走向它的反面。

　　还需要注意的是,朗西埃批判的矛头不仅指向了阿尔都塞和萨特等西方马克思主义的理论家和知识分子,而且就像奥利佛·戴维斯所提示的那样,他还反思了经典马克思主义传统中的列宁和第二国际代表人物考茨基等人是否也存在这样的缺陷。朗西埃认为,列宁主义的先锋党逻辑和卡尔·考茨基对于马克思主义的科学性理解与阿尔都塞主义具有同构性,其本质都是一种"理论家精英主义"[②];这一理论强调工人阶级对于知识分子的依赖性,认为工人必须通过理论家和政党领袖给他们"讲解"、灌输马克思主义的科学真理,才能成为未来历史的真正主体。列宁对俄国社会民主党先锋作用的强调,有着复杂的现实考虑和理论需要。从俄国革命的现实考虑,只有将社会民主党锻造为高度组织化的集体性政党,才能将饱受压迫和剥削的无产阶级自发的革命热情转化为自觉的革命意识,以保障革命的最终胜利;从理论角度来看,列宁的先锋党理论是在与俄国革命中出现的形形色色的错误的社会主义思潮——无政府主义、民粹主义、经济主义、机会主义、工联主义——进行斗争的过程中发展出来的理论,这种理论路线上的斗争对俄国革命的前途有着深远的影响,"没有革命的理论,就不会有革命的行动"[③],科学的革命理论是使无产阶级成为一支独立政治力量的前提。在列宁看来,先锋党的先锋性就在于其连接无产阶级与革命理论的中介作用。这一中介作

---

　　①　Jacques Rancière,*Le Maître ignorant:cinq leçons sur l'émancipation intellectuelle*,Fayard,1987,p.84.

　　②　Oliver Davis,*Jacques Rancière*,p.14,p.15.

　　③　《列宁选集》(第一卷),人民出版社,2012年,第311页。

用所内含的"秩序化"逻辑(党的组织原则与纪律原则)和"同一化"逻辑(科学理论对无产阶级的集体性形塑),被朗西埃视作俄国革命不平等的前提:先锋党在革命中的中介作用等同于旧教师在教育中的中介作用,革命意识的灌输等同于知识的讲解。

在资本统治一切的时代,如何重塑资本的对抗性主体,是当代激进左翼思想家"激进化"的一个重要标志,这使他们的思想与列宁有着一定程度的共鸣(奈格里和齐泽克就曾对列宁思想做出过丰富的阐释)。不过,虽然都有着对无产阶级主体化的诉求,但激进左翼思想家们各自对于主体化途径的不同界定,则清晰地显示了他们的思想与列宁之间的间距。具体到朗西埃来说,朗西埃认为,政治的主体化逻辑应该是一种异质性逻辑和他者逻辑,即打破共识、制造纷争,并始终包含一种不可能的同一化,而只有这一主体化逻辑塑造出的充满差异的个体互相连接,才能形成真正的平等共同体。朗西埃认为,没有五月风暴无序偶然的冲击,我们或许永远无法体察到阿尔都塞[①]理论中"约定俗成般的知识分子特权"[②]。同样,如果没有风暴中形成的多元政治力量对群众自发性革命力量的推崇,我们也不会如此深刻地体会到列宁的先锋党理论所蕴含的精英色彩和不平等的预设。

与阿尔都塞等战后法国知识权威的彻底决裂与清算之后,朗西埃遭遇了雅科托,后者的教学试验验证并确立了朗西埃对于平等的深层信念。朗西埃确信,如同雅科托发现了教育过程中学生智力上的不平等事实只是教学的组织秩序所塑造出来的结果那样,所有既存的不平等事实都是社会秩序和分工逻辑的自然结果,即使以平等为最终目标的无产阶级解放运动也因为对于平等前提的忽视而走向了其反面,而唯有把平等作为起点,解放才是可能的,这种解放不仅是智力解放,还有社会解放。[③]除了验证其激进平等理

---

① ［法］雅克·朗西埃:《政治的边缘》,姜宇辉译,上海译文出版社,2007年,第54页。

② ［法］雅克·朗西埃:《政治的边缘》,姜宇辉译,上海译文出版社,2007年,第54页。

③ 朗西埃对自己激进平等理念最为简洁和凝练的阐述,就是他在专为《无知的教师》中文版所做的序言里所写到的:"平等不是目的,它是起点。"(参见［法］雅克·朗西埃:《无知的教师:智力解放五讲》,赵子龙译,西北大学出版社,2020年,第4页。)托德·枚(Todd May)对郎西埃平等理念的概括也较为恰切,他将郎西埃的平等观视为一种"积极平等","这种形式的平等是一种被压抑的假设(the oppressed presume),为他们自身所检验和验证;它与我们传统上所理解的那种被有权者所给予的'消极平等'是不同的"。(Cf.Oliver Davis, *Jacques Rancière*, London: Routledge, 2010, p.27.)

念外,正如让-菲利普·德兰蒂(Jean-Philippe Deranty)所指出的那样,"雅科托公理也包含了朗西埃向诗学及美学转向的根源"①。人与人之间智力的相同,不仅是对个人能力的确认,同时也可以被理解为对人类交流可能性的确认。语言的使用本身就是激进平等主义的潜能所在,民主与平等也因此完全有可能在诗学和艺术实践中被实现。德兰蒂还指出,雅科托的案例还使得朗西埃能够将自己对工人阶级的最初兴趣与平等作为激进交流之基础的理念联系起来,从而使朗西埃的思想发生微妙而重大的变化:它使朗西埃注意到,社会结构的不平等性,在最基本的层面,构筑了不同的话语领域,这些领域潜在地区分了"举足轻重"的声音和"微不足道"的声音。现代诗学的解放逻辑也因此在朗西埃那里被表达为"在被认为是掌握着语言控制权的社会规范之下,在后革命时代,语言本身开始向所有人开放"②。从这一解放逻辑出发,朗西埃在后期的政治、美学、艺术、哲学和影像的交叉研究和综合思考里,通过"歧义政治""可感性分配""艺术体制""沉默的言语"(parole muette)、"文学性"(littérarité)等一系列关键概念,将自己的激进平等原则扩展到各个领域之中,寻找那些由于社会秩序的等级规训而被遮蔽的图像和声音,那些在潜在区分之下我们"听不见"和"看不到"的事物。

比如,朗西埃最具原创性的政治概念——歧义政治——就是在对哲学和政治的交叉研究中判定的。在朗西埃看来,在新自由主义"去政治化"的意识形态条件下,政治转化成了裁定可感性分配法则、划分可见不可见之物、让"无分者之分"(le part sans-part)③继续无分的治安秩序,这种治安秩序也即福柯意义上的"治理",其本质是一种微观生命权力;而真正的政治本质上应该是一种歧义政治,歧义不是治安逻辑下多元利益和意见协调的治理术(这也是资本主义社会的"自由-民主"意识形态衍生出身份政治和政治正确的根源),而是对可感性与自身之前距离的确证。歧义政治之所以是真正的政治,在于它真正地把平等视为起点和预设,而不是一个由固定秩序所确定

---

① [法]让-菲利普·德兰蒂:《朗西埃:关键概念》,李三达译,重庆大学出版社,2018年,第8页。

② [法]让-菲利普·德兰蒂:《朗西埃:关键概念》,李三达译,重庆大学出版社,2018年,第10页。

③ 朗西埃指认的几种主要无分者是:古代穷人、第三等级者和现代无产者;参见朗西埃:《歧义》,刘纪蕙等译,台湾麦田出版社,2011年,第62~63页。

的分配结果(罗尔斯与诺奇克),是一种由人民表达的政治,而不是对人民分配的制度。具体来说,只有打破治安秩序的可感性分配结构,让被排除的"空"(vide)和附加物(supplement)重新被纳入进来,无分者的内在感受才可以得到充分的表达与释放。①基于这种对政治本性的理解,朗西埃后期将自己的理论视域转移到美学、艺术和影像等领域的选择也就不难解释:只有这些领域可以实现视觉和声音等可感性特征的重新分配,重新在不同的感性话语领域出现纷争、冲突和歧义,以实际的审美行动埋葬不平等,生产平等。②

在《无知的教师》出版 21 年之后,朗西埃在 2008 年出版了《解放的观众》。在这本书中,朗西埃重新回到了雅科托的智力解放课程,将智力平等的前提从 19 世纪鲁汶大学的学生转移到了现代剧场、电影院、博物馆,以及电视机前的观众身上。他反思现代艺术将观众完全理解为一个被动的存在,即使像德波、阿尔托和布莱希特等左翼先锋艺术理论家,也依然在自己与无知的观众之间划出界限,把自己塑造为真正艺术的"解释者"(如同学校的"旧教师"一样),将观众从"景观社会"的麻痹中拯救出来的解放者,以此来树立自己在艺术方面的权威性。朗西埃认为,真正解放的艺术是坚持平等的前提,不再只把观众作为被动的观看者来看待,而是相信观众自我创造的理解,相信观众可以积极翻译舞台上的表演(就像学生可以通过翻译他人语言的方式来完成自主的学习一样),以此来塑造主动的观众。

由此可见,不管朗西埃的具体研究领域有着怎样复杂的转变、交叉与综合,把平等作为起点的激进平等理念始终贯穿其中,为朗西埃的所有研究领域所共享。当然,朗西埃这种极致追求感性实践、诉诸个体的政治路向,反而距离他所心心念念的、被遮蔽的、无声的劳动大众越来越远:这种抽空一切社会、历史和现实因素的审美政治化或者说政治审美化逻辑,所必然导致的政治后果就是一种极具乌托邦色彩的无政府主义。

在朗西埃的另一本早期代表作《哲学家和他的穷人们》的英译本出版时,朗西埃曾为这一译本专门写了一篇后记来向读者介绍自己的思想旅程。其中,他提道:"处于对于不平等问题进行社会学祛魅(sociological demystifica-

---

① Todd May, *The Political Thought of Jacques Ranciere: Creating Equality*, PSU, 2008, pp.40–50.

② [法]让-菲利普·德兰蒂:《朗西埃:关键概念》,李三达译,重庆大学出版社,2018 年,第 128 页。

tion)和共和普遍主义模棱两可的宣言夹缝之中的艰难处境,以及对一个软弱无力的民主政体的绵软无力的共识的奇袭,让我开始思考如何给'民主'这个词和平等的主题一个与众不同的解释。"[1]正是在这一背景下,雅科托面对学究们和进步论教育者时所展开的以所有智力皆平等为前提的智力解放事业,彻底印证了朗西埃把平等作为起点的激进理念:"人们终究会意识到,智力解放的事业可以扩展到社会秩序给每个人造成不公的事情上。"[2]就像学生并不因为不具备老师所掌握的知识,而仅凭相同的智力和学习意志而与其平等一样,无产阶级也不必因为没有接受资产阶级的教育和拥有他们的高级文化而低人一等,他们之间是平等的,因为他们拥有相同的智力。隐匿在知识之下的被储存的特权,同样存在于社会生活的各个方面,并深深地根植于进步论者和相信精英领导的民主狂热者,以及一些左派知识分子的头脑中,这是《无知的教师》一书超越一般的教育学著作,而具有的更为深刻的内涵和意义。

四、评价与总结

二十世纪六十年代以后,"完结革命"成了欧美社会的主旋律,人们普遍渴望通过构建社会和政府的各种秩序与法则,走出对平等和解放的狂热追求,以及这种追求所带来的无序和暴力,这样的共识与朗西埃所指的社会的全面教学化不谋而合。在这样的背景下,朗西埃依然坚持着这一激进的平等理念,就显得弥足珍贵和值得敬佩。当然除了忠诚而坚定的政治信仰,以及丰富而宽广的理论视野之外,朗西埃思想最迷人的特质,恐怕还是他对平等问题的独特理解。德兰蒂曾将朗西埃的思想历程概括为一场"平等之旅",但与所有思想家把平等作为旅程的终点不同,平等在朗西埃的思想旅程中是一个起点。这样的一个独一无二的起点,从革命与风暴和阿尔都塞的课堂上萌发,在雅科托的教学实验中被验证,并成为其中后期创造自己理论体系的重要基础。这份把平等作为起点的理念是美丽的,但也是脆弱的。这份脆弱

---

① 　Jacques Rancière,*the Philosopher and His Poor*,Duke University Press,2004,p.222.

② 　Jacques Rancière,*the Philosopher and His Poor*,Duke University Press,2004,p.223.

性体现在,不管是阿尔都塞、萨特和布尔迪厄的理论家精英主义症候,还是无产阶级革命中的列宁主义要素,虽然在理论层面确实存在着一定的革命主体前提不平等的问题,但当朗西埃对他们做出不留余地的彻底批判时,他自己理论的个人主义乌托邦特质和无政府主义底色也随之彻底暴露。朗西埃在诉诸个人感性实践的同时,没有深入矛盾的另一端,没有意识到,革命从不是在纸上立论推理或者像五月风暴那样筑起街垒、散发传单去夺取想象和语言的胜利那么简单,真正的革命是社会、历史与情势的瞬间内爆,而真正的革命家会强有力地抓住这一内爆瞬间,夺取政权,获得革命的胜利,那样的一个内爆时刻是转瞬即逝的,革命家必须在短时间内强有力地动员和组织作为革命主体的无产阶级。在这个意义上,我们可以反问朗西埃:如果把平等作为起点,这种短时间的、强有力的组织和动员,是可能的吗?朗西埃明显回避了类似这样的问题,而且事实上,在对列宁主义、革命等一系列问题的理解上,朗西埃与自己的老师阿尔都塞相比都有着明显的退步。然而,就像历史上所有重要的乌托邦思想一样,朗西埃的激进平等理念虽然有着强烈的非现实性,但是这份非现实性对于我们的现实生活也有着重要的意义,正如巴迪欧在谈到朗西埃的思想贡献时曾经指出的那样,"理念,在它实现为一个全新世界的过程中,不能被它暂时的失败和造成的短暂历史后果来评判和决定;相反,它应该被它一点点被生成为一个普遍的、我们看不到的全新世界的进程所决定"①。那么,究竟该为朗西埃的思想做出怎样的定位?在《无知的教师》的结尾,朗西埃提到了雅科托对自己所创立的普遍教育法的预见:"普遍教育法不会兴盛。不过可以确定的是,他还补充道,它也不会消亡。"②这或许也可视为朗西埃对自己思想的一个注脚。

王福生、潘昕培(吉林大学)

---

① Alain Badiou, *The adventure of French Philosophy*, London and New York: Verso, 2012, p.130.

② [法]雅克·朗西埃:《无知的教师:智力解放五讲》,赵子龙译,西北大学出版社,2020年,第176页。

资本扩张中的空间演变逻辑
——从产业资本到数字资本

马克思认为,"资本按其本性来说,力求超越一切空间界限"①。随着经济社会发展,尤其是数字经济时代的到来,空间的外延和内涵,相对于马克思所处的时代,变得更为复杂。20 世纪后期,对资本和空间的关系的研究,在国外经历了一次"空间转向"。法国的列斐伏尔把空间纳入了资本主义轨道,他区分了自然空间、社会空间、精神空间,着重探讨了社会空间。列斐伏尔的空间哲学影响了英美的"都市空间"或"都市文化"学派,诸如多琳·马西、索亚·苏贾、大卫·哈维等人,他们立足空间、历史、社会的"三元辩证法",探讨了资本扩张下城市空间商品化进程。但是,这些学者的空间研究,较少涉及数字资本时代的虚体空间或数字空间。

随着资本主义的发展,资本扩张领域从自然空间、社会空间拓展到了虚体空间,空间相对于资本,其定位和逻辑都发生了变化。最初,人们对空间的理解,在常识角度属于自然科学的界定,即自然空间。随着资本主义的发展,人们发现自然空间概念可以拓展到社会空间, 并带有意识形态性。当今时代,信息技术飞速发展,网络的普及,数字空间作为现实的拟真,跟人类的意识、心理、情感密切相关,可以称之为虚体空间。这种空间观念的拓展,背后有着现实力量推动,其中一个非常重要的力量就是资本。资本主义发展是一种资本扩张的历程,也是资本的空间扩张过程。"帝国主义控制世界的重点方向由现实领土转向虚拟空间。"②资本空间扩张在一定程度上延缓了资本

---

① 《马克思恩格斯全集》(第 30 卷),人民出版社,1995 年,第 521 页。
② 刘皓琰:《数据霸权与数字帝国主义的新型掠夺》,《当代经济研究》,2021 年第 2 期。

主义矛盾。但是,资本无序扩张引起的空间问题也给自然、社会、精神带来了危害。立足《资本论》探究资本空间扩张演变逻辑,是为了完善空间治理,防范资本无序扩张,规范和引导资本发展。

一、资本对空间定性的变化:从"在空间中生产"到"空间的生产"

在常识维度,空间是一个物理学和哲学概念,似乎与资本没有联系。资本主义生产方式在一定程度上重新发现了空间,经历了从"在空间中生产"到"空间的生产"的转变,空间由一个客观的自然存在,逐步变成了具有商品属性的社会存在。空间也从传统的哲学对象演变为政治经济学探讨的对象。

(一)在空间中生产

早在古希腊时期,思想家就开始对空间进行了哲学思辨,诸如德谟克里特的原子论。通常所讲的空间,是物理意义的空间。物理学的空间观主要依据是牛顿绝对时空观,另一个是爱因斯坦的相对时空观。牛顿认为物理空间相当于一个虚空的容器,几何学意义的空间则是一定的数字和比例的场所。爱因斯坦认为,时空和质量、引力有关系,还可能会扭曲,这对牛顿绝对时空观构成了挑战。牛顿和爱因斯坦都倾向认为空间具有客观实在性。从哲学角度看空间,主要探讨空间是充实的还是虚空的,是存在的还是非存在的。诸如笛卡尔的实体空间观,他认为实体具有广延性和思维性,空间属于广延性。还有就是康德的主观空间观,他把空间当成直观材料的先天形式,具有认识论作用。哲学维度的空间,区分了主观和客观的空间,以及空间的绝对和相对问题。

唯物主义者,诸如恩格斯,把时空当成物质存在的两大形式之一,具有无限的延展性,脱离了物质,空间就是无。与康德先验观念论的形式空间观相区别,历史唯物主义空间观坚持物质本体论,以及空间的客观性和实体性,这为探讨空间和资本的价值关系奠定了哲学基础。从马克思主义哲学来看,"在相当长的一段时间内,历史唯物主义与空间素无往来"①。随着资本的扩张,资本主义对空间进行商品化操作,资本和空间的关系研究逐步进入了马克思主义政治经济学的范围。

在马克思时代,空间和资本的关系,属于"在空间中生产"阶段。物质生产一定要处于特定空间当中,比如产业资本的生产,主要场所就是工厂,这叫作在空间中生产。在这里,物理空间是生产场所,具有一定的物质客观性和地域特征,只是一个中性的概念。并且,前资本主义时期,物质生产也是发生在特定空间中的,空间与资本并没有绑定在一起。但是,生产场所的空间,在资本主义逐利主导的逻辑下,逐步具有了资本主义性质。随着资本扩张,生产空间也在嬗变,总体趋势是生产场所越来越广,对空间的理解也逐步超越了常识空间观,这就要求马克思主义空间观也要有新的阐释。

高清海等人认为,运动是物质的根本形式,包含机械运动、物理运动、化学运动、生物运动、社会运动、思维运动。"物质的运动是空间和时间的本质。"②这意味着,当代历史唯物主义的空间观需要超越常识维度的空间观。"马克思的空间是由人的生产实践历史性活动而引起的周围世界存在论现象,而不是物自身的存在方式。"③历史唯物主义需要拓展物质本体论的内涵和外延,在历史唯物主义视野中,空间跟社会关系再生产有关。因此,除自然空间外,还可以包括社会空间、精神空间,这也是空间哲学研究的"空间化转向"。就如刘怀玉所言,在历史唯物主义维度,世界具有自在自然、人化自然和历史自然三个维度。这样,原本作为一个以自然性质为主的空间,也具有了社会学和政治学含义。空间的内涵和外延都拓展到了社会、经济的实践中,于是空间与资本深度绑定就具有了可能性。

(二)空间的生产

与传统的哲学空间观不同,《资本论》对空间和资本的关系进行了政治

---

① 刘怀玉:《历史唯物主义的"空间化"概念探源》,《河北学刊》,2021年第1期。

② 高清海主编,舒炜光、车文博、张维久副主编:《马克思主义哲学基础》(上),人民出版社,1987年,第508页。

③ 刘怀玉:《历史唯物主义的"空间化"概念探源》,《河北学刊》,2021年第1期。

经济学分析,受此启发,列斐伏尔认为资本主义生产,是一个空间政治化过程。这是一个由"在空间中生产"过渡到对整个"空间的生产"过程。资本主义空间的生产主要有两种方式,一个是对现有都市稀缺空间进行规划,使之商品化,这是列斐伏尔所界定的都市空间生产。在现代都市化进程中,核心城区的空间日益稀缺,与偏远地区广大的闲余空间形成鲜明对比。都市核心区域的稀缺空间被分割、碎片化,并以商品的形式买卖。比如房地产行业,资本把商品房的立体空间分割成无数的"鸽子笼",再包装成"寸土寸金""海景房""山景房"等概念进行营销。这样,空间成了商品。这种商品化进程不是自然发生的,而是资本主义的"空间–时间规划"所致。其逻辑就是设法把原本以自然属性为主的空间进行私有化、商品化,使之带有社会属性,这就是"空间的生产"。空间生产的目标就是资本逐利。"空间对于金钱和资本的从属,让一种量化,从对每一个单元的金钱的衡量和商业化,向整个空间扩展了。"①

另一种方式是通过区域经济规划和空间重组的方式来消解商品生产过剩,这是哈维所界定的地理景观生产。资源跨地域空间的流通,对资本效率有很大影响。资本主义首先倾向于提升技术降低流通成本和时间。其次是区域经济规划,形成"聚集经济",在同一个区域中,不同商家可以共享基础设施、信息、劳动技能等,降低产业成本,达到一种空间重组的效能。重组空间就是空间的生产方式之一,一方面达到降本增效的目的,提升商品竞争力;另一方面,可以实现产业跨国转移,化解过剩产能,比如美国的低端制造业的跨国转移。"新的区域分工、新的资源复合体,以及作为资本积累动态空间的新地区,这三者之组织全部提供了产生利润、吸收剩余资本和劳动力的新机会。"②

空间的生产过程就是一个空间政治化的过程。列斐伏尔认为,资产阶级把空间当成政治工具进行统治,可以实现如下几个目的。第一,分散工人阶级,工人工作场所被资本进行精心规划,被安排到特定的、分割的空间中进行生产,形成一种孤立、分散工人组织的效果。第二,控制各种资源、人力、信息的流动,主要是降低资源在空间中流动的成本,诸如运输工具升级,产业

① [法]亨利·列斐伏尔:《空间与政治》,李春译,上海人民出版社,2015年,第103页。
② [美]大卫·哈维:《资本社会的17个矛盾》,许瑞宋译,中信出版集团,2017年,第126页。

园区合理分布等。第三，让空间布局服从资本及其权力，资本作为当代的"物神"统治一切。"空间除了是一种生产手段，也是一种控制手段，因此还是一种支配手段、一种权利方式。"①第四，通过官僚体系，以控制空间为基础，进而有效管控整个资本主义无序竞争，延缓资本主义矛盾爆发。

空间这个原本中立的事物，在资本主义体系下变得政治化，并带有意识形态性质。资本扩张同时也伴随技术的进步和生产效率的提升，这是其积极性一面。但是，消极性一面也要重视，在当代，技术理性也发生了政治化过程，这在马尔库塞对技术理性的批判思想中得以体现。马尔库塞认为技术中立是一种假象，技术也具有意识形态性质，技术成了暴力统治的一种替代方案。"技术的合理性已经变成政治的合理性。"②

空间的商品化乃至空间的生产是资本逻辑的结果，资本逻辑为了追逐利润而把万物商品化、私有化，从而取得"物神"的统治地位。马克思早就看清了资本这种权力关系的真面目，"但资本不是物，而是一定的、社会的、属于一定历史社会形态的生产关系，后者体现在一个物上，并赋予这个物以独特的社会性质"③。空间被纳入资本主义生产进程之后，从纯粹自然属性变异为社会属性，从哲学对象演变为政治经济学对象，本来不可能成为商品的空间现在也成了商品。究其原因，这是资本逻辑的必然，马克思基于资本批判理论预见了资本主义对空间定性的变化趋势。

二、资本扩张进程中对空间操控的变化：从支配空间到空间拟真

依据历史唯物主义的本体论，空间和时间是交织在一起的。从产业资本到数字资本发展过程中，空间在资本逻辑中发挥日益重要的作用，资本无限增殖的外在依托是压缩时间，内在逻辑机制是空间扩张，遵循一种时空辩证逻辑，具有"正—反—合"结构。在马克思时代，是自由竞争资本主义时代，焦点是企业，空间问题聚焦于生产环节，大多以"工厂化"的形式呈现，这个时

---

① ［法］亨利·列斐伏尔：《空间的生产》，刘怀玉等译，商务印书馆，2021年，第41页。

② ［美］赫伯特·马尔库塞：《单向度的人——发达工业社会意识形态研究》，刘继译，上海译文出版社，2008年，第7页。

③ 《马克思恩格斯选集》（第二卷），人民出版社，2012年，第644页。

期的资本主要执行生产资本职能,称之为产业资本。产业资本对自然空间的操控,主要为提升生产效率服务,以空间换时间,生产时间居于核心位置。随着竞争的发展,"大鱼吃小鱼"的进化论效应,出现垄断资本,最后发展为万能的垄断资本,即金融资本。垄断资本主义时期,社会的焦点是金融机构,主要是银行,空间问题聚焦于流通环节,大多以信用的形式呈现,这个时候的资本主要执行货币资本职能,并凌驾于生产资本之上。金融资本在对社会空间的操控中,虚拟资本增值的空间比生产速度更重要,盈利空间居于核心位置,这构成对产业资本中时间的辩证否定。当今时代,信息技术迅猛发展,生产方式随之发生改变,被有些学者称之为数字资本主义,诸如刘皓琰[1]、此本臣吾[2]。社会的焦点是物联网(信息互联、能源互联、物流互联),当今的物联网的成熟形式主要是网络平台,能源互联和物流互联尚需逐步完善。随着"万物互联"技术逐步成熟,数字经济影响力会更大。空间问题随之复杂化,虽然数字资本以数据的形式呈现,但生产和流通的界限变得模糊,数字资本兼具生产和流通职能。数字资本对空间进行拟真操作,符合无限增值的资本逻辑的需要,虚体空间在数据本体上实现了时间和空间的统一,这是对产业资本的否定之否定。

(一)产业资本——以自然空间换时间

舍恩伯格和拉姆什认为,人类大规模合作有两种机制:市场和公司。市场通过交换、企业通过生产,促进人类大规模的合作。"这两种令人惊叹的社会创新不仅可以使人类更轻松地一起工作,而且能确保人类更高效地一起工作。"[3]产业资本时代,工厂是陌生人群大规模生产的典范。产业资本空间扩张立足生产场所的自然空间,目的在于通过空间规划提升生产效率,压缩生产时间,从而获得更多的利润。

---

① 刘皓琰:《数据霸权与数字帝国主义的新型掠夺》,《当代经济研究》,2021年第2期。

② [日]此本臣吾、森健、日户浩之:《数字资本主义》,野村综研(大连)科技有限公司译,复旦大学出版社,2020年,第35页。

③ [奥]维克托·迈尔-舍恩伯格、[德]托马斯·拉姆什:《数据资本时代》,李晓霞、周涛译,中信出版集团,2018年,第26页。

相对于传统手工业，产业资本主义的优势是规模化生产或社会化大生产。马克思在谈论资本主义"协作"优势的时候涉及空间。"人数较多的工人在同一时间、同一空间(或者说同一劳动场所)，为了生产同种商品，在同一资本家的指挥下工作，这在历史上和概念上都是资本主义生产的起点。"①社会化大生产，需要一个较大的生产空间，当然还需要分工和协作，以及资本家的协调管理。就空间而言，在工厂制的精益管理之下，通过两个途径提高生产效率。第一，工人之间的无效移动得以优化。首先，生产资料的集中堆放管理，可以减少材料搬运距离；其次，引入流水生产线，可以减少工人无用走动的距离。第二，工人具体劳动的操控动作得以优化，"福特制"和"泰勒制"出现后，工人每个操控动作、工序流程标准化，减少工人劳动时的冗余动作。生产过程中的移动和动作，既跟空间有关，也跟时间有关。减少冗余移动和标准化操控动作，就是一种工厂内部的微观空间规划，达到"以空间换时间"的效果，提升产品生产速度。马克思把这种基于空间操控和协作劳动所创造的生产力称为"集体力"②。白刚、谭艳玲把这种资本利用空间提升生产力的过程称之为"资本的空间化"③。

产业资本对空间进行操控以便提升生产效率，即以自然空间换时间，这是基于自然空间对现实的支配。产业资本家并没有停下扩张的脚步，对空间的扩张从国内拓展到国际，从生产场所拓展到生活场所。首先，从国内扩张到国际，这和商品的世界市场形成交织在一起。这种空间扩张是柄双刃剑，为了给大量的商品找到销路，化解资本主义相对生产过剩危机，产业资本的世界扩张是必然的。但是，随着商品全球化过程，资本所到之处几乎都成了资本权力的领地。"美洲金银产地的发现，土著居民的被剿灭、被奴役和被埋葬于矿井，对东印度开始进行的征服和掠夺，非洲变成商业性地猎获黑人的场所——这一切标志着资本主义生产时代的曙光。"④其次，从生产场所延伸到生活场所，这和空间私有化、商品化操作交织在一起。比如，前面所提到的

---

①《马克思恩格斯选集》(第二卷)，人民出版社，2012年，第206页。
②《马克思恩格斯选集》(第二卷)，人民出版社，2012年，第207页。
③ 白刚、谭艳玲：《资本逻辑批判：从"产业资本"到"数字资本"》，《学习与探索》，2021年第6期。
④《马克思恩格斯选集》(第二卷)，人民出版社，2012年，第296页。

都市化进程中,商品房交易是基于普通人居住空间私有化、商品化操作,这就构成了资本从传统的生产空间向生活空间的扩张。还有就是对地理景观的私有化和商品化,比如迪士尼乐园这种模式,通过圈定一定的园区空间,工人悠闲娱乐生活空间成了资本家盈利的来源。随着信息技术的发展,在数字资本时代,工作和生活的界限日益模糊,生活空间被资本殖民的现象日益凸显。

产业资本对自然空间的操控,主要目的在于提升生产效率,这是一种以空间规划来实现对时间的操控。产业资本对空间的现实支配,主要载体是土地。厂房、流水线、园区这些空间是基于土地这个生产要素上,土地属于不动产。产业资本的自然空间操控,在工厂内进行精益管理,在工厂外进行世界扩张,这在一定程度上满足了资本逐利的无穷欲望,并化解了消费不足引起经济萧条的可能性。正如土地是有限的,产业资本基于土地基础上对自然空间扩张也是有限的。特定的自然空间是有限的,而资本逐利是无限的,在逻辑上就构成了产业资本发展的内在矛盾。为了化解这个矛盾,需要进一步打开资本扩张的空间,于是从自然空间扩张到社会空间,也就是从生产领域进入流通领域。

(二)金融资本——以时间换社会空间

所谓社会空间,从资本角度而言,就是基于货币基础上而发生的能量、原料、劳动力、资讯等交换的社会流通网络系统,社会空间是被社会生产出来的,是一个历史性存在。社会空间包含了各种自然的或社会的物,还包含人与人之间的"物化"活动以及社会关系发生的场域,核心是交换关系发生的场域。"马克思的历史唯物主义之中'潜存'着社会空间理论。"①社会空间离不开自然空间,比如一定的实体市场,但不局限于实体市场。比如电子商务系统,在数字经济时代,已经成为重要的市场交易场所和方式。

产业资本对空间的扩张集中在生产环节,而金融资本对空间的扩张集中在流通环节,主要载体不再是土地,而是货币。"资本主义生产不断地企图

---

① 刘怀玉:《历史唯物主义的"空间化"概念探源》,《河北学刊》,2021 年第 1 期。

突破对财富及其运动的这个金属的限制，突破这个物质的同时又是幻想的限制，但又不断地在这个限制面前碰破头。"①金融资本从自然空间扩张到社会空间后，资本可以在新的维度重建无限增殖的可能性。相对于生产资本这种流动性最低的资本，货币资本在支付系统全球化之后，成了流动性最高的资本。在《资本论》中，生产资本解决剩余价值生产，但不能决定剩余价值的实现，也就是私人劳动和社会劳动的冲突需要交换来化解。剩余价值实现需要商业资本转化为货币资本，这离不开流通环节。就金融资本来说，社会空间依托市场，与之相应的是市场空间，市场的主角就是货币，与之相应的是信用空间。这两种方式会造就消费主义，消费主义者利用信贷体系举债并超前消费，这其实就是对空间的超支。

第一，市场空间。市场空间的扩张，有助于为生产环节中海量的商品打开销路，虽然市场空间不会直接促进生产扩大，但可以促进剩余价值的实现，即资本利润的实现。市场空间是"由商品与要素的交换而形成的社会流通网络系统，这是一个在空间中不断流动的系统"②。除了市场主体和被交易的客体外，鲁品越认为市场空间还包含硬件系统和软件系统。硬件系统由交易渠道构成，包含物流体系、交易场所、通信系统等。软件系统由交易制度和文化习俗构成，里面包含着信用体系。市场空间扩张本质是加快交易达成，是广义的人类交往领域。从《资本论》中资本循环过程来看，就是由商品资本顺利转化为货币资本，即 W–G 环节顺利交接。从交易具体实现过程来看，就是买者和卖者的高效匹配，即基于自愿原则基础上的等价交换达成。从资本的政治属性来看，资本权力通过市场交换加以扩大，获得一种日益膨胀的掌控和支配他人劳动的优势。

资本进行市场空间的扩张过程是从传统物物交换到现代社会以货币为中介的商品交换，在当代，则是基于数字技术的网络电商平台。首先，发掘跨市场差异，包含地域、技术、文化差异，从而"发现商机"，实现互通有无、优势互补，可以产生一种边际效益，这种边际效益是有利的。其次，降低交易摩擦成本，主要是信息沟通成本、交通运输成本等，这依赖于通信技术发展。比如

① 《马克思恩格斯选集》（第二卷），人民出版社，2012 年，第 601 页。
② 鲁品越：《鲜活的资本论：从深层本质到表层现象》，上海世纪出版集团，2015 年，第 292 页。

传统的口口相传、书信相传，到后来电话、电报，到现在的网络移动通信，交易摩擦成本降低可以提升资本的利润。最后，进行商业文化渗透，推行消费主义理念，培育潜在市场空间。比如，美国通过影视、网络乃至军事等方式宣扬消费主义文化，扩大美国资本输出的商品市场、技术市场空间等。

第二，信用空间。信用空间是市场空间发展的补充。金融资本相对于产业资本，除了加速流通、扩大市场之外，还能够产生虚拟资本和虚拟财富，这是通过操控信用空间而实现。依据《资本论》，产业资本扩张的自然空间是有限的，遵循 G–W–G' 扩张模式。其中，G–W 是物质生产环节，一方面劳动力有现实限制，另一方面土地和原料也有现实限制。但是，到了金融资本这里，资本循环遵循 G–G' 模式，绕开了物质生产这一环节，资本增值逻辑摆脱了自然空间限制。逻辑上，只要 G' 数量多于 G，对于金融资本而言，利润就可以实现。而不管这种利润是来源于实体经济还是虚拟经济。金融资本的盈利极限通过两种途径突破，一种是炒作虚拟资本，另一种是通货膨胀模式。

首先，虚拟资本炒作。金融资本的雏形是货币资本，是一种生息资本。马克思认为对法定利率进行定价，可以产生虚拟资本。比如，法定利率由 5% 降到 2.5%，原来一张面值 100 元、约定利息为 5% 的债券将升值到 200 元，这100元的升幅，马克思认为是虚拟资本。比如证券市场，虚拟资本是可以炒作和投机的，即人为的操纵需求和供给而影响价格涨跌，并从差价中高抛低吸进行牟利，这种资本增值和实体经济没有直接关系。"人们把虚拟资本的形成叫做资本化。……因此，和资本的现实增殖过程的一切联系就彻底消灭干净了。"[1]

其次，金融资本可以利用其信用基础，操控纸币发行。滥发纸币造成名义财富增多，马克思称为"想象的财富"。"正如在这种信用制度下一切东西都会增加一倍和两倍，以至变为纯粹幻想的怪物一样。"[2]金融资本往往促成国家机器进行货币滥发，将会导致长期的通胀。这对穷人和富人的影响是不一样的，通常是富人资产增值，大部分的穷人因为缺乏投资常识，最终成了通货膨胀的买单人。通货膨胀的结果是"马太效应"，即"杀穷济富"。金融资

---

① 《马克思恩格斯选集》(第二卷)，人民出版社，2012 年，第 575 页。
② 《马克思恩格斯选集》(第二卷)，人民出版社，2012 年，第 581 页。

本发展为帝国主义之后，可以利用其金融霸权在全世界范围内进行隐性的财富掠夺。比如,美国依据美元的世界货币地位,通过滥发美元来对冲下滑的经济,以此来缓解美国国内社会矛盾,结果是美元贬值,全世界的人民来买单。

金融资本进行社会空间扩张,目的是加快流通速度,突破产业资本的自然空间极限,获得更大的消费空间,这是一种以时间换空间的操作。无论是社会空间扩张中的市场空间模式,还是信用空间模式,都难以直接促进现实物质生产。市场空间扩张不过是把已经生产的剩余价值得以实现,虽然在一定程度上扩大了市场需求,但资本主义的主要症结在于生产而非分配环节。信用空间扩张则是几乎绕过了生产环节, 实质是通过社会财富的再分配而让金融资本获利,本质上是一种零和博弈。市场空间扩张必须要消费主义配合,刺激消费需求,甚至营造"虚假需求"。信用空间扩张,容易形成金融泡沫,造成经济繁荣的错觉。两者的交加,很容易诱导公民和政府举债,扩大消费和支出,以此来化解过剩商品和过剩产能。例如,美国天量国债发行,以滥发货币来对冲债务,形成一个闭环。美国从政府到国民举债消费不过是拆东墙补西墙,用未来的"收入"弥补当前的支出,这其实是对未来时间的一种"预支",更是对其信用体系的一种"超支"。长期而言,对其信用体系是一种侵蚀,一旦信用体系崩塌,不仅会使美国经济衰退,还会造就世界性的金融危机。

(三)数字资本——虚体空间促进时空合一

数字资本是随着信息技术、互联网、人工智能的发展而出现的一种资本形态。相对产业资本的自然空间、金融资本的社会空间(市场空间和信用空间),数字资本运作的空间实现了对自然空间的超越,是对社会空间的升华,有人称之为网络空间,也有人称之为数字空间,在这里,称之为虚体空间。[①]虚体空间除了其通信设施是物理的外, 对人类交流空间的操纵立足于数据这个基础,交往主体是"虚体"[②]。虚体是一种被数据中介化的交往主体,可能

---

① 白刚、谭艳玲:《资本逻辑批判:从"产业资本"到"数字资本"》,《学习与探索》,2021 年第 6 期。
② 蓝江:《一般数据、虚体、数字资本—数字资本主义的三重逻辑》,《哲学研究》,2018 年第 3 期。

是人,也可能是人工智能,比如在围棋博弈中战胜人类的"阿尔法"智能程序。以虚体活动构建的数字交往体系或数字空间,带有数字化的精神特征,构成了虚体空间。

首先,虚体空间是对现实的拟真,类似于康德哲学对"现象"定位。虚体空间相对于社会空间,与物质基础的关系是间接的,主要表现为现实基础以及交往主体的变化。金融资本对社会空间的操控,其现实基础是货币,交往主体是现实的人,在证券市场、现实的银行体系中,是各种从事交易追逐边际效益的人。数字资本以前的资本运作空间具有一定的现实性,是对现实空间(自然空间、社会空间)的支配。数字资本运作通常包含三大体系,即通信网络基础设施,数据的采集和存储、数据的算法、机器学习,商业运用。对于数字资本而言,海量的原始数据是潜在的商业资源,而经过整理的数据才有商业价值,或者是人工整理,或者是算法整理。随着机器学习进化,人工智能发展,人工整理数据逐步被算法替代。

相对于传统资本,数字资本对空间的操控,其现实基础由土地、货币转变为数据。数据不管是基于客体基础上的采集,还是人类自我生产,数据采集和分析都依赖于人的知识活动、交往活动,包含理性计算,也包含情感交流。所以,虚体空间跟人的精神活动密不可分,大体对应于列斐伏尔的精神空间。在当代,人类的精神空间主要被数字活动所建构,虚体空间也可称之为数字化的精神空间。正因为数字化精神空间中的活动都要以数据为中介,这种空间不完全是虚拟的,具有主体间性。虚体空间和现实空间,类似于康德哲学"现象"和"本体"的区别。①康德哲学的"现象"既有客体特征,也有主体特征,并非是虚拟的,与经验规律,诸如因果规律,并不冲突,具有康德意味的客观性。所以,数字经济时代的虚体空间是对现实空间的拟真,带有客体和主体相统一的特征。

其次,虚体空间把空间符号化为时间。虚体空间是对传统现实空间的拟真,其最大的特征是自然空间"紧缩"为零,有人称之为"超空间"②。自然空间和社会空间的自然属性具有三维几何属性,与时间是有区别的。数字化的虚

---

① 李秋零主编:《康德著作全集》(第 3 卷),中国人民大学出版社,2004 年,第 203~204 页。
② 杜丹:《空间重组:数字资本主义的新转向》,《社会科学》,2018 年第 11 期。

体空间中,传统自然空间转化为数据,即二进制的程序语言,是一种逻辑程序,没有空间维度。但具有逻辑秩序,表现为时间特性,因而虚体空间只有一个时间维度。现实空间消失,并与时间合体,这种变化可以叫作虚体空间的"时空合一"。虚体空间有其理论雏形,在德波及其鲍德里亚等人所谓的"景观社会"中,商品及其符号所浸淫的社会空间,是一种由符号和代码建构起来的世界,取代了传统的地理景观,其符号意义消费取代了功能性消费。这种消费主义社会所营造的市场空间,是一种由符号或代码所建构起来的空间,并不完全由实体建构。维特根斯坦曾提出用逻辑来重现世界的思想,"在逻辑空间诸事实就是世界"[①],"逻辑图像可以图示世界"[②]。维特根斯坦的逻辑空间,也是一种精神空间,这种逻辑空间存在于人的知识中。不过,维特根斯坦的逻辑空间是哲学的,存在于人的思想中,而虚体空间存在于数据和程序之中。虚体空间立足数据,通过逻辑为人类交往建立了一个几乎脱离物理时空限制的新空间,这种空间在逻辑上是一种人类交往的"可能世界"集合,是对现实空间的"图示",也是对现实空间的拟真。虚体空间之所以不成为虚拟空间,是因为这种空间拟真具有康德式的客观性,是"现象"级存在。第一,它是基于数据的建构,数据本质是人类劳动的创造物,依据马克思劳动价值理论,劳动具有客观性和价值性;第二,虚体空间中主要是精神活动,在信息技术加持下,成了人类交往活动的重要平台,具有了一定的主体间性,类似于数学知识,和个人主观想象有很大差别。

再次,虚体空间依托数字平台而实现数字资本的牟利。当前,数字资本牟利的主要形式是通过数字平台进行,形成所谓的平台经济。平台的功能相当于把传统的现实市场切换进了网络世界,几乎重塑了商品流通的载体。交换进入了虚体空间中,依据尼克·斯尔尼塞克的平台资本论[③],平台有五种类型。第一,广告平台,诸如谷歌、百度,通过提供免费搜索服务,提取用户偏好数据,打包给商家,平台进行有针对性的广告推送,从而获得广告费。第二,云平台,诸如亚马逊网络服务(AWS),提供数据处理等一些云平台解决方

---

① [奥]维特根斯坦:《逻辑哲学论》,贺绍甲译,商务印书馆,1996年,第25页。

② [奥]维特根斯坦:《逻辑哲学论》,贺绍甲译,商务印书馆,1996年,第30页。

③ [加]尼克·斯尔尼塞克:《平台资本主义》,程水英译,广东人民出版社,2018年,第41页。

案,获取数据处理、信息储存、服务器维护等服务费用。第三,工业平台,也称为工业互联网,是未来物联网的一个主要组成部分,主要是推进智能制造和工业 4.0,从而获得生产力提升的增量利润。第四,产品平台,诸如声破天(Spotify)、腾讯音乐,对普通用户提供免费音乐从而抢占用户,但高端用户要付费订阅,从音乐用户、唱片公司和广告商三处获得利润。第五,精益平台,诸如滴滴、淘宝等,通过克服传统交易障碍,匹配不同交易需求,获得交易提成,形成利润,这是一种收租模式。五类平台,总体上充当了信息汇总、信息匹配,撮合交易发生的功能,降低了交易摩擦成本,其利润模式相当于收取中介费和租金,是一种不同于土地地租的"地租"模式。

最后,数字资本依托虚体空间让资本逐利极限获得再次突破。"资本主义要求企业不断寻求新盈利途径、新市场、新商品和新剥削手段。"①第一,数字平台成了人们交易的新市场。数字交易空间极少受自然空间的制约,而是依托数据存在。正是这种资本的虚体空间扩张,在另一个维度拓展了资本消费的市场。商品买卖从传统集市进化到金融证券市场,再进化到当今的平台经济模式。实现了从自然空间到社会空间,再到数字空间的拓展,大幅度扩充了交易的场域,使得原来无法达成的交易变成现实。诸如,抖音上的"吃播",在以前,这种个人生活展示是不可能商品化操作的。第二,数字空间扩张提供了新的盈利途径。产业资本时代依据占有土地收取地租,垄断资本时代依据占有货币收取利息,数字资本时代的平台企业依据占有数据收取信息中介费。地租由于土地的有限性,货币资本由于其依托背后的实物商品生产,二者都有一定的稀缺性。但数据的产生与人的意识活动密切相关,具有可再生性,且复制接近于零边际成本。依托于数据盈利,其稀缺性相对于土地和货币大幅度减弱了,这其实是打开了一个新的盈利空间。第三,数据资本依托精神活动,人的知识、情感和想象力可以被分享和围观,衍生为打赏,乃至付费订阅模式,这是产业资本甚至金融资本几乎无法触及的,拓展了商品生产范围。在虚体空间中,即时的感觉、思想等精神活动可以大规模的展示或传播,这是数字资本时代的非物质劳动的非物质商品。第四,数字空间架构和价值导向由资本推动和决定,通过数字空间垄断实现对劳动者的剥

---

① ［加］尼克·斯尔尼塞克:《平台资本主义》,程水英译,广东人民出版社,2018 年,第 4 页。

削。一般数据对普通个体来说,是没有价值的,这构成无偿数字劳动的来源,但是海量的数据被储存整理后,就具有了价值。数字资本盈利可通过数据的占有和垄断,进而操控虚体空间来获利。而普通网络用户,虽然可以使用数字空间,但对整个数字空间架构和导向却是无能为力的。

三、防止资本无序扩张:完善空间治理

数字资本把虚体空间"符号化"为时间,实现"时空合一",构成资本逻辑中时空辩证法"正—反—合"的最后一环。当代资本主义开拓了新的殖民地,即由国土殖民、金融殖民到数字殖民,这构成"数字帝国主义的新型掠夺"①。资本的空间扩张,依托土地、货币、数据,产生了三种空间模式,即自然空间、社会空间和虚体空间,对应的是自然、社会、精神,使得资本权力渗透到世界每个角落。资本空间扩张导致劳动压榨有显性的也有隐性的,由体力劳动压榨到脑力劳动压榨,由控制劳动者的身体到控制劳动者的精神,由剥削工作时间到剥削休闲时间。就空间和时间辩证关系而言,产业资本占有劳动者的工作时间,通过自然空间达成。金融资本提前支配劳动者的未来工作时间,通过社会空间达成。数字资本占有劳动者的休闲时间,通过虚体空间达成。这样,资本实现了对劳动者时间的全方位掌控,劳动者的工作时间和休闲时间的界限模糊了。与此对应,雇佣劳动和非雇佣劳动的界限模糊了,这使得资本压榨剩余价值的阈值更为宽泛。资本主义的触手不但伸向自然(自然空间)和社会(社会空间),还伸向了精神(虚体空间),每一次空间阈值的突破,都意味着资本权力范围的扩大,以及资本逐利极限的突破。因而,资本无限增值逻辑的外在依托是时间压缩,内在机制是空间扩张。

这种空间的扩张,对于资本主义具有积极意义。第一,数字资本通过劳动形式、雇佣形式、商品形式、交易形式的变革提升了资本的组织协调能力,并间接提升生产效率。诸如,虚体空间出现,降低了交易成本,市场匹配效率更高。第二,通过空间维度的升级,打开了商品销售的市场极限,在完成剩余价值生产过程的同时,也促成了剩余价值的顺利实现,即商品转化为货币,

---

① 刘皓琰:《数据霸权与数字帝国主义的新型掠夺》,《当代经济研究》,2021 年第 2 期。

这就缓解资本主义生产过剩和消费不足的矛盾。第三,资本主义获得一种虚假意识形态的合理性,传统工场迁移到虚体空间后,劳动形式灵活化,数字资本剥削形式越发隐秘,人们误以为资本变得友善了,而对整个社会"工厂化"浑然不知。基于以上社会生产方式的变迁,有人认为马克思的劳动价值论已经过时了,抛出"历史终结论",宣称资本主义制度永恒。

但是,深究资本空间扩张的逻辑,无论其生产还是流通,始终对满足资本增值的需要有着不可避免的消极作用。即使面对数字资本,《资本论》的"剩余价值论"依然具有强大的现实批判力。"当代数字资本主义数字经济的运行逻辑并未摆脱价值规律的作用范围,价值规律仍然有效,只不过价值规律作用的形式发生了变化,由抽象的价值规律转化为生产价格的规律。"①在西方资本主义空间扩张的攻势下,尤其是虚体空间的新殖民趋势,社会主义市场经济体制需要未雨绸缪,做好应对措施,完善空间治理。"所谓空间治理就是将国家空间按照人民生活、社会生产和生态环境的需要,将人、财、物、信息等进行空间上的适当安排,使得民众具有良好的生活品质,社会生产高效进行,生态环境保持良好的状态。"②以下将从哲学维度,围绕时空辩证逻辑,探讨如何杜绝资本无序扩张,以及完善空间治理的策略,核心思想是围绕"空间共享"。

首先,自然空间的治理。主要围绕国土空间布局而展开,这方面国内外的相关探讨比较充分。西方学者诸如列斐伏尔、哈维、苏贾等人,国内也有相关学者跟进,诸如刘怀玉、强乃社等人。习近平总书记在中央财经委员会第五次会议上提出要完善空间治理,推动形成"国土开发有序的空间发展格局"③。第一,国际之间的区域经济布局,比如我国的"一带一路"倡议,实行经济贸易自由区。第二,城市与城市之间的经济布局。比如,现在的"粤港澳大湾区""东北老工业区振兴"。第三,城市与乡村空间布局,一方面我国积极推进城镇化,另一方面大力实施乡村振兴。第四,城市空间的微观布局,主要聚焦于房地产市场。围绕"房住不炒",限制对城市空间商品化炒作,国家大力建设

---

① 魏旭:《数字资本主义下的价值生产、度量与分配》,《马克思主义研究》,2021年第2期。

② 强乃社:《习近平国家空间治理思想发微》,《湖南工业大学学报》(社会科学版),2018年第1期。

③ 《习近平谈治国理政》(第三卷),外文出版社,2020年,第272页。

公租房,其实就是解构城市空间私有化,提倡城市空间共享化。中国从国际的"一带一路"倡议,到城市中的"公租房"建设,都是空间治理的具体布局,关键在于国家主导,国际间提倡共建共享,城市空间提倡"公租"模式,都是基于"空间共享"的哲学理念。

其次,社会空间的治理。主要围绕流通市场展开,一个是传统商品市场(市场空间),一个是金融服务市场(信用空间)。在传统商品市场,大力发展现代物流体系,通过现代化交通基础建设进行"空间压缩",诸如中国的高铁、高速公路、航空、水运等立体体系,尤其是高铁体系,客观上促成"地球村",达到以"空间换时间"的效应。在社会层面,国家确立"市场作为资源配置的决定性方式",让资本、劳动力、技术等生产要素自由流通,降低交易成本。在金融服务市场,严格控制滥用信用,确立"服务实体经济"大方向,以免造成金融泡沫。在国家宏观制度建构上,中央银行从源头上控制货币供应,货币发行以服务实体经济为根本。在微观个人消费上,提倡理性消费,建立个人征信体系,规范网络贷款平台,控制个人消费贷款额度。国家对市场空间和信用空间的主导是基于服务人民的公有制性质,而不是西方金融机构私有性质,公共交通设施为物流体系奠基,国家中央信用监管体系也是服务于全体公民的,从这一点讲,也是信用空间和市场空间的全民共享模式。

最后,虚体空间的治理。国务院最新发布的《"十四五"数字经济发展规划》提出了规范和引导数字资本发展的指导性意见。对数字资本设置"红绿灯",是契合时空辩证法的。在数字经济中,规范网络平台,加强监管防止其走向垄断化,比如对蚂蚁金服、美团、滴滴的监管。但是,除了监管,更重要的是引导数据共享,既要"亮红灯",也要"开绿灯"。数字空间特征是去中心化和差异化,而自然空间的特征是同质化。传统空间同质化,容易使之标准化和私有化,转换成为商品并销售。而虚体空间的去中心化特征,使得共享在技术上成为可能。第一,从数据垄断到累进式数据共享。目前从数据采集、分析,再到数据应用,大部分都有数字资本运作的背景。占有了数据,就占据了大数据时代的核心生产要素,数据占有的主体,应该是由国家的主导,而不是私人垄断资本主导。第二,对个人数据采集进行立法,明确数据的产权归属,开放用户删除和移植数据的权力,这是新时代、新技术背景下的"按劳分配"思想。同时,建立个人隐私的保护体系,杜绝"监控资本主义",采取公司监管和公共监管相结合。第三,进行数字技术创新,我国数据应用虽然领先世界,但基础科技还存在短板,比如芯片、操作系统,这些领域可能会被他国"卡脖子",从而阻碍我国占据未来数字高地。这就需要国家战略规划和国家政策扶植,让未来数字成果取之于民、用之于民。总体上,数据共享,在哲学上和技术上都已经成为可能。如果说实现共产主义道路还需时日,那么在虚体空间,通过率先确立数据共享机制,有可能打开数字共产主义的一个窗口。

邓雄雁(贵州师范大学)

"异化劳动"理论的数字呈现

——以福克斯《数字劳动与卡尔·马克思》为中心的考察

19 世纪,马克思《1844 年经济学哲学手稿》中的"异化劳动"通过描述传统资本主义座架下劳动的历史图景,指出黑格尔等人的异化思想发生深刻的调整、转向——主体派生的、异己的、越轨的力量成为严密的控制系统,显现出生产力发展与人的生存状况交锋的深刻悖论。基于此,该文本也成为后续的马克思主义者研究马克思的劳动范畴和异化思想的重要线索性文本。异化是为了分析资本社会基本运作机制与可能后果的反思性的概念工具。异化的词源来自希腊文 allotriwsiz 和拉丁文 alienatio[①],其疏远上帝、不信神的含义常常在宗教语境中被使用。法国思想家卢梭将该词用作"权力让渡、转让"的含义,而它在黑格尔哲学中指的是绝对精神的外化,同时黑格尔主张这种异化最终会回归到绝对精神。异化经济学起源的意义亦无法被剥离,"如果将异化概念的经济学起源剥离,将无法全面理解异化概念的形成,将无法真正把握黑格尔和马克思的异化概念"[②]。在这个意义上,诚如英国学者肖恩·赛耶斯(Sean Sayers)所讲,异化"作为一个批判的概念直指对于现存秩序的物质变革"[③]。卢卡奇通过其物化理论将异化理论推向了西方马克思主义研究的焦点话题,并获得了相当程度的发展。此后,异化理论开始走向低谷期,一再消失于批判理论的总体环境中,在 21 世以后才开始以较为广

---

① [日]广松涉:《唯物史观的原像》,邓习议译,南京大学出版社,2009 年,第 201 页。

② 张严:《"异化"着的"异化"现代性视阈中黑格尔与马克思的异化理论研究》,山东人民出版社,2013 年,第 6 页。

③ [英]肖恩·塞耶斯:《马克思与异化:关于黑格尔主体的论述》,程瑶译,中国人民大学出版社,2020 年,第 5 页。

泛且发展的形式再次出现在西方学术界的视野中。比如，德国学者阿克塞尔·霍耐特（Axel Honneth）以"承认"理论重启"物化"批判①，继承并发展了法兰克福学派的批判传统。再如，其弟子拉埃尔·耶齐（Rahel Jaeggi）在2014年出版的《异化：关于一个社会哲学疑难的现实性》中认为，"异化的概念指的是一整套交织在一起的话题……异化是指无法与他人、事物、社会制度建立联系，从而也无法与自己建立联系"②。综上所述，在异化及其后续发展问题上，西方学界虽然呈现一个较为多元的样态，但大多数学者所持的观点都体现出异化蕴含着一对或多对关系的矛盾特征。

马克思在《1844年经济学哲学手稿》中有关"异化劳动"的经典阐释——在社会物质生活关系批判层面总结出异化劳动的直接后果是物或产品成为异己的力量，反过来统治人类，这为数字经济和互联网社会媒体意义上的数字劳动异化奠定了理论基础。数字劳动同样存在异化现象，从内在本性来看，如果放弃对异化问题的讨论，那么对资本主义固有矛盾的揭露和超越就难以谈起。和马克思的理论预设是一样的，福克斯对数字资本主义的诊断延续了马克思早期对传统工业时代生产关系的批判理路，认为数字时代下数字劳动的异化成为社会构成的消极层面，并在其著作中逐渐建构出了数字劳动异化的相关理论，以此来回应、更新异化理论的当代图谱。这在某种程度上体现了异化劳动理论的数字化呈现——现代社会从传统的工业社会、消费社会呈现数字化特征，随之而来的是诸种数字异化现象，而"数字劳动异化"便是异化现象的典型景观：福克斯以数字劳动为起点，分析了数字劳动的形成与特征，认为数字劳动中异化与剥削机制仍然没有消失，存在四重异化现象。在"数字劳动异化"理论中，福克斯采用马克思的政治经济学批判方法，同时充分吸收了马克思的劳动价值理论，将其思想资源一并纳入学说，对"数字劳动异化"现象进行了较为完整的理论剖析。本文基于福克斯《数字劳动与卡尔·马克思》及其后续著述的相关考察，对福克斯"数字劳动异化"思想的理论脉络进行梳理，有助于理解当代西方数字经济条件的历史

---

① ［德］阿克塞尔·霍耐特：《物化：承认理论探析》，罗名珍译，华东师范大学出版社，2018年。

② Rahel Jaeggi, *Alienation*.tr.Frederick Neuhouser and Alan E.Smith eds.,Frederick Neuhouser, Columbia University Press,2014,p.3.

生成,探寻福克斯对资本社会内在限度研判的要旨,以期进一步理解数字资本主义的未来发展。

一、出场语境:数字时代背景下数字劳动范畴的提出

随着数字技术的发明和布展,计算机运行和算法模式开始实现超大规模的集聚和叠加,数字价值链日愈强化,经济总量也开始指数倍增长。同时,伴随 2008 年经济危机的普遍爆发,西方学界重燃了对马克思《资本论》等政治经济学分析的兴趣和关注。福克斯对数字劳动的阐释就是建立在当代资本主义数字化发展的现实基础之上,并以马克思的基本理论作为立论根据的。在他看来,数字劳动作为一个研究互联网数字媒介形态下政治经济学的元范畴,正逐渐被纳入当代学术理论的视野之中。从他的文本观之,数字劳动以"数字"与"劳动"的双向结合,取得在资本主义经济发展和数字化媒介生存中的时代特征:它借助数字平台这一载体形式、用户个体的虚拟终端和数字资本的持续运作,在数字媒介场域中达到数字资本积累和随之而至的剥削、异化之目的。福克斯数字劳动异化思想的逻辑起点正是数字劳动的持续扩大。这在他近年来的著作中得到了充分阐发。在福克斯看来,当前数字资本主义经济条件下劳动的主要特征是数字化的劳动形态,它使经济生产的外围领域和数字媒介的生活领域成为数字资本盘剥的新对象。换言之,数字劳动成为劳动形态的"最新变体"并完成当代劳动价值论的"重构"。

(一)早期互联网数字媒介语境中对数字劳动的理论探讨

实际上,有关数字劳动的讨论在福克斯之前早已有之,并伴随数字媒介产业的发展愈演愈烈。自意大利学者蒂齐亚纳·特拉诺瓦(Tiziana Terranov)于 2000 年围绕"免费劳动"[①]展开论述,西方学界便逐渐介入到"数字劳动"的研究场域,拉开了相关问题的序幕。特拉诺瓦提出了"免费劳动"的概念,

---

① Tiziana Terranova,Free Labor:Producing Culture for the Digital Economy,*Social Text*,Vol.18,No.2,2000.

为数字劳动做出了早期贡献和初步探索。特拉诺瓦在《免费劳动：数字经济中的文化生产》中展开对数字经济中典型劳动问题的追问。这种追问试图强调与意大利自治主义者所称的"社会工厂"之间的联系，她将该学派的一些相关范畴引入，如"社会工厂"以及意大利学者毛里齐奥·拉扎拉托（Maurizio Lazzarato）提到的非物质劳动（Immaterial Labor）等概念，主张运用"社会工厂"中的非物质劳动来解读数字经济，意在更进一步解释和说明数字经济中免费劳动的外在环境和基本样貌。她认为互联网的发展无疑为当代劳动力的补充、扩散以及灵活性的提高提供了物质条件支持，因此涉及的主体并非仅仅局限于知识阶层，而是一个涵盖范围广泛的主体概念。而生产和消费都在免费劳动（尤其是劳动密集型工作）中以一种不同的（而非全新的）逻辑被重新配置，形成结构性特征。在这篇文章中，她着重强调"资本和互联网之间明确对接的结果是数字经济，表现出资本主义生产逻辑加速的所有迹象"①，"互联网被文化和技术劳动贯穿其中，这是一种持续的价值生产，完全内在于整个网络社会的流动"②，属于在线平台上的一种免费劳动，而这种免费劳动的问题已经成为对数字经济研究范式的反思，是资本主义社会中一个重要的但尚未被意识到的价值来源，它出现在对文化知识进行消费时，代表在晚期资本主义社会中一种普遍存在的劳动特征，构成当代数字经济的显著面貌。

特拉诺瓦认为，"免费劳动"是一种由文化知识消费转化而成的生产性活动，娱乐与剥削的特性共同存在。德国学者特雷博·肖尔茨（Trebor Scholz）也揭示了互联网上"玩"和"劳动"的共同属性，同时对媒介平台中数字劳动的历史产生、现实案例和批判性评价等做了基本说明，明确数字劳动已然成为数字经济形势研究的必要理论范畴。③他在2014年出版的《全球数字经济中的劳动：网络时代的到来》一书中也同样强调了"数字劳动"这一议题，"这些争论为研究劳动价值论本身，以及它如何——或者，有些人会想——为21

---

① Tiziana Terranova, Free Labor: Producing Culture for the Digital Economy, *Social Text*, Vol.18, No.2, 2000, p.47.

② Tiziana Terranova, Free Labor: Producing Culture for the Digital Economy, *Social Text*, Vol.18, No.2, 2000, p.34.

③ Trebor Scholz, *Digital Labour: The Internet as Playground and Factory*, Routledge Press, 2012.

世纪条件下的应用提供了一个有用的起点"①。2015年,法国学者奥利维尔·弗雷斯(Olivier Fraysé)和澳大利亚学者马蒂厄·奥尼尔(Mathieu O'Nei)主编了《数字劳动和产消者资本主义——美国矩阵》一书,该书收录了十余位学者的论文,主要探讨了数字劳动、网络劳工等问题。其中加拿大学者文森特·莫斯科(Vincent Mosco)在《数字劳动力向云端发展》中提到"如果云计算及其全球海量数据中心阵列代表了福柯所说的中心权力,那么物联网就以毛细血管的形式体现了权力,嵌入了驱动数字世界之设备的循环系统"②。而加拿大学者达拉斯·史麦兹(Dallas Walker Smythe)作为传播政治经济学批判方法的创始人,基于马克思的基本洞见,即劳动价值论的分析范式来解释并理论化媒介平台的劳动形式。但在史麦兹生活的那个时代,数字资本主义还没有得到充分发展,甚至还处于一个相对不成熟的萌芽时期,这种新兴的资本主义形态对劳动的剥削也未完全显现。因此,史麦兹的理论对数字资本主义之下的劳动分析形态没有系统展开。但仍然有很多学者认为史麦兹的受众商品理论框架对于脸书(Facebook)等平台上的数字劳动非常适用且已经形成了深远的影响,强调"从政治经济学的角度来看,观看电视广告和使用亚马逊可以被视为一种工作形式,因为它们为企业提供受众和数据"③。一直到后期,福克斯提出要将受众商品理论与马克思的劳动价值理论这一解释方式进行结合,这实际上成为福克斯自身研究数字劳动的重要理论契机。

在数字技术迅猛发展的当下,对数字劳动考察的必要性由此可见。总之,走向数字劳动的研究和阐释在以下层面上具有必然性:一方面,资本主义的数字化发展使得传统意义上的资本主义批判理论向纵深发展——数字媒介技术和资本主义生产力的相遇结合和不断进步使得人们在把握资本主义发展时面临更多纷繁复杂的理论问题,数字劳动理论便是其一。值得注意的是,对数字劳动理论的推进本身也意味着对数字资本主义的生产方式和

---

① Ursula Huwas,*Labour in the Global Digital Economy:The Cybertariat Comes of Age*,Monthly Review Press,2014,p.78.

② Vincent Mosco,*Digital Labour Takes to the Cloud*,*Olivier Fraysé Mathieu O'Neil ed*,*Digital Labour and Prosumer Capitalism The US Matrix*,Palgrave Macmillan,2015,p.212.

③ Judy Wajcman,*Pressed for Time:the Acceleration of Life in Digital Capitalism*,Chicago:The University of Chicago Press,2015,p.156.

生活方式的进一步研究,两者协同;另一方面,以非物质形态为主的劳动形式的现实日益突出,这决定了"数字劳动"作为一种"未来面相"的反思理论,必然要回应在线平台与劳动者报酬之间,剩余劳动时间与娱乐闲暇时间之间既对立又日趋统一的矛盾。

(二)福克斯"数字劳动"对马克思主义相关资源的使用

在福克斯回答什么是数字劳动这一问题时,他先是对马克思的相关理论作了基本考察和理论阐释。这包括:

一方面,对"劳动"和"工作"两个术语的讨论。福克斯将对"劳动"和"工作"的讨论回溯至早期基督教哲学、黑格尔、马克思等关于工作、劳动的看法。在福克斯看来,在亚里士多德那时的社会中,奴隶的工作(带有创造性工作特征)使古希腊公民的休闲活动、政治和哲学思考成为可能;在基督教哲学中,异化劳动的存在和阶级关系总被视为是上帝赐予的;在古典的政治经济学中,虽然上帝赐予等思想被抛弃,阶级关系被揭示为社会关系,但是,这种关系仍然被视为一种进步的必然;马克思在此问题上所持的方法是政治经济批判方法,是对资本主义生产方式永恒性的批判与否定。福克斯指出,从对人类学的描述中,马克思认为"工作"在所有社会中都具有人类学和历史学的性质。随后,福克斯还区分了一般社会、资本主义等阶级社会和共产主义社会下的"劳动"或"工作"。如福克斯自己所言:"劳动是一种必然异化的工作形式","相比之下,工作是一个所有社会更为普遍的一般概念。"①福克斯以马克思主义的视野介入数字媒介领域中的政治经济学研究,同时为马克思主义的相关理论进行时代辩护。在国外学界,对数字劳动并未形成统一、明确的定义。但在遵循马克思主义传统的传播政治经济学那里,它被作为在一个不稳定和不平等的工作环境中以剥削、异化、意识形态斗争为特征的概念范式。虽然古典经济学认为资本主义生产方式和劳动方式是永恒且自然的,但"马克思是第一位把工作的历史性特征描述为理解政治经济学关

---

① [英]克里斯蒂安·福克斯:《数字劳动与卡尔·马克思》,周延云译,人民出版社,2020年,第35页。

键所在的作者",创建了最具影响力的现代劳动理论,"在经济学百科全书和词典中,劳动、劳动力、劳动过程或劳动理论等条目往往主要与马克思和马克思主义理论联系在一起"①。作为异化意义上的数字劳动继承马克思对资本主义的基本批判立场,正如福克斯强调的那样,"我们今天不仅需要认真对待经济如何与文化和媒体相互作用,而且我们可以从阅读、讨论和解读卡尔·马克思的大量原创作品中获益良多"②。比如,福克斯就借助黑格尔的辩证法解释马克思的劳动价值分析(包括使用价值、价值、交换价值、货币等)。基于此,他还断言,价值形式的辩证法是一和多的辩证法,"异化劳动的概念是基于经济主客体辩证法而被概念化的劳动过程的一般模型,即马克思主义的黑格尔式的劳动过程的辩证三角形"③。

另一方面,借助马克思的异化劳动理论来搭建数字异化劳动的理论基础。福克斯认为马克思主义的批判理论的关键要素之一是异化,异化是马克思著作和马克思人本主义思想中的一个重要范畴。异化意味着人类无法控制的条件,意味着拥有、塑造、统治和定义,塑造他们日常生活的系统。虽然阿尔都塞著名的"认识论的断裂"以《德意志意识形态》为界,将马克思的思想分期划分为从意识形态到科学的转变。但在福克斯看来,与《政治经济学批判大纲》(以下简称《大纲》)和《资本论》相比,《1844年经济学哲学手稿》中初次使用了异化的概念,对异化概念的阐述并不具有系统性,更多关注的是异化的人类学后果,之后才更为细致地阐明异化的经济基础,但马克思并没有放弃异化这一概念,在他的主要作品中也一直有这一概念。④比如,《大纲》中指出,"劳动能力加工的材料是他人的材料;同样,工具是他人的工具,工人的劳动只表现为材料和工具这些实体的附属品,因为对象化在不属于他

---

① [英]克里斯蒂安·福克斯:《数字劳动与卡尔·马克思》,周延云译,人民出版社,2020年,第31~32页。

② [英]克里斯蒂安·福克斯:《数字劳动与卡尔·马克思》,周延云译,人民出版社,2020年,第100页。

③ [英]克里斯蒂安·福克斯:《数字劳动与卡尔·马克思》,周延云译,人民出版社,2020年,第78页。

④ [英]克里斯蒂安·福克斯:《数字劳动与卡尔·马克思》,周延云译,人民出版社,2020年,第42~43页。

的东西中……"①,这表明马克思明确肯定异化要素仍然存在于资本主义社会,导致异化的直接原因是劳动产品和剩余劳动被统治阶级占有和支配,劳动者除了劳动以外一无所有,而在马克思预设的共产主义社会中"工作不再是劳动,不再被异化"②。福克斯将数字资本主义条件下数字劳动及其剥削机制视为异化理论重构的具体时代背景。他不仅继承了传播政治经济学批判学派的相关理论,重视对经济的研究,也继承文化研究的传统。在他看来,"批判理论不是封闭的,而是与其他批判方法相互参照的"③,所以,福克斯将社会批判理论划分为五大维度:①批判伦理学;②批判统治、剥削和异化;③辩证理性(dialectical reason);④意识形态批判;⑤斗争和政治实践。④所以也有论者指出,"福克斯并未对物化与异化概念做严格区分,而是将批判理论不同学者在技术理性、意识形态、大众文化、社会心理等领域展开的批判均视为马克思主义异化批判的具体发展"⑤。

总之,福克斯认为,"我们可以在马克思的著作中发现社会批判理论的各方面内容",马克思主义意义上的异化理论是立足为资本主义重新构序,进行整体的社会变革。在他看来,基于数字资本主义的这一视角把握,对马克思的一些宝贵的理论财产进行时代重读,这一理论工作包括对数字劳动形式引致的异化批判,更包括其他形式的考察,因此,可以说,"当代批判理论应该既反对劳动拜物教,也反对文化拜物教"⑥。在此基础上,福克斯主张批判理论与政治经济学批判相结合,"必须保持一个强调资本主义和阶级重

---

① 《马克思恩格斯全集》(第30卷),人民出版社,1995年,第454~455页。

② [英]克里斯蒂安·福克斯:《数字劳动与卡尔·马克思》,周延云译,人民出版社,2020年,第54页。

③ [英]克里斯蒂安·福克斯:《交往批判理论:互联网时代重读卢卡奇、阿多诺、马尔库塞、霍耐特和哈贝马斯》,王锦刚译,中国传媒大学出版社,2019年,第3页。

④ [英]克里斯蒂安·福克斯:《交往批判理论:互联网时代重读卢卡奇、阿多诺、马尔库塞、霍耐特和哈贝马斯》,王锦刚译,中国传媒大学出版社,2019年,第7页。

⑤ 陈希:《C.福克斯从数字劳动异化视角对批判理论的反思与重构》,《学习与探索》,2021年第11期。

⑥ [英]克里斯蒂安·福克斯:《交往批判理论:互联网时代重读卢卡奇、阿多诺、马尔库塞、霍耐特和哈贝马斯》,王锦刚译,中国传媒大学出版社,2019年,第16页。

要性的分析框架(即以马克思主义理论为指导)"①。但他本人更倾向于复归生产领域(政治经济学),保留马克思政治经济学批判的基本框架,将有关异化的分析视角更多地引向生产领域之内,致力于揭示数字资本与数字劳动之间的权力统治之异化关系。

二、理论内核:数字劳动异化的界定及四种表征形式

(一)福克斯"数字劳动"核心意蕴的有关阐发

通过考察数字资本主义的经济现实和运作机制,福克斯指出,数字劳动作为资本主义生产方式下的劳动形态,成为经济发展的重要引擎和价值增长点。福克斯以脸书为例,证成了数字劳动运作的这段具体过程,并指出,"脸书和其他企业数字媒体上的数字劳动是通过构成信息通信技术产业的整个价值链以及全球剥削领域实现的,并与之相连"②。他意图说明当今的数字劳动始终是以盈利为导向,并内在于数字资本主义生产方式始终。他将数字劳动定义为"异化的数字工作","涉及数字媒体技术生产和内容生产中的所有活动"③。数字劳动蕴含着多元的思想意涵,它与数字工作存在一个质性差异、存在着四重异化形式,集纳着资本主义与数字媒体技术的多重作用,与家庭主妇式和奴隶制工人一样无酬且存在剥削。

具体而言,其一,在福克斯看来,数字劳动是一种特殊的,以异化形式存在的数字工作。而数字工作是现代媒体中一种具体的信息工作形式,为数字劳动提供了某种形式基础。无论是数字劳动还是数字工作,两者都包含着信息工作的创造性、生产性。如福克斯所言:"社交媒体的数字工作是信息工作

---

① [英]克里斯蒂安·福克斯:《数字劳动与卡尔·马克思》,周延云译,人民出版社,2020年,第117页。

② Christian Fuchs,Sebastian Sevignani,What is Digital Labour? What is Digital Work? What's their Difference? And why do these Questions Matter for Understanding Social Media? *Triple C:Communication,Capitalism & Critique*,Vol.11,No2,2013,p.263.

③ [英]克里斯蒂安·福克斯:《数字劳动与卡尔·马克思》,周延云译,人民出版社,2020年,第458页。

的一种特定形式,这种工作使用数字媒介作为工作的工具,与人类大脑一起通过符号表示、社会关系、人造物、社会系统和社区这些新的因素的产生而组织人类经验。"①数字工作为人类的认知、交流与合作提供了基本的手机、平台等社交媒体的工具,并且组织"自身""他者"的个人经历,进而在智能终端生成使用价值。其二,数字劳动是沿用马克思主义相关范畴与研究工具得出的理论范式。它的理论实质在于沿用马克思主义的分析传统,以此弥合经典马克思主义对数字经济、社交媒体研究的"理论空场"。比如,他认为,马克思的价值规律仍然适用新的经济状况和劳动形式,不仅尚未终结,甚至"它已经延伸到低工资和无酬劳动形式,企业媒体产消者就是其中之一"②。在这个意义上,福克斯的数字劳动理论与马克思主义的理论立场是相互契合的,并且完成最大限度地联动互促。其三,数字劳动是数字化场域下一种与家务劳动或奴隶制工人劳动相类似的无酬劳动。即数字劳动不受工会或劳动法的保护,在工作时间上难以有严格的限度,工作有时是无酬的,且受到高度的剥削,区别于家务劳动或奴隶制工人劳动,同时,数字劳动的胁迫是社会性的。后来,福克斯又在更加广泛的意义上讨论了数字劳动的辖域,即"它包括了关于数字媒体的存在、生产、传播和使用所需的所有形式的有酬及无酬劳动"③,还将国际分工层面上数字劳动的劳资关系纳入其中。

在福克斯看来,数字劳动涉及"数字媒体技术生产和内容生产中的所有活动"④,蕴含着多元的思想意涵。它以数字媒介为工具,与人类大脑一起通过数据符号、社会关系、智能系统等组织自身或他者的人类经验。"数字劳动的概念暗含:谷歌、脸书、推特等在线公司使用针对性广告的资本积累模式剥削平台用户;用户使用平台形成劳动时间;数字工人成为当代无产阶级的

---

① ［英］克里斯蒂安·福克斯:《数字劳动与卡尔·马克思》,周延云译,人民出版社,2020年,第335页。

② ［英］克里斯蒂安·福克斯:《数字劳动与卡尔·马克思》,周延云译,人民出版社,2020年,第369页。

③ ［英］克里斯蒂安·福克斯:《数字劳动与卡尔·马克思》,周延云译,人民出版社,2020年,第387页。

④ ［英］克里斯蒂安·福克斯:《数字劳动与卡尔·马克思》,周延云译,人民出版社,2020年,第458页。

一部分;价值生产的地点不再局限于工厂和办公室;个体的、令人愉悦的活动,可以成为一种剥削形式。"①在福克斯看来,"劳动是一种必然异化的工作形式。在这种工作形式中,人类不能控制和拥有生产手段和结果。劳动是阶级社会工作组织的历史形式"②。依循此种逻辑,在数字资本主义的条件下,数字劳动走向异化是必然发生的。而且,福克斯一直将异化视为社会批判理论五大维度之一,③试图借此厘清资本主义现实层面的种种病理现象。与马克思在劳动领域探讨异化的形式略不同,福克斯虽然立足马克思把握劳动的政治经济学分析视野,但前者强调对人的"前数字媒介"状态下劳动异化过程的分析,后者更倾向于从新的数字条件来探讨数字劳动异化的表现形式。而无论所使用的分析范畴在形式上怎样变换,两者都尝试回答了对资本辖域下"主体—劳动"两者关系究竟在何处的问题。

(二)数字资本主义的时代诊断:数字劳动异化的界定和争论

"数字劳动异化"既指向劳动关系建构的可能境况,也标示着"物役性"的关系,其意义总是在与主体的"对立"当中获得。其内涵与表现形式相关,但又不与它们完全重合。它的几层内涵包括:其一,数字劳动异化意味着与人的本质的背离。在马克思异化劳动的语境中,人是一切问题的中心,他并非在抽象的一般意义上谈论现实的人,而是将人置于特定的历史条件来进行考察。福克斯的数字劳动异化亦是如此。福克斯对数字劳动异化的刻写深嵌在数字时代的生产结构中,不同于纯思辨的解释,他也在现象层面对数字劳动异化状况进行了历史性描述,总结了数字劳动过程中统治与奴役人的工具理性因素——数字技术、数字平台等。其二,数字劳动异化意味着存在数字劳动的剥削。在理解数字劳动剥削性的立场上,福克斯对于数字劳动不

---

① [英]克里斯蒂安·福克斯:《大数据、社交媒体和数字异化》,罗铮译,《国外社会科学前沿》,2022年第5期,第38页。

② [英]克里斯蒂安·福克斯:《数字劳动与卡尔·马克思》,周延云译,人民出版社,2020年,第35页。

③ Christian Fuchs, *Critical Theory of Communication:New Readings of Lukács,Adorno,Marcuse, Honneth and Habermas in the Age of the Internet*,University of Westminster Press,2016,p.6.

存在剥削的解释路径存在一个基本的批判态度。他明确指出,数字劳动与剥削无法割裂。剥削何以存在？以"数字劳动不存在剥削"的观点持有者来看,数字劳动是一种以数字媒介平台为载体,享有数字服务,能够进行数字产品生产的基于主体自由意志而对象化的活动,不涉及异化和剥削等性质。譬如,认为数字劳动是一种文化生产,按照常规来讲,文化生产没有报酬,不存在剥削;①或是如意大利学者亚当·阿维森(Adam Arvidsson)所指出的那样,数字劳动的价值来源因生产性与非生产性时间的模糊而模糊。②但依福克斯之见,"数字劳动的剥削包括三个动态过程:首先是胁迫。在意识形态上,用户被迫使用商业平台来进行交流、共享以及建立和维持社会关系;否则,他们的生活就会变得没有意义。其次是异化。公司拥有平台并且创造利润、而非用户。最后是侵占。用户在平台上花费时间,而这些时间就是他们无酬的数字劳动所创造的价值"③。在这一点上,许多位学者与之契合,也试图证成数字劳动存在剥削的阐释判断。譬如,斯坦福大学教授埃里克·布林约尔夫松(Erik Brynjolfsson)等通过案例分析论证了数字经济下各种剩余价值形式。④也有学者研究了在线游戏中的经济剥削,并认为在线游戏是数字劳动的重要形式之一。⑤

　　值得一提的是,福克斯的立场同样与澳大利亚莫纳什大学教授马克·安德烈耶维奇(Mark Andrejevic),挪威奥斯陆大学的斯蒂芬·克鲁格(Steffen Krüger)和东伦敦大学的雅各布·约翰逊(Jacob Johanssen)两位学者的"数字劳动异化"思想形成呼应,都对互联网中数字劳动异化和剥削有所坚称。前

　　①　David Hesmondhalgh, User-generated Content, Free Labour and the Cultural Industries, *Ephemera*, No.10(3–4), 2010, pp.267–284.

　　②　Adamarvidsson, Ethics and Value in Customer Co-production, *Marketing Theory*, Vol.11, No.3, 2011, pp.261–278.

　　③　[英]克里斯蒂安·福克斯:《受众商品、数字劳动之争、马克思主义政治经济学与批判理论》,汪金汉、潘璟玲译,《国外社会科学前沿》,2021年第4期。

　　④　Brynjolfsson, Erik, et al, Consumer Surplus in the Digital Economy: Estimating the Value of Increased Product Variety at Online Booksellers, *Management Science*, Vol.49, No.11, 2003, pp. 1580–1596.

　　⑤　Trebor Scholz, *Digital Labour: The Internet as Playground and Factory*, Routledge Press, 2012, pp.187–204.

者在《异化的无酬劳动》中曾说,这是一种"强制与参与的乐趣"①;后两者则对马克思主义异化概念及其在数字劳动领域的应用进行心理社会探究。②当然,也有学者对福克斯的观点持反对态度。如詹姆斯·里维里(James Reveley)就认为媒体不具有天然的剥削性,这是福克斯对马克思主义理论在社交媒体领域上的滥用。相反,里维里认为"社会媒体的组织增强潜力可以帮助劳动力将阶级力量的平衡重新转向其有利地位,从而限制剥削率的上升"③。

(三)数字平台与资本的联动后果:数字劳动异化的表征形式

具体到数字劳动异化的四重表现形式。它们是指:其一,与劳动力的异化。简言之,具体到数字媒介领域则意味着离开脸书等数字平台"就会受到孤立和社会弱势的胁迫"④。这是因为人作为一种社会动物,需要与他人进行社会性质的交流、互动等相关活动。尤其是在数字资本主义蓬勃发展的当下,福克斯认为交往行为是人类重要行为之一,其重要性不言而喻。在社会生存的主要矛盾中,价值领域的意义缺失、规范失效等都会导致交往行为的不顺畅。而交往行为本身意味着人的社会形式的呈现,意味着一种数字生活意义上对"交往"概念的重估。在这个重估过程中,劳动力将发挥交往力的重要作用,用福克斯自己的话讲:"在信息社会中,数字媒体已经成为人们运用交往能力的重要手段。因此,劳动力在一定程度上是交往力"⑤,一旦具有社会面向的人与社交媒体等数字界面相互分离,那么其社会性便难以维系,或

---

① Trebor Scholz,*Digital Labour:The Internet as Playground and Factory*,Routledge Press,2012,p. 53.

② Steffen Krüger,Jacob Johanssen,Alienation and Digital Labour-A Depth-Hermeneutic Inquiry into Online Commodification and the Unconscious,*Triple C:Communication,Capitalism & Critique*,Vol. 12,No.2,2014,pp.632–647.

③ James Reveley,The Exploitative Web:Misuses of Marx in Critical Social Media Studies,*Science & Society*,Vol.77,No.4,2013,pp.512–535.

④ [英]克里斯蒂安·福克斯:《数字劳动与卡尔·马克思》,周延云译,人民出版社,2020年,第343页。

⑤ [英]克里斯蒂安·福克斯:《数字劳动与卡尔·马克思》,周延云译,人民出版社,2020年,第336页。

者至少其社会性受到显著影响。为此,在数字化的条件下,人们为了积极完成数字身份的自我建构,会自觉使用数字平台,从事带有社会交往性质的相关活动,甚至成为某种程度的"无薪工人"。

其二,与劳动工具的异化。福克斯认为,在数字平台上的数字劳动涉及的劳动工具包括用户的大脑和平台,因此数字劳动的劳动工具的异化包括两个部分,这意味着社交媒体的意识形态被私人所控,平台私人所有。具体而言,对于用户的大脑而言,其异化指的是意识形态被深层塑造。在数字媒介平台上,对其使用被塑造成一种完全积极的正面叙事,为了获取更多的用户,巩固更为持久的数字价值生产链,意识形态的运作机制中被更多地镶嵌了非理性的因素,服务于平台生产和资本积累,为其发展扫清障碍。数字劳动的劳动工具的异化同时还意味着平台本身不被用户所有。归根结底,数字平台属于数字资本家(数据集团)所有,所以用户即使创造了很多的财富(福克斯意义上的数字劳动的价值由用户创造),但并不真正占有,也不具备真正的具有实质性、能够改变平台规则和设计方式的决策权。

其三,与劳动对象的异化。福克斯认为,数字劳动的劳动对象指的是人类经验。数字平台需要更多的人类经验被纳入其中,比起人类经验原本的个体性和私人性,在数字平台上被组织的人类经验此时具有更深远的社会意义,代表了一种更公共性和社会化的人类经验。福克斯强调,通过获得人类经验的使用权,脸书等数字平台可以进行监管用户活动的行为,也能够借此获取利润。但是,以同意使用条款的形式向数字平台让渡自己的私人经验,便意味着人类经验即劳动对象的异化,因为失去了控制权,虽然能够保障自身顺利进入数字平台中的社交网络,融入各异的关系网中,但确实剥离了属于自身的部分权利。

其四,与劳动产品的异化。数字劳动的劳动产品的异化意味着这一活动所产生的相关利润属于平台的资本家所有。在这里,福克斯还论述了数字劳动产生的使用价值的二重性以及逆向的商品拜物教。如前所述,数字劳动就是通过数字平台和人类大脑作用于人类经验,创造使用价值(包括交往和公众知名度两方面,这既涉及用户的社会关系,又涉及广告商所能提供的商业需求等相关服务)来满足数字用户的需要,同时产生相关利润,归属平台资本家。比如,更新文档等产生的数据产品均可以用来交流、合作,这一方面满足了用户自身的需求,另一方面满足了广告商等数字资本家的商业需求。同时,在这里还延展出逆向的商品拜物教的相关概念。商品拜物教曾是马克思社会批判理论的重要组成部分,在这里,福克斯以逆向的商品拜物教为概念中介,探讨了数字资本主义意识形态这一重要侧面。众所周知,在马克思那里,商品拜物教归根结底是对"物"的崇拜,且在资本主义的社会现实中这种商品拜物教的意识不断被合理化,"在社交媒体的数字劳动世界中,商品的拜物教特征呈现出倒置的形式"[①],它的逆向性表现在呈现自己纯粹积极、完全正面的一个方面。但实质上,数字劳动产品的异化就是这种由数字劳动产生的数字产品错置于数字用户的主体性之上,发展为逆向的数字商品拜物教。(图1以脸书为例概述了福克斯的"数字劳动异化"过程。)

此外,福克斯在得出以上异化的基础上,还额外论述了一种主体维度的异化。在"数字劳动异化"框架建构的过程中,他思考了情感结构这一方面的内容,考量了包括用户的典型价值观、使用平台意识和情感构成在内的社交媒体平台的情感结构。福克斯认为,英国学者雷蒙·威廉斯(Raymond Henry Williams)对感情结构的分析鞭辟入里,即在一定的社会条件和时间范围内形成的体验表达便是感情结构,而且,与其说感情结构是单一的,毋宁说感情结构是多元的,且异化是当代情感结构的组成部分之一。[②]数字用户和平台所有者(数字资本家)的情感结构是不同的,这是因为他们之间不同的社会角色体验,同时,不同的用户情感结构也是完全不同的。此外,数字平台媒体的客观条件与数字用户的情感结构是辩证协调、相互影响的。

---

① [英]克里斯蒂安·福克斯:《数字劳动与卡尔·马克思》,周延云译,人民出版社,2020年,第344页。

② [英]克里斯蒂安·福克斯:《数字劳动与卡尔·马克思》,周延云译,人民出版社,2020年,第346页。

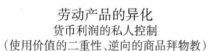

图 1　企业社交媒体数字劳动异化①

三、基于现实考量的数字前景：对数字劳动异化的扬弃

基于对"数字劳动异化"的上述界定，福克斯分别从"商业化"或"共同创造和控制"两个互相排斥的运演逻辑出发，对该问题展开了进一步的分析。从上述论述可知，在福克斯的理论视域下，新的数字条件下并不取消异化劳动的种种表现——并没有改变资本逻辑下所创建的用户与数据所有权以及相关方面的剥离现状，泰勒制和福特制在数字社会条件下依然存在，甚至进一步加深了资本主义对数字劳动的利用和重视。在这种情况下，数字劳动"去异化"如何可能，成了摆在福克斯面前的现实和理论难题。无疑，在他看来，"数字劳动异化"已经处于对当下数字资本主义生产关系批判性考察和理解的中心位置。为了解决这一问题，基于实证案例研究和理论构建成果，福克斯明确指出："现今社会就其生产力要素的状态来说是一个信息社会；然而，与此相反的是，就其生产关系而言，当今社会依然是资本主义社会"②，需要非商业性、公共化所有、访问并传播的数字网络和平台。在后数字资本

---

①　［英］克里斯蒂安·福克斯：《数字劳动与卡尔·马克思》，周延云译，人民出版社，2020 年，第 343 页。

②　［英］克里斯蒂安·福克斯：《数字劳动与卡尔·马克思》，周延云译，人民出版社，2020 年，第 201 页。

主义社会,为了保留一定的"公地"(common),需要对数字劳动进行扬弃,实现去商业化的数字工作转向。

福克斯作为青年马克思主义学者,致力于资本主义和传播的批判性研究,同时担任《3C:传播、资本主义和批判》(*Triple C:Communication,Capitalism & Critique*)杂志编辑之一,2020年该刊物出版了特刊《传播社会主义/数字社会主义》。特刊主要探讨了数字社会主义的相关理论问题。之所以聚焦于该理论的讨论,笔者认为主要的原因大致有两点:其一,这是数字资本主义发展的必然趋势。对数字资本主义的关注日盛,则对"第二种出路"的探讨会愈加深入,对未来社会形态的构想也会提上日程。其二,这是左翼学者一贯的学术传统。虽然左派运动和社会主义思潮一度陷入低潮,但伴随着西方社会的危机,左翼学者开始重新关注、发展社会主义理论以作为应对资本主义发展困境的人文回应。数字社会主义正是在这一发展过程中由一个隐性的议题逐渐演变为一个相对显性的议题。其主张深植于对社会主义的理论及其实践的历史考察,并结合当代西方数字经济的技术发展走向。在福克斯那里,所谓数字社会主义是指与数字资本主义相对的形态,它是当代西方社会批判理论基于数字之维对资本主义社会发展的一种应然状态的理想超越,表明数字化技术与资本主义发展脱嵌的理论寄望。

当着眼于对抗"数字劳动异化"及其意识形态的辐射影响时,福克斯以资本主义的占有和应用为批判靶的。他认为在共享导向下,数字劳动自然会转化为数字工作,异化自然会消失。福克斯对"数字劳动异化"现实路径的研究实际上揭示出了社会工作或劳动的演变谱系,即劳动从一般人类社会、资本主义社会到共产主义社会的更迭和发展。在不同社会制度背景之下,劳动分别以不同的方式被呈现。需要说明的是,福克斯讨论域之下的社会主义社会劳动是一种绝对区别于异化实质为基础的劳动形式,它以去商业化和公共性为主要特征。基于对被迫进行资本积累的总体洞察和回应,他明确提出了互联网也可以"发展成一个由日常用户共同创造和控制的工人阶级的互联网"[①]。同时,福克斯还强调:"我们可以从卢卡奇中学到的一个关键教训

---

① 〔英〕克里斯蒂安·福克斯:《数字劳动与卡尔·马克思》,周延云译,人民出版社,2020年,第452页。

是,彻底变革数字媒体,从而超越资本主义互联网,使之成为一个基于共同基础的互联网,这既不能由技术实现,也不能由单个个人实现,而只能由具有批判性意识的人类来实现,他们将自己组织成政治集体,并参与改变技术和社会的阶级斗争。只有人类的实践才能创造共同的互联网和社会主义社会。"①

根据福克斯的分析,在阶级社会,劳动会创造异化财产,数字平台会对数字产品进行垄断性占有。对此,福克斯认为,社会公众平台应被建立起来,从事共享性的数字工作,以应对资本框架带来的一系列桎梏,从而推动数字资本主义转变发展航向。其实,"共享"在有关资本主义替代方案的讨论中早已有之,被视为建立一个公有社会、控制排他占有、抵制商品化过度发展等问题的有效解决方式。

具体而言,在福克斯那里,共享式的数字工作具有如下几个方面的特征:其一,任何共享式的数字工作都意味着以集体为导向的拥有和控制。这是因为它完全体现公共产品的显著特性。公共产品对于大众的使用来讲,其成本为零,且大部分由集体来提供服务,具有消费的大众性和普及性,与私有部门所获取的高附加值的回报(利润)相反,这是私人资本甚少介入的领域。在其社会效用上,具有整体不可分割的特点,即由整个社会共同享有,表现为一种"用户支持、捐款和公共资金来建立与培育"②的替代平台。"共产主义的互联网的特点是所有人都能接入,拥有共同的所有权,是交流的共同空间。"③

其二,共享式的数字工作可以由盈利性质的工作转变而来。当然,"这也意味着克服异化需要社会角色和制度的存在,使认同和占有成为可能"④。不

---

① Christian Fuchs,*Digital Capitalism Media,Communication and Society Volume Three*,New York:Routledge,2022,p.101.

② [英]克里斯蒂安·福克斯:《数字劳动与卡尔·马克思》,周延云译,人民出版社,2020年,第395页。

③ Christian Fuchs,Sebastian Sevignani,What is Digital Labour? What is Digital Work? What's their Difference? And why do these Questions Matter for Understanding Social Media? *Triple C:Communication,Capitalism & Critique*,Vol.11,No.2,2013,p.271.

④ Rahel Jaeggi,*Alienation*,tr.Frederick Neuhouser and Alan E.Smith eds,Frederick Neuhouser,Columbia University Press,2016,p.217.

过,在现实层面中,本身也存在共享性质的平台或者网站,它强调非排他性、非竞争性的使用、运作和发展。譬如,福克斯就明确讨论了维基百科和BBC在线,认为它们的存在来源于捐助和资金会等的联合支持和筹资。但在现实趋势的发展中,福克斯无疑更加忧心以美国沙发客网站(Couchsurfing.org)平台和美国《赫芬顿邮报》(The Huffington Post)为代表的,从自愿工作性质的数字工作转为体现异化性质的数字劳动的相关案例,这表明数字共享背后隐匿的危险倾向在于数字共享的运作难以抵消对资本逐利的渴望。通过对这种现实的诘问,他必须更加详细地思考如何化数字劳动的商业化为数字工作的公有化和共享化,才有可能实现更好的数字崇高前景。

其三,共享式的数字工作因现代性的理念而存在。在后续著作《大数据资本主义》中,福克斯提到,它是"一种辩证地实现了自身发现潜力的另一种(数字)现代性"[①],这意味着即使对"数字劳动异化"有所指摘,但仍旧需要看到数字工作是资本主义经济复苏、发展、繁荣的重要支点,不能对它的正面效应予以漠视。

其四,共享式的数字工作是一种"故事分享平台"。福克斯认为,在数字技术的助力之下,数字工作话语逻辑中所暗示的意识形态绝不是服务于大的垄断性质的企业和资本。相反,它是所有工人阶级共同体的团结和联合,实现的是数字集体的利益最大化。这种"故事分享"理念要倒置经济和非经济之间的关系,改变数字资本主义赋予资本、商品等资本衍生物的绝对优先地位,把数字用户优先、至上的位置重新予以摆正。

其五,共享式的数字工作能够实现数字劳动过程的深层改变。它能使数字平台得到结构性重组,以重新定位数字资本主义条件下的劳动形式,改变资本与资本之间、平台与平台之间、平台与用户之间"零和博弈"的倾向。最终实现经济主客体共同分享、控制认知、交流和合作过程,同时,劳动力蜕变为超越必然和稀缺的全面发展的个体。(图2)概述了福克斯基于互联网共享维度的平台理念。

---

① David Chandler,*Christian Fuchs*,*Digital Objects*,*Digital Subjects*:*Interdisciplinary Perspectives on Capitalism*,*Labour and Politics in the Age of Big Data*,University of Westminster Press,2019,p.49.

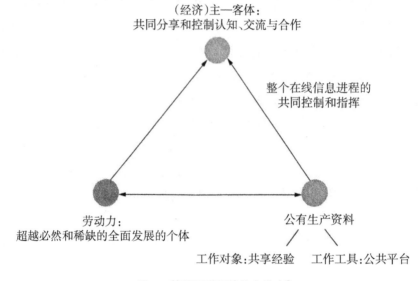

图2　基于互联网的共享维度①

四、结语

　　总而言之,福克斯在反思数字媒体平台的基础上对数字资本主义进行了较为全面的诊断,得出了"数字劳动异化"的结论。同样,他也回答了"数字劳动异化"何以跨越这一议题,认为一种共享式的数字工作可以有效解决这一难题。可以说,福克斯的"数字劳动异化"理论从数字资本主义视域出发对当代资本主义社会的数字劳动问题作出了相应分析,基本遵循了马克思主义的立场、观点和方法。具体而言,他借鉴马克思"异化劳动"理论的框架和研究方法构建了"数字劳动异化"理论。"数字劳动异化"理论的构建体现了一种新的理论活力和话语增长点,同时也表示一种新兴的理论主题得到发展空间和持续布展。他通过辨析数字劳动而勾勒出数字资本主义新的发展条件,有力驳斥了数字劳动不存在剥削和异化的观点,辨明数字资本主义结

———————————

　　①　[英]克里斯蒂安·福克斯:《数字劳动与卡尔·马克思》,周延云译,人民出版社,2020年,第393页。

构性的支撑所在。他还指出,提供公共服务的数字工作是克服"数字劳动异化"的重要手段,为了实现这种现代前景,需要争取更多的公共资金。譬如,对广告征更多税,将其引流到非商业性的平台之上。诚然,福克斯的上述理念揭示了"数字劳动异化"的深层弊端,但其理论也存在着不可避免的局限性。它的合理性和正当性有待在众多学者的辨析和现实的试炼中进一步厘清、商榷。

付英娜(南京航空航天大学)

瘾欲·加速·剥削：数字资本主义的三重逻辑

　　当我们每个人早晨起床睁开眼睛的第一缕光是手机等智能设备而不是温暖和煦的阳光时；当我们每个人都在聚精会神地注视着智能手机时；当我们每个人的吃喝住穿行都是完全依赖于智能化、数字化设备时……我们已然成为这个数字资本主义时代下的某个数据流了，这是数字化下的日常生活，但绝非是尼古拉斯·尼葛洛庞帝（Nicholas Negroponte）笔下的"数字化生存"。数字化、智能化、网络化正日益塑造着我们的周围世界，亦改变着我们的日常生活和行为方式，更改变着作为主体性存在的人对世界的认知，而这种认知，事关未来的生存。不同于传统样态的资本主义，"数字资本主义"是资本与数字技术共同孕育出来的资本主义的当代样态，它以信息通信技术（Information Communication Technology）为基础，以"人工智能丛（大数据、算法、人工智能、物联网、区块链、云计算）"为依托。如果说人类已然走过了前资本主义时代、工业资本主义时代，那么如今的我们已经迈入到了一个由大数据、物联网和人工智能所支撑的全新资本主义形态——数字资本主义时代。应当说，人们已经在不知不觉中进入了数字交往文明之中。进一步地说，与互联网技术、大数据技术相伴而来的数字资本主义已然在当今社会乃至时代中崭露头角。所以，在这一新样态中剖析其运演机制，揭露其资本逻辑之实质，抽剥其意识形态之幻象，拨开其深层迷雾，为当今人们在更普遍意义上分析技术和意识形态在数字资本主义时代中的神秘化本质提供些许思考和启迪，显得尤为重要。

一、数字资本主义:发展脉络与一般特征

借助于愈加发达的数字技术，资本主义已经变得越来越数字化、智能化。这是人们对于"数字资本主义"的直观性理解。然而,数字资本主义的发展脉络是何种情况? 其一般性特征又是怎样的? 这是我们对于数字资本主义作一番学理性考察的前提。

(一)数字资本主义的发展脉络

从社会实践的发展情况看,网络通信技术的兴起、国家政策的扶持、知识经济的兴起和网络劳工的出现等催生出数字资本主义在以美国为代表的国家中的迅速发展。其一,美国国防部于 1969 年建成的第一个远程分组交换网(Advanced Research Project Agency Network)形成了由通信网络和资源网络复合构成的计算机网络系统。20 世纪 70 年代,人们开始实验基于分组交换技术的计算机网络，并着手研究不同厂商的计算机之间相互通信的技术。十年后,一种能够互联多种计算机的网络应运而生,网络通信技术进入了发展的快车道。其二,20 世纪 70 年代,西方发达国家已经开始出台一系列政策推动计算机网络技术的发展。电信行业的快速发展,地区性的计算机网络及相关设备的专业供应商的涌入,"政府决策制定者创造了对信息处理设备与软件进行投资的各种机遇"①。其三,美国加州大学教授罗默(Paul Romer)和美国经济学家罗伯特·卢卡斯(Robert Lucas)于 1983 年提出了"新经济增长理论",他们认为知识在整个社会的生产过程中占据着重要地位,能够提高投资的收益。"新经济增长理论"的提出,标志着知识经济在理论上的初步形成。随后,以比尔·盖茨(Bill Gates)为代表的软件知识产业逐渐出现在大众的视野中,其主要产品是软盘及软盘中包含的知识,正是这些知识的广泛应用打开了计算机应用的大门,为数字资本主义提供了发展契机。伴随着人

———————

① 〔美〕丹·希勒:《数字化衰退:信息技术与经济危机》,吴畅畅译,中国传媒大学出版社,2017年,第 71 页。

类进入 21 世纪,资本主义的发展越来越呈现出信息化、网络化和数字化的态势,数字资本主义迅速崛起,正在对社会的发展以及人们的生活产生着愈加复杂的影响。

从概念出场到理论形成的发展情况看,美国传播政治经济学教授丹·希勒(Dan Schiller)对于数字资本主义的关注为其随后的发展奠定了重要基础。具体来说,20 世纪 90 年代末,他在《数字资本主义》(*Digital Capitalism:Networking the Global Market System*)一书中描绘了数字资本主义的一般性样态:"数字资本主义指的是这样一种状态:信息网络以一种前所未有的方式与规模渗透到资本主义经济文化的方方面面,成为资本主义发展不可缺少的工具与动力。"①在这里,席勒并没有给予"数字资本主义"一般性定义,而是前瞻性地指出了信息网络在资本主义发展和进步过程中的重要意义。美国学者曼纽尔·卡斯特(Manuel Castells)也同样强调了信息网络的巨大作用:"网络建构了我们社会的新形态。"②其后,席勒在《数字化衰退》(*Digital Depression:Information Technology and Economic Crisis*)中认为,数字资本主义"逐渐成为能够承载不断演变的资本主义政治经济结构的新的支撑点"③。除此之外,他将数字资本主义视为资本主义的一个最新发展之阶段,并且指出资本主义在此阶段已然产生了"一种更倾向于信息通信技术密集型产业的资本主义体系"④。

可以说,数字资本主义从概念的提出到图景的展现经历的时间并不长,但它产生的影响却无疑是繁芜丛杂的。

---

① [美]丹·希勒:《数字资本主义》,杨立平译,江西人民出版社,2001 年,第 5 页。

② [美]曼纽尔·卡斯特:《网络社会的崛起》,夏铸九、王志宏译,社会科学文献出版社,2001 年,第 71 页。

③ [美]丹·希勒:《数字化衰退:信息技术与经济危机》,吴畅畅译,中国传媒大学出版社,2017 年,第 6 页。

④ [美]丹·希勒:《数字化衰退:信息技术与经济危机》,吴畅畅译,中国传媒大学出版社,2017 年,第 6 页。

（二）数字资本主义的一般特征

经由社会实践和理论概念这两个坐标轴，数字资本主义的言说语境就较为明朗了。然而，数字资本主义因其强大的威慑力、极致的影响力以及非透明的控制力迫使我们必须从其一般性特征来进一步挖掘其内在症候和潜在顽疾。

第一，在经济发展领域，数字资本主义披上了新自由主义的伪面具，通过技术和生产关系扩张、网络劳工平台和数据攫取以及数字劳动和剥削的隐性剥削手段，传播并渗透进大众经济生产领域，为剩余价值生产和资本剥削提供条件。其一，将剥削性的生产关系引入到工厂之外的社会领域，继而开辟和拓宽资本主义价值和利润生产的时空界限，是数字资本主义区别于传统意义上的剥削手段，更是其调整生产关系的关键一招。换句话说，数字资本主义将原本驻留在机器大工厂中的劳动者抛入了普遍意义上的社会之中，使其在社会中劳动，进而创造其价值和利润。这意味着，劳动者工作区域的不断扩大、利润的增值以及社会的"工厂化"，也因此而进一步扩大，实现着权力的隐性控制和资本的柔性剥削。其二，作为连接劳动力供给方和需求方的中介桥梁，网络劳工平台持续性地为数字资本主义的生产提供客户终端的信息数据和多边服务。人们频繁使用的手机软件如"饿了么""美团外卖""淘宝"等数字平台，利用大数据、云计算和网络协同，为生产商提供客户需求，遵循用户注册—信息搜集和整合—数字反馈—精准服务的内在规则，不断为消费者提供个人需求信息。在这样一个掌控着巨大信息流和数据流的网络劳工平台的影响之下，社会产生了更多的零工群体，从而降低了经营风险和人员成本，实现了利润的指数级增值。其三，作为数字资本主义的新型劳动范式，数字劳动因其所固有的非雇佣性的自由劳动之内在特性成了数字资本主义的"新宠儿"。区别于传统式的工厂劳动，数字劳动摆脱了劳动的"物质外衣"，披上了"非物质外衣"，进而获取了智力、情感以及习惯等非物质性因素，顺其自然地成为隐藏在数字化网络空间或虚拟空间中的免费劳动。如此一来，它便顺理成章地成为为数字资本主义霸权服务的忠实"追随者"，并且在整个社会的非物质领域谋划和布展它的隐性权力。值得注意的是,它所特有的数据创造和生产功能并未脱离其自身的生产性特质,即使它不存在一般意义上的劳动力间的买卖关系,但其依旧具有生产性特质,依然生产剩余劳动,这一特征为数字资本主义的数字剥削提供了前提条件。

第二,在文化与意识形态领域,数字资本主义高举消费之上的消费主义、符合标准、高度统一化的自由主义大旗,塑造着模式化与流俗化的文化产业,编织着一张张由发达资本主义所掌控的意识形态之网,成了当下无数彷徨大众心目中的价值引导和意义归宿。一方面,数字资本主义高举消费主义大旗,致使人们深陷消费主义的深渊无法自拔。肇始于工业革命以降的科技革新浪潮不断鼓动着科技创新加大科学技术创新力度、加快科技变革速度;催生着一代又一代的新兴科技产品的更新换代,似法术般让世界人民卷入这场浩浩荡荡的革命浪潮之中。人们在为科技革命振臂高呼时却不知受资本逻辑布控的消费主义意识形态已经悄然而至。它们是合乎理性的,因为人们确实需要通过消费满足个人的生活需要;它们是充满诱惑性的,因为它们不断推动着人们从只满足基本需要的目的性消费发展成为注重品牌效应、宣示个体地位的符号性消费。它们先是沉默,后来是暴发,再后来乃是疯狂,不断推动着人们从真实—可控—实体消费走向虚拟—欲望—符号消费,"数据编码成为消费控制的新形式"①。它们不断地、疯狂地且连续不断地鼓吹人们超前消费、过度消费和炫耀消费;它们极力地宣扬符号/编码的价值,进而降低生命的意义;它们竭尽全力地"在虚妄的符号意识形态内不断创造着虚假消费的欲望和冲动","在数字空间的消费叙事中,身体、图像、视觉、直觉、想象等成为消费叙事的操作变量和操作助手"②,让人们自觉落入消费的幻境。另一方面,数字资本主义高举自由主义大旗,致使人们深陷自由主义的幻象无法自拔。如今,人们尤其是越来越多的网络用户和数字用户能够无拘无束地遨游于数字媒介世界,自由自在地在数字终端设备上发表言论、表明立场、吐露情感。于是,自由主义开始借助于年轻一代所热衷的弹幕文化、水军文化、萝莉文化、动漫文化,在数字网络空间掀起一股"自由言论"热潮。它们打着"认同感"的幌子潜伏于庞大的数字网络中,不断牵引着整个社

① 邓伯军:《数字资本主义的意识形态逻辑批判》,《社会科学》,2020 年第 8 期。
② 邓伯军:《数字资本主义的意识形态逻辑批判》,《社会科学》,2020 年第 8 期。

会舆论的风向;它们借助于扭曲的宣传,强势出现于青少年的智能设备中,致使内在于个体的个性消融于盲动的共性之中。通过这种文化工业的生产与制造,不断地"驯化"乃至批量"生产"着无数个马丁·海德格尔(Martin Heidegger)所说的"常人"(The They),试图塑造着既无批判精神又无反叛精神的大写的"我们"。如此种种,其根本目的是"在追逐标举个性化的时尚体验中、在身不由己地卷入复制与模仿般的抽象世界里迷失掉自己真实的个性"①,其终极关怀是让人们不再拥有抵抗的精神,甚至是抽剥个体的思想性和批判性,个体所具有的独一无二的主体性在自由主义的迷雾中也随之消散了。

　　社会的数字化生存已然变成了人们不言而喻的真实生存状态。在如此这般的数字化时代中,借由数字化新兴科学技术的蓬勃发展,数字资本主义具有了不同于传统资本主义样态的新型运演逻辑。

二、数字资本主义的三重逻辑:瘾欲、加速与剥削

　　数字资本主义究竟以何种逻辑施魅于人们的日常生活、重构人类社会发展?或许我们可以从瘾欲、加速与剥削三重逻辑中窥见答案。具言之,从瘾欲机制看,各类数字图像技术的生产、传播与应用俘获个体注意力,以连续性的视屏碎片流博取观者眼球,营造视听盛宴与拟像狂欢。从加速逻辑看,数字资本主义将加速视为抽象原则,倡导速度至上原则,造成时间恐慌,重构个体对于时间的感知,实现时间管控。从剥削机制看,数字资本主义通过互联网用户的数字劳动和注意力劳动两个维度进行隐性剥削与利润攫取,进而巩固其统治地位。厘清数字资本主义的三重逻辑对于进一步认清数字资本主义的本质具有重要意义。

(一)数字资本主义的瘾欲机制

　　随着科学技术井喷式的发展,人们的日常生活愈来愈方便、快捷和高效,

---

① 邹诗鹏:《虚无主义研究》,人民出版社,2016年,第358页。

人−机交互愈加流畅,人们深陷各种数码设备中无法自拔,正如韩炳哲所言:"如今人们与数码设备之间有着一种近乎迷恋的、强制性的关系。"①数字资本主义利用各类数字图像技术的生产、传播与应用俘获个体注意力,以连续性的视屏碎片流博取观者眼球,营造视听盛宴与拟像狂欢,令人上瘾且不能自已。一方面,数字技术通过赋能各类智能数码软件,制造丰富多彩的视频流、图像流与新闻流,以流量收割个体的注意力,让个体深陷数字拟像打造的符合不同个体口味的视觉狂欢而不能自拔。例如,各类短视频 App(如抖音、快手、今日头条、西瓜视频)凭借其庞大的用户量成为如今人们智能设备中必备的软件。众多短视频软件之所以被用户喜爱,其原因在于数据提取与算法推荐。当人们下载这些短视频 App 并注册时,软件后台的巨型数字平台开始收取用户的个人信息(如性别、年龄、地址等)以及观看爱好(如娱乐综艺节目类、科普教育类和国内外时事政治类),根据浏览时间的长短、搜索内容的主题进行数据画像,基于算法整理、归类进行定向"投喂"。这些"投喂"完全符合观看者的心理预期以及兴趣爱好,人们只会越刷越有趣,而不是越来越无聊。值得注意的是,这样一种使人上瘾的状态是数字资本主义谋取流量、收割注意力、消解个体的思维与认知能力的手段之一。美国学者亚当·奥尔特(Adam Alter)说:"数字时代的环境和氛围比历史上任何时代都更容易让人上瘾……社交媒体彻底塑造了年轻一代的头脑。"②在奥尔特看来,这种"上瘾"逻辑像魔鬼一般吞噬着青年一代的头脑,个体的思维能力正在被吞噬。不得不说,数字资本主义时代的这种上瘾机制已经发展到了一个顶峰,伴随着科技进步,将会有越来越多的数码智能设备将无情地裹挟着年轻一代的头脑,这对数字时代青年如何健康成长提出了新问题。

另一方面,数字资本主义通过引诱,使人们上瘾,继而达到围困日常生活、消解社会价值观乃至控制个体思想之目的。"越来越多的数字算法和数字机器正在不断生成、收集、存储、处理和评估大数据,并作出使人在经济、政治和日常生活中被边缘化的决策。"③在如今这个几乎被算法所覆盖的社

① [德]韩炳哲:《在群中:数字媒体时代的大众心理学》,程巍译,中信出版社,2019 年,第 52 页。

② [美]亚当·奥尔特:《欲罢不能:刷屏时代如何摆脱行为上瘾》,闫佳译,机械工业出版社,2018 年,第 10 页。

③ [英]克里斯蒂安·福克斯:《大数据资本主义时代的马克思》,《国外理论动态》,2020 年第 4 期。

会,人们的消费、阅读、思考、娱乐甚至是情感都被算法牢牢地控制着。消费行为在被算法的中介和操控之下,变得越来越"符合人们的口味",它们仿佛为我们"量身定做"。众所周知,"消费活动应该是一种有意义的、富于人性的和具有创造性的体验"①。然而,数字资本主义时代下的消费却并非如此,人们在网络购物中的商品与自己预期的商品不相上下,仿佛是为自己量身定做一般。基于大数据的智能算法就这样无限地推送着符合人们口味的商品,诱惑着人们一次又一次地购买,不断推动着资本的无限累计。这恰恰证实了法国学者让·鲍德里亚(Jean Baudrillard)的那句话:"消费是个神话。也就是说,它是当代社会关于自身的一种言说,是我们社会进行自我表达的方式。"②在"消费的几何场所"中"个体不再反思自己,而是沉浸到对不断增多的物品/符号的凝视中去,沉浸到社会地位能指秩序中去"③。总之,数字资本主义正依托于其日益成熟的技术逻辑统摄个体视觉和听觉,强化了个体神经中枢系统与感觉器官系统的紧密联结,使个体不间断地接收着电子媒介产生的图像、影像等数据刺激,手忙脚乱地处理着这些数字技术所迸发出来的感官信号,从而使得大众坠入"超真实"的拟像深渊。

(二)数字资本主义的加速逻辑

揆诸当下,社会加速逻辑已经变成一种抽象的原则,一种可视化的"逻各斯"(logos),施加于社会中的每一个人。德国学者哈特穆尔特·罗萨(Hartmut Rosa)指出"加速度是当代社会发展的主要显著特征"④,"加速是速度结构变化的中心特征,并且是现代社会的基础的结构形式和文化塑造的力量"⑤。显然,生活于数字资本主义时代的人们无法放慢脚步,人们不得不被加速逻

① [美]埃里希·弗洛姆:《健全的社会》,欧阳谦译,中国文联出版公司,1988 年,第 134 页。

② [法]让·鲍德里亚:《消费社会》,刘成富、全志钢译,南京大学出版社,2014 年,第 199 页。

③ [法]让·鲍德里亚:《消费社会》,刘成富、全志钢译,南京大学出版社,2014 年,第 198 页。

④ Hartmut Rosa, William E.Scheuerman, *High-speed Society:Social Acceleration,Power,and Modernity*,The Pennsylvania State University Press,2009,p.2.

⑤ [德]哈尔特穆特·罗萨:《加速:现代社会中时间结构的改变》,董璐译,北京大学出版社,2015 年,第 28 页。

辑裹挟,社会加速逻重构了数字时代人们的时空体验,塑造了新的社会互动方式,无形地更改了人们对当下的经验模式。

一方面,数字资本为了获得更多利润与价值,将目光聚焦于速度。当前,资本找到了新的获利与增殖秘密即与数字技术联合转型为数字资本,由于"数字信息借助互联网高速流通,打破了传统产业资本生产的时空限制,资本循环和周转速度加快、周期缩短",因而"数字资本的剩余价值的获取速度呈现加速化趋势"[①]。进一步说,数字资本与社会加速达成一种勾连,日益形成"你中有我、我中有你"的紧密互动样态,在这种情况下,数字资本为社会加速提供内在驱动力,与此同时,社会加速为也数字资本进一步压榨个体提供新的手段。正如马俊峰与马乔恩所指出的:"资本为'社会加速'提供内在动力,'社会加速'为资本剥削人、压迫人提供新的手段",在资本与加速的双重影响下,"人的主体性也在追逐加速、资本增值的过程中丧失殆尽,作为目的的人彻底转向作为手段的人,人处于非人的状态"。[②]如此,加速逻辑与资本联手销蚀了个体的创造性与能动性,人变成了只会向前进的机器,毫无生机可言。

另一方面,数字资本主义鼓吹社会加速,倡导速度至上原则,造成时间恐慌,以此实现时间管控。当下,"社会加速已经变成一种现代社会的集权主义式的力量"[③]。罗萨看到了这种加速姿态的集权主义性质,同样,这也完全契合数字资本主义的统治本性。具体来说,它不断鼓吹产品的更新换代、宣传"新的即是好的"虚假理念、传播一切向前进的加速理念,它让人们在眼花缭乱中经历每个当下的瞬间,试图遏制或中止每一个主体的思想和意识,它所产生的眩晕感不断蛊惑着人们的真实世界和精神世界,由此"它使我们产生了一种错觉,似乎我们必须赶上那可望而不可即的速度,以免与现在脱节"[④]。

---

① 王维平、汪钊:《数字资本拜物教的生成机理与治理路径》,《上海经济研究》,2022年第11期。

② 马俊峰、马乔恩:《"社会加速"与"美好生活"之间的张力与超越——基于马克思主义资本批判逻辑的分析》,《南京大学学报(哲学·人文科学·社会科学)》,2019年第6期。

③ [德]哈特穆尔特·罗萨:《新异化的诞生:社会加速批判理论大纲》,郑作彧译,上海人民出版社,2018年,第83页。

④ [美]道格拉斯·洛西科夫:《当下的冲击:当数字化时代来临,一切突然发生》,孙浩、赵晖译,中信出版社,2013年,第71~72页。

在这种加速的"竞赛"中,人们再也感受不到时间的逝去,因为"个人被迫要面对不断丢弃、不断更新以及'转瞬即旧'的现实"①,他们无时无刻不被加速逻辑所钳制,"今天衡量社会地位的标准不是对闲暇的炫耀性消费,而是投入时间密集型工作的程度"②。除了正常工作日之外的加速感之外,闲暇时间也正在被"加速"这位魔术师牢牢控制着——人们沉溺于数字化的虚拟游戏中消磨时间;人们紧跟娱乐热点、社会爆点,紧盯着自己的智能设备,一刻也不停歇,完全忘却了时间之于奋斗的意义。在整个社会的加速狂潮中,机器大工业工业时代的整体性时间逐渐演变为数字社会的媒介时间。③显示于各类手机、平板电脑、电子手表、电脑屏幕界面上的数字化时间信息,往往使人们忽略了"此时此刻"与"这一秒"的前后语境,改变了人们对时间的整体感知方式,重构了数字资本主义时代人们对于时间的认知模式。在"即时""瞬间"以及"刹那"中生活已然成为现代人再正常不过的日常惯习了,以至于我们已经视之为理所当然而不以为意了。这是短暂对永恒的僭越,这更是当下对未来的霸权。

(三)数字资本主义的剥削逻辑

"看似数字技术实现了对人类劳动力的彻底解放,将人类从桎梏的奴役中解放出来了,实则将人类变相地引致数字技术的'数字剥削'和'数字殖民'中进行深度剥削而已。"④表面上看,生活于时下的普通人民群众呈现出一种极尽自由且美好之样态,但实际上,剥削这种隐性控制逻辑依然存续于数字资本主义时代之中。德国学者韩炳哲(Byung-Chul Han)说:"现在,虽然

①　[美]大卫·哈维:《世界的逻辑》,周大昕译,中信出版社,2017年,第129页。

②　Judy Wajcman, *Pressed for Time: The Acceleration of Life in Digital Capitalism*, The University of Chicago Press, 2015, p.71.

③　媒介时间创造了一种新的时间结构,这种结构建立在循环时间、线性时间的基础之上,那是一种类似分运动式的图景,是点状的、散乱的、没有持续性的。卞冬磊、张稀颖:《媒介时间的来临——对传播媒介塑造的时间观念之起源、形成与特征的研究》,《新闻与传播研究》,2006年第1期。

④　王寅:《数字资本主义、数字劳动、数字政治——基于大数据时代的共产主义发展视域》,《贵州社会科学》,2021年第7期。

我们摆脱了工业时代奴役我们、剥削我们的机器，但是数码设备带来了一种新的强制，一种新的奴隶制。基于可移动性，它把每一个地点都变成一个工作，把每一段时间都变成工作的时间；从这个意义上来讲，它的剥削甚至更为高效。"①韩炳哲并没有认为数字资本主义时代人与人之间是平等、自由的，相反彼此之间是压迫与被剥削关系。原先机器大工业时代的剥削机制已然转换到了无处不在的互联网与智能媒介之中了——机器大工业时代的雇佣劳动转变为数字劳动，工作后仅剩的休闲时间转变为如今的24/7②式的时间模式，资本增值的方式也升级为以数字平台为中介的数字劳动与注意力剥削。剥削不是减少了，而是加重了。具体来说，数字资本主义通过互联网用户的数字劳动和注意力劳动两个维度进行隐性剥削与利润攫取，进而巩固其统治地位。

第一，互联网用户的数字劳动③构成了数字资本主义剥削的牢固堡垒。如今，数以亿计的网民不分昼夜在互联网平台中"劳作"，对于他们来说，这种劳作是自愿的、主动的且自由的，而实际上他们的"劳动"成果已然被互联网背后的数字资本家所获取转化为利润。这种看似自由劳动的背后却依然脱离不了数字资本主义的无情压榨。

其一，从劳动时间看，数字资本主义以劳动的数字化圈定互联网用户，并将数字用户的休闲时间"劳动化"，劳动时间"休闲化"，从而"模糊了自由时间和劳动时间的边界，无形地延长了数字劳动者的劳动时间"④，这便导致

① ［德］韩炳哲：《在群中：数字媒体时代的大众心理学》，程巍译，中信出版社，2019年，第51~52页。

② 24/7即一天24小时，一星期7天的缩写。参见［美］乔纳森·克拉里：《24/7：晚期资本主义与睡眠的终结》，许多、沈清译，中信出版社，2015年。

③ 数字劳动是劳动者运用互联网、大数据和人工智能等技术深度融合的数字化劳动工具与生产控制系统而进行的生产劳动，以创造满足社会需要的数字化物质产品和精神产品。数字劳动既包括以互联网、大数据和人工智能等技术为载体的雇佣数字劳动(如互联网平台零工经济中的数字劳动、数据公司技术工人的数字劳动和传统雇佣经济下的数字劳动)，也包括免费互联网平台用户产销者的非雇佣数字劳动。王永章：《数字劳动的马克思主义政治经济学分析》，《思想理论研究》，2022年第2期。

④ 豆莹莹、张文喜：《数字劳动的内涵界定、双重维度及异化机制》，《北京社会科学》，2022年第4期。

数字劳动者分不清何时劳动、何时休闲，劳动与休闲时间界限被打破，为数字资本增值和剩余价值的创造提供了条件。

其二，从数字劳动产生的数据痕迹与行为盈余来看，数字用户在不经意间的网站浏览、视频观看、直播评论、商品购买时会产生大量数据痕迹，这类数据痕迹在用户那里是无用的且产生不了价值，但是在数字资本家那里经由数字平台的上传、数字算法的归纳，就会产生能够获取丰厚利润的"行为盈余"（behavior surplus），进而产生利润。我们知道，数字资本主义时代，数据"作为核心生产要素正在一定程度上取代煤、铁和石油等传统生产资料在经济活动中的基础性地位"①，数据在数字时代的资本积累与价值增值等方面正在发挥着不可替代的作用。不仅仅是因为数据是"数字劳动者'无机的身体'以及数字劳动者之间情感沟通的数字载体"②，而且因为"掌握数据就意味着掌握经济社会运行的上游资源"③，正如加拿大学者尼克·斯尔尼塞克（Nick Srnicek）所言："在数字技术变革的基础上，数据越来越成为企业及其与员工、客户和其他资本家关系的核心。"④当数据带来巨额利益时，数字平台背后的资本家便会在用户的数字劳动中倾其全力捕获其数据"脚印"，一旦无数个用户留下的数据被资本家占有，其获取的巨额利润将不可想象。

其三，从数字劳动的监控与殖民维度来看，无处不在的数据监控使得殖民手段演变为数字资本主义时代下的数据殖民。"数据殖民是以资源侵占为核心进而实现资本目的的资本主义殖民统治在数字资本主义时代的一种新延伸和新呈现。"⑤数字资本主义时代，空间、事件、行为、消费、娱乐、交流乃至生命都变成了数据，社会运转与数据运转牢牢捆绑在一起。数字资本家不遗余力地将人及其在日常生产、生活、消费与娱乐中生成的数据以非强制性的软性手段（如用户在自愿签订和同意软件使用协议情况下才能允许使用各种软件）进行掠夺与捕获并进行商品化利用，在此基础上实施日常生活的

---

① 孙伟平、尹帮文：《论数字劳动及其与劳动者的双向建构》，《社会科学辑刊》，2022年第6期。

② 温旭：《从数字异化到数字共鸣：数字资本主义社会加速的双重幻象——以罗萨的社会加速批判理论为视角》，《新闻界》，2022年第9期。

③ 刘顺：《资本逻辑与算法正义——对数字资本主义的批判和超越》，《经济学家》，2021年第5期。

④ ［加］尼克·斯尔尼塞克：《平台资本主义》，程水英译，广东人民出版社，2018年，第7页。

⑤ 杜巧玲：《资本赋权下的数据殖民及其批判》，《经济学家》，2022年第12期。

殖民掠夺。米歇尔·昆特(Michael Kwet)认为,"数字殖民主义是通过对数字生态系统的三大核心支柱(软件、硬件和网络连接)的集中所有权和控制而实施的一种结构性统治形式"①。在尼克·库尔德利(Nick Couldry)与乌利塞斯·梅加斯(Ulises A. Mejias)看来,当前的数据殖民现象比历史上的殖民主义更为深刻,因为它通过"数据关系"(data relations)与"社会量化部门"(so-cial quantification sector)共同对当代个体进行深度殖民。一方面,"数据关系的扩展为重新组织资本主义奠定了新的基础。通过数据关系这种新型的人类关系,数据可以被提取出来并进行商品化"②,数据在其商品化的过程中契合了数字资本主义的剥削机制,为其提供源源不断的数据流。另一方面,"大小硬件和软件制造商、社交媒体平台的开发部门以及致力于数据分析和经营的公司"专门从社会医疗、金融、刑事、交通、教育等领域进行信息收集与归纳、整理和分类,从而为数据殖民提供原材料,在资本逻辑的加持下,数据开始"对人的日常生活进行挪用和深度商品化"③。这些"社会量化部门"在一个"复杂的数据处理功能网络中运作着,从日常生活中提取人们的数据,其深度远远超过了早期的社会组织形式"④。

第二,用户在数字平台中进行的注意力劳动是数字资本主义隐形剥削的新型方式。其一,相比于石油、天然气等传统价值增值来源,注意力在数字资本主义时代中已经成为日益重要且不可或缺的价值来源,"一个信息、一个话题、一个产品、一个图像、一段视频越受关注,也就意味着能够牟取更多的利润"⑤。也就是说,如今的资本家除了利用传统方式进行价值剥削之外,还开发出了新型增殖方式,即攫夺互联网在线用户的注意力,利用大数据智能算法分析与整理,预判用户的行为习性、爱好习惯,为其后续的流量倾注

① Michael Kwet, Digital Colonialism: US Empire and the New Imperialism in the Global South, *Race & Class*, Vol.60, No.4, 2019.

② [加]尼克·库尔德利:《数据殖民主义是殖民主义的最新阶段——马克思主义与数字文化批判》,《新闻界》,2020 年第 2 期。

③ [加]尼克·库尔德利:《数据殖民主义是殖民主义的最新阶段——马克思主义与数字文化批判》,《新闻界》,2020 年第 2 期。

④ [英]尼克·库德里、[美]乌利塞斯·阿里·梅杰斯:《数据殖民主义:大数据与当代主体关系的反思》,《国外社会科学前沿》,2023 年第 2 期。

⑤ 蓝江:《一般数据、虚体与数字资本》,江苏人民出版社,2022 年,第 45 页。

进行权衡,从而为其资本增值作充分准备。如今,人们随时随地进行在线点餐、在线预约、网络购物、网络游戏等日常生活,人们在最大程度享受这些方便之余却不知投射于各类 App 和数字平台中的注意力已经被数字资本家关注并且开始进行无形掠夺了。人们在进行网页浏览、鼠标点击、目标搜索等行为时,已然将自己的宝贵的注意力贡献给了 App 与数字平台背后的数字资本家,他们则收集、整理、利用这些注意力,形成一种"注意力经济",进而为其利润攫取创造条件。正如美国学者乔纳森·克拉里所说:"你随意点开一个网页,你眼睛的浏览、停顿、移动已经对有的地方比别的地方表现出更多的注意力,通通都被每分每秒地分析和量化。"①

其二,用户在将自己的注意力分散在各类聊天、购物、新闻以及游戏软件时并非是强迫与被动的,而是自愿且积极主动参与的,这意味着数字资本家的剥削从传统的强迫性升级为柔和性,因为"在注意力劳动中,劳动过程和劳动产品都是隐形的,用户在此过程中不会感到被压迫、被支配,也不会看到自己的劳动产品被无偿占有,更不可能认识到隐藏其后的复杂的全球产业链、价值链以及嵌入其中的社会关系"②。

值得一提的是,上述剥削逻辑依然是内嵌和归属于数字资本主义的资本逻辑之中。就是说,资本逻辑仍然是数字资本主义内在生产过程的"催化剂"与"助推剂",它总是想方设法地熔铸于数字信息技术的生产要素之中。在马克思看来,资本不仅是一种通过剩余价值生产、实现价值增值的经济关系,而且还是一种"以物为中介的人和人之间的社会关系"③。作为资本主义发展阶段的最新样态,数字资本主义通过技术扩张、数据攫取以及劳动剥削的隐性途径,披着新自由主义的伪面具,传播并渗透进人们的日常生活之中。在数字资本主义阶段,个人的数据和信息逐渐取代传统的钢铁、煤炭等原材料成为生产过程的新兴原材料,渐次被开发为虚拟商品(如比特币),"数字资本主义时代的商品已经数字化了,这一时代的商品已经祛除了一般商

① [美]乔纳森·克拉里:《24/7:晚期资本主义与睡眠的终结》,许多、沈清译,中信出版社,2015年,第55页。

② 马乔恩:《数字时代注意力经济的多层构境及其批判》,《西北师大学报》(社会科学版),2023年第3期。

③ 《马克思恩格斯文集》(第五卷),人民出版社,2009年,第877页。

品具有的实体性、可观性等诸多特点"①,不断地被幕后的资本家拥有并以此攫取巨额利益,实现其自身增值。

三、对数字资本主义的当下反思

当前,中国特色社会主义这艘巨轮正在逐风破浪行驶于世界之洋,在中国共产党的带领下,全国人民上下一心,砥砺奋斗,其势气之高、势头之旺,人所共见。但需要引起注意的是,我们既不能盲目地崇拜数字技术,"技术万能论"不可取亦不能拒斥数字资本主义的发展,数字资本主义的"瘾欲逻辑""加速逻辑"与"剥削逻辑"之在场性理应值得我们的警惕、对待和反思。

如何在数字资本主义时代防止真实性的坍塌、稳定性的消解、思考的缺席、意义世界的幻灭?管窥蠡测的脱离现实历史性根基的表象批判对于数字资本主义批判来说是无关痛痒的;那种大加挞伐的批判或者一味崇拜和赞扬的做法,亦是不可取的。只有作为强大思想武器的马克思主义理论对数字资本主义的批判才能发挥出应有的理论锐度;也只有将马克思主义切入到数字资本主义的批判维度之中,才能突破后者的意识形态钳制和固有的内在困限。"历史发展已经表明,马克思主义是正确预测资本主义现实之历史演进总路线的最佳思想工具和政治工具。任何在马克思主义之外试图理解这个现实的尝试,都无法得出类似的结论。"②

一方面,必须用马克思主义的批判之棱透视数字资本主义。马克思主义的批判性,不是限定在精神、理论范围内对"思想客体"的能动抽象,而是基于实践对现实的"感性客体"持一种反思、推动、超越的态度。这种批判性既是对社会历史规律的深刻把握,更是对社会历史未来走向的开放性引领。如今资本主义在新一轮数字科技革命浪潮中向中国袭来,数字资本主义、信息资本主义、认知资本主义、食人资本主义、监控资本主义、交往资本主义等各类资本主义纷至沓来,面对如此之多的新型资本主义样态的全面侵袭,我们该如何认识?该怎么办?以及我们又该如何应对?只有以马克思主义的这种

---

① 付文军:《数字资本主义的政治经济学批判》,《江汉论坛》,2021 年第 8 期。
② 苑洁主编:《当代国外马克思主义理论与思潮》(第一卷),中央编译出版社,2019 年,第 5 页。

批判之境加以透视、批判和解构，才能拨开云雾见真知，才能有助于人们进一步认清资本主义在当前时代的样态、内核与本质，从而提前预防数字资本逻辑的全面渗透，提前谋划数字平台的有序发展，提前抑制数字劳动对于现代个体的无情压榨与剥削，进而为构建一个共享、平等、普惠的数字命运共同体做出贡献。

另一方面，必须以剩余价值论之镜审视数字资本主义。剩余价值论是马克思一生中的伟大发现之一，它揭示了资本主义生产的内在规律以及资本主义具有的剥削性质的奥秘。无疑，在数字资本主义时代，马克思的剩余价值论依然闪烁着伟大的理论魅力，对于理解这一时代具有不可比拟的作用。进言之，马克思的剩余价值理论，特别是其剩余价值生产理论、剩余价值转化和分配理论对于数字资本主义的数字劳动、数字生产以及数字剥削具有无比重要的理论批判力，只有将马克思主义的剩余价值论置入当代数字化语境加以运用、批判和更新，才能持久焕发其科学性与真理性。

是以，在马克思主义的批判之棱和剩余价值之镜的双重视域下，我们方可明晰数字资本主义与传统资本主义的本质区别，继而得以窥探到数字资本主义的癔欲、加速和剥削逻辑，从而为我们理解和认清数字资本主义的"资本逻辑"幻象，继而为认识资本主义的新时代发展势态勾勒出一幅宏大的理论图景。值得注意的是，中国在绘制这幅巨大图景的过程中需要重视并处理好以下问题。

其一，数字资本问题。"我们今天面对的资本主义时代，是一个数字资本成为支配性力量的时代"[1]，在数字资本成为推进社会发展的重要力量时，我国应该提前为数字资本设置"红线"，积极发扬其有利于我国经济、社会、文化与生活的正向作用，抑制其压榨人民群众、剥削数字用户等负向作用。与此同时，还需要提防数字资本带来的意识形态问题，"数字资本实现劳动控制的方式除了隐秘的算法权力之外，还包括虚假的意识形态体系，它使得互联网用户在'免费准入、自由表达、自我认同'等互联网文化中完全丧失了自身的反抗意识"[2]，因此，我们在日常生活中需要辨识出数字资本营造的意识

---

[1]　刘贵详：《历史唯物主义视域中数字资本的异化及其扬弃》，《马克思主义研究》，2022 年第 6 期。

[2]　蓝江、陈滕：《从产业劳动到数字劳动——历史唯物主义视角下的劳动批判研究》，《社会科学》，2021 年第 10 期。

形态幻象。

其二,平台权力问题。"平台权力产生于平台方对平台所凝结的价值、实际支配和影响力的占有,本质上体现为平台方对各种资源的掌控力,是将各种要素凝聚之后而形成的一种垄断性权力"①,数字平台的普及越来越深,其自身扩大过程中所产生的权力效应、平台垄断等问题理应值得我们关注。"数字平台的所有者利用数据赚取利润,同时拥有为数字平台使用者制定行为规则的权力,平台用户越多,平台资本的权力就越大。"②对此,我们要建立符合我国数字平台经济发展的良好生态系统,推进平台之间的良序竞争;要制定和完善平台垄断法律法规,严格把关平台组织,实施平台问责制度,规范数字平台的发展。

其三,算法权力引发的算法监控、算法黑箱问题。"算法权力是一种社会权力,是一定的社会主体凭借其对所拥有算法系统资源的控制,而形成的一种对国家和社会的支配力。"③随着数字技术和人工智能的快速发展,算力得到明显提升,算法技术得到进一步发展。"算法表现为技术,但又不只是技术,它同时代表着其背后的资本和权力。它使社会的文化生态发生了结构性变化,把一种功利主义价值观和网络意识形态强制推行到整个网络世界,从而造成网络空间的利益化。只要进入网络空间,个体就无法逃离算法的精准定位和数字追踪,成为算法潜在的抓取和掠夺对象。"④"监控为算法提供数据资源,算法则谋划实现监控的目的"⑤,在算法监控之下,人成为透明人,人的隐私权被稀释。"通过算法过滤、算法筛选、算法推荐等形式制造算法黑箱,形成'过滤气泡'和'回音室'效应,从而营造舆论偏向和社交泡沫,诱导

①　王志鹏、张详建、涂景一:《大数据时代平台权力的扩张与异化》,《江西社会科学》,2016年第5期。

②　张以哲:《数据资本权力:数字现代性批判的重要维度》,《西南大学学报》(社会科学版),2021年第1期。

③　谭九生、范晓韵:《"算法权力"的异议与证成》,《北京行政学院学报》,2021年第6期。

④　徐强:《拟像抑或真实:数字主体的身份确认》,《南京师大学报》(社会科学版),2022年第1期。

⑤　李宏伟、郝喜:《算法监控的"行为剩余"资本谋划及其社会治理》,《河南师范大学学报》(哲学社会科学版),2022年第2期。

或固化受众意见。"①面对算法的监控与黑箱问题,我们不能加以回避和置之不理,我们要针对算法加强法律法规的制定,预防算法监控,避免算法歧视,扼制算法偏见,抵制算法霸权,防范算法黑箱,让算法在设计、运行与修改过程中注入人文关怀,促进算法正义。

其四,数据霸权与数字帝国主义问题。"'数据'是认识整个数字帝国主义的'阿基米德点'"②,"大数据与资本联姻直接把现代社会中的人及其日常生活都变成了商品,变成了资本增值的原材料,人们日常生活世界中的文字、语言、方位、交往、工作、娱乐都被转化为数据,每一个涉足物联网、互联网和视频监控范围的人都变成了为大数据所有者生产商品的无偿劳动者,人与技术的关系被进一步推向异化"③。应当说,数据在经济发展与国际交往中愈发重要,数据霸权及其数字帝国主义问题就此凸显。因此,我们需要加强海内外交流,推进数据共享、普惠与合作,制定保护数据安全的法律法规;政府层面应该建立一个公平公正的"数据收集、使用和存储体系,消解不同数据主体之间数据占有、使用的不平等,确保每个数据主体从数据输入到数据输出过程的参与平等和结果正义"④;加大创新力度,深化高精尖领域的研发,掌握数字技术的核心密码,确保数据的完整性、时效性与可靠性。个人层面应该主动学习数据领域基本知识,提升"数据意识、数据获取能力、分析和理解数据的能力、运用数据进行决策的能力以及对数据作用的批评和反思精神"⑤,确保"数据素养"的习得与提升,从而更好地预防美国的数据霸权及其在世界范围内推行的数字帝国主义。

总之,数字资本主义时代既是机遇,也是挑战。在当前中华民族伟大复兴进程中,对于上述问题(当然,问题并非只是上述提及这些,笔者只是做一概述性总结)的关注与思考是时代提出的任务,我们该如何答好题,做好答

①　杨又:《算法资本主义:重新定义监控和剥削的逻辑》,《毛泽东邓小平理论研究》,2022 年第 12 期。

②　刘皓琰:《数据霸权与数字帝国主义的新型掠夺》,《当代经济研究》,2021 年第 2 期。

③　张以哲:《经济权力:大数据伦理危机的社会关系根源》,《华侨大学学报》(哲学社会科学版),2021 年第 2 期。

④　周尚君、罗有成:《数字正义论:理论内涵与实践机制》,《社会科学》,2022 年第 6 期。

⑤　金兼斌:《财经记者与数据素养》,《新闻与写作》,2013 年第 10 期。

卷人,是当前中国共产党和全体中华儿女共同面对的现实问题。

胡运海(复旦大学)

数字资本主义时代数字劳动的本质探析 *

　　随着数字化和信息化的发展，人们的生产方式和生活方式正在悄然发生着改变。计算机和移动手机的大面积普及，加上通信网络的发展，迅速把人们带入到数字化时代。数字化是一把双刃剑，有利有弊。于个人而言，一方面，在数字化时代，人们的生活获得了极大的便捷，出行、医疗、住宿、饮食等都可以在手机上完成相关信息的了解与购买；另一方面，人们的个人信息都在网络上进行登记，然而这些信息的保密性却不能得到保障，由此导致许多私人信息被泄露。于社会层面而言，一方面，在数字化时代，大量基于数字技术的公司如雨后春笋般出现，促进了社会的数字化发展程度；另一方面，数字资本的积累速度呈指数型态势增长，进行数字劳动的劳动者的数量也急剧增加。数字劳动是何种形式的劳动？在数字劳动中是否存在剥削？数字劳动的前景如何？要回答这些问题，就需要我们梳理劳动形式的变革，并从马克思政治经济学视角出发，剖析数字劳动的本质。深入分析数字资本主义的概念、基本特征、数字资本的生成逻辑、数字资本主义时代物质劳动向数字劳动转换的过程，以及数字资本主义时代数字劳动的本质，有助于我们深刻了解当代资本主义的新特征，把握当代资本主义的演进趋势。

---

　　* 本文系国家社会科学基金一般项目"21 世纪资本主义四大社会思潮的最新发展与理论批判研究"（项目编号：19BKS031）的阶段性成果。

一、数字资本主义的概念、基本特征与数字资本的生成逻辑

(一)数字资本主义的概念

数字资本主义指的是资本主义经过长期的发展,正在步入信息时代,数字技术正在对整个资本主义的生产方式和生活方式产生深刻影响。因此,数字资本主义也就是信息时代的资本主义。数字资本主义,用丹·希勒(Dan Schiller)的话来说,其典型特征就是"信息网络以一种前所未有的方式与规模渗透到资本主义经济文化的方方面面,成为资本主义发展不可缺少的工具与动力"[①]。数字化技术的应用和普及正在成为当代数字资本主义时代的新特征,一切互联(人与人,机器与机器,人与机器)是数字资本主义时代的一个趋势。在互联网可以触及的地方,进行信息电子化登记几乎已经成了必不可少的部分,这样可以方便进行数字化统计和管理。在世界的多个国家中,这样的数字化技术已经普及。然而,数字化的应用是一把双刃剑:一方面,它为人们的生活、出行带来了便捷;另一方面,数字化技术一旦被资本掌控,仅仅服务于资本,就会造成种种潜在的风险。在日常出行中,无论是坐高铁,还是坐火车,只要拿出身份证,在机器面前刷脸,就可以获得身份确认,轻松地走进相应的交通工具内,这是数字化带来的便捷之处;然而当人们刷脸成功的同时,也就意味着人们的信息其实在刷脸之前就已经被成功地录入到了系统之内,这些都是人们的私人信息。可能带来的后果是,当人们走在街上,或者走在某个大厅中,摄像头可以轻松地识别出人们的面部信息,也可以轻松地通过人脸出现的场所来得出人们的行踪轨迹。这些信息一旦被资本加以利用,就会成为资本用以攫取利润的工具,他们可以秘密地出售这些信息给一些相关机构,这些机构将人们的出行信息和其他信息整合后,完全可以推断出人们接下来的行程安排,再通过出售这些信息给其余资本家去获取利润。在资本面前,人们将毫无隐私可言,并且一旦出事,人们的行踪将会被曝光的一清二楚,这是数字化信息被滥用可能带来的弊端。但无论

---

① ［美］丹·希勒:《数字资本主义》,杨立平译,江西人民出版社,2001年,第5页。

如何,数字化是大势所趋,是数字资本主义的基础。

(二)数字资本主义的基本特征

在当代,数字资本主义的运作主要表现为三个基本特征,分别是数字化营利、数字化剥削和数字资本化。

第一,数字化营利。在数字资本主义时代,资本家在数字平台的基础上,通过掌握数字信息、经营数字信息来进行营利活动,实现了数字化营利。相比于过去的营利方式,数字化营利具有安全、便捷、高效的特点,因而数字化营利得到了快速的推广,现在已经成为数字资本主义时代资本家的主要营利方式。例如苹果、谷歌、亚马逊等当代西方知名互联网企业,通过搭建自己的数字平台,将自己的数字平台扩展到尽可能多的范围,涉及更多的人群,从而进行数字化营利。另外,他们还创造自己的数字营收方式,如 Apple Pay、eBay 等,实现了支付便捷化,这也大大加深了他们的数字化营利的程度。

第二,数字化剥削。在数字资本主义时代,数字工人的工作必须在数字平台上完成,他们在资本家的指挥下生产、分析数据,其本质与马克思时代的剥削并没有太大的变化。唯一不同的是,在数字资本主义时代,资本家对劳动者的剥削更加的隐秘和难以察觉,此为数字化剥削。相比于过去的剥削方式,数字化剥削经常容易模糊工作状态与非工作状态的分界线,反而使劳动者的受剥削情况更加严重。在一些西方的互联网公司内部,加班是常态,无论身处何地,由于互联网使得工作的可操作性大大提升,因此在资本家的要求下,数字工人可以在任何地方进行自己的数字劳动。这一情况使劳动者的被剥削状况被掩盖起来,同时,也大大地增加了数字工人的被剥削程度。

第三,数字资本化。在数字资本主义时代,人们在交往行为中产生的数字信息,都会被"大数据"和"算法"进行加工整理,而被加工后的数字信息会产生不同于原来价值的新的价值,从而转化为资本,为资本家牟利。此为数字资本化。数字资本化是资本主义发展的必然趋势。数字技术本身是中性的,然而当它被资本所裹挟和利用后,数字技术就逐渐被资本化,成为资本家攫取利润的工具。随着数字技术的快速发展,数字资本化的程度只会越来越严重。在西方的互联网公司中,用户每次使用数字平台时,其使用信息就会被留在这个公司的数字处理系统中，而当这些使用信息积累到足够多的数目的时候，数字处理系统会利用其程序对这些信息进行处理，从而可以分析出群体用户或个体用户的个人数字信息，而这些数字信息原本是不存在的。当这些数字信息被资本家转手给他人时，它们就完成了自我增殖，变成了资本，实现了数字资本化。

在数字世界中，人们以为他们选择的都是他们想要的，实际上，他们选择的都是数字资本创造出来的想让他们要的东西。"什么是数字资本，数字资本即这些掌握了一般数据的公司，为需要进行投资和生产的产业资本和金融资本提供相关的咨询服务，它可以详细地分析出产业资本生产什么可以最大限度地获利，什么是现在最为需求的东西；另一方面，数字资本消除了金融投资上的盲目性，它通过相关的数据计算，将最值得投资的行业列举出来，并在互联网上实现比金融资本更为有效的资本配置。"[1]数字资本是随着数字资本主义出现的新的资本形态，想要了解它，必须要从数字资本的生成逻辑开始分析。

（三）数字资本的生成逻辑

数字资本的积累是建立在发达的工业资本和金融资本之上的。[2]在发达的工业资本和金融资本的支持下，资本家利用资本去建立数字平台，并利用数字平台来对数字工人与用户进行剥削，获取他们创造的剩余价值，再将攫取的剩余价值投入到数字资本主义的生产过程中，实现数字资本主义生产过程的再生产，这是数字资本的生成逻辑。

数字资本的形成有一个很重要的前提，即资本家能够制造出处理数字信息的数字平台，这需要数目庞大的原材料、人力和资金的支持。而发达的工业资本和金融资本，正能为数字资本的确立提供这些帮助。在建立了数字平台之后，资本家会利用数字平台来进行数字资本的生产，在这个过程中，资本家实现了对数字工人和用户的剥削。马克思曾引用过这样一段话："资

---

① 蓝江：《数字异化与一般数据：数字资本主义批判序曲》，《山东社会科学》，2017 年第 8 期。
② 姜宇：《数字资本的原始积累及其批判》，《国外理论动态》，2019 年第 3 期。

本逃避动乱和纷争,它的本性是胆怯的。这是真的,但还不是全部真理。资本害怕没有利润或利润太少,就像自然界害怕真空一样。一旦有适当的利润,资本就胆大起来。如果有10%的利润,它就保证到处被使用;有20%的利润,它就活跃起来;有50%的利润,它就铤而走险;为了100%的利润,它就敢践踏一切人间法律;有300%的利润,它就敢犯任何罪行,甚至冒绞首的危险。如果动乱和纷争能带来利润,它就会鼓励动乱和纷争。走私和贩卖奴隶就是证明。"①马克思引用的这段话,充分说明了资本的逐利本性。它的唯一目的就是追求剩余价值,而最大限度地榨取剩余价值则是资本进行不断生产的根本动力。数字资本作为资本的一种新形态,同样遵循这个规律。在数字资本的生产过程中,资本家雇佣的数字工人是劳动主体,资本家创造的数字平台是劳动工具,而用户创造的数据则是劳动对象,数字工人利用数字平台对用户创造的数据进行整理和分析,整合成数据商品,接着资本家再将这些数据商品对应地出售给需要的广告商,这样一次商品交换便完成了。与传统资本主义的生产过程不同的是,在数字资本主义数字资本的生产过程中,资本家对数字工人的剥削是看得见的剥削,对用户的剥削却是看不见的剥削。他们利用用户创造的数据来进行数字资本生产活动,实现了盈利,但是对这些用户却没有进行丝毫的补偿,实现了对用户的"无痕剥削",这是数字资本主义数字资本生产过程的一个新特点,使得资本家对用户的剥削更加地隐秘化、无声化。

在数字资本主义社会中,资本家掌握了数字资本,以数字平台为媒介,通过出售数据商品来追求利润,在这个过程中,资本家实现了对用户的无形剥削。那么,仅仅对用户进行剥削,就能够满足数字资本的生产需要吗?答案显然是否定的。在数字资本的生产过程中,有一个不可或缺的角色,那就是数字工人,他们在这个过程中也经历着资本家的剥削。要想对数字工人进行了解,我们首先需要关注一下数字劳动。

---

① 《马克思恩格斯文集》(第五卷),人民出版社,2010年,第871页。

二、劳动形式的演变:从物质劳动到数字劳动

(一)物质劳动的发展过程

就劳动形式而言,在数字资本主义时代之前,资本主义的发展相应地经过了工场手工业劳动的时代和机器大工业劳动的时代。在工场手工业时代和机器大工业时代,工人们主要进行物质劳动。

15 世纪末 16 世纪初,随着地理大发现的不断扩展,商品生产的发展对于世界市场的作用逐渐凸显出来,这也预告了资本主义新时代的到来。从 16 世纪中叶到 18 世纪末,以分工为基础的协作——工场手工业作为资本主义生产的特殊形式,在欧洲居于统治地位。工场手工业采用手工技术,但实行分工制度。在工场中,工场手工业工人只从事某一操作劳动,故而大大提高了劳动的熟练程度,因此,劳动工具也逐渐分化和专门化。随着工人生产效率的提高和劳动工具的专业化,工场的劳动生产率提高,工人的必要劳动时间缩短,剩余劳动时间增长,工人生产的相对剩余价值也相应增长。工场手工业提高了商品的生产效率,一方面,体现出了社会经济发展过程中的历史进步;另一方面,工场手工业也加深了对工人的剥削程度,所以它又是榨取工人剩余价值的手段。它使雇佣工人在资本主义分工体系中变为畸形物,压抑他们身心的多方面发展,使他们逐渐成为毫无感情的生产机器,成为资本主义工场的附庸物。在这一时期,工人们的劳动形式主要是物质劳动。

18 世纪 60 年代初,英国首先进行了第一次工业革命,这是技术发展史上的一次巨大变革。它开创了以机器代替手工劳动的时代。工业革命使依附于落后生产方式的自耕农阶级消失了,工业资产阶级和工业无产阶级逐渐壮大起来。第一次工业革命的发生,使资本主义工场手工业时代进入了资本主义机器大工业时代。在资本主义机器大工业时代,由于机器的广泛使用,生产力大大提高。与此同时,资本家对工人的剥削程度也相应地提高了。机器简化了人的操作过程,使女工和童工也加入了劳动大军,劳动力供过于求,使工人阶级进一步遭受奴役和剥削。在这一时期,"泰罗制""福特制"被发明出来,以提高工人的劳动效率和工厂的利润率,同时也使机器工业得到

了普及。在这一时期内,工人们丧失了所谓的自由,完全变成了机器的附属物,他们领取着工厂给他们的最低工资,早出晚归,在资本主义的世界中苟延残喘着。在这一时期,工人们的劳动形式仍然主要是物质劳动。

(二)数字劳动的发展过程

20世纪80年代末,随着物理、化学、能源、制造技术、计算机技术等科技的发展,互联网逐渐普及,人们之间的社会交往活动开始大量地在数字平台进行,数字化的痕迹渗透到了社会的各个领域,资本主义国家逐渐进入数字资本主义时代。在数字资本主义时代,人们的生活方式发生了极大改变。相应地,人们劳动的形式也发生了极大的改变。在工场手工业时代和机器大工业时代,工人进行的劳动基本都是物质劳动。而在数字资本主义时代,工人们的劳动形式逐渐向数字劳动转变。

数字资本主义时代涌现出了一批全球闻名的跨国公司,如苹果、谷歌、脸书、推特等。这些公司以互联网为平台,通过制造数据、收集数据、生产数据、出售数据而盈利。其中以苹果公司最为典型。如果说谷歌、脸书、推特等这些软件公司仅仅只是在数据方面下功夫,对工人进行剥削的话,那么苹果则作为生产"硬件+软件"的巨无霸公司,在苹果电子产品的整个生产过程和使用过程中,都对工人进行了剥削。在硬件生产过程中,工人们进行的是物质劳动;在软件生产过程中,工人们进行的是数字劳动。不论是物质劳动,还是数字劳动,工人们都未能避免资本的剥削。甚至可以说,工人们在数字劳动的过程中受到的剥削比在物质劳动中受到的剥削更为严重。

刚果民主共和国北基伍省有一个名叫Muhanga Kawaya的矿工,他是一位采掘生产电脑顶部和移动电话所需矿物质的矿工。他对于自己的劳动情境做了这样的描述:"当你通过极小的洞穴爬行的时候,你没有足够的空间站起来用尽全身力量挖掘矿藏。你只能用自己的手臂支撑、手指当工具并跪着进行采掘,以至于全身严重擦伤。可当你手捧锡石、拖着受伤的身体从洞口爬出来的时候,等待着你的是冷冰冰的枪口。持枪的士兵用枪口威胁着你把锡石交出来。但是,如果锡石被抢走我们就意味着没钱去购买食物。所以，我们总是在挨饿。"①

马克思曾经说过："资本只有一种生活本能，这就是增殖自身，创造剩余价值，用自己的不变部分即生产资料吮吸尽可能多的剩余劳动。"②对于资本家而言，取得剩余价值就是他们生产的全部目的，而剥削则是他们取得剩余价值的最佳手段。如果说，被剥削的富士康的工人们是物质劳动代表的典型，那么在数字资本主义时代，在数字劳动的过程中，劳动者们是否可以避免被剥削的命运呢？谷歌的一位软件工程师这样描述了自己的工作状况："因为有很多好处（如免费的食物），雇员们希望工作更长的时间。这似乎成了一个无言的规矩。许多人一天工作超过 8 小时，而后会在家里发电子邮件或再工作几个小时，晚上（或在周末）也是如此，把工作和生活平衡好似乎是很难的。我想给高管们一些建议：给工程师们更多的自由，让他们在没有120%的工作压力下用 20%的时间作出一个很酷的项目。"③进行数字劳动的工程师们，在数字化的世界中大展身手，却还是逃不过被剥削的命运。对于谷歌的工程师们来说，他们的劳动发生在网络空间里，并不创造实体价值，而是创造数字价值。他们进行的是数字劳动，在数字劳动的过程中，他们坐在办公桌前，付出了自己的体力劳动与脑力劳动，为公司源源不断的创造价值。那么，相比于几个世纪以前的工人来说，他们的处境有没有更好一点呢？首先，从环境上来说，他们的处境比几个世纪以前的工人改善了很多。窗明几净的写字楼群与烟囱林立的工厂群，衣冠楚楚的现代白领与衣衫褴褛的劳动工人，味道尚佳的饭菜与掺了各种煤屑的面包片，都形成了鲜明的对比。然而，从被剥削程度上来讲，他们的处境并不见得比几个世纪以前的工人更好。几个世纪前，工人们的被剥削是赤裸裸的，看得见的，甚至是可以计算的；而当代工人的被剥削，则是隐秘的，看不见的，甚至是无法计算的。数字化劳动很明显的一个特征，"就是数字化劳动也正在模糊闲暇与劳动时间

---

① 周延云、闫秀荣：《数字劳动和卡尔·马克思——数字化时代国外马克思劳动价值论研究》，中国社会科学出版社，2016 年，第 2~3 页。

② 《马克思恩格斯文集》（第五卷），人民出版社，2010 年，第 269 页。

③ 周延云、闫秀荣：《数字劳动和卡尔·马克思——数字化时代国外马克思劳动价值论研究》，中国社会科学出版社，2016 年，第 2~3 页。

的界限"①。

在几个世纪以前,工人的劳动在工厂中进行,所有的剥削活动都在工厂内完成,可以清楚地计算出来剥削程度;而现在,随着数字化技术的普及,工人们通过互联网进行数字劳动,只通过一个社交平台就可以直接联系到上下级。如果老板在下班后突然交给工人一个重要任务,并且要限时完成,那么工人们也不得不占用在家里的时间去完成任务,这种现象越来越普遍,以至于有时候工人们也分不清自己工作时到底是在公司还是在家里。数字化技术的普及,模糊了闲暇时间与劳动时间的界限,扩大了剥削的空间范围,工人们出现了一种"上班时上班,下班时也上班"的情况,这使得数字资本主义的剥削关系越来越隐蔽,越来越不可计算,同时也越来越严重。无论是进行物质劳动的工人,还是进行数字劳动的劳动者,他们的劳动早已被外化,早已变成不属于自己的东西。这样的情况,早在《1844年经济学哲学手稿》中就已经被马克思指出:"那么,劳动的外化表现在什么地方呢? 首先,劳动对工人来说是外在的东西,也就是说,不属于他的本质;因此,他在自己的劳动中不是肯定自己,而是否定自己,不是感到幸福,而是感到不幸,不是自由地发挥自己的体力和智力,而是使自己的肉体受折磨、精神遭摧残。因此,工人只有在劳动之外才感到自在,而在劳动中则感到不自在,他在不劳动时觉得舒畅,而在劳动时就觉得不舒畅。因此,他的劳动不是自愿的劳动,而是被迫的强制劳动。"②而这样的劳动,也使劳动的外化现象愈加严重。在数字劳动的过程中,劳动者的劳动行为本应是自我驱动的,自发地去进行数字劳动,创造数字价值。在这个过程中,他们做出了自己对应的贡献,应当感到开心和满足。然而,在资本的控制下,劳动者们进行的数字劳动是被强迫的,并不是发自劳动者内心的。他们受资本役使,被资本剥削,需要尽可能地在相对短的时间内创造出相对多的剩余价值,在这个过程中,他们并没有感到快乐,而是感到很大的压力。劳动不是他们的第一需求,而是他们为了谋生而要使用的第一手段。因此,他们的劳动早已被外化,并非发自内心,而是一种被迫的强制劳动。而对于这种劳动,我们应当作出进一步分析,从马克思主

---

① 宋建丽:《数字资本主义的"遮蔽"与"解蔽"》,《人民论坛·学术前沿》,2019年第18期。

② 《马克思恩格斯文集》(第一卷),人民出版社,2010年,第159~160页。

义政治经济学的视角出发,尝试着去剖析它的本质。

三、数字资本主义时代数字劳动的本质:马克思政治经济学视角的分析

(一)关于数字劳动概念的争论

1951 年,西方学者达拉斯·史迈兹(Dallas Smythe)首次提出了关于"受众是广告商劳动的'盲点'争论"①。1977 年,史迈兹发表了《传播:西方马克思主义的盲点》一文,进一步指出,大众媒体生产的受众商品是用来卖给广告公司的。他认为,受众观看广告既再现了受众的劳动力,又促进了受众商品的生产。②史迈兹的"受众商品"理论后来成为西方学者关于数字劳动研究的起点。2000 年,"数字劳动"一词由意大利学者蒂齐亚纳·泰拉诺瓦(Tiziana Terra-nova)提出,他通过研究数字经济中互联网上的"免费劳动"对"数字劳动"进行了初步探索。③然而,关于数字劳动的概念问题,学界内一直没有定论。国外学者文森特·莫斯克(Vincent Mosco)和凯瑟琳·麦可切尔(Catherine McKercher)主张从广义的角度去定义数字劳动,认为从事数字劳动的人包括"知识产品生产和传播链中的任何人"④。雷蒙德·威廉姆斯(Raymond Williams)从政治与经济的关系出发,认为政治与文化是由物质历史决定的"纯粹"思想、信仰、艺术的领域,因此也属于物质生产领域,而且人们也是用物质资料来开展休闲活动和娱乐活动的。⑤大卫·赫斯蒙德夫(David Hesmondhalgh)则侧重于内容生产,他主张从处理文本的工业生产和文本流通出发,将数字劳

---

① Christian Fuchs, *Digital Labour and Karl Marx*, Routledge, 2014, p.85.

② Dallas Smythe, Communications: Blindspot of Western Marxism, *Canadian Journal of Political and Social Theory*, No.3, 1977, p.3.

③ Tiziana Terranova, Free Labor: Producing Culture for the Digital Economy, *Social Text*, No. 2, 2000, p.33.

④ Vincent Mosco, Catherine McKercher, *The Laboring of Communication: Will Knowledge Workers of the World Unite?* Lexington Books, 2009, p.25.

⑤ Raymond Williams, *What I Came to Say*, Hutchinson Radius, 1989, p.231.

动界定为"符号创造者的工作"①。克里斯蒂安·福克斯(Christian Fuchs)则认为,数字劳动包括了关于数字媒体的存在、生产、传播和使用所需的所有形式的有酬劳动及无酬劳动。数字劳动体现了双重意义上的联系:这是一种劳动和资本之间的关系以及在数字劳动国际分工(IDDL)层面上的劳资关系,这种关系是由相互铰接的生产方式、生产力组织方式及占统治地位的资本主义生产方式的变化所形成的。②国内学者周延云、闫秀荣认为"社交媒体产消合一只是数字劳动的一种形式,它是网络化的、连接到其他网络的数字劳动形式,一起构成了能够使数字媒体生存的全球生态剥削"③。黄再胜认为"数字劳动是通过网络化数字化技术加以协调的一种非物质劳动形态",他将数字劳动分为社交媒体平台无酬劳动、网络平台的微劳动和网约平台的线上劳动三种主要形态。④而余斌认为"数字劳动"概念和政治经济学相关术语运用规则并不符合,是不恰当的概念。他综合了中外学者对"数字劳动"的论述,概括出了"数字劳动"的五种类型,发现其中只有运用数字化的生产资料进行的劳动(如快递员、外卖员等运用数字技术设施进行劳动的劳动者)最接近政治经济学规则,但称之为"数字劳动"仍不适宜,而应称之为数字化经营或数字化生产。⑤总之,关于数字劳动的概念与范围,目前学界尚无定论,仍在争论之中。本文的数字劳动以从事数字媒体技术生产和内容生产的数字工人进行的有酬劳动为基础,在此基础上对数字劳动的本质进行探析。

(二)数字劳动是生产性劳动

此处需明确的一点是,数字劳动为生产性劳动。第一,马克思指出:"生产劳动只是生产资本的劳动……劳动只有在它生产了自己的对立面时才是

---

①　David Hesmondhalgh,The Cultural Industries,Sage,2013,p.20.

②　Christian Fuchs,*Digital Labour and Karl Marx*,Routledge,2014,p.296.

③　周延云、闫秀荣:《数字劳动和卡尔·马克思——数字化时代国外马克思劳动价值论研究》,中国社会科学出版社,2016 年,第 261 页。

④　黄再胜:《数字劳动与马克思劳动价值论的当代拓展》,《中国社会科学报》,2017 年 4 月 27 日。

⑤　余斌:《"数字劳动"与"数字资本"的政治经济学分析》,《马克思主义研究》,2021 年第 5 期。

生产劳动。"①在数字劳动的过程中,数字工人对用户产生的数据进行整理、分析、加工,而这些数据被加工后,它们的价值大大增加,成了数据商品。这些商品的所有权并不归生产它们的数字工人所有,而是被数字工人背后的资本家所占有。他们将这些数据商品卖给广告商,这样,资本家得到了这些商品的价值,广告商得到了这些商品的使用价值。而这些数据在这个过程中实现了自我增殖,也在这个过程中扮演着资本的角色。这些数字工人生产了"数字资本",符合马克思所提出的"生产劳动"的特征,故其劳动为生产性劳动。需要注意的是,数据本身并不是资本,只有当它们被资本家用来榨取数字工人创造的剩余价值时,它们才成为资本。它体现了数字资本主义生产过程中一种特殊的生产关系。第二,马克思提道:"工人单是进行生产已经不够了。他必须生产剩余价值。只有为资本家生产剩余价值或者为资本的自行增殖服务的工人,他才是生产工人。"②在这个过程中,数字工人先是生产资本家付给他们的工资所对应的必要劳动的价值,之后生产他们的剩余价值,接着他们的剩余价值被资本家剥削。所以这些数字工人"为资本家生产剩余价值",符合马克思所提出的生产工人的特征,其劳动为生产性劳动。综上,数字劳动为生产性劳动。

另外,在福克斯看来,数字劳动也是生产性劳动,主要包括硬件生产、内容生产和软件生产者的劳动,以及生产性使用者的劳动。③其范畴不仅指数字内容生产,也包括数字生产的所有模式,包含了农业、工业和信息劳动等劳动形式共同形成的全球生产网络,这个生产体系确保了数字媒体的存在和发展。④

(三)数字劳动是物质性劳动

数字劳动涵盖了数字媒介生产、流通与使用所牵涉的脑力与体力劳动

---

① 《马克思恩格斯全集》(第30卷),人民出版社,1995年,第264页。
② 《马克思恩格斯文集》(第五卷),人民出版社,2010年,第582页。
③ 李仙娥:《数字经济时代的数字劳动》,《中国社会科学报》,2016年11月24日。
④ 燕连福、谢芳芳:《简述国外学者的数字劳动研究》,《中国社会科学报》,2016年5月17日。

的多种形式。即使是在互联网领域,脑力劳动仍是基于人类肉体的物质性大脑活动,并未离开自然与物质,所以数字劳动归根到底也是物质性劳动。①

非物质劳动更加强调数字劳动在信息生产方面的作用,强调数字劳动的产品非实体,而只是互联网上的虚拟工作,故为非物质劳动,但他们却忽略了数字劳动本身就是一种物质性劳动方式。在数字劳动的过程中,数字工人本身为劳动主体,以客观存在的计算机为劳动中介,以用户通过客观存在的计算机创造出来的数据为劳动对象,创造出来一系列数据商品。在这个过程中,用户创造的数据,对资本家而言有较大的使用价值,但价值并不明显,而在经过了数字工人有目的性地整理和分析后(如分析用户的购买爱好等),它的价值面便显现出来(能够将用户的购买爱好作为商品出售给广告商等),成了数据商品。之后,数字工人背后的资本家将这些数据商品占为己有,出售这些商品给对应的广告商,瓜分到了剩余价值。接着他们再将这些剩余价值的一部分转化为资本,用以购买追加的原材料、劳动力与吸引更多的用户,使这个生产在扩大的规模上重复进行,实现了数字资本主义扩大再生产,不断加深对数字工人和用户的剥削程度。需要注意的是,这个过程本身不仅仅创造了数据商品,更重要的是,它是数字资本主义生产方式的再生产,凭借着这个过程,数字资本主义生产、流通、交换、消费的一整套循环方式才可以不断持续下去,这才是资本主义世界得以持久的"命脉",而这一点,恰恰是非物质劳动没有看到的。

(四)数字劳动的本质探析

克里斯蒂安·福克斯(Christian Fuchs)指出:"在数字资本主义中,网络化的数字生产力与生产关系是对立的。网络数字技术创建了商品化和剥削的新形式,也带来了新的积累问题。然而,作为商品的数字信息又具有阻碍商品化的特点。数字资本主义根植于数字共享与数据商品化之间的对立。数字化既塑造了'无产阶级社会协作与资本(经济和政治)掌控之间的矛盾',又

---

① 孔令全、黄再胜:《国内外数字劳动研究——一个基于马克思主义劳动价值论视角的文献综述》,《广东行政学院学报》,2017 年第 5 期。

同时被这一矛盾所塑造。"①在今天数字化如此普及的条件下,我们应当如何看待数字资本主义时代数字劳动的本质呢?数字劳动的本质,就是在数字资本主义时代,在资本及其主导的逻辑的控制下,数字工人在数字平台上进行有酬劳动,生产数字产品和数据商品,其第一动力是谋生,被剥削程度日益加深,而在数字劳动的过程中,资本家实现了对数字工人、用户以及整个社会的三重剥削。

第一,在数字资本主义时代,资本及其主导的逻辑,即不惜一切代价攫取剩余价值,获得利润,仍然控制着数字劳动。数字劳动也正在成为数字资本主义时代一种常见的劳动形式,数字工人以数字化为基础,通过数字平台进行劳动,不断生产着数字产品和数据商品。同时,他们的这种劳动又不是发自内心的,而是由于谋生的需要,不得不去进行数字劳动,以维持自身或自己的家庭生存下去。在他们的劳动过程中,资本家压榨着他们的劳动成果,对他们所创造出来的剩余价值进行剥削。如同工业资本主义时代一样,他们所创造的产品,也就是数字产品和数据商品,在被创造出来之后,被资本家无偿占有,成为资本家的囊中之物。按理说,数字的发明本应是为了解放人们的劳动力,使人们能够拥有更多的时间去进行自身的全面发展,然而在资本及其逻辑的控制下,数字的发展却加深了劳动者的被剥削程度,使得劳动者被更深的奴役了。马克思曾经在《资本论》及其相关手稿中通过论述机器大生产揭示过科学技术对资本增值的作用及其本质。机器大生产"这里包含的,不仅是科学力量的增长,而且是科学力量已经表现为固定资本的尺度,是科学力量得以实现和控制整个生产总体的范围、广度"②。在这一层面上,今天数字资本主义中的数字技术,实际上起了和机器大工业资本主义时代的机器大工业一样的作用。

第二,在数字资本主义社会中,数字工人被剥削的程度,不仅没有减轻,反而大大被加深了。在马克思所处的那个时代,工人必须到工厂进行工作,他们的劳动时间是相对集中的,也是可以计算的,在工厂工作的时间就是劳

---

① [英]克里斯蒂安·福克斯、罗铮:《大数据资本主义时代的马克思》,《国外理论动态》,2020年第4期。

② 《马克思恩格斯全集》(第31卷),人民出版社,1998年,第149~150页。

动时间,除去必要劳动时间所创造的价值外,剩下的就是剩余价值。然而,在数字资本主义时代,互联网的便利性逐渐模糊了数字工人上下班的边界,数字工人的劳动时间相对分散,只要一台计算机在手,在公司工作与在家工作,差距并不大。回家后,如果接到老板派来的任务,数字工人也不得不去立马完成,而这一部分劳动时间,却是不被计入传统的劳动时间之内的,是赤裸裸地被剥削,而这还只是资本家剥削数字工人剩余价值的方式之一。所以在数字资本主义社会,资本家利用各种手段延长数字工人的劳动时间,强行提高他们的工作效率,以从数字工人身上榨取到更多的剩余价值;而数字工人则因为各种各样的原因无法拒绝资本家开出的条件,"心甘情愿"地选择了被资本家所剥削,他们被剥削的程度,也日益加深。

第三,在数字资本主义社会中,资本家除了对数字工人进行剥削外,也对用户进行剥削。用户创造的数据就是资本家的数字生产资料,他们生产出来的数据越多,所构造的数据帝国就越复杂,被剥削的程度就越严重。他们制造的一切数据,都会被存在后台的数据库中,统统地纳入资本家的口袋,成为资本家的数字生产资料。而资本家会控制数字工人利用手中所掌握的"算法"系统,来对数字生产资料进行加工,去对数字生产资料作出一个详尽的分析,从而会产生出一批新的基于数字生产资料的新数据,而这些新数据,对于资本家而言,经过分析加工后具有较大的价值(可以出售给广告商以换取它的价值),因而成了资本家所特有的数据商品。这批数据商品包含了用户的搜索习惯、购买偏好、近期需求、远期需求和行程安排等重要信息,而手握这批信息的资本家,可以通过定向出售这批信息,从而获取大量的利润。例如,当用户曾在某个社交软件中与某个朋友聊过最近想要购买的物品,在他们打开购物软件,如亚马逊,会发现亚马逊已经赫然把这件物品推送到了首页,而且不同厂家、不同品牌的物品都有,供他们选择,在这种情况下用户们会更倾向于直接下单,而当用户们下单的那一瞬间,资本家获得了利润,也完成了一次资本积累;当他们准备旅行或出差到另外一个城市时,机票订下的那一刻,就会有接车短信和酒店短信发过来,询问用户是否要接车,是否要订酒店。可见在很多时候,人们的需求并不是他们自己需要的,而是被刻意创造出来的。这并不是一种偶然的情况,而是一种必然的情况。在数字资本主义时代,个人行动意味着数据信息,而数据信息意味着资本,资本则会带来利润，而资本家，则将获取最大程度的利润作为他们的终极目标。在用户接到的短信背后，都是资本家之间的商榷与联合，他们早已计算好了以何种方式去获取数据会获得最大的利润，而在这个过程中，用户们不知不觉就成了被收割的"韭菜"，遭到隐形的剥削。

第四，在数字资本主义社会中，资本家实现了对全社会的深层次剥削。数字资本主义时代与机器大工业资本主义时代有所区别的一个显著特征是，资本家手中所掌握的大数据资源，也可以理解为是资本家所拥有的数字生产资料，几乎覆盖了数字资本主义可以覆盖到的全部范围，而资本家凭借着这些大数据资源在社会生活中，几乎全面控制了经济、政治和文化等领域，对全社会进行更为隐蔽的渗透和更为深层次的剥削。掌握了这些数据资源后，资本家们便获得了资本，凭借着这些资本，他们就可以在经济、政治、文化领域中全盘布局，以此来实现对整个社会的无形控制。例如，在经济领域，他们利用资本涉入金融业、银行业等有关国计民生的产业，这些产业基本都已实现数字化交易，手握数字生产资料的资本家们通过垄断、剥削等方式，首先成为对应产业中的"寡头"，先在经济上获得了统领地位；其次，在经济地位上获得了认可的资本家们并不甘心，他们开始着手获得政治上的领导地位，数字资本主义时代的到来使得他们的这一目的更加容易达到，他们利用金钱通过网络媒体进行宣传、造势，将他们的理念传播到国家的各个角落，来获取选民们的支持。通过大数据分析选民的投票意向，他们可以有的放矢地专赴某地进行演讲宣传等活动，逐渐攀上政治地位的高峰；最后，当他们获得了经济地位和政治地位的双重领先地位之后，他们便将触角深入到文化领域。世界传媒大亨默多克曾经说过："报纸的魅力在于它能操纵大众的趣味和思想。"在数字资本主义时代，数字传媒被掌握了大数据资源的资本家所掌握，而数字传媒的"魅力"就在于，它只让你看到它想让你看到的，而不会让你看到它不想让你看到的。人们每天所接受的信息，都是经过了筛选的信息，凡是对掌握了经济地位和政治地位的资本家们不利的消息，一律看不到。通过这样的方式，资本实现了对社会经济、政治和文化领域的全面控制，并且这种控制丝毫不露任何痕迹。

（五）对数字资本主义社会数字劳动的反思

通过以上分析，我们已经知道，在数字资本主义时代，代表着先进生产力的数字技术并没有像预期那样解放人们的生产力，而是在资本家的掌控之下，变成了资本家剥削数字工人、用户和整个社会的工具。而在数字资本主义时代，数字工人们的被剥削程度不但没有减轻，反而日益加重了。数字工人的劳动形式，即数字劳动，本应是数字工人们实现自我价值的一种方式，现在却不得不变成了工人们谋生的一种方式。西方马克思主义学者哈贝马斯曾提过："科学技术即意识形态。"可见，在资本主义制度下，数字技术成为了资本家统治社会的一个工具，帮助资本家来实现对社会的控制。

我国目前正在大力发展数字经济，倡导"数字共享"，从制度上入手，搭建属于我们自己的"数字世界"，将数字工人、用户和整个社会都纳入我们公有的数字体系之中，出台各种法律保护用户个人数字信息，这是一个很好的解决办法。不过，在数字资本主义社会，实行以上措施，将触动资本主义社会的根基，因此较难实行。如何对资本主义制度下的数字劳动进行批判？怎样消灭资本家对数字工人的剥削？这些都是亟待解答的问题，只有从马克思主义政治经济学的视角出发，才能给出正确解答。

四、结论

随着数字化的发展，资本主义已经由工业资本主义时代迈向了数字资本主义时代。在数字资本主义时代，数字化的快速发展既为人们带来了便捷，也为人们带来了烦扰。数字资本主义的基本特征是数字化营利、数字化剥削与数字资本化。在发达的工业资本和金融资本的支持之下，资本家利用资本去建立数字平台，并利用数字平台来对数字工人与用户进行剥削，获取他们创造的剩余价值，再将攫取的剩余价值投入到数字资本主义的生产过程中，实现数字资本主义生产过程的再生产，这是数字资本的生成逻辑。现在，工人们的劳动形式已经逐渐转变为数字劳动，但是在这个过程中，工人们被剥削的程度却日益加深了。关于数字劳动的争论，现在仍然没有定论，本文的数字劳动以从事数字媒体技术生产和内容生产的数字工人进行的有酬劳动为基础,在此基础上对数字劳动的本质进行了探析。从马克思政治经济学的观点来看,数字劳动既是生产性劳动,又是物质性劳动。数字劳动的本质,就是在数字资本主义时代,在资本及其主导的逻辑的控制下,数字工人在数字平台上进行有酬劳动,生产数字产品和数据商品,其第一动力是谋生,被剥削程度日益加深,而在数字劳动的过程中,资本家实现了对数字工人、用户以及整个社会的三重剥削。这表明,马克思的劳动价值论在数字资本主义时代并没有过时,而是具有更强的解释力。在可预见的未来,如何解决数字化时代人们普遍面临的数字剥削问题,如何警惕数字技术被资本和权利渗透,如何避免数字化鸿沟,积极推动数字化技术的共享前景,将是我们亟待思考并努力解决的问题。

聂嘉琪(北京大学)

数字资本主义时代的无产阶级化

——斯蒂格勒无产阶级化概念的重新审视

无产阶级化（proletarianization）是斯蒂格勒进行数字资本主义社会批判的重要概念，也是其分析数字资本主义社会的问题征候及探索数字资本主义社会中问题解决方案的理论基点，在斯蒂格勒的社会批判理论中占据重要地位。斯蒂格勒认为，在《政治经济学批判（1857—1858 年手稿）》的"机器体系和科学发展以及资本主义劳动过程的变化"一节，即学界常简称为"机器论片段"的文本当中，马克思在对机器体系进行批判的时候提出了无产阶级化的问题。进而，斯蒂格勒以黑格尔的主奴辩证法为理论前提，结合马克思无产阶级化的思想资源，形成了属于其自身的无产阶级化概念。相较于马克思对无产阶级化的理解，斯蒂格勒的这一概念更加强调知识的丧失，即机器化大生产造成了工人与自身劳动技能相异化，一般智力自此与劳动者相分离而被作为固定资本的机器体系所占有，是一种知识的无产阶级化。

基于新的时代特征，斯蒂格勒完成了对无产阶级化概念的建构，以技术逻辑对马克思的无产阶级化思想进行了重新诠释，完成了理论体系从工业资本主义到数字资本主义的语境转换。不过，回到马克思提出无产阶级化思想的原初语境中可以发现，斯蒂格勒在其无产阶级化概念的建构过程中，存在一种由历史唯物主义到技术逻辑的转换。而在这一转换的过程中，斯蒂格勒的无产阶级化概念就与马克思的理论之间存在理论错位。只有进一步探究二者理论的差异，在理论批判中明确斯蒂格勒社会批判理论中与马克思理论之间的错位，才能使我们认识到当代资本主义社会批判理论是对历史唯物主义的有益借鉴，才能更加深入地理解历史唯物主义的理论特征与时代内涵，进而帮助我们更好地批判和反思当代数字资本主义。

一、斯蒂格勒无产阶级化概念的形成发展

斯蒂格勒无产阶级化概念的形成受到了当代西方左派学者对马克思《政治经济学批判(1857—1858 年手稿)》中"机器论片段"的文本耕犁和理论挖掘的影响。西方学者认为,这一片段不仅是对技术和资本之间的结构性关系及其辩证运动进行分析的开始,同时也表达了与此前对技术和资本关系认识的断裂,为认识当下数字化、信息化飞速发展的时代所产生的诸多问题,提供了重要的理论基础与丰富的思想资源。因此,从理论来源上看,斯蒂格勒所提出和建立的无产阶级化概念直接承继着马克思所提出的无产阶级化思想。

就"机器论片段"的文本而言,其问世之时正值资本主义大工业时代。基于文本所描述和反映的现实背景,马克思就机器体系、一般智力等范畴及其与资本主义的关系作了深入探讨。首先,马克思洞察并分析了劳动资料到机器体系的外化发展。机器体系作为一般智力的外化与体现,反映了劳动经验与技能以对象化科学知识的形式直接作用于社会生产力。马克思进一步指出,机器体系的发展进步已经直接推动了社会生产力的发展进步和社会生活形式的变革,"社会生产力……不仅以知识的形式,而且作为社会实践的直接器官,作为实际生活过程的直接器官被生产出来"①。

其次,机器体系被纳入资本主义生产关系当中。与原材料相比,作为劳动资料最终形态的机器体系不再全部进入劳动过程中,而是以磨损折旧的形式在每一次生产中转移自身的部分价值,从而变成由资本规定的并与资本相适应的固定资本这一特殊的存在方式存在。机器体系表现为固定资本最适当的形式,而固定资本则是资本一般的最适当的形式。在机器体系中,劳动不再是支配生产过程的统一体了,而是变成了被包括在机器体系内的一个环节,活劳动转变为机器体系运转的手段,劳动过程变成资本增值过程的一个环节。故而,对象化劳动不仅在物质上,而且在现实的生产过程本身中实现了与活劳动的对立,从而成为支配活劳动的力量。

---

① 《马克思恩格斯文集》(第八卷),人民出版社,2009 年,第 198 页。

最后，劳动资料到机器体系的转变是资本必然趋势的结果。马克思指出："提高劳动生产力和最大限度否定必要劳动，正如我们已经看到的，是资本的必然趋势……劳动资料发展为机器体系，对资本来说并不是偶然的，而是使传统的继承下来的劳动资料适合于资本要求的历史性变革。"①一方面，机器体系作为一般智力的积累，随着生产力的发展日益体现出与劳动相对立的固定资本的属性，换言之，衡量社会生产力发展水平的尺度不再是劳动，而是变成了被固定资本占有的一般智力。另一方面，机器体系的存在使得单个个体劳动能力创造价值的能力趋向于无限小的量，劳动者对劳动过程的支配性地位完全丧失，变成机器体系与劳动对象间的中介。同时相较于巨大的生产规模，劳动者与产品之间的联系被割裂了，产品不再是生产者的直接需要，而是仅仅作为价值的承担物。

斯蒂格勒认为，马克思的无产阶级化思想正是在这段文本中才得以充分展开和真正确立的。无产阶级化在斯蒂格勒看来指的就是工人丧失知识的过程，是一般智力脱离劳动者而成为资产阶级生产关系中的重要部分。总而言之，只要劳动资料转变为固定资本，就已经在物质层面和生产过程中失去了自己的直接形式，并且作为资本的一种形式而与劳动者相对立。换言之，在机器体系当中，以劳动知识与技能为代表的一般智力相对于工人而言，是一种外在化的异己的存在。

为了构建自身的无产阶级化概念，斯蒂格勒以黑格尔的主奴辩证法为理论资源，并以此为思想前提对马克思的无产阶级化思想进行主观上的嫁接和重构。斯蒂格勒认为，在主奴辩证法中，知识是奴隶追求承认这一超越向度的革命性力量。黑格尔的思想是费希特的"承认"和霍布斯的"斗争"的创造性综合，其主奴辩证法实质上就是为承认而斗争的辩证法。在这一辩证法的具体展开当中，两个主体为了获得承认而以生命为代价进行斗争，虽然可能由于一方的畏惧，使得主奴关系得以出现，但是这种主奴关系是脆弱的，即"通过劳动奴隶的意识却回到了它自身……劳动是受到限制或节制的欲望，亦即延迟了的满足的消逝，换句话说，劳动陶冶事物……这个否定的中介过程或陶冶的行动同时就是意识的个别性或意识的纯粹自为存在，这

---

① 《马克思恩格斯文集》(第八卷)，人民出版社，2009 年，第 186 页。

种意识现在在劳动中外在化自己,进入到持久的状态"①。换言之,奴隶通过劳动获取知识,这一过程中意识外在化为客观物质的形象,但最终会内化为绝对精神,实现对自我的占有,成为新的主人。这一过程实质上揭示了劳动是知识的源泉,通过劳动获取知识,进而实现奴隶与主人之间身份的转换,体现了劳动与知识之间肯定性关系。而斯蒂格勒基于对这一关系的重新解读,转而批判了知识与工人之间的疏离甚至控制关系。斯蒂格勒认为,与黑格尔语境下奴隶工作过程中获取外化了的知识不同,工人们在劳动过程中体会到的只能是技术和知识的异化,是知识的丧失。因此,斯蒂格勒认为黑格尔语境中主奴辩证法揭示是工匠的资产阶级化过程,而马克思语境中对主奴辩证法的理解则是工人的无产阶级化过程,前者本质上属于唯心主义范畴,而马克思为了清算理论中的唯心主义内容主动中止了对知识丧失的关注,而将生产资料置于无产阶级化的中心地位,将其作为区分无产阶级与资产阶级的根本原则。

基于这种误解,斯蒂格勒对马克思的理论进行了文本重构,展开了一条以技术为解读逻辑的理论进路。在斯蒂格勒的语境中,技术与人之间的关系是一种双向延异的关系。斯蒂格勒认为,在《德意志意识形态》中,马克思和恩格斯指出人类化是以外在化(exosomatisation)的过程为基础的,因此"人类的进化过程,连同人的生活方式的演化,都不是生物的,而是技术的过程"②。斯蒂格勒在这一观点的基础上,将技术视为人的义肢,强调技术作为义肢有机性特征,即"义肢不是人体的一个简单延伸,它构成人类的身体,它不是人的一种手段或方法,而是人的目的"③。斯蒂格勒进一步强调,这种有机性一开始就是构成人原有整体的,具备"有组织却非有机的"特性,是一种"外在有机性"。

在斯蒂格勒的理论视域中,技术一方面构成并重构了整个世界以及人类自身,在很大程度上帮助培育了现代人的思维能力,是帮助人记忆和思考

① [德]黑格尔:《精神现象学》(上卷),贺麟、王玖兴译,商务印书馆,2019年,第147~148页。

② 张一兵、[法]贝尔纳·斯蒂格勒:《技术、知识与批判——张一兵与斯蒂格勒的对话》,《江苏社会科学》,2016年第4期。

③ [法]贝尔纳·斯蒂格勒:《技术与时间1:爱比米修斯的过失》,裴程译,译林出版社,2019年,第165页。

的"义肢"。但在另一方面,技术也有其毒药的特性,其会诱发周期性的技术休克,而斯蒂格勒语境中的无产阶级化正是技术休克所造成的后果。具体而言, 作为一般智力器官化的技术设备的发展, 是与社会知识的发展相同步的,随着社会知识的发展,一般智力也随之发展,但与此同时,一般智力也从人脑当中流入技术设备当中。从一个角度看,机器作为人的"义肢"是人手和脚的延伸、分离和再生产的产物;从另一个角度看,机器又是人的一般智力基于实践经验进行编程化的结果,而这里的编程化则是指"一切人类运动和行为是如何被分析、离散和再生产出来的"①。在这里,作为知识的"对象化"的机器体系,是知识在现实世界中的实际应用与外在体现,机器体系的发展标志着知识将以生产力的形式出现, 具体机器的生产过程与机器体系积累劳动知识的过程相同步。在这一意义上的生产过程中,已然没有了工人的位置,劳动者的主体地位遭遇到了机器体系的严峻挑战。

斯蒂格勒对于"技术义肢性""技术药理学"和"知识器官化"的强调,正是为了揭示当代资本主义进入数字资本主义阶段后对人本身的架构。这种对人本身的架构,或者说对人的控制和奴役本质上是一种历史过程,即伴随着技术的发展,主体的个性日益受到系统性的压抑,主体的发展开始受到全面性的压制。资本主义化的过程可以看作是知识外在器官化的不断加速过程,也可以看作是一般智力从人脑中流失并进入外在技术设备中的过程,同时这一过程也被斯蒂格勒认为是无产阶级化的过程。而这个加速过程的主要推动力量就是计算或可计算性在社会生活中的全面贯彻和实践(calcul-ability),尤其是随着数字技术的飞速发展,一方面促进了知识外在器官化的加速,另一方面则造成了无产阶级化现象的进一步加剧。因此,为了更好地理解无产阶级化在当代数字资本主义社会中的发展, 也为了厘清斯蒂格勒与马克思关于无产阶级化理解上的差异与区别, 需要进一步探究斯蒂格勒在无产阶级化概念建构过程中是如何完成其理论的语境转换的。

---

① 张福公:《机器时代的无产阶级化——评斯蒂格勒对马克思哲学的技术化解读》,《理论月刊》,2019 年第 7 期。

二、斯蒂格勒无产阶级化概念的语境转换

斯蒂格勒建构无产阶级化概念的基本语境是当下的数字资本主义社会,其无产阶级化概念从本质上讲指的是知识的丧失。斯蒂格勒认为,在不同的时代背景中,无产阶级化的现实表现有其各自的特点。从宏观范围上看,资本主义即使发展到数字资本主义阶段,依然是从属于一个更大范围的历史时期的,即开始于 19 世纪第一次工业革命完成后的人类纪(Anthropocene)时期。总体而言,人类纪是无产阶级化概念演进的总体背景,在这一历史时期,地球内部的化学活动将越来越直接地受人类行为的影响,人类通过工业生产造就了一个非自然存在的全新世界。具体而言,斯蒂格勒将无产阶级化概念演进区分为三个阶段:首先是无产阶级化思想确立的 19 世纪工业革命时期;其次是 20 世纪文化工业和大众传媒兴起的时期;最后则是 21世纪数字资本主义的数字化技术统治的时期。①基于不同的时代背景,斯蒂格勒根据各个时期技术发展的特点,并引入了语法化②的概念来解释与建构各个时期无产阶级化的不同理论语境。

语法化和无产阶级化是一个过程的两个方面,因此,不同时期的无产阶级化分别对应三种知识丧失的语法化过程。在第一阶段,大机器生产的工业化取代了手工生产的个体化劳动,工人的劳动变成了以单一姿态完成流水线上的简单操作。劳动技能的知识在工业语法化的过程中丧失,这一阶段的无产阶级化也仅仅是工人的无产阶级化。在第二阶段,大众传媒的发展俘获了文化产品消费者的注意力,人们的感性生活被日益复杂化的意义链条所控制,沦为日益扩张的文化产品消费市场的倾销地。关于生活的知识在文化工业语法化的过程中丧失,消费者成了无产阶级化的主要对象。在第三阶段,以自动化和可计算性原则为基础的数字化蔓延到一切社会领域,网络数

---

① 张福公:《重读马克思恩格斯:一种人类纪的视角——贝尔纳·斯蒂格勒教授短期研究生课程综述》,《社会科学报》,2016 年 5 月 19 日。

② 语法化(grammatization)原是德里达用以指代承载记忆的物质媒介,但在斯蒂格勒的语境中,主要使用它以指称普遍意义上的生产和复制过程。

据库与智能计算机逐渐取代了人们的记忆和思考，理论知识在网络形式的语法化过程中丧失。

语法化和无产阶级化的关系正如雅努斯神的两面，在语法化发展过程中，人类的劳动技能知识、生活知识和理论知识接续丧失，无产阶级化的程度逐渐加深，甚至"马克思和恩格斯无法预知的新型语法化构成了无产阶级化的新形式"①。由此，人类社会将进入到一个高度无产阶级化的时代，而这一高度无产阶级化的时代就是斯蒂格勒为自身理论出场所设定的基本语境。换言之，斯蒂格勒实际上将自身的无产阶级化概念建构的基本语境定位于这一时代，即人类纪中语法化的第三阶段。进而，通过对语法化不同阶段特点的揭示，斯蒂格勒将其无产阶级化概念与其他形式的无产阶级化思想做出了区分，完成了理论建构意义上的语境转换。这一语境转换是斯蒂格勒重构马克思"机器论片段"文本的前提，同时也为斯蒂格勒展开自身以技术为解读逻辑的理论的出场开辟出空间。

为了完成从马克思在"机器论片段"文本中探讨无产阶级化问题的原初语境向基本语境的转向，斯蒂格勒提出了"第三持存"概念，以说明在数字资本主义社会发展过程中，技术休克以一种新的无产阶级化形式，即知识、意义与认知的丧失作用于人类自身。换言之，斯蒂格勒认为，要在基本语境中建构新的无产阶级化概念，需要以第三持存概念为基础。第三持存概念是斯蒂格勒基于胡塞尔的意识时间现象学发展而来的，形成于斯蒂格勒对本身具有时间性的客体进行意识时间性的分析当中。一方面，斯蒂格勒认为，对时间客体的研究是胡塞尔率先展开的。在理论建构过程中，胡塞尔试图将所有的意识形式看作一种"流"，进而通过"意识流"去解析存在于意识当中的时间性，即分析意识流的构建过程中所依据的各种现象学条件。这对于斯蒂格勒展开时间客体中的意识时间性分析而言，无疑是具有启发性的。但是，在另一方面，斯蒂格勒认为，胡塞尔对于意识的这种分析方式是不可能的。斯蒂格勒指出，意识的结构并非是无意向性的，意识都是以某一事物为对象的意识，进而，分析的对象只能是一个本身就具有时间性的客体，只有通过分析这种客体，才存在对意识进行时间性分析的实现可能。总而言之，斯蒂

---

①　Bernard Stiegler, *For a New Critique of Political Economy*, Polity Press, 2010, p.11.

格勒认为:"真正的时间客体不仅简单地存在于时间之中,还必须在时间中自我构成,在时间的流动中进行自我组织,例如:在行进的过程中显现的事物、一面呈现一面消失的事物、在产生的过程中消逝的'流'。为了分析意识流的时间质料,时间客体是一个很好的对象,因为它的时间的'流'完全与以之为对象的意识的'流'相重合。"①

基于对时间客体的分析,斯蒂格勒开始了对第三持存概念的建构。具体而言,第三持存的概念建构分为两个方面,一方面是第三持存概念的物性维度,另一方面则是第三持存概念的功能性维度。从物性维度来考察第三持存概念,可以发现第三持存是各种形式的对记忆的记录,而这种记录通常是以物为载体的。第三持存概念的建构主要基于胡塞尔意识时间现象学中"原生记忆"和"再记忆"的概念,是建构在这两个概念基础之上的。在斯蒂格勒的理论中,更多的将原生记忆称为"第一持存",将再记忆称为"第二持存"。斯蒂格勒将第一持存定义为:"某一时间客体在流逝的过程中,它的每一个'此刻'都把该时间客体所有过去了的'此刻'抓住并融合进自身。"②所以,第一持存是一种记忆,是"此刻"和"刚刚过去的时刻"之间具备的一种原始的联系,在一边流逝一边被持存的时间客体中对"刚刚过去的时刻"的感知。而与第一持存不同,第二持存是与感知的第一持存相对立的回忆的再记忆,不再是直接的第一记忆,而是在一般意义上的回忆中对过去时刻的再记忆,是对记忆之物的回顾和回想,是丧失了与时间客体直接关联的想象。在第一持存和第二持存的基础上,第三持存概念得以建构。本质上说,第三持存是各种形式的记录,是使得同一时间客体得以完全相同呈现出来的记录,这一记录是为了弥补人记忆能力的有限性,通常以物为载体纪录记忆,是人的记忆的"义肢性"存在。

仅仅从物性层面分析第三持存是不够的,更要从第三持存的功能性维度出发去理解这一概念。实际上,第三持存技术固然是一种用于保留人知识、记忆和思想的物质载体,但是第三持存概念的提出更多是为了解决意识

---

① [法]贝尔纳·斯蒂格勒:《技术与时间3:电影的时间与存在之痛的问题》,方尔平译,译林出版社,2012年,第16页。

② [法]贝尔纳·斯蒂格勒:《技术与时间3:电影的时间与存在之痛的问题》,方尔平译,译林出版社,2012年,第16~17页。

是如何受到现象的影响,尤其是时间客体的影响的。换言之,斯蒂格勒是想说明:好莱坞电影"为什么能够使全世界接受'美国的生活方式'"①,第三持存如何造成人意识中深层次的改变。

为了解决这一问题,斯蒂格勒首先指出,第一持存和第二持存之间的相互独立,感知与想象之间的绝对对立是一种假象,亦即任何感知都有想象因素,而任何想象也需要以感知为基础。换言之,只有意识在时间的流逝中未进行遴选,而是抓住了所有它所能抓取的流逝之物,才可以说构成时间客体的第一持存仅仅建立在感知之中,第一持存与第二持存之间并未构成对立的假象。人不可能拥有无限的记忆,这代表着持存具备有限性,第一持存本身就意味着"第一遗忘",是将时间客体简化为过去时刻。而从对过去时刻的流逝过程进行回忆的第二持存,是一种想象和虚构,但基于第二持存的重新抓取构成了新的现象,已经过去的现象引发了尚未存在的现象,以文本阅读为例,意识在吸收文本信息时的感受并不相同,每一次阅读构成的都是新的现象,这一区别产生于第一持存的感知并未能够抓取所有文本信息,因此每次阅读遴选的内容都不尽相同。在两次阅读之间意识发生了变化,斯蒂格勒认为这是因为第一持存所抓取的仅仅是第二持存所规定的准则允许其去遴选的,因此第二持存寓于第一持存的全程之中。

但在这里,斯蒂格勒提出了一个重要问题,即意识为什么能够在同一个时间客体中连续抓取信息? 这当然是因为文本的存在,更准确地说,是承载着文本的物性载体和将文本印刷在纸张上的相似性记录技术,而第三持存指的就是二者的综合,即承载着印刷文本的书籍。这也意味着,不仅第一持存与第二持存不可分离,同时二者与第三持存也不可分离,在这一理解的基础上,斯蒂格勒以电影为例,指出意识是在第一持存、第二持存和第三持存之间剪辑的结果。因此,第三持存概念从理论上证明了第三持存技术这一保留人类知识的物质载体可以造就或者编造个体的意识与个性。

通过对第三持存技术可以编造主体意识的论证,斯蒂格勒实质上解决了当下数字资本主义社会中资本对人的控制问题。将这一问题放置于斯蒂

---

① [法]贝尔纳·斯蒂格勒:《技术与时间3:电影的时间与存在之痛的问题》,方尔平译,译林出版社,2012年,第21页。

格勒的社会批判理论语境中，可以表达为当下数字资本主义社会中人的无产阶级化问题，这一无产阶级化的基础并非是主体丧失了生产资料，而是主体一般智力的丧失，而这意味着斯蒂格勒无产阶级化概念语境转换的完成。具体而言，通过对第三持存概念的理论论证，斯蒂格勒指出在不同的时期，技术的发展有不同的特点，无产阶级化现象也因此表现出不同的样态，但本质上都是一般智力的丧失。而通过语法化的概念，斯蒂格勒可以明确地将一般智力丧失的具体表现与不同时期的技术特征相对应，进而指出一般智力丧失的范围和程度会随着技术的发展不断深化。更进一步说，斯蒂格勒将其无产阶级化概念置于一个新的语境中，即现实当下发生的数字资本主义社会，而这一新的语境对应的是人类纪中语法化的第三阶段。在这一阶段中，数字资本推动了以可计算性为原则的数字化，人记忆和思考的功能逐渐被第三持存设备所取代，第三持存技术使得理论知识在这一语法化过程中丧失，这无疑是人的无产阶级化的最新表征。一方面，第三持存技术本意用于个体记忆和思考的延伸，但却与资本结合，以经过"编程化"和"再生产"的第三持存技术设备对个体意识和记忆进行侵蚀乃至塑形；另一方面，第三持存技术导致了个体能力和知识的削弱，知识或者说一般智力从人身上流失并进入技术设备当中，导致了劳动与知识、个体和能力乃至主体与意识的分离，这也正是当下总体性知识短路和系统性个体愚昧的时代症候的肇因。

这种被技术全面"座架"的社会与资本的合谋彻底构成了数字资本主义的时代底色，也是斯蒂格勒所认为的无产阶级化发生的现实语境。一方面，依托于信息技术和数字网络的飞速发展，人们的交往行为跨越了时间和空间的限制，但人与人之间的联系也越来越依赖于网络平台，反而丧失了原有的交往能力；另一方面，依托于"第三持存"技术的发展，人类大量的知识、记忆和思想得以保留和延续，但人们的记忆与思考也越来越依赖于第三持存设备，甚至，资本还可以通过第三持存设备的不断投放，侵蚀和塑形个体的意识，使个体沦为无反思的、孤立的个体，个体的喜好、审美乃至梦想都受到资本的控制，为资本的增值逻辑服务。斯蒂格勒指出，象征性贫困充斥着整个数字资本主义时代，随着个体知识与能力受技术剥夺的程度进一步加深，数据和信息对个人的日常生活进行窥探，人类欲望屈从于计算结果，遭受了资本驱力的结构性毁灭，主体知识的丧失表现为一种系统性愚昧，并因此导致了人类普遍化的麻木状态。

至此,斯蒂格勒完成了无产阶级化概念的语境转换。通过文本理论语境的转换,斯蒂格勒在马克思理论的基础上论述了在所谓"人类纪"时代中,一般智力从主体中被剥夺并外化为机器体系,这种以"第三持存"技术为主体的设备加剧了数字资本主义对主体的控制和奴役,无产阶级化现象从机器大生产时代工人阶级与技能知识的分离发展为如今技术导致的理论知识的丧失。这不仅是斯蒂格勒对数字资本主义时代的主要症候进行揭示和批判的理论基点,也是斯蒂格勒建构理论解放路径的必要前提。

三、斯蒂格勒无产阶级化概念的理论错位

基于上述分析,斯蒂格勒无产阶级化概念建构的基本逻辑是一种技术逻辑,将无产阶级化视为一般智力的丧失,从某种意义上来说,也是对马克思主义的一种丰富和发展。但是,这种以技术作为解读现实逻辑的理论与马克思的理论存在严重错位,这一错位体现在马克思无产阶级化思想是在马克思完成其哲学革命之后的,这一思想所体现的革命本质与斯蒂格勒理论的本质并不相同。而要进一步指出这种差异性,指出斯蒂格勒在其无产阶级化概念的建构过程存有的内在缺陷,就需要重新回到马克思的原初语境当中,基于对马克思理论革命本质的准确认识,重新审视斯蒂格勒的无产阶级化概念。

回顾斯蒂格勒提出自身社会批判理论所依托的现实背景,不难看出其是以美国为代表的数字资本主义社会为理论的批判靶向的。需要注意的是,斯蒂格勒虽然在指出造成当下无产阶级化现象的现实根源时,凡所列举的大都是美国的相应事物,但是,却不能说斯蒂格勒是基于美国的资本主义实践展开其理论思考的,这一点可以从斯蒂格勒在行文中主语的使用看出端倪。实际上,斯蒂格勒仍然是无法脱离其存在的现实环境来进行理论思考的。具体而言,斯蒂格勒是站在欧洲的立场上,或者可以进一步说,是站在法国的立场上去观照当前资本主义社会的种种现象与问题的,而这些现象和问题表现得最明显、最集中的地方,就是资本主义社会发展最前沿、资本主义生产方式迭代最迅速的美国。对斯蒂格勒展开理论分析的时期进行定位,

当时美国资本主义的生产方式可以被称之为新福特主义。从其名称来看,这一生产方式建立在福特主义的危机之上,其特征是通过对雇佣劳动者的进一步压榨来缩减工资,同时通过技术手段加强管理来缩减成本,进而提升企业效益,最终达到提高资本增值速率的目的。因此,可以说斯蒂格勒的社会批判理论是基于美国新福特主义的现实实践的。但是,这一理论却并非内生于这一社会现实背景中的理论,而是以一种外在化的总体视角反思和批判相应社会现实的理论。同时,又由于斯蒂格勒身处另一种资本主义生产关系之中,其外在化的批判视角并没有超出资本逻辑的框架,因而导致了这一理论批判的不彻底性,使得理论仅仅强调了资本对于人的压迫,以及批判了数字技术在资本的控制下导致现代人的无产阶级化现象,但却没有深入研究导致这种控制和压迫的发生机制和现实根源。斯蒂格勒所重点论述的"支配意识只是资产阶级现实奴役的一个主观层面,在经济关系和其他复杂社会关系中,当代资本对人的奴役和盘剥是更加深刻和全面的"①。换言之,斯蒂格勒的理论视角依然是资本主义内部对于现象的理性分析,这一分析囿于对马克思哲学革命的不了解,产生了对马克思无产阶级化思想的种种误解,进而导致了其在无产阶级化概念建构上的理论错位,使得斯蒂格勒对数字资本主义语境下的社会批判更接近于一种"前"历史唯物主义话语,无法真正解决现实社会中无产阶级化所带来的种种问题。

那么,为进一步理解斯蒂格勒在其无产阶级化概念的理论建构过程中出现的问题,理解这一理论的内在缺陷所导致的与马克思无产阶级化思想的差异性,理解马克思理论的革命本质,就需要重新回到马克思的原初语境当中,重新审视斯蒂格勒的无产阶级化概念。换言之,只有真正理解了马克思理论的革命本质来源于马克思所发动的哲学革命,并将这一哲学革命所带来的理论成果作为马克思思想的原初语境,才能真正明晰斯蒂格勒无产阶级化概念与马克思思想之间的理论错位。

马克思的哲学革命起源于对物质利益发表意见的困难。马克思此前所秉持的以黑格尔法哲学为代表的理论武器,无法使得马克思赢得与莱茵省

---

① 张一兵、[法]贝尔纳·斯蒂格勒:《技术、知识与批判——张一兵与斯蒂格勒的对话》,《江苏社会科学》,2016 年第 4 期。

议会之间的辩论,也无法使得马克思解决所谓"物质利益难题"。换言之,黑格尔法哲学所代表的理性主义哲学无法解释物质生活领域中的问题。实质上,通过国家的理念来解决市民社会的冲突是不可能的,物质生活关系是非理性的,无法用黑格尔法哲学的理性来加以讨论,也就更无法解决现实中的物质利益难题。因此,首先要展开的是马克思对黑格尔法哲学的批判。通过对黑格尔法哲学的批判,马克思揭示了此前的哲学都是对现实的论证,即"以康德、黑格尔为代表的'法国革命的德国理论',它为人的自由所提供的'根据',是'绝对理念'即'无人身的理性'的'自己运动',也就是'个人受抽象统治'的现实"①。而物质利益难题的解决"在于使现存世界革命化,实际地反对并改变现存的事物"②。这样,理性思辨就变成了革命实践,现实的历史成了人自身存在方式的以构建的基础,进而人从"抽象""物"和"资本"的控制和奴役中解放出来,一种由人自身存在方式所构成的人与世界关系生成了,人在这一关系中实现了全面而自由的发展。马克思的哲学革命本质上是对此前思辨哲学的批判,是需要基于现实的物质生活关系出发对现实社会进行分析与批判,进而通过"武器的批判"来摧毁生成此前现实的"物质的力量",即通过革命实践来实现人的解放。但是,斯蒂格勒对于问题的揭示不仅没有指出一个实践的具体路径,更是在理论分析的过程中就已经陷入了误区,忽视了支配意识这一主观因素之外的更重要的客观因素,即生产力和生产力基础上与之相适应的生产关系。

因此,基于马克思的原初语境,可以对斯蒂格勒的无产阶级化概念进行重新审视,反思其理论与马克思思想之间的错位。第一,斯蒂格勒与马克思对于无产阶级化概念的理解上存在错位。马克思在《共产党宣言》中指出,资产阶级渗透到社会的各个层面,消灭了生产资料的分散状态,无产阶级因而丧失了一切生产资料,只能依靠出卖自身的劳动力以谋求生计。因此,在历史唯物主义语境下,无产阶级化是一个阶级性概念,是对工人因丧失生产资料而出卖劳动力的前提下所遭受的人的商品化、劳动工具化和工作机械化等现象的总体性概括。无产阶级的一切都被纳入资本主义合理化体系中,受

---

① 孙正聿:《怎样理解马克思的哲学革命》,《吉林大学社会科学学报》,2005年第3期。
② 《马克思恩格斯文集》(第一卷),人民出版社,2009年,第527页。

到资产阶级全方位的支配,个体劳动必须符合相对剩余价值生产机制,沦为以生产交换价值为全部目的的抽象劳动。总的来说,马克思的无产阶级化概念是资本主义生产关系的历史性产物,其形成基于特定的社会历史环境,从本质上反映了资本主义私有制下资产阶级对雇佣工人的剥削关系。而斯蒂格勒所指认的无产阶级化概念,本质上来说只是马克思无产阶级化现象中关于一般智力无产阶级化的阐述,只是这种剥削关系的一种具体体现,只是总体中一个非实质性的部分。斯蒂格勒将马克思的无产阶级化概念错误理解为工人丧失知识的过程,将一般智力外化为机器体系的过程指认为无产阶级化的崭新特征,他未能参透无产阶级化产生的机制和原因,仅仅在一般智力丧失的维度上而非生产资料被强行掠夺的维度上去分析无产阶级化问题,并将这种片面理解作为其在理论语境转换以后理论建构的基础。

第二,斯蒂格勒与马克思对资本主义的批判逻辑上存在错位。斯蒂格勒在对马克思进行文本重构的时候只强调了马克思考察人类历史活动的生产力维度,对于生产关系的部分缺乏重视。而生产关系则正是马克思政治经济学批判中所强调的地方,"马克思对资本主义的批判焦点更多集中在生产关系上,即人们在资本主义的生产过程与市场的商品交换中结成的生产关系和经济关系"[①]。斯蒂格勒对生产关系的忽视肇因于他以一种技术的逻辑理解马克思,而非一种历史唯物主义的逻辑,也正因如此,斯蒂格勒认为马克思的物质生产理论重点在于人对自己生产工具的创造,物质生产因而被认为是人为选择的过程。故而,在斯蒂格勒的语境中,人的一般智力的外化与人的物质性生产之间具有了内在逻辑支撑。但马克思在《关于费尔巴哈的提纲》中指出:"人的本质不是单个人所固有的抽象物,在其现实性上,它是一切社会关系的总和"[②],这种生产力与生产关系的矛盾运动是社会历史发展进步的根本性动力,构成了个人与社会、历史与现实之间的具体的、深刻的联系。在这种关系语境中,人的主体性的外化是生产力和生产关系的矛盾运动具体的历史的产物。因此,这种内在逻辑支撑实质上也是斯蒂格勒与马克

---

① 张一兵、[法]贝尔纳·斯蒂格勒:《技术、知识与批判——张一兵与斯蒂格勒的对话》,《江苏社会科学》,2016 年第 4 期。

② 《马克思恩格斯文集》(第一卷),人民出版社,2009 年,第 505 页。

思在资本主义批判焦点上存在逻辑性错位的一种具体体现。

第三,斯蒂格勒对于马克思的无产阶级化概念的理论承继存在错位。总的来说,斯蒂格勒以无产阶级化概念为核心的社会批判是为了解决数字资本主义时代的技术矛盾,无论是人类纪、器官学还是药理学思维,都是技术哲学的当代发展。但是,马克思的无产阶级化概念是其政治经济学批判中的重要部分,是马克思对资本主义生产资料私有制和剥削制度进行深刻探赜之后建立起来的,体现了马克思对历史发展规律的深刻分析。在马克思的原初语境当中,无论是对知识丧失的分析,抑或是对生产资料被剥夺的分析,都离不开对资本主义生产关系的深刻剖析,离不开对资本逻辑的分析与批判。因此,可以说斯蒂格勒对于马克思的无产阶级化概念的理论承继存在本质性错位,其无产阶级化概念的生成进路单纯关注技术的发展,对技术产生了一种拜物教式的理解,意图沿着一种单纯的技术逻辑实现乌托邦式的解放,是对马克思的物质生产理论与黑格尔唯心主义辩证法的主观嫁接。

第四,斯蒂格勒与马克思在超越无产阶级化的路径上存在错位。在斯蒂格勒看来,无产阶级化是分析数字资本主义中人与知识之间的关系问题,虽然一般智力的外化导致无产阶级化不断加剧,但是一般智力和作为一般智力对象化的技术本身就蕴含着超越维度。在斯蒂格勒看来,无产阶级是由无法正常运用知识的人构成的,进而超越无产阶级化的渠道不再是阶级斗争,而是对抗超阶级的外化的知识体系。因此,他致力于建构一个共享经济方案,这一方案是个体以非自利性和非营利性为前提的,方案成员利用网络技术参与知识与能力的分享,从而使得外化的一般智力回归到主体内部。这一方案看似是从一般智力及其对象化的技术内部寻求自反性,能够实现对无产阶级化现象的有效克服,是一种基于数字资本主义时代背景的去无产阶级化方案。但是,这实质上是让主体化个体借助技术手段完成共享性的组织自治,是一种在网络世界中小规模自主实践的数字共产主义。

在资本的结构化前提下,这一方案也没有交代一般智力如何被资产阶级当作资本主义合理化形式而嵌入相对剩余价值生产机制,以致雇佣工人的劳动被资产阶级全方位地支配,最终仅仅实现为以生产交换价值为全部目的的抽象劳动。同时,这一方案也并未真正触及资本主义生产关系,没有认识到超阶级的外化的知识体系依然是受资本逻辑控制的,是由资本家集团所主导的,想要不解决通过剥夺知识价值而获利的资本与资本家,而意图通过对知识体系的斗争获取最终的胜利,始终是一种乌托邦式的简单幻想。马克思和斯蒂格勒的超越路径看似是同构的,都是寻求技术的发展和知识的积累以实现人类解放,但马克思并未囿于这一解放逻辑,而是进一步探索了资本增值逻辑与无产阶级解放逻辑之间的关联,指出资本主义生产关系必将走向毁灭的客观规律是无产阶级趋于解放的现实基础和科学论证。马克思指出,随着技术和科学的发展,资本为社会创造大量的可以自由支配的时间,使得社会的劳动时间下降到最低限度,这就为社会中的个体创造出了自身发展的时间。换言之,随着一般智力或说机器体系造成的大量自由时间,会促进个人生产力和社会生产力的充分发展,资本将自由支配的时间变成剩余劳动的趋势无法完成,生产过剩会造成必要劳动的中断,而这就能造成劳动价值论和资本主义经济体系的瓦解和崩塌。①

　　总而言之,通过对斯蒂格勒无产阶级化概念的重新审视,可以发现斯蒂格勒对马克思无产阶级化概念的解读一方面忽视了其根本性的社会历史语境,另一方面则忽视了与生产力共同构成矛盾运动的生产关系,是一种基于技术逻辑的文本重构。同时,因为斯蒂格勒的数字资本主义社会批判始终无法摆脱技术逻辑的桎梏,因此其超越无产阶级化问题的路径无法从根本上颠覆资本主义生产方式,只得最终陷入向着风车冲锋的困境。而只有明确斯蒂格勒无产阶级化概念的理论错位,才能帮助我们更好地理解马克思的无产阶级化思想,才能帮助我们更加深入地理解历史唯物主义,进而更好地对当代数字资本主义的问题症候进行反思和批判。

王众凯(苏州大学)

---

① 《马克思恩格斯文集》(第八卷),人民出版社,2009 年,第 199 页。

数字时代的现代性批判
及主体解放路径探析

数字资本主义的发展伴随着数字空间的不断生产和扩大，这种辖域化和解辖域化的过程如同狂风暴雨般解构并重塑着我们的生活方式和社会结构。就像"一切等级的和固定的东西都烟消云散了，一切神圣的东西都被亵渎了"①这般，我们情不自禁或是极不情愿地被数字化，开始用冷静的眼光来审视数字空间内我们的生活地位、相互关系。②一方面，我们醉心于数字化带来的便捷和主体力量的增强，另一方面又不得不在其统治下遭受着普遍异化的生存困境。"现实迫切需要一缕阳光刺破笼罩在上空的数字阴云，人们也由衷地呼唤俄耳甫斯的竖琴来指点迷津。"③

一、资本逻辑下的数字资本剥削

数字资本主义作为资本主义在数字时代的最新样态，深刻地改变了传统机器大工业时代的生产方式，将劳工从固定的机器、工厂中解放出来。信息技术进步带来的生产力解放使得部分西方学者认为数字资本主义可以有效缓解资本主义的内生性矛盾，甚至重铸资本主义昔日荣光。如何有效打破数字资本主义的幻象，揭露数字资本主义的剥削实质，还需要从马克思对资本的批判理论中汲取营养。

①　《马克思恩格斯文集》(第二卷)，人民出版社，2009 年，第 55 页。
②　《马克思恩格斯文集》(第二卷)，人民出版社，2009 年，第 55 页。
③　谢亚洲、高晟贺：《数字资本霸权与数字中国道路探析》，《社会科学论坛》，2022 年第 3 期。

(一)数字资本主义下的数字劳动

数据作为新的生产要素,在如今的生产生活中发挥着至关重要的作用。对数字劳动的探讨也成为重要的议题。争论的重点在于,数字劳动中是否含有非物质劳动的属性。其中以福克斯为代表的学者认为,数字劳动是物质性劳动,福克斯根据马克思的理论,区分了劳动和工作的概念,并探讨了数字劳动的无偿性、注意力政治经济学和虚拟地租等问题。而以奈格里、哈特为代表的学者认为,数字劳动是非物质性劳动,即生产观念、符号、代码、图像的智力或语言劳动和生产情绪的情感劳动。本文认为数字劳动是一个较为宽泛的概念,根据劳动主体的不同呈现出或物质性、或非物质性以及物质性与非物质性相结合的属性。

由于马克思所处的时代正值工业革命时期,物质性的生产活动是该时期的显著特点。因此马克思着重对物质性劳动进行探析,但这并不意味着马克思忽略了非物质性劳动。在《哲学的贫困》中,马克思这样预测:"最后到了这样一个时期,人们一向认为不能出让的一切东西,这时都成了交换和买卖的对象,都能出让了。这个时期,甚至像德行、爱情、信仰、知识和良心等最后也成了买卖的对象,而在以前,这些东西是只传授不交换、只赠送不出卖、只取得不收买的。这是一个普遍贿赂、普遍买卖的时期,或者用政治经济学的术语来说,是一切精神的或物质的东西都变成交换价值并到市场上去寻找最符合它的真正价值的评价的时期。"①马克思虽然没有直接提出非物质劳动,但他认为在交换发展的某一阶段,精神的东西也会进入市场寻求其价值的实现,那么生产精神的非物质性劳动自然也会成为一种趋势登上历史舞台。

回到数字劳动,虽然数字劳动的属性问题存在着争议,但是不可否认的是,与传统体力劳动相区别的数字劳动依然生产着剩余价值。那么数字劳动是如何产生价值的?数据又为何能被视为数字时代的"石油"呢?劳动是财富的源泉,这一真理在数字时代则表征为数字劳工处理、加工数据的劳动创造了价值。数据的价值体现在数据作为人与物的有机结合的生产要素,是数字

---

① 《马克思恩格斯全集》(第4卷),人民出版社,1958年,第79~80页。

时代劳动者生命力外化的具体形式。相比较于机器大工业时期的出卖自身劳动力的劳工,本文所指的数字劳工包括提供无偿劳动的数字用户、软件工程师、系统维护人员等提供编码劳动的高技术人员,以及被数字算法操纵的数字劳工。

提供无偿劳动的数字用户是生产数据的主要来源,无偿占有其劳动成果也构成了数字剥削中的主要部分。这一部分数字用户的劳动主要表现为对原初性数据的分析、筛选和加工过程。数字化的过程将现实完全抽象成符号,并以数据的形式在数字空间内予以呈现。原初性的数据本身并无价值,其本质不过是一堆无意义的编码。但数字用户通过电脑、手机等终端媒介接收原初数据并对其做出反馈时,数据就从原本的编码组合升华为数字用户的外在生命力的体现,就有了价值。这种对象化的活动集中体现了数字用户的个人喜好、消费习惯、政治倾向等,是对具体个体的深入刻画。在数字资本主义的生产方式下则成为与数字用户相异化的"他者",并潜移默化地引导着数字用户的行为。随着便携式设备的普及和数字传输等基础设施的完善,数字用户用于生产数据的劳动资料变得轻便、智能。数据的生产也摆脱了笨重的机器、固定的厂房等时空限制,变得随处可及、随时可以。有别于"在自己的劳动中不是肯定自己,而是否定自己,不是感到幸福,而是感到不幸,不是自由地发挥自己的体力和智力,而是使自己的肉体受折磨、精神遭摧残"[①]的传统异化劳动,数据生产过程本身较为轻松,常以娱乐、游戏、消费的形式展开,数字用户并未产生体力劳动时的那种疲惫。相反,在这种数字劳动中,伴随着情感输出,数字用户更多的是满足与放松。有别于传统的体力支出,数据生产的过程消弭了传统生产和休息的界限,最大限度地延长了数字用户的绝对剩余价值和相对剩余价值。随着数字用户成指数型增长,对其劳动的无偿占有为数字资本主义提供了最主要的财富来源。

软件工程师、系统维护人员等提供编码劳动的高技术人员是数字劳工中较为特殊的部分。如果说广大数字用户提供的无偿劳动是数字资本主义剥削机制得以正常运行的基础,那么这一部分高精尖技术人员的劳动则是数字资本主义剥削机制得以运行的关键。他们的劳动产品集中表现为脑力

---

① 《马克思恩格斯文集》(第一卷),人民出版社,2009年,第115页。

劳动下数字产品的构建、算法的运行和维护。虽然他们与资本家的关系与传统的雇佣关系类似，但实际上这些高技术人员的地位远比普通的数字劳工要高。这一部分技术人员与公司签订雇佣合同，但与传统的产业工人不同，这种雇佣关系相对而言不具备那么强的剥削性。资本通过为这些高技术人员提供更多的进修和晋升机会、更好的待遇，以及允许其持有部分的股份，把他们培养成数字劳工中的贵族，以此来换取对其成果的占有。虽然高技术人员的劳动更多的偏向于物质性，但他们的劳动成果与普通的实物不同，其数字化、虚拟化的特点导致该部分成果一是要成为分析、整理、运用数据的核心算法，成为使数据有用的关键环节。即数字用户对数据的加工只是让数据赋形，使其成为产品，而精心设计的算法则是对数据赋值，使其成为商品，可以在商品市场上流通交易。二是该部分人员的劳动成果可以同时被许多消费者所使用。由于数据这一生产要素具有传播性强、边际成本低的特点，高技术人员劳动产品的使用价值的让渡变得更加便捷。这些编码商品(如微软旗下的办公软件以及视频剪辑工具、各种大型游戏等)一经设计完成，则以极低的成本复制、传播、流入市场，并通过相对固定的价格攫取利润。

被数字算法操纵的数字劳工则更多地指在数字平台中提供服务的劳动者。表面上平台是为各种资源提供交互的中介，但实际上交互过程中不得不遵循算法逻辑下的游戏规则。即数字算法营造了一种虚假的自由，其开拓的数字空间极大地推动了流通效率，使得数字劳工可以依据自身进行多样化的选择。但其本质则是为了资本最大限度增殖而对资源进行合理优化。例如网上购物平台中提供商品的商家实际上不能够完全自主选择其进项的种类和规模，而是要根据算法提供的预期进行选择。网约车平台也会在高峰期分给司机利润较低甚至为负的订单，工厂的工人、外卖小哥不得不按照算法的要求，在规定的时间内完成较为苛刻的任务。活生生的人与冷冰冰的机器之间的矛盾在数字时代转变为疲惫的躯体和自由意志的屈服与算法统治之间的矛盾。而更令人绝望的是，曾经可以代替机器轰鸣的工人的呐喊如今悄然无声，换作数字劳工的屈服，因为全域的数字化已使他们无路可退。在以算法逻辑为主导的情形下，这些数字劳工不得不选择妥协以换取在数字平台上保持相对优越的竞争地位。他们的劳动是数字资本与产业资本、金融资本融合并取得主导优势下的产物，是数字资本遵循增殖逻辑对资源进行配置以达到利益最大化的结果。

(二)数字地租与一般智力的私有化

经过筛选和加工的数据作为数字用户生命力的外化具有了价值属性，因此数据的生产、搜集、加工成为数字资本主义得以运行的关键。那么为何数字用户会同意数字资本主义无偿占有其数据呢？数字资本主义又采取了什么样的手段刺激数字用户生产数据呢？

数字用户通过平台的方式接收、处理各式各样的信息。当信息以数据的形式不断地传播时，得益于数据传输的即时性和便捷性，数字用户在短时间内便可接受大量的数据。但数字用户在短时间内可以处理数据的能力有限，那些没有被数字用户接收并处理的数据便丧失其价值。因此，对于数字用户注意力的占有成为衡量一个平台价值量多少的标准。对注意力的研究最早可以追溯到达拉斯·斯迈思及其"受众商品论"思想。在《传播：西方马克思主义的盲点》一文中，他试图用唯物主义的方法阐述受众、媒介和广告商三者间的相互关系。他敏锐地指出，"受众构成了垄断资本主义下大规模生产且由广告商承担的传播商品的形式"[1]，劳动者在结束了一天的工作后，利用电视、广播进行休闲的时刻也被征用作为工作时间。这种工作时间，被用于一般商品的生产，即人们通过工作获得报酬以及成为受众的一员，以及用于劳动力的生产和再生产(报酬包含在他们的收入中)。[2]

数字时代，广告被各式各样的信息所取代，所有的商品都被符号化并冠以品牌供用户选择。这种数字化和重新编码的过程直接造成了信息流呈指数的增长，产生了数字时代的特有矛盾——注意力的有限性与信息的无限性的不对称关系。至此，数字用户一改之前的被动接受状态，具有了筛选信息的主动性，加之符号化后的商品更多的依托意识形态的形式在市场上流

---

①　Dallas Walker Smythe, Communication: Blindspot of Western Marxism: *Canadian Journal of Political and Social Theory/Revue canadienne de théorie politique et sociale*, Vol.1, No.3, 1977, p.51.

②　Dallas Walker Smythe, Communication: Blindspot of Western Marxism: *Canadian Journal of Political and Social Theory/Revue canadienne de théorie politique et sociale*, Vol.1, No.3, 1977, p.51.

通,推动了注意力由商品向劳动能力的转变。但是这种主动性并没有为受众地位的转变提供有益的指引。正如机器大工业时代工人不得不出卖自己的劳动力以换取工资一样,数字用户除了自己的注意力外并不掌握其他的生产资料,因而不得不出卖自己的注意力以换取与生活息息相关的数据信息。这也是为什么数字用户不得不同意平台无偿占有其生产的数据的根本原因。

有别于机器大工业时期通过强制性的国家机器和暴力手段强制工人进行劳动,数字资本主义采取了更为隐蔽的手段对数字用户生产的数据进行无偿占有。为了尽可能地吸引用户,平台在建立初期往往会采取交叉补贴或是先行垫付的策略——在经营伊始以补贴的方式提供低廉甚至免费的服务,待稳定市场后则提高价格以获取利润。①由于前期交叉补贴的力度较大,平台往往能吸引较多的新用户,并以优化服务的名义占有了用户的使用数据。平台就像数字世界中的土地一样,数字用户一经进入,就在平台中留下了使用痕迹。这些使用数据以绝对地租的形式被平台无偿占有。而各个平台间不断增加功能、改进其服务,为的就是争夺用户和市场以形成级差地租。随着市场不断趋于饱和,平台为了留住老顾客以保证源源不断地获取数字地租,则会无偿占有已有数字用户形成的一般智力。

"一般智力"概念由马克思在《政治经济学批判大纲》中提出——"固定资本的发展表明,一般社会知识,已经在多么大的程度上变成了直接的生产力,从而社会生活过程的条件本身在多么大的程度上受到一般智力的控制并按照这种智力得到改造。"②马克思笔下的一般智力在前资本主义时期指与人们的劳动紧密相连的,是人们在长期的实践劳动中总结出来的经验智慧。在机器大工业时期,一般智力开始与人们的劳动相分离,主要表现为社会上的科学知识与机器相结合并作用于生产过程,即知识的对象化——技术对生产力的重要推动作用。而数字资本主义时代下的一般智力则不仅是个体的知识的聚集和一般水平的体现,而且是一种关于情感的类属性。具体

---

①　Nick Srnicek,*Capitalismo digitale Google*,*Facebook*,*Amazon e la nuova economia del web Traduzione di Chiara Papaccio*,Luiss University Press,2017,p.37.

②　《马克思恩格斯文集》(第八卷),人民出版社,2009年,第185页。

表现为数字平台中用户与用户之间交互所形成的情绪性的价值和习以为常的文化传统,包括对自我以及平台内这一小范围群体的认同。平台对一般智力的无偿占有并形成了一种伪普遍性,好像平台本身成了标准的范式。正如齐泽克指出的那样:"微软占有了一般智力,并依据一般智力设定了一个近乎垄断的伪普遍性的标准。"①借助伪普遍性的标准,平台与用户间的关系由用户自由选择平台的形式从属转为用户不得不选择固定平台的实质从属,从而保障了数字地租得以源源不断地生成。

(三)数字化的圈地运动

随着平台之间依托对一般智力的占有不断争夺市场,数字时代的圈地运动愈演愈烈。一方面表现在以平台为依托的数字空间逐渐扩大并主导了传统的物质生产环节,另一方面表现在各个平台间为了保持其领域内的绝对统治,在技术上进行限制,形成一种生态的边界。这种生态系统以品牌效应为宣传工具,不断地开拓市场、稳定客户。同时以技术手段形成了隔离,如果用户要逃离,需要付出很大的代价。苹果公司研发的 iOS 系统就是一道技术屏障。独立的操作系统确保了苹果旗下的各个产品间都能达到数据的快速共享和互通。这种同一品牌产品间的互动往往可以达到 1+1>2 的效果,而不使用苹果系统的华为三星等品牌则被技术屏障拒之门外。这种技术上的壁垒实际形成了诸多小型封闭的技术生态圈,而选择更换其他系统的产品则意味着信息、数据的传输不再那么的高效,之前产生的数据也很难在新设备上得以存续。各个品牌利用自己的技术优势抢占市场,而发达国家也利用先发优势占据了数字高地。随着全球化的不断深入,数字技术不仅成为推动国家现代化建设必不可少的助推器,而且成为新自由主义维持霸权体系的工具。以美国为首的西方国家通过先发优势,以服务费、专利费为由向想要进行现代化建设的发展中国家收取高额的垄断费用。这种表面上受国际法律保护的技术手段在资本主义的体系下成为极致凸显资本主义腐朽性和寄生性的最好表征。发展中国家要想实行现代化、数字化,就不得不因为缺少

---

①　Slovaj Zizek,*The relevance of the communist manifesto*,Cambridge University Press,2019,p.10.

资金和技术支持而接受数字资本主义国家因为技术垄断所拥有的任意定价权以及通过技术手段进而实现对发展中国家政治、经济、社会方方面面的全方位控制的事实,实际上就形成了一种新的依附关系。在这种强制性的依附关系中,发展中国家仍然不能依靠技术进步摆脱落后的地位,而是成为数字资本主义下新的殖民地。

二、数字资本下的主体性遮蔽

启蒙运动把人从封建神权的统治中解放出来,使人的本质得以回归自身,理性主义原则也得以确立。但在资本与理性主义的共谋下,祛魅的过程并没有增强人的本质、实现人的自由,反而使得理性主义走向反面,走向自我毁灭。在数字时代,数字资本以抽象化和规训的方式实现了对主体超越性和自由性的褫夺,使其更加合乎资本主义的发展需要。

(一)被剥夺的当下性

数字资本的发展伴随着数字空间的生成和延展,而数字空间不仅仅是现实生活在网络上的延续,它在提供了仿现实生活的虚拟幻象的同时,也依照资本的逻辑对数字用户进行了控制。实在的世界在数字化的过程中并不是被完全照搬进虚拟世界中,而是会存在一定程度的"失真"现象。因此,在数字空间内不存在以实践和感觉为基础而建构的实在世界,而是遵循数字逻辑、资本逻辑的虚拟构想。主体数字化、实在虚拟化的过程是对主体实质从属于数字资本的改造。这种改造"一方面切断了主体间在数字空间内真正交互的可能,同时又使得实在的人与他所操纵的虚拟用户相分离。我们逐渐发现,在数字时代构建一个此在的周围世界是一件困难的事情"①。正如海德格尔所说,"存在是存在者的存在,存在者存在是该存在者能够对其他存在者实施影响或相互影响的本源,也是能被其他有意识能力存在者感知、认

---

① 谢亚洲、高晟贺:《数字资本霸权与数字中国道路探析》,《社会科学论坛》,2022 年第 3 期。

识、判断、利用的本源。"①而在以算法为基础构建的数字空间内，"主体丧失了同他的存在有所作为、同他的存在有所领悟、同他的存在发生关系的可能性。在此种意义上说，实在的人不仅不能控制他在虚拟世界中的所作所为，相反，他在数字空间内呈现的是一种定在，被各式各样的算法逻辑所安排、所规定。实在的虚拟化过程完成了对他自身的异化，人与人的现实的社会关系被解析为充满怪诞的抽象的数据与数据的交互。在这个过程中，人失去了直接当下在场的可能性，成为附着在数字资本主义体制内的实质从属"②。

（二）话语政治

在将个体抽象化为数据的基础上，数字资本主义通过话语的方式使主体陷入符号化的环境中并产生自我认同。虽然数字劳工可以对信息进行有限的选择，但始终摆脱不了资本和算法的安排。在此种意义上说，数字劳工对信息的加工、处理和传播是对特有资本主义意识形态的宣传而不是个人理性意志的表达。而数字劳工加入数字空间时所填写的个人信息则会被后台算法分析，将具有相似性格、政治偏好的个体从大的整体中分离，进而聚集形成小团体以便更容易推进"质询"的过程。"所有意识形态都是中心化的，占据着独一无二的中心位置，并围绕这个中心，通过双重镜像的关系把无数个人唤问为小主体，以使那些小主体臣服于大主体。"③通过"质询"的过程，数字劳工这一大的群体被分解成诸多相互分离但内部又无比统一的小群体，诸个小主体间由于话语的冲突性，使其丧失了一定社会规范的理智能力，加上所感知的现象与事实之间的差距，使其交往行为变得不可能合理。

可以说，意识形态通过确立一种话语和打压其他话语的形式形成了一种新的文化霸权。这种霸权成功限制了主体意识的形成并压制其反扑。在数字时代具体则表现为政治的分化——在互联网上依靠热度和流量支撑的话语体系从政府的决策政治中分离出来。数字空间内以热点和流量为基础的

---

① ［德］海德格尔：《存在与时间》，陈嘉映、王庆节译，商务印书馆，2018年，第288页。

② 谢亚洲、高晟贺：《数字资本霸权与数字中国道路探析》，《社会科学论坛》，2022年第3期。

③ ［法］路易·阿尔都塞：《论再生产》，吴子枫译，西北大学出版社，2019年，第379页。

话语体系再也不能撼动政府的决策和政策的制定。例如新冠肺炎疫情肆虐而美国政府又鲜有作为时,美国民众在互联上群情激愤予以声讨,但并不能影响政府决策分毫。数十万人抗议财政紧缩的政策,但史无前例的预算削减仍在继续。从 20 世纪 90 年代末的反全球化斗争,到 2008 年以来的新学生起义和占领运动,我们发现像机器大工业时期的强有力的抗议、游行等政治手段再也起不了作用了。取而代之的则是将情感作为现实政治的场所,身体、情感和本能的因素取代和阻碍(而不是补充和增强)更抽象的分析。①在充斥着情感的躁动和愤怒的呐喊声中,如何表现得更加契合氛围取代了改变现状所要作出的努力。与传统的抗议游行不同,数字时代的政治运动通常无法清晰地表达出任何实质性的东西。大家在意的只是一种形式上的正确和情绪的发泄,而真正要去推动和争取的目标则被数字空间消解于无形。

(三)数字全景监狱

数字资本主义在精神上对数字用户的规训实际上是建立一种新的权力关系,即从封建君主掌握人生死的权力向人口治理技术的生命权力的转变。通过这种非惩戒性的治理技术,数字资本主义打造出数字化的全景监狱,对数字用户进行精神上的引导和控制,同时也意味着控制范式的转变,即由外部的他者剥削转向自我剥削。

封建君主制常常使用严酷的刑罚惩治僭越王权的匪徒,通常以剥夺人生命的方式展示君主权力的不可冒犯。到了 19 世纪,强制劳动、剥夺自由等监禁措施逐渐取代了违反人道的酷刑,一些学者开始探究用精神的规训取代肉体的刑罚。在此背景下,边沁提出了"圆形监狱"的概念。即犯人身处随时被监视的独立囚室内,但由于反光,犯人无法察觉到自己何时被监视。这种随时存在却又不确定的监控保证了秩序的确立。米歇尔·福柯在其著作《规训与惩罚》中对边沁的"圆形监狱"理论进行了深刻的反思和分析,并提出了"全景敞视主义"。他认为"权力应该是可见的,但又无法确知的。所谓

---

① See Nick Srnicek, Alex Williams(eds.), *Inventing The Future Postcapitalism and a World Without Work*, Verso Press, 2015, p.132.

'可见的'，即被囚禁者应不断地目睹着窥视他的中心瞭望塔的高大轮廓；所谓'无法确知的'，即被囚禁者应该在任何时候都不知道自己是否被窥视，这便构成了'精神对精神的权力'"①。这种无法确知的却又真实存在的权力机制不仅作用于某个具体的个体，而且在群体之中产生了一种威慑和征服，并在任何反制措施下都能确保权力的行使。如果说这种权力机制一开始还停留于学者的假设和学说中，那么在数字资本主义时代则几乎成了现实。数字用户在社交平台上发布动态、记录生活，其本质则是在数字全景监狱中的囚犯，囚室是各个平台内可以上传视频、图片或者发表动态、可供交互的账户，而中心的瞭望塔则是随时观察、记录用户动态的后台算法，囚室外路上的行人则是平台中的其他用户。数字用户在平台上发布的动态被后台所记录和分析，个别有悖于资本发展逻辑或是与资本主义意识形态不符的言论则被重点筛选、屏蔽，针对这样的个体，数字资本主义利用国家机器的强制力或是意识形态的渲染、灌输对其进行规训，将其打造成符合资本主义意识形态、有利于资本主义发展的奴仆。不同于将个体隔绝于独立的囚室并对其进行重新改造，数字用户不仅欣然接受了对其的规训，而且还通过可以观看这一特质将特定的意识形态内容予以宣传。通过对数字用户对特定信息的引导、接收和生产，数字资本主义将"可见与不可见、观看与不能看"的权力机制升级成"可见、可知却无法控制"的新型权力机制。

数字全景监狱对福柯的全景监狱理论的超越在于其范围的进一步扩大，如果说在学校、教堂等装置之外还存在着福柯的全景监狱所不能涉猎的区域。现如今，数字全景监狱已渗透进生活的方方面面，不仅广泛存在于社交平台、应用平台中，而且也在日常生活和工作中发挥着作用。韩炳哲在《倦怠社会》一书中指认数字算法对人们日常生活的影响，并宣告着功绩社会的到来。在功绩社会下，数字算法对人们实现了深层次的操纵，即可称之为生命政治装置的数字全景监狱变得随处可见并完成了由外部的他者剥削向内部的自我剥削的转变。数字算法普遍运用于个体的生存和竞争之中，将个体抽象化为数据并进行比较，这种范式的转变使得"能者多劳、多劳多得"向末

---

① ［法］米歇尔·福柯：《规训与惩罚》，刘北成、杨远婴译，生活·读书·新知三联书店，2012年，第225~226页。

位淘汰制转变。面对功绩社会如此的转变,人与人之间的主体性关系被抽象和贬低为主体与客体之间的关系,焦虑、不安的情绪混杂着无能的愤怒,充斥在不断内卷的过程中。在自我剥削下,没有人可以置身事外,这是一种没有上限的剥削,处于内卷状态下的人们想尽一切办法,不是为了完成指标,而是保证自己不会处于末位,不会遭受被淘汰的结局。久而久之,处于内卷的人们会感到疲惫,丧失了生活的乐趣,成为附着在资本理性逻辑下的抽象物,而资本则坐享其成,享受着主体内耗带来的无偿劳动。

三、左翼加速主义与民间政治

数字资本凭借隐蔽的剥削方式和深度规训,不仅吮吸着主体的劳动成果,而且遮蔽了主体本身的超越性,使其成为数字资本主义的附庸。这也引发了西方学者们的反思,以威廉姆斯和斯尔尼塞克为代表的西方左翼加速主义者们在技术层面对数字资本主义进行了批判,并尝试着作出反抗,走出了一条与传统的西方马克思主义者不同的批判路径。

早期的西方马克思主义学者认为随着技术的进步和机器在生产中取得主导性地位,工人逐渐丧失了其自有的主动性,成为附着在机器上的奴役。并且这种物质上的进步为资本主义以意识形态的形式建立了对工人阶级的统治。阿多诺在《启蒙辩证法》中指出:"今天,人性的堕落与社会的进步是联系在一起的。经济生产力的提高,一方面为世界变得更加公正奠定了基础,另一方面又让机器和掌握机器的社会集团对其他人群享有绝对的支配权。"①因此,西方马克思主义学者把批判的矛头指向了技术的进步。这种批判的思想延续到二战之后,左翼知识分子对待卢卡奇所指出的"物化"现象的态度,依旧是与发展着的技术保持一定的距离,避免沦为景观社会中的消费化符号。可以说,当资本家为了追求更高的利润,将机器引入生产过程之后,机器逐渐成为异化物,用以统治、奴役工人。而机器与工人之间的矛盾逐渐掩盖了资产阶级与无产阶级之间的阶级对立。"厂主把自己的走锭纺纱机的规模

---

① 〔德〕霍克海默、〔德〕阿多诺:《启蒙辩证法》,渠敬东、曹卫东译,上海人民出版社,2003年,第4页。

扩大一倍,就可以除掉那些不友好的或反叛的工人。"①对待这一问题的不同看法也使得对该问题的批判路径有了质的区别。西方马克思主义学者批判技术对人的奴役和统治,因而将反对资本主义与反对技术的发展和物质的进步混为一谈。而以尼克·斯尔尼塞科和阿列克斯·威廉姆斯为代表的左翼加速主义则提出要利用资本主义的生产力,将技术本身的潜能激发出来,实现在资本主义基础上的再加速,从而跳出资本主义的泥沼。他们引用"机器论片段"中"加入资本的生产过程以后,劳动资料经历了各种不同的形态变化,它的最后的形态是机器,或者更确切些说,是自动的机器体系,工人自己只是被当作自的机器体系的有意识的肢体"②这段话,提出工人在机器面前并不是一无是处的。在机器统御工人的过程中,工人也在对机器进行改造。机器与工人的联结不仅是将工人作为机器的一部分加以统治,在另一个维度上,工人也可以通过与机器的融合提升自己的力量,进而打破资本主义统治的藩篱。左翼加速主义的这一主张意味着与传统的西方马克思主义学者在批判路径上的相异,也宣示着左翼加速主义在思想逻辑上对马克思的回归。

在具体措施上,左翼加速主义学者提出一是要充分发掘技术的潜力,即在资本主义的物质平台的基础上实现对于技术的真正研究和使用。同时建立新的分配方式,以实现对资本主义生产关系的重构;二是要夺取社会技术霸权,实现对资本主义生产关系下的平台的重构,将技术平台导向公共目的,以便建立自己的智库来取代新自由主义,并掌握后资本主义时代的走向;三是建立新的民主决策机制,即"合法的、集体控制的垂直权威,以及水平分布的社会形式,以避免成为专制极权主义中央集权主义和我们无法控制的反复无次的新兴秩序的奴隶"③。以一种集体自决的形式实现集体自治,同时进行大规模的媒体改革,宣传反新自由主义的意识形态,使民众掌握媒体机构的领导权。但是,从革命的主体而言,在技术的深度规训下,革命的主体力量从何而来,谁有力量去打破资本营造的虚假幻想从而使大众从沉睡

---

① 《马克思恩格斯全集》(第32卷),人民出版社,1998年,第389页。

② 《马克思恩格斯全集》(第31卷),人民出版社,1998年,第90页。

③ Nick Srnicek,Alex Williams(eds.),*Acelerar Manifesto:por uma política aceleracionista*,Luiss University Press,2018,p.32.

中觉醒? 左翼加速者们对此避而不谈。这就导致当代激进左翼面对重塑革命的主体性认同问题时,采取了一种新的尝试——与民间运动相结合。

民间运动是当代左翼思想和直觉的集合,这些思想和直觉构成了组织、行动和思考政治的常识性方式。[1]民间运动通过强调时间、空间和概念上的直接性,试图把主体从抽象虚幻的数字牢笼内解放出来。主张个体应该自由地联合,创造出自己管理的社群并对政府行为作出即时反应。因此,当代民间运动习惯于对政府的决策进行短暂性的即时回应,缺乏长远的战略眼光;其主张更多的是回到过去(例如对凯恩斯主义的反复幻想)而缺乏对新自由主义的创新性批判;就抗争的手段而言,民间运动提倡偏暴力色彩的占领和抗议运动,并没有科学纲领的引导。民间运动看似在传统左翼政党无法抵御新自由主义霸权而分崩离析、当代政治无法重塑往日辉煌的至暗时刻,提供了一种美好的解决方案。但事实上,民间运动无法改变资本主义,它已经与实际的权力机制相脱节。随着科学技术的不断创新和社会生活的日益更迭,以往将集体力量凝聚并以此抗争的手段现在已被消融殆尽。作为当今左翼的共识,民间运动往往是直接的、缺乏深入思考地运作的。仅仅试图依靠群众情绪性的爆发来找到突破数字资本主义统治的关键是不现实的。[2]资本主义发展的复杂性决定了单一的、缺乏长远思考的战略不足以撼动数字资本主义统治的根基。对数字资本主义的反抗需要一种新的强有力的解放路径。

四、"数字中国"战略——超越数字资本主义的新路径

资本主义经过启蒙运动的祛魅过程和工业革命的洗礼,在现代化过程中具有先发优势。由于世界市场的确立和资本增值的需求,以资本主义发展方式为模板的现代化伴随着新自由主义全球霸权的确立,成为具有普适性、唯一性的现代化方案。这种现代化方案依托资本主义的意识形态,将发展中国家强制性并入以发达国家为中心的世界体制中, 其本质仍是殖民性的霸

---

① Nick Srnicek, Alex Williams (eds.), *Inventing The Future Postcapitalism and a World Without Work*, Verso Press, 2015, p.171.

② 谢亚洲、高晟贺:《数字资本霸权与数字中国道路探析》,《社会科学论坛》,2022 年第 3 期。

权体系。数字资本主义下,这种"中心-边缘"的霸权体系得到了巩固和加强。为了打破"现代化=西方化"的迷信,左翼加速主义者们倡导在现有技术的基础上实现技术的再加速,从而突破资本主义的桎梏。但由于其规避了革命主体性的问题,左翼加速主义运动终究未能实现对数字资本主义的超越。与左翼加速主义者不同,我国在推行"数字中国"战略的过程中走出了一条不同于西方国家的数字现代化道路。

"中国式现代化,是中国共产党领导的社会主义现代化,既有各国现代化的共同特征,更有基于自己国情的中国特色。"[①]作为数字时代推进中国式现代化的重要引擎,"数字中国"战略的深入推行既吸收了发达国家发展数字化的先进经验,又走出了一条具有中国特色的、符合中国国情的数字化道路。"数字中国"战略是对数字资本主义的发展和超越,其理论支撑在于马克思的现代化批判理论。"后现代主义者把现代性、启蒙精神定向为一种'工具理性',强调这是理性的必然归宿。"[②]他们认为现代化过程中产生的消极作用是不可避免的。但是马克思认为,对于现代性的批判不仅要看到其弊端,而且要"揭示这些弊端产生的更深层的'物质'原因,即资本逻辑"[③]。因此,与部分后现代主义者强调回到前资本主义时期以规避现代化带来的痛苦不同,马克思看到了与现代性必然走向其反面不同的发展境遇,即改变资本主义的生产方式,对资本加以引导和限制,从而最大限度地减少现代化带来的负面影响。即马克思"并不把现代化过程中所出现的种种消极影响归结于现代性理念本身,而是强调正是社会制度、生产方式促使现代化走向了反面,强调现代性理念与现代化过程中的消极作用之间并不存在必然联系"[④]。这也打破了"现代化=西方化"的迷信,为中国根据自身特点走出有别于西方的

---

① 习近平:《高举中国特色社会主义伟大旗帜　为全面建设社会主义现代化国家而团结奋斗——在中国共产党第二十次全国代表大会上的报告》,中华人民共和国中央人民政府网,http://www.gov.cn/xinwen/2022-10/25/content_5721685.htm。

② 陈学明:《从马克思的现代性批判理论看中国道路的合理性》,《马克思主义与现实》,2018年第6期。

③ 陈学明:《从马克思的现代性批判理论看中国道路的合理性》,《马克思主义与现实》,2018年第6期。

④ 陈学明:《从马克思的现代性批判理论看中国道路的合理性》,《马克思主义与现实》,2018年第6期。

数字化道路提供了理论依据。

习近平总书记在第二届世界互联网大会开幕式上首次正式公开提出"数字中国"的概念。2016年12月,国务院正式出台《"十三五"国家信息化规划》,提出了"数字中国"的具体发展目标。至此,"数字中国"战略得以正式确立。尤其是在2022年的12月,中共中央、国务院提出《关于构建数据基础制度更好发挥数据要素作用的意见》,肯定了数据作为新型生产要素对经济发展的推动作用,同时指认数据具有无形性、非消耗性、可以接近零成本无限复制的新特点,[1]基于数据带给传统的生产、流通、交换、分配领域的新问题、新挑战,构建出与数字生产力发展相适应的生产关系。2023年2月,中共中央、国务院印发了《数字中国建设整体布局规划》,指出"建设数字中国是数字时代推进中国式现代化的重要引擎,是构筑国家竞争新优势的有力支撑"[2],并在战略层面确立了数字中国建设纵深拓宽发展。中国的数字化发展道路依托新时代中国特色社会主义伟大实践,克服了数字资本主义的弊端,在肯定数字化带来的先进成果的同时实现了对资本现代性的超越。

"数字中国"战略坚持以人民为中心的立场,克服了资本主宰劳动的历史逻辑。[3]与数字资本无偿占有数字劳动相反,中国的数字化进程首先对数据进行确权,肯定了数字用户作为劳动主体的尊严,也充分利用了作为新生产要素的数据本身所蕴含的价值。同时建立健全相关的制度和法律,完善数字经济发展的配套设施。建立保障权益、合规使用的数据产权制度,探索数据产权结构性分置制度,建立数据资源持有权、数据加工使用权、数据产品经营权"三权分置"的数据产权制度框架,[4]最大限度发挥数据这一生产要素对经济的推动作用。其次,在数字经济发展中给资本设"红绿灯",发挥社会主义制度的优越性,利用国家公权力对资本进行合理引导和有效规制,防止

---

① "数据二十条"对外发布,构建数据基础制度体系——做强做优做大数字经济,中华人民共和国中央人民政府网,http://www.gov.cn/xinwen/2022-12/21/content_5732906.htm.

② 中共中央 国务院印发《数字中国建设整体布局规划》,中华人民共和国中央人民政府网,http://www.gov.cn/zhengce/2023-02/27/content_5743484.htm.

③ 陈曙光:《现代性建构的中国道路与中国话语》,《哲学研究》,2019年第11期。

④ "数据二十条"对外发布,构建数据基础制度体系——做强做优做大数字经济,中华人民共和国中央人民政府网,http://www.gov.cn/xinwen/2022-12/21/content_5732906.htm.

资本的过度扩张,克服资本造成的两极分化。同时将资本引向数字基础设施建设,夯实数字基础设施和数据资源体系"两大基础",推进数字技术与经济、政治、文化、社会、生态文明建设"五位一体"深度融合,[1]充分发挥数字技术与资本联合对生产力发展与生产关系变革的推动作用,发展国家公共数据库,增加公共数据的比重,将数据向公共事业倾斜,使数字技术更好地为人民添福祉,满足人民对美好生活的需要。

"数字中国"战略根据不同地方的特点,开辟出了一条顶层设计与地方创新相结合的,具有统筹协调、整体推进特点的数字化发展道路。中国的数字化进程首先在各个省份进行有针对性地试点,在总结试点过程中的经验和反思试点过程中的问题中,慢慢探索出数字化建设过程中的规律,进而在国家战略层面开始有规划的进行宏观指引。同时建立良好高效的统筹协调机制,在坚持和加强党对数字中国建设的全面领导的基础上,充分发挥地方党委网络安全和信息化委员会的协同管理作用,推动跨部门协同和上下联动,完善政策措施,强化资源整合和力量协同,形成工作合力。[2]这个过程中体现了中国共产党在治理层面上的革新,也再一次彰显出党和政府谋篇布局、科学引领数字化建设稳步前进。在加大对网络信息基础设施建设的投入力度,实现经济新动能的加速转换,为网络信息技术发展奠定基础和保障的顶层设计下,各个省份地区结合自己的特点,进行有特色的、有针对性的地方数字建设,带动了地方经济发展,取得了较好的成绩。

"数字中国"战略走出了一条不同于西方发达国家的数字化发展道路,"摆脱了依附发展的历史宿命,实现了从世界边缘到舞台中央的华丽转身"[3]。中国的数字化发展道路坚持以公有制为主体,坚持以人民为中心的发展理念,在限制数据资本权力扩张的同时释放其潜能,不仅实现了对数字资本主义的超越,更为广大发展中国家提供了中国智慧和中国方案。"数字中国"战略的深入推行,打破了西方发达国家对现代化发展理论的话语垄断,是发展中

---

① 中共中央 国务院印发《数字中国建设整体布局规划》,中华人民共和国中央人民政府网,http://www.gov.cn/zhengce/2023-02/27/content_5743484.htm。

② 中共中央 国务院印发《数字中国建设整体布局规划》,中华人民共和国中央人民政府网,http://www.gov.cn/zhengce/2023-02/27/content_5743484.htm。

③ 陈曙光:《现代性建构的中国道路与中国话语》,《哲学研究》,2019年第11期。

国家在数字化时代弯道超车，实现国家富强、民族振兴目标的典范，有利于打破新自由主义下的数字霸权体系，推动构建平等、普惠、团结的新型国际关系，使得和平、发展、公平、正义、民主、自由的全人类共同价值深入人心。

五、余论

数字资本主义是资本主义进入数字化时代的最新发展形式。诚然，作为第四次科技革命的产物，数字资本的不断壮大创造了繁荣的景象，推动了主体力量的觉醒。但揭开资本主义的迷雾，其贪婪的本性赫然在目。在解构传统的生产方式、提供全新解放愿景的表象下，实际则是资本主义对人的深度规训。在这种意义上，数字资本主义并没有吹响重振资本主义社会的号角。相反，它作为全景监狱的数字化形式，通过将实体虚拟化的过程完成了对主体政治生命的解构和重塑，加深了主体普遍异化的生存困境。无论是左翼加速主义的技术加速理论、还是后现代主义者对现代性本身的解构，都产生了资本与理性结合下的误认，即囿于资本主义既有的生产关系框架，将数字资本主义的弊端等同于数字化过程必然的产物，提出不是否定自身就是回到前资本主义的悖论。需要看到的是，虽然数字资本主义的发展实质上激化了资本主义的基本矛盾，但打破数字牢笼仍然不是一蹴而就的事情。对数字资本主义的批判仍需回到马克思那里寻求指引。既要坚信资本主义必然灭亡、社会主义必然胜利，又要认识到"无论哪一个社会形态，在它所能容纳的全部生产力发挥出来以前，是决不会灭亡的；而新的更高的生产关系，在它的物质存在条件在旧社会的胎胞里成熟以前，是决不会出现的"①。"数字中国"战略的深入推行打破了发达国家对现代化话语的独占，为广大发展中国家提供了中国方案和模式上的指引。未来"数字中国"战略同全面建设社会主义现代化国家、全面推进中华民族伟大复兴的中国特色社会主义伟大实践的深度结合，是数字时代推进中国式现代化的题中之义，也是走出数字囚笼的中国答案。

高晟贺（厦门大学）

---

① 《马克思恩格斯文集》（第二卷），人民出版社，1998年，第592页。

论数字资本主义时代
劳资关系的"变"与"不变"

劳资关系作为贯穿资本主义生产中的一对重要关系，随着资本主义生产方式的改变而变化。数字化的发展使得资本主义社会中的生产劳动样式发生变化，同时也改变了劳资关系中的表现形式。数字革命强化了数字和数据的地位，数字对经济的渗透已经深入到传统生产领域，资本家对劳动者的剥削更加隐秘，大部分劳动者往往无法意识到自己正处于被剥削状态，甚至以主动的姿态融入资本主义数字生产中。资本主义生产方式变革的背后，掩盖着资本主义占有劳动者剩余价值的本质、资本主义生产过程中劳资之间的根本冲突。结合数字资本主义经济的特殊背景，剖析数字资本主义时代劳资关系的变与不变之处。用马克思主义视域揭示数字资本主义下劳动者的被剥削状态，以期揭示数字资本主义时代下劳资关系的本质，消除劳资矛盾，构建无剥削的数字共产主义。

一、数字资本主义时代劳资关系之"变"

劳资关系一直是马克思劳动价值论中的重要内容，也是资本主义生产关系中的一对重要关系。机器大工业时代，劳动者被禁锢在生产流水线上从事机械的生产工作，剩余价值被资本家剥削。当资本主义发展进入数字时代，资本家利用数字手段为人们生活带来的便利性以掩盖对劳动者的剥削，以此来粉饰劳资关系下的尖锐矛盾。透过表象，劳资关系在数字资本主义时代下产生一些新的特点。

(一)劳资主体之变

雇佣劳动是传统资本主义下的生产方式。马克思通过剖析雇佣劳动的产生和本质,进而揭露雇佣劳动背后隐藏的资本积累与资本掠夺。随着生产方式的变革,数字资本主义时代的劳动也从传统雇佣劳动形式发展为雇佣劳动与非雇佣劳动并存的形式。

数字资本主义时代下的雇佣劳动是一种发生在数字雇员与资本雇佣者之间的较为明显的雇佣关系。数字雇员大多受聘于互联网公司,根据公司定位及市场需求研发数字产品。这与传统劳动过程相似,资本通过雇佣劳动者使其和生产资料结合进而创造剩余价值。数字劳动中比较特殊的是生产出来的产品以及生产过程本身都是在虚拟网络中进行,产品可能没有实体。除此之外,一组数据被生产出来后不需要劳动者进行重复劳动就可以被不同的使用者使用,商品的使用价值开始脱离于商品生产。因此,产品的使用价值变得尤为重要,劳动者的劳动变得尤为重要。生产资料变成大数据,数字雇员需要根据大数据来进行产品研发,然而生产资料却不被劳动者所占有,它被牢牢地掌控在那些处于垄断地位的数字公司手中。当劳动者和生产资料相分离,劳资关系之间的矛盾也就具备了一触即发的可能性。

与人类实践活动融合的非雇佣劳动形式是数字资本主义时代劳动的独特形式。网络作为数字资本主义生活的重要"社会技术体系",网络上的数据成为各企业争夺的重要生产资料。通过数据可以分析出用户的使用习惯、透露出的个人信息等,后台便能够根据个人习惯与需求提供精确有效的广告投放。企业掌握越多的精准数据,就越能在市场中取得优先权。以脸书(facebook)为例,脸书作为一个公共社交平台,用户在使用软件的过程中,不知不觉便传递出个人的生活场域、生活习惯、爱好等私人信息。比如当用户频繁定位在一个范围内,那么他就容易收到这个范围内商家的广告推送。这种推送方式较之以往的随机广告投入方式更精准、更有效。用户在产品上的有效信息越多,产品本身就不断增殖。数字用户在其中起着生产数据的作用。生产此类数据的劳动就被称为非雇佣数字劳动。顾名思义,虽然数字用户的数据能够为资本家带来更多的剩余价值,然而其生产数据的劳动并不是在被资本家所雇佣的状态下发生的。因此，其基本权益并未得到有效保障，在用户使用商品时勾选的"用户须知"中，就不知不觉地将自己的数据让渡给了资本家。非雇佣劳动者进行的大量数据劳动与资本家无须向劳动者负责便可占有其数据产品之间的矛盾，将成为数字资本主义时代下劳资矛盾的重要内容。

（二）劳资冲突之变

在《资本论》工作日一章中，马克思用大量篇幅描绘工人生活的困苦环境，每天过着食不饱腹生活的工人们，仍会反抗资本家的剥削。比如工人联合起来组织罢工等。劳动者的合法权益只有通过劳动者和资本家之间的力量对比才能够实现。然而，数字资本主义时代却存在着劳资之间矛盾尖锐而劳动者之间联合性减弱的情况。

数字资本主义时代，劳资之间矛盾更加尖锐。劳动资料的数字化使劳动收入与资本收入的差距扩大。数字资料不仅包括数字工作者所创造出的平台，还包括平台背后大量数字用户的使用数据。劳动收入和资本收入的差距不断增大，导致劳动者和资本家之间的"数字鸿沟"。数字鸿沟的背后是资本主义社会体系中存在的贫富不均和机会不公。财富越多、权力越大的主体所获取的信息资源更多，贫穷、没有权力的群体所获取的信息资源更少。因此，数字资本主义生产背后的劳资矛盾更加尖锐。

数字资本主义时代，劳动者之间的联合性减弱。将工人的愤怒和剥削感从直接征用劳动力的雇主转移到抽象目标之上以消解工人的反抗性。机器大工业时代，劳动者有着明确的敌对对象，那便是资本家。资本家雇用他们的劳动力，资本家剥削了他们的剩余价值，劳动者想要从资本家手中获得更多的尊严和自由。数字资本主义时代，让劳动者产生被剥削的愤怒感的对象从资本家这个实体目标转向全球化这种抽象目标。全球化的发展为劳动者的就业增加了更多的机遇，同时也带来了更大的挑战性。同时，工人的联合性减弱也由于无法在生产现场进行无产阶级组织。数字手段虽然突破了劳动的时空界限，但却将劳动者们相分离。在资本主义生产过程中，工人们一直都是处在一个联系非常紧密的时空环境下进行协同劳动。因此，当无产阶级要组织一场罢工时,在生产现场立即就能组织起人和物。然而,到了数字资本主义时代,劳动者们不需要在同一个时空环境下进行协作,因此也就无法在生产现场进行组织罢工等反抗性行为。再者,劳动者工作时空的疏远也导致劳动者之间的联合性减弱。无产阶级劳动者之间的联合性减弱,导致其更加难以联合起来共同反抗资本家的剥削,因此单个劳动者的生存境况就更加恶劣。

(三)劳资剥削方式之变

数字资本主义时代,剥削从生产领域向生活领域不断入侵,剥削方式从无偿占有雇佣劳动的剩余价值发展至剥削无酬的非雇佣劳动。数字资本通过隐藏劳动者的剥削,将剥削手段融于满足自身需要的消费时间和消费活动中。在传统生产领域,用户更鲜明的特质是作为消费者活跃在商品市场中,但是在数字资本主义时代,网络用户在网络产品上留下的体验数据也能成为资本积累的来源,提供大量数据的数字用户被称为非雇佣劳动者。其中,生产者与消费者之间的界限日益模糊,当消费者在使用数字产品时所勾选"用户须知"后,其创造出的数据不知不觉被资本家所摄取。然而,数字用户并没有意识到自己已被卷入资本生产中,也并没有意识到自己正处于资本家的剥削中。

数字资本主义时代,资本对非雇佣劳动的吸食借助数字平台在人们的日常生活领域横行霸道。平台资本家并不是主要通过购买生产资料和劳动力商品在生产过程中从事剩余价值生产,而是利用劳动者在劳动力再生产过程中的消费资料与其自身劳动相结合。平台所具备的鲜明特征是其广受资本家欢迎的原因。首先,平台具有精准的搜寻服务。平台按照使用类别建立,该平台所搜集的数据都是用户在该类别的切实使用情况,这就使得企业在搜寻用户信息、投放广告时能够非常高效,降低企业成本。其次,平台能够建立起相对有效的双向选择机制和信用保障体系,从而降低企业为生产活动所付出的保密成本。最后,平台能够更好地协调不同生产部门之间的协作,从而做到降低各部门之间的协调成本。平台能够为资本家降低生产成本,因此成为资本家剥削劳动者的工具。在数字平台上,用户无论是浏览网页还是社交聊天都会产生数据,这个数据充盈了平台,也充盈了资本家的钱包。同时,平台的垄断也造成数字用户的被捆绑。大型社交平台拥有大量数字用户,这使他们能够实施一种软性胁迫,意味着不使用该平台则与社交圈脱节。用户在数字社交媒体上留下的数据包括个人生活习惯、兴趣爱好等都会被数字公司进行筛选处理,从而有利于广告的精准投放,完成对数字用户的剥削与压榨。被剥削的范围不仅包括雇佣劳动者,还包括大量的非雇佣劳动者,由于资本家与非雇佣劳动者之间没有形成正式的雇佣关系,从而使剥削变得更加隐蔽。

对非雇佣劳动的剥削建立在"全景式"监控之下。以大数据为核心的资本主义企业必须要通过大规模监控才有可能获得海量数据,其监控对象就是每一个使用该网站的用户。大数据监控下的每个主体都是作为数据生活中的碎片化形式存在,消费习惯由购物平台监控、兴趣爱好由社交媒体监控、出行路线由网约车平台监控,等等。大数据对用户的监控涵盖了生活的各个角落。资本家通过监控所收集的数据信息,就是数字生产中的生产资料。监控平台将这些包含个人生活习惯的数据进行大数据分析,从而能够更加精准地向目标客户推荐广告,以换取巨额利润。在"全景式"的监控下,非雇佣劳动者处于被剥削地位。每一个在网络上聊天、购物的数字用户,虽然没有和资本主义平台企业签订正式的雇佣合同,但其每天产生的大量数据都在为资本主义企业赚取巨额利润。非雇佣劳动者在创造价值时,由于并未与资本主义企业签订雇佣合同,因此并不能从其中获得报酬。平台借以更好的质量、更快的搜寻速度,以及免费的服务来吸引数字用户的使用。然而,资本主义企业通过出售数字用户的大量数据所赚取的利润远远高于数字用户享受其服务所能获得的价值,大量的数字用户沦为非雇佣劳动者,其劳动所创价值被资本家剥夺掠取。其中,非雇佣劳动者进行免费劳动的密钥就在于他们是在无意识的情况下进行数据的生产。在数字生产过程中,劳动者并不是作为生产者主动参与数字生产中,而是作为消费者使用数字平台。资本家对劳动者的剥削就掩盖在"消费者"的外衣之下。

二、数字资本主义时代劳资关系之"不变"

劳资关系是马克思批判资本主义生产方式借以的重要抓手，从劳资关系及劳动者的生存处境可以看出资本主义生产方式的本质是剥削。数字资本主义时代，虽然剥削的方式和手段发生变化，但其剥削本质并未改变。马克思在《资本论》中的论述仍然适用于数字资本主义时代下的劳资关系。

（一）资本关系仍以劳动者和劳动实现条件的所有权之间的分离为前提

当劳动者和资本家分离，劳资关系开始慢慢形成。资本主义生产方式形成的起点，是一种"原始"积累，"这种原始积累在政治经济学中所起的作用，同原罪在神学中所起的作用几乎是一样的"。数字资本主义时代的劳资关系与生产关系的形成发展息息相关，同样经历了劳动者与劳动实现条件的所有权之间的分离。

第一，社会的生活资料和生产资料转化为资本。资本主义早期，资本的积累主要通过暴力从生产者手中夺取生产资料，"暴力是每一个孕育着新社会的旧社会的助产婆"。暴力将生产者和生产资料相分离，生产资料迅速集中在资本家手中。资本家在短暂的时间内聚集起巨额的财富。同时在生产者和生产资料的被迫分离中，社会成员开始极端分化。一部分占有大量生产资料的人成为资本家，另一部分则沦为无产者。社会的生活资料和生产资料转化为资本后，社会成员开始分化，社会成员的分化随之造成的阶级对立促进资本主义社会劳资关系的形成。在数字资本主义时代，"普照的光"则成为数字资本。数字资本具有历史性，它是随着信息技术的不断发展、网络与软件驱动产品成为信息时代的"基础设施"而不断发展起来逐渐形成数字时代的"主宰"。数据的来源是用户的活动，获取数据（生产资料）是数字资本生产的首要前提，在此过程中，资本家无偿占有了用户活动的使用价值。数字资本的原始积累，主要集中在对数据和信息的收集，信息技术更成熟的资本主义国家利用领先于世界的数字技术开展收集分析数据和信息的工作。收集起来的数据和信息构成数字资本主义时代的生产资料。相较于资本主义早期的原始积累,数字资本主义的原始积累不需要无产阶级流血牺牲,而是以一种更加隐秘的方式进行积累。

第二,劳动力转化为商品。在资本主义早期,"新被解放的人只有在他们被剥夺了一切生产资料和旧封建制度给予他们的一切生存保障之后,才能成为他们自身的出卖者"。因此,在生产资料被剥夺后,劳动者要获取自身生活所必需的生活资料,就只有出卖自己仅有的劳动力。当资本家在市场上雇佣自由工人时,其手中的货币就转化成为资本,社会生产过程由此迈入资本主义时代。数字资本主义时代,数字产品的生产由数字雇员及数字用户共同完成。作为生产资料的数字信息,被大部分地掌握在资本家手中。因此,数字劳动者只有出卖自身劳动力,与生产资料相结合,进而创造数字产品,劳资关系便由此产生。

(二)经济关系的无声强制仍保证资本家对工人的统治

在资本主义生产关系中,一极是握有劳动条件的资本家,另一极是除了劳动力以外一无所有的劳动者。资本家为了让劳动者自愿的出卖自己,将工资调控牢牢掌握在自己手中,利用经济关系的无声强制来保证对工人的统治。在资本主义生产过程中,劳资之间表现为从形式从属不断发展为实际从属。私有制在其中起着重要作用,反映了劳资间的中间状态。

首先,劳资之间从形式从属发展为实际从属。14世纪产生的雇佣工人阶级,雇佣工人受到农村的独立农民经济和城市的行会组织的保护,资本的可变要素大大超过其不变要素,此时,劳动对资本的从属仅是形式上的。协作时期,劳资关系较为和谐,资本家对工人的控制相对较弱。这一时期的生产活动主要依靠工人的手工劳作,因此对工人的依赖性较高。再者,分工协作下的生产劳动,各工种工人都掌握着生产领域中部分独立技能。当资本主义进入工场手工业时期,工人转化为局部工人,被禁锢在其固定技能的岗位上。劳动者渐渐成为资本的附属品,资本对劳动的控制逐渐增强。这一问题在机器出现后变得更为严重,机器使资本主义社会得到巨大发展,但同时也使工人彻底沦为资本的附属品。机器的大规模使用使工人的处境更加艰难,延长工作日、提高劳动强度，甚至将妇女和儿童也纳入生产队伍之中，工人已经完全听从于机器，就像卓别林在《摩登时代》中的工人夜以继日地重复机械工作。在数字资数字化时代，大数据、算法以及提供存储和计算能力的物质载体成为人工智能应用必不可缺的三大组成部分。信息通信技术本身实则是活劳动的产物，但是当它参与到数字劳动过程中时，信息通信技术就表现为一种物化的固定资本形式。即在劳动过程中，当数字劳动者将网络上大量数据用户的信息转化为算法时，表现出来的仅为技术人员按照预设的流程所进行的程序化操作，数字劳动者的活劳动则作为固定资本融入劳动生产资料当中。没有数据的产品失去了活力，数字雇员仅有依托数据才能够真正实现自己的劳动，因此数字雇员必须依存于平台和数据，对资本的从属程度不断加深。

其次，私有制反映了劳资间的中间状态。马克思曾揭示："劳动者对他的生产资料的私有权是小生产的基础，而小生产又是发展社会生产和劳动者本人的自由个性的必要条件。"随着私有制的出现，劳资关系逐渐形成。在资本主义生产过程中，无论是大工业时代还是数字资本主义时代，劳资之间存在对立统一性，二者互相依赖又互相掣肘，维持着资本主义生产的运行。一方面，劳资之间的对立性表现在资本家对工人的残酷剥削及工人的反抗上。资本的逐利本性驱使资本家尽可能多地压榨工人的剩余价值，延长劳动时间、增加劳动强度，将妇女儿童纳入生产体系中，甚至牺牲儿童受教育的时间来增加雇佣工人的数量。数字资本主义时代仍是如此，"996""007"工作模式不断盛行，突破时空限制的网络环境成为压榨劳动者工作的鞭子。哪里有压迫，哪里就有反抗。大工业时代的无产阶级借以罢工游行、工厂立法等手段来反抗资本家的剥削。数字资本主义时代也有例如996.ICU的"反控制"抗议活动。发起人将996工作制下最低72个工时与《劳动合同法》等条纹对比，并呼吁"程序员生命为重"。另一方面，劳资之间的统一性表现为资本对劳动的依赖性。资本家只有通过从劳动工人身上摄取剩余价值才能够不断获得再生产的资本。数字资本主义时代，资本对劳动的依赖性仍然很强。数字产品的生产需要高度的专业化工作，受长时间专业学习的技术工人才能够胜任数字产品的创造工作。同时，数字产品的实现还依赖于数字用户的数据支持。

（三）无产阶级仍是生产剩余价值的机器

资本主义生产过程中，劳资之间最重要的纽结在于劳动者能够为资本家创造剩余价值，资本家无偿占有劳动者的剩余价值后进行生产的延续。劳动者由无产阶级构成，不论是机器大工业时代还是数字资本主义时代，无产阶级都是生产剩余价值的机器。

资本之所以能发展社会生产力，一方面是因为资本作为一种生产关系，在增殖自身中不断再生产出资本雇佣劳动关系，扩大再生产是资本存在的理由；另一方面，资本是一种所有权，表现为对劳动所有权的否定，资本只会支配他人劳动及劳动产品。在资本主义生产过程中，摄取无产阶级的剩余劳动借以扩大再生产是资本主义生产的一般手段。在商品交易中，遵循等价原则，然而资本家却需要获取利润借以进行扩大再生产。马克思天才般地发现了资本主义生产的秘密，即剩余价值的生产。劳动者不仅要创造出自身劳动力价值，还另外创造剩余价值被资本家所剥削。劳动者在剩余劳动时间里创造的剩余价值越大，则表明资本家剥削权力越强。

数字资本主义时代的无产阶级仍是生产剩余价值的机器。数字资本主义下的生产需要数字雇员和数字用户的共同努力。数字雇员的劳动生产出商品，这些劳动力劳动被赋予了数字化的形式，可以称之为数字劳动。数字用户在数字劳动过程中没有生产出商品，并非意味着数字用户没有制造出剩余价值。用户通过将自己的消费习惯、生活行为上传到大数据中，实则是在不断丰富使用数据，有助于算法精准投放广告消息。数字劳动处于数字技术场域，但从本质上看，这只是具有数字特征的劳动过程，并没有改变无产阶级作为生产剩余价值的机器本质。

三、在"变"与"不变"的辩证统一中探寻缓和劳资矛盾路径

数字资本主义时代较之机器大工业时代，资本主义生产特征发生了巨大的变化，劳资之间的关系也随着资本主义生产特征的变化而随之发生改变。但究其本质，劳动者被剥削的处境并没有得到根本解决，而是在数字手

段的外衣下隐藏地更加严密。要想改变劳动者的境况,需要从劳动者本身、资本家以及资本主义生产制度下的私有制着手。

(一)建构劳动者主体性思维

数字资本主义时代,劳动者被数据牢牢控制。劳动者的工作环境依赖数字世界,劳动者的劳动成果也由数据进行评判。身处资本家剥削下的劳动者需要重新建构起主体性思维,包括重构价值取向理念以及重建否定性思维。

首先,劳动者需要重建自身的价值取向理念。数字资本主义中,劳动者受工具理性主义的主导,在无穷的竞争中存活。价值观的形成是一个非常复杂的过程,在这个过程中会受到原生家庭、教育背景以及社会环境的影响。劳动者的价值理念被工具理性主义所左右主要归因于社会大环境对他们的改变。要想走出这个囚笼,有两种方法:第一,社会价值取向发生变更。劳动者之所以"唯数据论",是因为在雇佣关系中的资本家只看重数据,劳动者为了生存就只能追求数据。当社会的价值取向发生变更后,就具有了更加多元的评判标准,劳动者的价值取向也会变得多元。第二,劳动者自身保持本心。当社会中拥有一个共同的价值标准时,劳动者要能够坚守住自己的本心,追求意义价值而不仅是数据价值。

其次,劳动者需要重建否定性思维。马尔库塞曾描绘了长期处于工具理性主宰下的人变成思维单一后的状况。一方面,"需要"的被满足促使劳动者的否定性思维消解。社会的发展进步导致人们处在一种自己的处境得到了极大改善的假象,"在发达工业社会中,工人和他的老板可以享受同样的电视节目并漫游同样的游乐圣地,打字员可以打扮得同她的雇主女儿一样漂亮,黑人也可以拥有凯迪拉克牌高级轿车,等等"。通过人们舒适的生活来消除其内心的否定性思维,通过满足人的物质需要来达到对立面的同一,实质是一种更具隐蔽性和欺骗性的异化。另一方面,机器对人的异化促使人的否定性思维消解。数字资本主义下的无产阶级被困于算法当中,劳动者的否定性思维在长期算法控制下逐渐消解。数字资本主义下的劳动者应培养否定性思维,对数字资本主义生产关系具有批判视角。从流水线思维模式中摆脱出来。培养劳动者的否定性思维也就是培养劳动者的辩证法精神。辩证法在本质上意指看待事物变化和相互作用的思维方式,深刻揭示事物的本质,通过培养劳动者的否定性思维来刺激其探寻资本主义生产关系下的劳动本质。

最后,劳动者需要重建无产阶级意识。数字资本主义时代,由于平台模式的兴起,传统的稳定雇佣关系逐渐演变成为偶然的、随机的雇佣模式,甚至包括大量的非雇佣劳动者。雇佣模式的改变导致劳动者之间的联系减弱,虚拟化的交流方式在跨越时空障碍的同时也隔断了劳动者之间面对面产生的真情实感。因此,大量被剥削的劳动者集体难以形成团结的无产阶级队伍,缺乏无产阶级意识。重建无产阶级意识,需要将无产阶级从个体性思维转变为集体性思维。马克思将推翻资本主义制度建立共产主义社会的历史重担交由无产阶级,数字资本主义时代的哲学家们也将构建数字共同体的重担寄托于无产阶级。比如西方学者奈格里和哈特,将"诸众"作为对抗帝国、推动共产主义实现的政治主体;巴迪欧把共产主义假设转化为现实存在,将面向真理的主体视为真正的革命力量。无论是奈格里、哈特还是巴迪欧,都将反抗资本主义剥削的任务寄托于无产阶级,通过重建劳动者的集体性思维使劳动者形成共同的斗争目标,将革命力量进行集中,形成一股对抗资本主义剥削强劲的力量。

(二)建立数字信任

互联网赋予每个用户权利,任何用户都能通过互联网进行社交活动、购物活动、学习活动等。在数字资本主义生产下,劳资之间的关系变得更加错综复杂,劳动者、平台、资本家之间的信任关系受到新的挑战。通过建立数字信任,打造更加和谐透明的数字公地,是缓和劳资矛盾的重要途径。建立数字信任,是一个包含若干小问题的综合性大问题。网络行为如何规范性?信息的透明性和真实性如何保证?弱势群体是否能享受到共享技术?如何解决"大数据"杀熟?等等。在本文中,通过总结归纳若干具体问题的共性,为建立数字信任提供答案。

首先,建立数字信任要立足法律规制。"资本是根本不关心工人的健康和寿命的,除非社会迫使它去关心。"数字资本主义时代,劳动者的过度劳动现象仍十分普遍。基于此,欧盟各国制定《安全与健康工作法》等法规,要求企业保障员工身体与心理健康。除了事关劳动者身体状况的劳动法外，反垄断法与消费者权益保护法同样重要。数据的垄断是数字资本主义巨头企业的原始积累，用户被科技企业无酬剥削，却没有得到相应的保护。通过法律法规的完善，加大对数据滥用的惩戒力度能够使资本家在生产活动中受到更多的约束，劳动者得到更多的保障，有利于数字信任的建立。

其次，建立数字信任要积极推动数据共享。数字资本主义时代，数据作为数字生产的生产资料通常被大平台企业所垄断。平台上用户的生活习惯、个人喜好等都被大平台掌握，用以投放精准的广告盈利。推进数据共享，这些数据不应由寡头平台加以控制，而应该由工人共同决定，由集体控制和民主的决策结构统一掌握。目前，礼品经济已经初步实现数据的共享，礼品经济长期是科学界的劳动社会化的表现。科学家们的研究通常由国家进行资助，他们不用将智力成果直接转化为商品进行盈利，而是通过论文及学术会议的方式免费发放自己的知识成果。礼品经济的背后有大量数字用户可以免费使用科学家上传的资料信息，不需要向平台付费。礼品经济是网络空间合作的最佳方式，免费的交换方式使得劳资关系不复存在，交换双方处在一个平等的地位，劳资之间的矛盾也得到根本性解决。

（三）构造劳资共建共享的生产方式

在资本主义生产关系中，只要存在劳资关系，劳资矛盾就无法避免。不论是寄希望于劳动者构建主体性思维，亦或是增强劳资之间的数字信任，建立一个公开平等的数字公地，都无法彻底解决劳资之间的矛盾。究其根本，只有当生产关系发生改变，劳动者的生产地位得到提高，劳资之间的矛盾才能得到真正解决。这就需要将资本家主导的生产方式转变为劳资共建共享的生产方式。

首先，建构劳资共建共享的生产方式，要转变治理理念，努力实现善治。善治是指基于追求实现公共利益目标，在政府引导下，公民自愿参与政府决策过程，实现政府与公民协同治理的行为，它强调政府与公民的良好合作以及公民的积极参与，实现管理的民主化。通过数字信息技术手段的发展，信息的公开性、透明性都应得到保证。作为社会主体的劳动者可以无条件获取相关生产信息,通过提高劳动者在社会生活及生产中的重要性,发挥其自主意识,从而改变劳动者在生产过程中被剥削和压迫的现象。转变治理理念,需要资本家、政府、劳动者三方的共同努力。改变资本主义生产中的资本主导形式,转变政府的治理理念,充分发挥劳动者的主体性意识,构建共建共享的生产方式。

其次,建构劳资共建共享的生产方式,要消除"数字鸿沟"。数字鸿沟是指不同社会经济层面的个人、家庭、企业和地理区域,在获取信息和通信技术以及在各种活动中利用互联网的机会及其使用方面的差距。数字鸿沟既包括全球各个国家间的数字鸿沟,也包括国家内部的各地区和各群体之间的鸿沟。要缓和劳资之间的矛盾,就以消除劳资之间的数字鸿沟为例。消除劳资间的数字鸿沟,首先要完善数字基础设施建设。不论是全球间各国的数字鸿沟还是同一个国家内的不同地区的数字鸿沟,都存在数字基础设施建设不全面的问题,尤其城乡之间的数字基础设施建设存在巨大差距。数字基础设施建设是数字经济运行的重要前提条件,通过升级传统落后的基础设施、推动互联网的全覆盖达到消除数字鸿沟的目的,使得劳动者可以平等获取数字生产资料,破除资本家对数字生产资料的垄断,缓和劳资矛盾。其次要提高劳动者的数字素质。在数字技术不太发达的地方,人们对新兴的数字技术存在一定程度上的抵抗心理,这对于数字经济的发展造成了非常大的阻碍。通过提高劳动者的数字素质,有利于提升劳动者在数字经济生产中的自主性,改变劳资之间不平等的经济关系,从而解决劳资矛盾。

劳资之间的矛盾是资本主义生产过程中不可避免的主要矛盾之一。随着数字化的发展,资本主义生产方式发生一定程度上的改变,劳资之间的矛盾也随之变化。透过数字资本主义时代下劳资关系的变与不变的辩证关系,探寻缓和劳资矛盾的路径,对于构建数字共产主义、消除劳动者的被剥削状态起着重要作用。

伊宏杰(大连理工大学)

论福柯的空间规训思想
及其在数字空间的拓展

在奥威尔的小说《1984》中描绘了一幅这样的情景：在大洋中学，政府采取高度集权的统治手段，束缚甚至剥夺人们的自由来改造群众意识形态。在这里，高科技设备电幕无处不在，安放在每个正常人的家中和城市的各个角落，无论是私人空间还是公共空间似乎都成了一个单调的禁锢空间，电幕可以时刻监视着每个人的行为，并且无法被普通群众关闭。在电幕上时常放映的是老大哥冷峻的脸庞，他盯着屏幕前的人们，正如小说中的经典句子——"老大哥在看着你"。

而在电影《圆圈》中，"老大哥"摇身一变，换上了充满科技感的"新衣"。互联网公司"圆圈"推出一种无需电线、卫星传输、弹珠大小的摄像头——"看变"（see change），女主人公成为推广这一新型监视设备的代言人，她随身携带"看变"，24 小时不间断地记录自己的生活，以自我暴露吸引了无数看客的目光，"分享就是关怀"的公司口号使隐私成为一种过时的价值，后隐私实践以追求透明为由要求一种无限制的相互揭露。在影片描绘的透明社会中，展示了"完全照明"带来的精神危机。人们的灵魂迫切需要一种没有他者目光的空间，以维持主体的自在存在。

可以看到，从《1984》到电影《圆圈》，都揭露了监视手段对特定空间下人的"改造"，弥散着规训权力。不同的是，人们的生活空间重心逐渐由现实在场向虚拟空间转移，相对而言，监视的手段由外在走向隐蔽。我们该如何理解这两个片段中监视对人的塑造的本质？生活空间中的主体该如何应对规训权力对自己的侵蚀？如何在规训与反规训之间寻求平衡？要回答这些问题，我们必须回到福柯关于空间规训的经典论述，思考福柯的理论关怀。

一、空间规训的基始：福柯和马克思的对话

(一)对话的基础：实践向度空间观

人类对空间的终极性思考和存在性追问是一个古老而又常新的哲学论题。总体上看，人类的空间意识发展经历了形而上学的空间认识、物理科学的空间认识、主体向度的空间认识、实践向度的空间认识的多次转变。回观西方早期自然哲学，对空间问题的认识肇始于对世界存在本原的追问。德谟克利特首次明确了空间的范畴，将世界的本原认为由虚空构成。这种"虚空"范畴遭到亚里士多德的明确反对。他认为，空间是人们直接能感知到的事物，绝对空间和虚无都不存在，并集中论述开启了自己封闭的、相对的、有限的空间理论。17 世纪，科学技术的发展改变了人们的空间概念。这一时期，几何学的三维空间成为理解空间的主导模式，并在伽利略、牛顿等人那里得到了科学化表达。[1]空间的存在意义被认为是为物体存在和运动提供参照系定位，空间是唯一且不动的。如谢纳所指出的，这时空间是"等待人去直观反映或理性认知的纯粹客体，成为超离于人、抽象于人的纯粹实在，空间因此成为一种绝对的、抽象的、永恒的、无限的、静止的实体存在或神秘存在"[2]。18 世纪，空间哲学发生了根本性转向，空间的主体维度大大彰显和拓展。皮亚杰从客观空间领域分离出直觉空间，尼采力主身体的权力意志，梅洛·庞蒂创立直觉现象学来论述主体与空间之间的关系。问题是，他们都把身体向度无限放大，立足静态感官视野审视主观的维度。这就决定了他们不能建立起实践活动维度上的空间观来分析空间与主体的关系。

20 世纪 60 年代，随着资本主义社会的问题与矛盾的不断激化，一种本体论的空间观开始出现。列斐伏尔以其日常生活实践开启了今日空间叙事和空间批判的全新视角。空间不是简单的几何和地理概念，而是社会关系或

---

[1]　李武装：《空间对正义的介入和生产——西方哲学的空间发声与马克思主义的社会空间批判》，《浙江社会科学》，2018 年第 12 期。

[2]　谢纳：《空间生产与文化表征——空间转向视域中的文学研究》，中国人民大学出版社，2010年，第 40 页。

社会秩序的重组和重建过程;空间也不是抽象的逻辑结构,而是一个动态的实践过程,再生产着社会关系和社会秩序。值得注意的是,列斐伏尔的空间实践理论,与马克思所阐述的生产实践理论并不相同,相反是在置换马克思的物质生产实践。对马克思来说,他不去追问空间的本原问题,赋予空间属人的性质,空间永远是以人的生存生活为内容的现实世界。也因此,这才是真正实践意义上的空间观。这也是为什么福柯在探究空间权力对现实的人的主体性的影响时转向马克思的原因。

福柯开创了空间研究的新视野。如菲利普·韦格纳在《空间批评》中的指认,福柯致力于探究权力结构空间转化的历史谱系,特别是把聚焦的中心转向了身体。可以说,福柯将梅洛-庞蒂所开创的身体空间实存现象学向物质现象学移位,创造性地揭示了位于情景之中的身体与空间的辩证关系,本质上是权力投射于经验世界的结果。①他在《规训与惩罚》中的空间意识,是以身体为中心,通过对惩罚体系变迁的考察,来写权力机制的衍变。正是在对权力的景观性运作到规训机制演变的考察中,福柯关注到工厂这一领域,并将资本主义工厂作为空间规训开始的秘密与马克思展开对话。这是福柯的思想从唯心主义向唯物主义跨出的一大步。他理论视域中实践不再仅仅是《词与物》时的话语运作,而是现实政治权力运作的客观社会实践,即从现实社会生产中的劳动构序来观察社会转变。

(二)回落马克思主义问题式:从工厂监督到规训权力

资本主义社会生产模式的一个明显特点就是"必要劳动和剩余劳动融合在一起了"②。在封建社会的生产力与生产关系是地主以地租的方式剥削农民,农民为自己干完活后要为地主提供一定的劳役和地租,也就是说农民维持生计所需的必要劳动与其所提供给地主的剩余劳动"在空间上是分开的"③。这种分离就意味着,必要劳动阶段,农民享有相对独立的空间,"要想

---

① 温权:《西方马克思主义空间哲学的法国现象学基础——从梅洛-庞蒂、福柯到列斐伏尔》,《云南社会科学》,2020 年第 6 期。

② 《马克思恩格斯文集》(第五卷),人民出版社,2009 年,第 273~274 页。

③ 《马克思恩格斯文集》(第五卷),人民出版社,2009 年,第 274 页。

获得剩余劳动必须以超经济手段来榨取”①。资本主义社会,必要劳动和剩余劳动的混合,使得工人阶级很难区分剩余劳动和剩余价值的界限,工人的生存空间被剩余价值的生产占据,彻底沦为资本运作的场所。这就为资本家规划和重组工人的生存空间以实现对工人的操纵奠定了基础。这是理解福柯和马克思对规训权力认识的前提。在工厂空间占主导地位的空间生产中,资本与权力之间的游戏关系,可以被看作福柯与马克思之间思想碰撞的某个核心地带。福柯以工人阶级主体性问题参与到劳动力的生产和再生产这一古老的马克思主义争论之中,曲折地回落到马克思主义的问题式。

勒格郎在《被福柯忽略的马克思主义》一文中认为,福柯所讨论的新观点“从与资本主义生产方式的运转和生存环境的联系中获得意义”②。福柯本人也确证了这一点,他明确提出“如果不直接或间接地使用与马克思理论有关联的一套范畴,如果不让自己置身于马克思所曾经阐述的思想情景中,是不可能的”③。依我之见,福柯在阿尔都塞和汤普森等人的中介下,加入与马克思的对话之中。

一方面,福柯通过指认纪律与资本主义制度之间具有本质联系而追随了马克思。在18世纪,公开处决的仪式成为王室和民众之间斗争的主题,斗争的结果是迫使国家放弃了被人道主义者认为“残忍”的惩罚形式,以一种更“人性化”的惩罚形式代之,现代资本主义社会权力的模式逐渐显现。福柯认为,从实质上看,所谓“人性化”司法改革的真正目的并不是要建立一个更公平的刑法机制,而是建立一种权力分配更合理的惩罚体制,这一过程中,纪律——作为权力技术——占据了关键的位置。他将纪律的起点定位到了资本主义工厂制度。福柯认同汤普森所作的关于纪律在生产中的地位的分析,即“若没有某种形式的劳动纪律,也就不可能有工业革命”④,纪律是生产的前提。同时又通对《资本论》的多次引用联合马克思,将工厂制度当作资产阶级纪律的起点和秘密基地。

---

① ［美］布若威:《制造同意》,李荣荣译,商务印书馆,2008年,第44页。

② 斯戴法·勒格朗、陈元、黄绍华:《被福柯忽略的马克思主义》,《现代哲学》,2007年第4期。

③ Michel Foucault, *Power/Knowedge : Selected interviews and Other Writing 1972–1977*, Harvester Press, 1980, p.53.

④ ［英］E.P.汤普森:《英国工人阶级的形成》,钱乘旦等译,译林出版社,2001年,第481页。

马克思将"生产要素的空间聚集"作为资本主义的大机器生产的重要条件。资本最普遍、最典型的权力布展空间就是常态化的工厂,这是资本主义发展史上最具代表性的封闭性空间。在生产空间占主导地位的空间生产中,产业资本的真正困难并不在于教会工人如何熟练地操作机器,而是将其规训为安分守己、勤勤恳恳的工人。换句话说"劳动力的再生产不仅要求再生产出合格的劳动能力,同时还要求再生产出劳动力对遵守既定秩序的各种规范的服从"①。为尽可能多的获得劳动力的剩余价值,资本家精心设计并规划了以工厂纪律为核心的工厂空间管理方式。工人在技术上服从劳动资料的划一运动,由各种年龄的男女个体组成劳动体的特殊构成,创造了一种兵营式的纪律。作为一种围绕现实功利目的而展开的管理方式,工厂纪律力图实现"对人体的运作加以精心的控制,不断地征服人体的各种力量"②。

在作息表、操作规程的具体实施中,机器体系的节奏和设计在总体上规定着劳动者参与的时机和步骤,规定着劳动者做什么和不做什么、在什么时间做,以及用何种方式做,这正是马克思所说的"工人服侍机器"。这个过程虽然也需要动用精神能力,但在很大程度上,精神能力的发挥也只是被动地执行资本家或机器发出的指令。由此可以看到,产业资本所掌控的工厂空间对生命过程的形塑主要表现为以身体为载体的技能规训,它对劳动者的生命需求和精神能力采取一种漠视的态度。同时福柯注意到兵营式纪律逐渐发展成为完整的工厂制度,并使监督劳动得到充分发展。资本主义生产造成精细化分工,出现了固定工作的监督者,如马克思指出的"奴隶监督者的鞭子被监工的罚金簿代替了"③。工厂中的监督管理制度犹如锁住奴隶的镣铐般将工人牢牢锁住。这种监视已经变成一个决定性的经济活动因素,"既是生产机构中的一个组成部分,又是规训权力的一个特殊机制"④。

可以看到,与马克思认为生产本身无罪,工人的异化是资本家以占有剩余价值为由进行的剥削不同,福柯注意到的是在生产机制中发生的变化,即工人在自身的生产过程中被一种塑形化的权力所支配。福柯将马克思宏观

① [法]阿尔都塞:《哲学与政治:阿尔都塞读本》,吉林人民出版社,2011年,第273页。
② [法]米歇尔·福柯:《规训与惩罚》,刘北成等译,生活·读书·新知三联书店,1999年,第155页。
③ 《马克思恩格斯文集》(第五卷),人民出版社,2009年,第488页。
④ [法]米歇尔·福柯:《规训与惩罚》,刘北成等译,生活·读书·新知三联书店,1999年,第199页。

的外部经济分析转变为肉体形塑的微观分析。这一分析转变也决定了后期福柯和马克思对于规训主体性解放的完全不同的理论路径。

另一方面，福柯也指出马克思对劳动力生产和再生产的描述存在局限性，反映在马克思在《资本论》中对纪律的思考的不平衡。福柯认为马克思对工厂内部的纪律问题做了详尽的剖析和解释，但关于工厂外部或者说社会空间中的纪律问题言之甚少，[①]在马克思这里存在着对社会空间权力运作的空白。围绕这一空白在西方马克思主义学者那里引发了许多争论，无论是阿尔都塞关于意识形态国家机器的分析，还是汤普森关于英国工人阶级形成的探讨，都可以说是对工厂外部纪律的补充研究。事实上，我们可以把这个问题归结到工厂之外即生活领域中人之为人的主体性讨论上去。福柯受阿尔都塞关于主体构成理论的思考，认为在现代性上主体是被建构的。不过福柯抛弃了阿尔都塞意识形态理论中的先验意味，将主体的构成视为权利话语作用的结果。工人对纪律的遵守不是由于意识形态的作用，而是由监视、空间分配等手段综合作用的结果。福柯以此来说明工厂纪律是如何抵消工人的对立情绪以增加工人身份的效用的，并把这种思维扩展到工厂之外的社会的所有领域，包括医院、学校、监狱等。由此揭示了资本逻辑从生产领域向生活领域的蔓延。这是一个关键的发现。在社会空间，权力无处不在。由此，马克思的工厂纪律作为一种局部性的生产监督职能被翻转为一般性的规训权力。"纪律"本是一种局部的管理手段，却成为一种"普照光"、一种"特殊的以太"而统摄整个社会。这种翻转使福柯无限接近黑格尔-马克思式的辩证法。

二、空间规训的微观政治学

福柯将我们所处的现代社会称之为是一个"监狱群岛"，这种说法虽然夸张，却准确道出了"知识体系"在空间完美掩护下呈现的"权力运作最肮脏又最厚颜无耻的特征"[②]。空间成为控制、操纵和调整个体生命的方法的诞生

---

① 季勇：《福柯遭遇马克思——其缘由与思想效应》，《山东社会科学》，2018 年第 5 期。

② 高宣扬：《福柯的生存美学》，人民大学出版社，2005 年，第 194 页。

之地,蕴含着权力与知识隐性运作的可能性。我们可以从福柯如何理解权力出发,去检索为何全景敞视标识出理解空间-权力的一条主要进路。

(一)权力的生产性

以往,对权力的研究一直被视为一项全面而宏大的任务。权力通常被视为统治阶级的工具,用来反对、压制、惩罚和规范非统治阶级。权力是从内而外、自上而下的。权力的运行是在公民触犯或威胁权力时才能够被激活和发挥作用。根据这一逻辑,政治学研究的重点是权力阶层的形成和流动。例如在政党政治中,政党被视为围绕政治权力组建的组织,获得权力就意味着会成为执政党,反之则成为在野党。因此,权力被看作两极化的竞争关系。在福柯这里,开辟了一种对权力的全新理解。他突破了权力的物质观念和政治体系的限制,使用技术、策略、方法等术语,从关系的角度理解权力,是关于权力的微观政治学。与卢克斯的观点相类似,他认为权力是用来塑造欲望和创造新形式的自我身份的。在福柯的解读下,权力是非物质的关系、非主体的网络。权力就像毛细血管一样,散布整个社会结构,在不同社会部分之间流动没有一个固定的中心。权力成为一种弥散的力量,每个人既是权力的主体,也是权力的客体。权力运行变得更加隐蔽、温顺。权力机器并不会被国家的经济模式所决定,而是与现代性知识相联系。知识被权力生产出来,随机又产生权力功能,进一步巩固了权力。

福柯把对权力的生产性维度的把握与对社会空间的讨论相结合。空间既是任何公共生活形式的基础,也是任何权力运作的基础。空间及空间的分割成了权力战略得以实现的重要舞台。权力不是一种外在的附着物,而是刻进了建筑的设计、空间分布、分级和划分之中。医院、监狱、工厂、学校等建筑开始依托于某类具体的设计方案构造,而它们所处的空间位置及特定空间的划分则成了权力现实化过程中的具体战略。这种战略有几个方面:一是将空间以单元分割。这意味着空间的精细化,每个人都有自己的位置,每个位置上都有一个人。如是便于监督施行,可以一目了然地看到谁在场,谁缺席,谁有贡献,谁投机取巧。这是用纪律组织起来的一个可解析的空间。例如在工厂中工人如同一颗颗的棋子,工厂主将工人摆放在什么位置,工人就必须在这个位置上进行机械化的生产。这涉及的是,如何将工人分配在一个既能隔离又能组合的空间中,如何根据具有独特要求的生产机制进行分配,从而把工人的分配、生产机制的空间安排及"岗位"分配中的各种活动结合在一起。①二是按用途分割出特殊的空间,例如在医院中设置严格的隔离区,用来防止传染病的传播;每位病患都会被详细登记,分床隔离,对症处置。三是教育空间的等级排列。教育空间被划分成了可以互换的单元,并可以以一种等级序列而被组织排列。如那些被认为更聪明或更值得培养的学生,相对于其他表现不佳者,往往被安置在更好的位置。个体的价值由他们在空间序列中的位置决定。教育空间"既像一个学习机器,又是一个监督、筛选和奖励机器"②。可见,建筑或空间本身是中性的,某种机制的投入使其具有某种权利意义。

(二)空间的可见性

福柯将空间规训的本质视为对空间的监视,最明显地体现在了"全景敞式监狱"这一空间模型。1791 年,边沁首次提出了关于圆形监狱的设想,福柯在《规训与惩罚》一文中提供了一份关于边沁所倡导的理想监狱构造的文献说明。这一监狱的构造是,监狱整体呈环状,被分割为不同的楼层和牢房。每间牢房都有两扇可视的窗户。一扇用于引入光线,另一扇对着监狱中心伫立的有着大片监视窗的瞭望塔。如果说,传统监狱是将囚犯封闭且隐藏在暗无天日之中,那么这一次,边沁只是想将他们封闭起来,但是又将他们暴露在透明光线之下,尽收眼底。

全景监狱在光学法则的驱遣下分解了看与被看的二元统一机制。由于逆光的效果,人们可以从瞭望塔清晰地观察到四周一个个囚室中被囚禁的人影,而囚室中的人却因逆光的光源无法观察到瞭望塔里的人。全景敞式监狱将囚室中的犯人建构为被观看的对象,同时剥夺其观看的权利,于是看与被看被分解了,这是一种新型而有效的权力机制,它实现了权力可见但不可

---

①　[法]米歇尔·福柯:《规训与惩罚》,刘北成等译,生活·读书·新知三联书店,1999 年,第 164 页。

②　[法]米歇尔·福柯:《规训与惩罚》,刘北成等译,生活·读书·新知三联书店,1999 年,第 167 页。

确知。由此,权力的自动化和非个体化运作成为可能。瞭望塔是一直存在的,是权力的象征,可见性作为权力对象的属性为权力的运行树立了标靶,犯人不断面对权力象征的存在,不知自己何时会遭到监视,或是否遭到监视。权力的效能转向了它的应用外表上。事实上无论瞭望塔之中是否有人监视,囚犯心中的目光始终在场。在由谁来监视,或者说权力由谁来实施的问题变得不再重要,几乎任何随机选择的人都能操纵这个瞭望机器。可视化装置的行为特征,在毫无暴力的情况下组织了权力被等同于某种形象的行为,权力不再是一个人,而是匿名的、自动的。囚犯将外在的目光内化,即人们对权力主体的内化,人们本质上是自己在监视自己。这种全景敞式同样造成人们个性被磨灭。人们由于内化权力的作用,倾向于服从秩序,甚至诉诸与其他人保持一致,内化的权力为囚犯们戴上精神的镣铐,囚犯在这一过程中被潜移默化地变得去个性化。

　　这种小巧非凡的建筑策略,可以适用于大量的机构,全景监狱是一个社会的乌托邦,根本上也是一种我们现在所熟知的社会的权力类型,一个实际上已经实现的乌托邦。在福柯看来,空间法则已经被包括政府、法庭、学校、精神病院、军营在内的诸多机构广泛采纳,从而成为现代国家权威得以确立的制度化基础。这也是为什么福柯认为空间意义上的规训社会形成了。

三、空间规训的拓展——数字全景监狱

　　让·鲍德里亚曾宣称:"我们正在经历透视空间与全景敞视监狱的终结……我们不再处于情景主义者所说的景观社会中。"[1]然而在韩炳哲看来,鲍德里亚的这一宣称只是体现了他的短视,因为数字技术催生了全新的监视模式。他得出了与鲍德里亚诊断截然相反的结论:"目前我们并没有经历全景监狱的终结,而是一个全新的、非透视的全景监狱的开始。"[2]我认为韩炳哲的判断似乎更准确地反映了今天的现实。

---

①　Jean Baudrillard, *Simulations*. Paul Foss, Paul Patton & Philp Beitchman trans, Semiotext(e), 1983, p.54.

②　[德]韩炳哲:《在群中:数字媒体时代的大众心理学》,程巍译,中信出版社,2019年,第108页。

　　让我们回到刚开始提到的两个片段,在《1984》中,对奥威尔来说,一个以监视为前提的极权主义制度是为了维持纪律肉体控制的规训性导致了完全的舒适感。电屏不仅仅监视人们的一言一行,同时也要控制人们的一言一行。电幕发出的指示对人们的行为具有强制作用。在《1984》中有这样一段描述:一天,温斯顿醒了过来,嘴里还在念"莎士比亚",这时,电幕上传来一阵刺耳的响声,提醒人们起床。温斯顿身体虚弱,他一醒来就会剧烈地咳嗽起来,血管也由于剧烈地咳嗽而变得粗大。可是他又不能违抗电幕上的命令,只得跳了起来,在屏幕前立正。脸上露出高兴的神情,机械地挥舞着手臂。在面对监控的时候,大家都要保持微笑,这是规矩。但个人的思想却是难以驯服的。总有像温斯顿和茱丽娅这样的反叛的个体,他们表面上恭顺忠诚,实则心里十分抗拒电屏强加在自己身上的意愿。他们需要两副截然不同的面孔使自己生存下去,一张是面对电屏时,一张是背对电屏时。在压抑的环境下,他们渐渐主动失去了灵活性,并不总能在两种面具之间自由切换。无所不至的监控压制了个人自由,从而限制了自由意识的发挥,并且严重扭曲了社会关系。然而在电影《圆圈》中,我们看到"老大哥"摇身一变,换上了充满科技感的"新衣",从奥威尔的书中随意地跳了出来。圆圈公司倡导一种基于"在线真实身份"的全开放、全透明生态,他们推出的产品特色鲜明,一方面可以对数据做出实时分析,另一方面可以连接用户的各类系统如社交系统、购物系统、搜索系统等。要想在这个公司里提升业绩,秘诀就是提升"参与感"。所以自女主梅·霍兰德进入该公司后,就无时无刻不在公司的相关论坛上进行发帖,成为24小时直播自己的人。如果说在楚门的时代,人们还认为通过展示自己的生活来娱乐他人是令人不适的;今天的人们则完全自觉地痴迷、沉溺社交网络,甚至主动制造机会去吸引他人的注意力。这可以说是数字空间下人们生存状态的一个真实写照。电影里涉及一个关键词语"See change",这种观看的改变,不仅看与被看的方式发生了变化,乃至我们和内心相处的方式也发生了变化,其中,我们透视到全景监狱的一些新特征。

　　从空间向度来看,"封闭空间"失去意义,规范范围无限扩张。在数字化领域,我们的语言、文字、欲望等都可被编译成一种被计算机识别和接收的语言和数据,这些数据通过数字平台和大数据技术构建起一个巨大的数字空间。哈贝马斯意义上的"公共领域"不可能存在,因为在数字空间下,所有领域都是权力构造的结果,渗透着权力运行机制。网络的全覆盖使得数字空间没有边界,没有所谓的"监狱内外",它把整个世界裹挟在内。一方面,哈维意义上的"空间压缩"体验激活并生产了空间"可见性",它使原本被人们遗忘的,黑暗的角落等边缘空间成为资本生产的空间。在人类的实践空间中,除了学校、工厂、商场等这类整体的空间之外,还有诸如分布于这些空间之间的缝隙空间,如上班路上、电梯内、课间休息等,这些曾被列斐伏尔看作垃圾的空间,如今统统被激活。

社会化媒体的背景之下,新媒介技术使用,成为如电一样不可或缺的背景性存在,早晨醒来的第一件事是打开手机翻看动态,出行路上依赖"百度地图"等软件的导航,工作中更是离不开各类软件的使用,甚至吃饭、睡觉都需要相关手机软件(App)"协助",电子设备早已成为我们身体的一部分,融入我们的生活当中。但从空间生产的角度,资本在推动这些媒体技术走向大众化的过程也是对"碎片空间"的开发与利用的过程。如果说早期资本对空间的开发还比较机械、单一与不完全,那么如今的微信、微博、抖音等具有社交属性的 App 的出现则直接宣告了碎片空间的"不可见性""私密性"的全面死亡,它使得人们走向了一种几乎"全透明"的状态。另一方面,权力运作不再受空间限制。在福柯的空间规训那里,权力运作的基本方式是对空间惊醒静态化、封闭化、栅格化的处理,全景监狱里的囚犯无法自由移动,他们必须始终坚守自己的位置,检察员也需要在场才能够履行其规训的职能。然而这种僵化的固定,在数据空间被消解了。一个重要的原因是,数字空间下,平台成为我们面临的主要空间向度。权力关系借助现代技术复制到非物理结构中,并使原有依托物理结构存在的监视工具"流动起来"。例如在外卖骑手进行送餐过程中,平台系统能够直接通过智能手机的无线网、蓝牙和 GPS 定位追踪骑手,直接生成动态地图将骑手的行踪呈现给生产组织和消费者。这种综合性平台的形成,背后蕴含的实际上就是组织与骑手员工间权力关系的再生产,如果骑手没有在规定的时间内完成送餐任务,组织可以根据虚拟平台产生的数据,对骑手进行克扣工资、解雇等惩罚。为了减少惩罚的发生,在无人监视下骑手也能自觉遵守工作制度。

从监视向度来看,监视目光由"台前"退居到了"幕后"。在数字空间下,监视由大数据算法实施。数字媒体与光学媒体不同,它是没有目光的媒体,数字化的"全光镜",不再依赖中心视角的瞭望,中心与外围之间的区别变得毫无意义,数字化全景监狱的运作方式是无视角的,人们是全方位地,甚至是从内向外地被照得通亮。也正是因为如此,它绝对比其他类似的全景监狱看得更多、更深、更有效。思想回避了目光,却逃不过数字化的全景监狱。由于权力目光的缺乏,就会产生一种具有欺骗性的自由感。我们生活在数字空间中,并没有觉得被凝视,就会不自觉地更愿意去暴露自己。最为明显的就是在抖音平台流量为王的驱动下,我们在他人的点赞中找到存在的意义,在获得关注中得到喜悦。我们自愿地将自己交给全景注视,通过自我暴露与展示,主动为大数据添砖加瓦,如同流水线上快乐的打工人,贡献着自己的流量、智慧与实践。然而事实上,自由即监控。这种目光的隐蔽并不代表监视的缺场,大数据代替了中心瞭望塔的位置。反而用户贡献的数据越多,这种监视就越严密。同时,数据空间下,监视正在由少数人观看多数人变成多数人观看多数人。众多网民在数据空间"同居",被围观者可以随时随地切换角色和身份,能够在他人的故事中成为旁观者,也可以成为新闻的主角。人人都是"狱警",也是"囚徒"。在这样的数字全景敞式监狱下,每个人都需要在"规训与惩罚"的警醒中自我约束,谨言慎行。

在数字空间下,所面对的技术向度也随之发生了变化,算法作为一种新的权力技术登场。媒介技术的不断发展创设了数字在场的全新社交模式,主体在场的虚拟呈现使得信息流成为算法时代价值构设的主导因素。一方面在随时被生物识别和数据追踪的身份系统下,主体行为与生活世界被转换成为各种符码数据,并以此准确地刻画出我们外在和内心的图像;另一方面算法技术可以根据海量数据进行多维度分析,根据主体特征输出结果能够引导甚至规训人们的思想和行为,权力将以更加隐蔽的方式向社会成员的精神世界渗透。正如朱伯夫在《监控资本主义时代》中所提出的那样,相较于过去的权力运行,当代社会结构的技术代码更显灵活性和机动性,以脱域性监控为依托,实现了更为隐性的权力布展。在算法场域中,网易云知道我们喜欢听什么歌,优酷知道我们喜欢看什么剧,淘宝知道我们喜欢什么类型的衣服,微信知道我们深夜与朋友聊些什么,抖音知道我们喜欢什么样的视频,美团知道我们喜欢吃什么菜,滴滴知道我们从何处来、到何处去,隐藏在我们脑海最深处的欲望、幻想和困惑都在搜索引擎中暴露无遗。所以,他们可以在我们情感最脆弱的时刻推送个性化的广告,譬如减肥、瘦身、整容;在父亲节前推送各种适合送给父亲的礼物;在我们人生的关键时期譬如怀孕时,发送能改变终身购物习惯的优惠券。随着技术的进一步发展,他们不仅能比我们自己更早知道我们想要什么,甚至还能在我们毫无觉察的情况下为我们凭空制造出欲望来。我们不知不觉就进入了鲍德里亚意义上的"伪构境"中。

在数字化技术的作用下,大数据通过智能算法操控人们的精神意识,从而影响人们的行为,最终实现对社会成员的有效控制以便更好地治理社会。这是因为大数据可以在由意识编织的行为空间背后开辟一个潜意识编织的行为空间。数字权力是通过对人们内心世界的操控,通过"摧毁人们的灵魂来实现的。人无异于一部主动运转的机器"①。权利技术不再用单一的规范来规范每个人,而是"放任"他们在网络和数字平台上翱翔。这是一种走向更深的规训秘密,由特定时空的肉体规训过渡到随时随地的精神规训。所以,韩炳哲认为随着数字化技术的发展,福柯意义上的规训社会治理术已过时,而如今的数字化时代与福柯所处的时代有着天壤之别。

四、结语

福柯通过空间——权力的分析路径,致力于考察权力在空间向度的表征智慧和实施过程,以全景监狱为分析典范,福柯向我们诠释了以监视为核心的主体规训生命政治学。而今,这种空间意义上的规训意识更甚嚣尘上。正如本雅明所说:"没有一座文明的丰碑,不同时也是一份野蛮暴力的实录"②,在数字全景监狱的全方位监视和高效的数据采集装置下,生命存在被透明化,成为"透明人",这是现代意义上的赤裸生命。我们面对着有史以来最严重的自由危机,数据转换使得生命真实社会关系被掏空,算法规训造成一种系统性愚昧状态。我们面对着新型的治理术——数字生命政治。福柯对规训权力

---

① [德]韩炳哲:《精神政治学:新自由主义与精神权力》,关玉红译,中信出版社,2019年,第42页。

② [德]汉娜·阿伦特编:《启迪:本雅明文选》,张旭东、王斑译,生活·读书·新知三联书店,2014年,第269页。

的揭示,仿佛世界的面具被无情摘下,露出一张血淋淋的脸,然后他若无其事地走掉,留下我们目瞪口呆,以为窥见了某种真相、兴奋、痛苦,又不知所措。当数字规训作为影响人的生存的一大因素,当权力在现代社会中无处不在的时候,人的主体性面对权力的压迫,几乎处于消解的状态,而人又该如何进行反抗追求自由?如何在规训和反规训之间寻求一个平衡的向度?我们有反抗的可能吗?我想,或许能够找到答案的碎片。

以"关怀自身"为核心的生存美学理论实现主体性回归。对规训权力的思考使得福柯后期转向伦理主体构建的路径,他创造性地将古希腊的自我完善美学思想与波德莱尔和尼采在当代维度上对真我的追寻相结合,提出以"生存美学"来反抗现代权力。所谓"生存美学"即在道德、真理领域和日常生活中,个人在"关心自己"的过程中把自己塑造成风格化的主体,关注的是个体与自身之间的关系。福柯认为,人是被建构的自我,要把自己塑造成一个艺术品,要使自己活在一种生存美学的态中,首要的原则是要不断地更新、不断地改变自己。"自我不是事先给定的,而是由我们每个人一天一天的生活创造出来的。"[1]这样重塑之后的"自我"不再受知识、权力的支配,而是变成了"自我"支配自我。在这个时候,"自我"是摆脱束缚的"自我",经历了"自我塑造"和"自我关注"的历程,是一个具有审美性的伦理主体。现代媒介技术对人的主体性的侵蚀使"自我"不断向着"客体化"的人转变,[2]而生存美学提倡"自我技术"是为了赋予人类更多的自主性。我们可以以此作为对规训权力的反叛和抗争,探寻规训权力下自我解救之路。福柯曾说:"我们处于全景监狱机器中,受到权力效应的干预。这是我们自己造成的,因为我们是其机制的一部分。"[3]当然,有权力的地方也必然有反抗,在认可数据权力积极作用的前提下,身处权力节点上的每一个人,都能够以自身的作为去改变现状。由我们自己"造成"的权力,也必然只有通过我们自身去改变它,当有一些不自由的权力向下压制时,我们要能够发挥主观能动性,像《楚门的世界》

---

① Michel Foucault, *On the Gencalogy of Ethics:An Overvicw of Work in Progres*, in Paul Rabinow (ed.),Penguin Books,1984,p.351.

② 李瑛琦:《超级连接、规训权力与数字生命政治——人的主体性视角下的现代媒介技术再审视》,《中国社会科学院研究生院学报》,2021年第5期。

③ [法]米歇尔·福柯:《规训与惩罚》,刘北成等译,生活·读书·新知三联书店,1999年,第276页。

中的主人公一样勇于反抗,而不是习惯于服从强大的规训力量。要提高反思自我的能力,如对同质化信息、自动化决策、技术盲目追随的反思;要提高自我判断能力,在数字硅笼中保持自我清醒。只有保持自我主动才能打开个体解放之路。正如卢梭所言:"自由是戴着枷锁舞蹈。"如果不去舞蹈,那么便不知何为自由。

　　以数字生命共同体实现自我的真正解放。西方左翼对共同体的讨论由来已久。无论是奈格里哈特对"诸众"寄予厚望,"未来的诗歌必须由诸众来谱写";还是让–吕克·南希基于"共享"概念对动态共同体的思考;抑或是阿甘本认为只有在"即临的共同体"中才能驱除部分人转为神圣人的可能性。左翼思潮共同体话语众声喧哗,对数字化语境下生命共同体的建设具有启发性。数字规训的强大使得任何一人的独自反抗都略显渺小,单个生命难以抵制结构性压迫,人们在参与数字化实践的同时,也生产着自身的行为和意识,只有更广泛和更公开的协同共享才能不使个体变成全景监狱下的囚徒,对数字生命政治操纵的抵抗需要智慧联合。"我们越往前追溯历史,个人,从而也是进行生产的个人,就越表现为不独立,从属于一个较大的整体。"[①]只有投身于共同体中,主体生命才能筹划自我的真正解放。在数字空间,基于共同的兴趣、利益等形成相互依存、相互联系、共命运的集合体,借助于互联网和数字化平台,深化情感认同和生命的群体感知,开展互助合作,祛除数字空间权力的规训性。因此,我们需要以共同性、解放性的力量,反抗数字全景监狱的监控统治,追求实现生命主体的真正自由,出离数字生命政治的规制之域,开启主体解放议程。

袁聪丽(南京师范大学)

---

① 《马克思恩格斯文集》(第八卷),人民出版社,2009年,第6页。

当代西方左翼
对资本主义数字劳动的批判性考察 *

　　当前,数字技术正在以迅猛之势,将我们的日常生活与工作场景结合起来,孕育出了一种全新的劳动形态——数字劳动。数字劳动作为一种与信息技术紧密结合的生产劳动,囊括了互联网专业劳动、受众劳动和以数字为媒介的无酬劳动三部分,在释放巨大经济潜能的同时,也将其辐射范围扩展到了物质性约束之外的领域,引发了一场关于商品形式、产业分工、财富分配、金融体系、社会交往等方面的深刻变革。泰拉诺瓦指出:"数字化劳动突出了它与现代血汗工厂之间的连续性,并指出了知识工作的日益退化。"①当劳动从"工厂内"延伸到"工厂外",不仅强化了资本价值链的全球整合,更塑造着新的社会关系,平台和资本凭借所掌控"数据废料"拼凑成的"信息地图",通过算法的进一步分析,将数据这种"新鲜血液"的效用发挥到极致,并在数字媒介的庇护下开启了以非物质劳动为主的全球霸权,在每一个神经末梢对劳动者进行宰制。

　　管窥当代西方左翼的思想前沿,以泰拉诺瓦、哈特、奈格里、齐泽克等为代表的学者早已捕捉到 ICT(information and communications technology)变革,对劳动关系发展的影响,不仅在生产维度,更在意识形态、权力掌控等多重面向对其进行批判性诊断。泰拉诺瓦指出,互联网激活了自由劳动、免费劳动与社会工厂之间的联系,强调整个劳动在数字经济中的流动性;哈特和

　　* 本文系国家社科基金重大项目"习近平新时代观若干重大理论问题研究"(项目号18ZDA002)的阶段性成果。

　　①　Tiziana Terranova,Free Labor:Producing Culture for the Digital Economy,*Social Text*,Vol.18,No.2,2000,p.33.

奈格里以非物质劳动为切入点，在一般智力的框架下分析了数字资本主义剥削的发生和实现；斯尔尼塞克则看到了数字资本主义社会中最有价值的东西——数据，及其背后独立运行和操控的力量——数字资本。从他们对数字劳动莫衷一是、纷繁复杂的批判话语中可以发现，当代西方左翼在一定程度上为数字劳动研究视域的延展提供了新的学术生长点，展现了他们犀利的理论解剖和现实分析能力。然而必须承认，他们所探寻摆脱"数字枷锁"的复兴之路是"孱弱"的，如齐泽克和巴迪欧在重启共产主义观念时提出的"新共产主义"思想；奈格里和哈特则寄希望于"真正的主体"——诸众来实施政治行动；以威廉姆斯、斯尔尼塞克为代表的加速主义主张通过资本主义生产机器内部的高速运转实现自身翻转等。诸如种种对出路的探索大多带有乌托邦的倾向，偏离甚至歪曲了马克思主义的基本观点，需要我们站在马克思主义的立场予以明辨。

一、劳动关系的簇新命题

信息技术的蓬勃发展深刻改变着人类的生产生活方式，数字劳动作为大数据时代全新的社会生产劳动形态，引发了关于价值、商品、劳动关系、劳动过程、劳动工具、劳动价值、主体意识等多维度的讨论。事实上，免费劳动、玩劳动、网络劳动、非物质劳动、情感劳动等新型劳动形态的激增，不仅带来个体生存方式的重塑，开辟出人类社会关系新未来，更重构了资本、技术与劳动之间的互动关系，预示着剥削新方式与潜在新政治的出现。

（一）劳动者的"流众化"

在全球范围内，随着 ICT 和经济全球化的深度融合，劳动的场所、动机及工具和对象愈加多元，一方面加速了 U 盘型的"即插即用"零工经济及自由职业者的发展；另一方面打破了无产阶级的界定条件，使得原本具有固定岗位和身份认同的无产阶级被"流众化"，变得漂浮不定，传统劳动的稳定性正在被瓦解。按照斯坦丁所说，"流众"（precariat）由"无产阶级"（proletariat）和"不稳定"（precarious）两部分所组成，特指不稳定的无产阶级。"流"意为流动、不稳定的意思,"流众"则指代一种流动性的生存体验,用于描述劳动者如"流"一般地生存在"朝不保夕"的担忧之中。事实上,这种不稳定的劳动关系正是资本、劳动和权力之间相互作用的必然结果,看似与19世纪资本家在工厂里直接盘剥劳动者的形式有所不同,但这些新变化绝不是"斯芬克斯之谜",仍旧是"建立在对劳动力的剥削之上,并受其驱动的价值创造机器"①。就目前而言,由于大量的雇佣劳动被推向社会并转变为业务外包型的零工劳动,致使许多劳动者在就业方式与劳动保障层面变得灵活与不稳定,但从某种意义上看,收入则是稳定的,依旧无法挣脱资本的束缚与压榨。可以说,这种不稳定的新型劳动力组织方式日益普及,"恰恰是数字资本主义和劳动力市场弹性机制相互渗透的必然结果"②,而这一"不稳定性其根本目的就是造就一个完全听命于资本的劳动力群体,因此,我们看到这种灵活性的劳动体制完全是专制性的"③。

泰拉诺瓦认为"数字经济中的劳动力问题,并不那么容易被当做是熟悉的资本主义剥削逻辑创新发展而被忽视"④,因此她作出"无酬劳动是资本主义社会普遍存在的剥削"这一判断。她认为,大数据时代下的数字劳动并不存在明晰的雇佣关系,每个劳动者都是"蜂群思维"(hive mind)中具有自适应能力的独立行动单元,网络上的自由劳动兼有自愿、无偿、享受和剥削的多重特性,是一种内嵌在互联网中流动的、持续的价值生产活动,这种"生产与消费、工作与文化表达之间日益模糊的领域并不意味着异化的马克思主义工人的重新组合……这种重新配置的过程标志着一种不同的(而不是全新的)价值逻辑的展开"⑤,需要加以分析。哈维在谈及"新工人阶级"时,认为数

①　Christian Fuchs, Sebastian Sevignani, What is Digital Labour? What is Digital Work? What's Their Difference? And Why do These Questions Matter for Understanding Social Media? *TripleC:Communication, Capitalism & Critique*, Vol.11, No.2, 2013, p.283.

②　姚建华:《数字劳动:理论前沿与在地经验》,江苏人民出版社,2021年,第77页。

③　[美]迈克尔·哈特、[意]安东尼奥·奈格里:《大同世界》,王行坤译,中国人民大学出版社,2016年,第8页。

④　Tiziana Terranova, Free Labor:Producing Culture for the Digital Economy, *Social Text*, Vol.18, No.2, 2000, p.33.

⑤　Tiziana Terranova, Free Labor:Producing Culture for the Digital Economy, *Social Text*, Vol.18, No.2, 2000, p.35.

字化与自动化的发展产生了更多的不稳定就业者，现代信息技术的大规模应用虽然加大了对数字劳工的需求，但是并未给予这一群体配套的劳动保障措施和社会福利待遇，他们被排除在稳定的劳工关系之外。面对高强度的工作压力及不稳定的就业环境和薪酬时，无产者时常怀揣着可能被替代的焦虑、失落和不安，他们既是经济上的自由者也是政治上的失权者，要么无法正常参与政治生活，要么没有社会权利享受不到应有的保障。这种随处栖息、肆意流动的状态，更加凸显了无产阶级"流"的特性，在一定意义上也可以将这部分没有固定身份，无法被算法直接治理的"流众"视为"新神圣人"。

（二）"精神的无产阶级化"

斯蒂格勒在谈及自动化社会的诸多问题时，借助"一般器官学"和"技术药理学"的概念阐述由于技术加速造成的批判性知识中断这一蜕变事实，即"精神的无产阶级化"（proletarianization of minds）。近年来，随着人工智能、物联网、大数据存储和分析技术的迭代更新，劳动变得愈发不稳定，劳动者的工作场所、就业形势、个性需求、交际能力与自我意识也因之受到影响，数字化发展在为我们提供便利的同时，减缓了我们"能够进行理论化和慎思的智力能力"①。马克思在《资本论》中曾言辞犀利地指出，夹缝中生存的劳动者正在面临着无产阶级化的风险，"工场手工业把工人变成畸形物，它压抑工人的多种多样的生产志趣和生产才能，人为地培植工人片面的技巧……个体本身也被分割开来，转化为某种局部劳动的自动的工具"②。斯蒂格勒十分认同马克思所提及的机器将工人无产阶级化的观点，在《技术与时间》中直面数字资本主义，发出了对整个社会认知能力丧失的担忧。在他看来，知识的构成依赖于知识的外化，这是数字第三持存的知识外化，从而使全面自动化成为可能。正是囿于对技术变革有意或无意的屈从，使经历理论知识的无产阶级化犹如"通过电视广播模拟导致生活知识（savoir-vivre）的无产阶级化，

---

① ［法］贝尔纳·斯蒂格勒：《南京课程：在人类纪时代阅读马克思和恩格斯——从〈德意志意识形态〉到〈自然辩证法〉》，张福公译，南京大学出版社，2019年，第59页。

② 《马克思恩格斯选集》（第三卷），人民出版社，2012年，第679页。

以及劳动者的身体屈服于机器铭刻的机械痕迹，导致技能知识(savoir-faire)的无产阶级化①。斯蒂格勒对"知识的废人化"的批判逻辑接近海德格尔所提到的"沉沦处境"中的"常人公众的夷平化"②。不否认斯蒂格勒在对技术的省思中仍秉持乐观态度，他相信"精神的无产阶级化"是可以通过翻转技术的雅努斯双面孔来避免，而能将"毒药"转化为积极"治疗"的责任主体，就是深受数字化奴役的无产阶级自身。

此时人们不禁发问："精神的无产阶级化"是否意味着大数据时代的劳动者已经沦为了"无用阶级"？赫拉利认为，移动互联网和智能计算机的普及会降低无产阶级的思维灵活性，使劳动者最终沦为"无用的生物"③，即"感性和情感的无产阶级化"④。BI 挪威商学院的埃莉安·布赫(Eliane Bucher)教授则认为，虽然信息技术与生物技术的合并会抹杀劳动者的思考能力，会对其就业市场产生挤出效应，造成技术性失业，然而技术进步却使得劳动显现出了"专业技能平民化"的特征。从一定程度上说，数字劳动是一种使工人努力实现自主性、提高个人技能、强化与社区成员及社会之间联系的手段，在这种状态下，劳动者能够在流动性体验中找到明确的目标、获得充分的反馈及对灵活时间的掌控。⑤如此一来，从这一视角看，数字劳动与其说是剥削，不如说是重新激活了劳动者主体性与赋予了劳动者权力，使劳动者能够完全沉浸在自己的世界里，充分享受由劳动带来的愉悦。可见，实现人类与智能机器的共同协作是人类社会未来的发展趋势，数字劳动者不应只是社会工厂里的一颗无言的螺丝钉。在大数据时代如何重建人的自我意识，如何避免"理论知识的中断""系统性愚昧"，防止受到民粹主义的蛊惑沦为其利用的工具，是当下亟待解决的问题。

①　Bernard Stiegler, Automatic Society, Londres Février 2015, *Journal of Visual Art Practice*, Vol. 15, No.2–3, 2016, p.195.

②　张一兵：《"人"与实际性此在的常人化夷平——海德格尔〈存在论：实际性的解释学〉解读》，《社会科学战线》，2011 年第 11 期。

③　Yuval Noah Harari, Reboot for the AI Revolution, *Nature*, Vol.550, No.7676, 2017, p.325.

④　[法]贝尔纳·斯蒂格勒：《南京课程：在人类纪时代阅读马克思和恩格斯——从〈德意志意识形态〉到〈自然辩证法〉》，张福公译，南京大学出版社，2019 年，第 53 页。

⑤　See Eliane Bucher, Christian Fieseler, The Flow of Digital Labor, *New Media & Society*, Vol.19, No.11, 2017, pp.1869–1871.

（三）"社会工厂"的劳动转移

"社会工厂"（social factory）一词由意大利马克思主义理论家奈格里在1989年提出，用于描述"没有墙的工厂"及"没有工厂的公司"这一现实的变化。随着新自由主义蔓延，信息发展在对传统生产方式带来了巨大冲击的同时，"或许正在为我们带来GDP统计所无法观测到的某些改变"[①]。正如奈格里和哈特多次提到的，资本主义的发展打破了地域的限制，价值关系的产生也不再局限于工厂内，"当工作过程从工厂转移到了社会，也就启动了一个真正复杂的机器"[②]。资本的权力遍布一切社会领域，跨国公司将劳动、信息、资源及劳动者的才智输送到世界的各个角落。简言之，伴随着资本市场与生产体系的全球化发展，一种新的逻辑结构与规则，即一种新的主权形式正在出现。劳动剥削和价值创造发生的场所不再仅仅局限于某一种静止的组织形态，而是具体表现为：以电子血汗工厂、家庭工厂、白领工厂等为代表的新型工厂样态层出不穷；信息通信技术普及带来劳动商品化与工厂剥削的普遍化；以及社会中的一切都可以作为社会工厂的某种功能而存在，整个社会被纳入资本统治范围，资本权力延展至社会结构的每一个神经末梢。哈维从世界市场和社会总资产的角度阐释"大都市的中产阶级化以及城市空间转变为了社会工厂"[③]，认为当"工作"和"非工作"的界限被模糊，资本积累往往在全球化的进程中变得分子化，与普遍异化交织在一起，在整个地球工厂内将资本主义的统治秩序化于无形，不仅"为垄断力量的扩展创造了新的机会，并由此而带来了各种各样的社会、生态、经济和政治后果"[④]。

泰拉诺瓦口中的"网络奴隶"（Net Slaves）、"全天候的电子血汗工厂"，因

---

①　［日］森健、［日］日户浩之：《数字资本主义》，野村综研（大连）科技有限公司译，复旦大学出版社，2020年，第2页。

②　Antonio Negri, *The Politics of Subversion: A Manifesto for the Twenty-first Century*, Polity Press, 1989, p.92.

③　Michael Hardt, Antonio Negri, The Multiplicities Within Capitalist Rule and the Articulation of Struggles, *TripleC: Communication, Capitalism & Critique*, Vol.16, No.2, 2018, p.440.

④　［英］大卫·哈维：《新帝国主义》，初立忠、沈晓雷译，社会科学文献出版社，2009年，第106页。

被注入了信息技术,在不知不觉中改写乃至颠覆了既有的劳作规则,陷入了罗萨所描述的"西西弗斯式"的劳作图景。我们可以借鉴马克思主义社会学家布若威观察工人"制造同意"这一生产行为现象,探究"内卷"主体"勤勉"劳作的原因。他发现,资本家能将微妙的强制性与生产劳动完美结合的秘密就在于资本家发现了生产的政治面向,工人不但主动参与到"赶工游戏"中,而且还充满了热情与认同,从不对劳作规则产生怀疑,"就此意义而言,它们仅仅是实际上源自于剥夺的表面上的满意"①。在阿甘本看来,这就是资产阶级的高明之处,以非政治的手段施展生命政治,使我们习惯于在生物身体与政治身体中游走、思考和行事,即形成"非政治化的政治"。

归根到底,数字技术与"社会工厂"的结合,不仅美化了资本家贪婪的本质,更加速了资本主义政府以一种"无形在场"的智能方式替代工厂机器化,对社会劳动实行远程操控。在这种看似去中心化的集权统治下,资本对劳动的剥削被"民主化"假象所遮蔽,实际上早已在资本主义的统治结构中发生了翻转,劳动对资本的实质隶属关系更为明显。

二、数据资本化的意义赋能

在生物学与一般数据相结合、信息技术与物理世界相重叠的今天,数字化生存俨然成为一个客观事实。数据在财富积累过程中被赋予了新的内涵,它不再单纯地作为生产活动的一味要素而存在,而是成为我们真实肉身和现实体验的延长,兼具了统计性和生产性的双重性能,在转化为资本的过程中对大众施展全景式的监控和剥削。不得不承认,数据正在改变着我们的生存状态,迫使我们卷入一场美其名曰"确保全球用户公共利益与隐私安全"的"信息大绞杀"。

---

① 　[美]迈克尔·布若威:《制造同意:垄断资本主义劳动过程的变迁》,李荣荣译,商务印书馆,2008年,第87页。

（一）"数据身体"

数据（data）是指通过观察得到的、用于描述客观事物的性质和状态的一系列抽象的物理符号，它不仅包含狭义上的原始信息——数字，更可以凭借信息技术对数字化信息进行条理分析、加工和处理，并对决策产生影响。正如意大利信息哲学领军人、图灵革命引爆者的卢西亚诺·弗洛里迪（Luciano Floridi）所说："信息与通信技术正在极大地改变我们的世界，它们正在创造新的现实，并推动着对世界和生活的方方面面的信息化解读。"①大数据时代将一切数字化，被编码后的物不能简单地被抽象理解为一种符号关系，相反，这种符号体系作用于具体的物和身体结构，使我们"传统意义上的身体的领域逐渐被数字编码所穿透"②。数字平台的兴起不仅改变了我们的生存体验，更重塑了个体生存的方式，"长期以来，我们就已经成为数字了"③。我们的真实肉身不再与网络中的虚体一一相对应，身体虚体被平台赋予了新的身份，现实肉身只有置身于网络空间才能被认知，成为凌驾于肉身之上、数据流形态一样的存在生命。譬如健康码，作为数字防疫"通行证"，是技术具象化了的"社会身体"，用以甄别能否准入共同体。应该看到，科技在为我们"加码"护航的同时，数据身体正在获得比真实肉身更多的承认，主体经数据"科学"评估后，以智能手机上的二维码展示出来。这个经过编码后的二维码就是我们数据的身体，是我们肉身器官的延伸，并不能完全真实、准确地再现我们的社会关系和实际体验，有时也会产生误判，数据身体真的与现实肉身完全相等吗？

显然，信息人并不等同于我们的真实肉身，从肉身人到数字人的转变，无疑是认识论在大数据时代的一种新走向。实际上，当我们追溯到法国存在主义思想家梅洛-庞蒂的《知觉现象学》那里，给出了一个理解身体与世界关

---

① ［意］卢西亚诺·弗洛里迪：《第四次革命：人工智能如何重塑人类现实》，王文革译，浙江人民出版社，2016年，第49页。

② 蓝江：《一般数据、虚体与数字资本：历史唯物主义视域下的数字资本主义批判》，江苏人民出版社，2022年，第104页。

③ ［美］斯蒂芬·贝克：《当我们变成一堆数字》，张新华译，中信出版社，2009年，导言第XIX页。

系及意义建构的重要"切口",他认为"我的身体是朝向世界的运动"①,而生命的意义就在于通过身体的行为缔造主客观世界。在今天看来,身体式的思考方式并没有消失,而是被添加了新的内容。人类生存在一个虚拟的、充满异质性的生存空间,"比特,作为'信息的 DNA',正迅速取代原子而成为人类社会的基本要素"②,物质性的身体固然重要,但也要隐没在芸芸数据之中。网上购物、线下采买、网页浏览、信用卡支付、途经公共场所用的扫码,这些行为的背后"都拖着一条由个人信息组成的长长的'尾巴'"③,包括一些可以检测人体数据的穿戴设备,也在向终端源源不断地输送数据,这些数据都是资本产生剩余价值的原材料,人类身体正在被潮水涌入般的数据所覆盖。在斯蒂格勒看来,数据这个"外延"的记忆载体,在极大改变了人们日常生活的同时,也会导致人类对自我的认知出现断裂,存在中断人的个性化实现的风险。

(二)"劳作傀儡"

我们今天的劳动已不像马克思所生活的那个年代,直接在工厂里生产出物质性产品,劳动对象和劳动产品更多地表现为以情感、价值、社会关系等为主的非物质形态。罗萨在"新异化论"中指出,"社会加速的弊端,就在于它导致了新异化形式的出现"④,当技术化的理性思维方式占据主导地位,理性也就变得愈加工具化,身处在智能系统中的人们被打造成了迎合资本、信息、权力而存在的有用物,看似挣脱了固有束缚,实际却使自身深陷于愈加精密的囚笼,沦为数字资本的"劳作傀儡",以及潜藏在数字媒介背后的"幽灵工人"。在马克思看来,资本主义的生产关系本身就是一种不平等的剥削关系,如今,"马克思的分析对于理解互联网和媒体在社会中的当代角色仍

---

① [法]莫里斯·梅洛-庞蒂:《知觉现象学》,姜志辉译,商务印书馆,2001 年,第441页。
② [美]尼古拉·尼葛洛庞帝:《数字化生存》,胡泳、范海燕译,海南出版社,1997 年,第3页。
③ [美]斯蒂芬·贝克:《当我们变成一堆数字》,张新华译,中信出版社,2009 年,封皮简介处。
④ [德]哈特穆特·罗萨:《新异化的诞生:社会加速批判理论大纲》,郑作彧译,上海人民出版社,2018 年,第12页。

然至关重要"①。"信息高速路"在带给我们更加便捷、直观的体验同时,也创造出了利润产生的核心——数据商品,身处其境的我们很难察觉到自身正在被剥削,心甘情愿地为成为资本家的"提线木偶"。

数据作为一种可以被提取、创造价值的物质材料原本是用户创造性活动的产物,如今却反过来制约我们的网络行为,更多地表现为命令和控制,隐藏在数据背后的这条无形之线——数字资本正在以某种不可知的方式操纵着全景,借用斯蒂格勒的"药理学"比喻,信息技术如"药"一般,"既生产出熵,也生产出负熵,因此它总威胁着人化过程"②。当我们的生物学肉身被数据化,变成了一堆可以衡量的数字,社交媒介以数字化显现的方式侵蚀我们的隐私,量化我们的价值,隐匿地进行着现代化的"数据圈地运动",名正言顺地将公共数据转化为了私人财富。无论我们是否自愿,都在竭力地创造剩余价值,每一个我们在网络空间留下的痕迹,都是资本想方设法控制我们行为的素材。不论是被嵌入软件、传感器与执行器的电子设备、车辆、建筑,抑或是其他物体,都能够通过网络以互联网平台为中介,将物理世界直接与计算机系统相关联,类似于 IP 地址这种承载了个人体征的"识别符",就是主体存在的物质化表达。

从某种程度上来说,大数据和算法远比我们自身更加了解自己,平台作为"钻井"捕获每一个用户的信息点,我们每个人都成为生产价值的"数据佃农",个体用户无意识上传的海量数据为"数据剥削"创造了条件,一方面包括自己上传的"数据脚印",另一方面则是平台搭建的"数据影子",它们都是数据工厂的"燃料"。福克斯认为,资本主义的未来在于信息的商品化,即使是在经济不景气的情况下,数据仍是保持经济增长和活力的重要方式。这意味着,数字化传播拥有不可估量的生产力潜能,平台上的信息搬运就是数字资本无偿榨取免费劳动价值的运输活动,在"协同共享"的互联网世界中,个体用户彻底沦为了数字资本和数字权力的囚徒。作为信息的重要载体,数据与信息技术一样都是资本主义财富增殖的利器,"新技术、新组织形式、新剥

---

① Christian Fuchs, Nick Dyer-Witheford, Karl Marx @ Internet Studies, *New Media & Society*, Vol.15, No.5, 2013, p.782.

② [法]贝尔纳·斯蒂格勒:《人类纪里的艺术:斯蒂格勒中国美院讲座》,陆兴华、许煜译,重庆大学出版社,2016 年,第 181 页。

削模式、新就业机会和新市场都会出现，创造出一种积累资本的新途径"①，即数据创造出"数字霸权"。

（三）"信息大屠杀"

面对技术的张力，大数据时代的记忆、文化和社会变得日益符码化。一般数据不仅获得了价值增值的特性，更是凭借对智能技术的全面掌控，将资本主义推向新的发展高峰，形成了独特的社会景观——监视资本主义。2020年 Netflix 发布了一个名为"监视资本主义：智能陷阱"(the Social Dilemma)的纪录片，正如标题所示，Twitter、Meta、TikTok、Instagram、YouTube 等社交媒介层出不穷，看似便利了你我，实际上无处不在的"电子监控"正在对人类进行一场无声的"信息大屠杀"，德勒兹在 1990 年创作的《控制社会后记》中分析了"信息传播的普遍性"，在如今看来他当时的预言都已成真，身处在"信息茧房"中的我们似乎有着不能穷尽的可能与选择，但实际上，早已落入由数字技术编织的"牢笼"却不自知，"整个地球正在发展成为一个全景监狱"②。祖博夫认为监视资本主义是数字治理术的一种现实表现，包含着"数据的提取和分析、由于更为全面的监控带来的新的合同形式、个性化定制以及连续性实验"③四种新用途。对于商家来说，这些数据对广告商最有价值，借助算法机器进行现实挖掘和行为预测，为消费者量身打造"消费陷阱"形成商业闭环，进而达至垄断资本市场和数字霸权的企图。对于社会成员来说，则触发了在主体层面更为深刻的思考，一旦适应了大数据追踪所形成的"电子脚镣"，在"规划性世界"中"静止的个体感受到的痛苦和麻烦，被默认为是一种茫然的、'平静的'功能类型的行为"④。此外，在英剧《杀死伊芙》(Killing Eve)第二季中向我们展示了这样一个场面：只要你想，就会有售卖数据的人向你

①　[加]尼克·斯尔尼塞克：《平台资本主义》，程水英译，广东人民出版社，2018 年，第 42 页。

②　[德]韩炳哲：《透明社会》，吴琼译，中信出版社，2019 年，第 84 页。

③　Shoshana Zuboff, Big Other: Surveillance Capitalism and the Prospects of an Information Civilization, *Journal of Information Technology*, Vol.30, No.1, 2015, p.78.

④　Shoshana Zuboff, Big Other: Surveillance Capitalism and the Prospects of an Information Civilization, *Journal of Information Technology*, Vol.30, No.1, 2015, p.82.

兜售全世界任何人的信息,数据变现涉及面之广及速度之快让人不寒而栗,所造成的后果就是每个人被彻底地暴露在数字监控之下,实现"集体裸奔"。

事实上,基于信息论和控制论的解释力透析资本主义制度的内在变化具有一定的客观合理性。"当今世界正在以数据的形式重生"①引发了一个更为激进的问题:在大数据时代,我们虽然不再被某些人和劳动所直接剥削,却付出了隐私被暴露、人格被掌控和失去自由的代价。当人的生物信息收集用于娱乐、社交、盈利,产生出不同于福柯所提出的规训、惩罚和安全机制的新型数字治理术时,物的秩序和话语秩序被重新架构,并在以互联网为中介的复杂关系中变得愈加生动起来。在网络空间这片"数字公地"上,算法治理将生物性生命转化为可量化、可视化的数据,我们被纳入巨大的计算模式之中。大数据时代,数字秩序势必将资本的力量遍布社会的每根毛细血管,我们早已落入算法的彀中受制于指令、按程序运作,看似自主的行为也在"无意的算法残酷"②(The inadvertent algorithmic cruelty)中被管制,从而陷于资本"霸权式"的治理之中。

三、数字劳动批判理论的建构

批判性是当代西方左翼鲜明的特性。他们以批判新自由主义为靶子,对当代资本主义展开激烈地批判,形成了具有鲜明特点的数字劳动批判理论。这一理论,是在秉承马克思对资本主义异化批判主线的同时,聚焦资本主义数字劳动,通过揭露数字技术对全景劳动的剥削事实,尝试发现数字劳动在资本主义社会可能出现的系统性危机,以及找到解决危机的方法。

(一)"新共产主义"的出场

20世纪90年代初,共产主义在国际政治舞台上近乎失语。然而却在世

---

①　Shoshana Zuboff, Big Other: Surveillance Capitalism and the Prospects of an Information Civilization, *Journal of Information Technology*, Vol.30, No.1, 2015, p.77.

②　[美]玛丽·L.格雷、[美]西达尔特·苏里:《销声匿迹:数字化工作的真正未来》,左安浦译,上海人民出版社,2020年,第70页。

界共产主义运动低迷之际，"一个幽灵，'新共产主义'的幽灵，在学界游荡"①，掀起了一股向共产主义回归的热潮。虽然表面看来，这些形形色色的"新共产主义思想"将"共产主义"重新拉回了理论的视野，但究其本质，始终与马克思主义经典作家关于共产主义的科学论述之间存在着难以逾越的鸿沟，使其宛若"海市蜃楼"，难以转化为改造现实的有力武器。

巴迪欧在谈及社会主义国家失败时，强调不能仅仅局限于探讨国家和群众之间的辩证关系，必须要在意识形态和政治实践领域全面坚持"共产主义假设"，"我们如果抛弃了这个假设，那么在集体行动的范围内就没有任何值得做的事情了"。②在《第二哲学宣言》中，巴迪欧对共产主义观念的具体内涵进行界定，认为"共产主义观念就是构成个体的生成之中的大写的政治主体的东西"③，是要依赖于政治真理，必须在真理的身体之中才能产生的观念。也正因如此，巴迪欧的共产主义观念总体上仍盘旋在哲学的上空，并未落地转化为切实有效的实践行动，充满着浓厚的乌托邦色彩。

除此之外，虽然他十分赞同马克思提出的"要将思想上的建构与政治上的实践紧密结合起来，才能确保共产主义的真正实现"④的观点，但他看不到无产阶级革命力量的愈发强大，以及政治革命事件发生的必然性，这就注定与马克思相距甚远。齐泽克在重启共产主义的话语时，强调应该从巴迪欧所提的"共产主义假设"这个零点开始思考，"仅仅忠于共产主义观念是不够的，人们必须在历史现实中将对抗进行定位，并意识到将其转化成实践的紧迫感"⑤。他公开为马克思主义辩护，强调只有恢复马克思的阶级概念，才能化解当下的社会危机，这种激进的政治构想使其共产主义思想与马克思、恩格斯的社会革命理论具有某种相似之处。与其他当代西方左翼将资本主义的社会弊病归结于资本逐利的本性、内在制度的根本矛盾、新自由主义的虚假平等的观点不同，齐泽克从马克思所谈及的"共有"（common）与"共有物"（commons）这一看法出发，反思和批判资本主义的系统性危机。奈格里与哈

①　[英]艾伦·约翰逊：《新共产主义：复苏乌托邦幻想》，《文化纵横》，2012 年第 4 期。

②　Alain Badiou, *The Meaning of Sarkozy*, Verso Press, 2008, p.115.

③　[法]阿兰·巴迪欧：《第二哲学宣言》，蓝江译，南京大学出版社，2014 年，第 25 页。

④　Alain Badiou, *The Meaning of Sarkozy*, Verso Press, 2008, p.117.

⑤　Slavoj Žižek, *First as Tragedy, Then as Farce*, Verso Press, 2009, p.90.

特同样继承了马克思共产主义观念中的共有思想，承认共有是共产主义社会的根本特征，"共有之于共产主义，正如私有之于资本主义，公有之于社会主义"①，要求取消公有和私有，这一看法与马克思的共产主义观达致某种契合。奈格里和哈特以非物质劳动概念为核心，剖析了当前的经济生产方式，试图在资本主义内部寻找推翻资产阶级的革命力量，虽未找到正确出路，但其求索精神却值得肯定。

(二)诉诸变革性的主体力量

五月风暴后，重新定义政治身份及寻找"非先验"的革命主体成为当代西方左翼的政治诉求。进入 21 世纪以来，资本主义在大数据时代"大获全胜"，对无产阶级的剥削更为隐匿和残酷。为了消解现存的异化现象，还原本真的"物与物""人与物""人与人"之间的现实关系，当代西方左翼纷纷积极探索现实的、有力的革命主体，寻找变革性的主体力量是当代西方左翼数字劳动批判理论的重要内容之一。在他们看来，当年马克思在《共产党宣言》中指出无产阶级因备受资本主义经济剥削而充满革命潜力，而今的无产阶级概念不再直接与大工厂生产相联系，其构成的内涵更为多元。无论是收入低于平均生活水平的临时工，还是未得到基本社会保障的兼职工，抑或是未受到专业技能培训的非正式工，他们都是"新无产阶级"的组成部分。

齐泽克认为，新的政治解放需要在坚持无产阶级立场的基础上，将边缘群体紧紧团结在一起，从而形成"不同行动主体的爆炸性组合"②。相较于马克思经典的无产阶级形象，齐泽克通过划分"被排斥者"(the excluded)和"被包含者"(the included)两部分，明确用前者来指代新无产阶级。在这个意义上使用无产阶级范畴，更为广泛，且更加激进，只要是"被排除在自然以及我们自身之外的符号性物质存在"③，皆存在着成为新的行动主体的可能。不同于马克思和齐泽克对无产阶级的理解，朗西埃从边缘他者的主体身份缺失

---

① [美]迈克尔·哈特、[意]安东尼奥·奈格里:《大同世界》,王行坤译,中国人民大学出版社,2016 年,第 196 页。

② Slavoj Žižek, *First as Tragedy, Then as Farce*, Verso Press, 2009, p.92.

③ Slavoj Žižek, *First as Tragedy, Then as Farce*, Verso Press, 2009, p.92.

开始,用"无派别的派别"一词把政治上被主流阶级排斥在外的、经济上一无所有的称为无产阶级,这种对无产阶级的界定是基于社会承认部分之外的、对被剥夺者的总称。在朗西埃看来,被驱逐的真实无产者既是遭受贫困、边缘化、剥夺权利等社会弱势中的"无分者",同样也是笛卡尔"自我-我思"(ego cogito)消失点的主体,只有这部分群体所组成的共同体才能被称作政治性的共同体、真正的无产阶级共同体。哈特、奈格里认为,解放意义上的政治行动只能在广泛的群众基础上进行,他们将零散的社会主体聚集起来形成的抽象概念定义视为"诸众"(multitude),此"众"是具有多重身份、充满奇异性(singularity)的复数,是不同于人民、群众、暴民等集体名词,是能够自发地联合起来反抗帝国统治秩序,并且"唯一能够实现民主即人人治国的社会主体"①。事实上,哈特和奈格里在非物质劳动生产模式中对"诸众"革命潜力的考察,是对劳动者主体地位的肯定,强调"诸众"是"劳动的共同主体,即后现代生产的真正血肉(real flesh),同样也是共有资本试图建构其全球发展的主体"②。他们提出,生产领域能够天然生成政治抗争主体的主张,认为需要结合复杂现实状况进行深度耕犁或专门的政治化过程,就能将诸众的力量激发出来并形成"自治联合体",从而达到政治解放的目的。

(三)数字反抗的可能路径

当代西方左翼认为,当前的重要问题不仅仅是把握数字化蔓延对人类社会造成的影响,更需要寻求一种可能冲破技术藩篱的抵抗路径,避免因被人工智能取代而造成新的异化。在威廉姆斯和斯尔尼塞克眼中,大数据社会存在着一种潜在的、摆脱数字枷锁的革命潜能。他们提出,在现有的资本主义制度中,加速主义不需要摧毁新自由主义的物质平台,只需要放任不断加

---

①　Michael Hardt, Antonio Negri, *Multitude: War and Democracy in the Age of Empire*, Penguin Press, 2004, p.100.

②　Michael Hardt, Antonio Negri, *Multitude: War and Democracy in the Age of Empire*, Penguin Press, 2004, p.101.

速的技术创新与社会革新,充分地利用资本主义社会带来的一切科学进步。[①]
因此,技术加速带来的异化是必然现象,当加速超过资本主义系统无法承受
的限度时,资本主义制度就会在高速运转中自行崩塌。这一观点显然夸大了
技术加速对社会的反噬作用,否定了变革社会的决定性力量——人民群众
的作用,是极度理想化的空想。

与此同时,哈特和奈格里在研究资本帝国的全球统治时,强调大数据时
代下资本与劳动者之间呈现出既彼此依赖又相互对抗的关系,面对非物质
劳动在生产及生活中的全面霸权,判断得出,当下的"诸众"已经具备成熟的
自觉意识和斗争能力,能够实现"诸众共享的大同世界"[②],而实现的路径是
"采取破坏、从合作中退出、反文化实践和普遍的不服从等形式"[③],打破帝国
关系中资本积累运作的链条,在共同性的生产中生成政治事件、反抗资本统
治。在哈特和奈格里眼中,"帝国主义其实为资本创造了一个束缚——或者
更准确地说,在一定程度上,帝国主义实践所造成的疆界阻碍着资本主义的
发展和资本主义世界市场的完全实现"[④]。德勒兹和加塔利在合著的《反俄狄
浦斯》中明确表达了"精神造反"的观点,提出资本主义社会自身具有革命性
的特点,主张以旁观者的身份,站在资本主义这一巨大的欲望机器之外,完
成资本因达到自身极限而无法克服的自我颠覆。

福克斯为人们在大数据时代下,超越资本主义框架下资本和劳动之间
的历史性冲突,给出了一个极端的结论。在他看来,数字劳动就是异化的数
字工作,而平台资本积累的秘密在于人本身的数据化、资本化,因此要想"摆
脱互联网危机和剥削经济的唯一选择就是退出数字劳动、克服异化,用共有
的逻辑取代资本的逻辑,将数字劳动转变为数字工作"[⑤]。显然,提出通过退

① 　Nick Srnicek, Alex Williams, # Accelerate: Manifesto for an Accelerationist Politics, Joshua Johnson(ed.), *Dark Trajectories: Politics of the Outside*, NAME Publications Press, 2013, pp.139—146.

② 　[美]迈克尔·哈特、[意]安东尼奥·奈格里:《大同世界》,王行坤译,中国人民大学出版社, 2016年,第6页。

③ 　[美]迈克尔·哈特、[意]安东尼奥·奈格里:《大同世界》,王行坤译,中国人民大学出版社, 2016年,第258页。

④ 　[美]麦克尔·哈特、[意]安东尼奥·奈格里:《帝国:全球化的政治秩序》,杨建国、范一亭译, 江苏人民出版社,2008年,第230页。

⑤ 　Christian Fuchs, *Digital Labour and Karl Marx*, Routledge Press, 2014, p.281.

出数字劳动的路径摆脱剥削的观点违背了社会历史发展的规律，违背了社会现实，是不切实际的空想。

当代西方左翼提出以"挣脱牢笼"的路径探索解决社会危机，是一个开放性的话题，其答案五花八门。在他们看来，当数据真正实现透明共享，不再把一块块"土地"圈起来时，就能在信息技术与社会主义之间找到更为确定、可靠的连接通道，推进技术、数据、主体之间的协同发展，从而达到自然而然解决社会危机的目的。然而必须承认，当代西方左翼开展数字反抗诸多路径都未能从根本上触及资本主义制度本身，充其量只能是狭隘的"微观政治"。

总而言之，全球化下，互联网和信息技术已经全面介入人们的生产生活。当数字的潘多拉魔盒被打开，一方面互联网、人工智能、云算法加速推进，从国家层面来看，以数字技术赋能、以数据为关键生产要素的现代生产方式，在创造大量财富的同时，推动了就业结构的调整优化；从企业层面来看，借助先进的信息技术，加速了企业数字化转型和升级的步伐，并带来"颠覆式"的管理模式变革；从个人层面来看，数字技术的发展不仅改变了人们对传统劳动的认知，还深刻地影响着社会主体间的沟通方式和社会交往。另一方面由于数据极度扩张造成极大影响，平台凭借用户上传的海量数据精密编织"数字牢笼"使人们不仅变成资本的"牵线木偶"，而且数字资本的运作方式因全方位渗入人们全部的日常生活，导致以自由之名，全面吞噬劳动者的每一寸肌肤和骨血。

面对数字劳动带来的社会全面异化的时代诘问，当代西方左翼建构起一种直面资本主义弊病的激进批判话语，他们指出，当前所面对的数字劳动异化，是一种全景式的异化，因为"人工智能技术已经改变了我们与周围互动的方式，开启了一种全新的超剥削的就业模式"[①]，为此提供了两条不同的批判路径。一条是从政治经济学视角出发探究数字资本主义新的剥削形态，达到揭示数字劳动异化的奥秘；另一条则立足生命政治学，全面审视被嵌入算法中的个体生命，透析以数据为中介进行交往对生产生活控制的存在论问题。无论是对生产关系异化的批判，还是在生命存在意义上展开对异化的

---

① Nick Srnicek, The Challenges of Platform Capitalism: Understanding the Logic of a New Business Model, *Juncture*, Vol.23, No.4, 2017, p.254.

批判，都为剖析资本主义新变化和认识当今资本主义的特点和本质提供了颇具价值的思想借鉴，为当今开展数字劳动领域研究提供了有益思考。然而囿于其理论的先天局限，当代西方左翼的数字劳动批判理论注定偏离马克思的社会批判理论，难以在把握数字技术的基础上洞察数字劳动的本质，实现真正的理论破题并付诸社会革命的实践。

刘卓红、郭晓晴(华南师范大学)

人工智能时代的新解放与新异化
——兼评罗萨的"社会加速批判"理论

　　技术社会形态的变革推动经济社会形态的变化与发展，是社会发展的基本规律，也是马克思主义基本原理的重要内容。恩格斯晚年曾指出："17世纪和18世纪从事制造蒸汽机的人们也没有料到，他们所制造的工具，比其他任何东西都更能使全世界的社会状态发生革命。"①尤瓦尔·赫拉利（Yuval Noah Harari）在《未来简史》中指出："到了21世纪，现代科技已经让外部算法有能力'比我更了解我自己'。一旦如此，个人主义即将崩溃，权威也将从个人转向由算法构成的网络。"②人工智能作为目前人类社会的前沿技术，是致力于模拟、代替和超越人类智能的颠覆性技术，既是科技革命，也是社会伦理实验。它通过普通计算机程序、以大数据的使用和各种复杂的算法规则为基础来呈现人类智能，既引发社会结构变化，增加人类福祉，带来人类社会进步，也可能迫使人屈从于由人制造的智能机器，即获得自主意识的人工智能机器控制和安排着人类社会的生产生活，从而引发技术、道德和社会风险等新问题。因此，系统深入地研究人工智能时代蕴含的解放和新的奴役之间的复杂关系既至关重要，又适逢其时。

　　德国哲学家和社会学家、法兰克福学派第四代主要代表人物哈特穆特·罗萨（Hartmut Rosa）通过对现代资本主义社会深入观察的基础上提出了"社会加速批判"理论。该理论认为，科技加速作为现代资本主义社会加速的开

---

① 《马克思恩格斯选集》（第三卷），人民出版社，2012年，第999页。

② ［以色列］尤瓦尔·赫拉利：《未来简史：从智人到神人》，林俊宏译，中信出版社，2017年，第295~298页。

端或动力源头,推动社会变迁加速和生活步调加速,后两者的加速发展又进一步推动科技加速发展,社会在这种循环中呈现出一幅动态稳定的图景,这幅图景使得人们的生活世界呈现出两幅对立样态:一方面,互联网、智能手机、智能机器等人工智能高科技产品不断推陈出现,极大地方便了人们的生活和工作,使得人们在相同时空范围内获得更多的生活体验;另一方面人工智能等现代科技实现人—机器—物之间高度联结,使得人们越来越依赖机器并被紧密地捆绑在不断加速的社会化大生产当中,无法自拔,以至于人们与过往的时间、空间、物、行动、自我和社会不断疏离和异化。①

一、人工智能时代的社会加速发展效应

马克思根据生产力和生产关系的不同类型将人类社会划分为不同的社会形态,包括原始社会、奴隶社会、封建社会、资本主义社会、共产主义社会等。马克思指出:"各种经济时代的区别,不在于生产什么,而在于怎样生产,用什么劳动资料生产。劳动资料不仅是人类劳动力发展的测量器,而且是劳动借以进行的社会关系的指示器。"②其中劳动资料不仅包括劳动主体、劳动对象,还包括劳动主体得以改造劳动对象的劳动工具,而劳动工具的改进和发明对人类社会的进步和提升至关重要。一方面,它是人类社会变革与进步的象征,如铁器时代的发明为人类社会从原始时期低水平、欠发达且不稳定的渔猎社会向较为稳定和发达的农业社会转型提供了可能,蒸汽机的发明、电力的发明等都标志着人们进入新的时代;另一方面,它是推动人类社会加速发展的核心动力。邓小平在 1978 年召开的全国科学大会上明确指出:"科学技术是生产力,这是马克思主义历来的观点。现代科学技术的发展,使科学与生产的关系越来越密切了。科学技术作为生产力,越来越显示出巨大的作用。"③这句话后来被更加简练地概括为"科学技术是第一生产力",而人工智能技术作为具有颠覆性的前沿科技,它的颠覆性不仅体现在它将彻底改

---

① [德]哈特穆特·罗萨:《新异化的诞生:社会加速批判理论大纲》,郑作彧译,上海人民出版社,2018 年,第 7~8 页。

② 《马克思恩格斯选集》(第二卷),人民出版社,2012 年,第 172 页。

③ 《邓小平文选》(第二卷),人民出版社,1994 年,第 87 页。

变人们的生产生活方式，同时还对加速人类社会形态的变革产生革命性影响。阿尔文·托夫勒(Alvin Toffler)在《第三次浪潮》中曾做出预言，人类正面临一次量子跃进，面对的是有史以来最强烈的社会变动和创造性的重组。人工智能时代也许是自然人类的最后一个社会形态，而且这个时代不到百年行将结束。①

一是人工智能加速知识和产业的革新。与始于18世纪的工业革命主要依靠资本和机器相比，人工智能时代或信息社会是以信息技术、智能科技的发展和应用为核心的高科技社会，它建立在高度发达的信息科技之上，以信息或知识为主要生产资料，通过信息或知识的创新、共享、传播和创造性使用，大幅度地提高知识生产率和生产力水平。②在曼纽尔·卡斯特尔(Manul Castells)看来，"在新的信息生产方式中，生产力源于生产知识、信息处理和象征沟通的技术。知识或信息无疑是这个时代生产和发展方式的关键因素，知识的创新提升技术的应用和应用技术的改革又促进知识的生产之间产生一种良性循环"③。这种以信息或知识为主要生产资料的信息社会或人工智能时代表显现出与工业革命时代截然不同的"后工业"特征，丹尼尔·贝尔(Daniel Bell)在《后工业社会的来临》中指出："与工业社会以机器的电气化使用为动力不同，后工业社会则主要以信息和知识的智能化应用为驱动，其中理论知识处于中心地位，它是产业升级和社会发展的源泉。"④"后工业"不仅加速新兴科技的研发速度，缩短知识更新周期，而且使得现代产业呈现出与传统产业截然不同的特征，不仅出现智能化生产方式("无人工厂")，而且依托人工智能、数字平台等现代新兴行业发展和更新势头迅猛，如Tiktok自2017年上线后不久就成为席卷世界、用户数亿的社交平台，其母公司字节跳动就是一家依托人工智能技术而迅速发家的科技公司，而不少"网红"产业又依托Tiktok平台萌芽并迅速崛起。

二是人工智能加速生活和交往方式的变革。人工智能技术的高速发展

① [美]阿尔文·托夫勒：《第三次浪潮》，黄明坚译，中信出版集团，2018年，第24页。
② 孙伟平：《信息社会及其基本特征》，《哲学动态》，2010年第9期。
③ [美]曼纽尔·卡斯特尔：《网络社会的崛起》，夏铸九、王志弘译，社会科学文献出版社，2003年，第20~21页。
④ [美]丹尼尔·贝尔：《后工业社会的来临》，高铦等译，新华出版社，1997年，第14页。

和广泛应用不仅加速知识的更新和产业的升级，而且还系统性地改变了世界，重塑了人类生存环境和生活方式。①法国技术哲学和社会学家雅克·埃吕尔（Jacques Ellul）在《技术社会》一书深入分析了技术文明和日益标准化的文化对人类未来的生活和交往方式的影响。他指出，"在现代世界中，没有任何社会、人类或精神事实比技术事实更为重要，它如此深刻地重塑了人和世界"②。埃吕尔的这一观点是 20 世纪 50 年代提出来的，而他所阐述的"技术事实"主要指以蒸汽机、电力和计算机为核心的三次技术革命不断塑造出来的生存环境。③这样环境下的人们生活和交往状态更多依靠单一或单向线路的电话、电报等，这时以计算机为基础的国际网络（互联网）还未出现，民用手机也还未产生，而在五六十年后的今天，以互联网、大数据各种复杂算法为基础的人工智能技术在生活中的广泛应用深刻改变了人们的生活和交往方式，以智能机器为中介的人与万物的互联使得当代的人们进入了独立而又彼此连接的"虚拟世界"，流媒体的出现使得人们足不出户便"知晓天下"，新冠肺炎疫情的暴发及其世界范围内的传播深刻体现了人工智能对人们生活和交往方式的革命性影响，它借助互联网、大数据、人工智能等现代技术手段使得人们从传统的、面对面的线下交流转向虚拟的、即时的线上交流，人工智能机器人配送等无接触式的买卖行为等。概而言之，人工智能通过互联网、大数据技术等重新界定了空间并极大地提高了时间的利用效率，从而加速了生活和交往方式的变革。

三是人工智能加速文化和上层建筑领域的重塑。人工智能作为一项涉及哲学、数学、计算机科学、信息技术科学、神经科学、心理学等系统科学和工程，它的发展呈现出学科一体化趋势，这种一体化的研究趋势不仅影响了人们的思维和文化环境，而且参与并加速政治上层建筑的变革。④ 2017 年 4 月 27 日英国物理学家斯蒂芬·霍金（Stephen Hawking）在北京全球移动互联网大会上对人工智能技术的发展做了正反两方面的阐述：一方面，近年来人工智能里程碑式地发展并广泛参与和改变我们生活的各个方面，可以说，人

①　成素梅：《智能革命与个人的全面发展》，《马克思主义与现实》，2020 年第 4 期。

②　Jacques Ellul, *The Technological Society*, Alfred A. Knopf, Inc, 1964, p.3.

③　成素梅：《智能革命与个人的全面发展》，《马克思主义与现实》，2020 年第 4 期。

④　王天恩：《人类解放的人工智能发展前景》，《马克思主义与现实》，2004 年第 4 期。

工智能的成功可能是人类文明史上最大的事件；另一方面，人工智能的全方位发展可能招致文明，甚至人类的灭亡。霍金对人工智能持有的两种截然相反的态度并非首创，也必定不会终止，只要人工智能及其在实践领域仍然处在探索阶段，这种对前沿科技的人工智能的假想或过度想象就不会消失，但毋庸置疑的是，人工智能有着改变人类的巨大潜力，或预示着人类文明新的嬗变。①这种嬗变首先体现在人工智能不同语言之间的神秘感被祛除，为跨文化的交流提供技术支撑；其次这种嬗变还体现在人的思维的可视化或物化，即借助智能机器人或设备，人的思维和意识过程可以被捕捉和呈现出来；再次，这种嬗变还体现在社会治理方面，即国家和政府借助人工智能技术和大数据（人脸识别技术等）对社会进行治理，而民众也通过人工智能等新兴媒介参与政治问题的谈论、权力的监督等。

罗萨在《新异化的诞生：社会加速批判理论大纲》一书揭示了一个被人们普遍感知但又常常无力从整体上去把握的社会问题——社会加速。罗萨敏锐地从诸多社会加速现象中梳理出其逻辑演化线索，洞察到科技加速是现代资本主义社会加速的开端，并引起社会变迁加速和生活步调加速等社会整体性的加速发展的现实。罗萨指出："现代社会的特征就是事务成长量与科技加速命中注定般地结合在一起。科技（通常意指像蒸汽机、汽车、电报、计算机等新科技）加速几乎必然会造成生活实践、沟通传播结构及其相应的生活方式等的全面改变。"②但罗萨并没有在此止步，而是进一步分析社会加速可能引发的社会问题，并深入挖掘社会加速背后的动力及机制。一方面整体的社会加速发展趋势使人们普遍对生活感到不满，这种不满在现实生活中以各种与马克思所处时代不同的异化现象（时间、空间、物、行动和自我等异化）呈现出来，但这些新异化的产生本质上仍然根源于市场经济条件下的资本增值和竞争逻辑；另一方面，社会加速也不尽然都是负面的，在科技加速基础上产生的"时空萎缩"效应，使得人们在相同时空范围内获得更多生存体验。此外，科技加速发展在以资本增值为目的的市场条件下尽管不

---

①　胡明艳、白英慧：《人工智能预示人类文明的全新善变》，《社会科学报》，2021年9月16日。

②　［德］哈特穆特·罗萨：《新异化的诞生：社会加速批判理论大纲》，郑作彧译，上海人民出版社，2018年，第39页。

必然增加人们的休闲时间，但它在加速产业升级过程中客观上改变了劳动的内涵和形式，为解放劳动奠定了客观的技术和物质基础。

二、人工智能预示着劳动的真正解放

人工智能得以高速发展和广泛应用的动力引擎在很大程度上是资本增值的需要，资本家为了获取更多的剩余价值通常采用两种手段：或通过不断增加劳动强度以创造更多剩余价值，或通过创造新的生产工具以提高劳动生产率，后者在人权日益受到关注和保护的环境下似乎成为唯一的选择，而弥补和取代人力且大幅提高生产率的人工智能技术的产生在这个意义上获得其必然性，但客观上为另一种现象的产生提供了可能性，即尽管它可能挑战人的劳动权利，但同时也预示着劳动的真正解放。[1]换言之，随着从特殊的工具性领域向通用的自主性领域发展，人工智能逐渐成为人类创造的"劳动者"，其劳动意义发生着越来越明显的社会效应。[2]

首先，人工智能体在繁重、枯燥等工作领域的广泛应用，使人从"动物式奴役劳动"中解放出来。恩格斯在对 19 世纪英国工人阶级状况的描述中指出："工人强烈憎恨上等资产阶级是一种证明，证明工人感觉到他们是处在非人的境地，证明他们不想被人贬低为牲口，证明他们总有一天要把自己从资产阶级的奴役下解放出来。……工人越是感到自己是人，他就越痛恨自己的工作。"[3]尽管人工智能的发展和应用主观上是资本市场竞争主体的自利行为，即为了规避过度使用人力劳动可能引发的法律、伦理和社会问题，而积极研发和采用取代人力的人工自动化、智能化的生产技术，从而达到增加劳动强度、提高劳动生产率，进而获取更多的相对剩余价值，但它客观上加速了生产的智能化和产业结构进程，使得一些原本由人力劳动来完成的笨重、脏乱、机械重复，以及有毒、有害、危险环境等对劳动者身心带来极大伤害的工作被智能机器人所取代，进而为劳动者从非人的劳动中解放出来提

---

① 何云峰：《挑战与机遇：人工智能对劳动的影响》，《探索与争鸣》，2017 年第 10 期。
② 王天恩：《人类解放的人工智能发展前景》，《马克思主义与现实》，2020 年第 4 期。
③ 《马克思恩格斯文集》(第一卷)，人民出版社，2009 年，第 432~433 页。

供客观条件。如农业生产中使用智能控制的无人飞机、货运港口码头中使用的自动卸货机等都将人从这些动物式的劳动中解放出来。换言之,建立在以往工业革命基础上的人工智能技术革命,使得在机械化生产基础上进一步信息化、自动化和智能化,使得工人客观上摆脱了对机器的依附和附庸地位,即从动物式、非人的被动地位被迫解放出来。

其次,人工智能强化了知识创新的重要性,使人从"无思想的机械劳动"中解放出来。从动物式的机械劳动中解放出来的劳动者并不意味着劳动本身的解放,相反,这些劳动者在人工智能体日益崛起并不断向人工劳动领域渗透的过程中面临另一重劳动问题,即在与人类创造出来的、旨在替换和取代人类劳动的人工智能竞争中,人类劳动者如何找到自身优势而不被取代、不被沦为"无用的存在"。可以说,人工智能不仅将快速取代人类的体力劳动, 而且将更快取代非创造性的脑力劳动。① 2016 年人工智能机器人 AlphaGo 先后以 5:0 和 4:1 击败欧洲围棋冠军樊麾和世界围棋冠军李世石,引发人们对人工智能"深度学习"能力的广泛关注和忧虑,因为它将人工智能之于人类智能的家族相似性和不确定性的一面暴露出来,即在那些笨重的、机械的劳动被人工智能取代之后,学习并创造性地应用知识成为人和人工智能未来竞争的主要方向和阵地。在传统观念中,人工智能取代人的工作岗位,并将人的劳动领域日益缩减,对人类而言的确是一个值得忧虑的问题,但从马克思主义社会历史理论的系统和整体思维层次上,这种"取代"又是人类历史发展的必然趋势,具有不以人的意志为转移的客观性。换言之,以知识为主要生产要素的人工智能时代,劳动创造价值的重要表现是创造新的知识,那些非创造性的体力劳动和脑力劳动在人工智能的广泛使用中解放出来。

最后,通用型人工智能体的广泛应用,使人可能从"被剥削的异化劳动"中解放出来。建立在劳动分工基础上的商品经济通过将劳动力商品化而使劳动异化,即由于社会劳动分工,劳动者被迫将自己的劳动力出卖给资本家并为后者生产不属于自己的商品。正如马克思在批判分工异化基础上指出的:"只要分工还不是出于自愿,而是自然形成的,那么人本身的活动对人来

---

① 王天恩:《人类解放的人工智能发展前景》,《马克思主义与现实》,2004 年第 4 期。

说就成为一种异己的、同他对立的力量。"①马克思进一步指出消灭这种"异化"的两个前提,一是这种异化使人类的大多数变成完全"没有财产"的人,二是这些人同现存的有钱有教养的世界相对立,同时认为这两个前提条件都是以生产力的巨大增长和高度发展为前提。②人工智能作为人类社会目前最前沿的科技,它的高速发展和广泛应用不仅改变了生产力的构成要素,而且从更为深远的意义上改变了社会的劳动分工,即人工智能技术从作为少数公司、少数行业专有的特殊工具向具有社会效应的通用型工具的发展,使得以往用以界定劳动分工及其在此基础上产生的劳动剥削和异化问题呈现出新的样态。换言之,由于作为工具性而存在的专用人工智能在生产中排挤了人力劳动,因而在这一生产环节上就不存在劳动异化问题。随着未来人工智能技术的不断深化,并在各个行业的普及,社会劳动分工的问题也逐渐发生变化,即从以往作为劳动分化、劳动物化,进而劳动异化的根源转变为人工智能的系列布局,人类就能从具体、细化的事务性分工劳动中解放出来,转而从事最符合人作为思想性存在的创造性的知识或信息活动,早期剥削资本主义基础上发展起来的异化劳动在这个意义上很可能被人工智能所扬弃。③

　　尽管人工智能的发展和应用将人从异化劳动中解放的可能和条件,但推动人工智能得以产生和发展的根本动力是资本竞争和增殖的逻辑,因而其发展和应用本质上是满足资本家获得最大利润的目的,当人工智能技术的使用能够获取比人类劳动更多、更快的回报,资本家将毫不犹豫地采用这种技术,但这种"采用"客观上推动了技术的广泛使用和社会变革。有关技术与社会之间的关系问题,罗萨在他的"社会加速批判"理论中做了详细阐述,并将其归纳为以下三个环节:首先,工业时代的科技革命和数字化本身,是由现代社会的"时间短缺"所驱动的,之所以会出现"时间短缺"的问题,是由资本生存和竞争逻辑决定的,即在资本主义时代,节省时间就是节省成本和获得竞争优势的一个最简单而直接的手段,而利用创新来暂时领先其他竞

---

① 《马克思恩格斯选集》(第一卷),人民出版社,2012 年,第 165 页。

② 《马克思恩格斯选集》(第一卷),人民出版社,2012 年,第 165~166 页。

③ 王天恩:《人类解放的人工智能发展前景》,《马克思主义与现实》,2004 年第 4 期。

争者,则是获得额外收益的必要手段;①其次,社会竞争的逻辑是必须投入越来越多的资源,以维持竞争力。而维持竞争力,不只是一种让人们更自主地规划人生的手段而已,而且它本身就是社会生活和个人生活的唯一目的;②再次,这种以竞争为其主要推动力的社会加速事实上已经变成一种现代社会的集权主义式的力量,它表现为四个方面,一是对主体的意志和行动施加了影响力,二是所有主体都受其影响、无可挣脱,三是它无所不在地出现在社会生活的所有面相,四是人们很难或几乎不可能去反抗它。③换言之,人工智能与资本之间存在复杂的关系:一方面人工智能作为资本竞争和资本主义社会发展的产物,其发展离不开资本的驱动;另一方面,在资本增值逻辑的驱动下,人工智能的高速发展和广泛应用又存在对生活的"殖民化"或"集权化"趋势,使得人工智能时代下的人成为被动的、异化的存在。

三、人工智能引发新的异化问题

人工智能作为资本竞争和增殖逻辑的必然产物,在为资本家谋取更多剩余价值的过程中获得高速发展和广泛使用,在不存在外力干涉的情况下,人工智能将会像生命力顽强的"爬山虎"一样,在它能够取代人力的地方肆无忌惮地蔓延,渗透到各个技术部门和社会领域,成为整个社会的基本技术支撑并推动社会加速发展。正如克劳斯·德勒(Klaus Dörre)等人在《社会学,资本主义和批判》一书中指出的:"资本主义体制的永恒动力是基于利益追逐的'加速'"④,可以说,人工智能时代的资本主义或数字资本主义时代,政治、社会生活、工作、学习、爱情和休闲等都在加速。罗萨甚至明确指出:"社会加速在资本竞争和宗教文化应许的情况下已经变成现代社会的集权主义

①　[德]哈特穆特·罗萨:《新异化的诞生:社会加速批判理论大纲》,郑作彧译,上海人民出版社,2018年,第30~31页。

②　[德]哈特穆特·罗萨:《新异化的诞生:社会加速批判理论大纲》,郑作彧译,上海人民出版社,2018年,第33页。

③　[德]哈特穆特·罗萨:《新异化的诞生:社会加速批判理论大纲》,郑作彧译,上海人民出版社,2018年,第83~84页。

④　Klaus Dörre, Stephan Lessenich, and Hartmut Rose. *Sociology, Capitalism, Critique*. Verso, 2015, p.146.

式的力量,这种力量基于一种抽象的原则施加在我们所有人身上。"①换言之,人工智能作为一种尚未成熟的革命性、颠覆性技术,它在深刻改变和塑造社会的同时,也在分裂出自己的对立面,发展成为一种新的外在的异己力量,构成了对人公开的或隐蔽的宰制,人正在沦为高速运转的智能社会系统的"附庸"和"奴隶"。②

第一,人工智能正"入侵"社会和生活各个领域。不论是工业领域中智能机器人的广泛应用,还是智能家居,如无人驾驶汽车、无人机、智能手机和智能平台上的无形的人工智能的应用,它们带来的不仅是一场科技领域的革命,也是生产生活方式的革命。③可以说,人工智能技术正日益向生活(向人们的衣食住行)、消费、学习、工作,甚至人们的思维等各个方面渗透,这种渗透主要表现为如下四个方面:一是人工智能使得生活智能化,这种智能化以一种可控的方式呈现在人们面前,即改变了以往生活作为陌生他者的形象,使得生活成为人类思维和智能的一种反应,如智能手机、智能电器、自动驾驶汽车、自能语音识别技术、自动人脸识别技术等的使用,使得人们的衣食住行等环节变得像人脑的思维过程一样可控或量化,如人工智能和大数据能够根据不同交通工具的使用精确地计算出一段距离所花费的时间;二是人工智能使得生活高度整合,即通过以计算机为基础的人工智能技术,不同面向的生活被整合到同一平台,如智能手机同时为人们提供和实现消费、学习、工作、社交和娱乐等多方面的功能和需求;三是人工智能使得生活更加简单和机械,人工智能整合生活的同时也使得生活更加简单,这种简化主要表现为人工智能将原本需要复杂的、费事的工作简单化为某个按钮的操作、某个指令的发布等;四是人工智能使得人们对人工智能体日益依赖,这种依赖既有现实方面的原因,如中国普遍实施的无纸化支付方式使得人们不得不依赖智能支付;也有主观方面的因素,如过度使用手机或者手机某个应用程序而产生的依赖心理等。

---

① [德]哈特穆特·罗萨:《新异化的诞生:社会加速批判理论大纲》,郑作彧译,上海人民出版社,2018年,第84页。

② 孙伟平:《人工智能与人的"新异化"》,《中国社会科学》,2020年第12期。

③ 蓝江:《人工智能与未来社会主义社会的可能性》,《当代世界与社会主义》,2019年第6期。

第二,人工智能的整体性产生新的集权主义。以往由于技术发展水平及其成果在日常生活应用的影响有限,技术的运行机制及其"道德伦理效应"基本都在人的控制之中,因而所谓的技术"价值中立"获得了广泛认同。然而现代科技,尤其是人工智能技术的异质性和高度整合性使得技术的价值中立发生了革命性变化。[①]海德格尔在《关于技术的追问》中指出:"技术不再是'中性'的手段,而是支配着现代人理解世界的方式,'限定'着现代人的社会生活,成为现代人无法摆脱的历史命运。"[②]赫拉利在《未来简史》中指出,人工智能可能即将彻底变革人类社会和经济,甚至是人类的身体和心智,对人们产生一种看不见、摸不着但又普遍具有约束力的控制,政治执政者甚至对这种控制往往也是后知后觉和无计可施的。[③]罗萨甚至直接将这种无处不在的控制视为某种新的集权主义,即它对人们的意志和行动施加了压力,这种压力是无可挣脱、普遍存在且人们几乎无法反抗的,和赫拉利一样,罗萨也认为这种新的集权主义并非政治上的,即这种具有专制性质的社会状态不是源自政治独裁性质的社会,而更多出自政治上高度民主自由的西方社会,因为独裁政府尽管能够监控人们的政治言论,但它无法控制日常生活的方方面面。[④]换言之,人工智能作为技术社会形态发展的高级形态,它对社会产生的影响是整体的和普遍的,即人工智能以它无所不在的形式渗透到各个面向的生活领域,使得人们"心甘情愿"地受其影响,甚至控制。

第三,人工智能的集权主义产生新的异化问题。人工智能通过计算机和大数据各种复杂的算法实现了人—机器—物的互联,从而实现了对人和社会集权主义式的控制,但这种控制是以人们心甘情愿接受为前提的,它极大地方便和简化了人们的社会生活,极大地改变了自我与世界的关系,使得人与世界之间的直接关系变成由第三方,即人工智能体为中介的间接关系,变

---

① 孙伟平:《人工智能与人的"新异化"》,《中国社会科学》,2020年第12期。

② Martin Heidegger,*The Question Concerning Technology and Other Essays*,Harper and Row,1977,p.12.

③ [以色列]尤瓦尔·赫拉利:《未来简史:从智人到神人》,林俊宏译,中信出版社,2017年,第351页。

④ [德]哈特穆特·罗萨:《新异化的诞生:社会加速批判理论大纲》,郑作彧译,上海人民出版社,2018年,第83~84页。

成了德国柏林洪堡大学哲学系教授、法兰克福学派第四代代表人物拉埃尔·耶基(Rahel Jaeggi)所谓的"缺乏关系的关系"(Die Beziehung der Beziehunglosigkeit)状态,这种状态在她看来就是一种"异化"状态。①耶基在《异化:社会哲学问题的现实性》一书中进一步明确了当今"异化"的内涵及其表现。在她看来,异化意味着"冷漠"(indifferenz)与"分裂"(entzweiung)、无权与无关系,且对所经历的世界而言是一个无关紧要和陌生的存在。异化的主体会与自身相异化,他感觉到自己是一个被动的、被未知力量摆布的客体。②罗萨认同耶基对现代世界的判断,即现代技术加速发展推动的社会整体加速发展,并呈现出一种集权主义倾向的世界就是一种异化的世界,人与世界的关系是一种异化的或缺乏关系的状态,他认为这种异化在现代技术加速发展的时代表现为五个方面:一是空间的异化,在数字化的"全球化"时代当中,人的社会亲近性与物理临近性之间的日趋脱节;二是"物界"(dingwelt)异化,包括我们生产的和我们所消费的物日渐变得陌生、与我们自己的生活日益不相容;三是行动异化,社会的加速发展使得我们来不及去了解和把我们的行为、行为得以发展和作用的对象和结果,它成为外在于我们行为的东西;四是时间异化,时间以一种难以捉摸的方式流逝;五是自我异化与社会异化,在加速发展和不断异化的空间、物界、行动和时间中,我们无法获得自我和身份认同的可靠素材。③

通过反思和追问为何生活不美好的问题,罗萨从理论自觉和现实关切两个方面敏锐地捕捉到现代资本主义社会存在的病症,即科技加速所引发的社会整体加速,并导致新的集权主义和新异化的产生,这种异化产生的社会根源在于资本增值和竞争的逻辑,而异化的世界关系使得人们彼此之间处于"冷漠"和"隔离"的状态,甚至自我都处于一种无所归属的异化状态。可以说,罗萨的"社会加速"及其"新异化"理论立足对当代资本主义现代生命

---

① Rahel Jaeggi, *Emtfremdung:zur Rekonstruktion eines sozialphilosophischen Begriffs.* Campus Verlag, 2004, S.18.

② Rahel Jaeggi, *Entfremdung:zur Aktualität eines sozialphilosophischen Problems.* Mit einem neuen Nachwort. Suhrkamp, 2019, S.1.

③ [德]哈特穆特·罗萨:《新异化的诞生:社会加速批判理论大纲》,郑作彧译,上海人民出版社,2018年,第118~142页。

主体及其生存困境的深入关切,实现了"异化"理论的当代转型,为马克思主义的"异化"理论提供了当代新版本。[①]然而当罗萨试图解决社会加速在现代社会引发的新异化问题,即基于异化的世界关系而进一步回应何谓美好生活这个根本性的问题时,他的方案因高度抽象和形式化而陷入空洞,因为他是从异化的概念而不是产生概念的现实出发。他首先认同耶基对异化的界定,即它是一种缺乏关系的关系,表现为人与人之间的冷漠和疏离关系;之后他从这种异化的对立面开出拯救这个冷漠的世界的药方,即如何重建或增强人与人之间的联结,建立彼此的共鸣关系或共鸣体验,共鸣意味着与异化不同的世界关系;最后,正如罗萨自己承认的,他所谓的"共鸣"及其"共鸣轴"不是对异化的消除,而是与新的异化同为世界的统一体,他所要做的也不是消除异化(认为异化是无法消除的),而是要如何尽可能地创建更多的共鸣机制以减轻异化对人的破坏性作用。[②]

是否结局如罗萨所陈述的那样,我们对人工智能可能引发的对人类社会具有的破坏性作用无能为力呢?对于马克思主义研究者而言,正确的研究态度似乎要进一步从问题背后的现实加以研究,从人类历史发展规律而不仅局限于当下历史的角度去分析智能社会的形态。

四、结语

虽然人工智能技术的高速发展和广泛应用预示着劳动的真正解放,但这种解放不会随着智能科技的不断改进自动实现,相反,人工智能就其产生和快速发展的动力而言仍然是资本竞争的产物,而资本的增殖和盈利需要使得资本家对人工智能的使用往往是功利性的,目盲的和狭隘的,资本家的逐利本性使得他们一方面不会去深入探究人工智能的内在逻辑及其发展趋势,探讨人工智能对人类社会可能带来的危害,另一方面在激烈的市场竞争

---

① 苗翠翠:《当代社会的异化新形态——罗萨"社会加速逻辑批判"论析》,《国外理论动态》,2020 年第 4 期。

② [德]哈特穆特·罗萨:《新异化的诞生:社会加速批判理论大纲》,郑作彧译,上海人民出版社,2018 年,第 149 页。

中无暇研究和处理人工智能技术的使用可能给人类带来的危害。当面对以人工智能为代表的现代技术对人类社会的集权主义式的控制及其由此而带来的新异化时，罗萨从个体情感和抽象理论角度给出的"共鸣式"救赎式方案不仅没有看到人工智能带来的异化世界背后的真正现实原因，即资本的盈利本性，他对社会加速的批判也没有引向对资本逻辑本身的批判，而只是将其作为社会加速发展的三个环节，而资本逻辑的主要机制则被具有宗教意味的文化动力所取代，因而该方案的结果就必然流于形式和陷入空洞。①

事实上，人工智能可能带来的问题不仅仅是人工智能技术本身的问题，它还是涉及人类整体命运与前途的社会、政治和文化等全局性问题，因而发展负责任的人工智能需要进行系统性的社会变革。正如超越资本主义的共产主义社会的实现不会随着智能科技的进步、技术社会形态的演进而自动地实现，不会随着生产力的快速发展、社会财富的迅猛增加而自动地到来。②换言之，人工智能的发展和应用应该服务于人类社会的发展方向和规律，应该按照超越资本主义的共产主义原理展开系统性的社会变革。

高红明（上海大学）

---

① 孙亮：《资本逻辑视阈中的"速度"概念——对罗萨"社会加速批判理论"的考察》，《哲学动态》，2016 年第 12 期。

② 孙伟平：《智能社会：共产主义社会建设的基础和条件》，《马克思主义研究》，2021 年第 1 期。

数字资本主义条件下的身体治理 ＊

身体作为彰显人类存在的一般载体，在任何时代都是权力试图征服和管治的直接对象。马克思认为资本主义社会最为根本的特征就是"抽象成为统治"，他在《资本论》中就曾以犀利的笔触揭示了资本作为一种抽象对人的身体进行的治理。在资本主义条件下，工人身体的具体规定就是分裂和萎缩。异化劳动不断将身体撕裂为分散的肢体，并将其作为机器附属物来进行规训和管控，身体沦为了丧失意义的毫无内容的"肉体"。如果说马克思揭示了在生产领域内资本对人的身体所进行的宏观管控，那么由福柯所开启的生命政治学话语则在"治理术"的意义上进一步揭示了政治权力如何通过"惩戒肉体"和"调节生命"两种手段对身体进行的微观治理。福柯发现，18 世纪以来西方文明对人的身体治理的新颖之处就在于："它们不是把人体当作似乎不可分割的整体来对待，而是'零敲碎打'地分别处理，对它施加微妙的强制。"①而这种微妙的强制在现代社会人的身体遭遇中被推到了极致。

在今天的数字化的时代，人工智能技术的加速发展及数字化信息技术的不断推进，不仅从根本上改变了当代资本主义的存在样态，也在深层上更新了生命政治治理术的内涵。德勒兹将现代社会的本质定义为控制社会，与规训社会实在形态的规训装置不同，现代社会以数字技术为手段，以信息技术为载体进一步对身体实施持续和绝对的管控。在这个意义上，生产本位主义的资本主义社会转向了控制论的新资本主义秩序，这一秩序集中体现为

＊　本文系国家社会科学基金重大项目"文明形态变革的哲学理念创新"（18ZDA015）的阶段性研究成果。

①　[法]米歇尔·福柯:《规训与惩罚》，刘北成、杨远婴译，生活·读书·新知三联书店，2015 年，第155 页。

数字主义与资本主义联姻所形成的数字资本主义。数字资本主义最为深刻地表征了控制社会的根本特质,并作为支配生命政治治理的主要手段,将人类全部的社会生活纳入由符号、数字和信息所建构的权力关系中来加以检视和规训。可以说,数字资本主义与生命政治学治理术的联袂深刻地影响和改变了身体的在场方式,使马克思所说的"抽象成为统治"获得了更为具体的时代内涵。

一、符号操控与身体的同质化

数字资本主义条件下的身体治理是一种普遍的智能控制与严密的数字管理相结合的精准治理,它所依托的平台就是鲍德里亚指认的符号编码体系。可以说,"身体的全部当代史就是它的分界史,标记和符号的网络覆盖身体,分割身体,在差异性和基本二重性中否定身体,以便仿照物体领域,把身体组织成交换/符号的结构材料"①。现代社会的符号编码体系以身体的直觉、感知、想象、情感等为中心,建构起消费控制的新形式:它一方面通过时尚的概念不断生产出彰显身份和存在的结构性意义和符号价值,让人通过消费来重新关注和投资自己的身体,以此来获得仪式感、娱乐感、幸福感等全新的身体美学体验;同时借助广告和媒介的渲染,进一步操纵和控制人的消费欲望,在将身体基本需要精致化的同时还尽可能地扩大和挖掘身体的潜在需要,制造虚假需求。这样,身体就被符号所穿透,销蚀了其原有的个性而沦落为与物、符号同质的存在,消费也成为建构资本主义统治关系和秩序的意识形态工具。

现代文明总是给人一种理性而非暴力的感觉。如果说在生产社会里人的身体是被资本所操纵和奴役,承受着绝对否定性的管控,并最终隐没的,那么进入控制社会以后,身体则在消费和解放的名义下重新受到关注,成为一种公共性的呈现。数字资本主义通过信息、符号、数据等元素赋予了身体一种展示的形象。按照鲍德里亚的说法,身体的展示形象是在时尚的概念中被形形色色的广告塑造出来的。在繁冗的信息和广告轰炸中,时尚借助明

---

① [法]鲍德里亚:《象征交换与死亡》,车槿山译,译林出版社,2006年,第149页。

星、模特的身体范本及医疗、健康等科学话语为身体提供了一套客观标准，引导人们意识到自己身体的"不完美"，从而重新关注和美化这种有待救赎的身体。这样，身体成为时尚的承载物和展现物，它"在一种全面折磨之中，变成了必须根据某些'美学'目标来进行监护、简约、禁欲的危险物品"①。资本通过被符号抽象化了的时尚、消费等概念建构了一种意识形态，并不断将身体作为其要展示和加工的对象。通过尽可能地将身体敞露在公共环境之中，资本"将身体当做一座有待开发的矿藏一样进行'温柔地'开发以使它在时尚市场上表现出健康、幸福、美丽、得意的可见符号"②。由此，身体完成了从极度的"隐"向极度的"敞"的转变。但是身体的这种敞开绝不意味着身体的解放，对身体的彻底照亮实际上意味着极尽的剥削。表面上看，丰盛的物围绕着身体，并不断装扮、修饰和展现着身体。而实际上"这样被重新占有了的身体从一开始就唯'资本主义的'目的马首是瞻：换句话说，假如它得到了投入，为的就是使它能够结出果实。身体之所以被重新占有，依据的并不是主体的自主目标，而是一种娱乐及享乐主义效益的标准化原则、一种直接与一个生产及指导性消费的社会编码规则及标准相联系的工具约束"③。也就是说，身体一直受到符号工具化编码规则的约束，这本质上仍然是资本的操控形式。

资本为了创造新的价值、获取新的利润，进一步开发人的需求，必须不断通过符号建构出身体解放的幻象和神话。"身体必须被解放、获得自由以便它能够因为生产性目的而被合理地开发……必须使个体把自己当成物品，当成最珍贵的交换材料，以便使一种效益经济程式得以在与被解构了的身体、被解构了的性欲相适应的基础上建立起来。"④可以说，社会的符号化创造了一套身体展示的逻辑，它直接导致人的身体不再是其本真意义上的存在，而是一种丧失了主体性的，功能性和符号化的存在。隐藏在身体展示逻辑背后的，实际上是一种社会区分的逻辑。身体的时尚标签象征着人在社会中的身份和地位，人们之所以会按照时尚设计的标准，不断把自己的身体

① ［法］鲍德里亚：《消费社会》，刘成富、全志钢译，南京大学出版社，2014年，第136页。
② ［法］鲍德里亚：《消费社会》，刘成富、全志钢译，南京大学出版社，2014年，第123页。
③ ［法］鲍德里亚：《消费社会》，刘成富、全志钢译，南京大学出版社，2014年，第123~124页。
④ ［法］鲍德里亚：《消费社会》，刘成富、全志钢译，南京大学出版社，2014年，第127~128页。

当成物品来进行投资,就是为了获得被"修饰过的身体"中蕴含的身份、地位等符号象征价值。从本质上来看,"这是一种受到诱导的自恋,是为了符号的增值与交换而对美的功能性颂赞。这种自我诱惑从表面看没有动机,但事实上,它的全部细节都通过身体的最佳管理标准以符号市场为目的"①。人们对自己身体的管理和塑造迎合的并不是自己的需求,而是市场的需求。由此,资本在身体的美化逻辑中引入了竞争逻辑,将身体塑造为一套标识社会等级和身份地位的符码。身体在"解放"的氛围中,被纳入了一个控制过程,这个过程的运作和策略正是政治经济学的运作和策略本身。在这个意义上,"福柯关注的历史,是身体遭受惩罚的历史,是身体被纳入到生产计划和生产目的中的历史,是权力将身体作为一个驯服的生产工具进行改造的历史;那是个生产主义的历史。而今天的历史,是身体处在消费主义中的历史,是身体被纳入到消费计划和消费目的中的历史, 是权力让身体成为消费对象的历史,是身体受到赞美、欣赏和把玩的历史"②。在消费主义的符号操控中,身体和物品构成了一个同质的符号网,作为符号的身体与作为符号的物品成了同质化的存在。

数字资本主义通过符号系统对身体的控制不仅体现在将身体拉入时尚的旋涡中改造和投资,还进一步扩大和操纵人的需要,使身体变成自己欲望的奴隶。这无疑是一种更为内在的控制, 是真正意义上的 "自我施加的异化"。资本在生产领域完成了对剩余价值的榨取和积累,但还需要通过消费才能将产品销售出去,从而实现自身的增殖。早期资本主义只要求工人进行生产,工人消费得越少,剩余价值也就越多。但这种生产模式蕴含着内在的断裂,也就是当生产过剩的时候,资本主义面临着破产的危险。为了防止这一点,资本不再将工人只当作劳动奴隶,而是建构为消费者。这样,工人身体的欲望就成为资本存续的关键因素。所以,为了引诱和促进工人消费,晚期资本主义公然遮蔽工人本真的身体需要,绞尽脑汁通过各种途径不断刺激工人产生出新的身体需要。它一方面通过健康和时尚等概念将身体的基本需要精致化,促进工人消费形形色色的商品。同时也通过媒介和信息的渲染

① ［法］鲍德里亚:《象征交换与死亡》,车槿山译,译林出版社,2006 年,第 169 页。
② 汪民安:《身体、空间与后现代性》,江苏人民出版社,2005 年,第 21~22 页。

进一步扩大和挖掘身体的潜在需要,实现产品倾销。于是,人们对身体的时尚追求按照资本预期的目的自动转化为对美化、装饰身体的商品的追求。"资本作为孜孜不倦地追求财富的一般形式的欲望,驱使劳动超过自己自然需要的界限……一种历史地形成的需要代替了自然的需要。"①在资本的驱动下,人们身体"自然的需要"不断被"历史地形成的需要"所代替。这种"历史形成的需要"在消费的语境中主要体现为由资本建构出来的非人的、非自然的"虚假需要"。隐藏在身体对商品的需求和欲望背后的是资本对剩余价值的欲望。正如在生产过程中身体作为劳动力被建构起来一样,现在人的身体中也隐藏着巨大的消费力。"资本早已经发现了个体作为消费者的秘密。个体不再仅仅是拥有劳动力的奴隶,它确实也进行生产。挖掘出这一点,资本也发现了一种新形式的农奴:作为某种消费力量的个体"②这实际上是将人的身体也变为了新型的劳动力,所以看似是以时尚、健康、消费的名义进行的身体解放实际上仍然是符号化的结果,是资本借身体解放之名进一步钳制身体以获得更多的剩余价值的话语控制手段。

更为重要的是,在符号对身体的操控策略中,资本通过治理身体来实现社会一体化控制。由于资本增值的欲望是无限的,它必然要不断压制身体的个性存在,排斥人的发展需求,尽可能放大和开拓肉体的需求与欲望。这样,不仅劳动,人的消费也处在资本异化的状态下,"在绝对必要的限度内,只是把资本用来交换劳动力的生活资料再转化为可供资本重新剥削的劳动力。这种消费是资本家最不可少的生产资料即工人本身的生产和再生产"③。当消费性变成了生产性的结构要素,当消费者变成了生产力的所指时,消费已不再是传统理解中的那种生产需要和满足的过程了,它不仅要在结构的意义上界定为一种穿透身体的符号体系,同时还要在策略的意义上被界定为一种资本主义的权利运作机制。"现在,消费问题并不能在需要的概念中得到说明,同样,需要在性质上的转变,或者需要在数量上的增长也都不能阐明消费问题:因为所有这些现象不过是在个人层面上,在生产主义的语境

---

① 《马克思恩格斯文集》(第八卷),人民出版社,2009 年,第 69~70 页。
② [法]鲍德里亚:《符号政治经济学批判》,夏莹译,南京大学出版社,2015 年,第 93 页。
③ 《马克思恩格斯文集》(第五卷),人民出版社,2009 年,第 660 页。

中,仅仅将个人视为一种生产的力量。"①这也就意味着,消费最终不过仍然是促进资本再生产的一种手段,而当以符号操控为主要手段的消费主义实现对生活世界的全面入侵时,身体的每一个消费选择都是仓促的和碎片化的,其后果是商品的丰裕与人性的匮乏同时增长。由此,身体的每一种实践,每一个日常生活时刻,都被大量的符码分配到特定的时空。"在实践中,在历史上,这一切都意味着用那种通过预测、仿真、不确定的突变达到并通过代码管理的社会控制,取代一种通过目的达到的社会控制。"②这样,数字资本主义的意识形态以符号操控的方式,对消费者发生着无意识的作用。通过符号对编码的作用,身体被无限膨胀的欲望所遮蔽而处于异化状态,它抛弃了自在生命之本真,彻底地沦落为一种消费机器,作为一种资本实现社会控制手段紧密地渗透在人们的日常生活的每一个时刻。

二、数字刻画与身体的透明化

在现代社会,数字资本主义对身体的治理还表现在日常生活的大数据操作中。继符号的霸权之后,产生了新型的数字霸权。大数据通过各种数字化设备对人的身体进行全面的数据采集和深入的数字刻画,从而实现一种精确化的身体治理。在大数据的精准刻画之下,"数字化全景监狱"成为人类身体生存的全新场域,它使身体在自我优化的名义下不断进行自我异化和自我剥削,并将身体塑造为一种无条件被凝视和监控的他者,其一切生命特质都可以被放置在数据网络中加以分析和运用。同时,大数据条件下还诞生了一个新的数字化阶级社会,形成了一个"筛选监视机制",通过数据的过滤和筛选不断对人的身体进行"分类"和"赋值",身体作为具有经济价值的"数据包"被交易和对待,不断地被数字资本量化和重塑,沦为确保和维持资本主义社会运行效率的工具。这样,在今天的数字资本主义社会,我们所有人都不约而同地从"赤裸生命"变成了"透明生命",人的身体不断数据化和透明化,其分裂性和萎缩性进一步加深。

---

① [法]鲍德里亚:《符号政治经济学批判》,夏莹译,南京大学出版社,2015年,第93~94页。
② [法]鲍德里亚:《象征交换与死亡》,车槿山译,译林出版社,2006年,第84页。

在《规训与惩罚》中,福柯通过对"全景敞视监狱"的分析阐释了人类身体遭受惩戒与管制的历史。这种全景敞视监狱是一个具有中心瞭望塔的圆形结构,监视者在这个结构的中心可以清楚地监控到所有犯人的一举一动。通过这种典型的监视装置,权力可以实现对身体无条件的监视和规训。在规训社会当中,"全景敞视结构"总是发生在特定的空间构型如学校、监狱、医院等中,不可避免地存在一定的死角,具有一定的时空限制。但是在数字资本主义社会,数字性成为权力作用于主体的新形而上学原则,大数据对身体的监控和看管突破了一切时空限制,形成了全新的"数字化全景监狱"。边沁全景敞视监狱中犯人始终知道监视者的存在,而数字化全景监狱中的居民却活在自由的幻想中。今天,手机、电脑、手环、健身仪器等层出不穷的电子设备充斥着我们的生活,持续不断地提取我们身体的一切信息和数据。"我们每一次点击、每一次搜索都会被存储下来。网络上的每一步都被监视和记录。我们的生命,在网络上被完整地临摹出来。数字化的行为习惯,准确地刻画出我们外在和内心的图像,这比我们自己刻画自己要更加全面、准确。"①我们每一次不经意的搜索、交易和观看都会在数字的网格中留下痕迹,从而将自身全面暴露在数字权利之下。通过对身体进行各种细节上的微处理,我们的生活在数据的网络中被精准地呈现,身体随时都要接受智能物的看管和记录,成了一种无条件被凝视和监控的他者。"在数据时代,总的来说,人们相信生命是可以被测量、被数字化的。就连'量化自我'理论也沉缅于这种信仰。身体被装上传感器,自动接受数据。体温、血压、卡路里摄入、卡路里消耗、运动情况或者脂肪含量都可以被测量。"②

如果说在规训社会里,身体对权力的管控还具有一定的感知能力,那么在数字刻画之下,权力对身体的治理却总是在"无意识"的条件下发生的,甚至主体还无时无刻不进行自我剥削和自我管控。因为随着技术物的不断更新,相应的身体也要不断进行优化和升级,数字化技术使人的身体被最大限度地曝光和透视,每个人都是自己的广告对象,身体不断摒弃自己内在的价值而去贴合一种外在的标准。这样,剥削的逻辑就被一种称之为优化的逻辑

---

① [德]韩炳哲:《精神政治学》,关玉红译,中信出版社,2019年,第84页。

② [德]韩炳哲:《精神政治学》,关玉红译,中信出版社,2019年,第81~82页。

所粉饰,具有膜拜价值的身体早已消失,剩下的只不过是一具被抽掉了意义的躯壳。由此,外在的剥削开始转变为内在的剥削,身体的自我展示就是自我监控,自我优化就是自我剥削。"如今人们皆在自我剥削,而同时却还妄想着自己身处自由之中。如今的劳动主体同时既是行凶者又是受害人。"①福柯曾经将权力对身体的矫正与规训称为"人体解剖的政治学",而如今身体的数字化存在则构成了一种新的人体解剖学,其中运行的是一个自由与剥削合二为一的权力技术。现在,虽然身体摆脱了工业时代的劳动强制,获得了更多闲暇时间,但数字化设备却为我们带来了一种新的强制。因为"数码设备让工作本身变得可移动。每个人都如同一座劳改所,随时随地把工位带在身上。因此,我们也就无法再从工作中逃脱"②。所以,自由现在也化身为了一种强迫,权力对身体的外在强制转变成了主体对自身的内在剥削,而这种自我剥削的逻辑远比外在剥削的逻辑有效得多。这样,身体的自我剥削以明显的自我优化的形式表现出来,它的一切都可以在数据的程序中被分析和监控,这是对身体从否定性的暴力到确证性的暴力的转变,是一种"去殖民化的殖民"方式。

更为重要的是,大数据对身体的管控不仅仅停留在主体的驯顺层面,更要保证整个社会体制运行的效率。资本最为本质的属性就是其不断增殖的欲望,它之所以关注身体,本来就是因为身体中所蕴含的劳动力可以产生超出其本身的价值。一旦你的身体不能被投资,不产生价值,那么它就会被无情地排斥在社会体制之外。在生产社会中,资本直接将劳动力视为可以在市场上交易和买卖的商品。在大数据时代,个人身体的数据也无一例外地被货币化和商品化。身体作为具有经济价值的数据包被交易和对待。因此,人本身成了商品,监控国家和市场合二为一。在这个意义上,大数据背景下诞生了一个新的数字化阶级社会,形成了一个"数字化筛选监控机制",它不断对身体进行分类和"赋值",从而服务于一种全新的社会控制策略。"全景监狱是对被关押的体制内的囚犯进行监控,而筛选监视则是认定那些远离体制

①　[德]韩炳哲:《在群中——数字媒体时代的大众心理学》,程巍译,中信出版社,2019年,第22页。

②　[德]韩炳哲:《在群中——数字媒体时代的大众心理学》,程巍译,中信出版社,2019年,第52页。

或者敌视体制的人为不受欢迎的人而将其排除在外的机制。传统的全景监狱服务于规训社会，而筛选监视机制则负责保障体制的安全和效率。"①各种商业机构通过大数据对采集到的身体数据进行精确分析，从而掌握你的个人偏好、消费层次和经济实力，进一步对身体进行管理和分类。在类别手册中，身体被当作商品出售。经济价值低的人在此被视为"废品"，而市场价值高的消费者则被归到"明星组"。这样，针对"明星组"的不同的消费群体的不同需求，大数据又会分门别类对其进行逐一的广告推送。而不能进行消费的主体和不产生价值的身体则被直接从数据的网络中剔除，完全丧失其存在的意义。"数字化筛选监控机制将经济上毫无价值的人认定为废品，废品是必须清除的东西，是多余的，是废物，应该被社会丢弃——一言以蔽之，是垃圾。"②在这个意义上，数据描绘基本上把数字资本主义条件下的每一个个体都变成透明的了，并加剧了身体的分化和萎缩。

阿甘本把法律之悬置的例外状态下的无任何保护的生命称为"赤裸生命"。"赤裸生命就是剥去了意义的身体，是一个剥去了人性的身体，拨去了生命形式和价值的身体，是一个纯粹的动物一般的身体。这种动物性身体，既可以被权力肆无忌惮地任意处理，也可以被权力积极地干预、教化和投资。"③如果说在规训社会里身体是被动接受权力的干预，那么在数字资本主义条件下，身体则是在自由的幻象中主动将自己变得透明化。当身体毫无感知和抵抗能力地融入资本、数据和信息的潮流之中，把自己变得可计算、可控制、可调节时，毫无疑问，它已经从"赤裸生命"进一步缩减为"透明生命"。在这一过程中，数据是透明的媒介。通过大数据的刻画，资本权力超越了一切时空限制，实现了对身体的精准治理。身体开始沦为数据化网格中的一个移动终端，它被降格为数字系统中的一个功能性组件，成为一种透明存在。正是在这一意义上，"在数字资本主义下，我们变成了一种透明生命，并且这种透明的状态是一种非对称的透明状态。对个人而言，似乎在享受着各种便捷的信息化设备，实际上，我们正在为这些平台提供着各种各样的信息要

① ［德］韩炳哲：《精神政治学》，关玉红译，中信出版社，2019年，第90页。
② ［德］韩炳哲：《精神政治学》，关玉红译，中信出版社，2019年，第90页。
③ 汪民安：《身体、空间与后现代性》，江苏人民出版社，2005年，第24页。

素,在不知不觉中使自身成为了透明生命"①。我们说,文明社会的重要特征就是暴力程度的降低,人们在肉体上受到的伤害程度减弱,但是在数字化时代,身体虽然得到了特殊的关注,但却一刻也没有摆脱暴力,成了一种名义上在场,实际上缺席的存在。可以说,由媒介和数据所形成的数字化网络系统,自形成以来就不断遮盖着身体、分化着身体、破坏着身体的差异性,进而彻底把人变成了一种透明生命。

三、信息调节与身体的虚拟化

数字资本主义不仅通过符号和数字对身体进行干预和控制,还从根本上建构了一种信息调节的意识形态,赋予身体一种信息裁决的强加意义。正如德勒兹所指认的,"我们正在进入控制社会,这样的社会已不再通过禁锢运作,而是通过持续的控制和即时的信息传播来运作"②。在这个意义上,控制社会也就是信息传播社会。在当前的数字资本主义的条件下,现代信息传播的控制体系对于身体的治理主要体现在以下两个方面:一是阻断身体与世界之间的直接关联,通过智能物将各种信息意义传递给身体,为身体安上"假肢",将其解构为片面的、碎片化的躯体。在技术物的包围中,身体表面上越来越灵敏和智能,但实际上却越来越"去感知化"和"去技能化";二是消解身体本身的物质实在性,通过信息传播的中介,建构出一种数字化虚体,这种虚体具体表现为人们在网络空间中的数字身份,它不断中介并支配着人的现实身体,促使其进行大量无意识的数字化劳动,从而进一步加剧了身体在现代社会中的异化。

信息传播对身体的干预和调节首先体现为信息单向传输的模式强制。这种单向控制是通过智能物的辅助来实现的。从身体机能的角度来看,在生产本位的资本主义社会,由于异化劳动造成了身体的分裂和萎缩,导致身体能力的退化,资本为了实现自身的快速增值,必须提高生产工具的水平来弥补人的身体由于异化而导致的机能缺失。所以,资本通过技术变革,开始将

---

① 王庆丰:《生命政治与治理术》,《山东社会科学》,2020 年第 10 期。
② [法]德勒兹:《哲学与权力的谈判:德勒兹访谈录》,刘汉全译,商务印书馆,2001 年,第 199 页。

机器作为无生命的假肢嫁接到人的身体之上。作为劳动工具的机器本来是身体的辅助性存在，但是技术的加持使它开始成为与人相对立的存在转而操纵和控制人的身体。由此，机器成了身体的"假肢"，它以一种可见的方式反映着工人身体中不可见的残缺。随着数字资本主义的来临，机器进一步扩展为一种普遍性的技术物或智能物，它侵入了人们的整个生活世界。维利里奥和斯蒂格勒都把技术物视作"义肢"，"义肢不是人体的一个简单延伸，它构成'人类'的身体，它不是人的一种'手段'或'方法'，而是人的目的"①。身体在现代社会就是一个装备很多技术性"义肢"的存在，特别是随着人工智能的发展，这种"义肢"已经不仅仅是对身体机能的简单延伸和辅助，而是从根本上成为身体的有机器官，它不断向身体传送来自各方面的信息，从而干预和影响身体对真实世界的感知与判断。

人们以为自己只是在使用技术产品，然而后者恰恰在改变着人的身体存在。人本来是具有创造力的存在，但在物的面前却总是进行最单一的操作，与机器的智能相对应的是身体的迟缓。在智能物面前我们可能动动手指就完成了生产，劳动过程被简化为单一的机械操作，生产的过程越来越缺少人本身的实践参与，劳动逐渐片段化和碎片化。当人们只能依靠技术性的"义肢"来处理各种工作和生活事务时，身体本身的机能就会快速萎缩，这也就是马克思所说的物的世界的增值同人的世界的贬值成正比。在这个意义上，"先进的技术让无产阶级工作更加'去技能化'，让他们丧失了与资方议价的能力；无论在工厂流水线上，还是在白领办公室中，劳动者的工作整体性在退化，工厂和企业需要的只是不用思考与反思、不停重复执行去技能化任务的'身体'而已"②。

从身体感知的角度来看，技术的"义肢"逐渐消灭了身体经验的丰富性和多样性，使人的感知碎片化和去现实化，人的生存失去此时此地的真实，而变成一种"远程的在场"。身体以其可感的、行动的方式栖居于世界当中，不仅人之存在要通过身体的感觉获得自我确证，人的对象、整个外部世界的

---

① ［法］斯蒂格勒：《技术与时间》（第 1 卷），裴程译，译林出版社，2000 年，第 179 页。
② 王庆丰：《工厂的生命政治学分析——以〈资本论〉为核心文本的考察》，《吉林大学社会科学学报》，2020 年第 3 期。

存在，也唯有通过身体的感受性才能被把握到。人的感觉本来是一种持续性的体验，是多维度和多层次的。但是"数字媒体剥夺了这种感触和身体感知的交流。由于数字交流的高效和便利，我们越来越多地避免与真实的人直接接触，甚至避免与一切真实的东西接触"①。各式各样的电子设备、铺天盖地的广告和纷繁冗杂的信息不断刺激着人的感官，人们不得不通过数据和媒介来认识自我和认识世界，身体本身变得越来越麻木，难以对身边的一切进行真实和有效的感知。现代社会的媒介不仅通过各种途径侵入和刺激我们的感官，而且逐渐作为"义肢"替代了我们的感官，身体既有的感觉和经验在快速更新换代的物面前显得越来越没有价值。这导致我们的感觉本身，甚至人们的存在本身都成为媒介的建构物。我们知道，"物"是没有感觉的，即便是"人工智能"，其所建构的感觉实质上仍然是机器程式的高级虚设。所以，在技术的中介之下，身体的感觉之真被剥夺，人的真实生活逐渐被人机互动所取代，人与他人及与世界之间开始由一种真实的交往关系变为了一种虚拟的关系，一切都被放在数据的网络中来分析和操作。因此，"技术的发挥就意味着人类已经不再信任其特有的生存，并给自己确定了一种虚拟的生存，一种间接的命运"②。作为"义肢"的技术对身体的作用揭示了人类当代生存经验的异化，这种异化正是现代社会身体异化的最深层次。

德勒兹曾经指出，在现代社会，我们除了研究绝对统治权、惩戒权外，还应研究"变得霸道的对信息传播的控制权"。关于这一点，在数字资本主义的当下显得尤为重要。我们绝对不能将信息的传播理解为一种简单的传递和接受过程。因为媒介不仅仅是一组传播信息的技术，而是一种模式化的强制，社会控制与权力体系深深根植其中。现代社会正通过一种精细化的信息调节全方位地干预和管控人的身体。通过智能物的看管，身体与世界的关联被信息所调节和中介，但是信息本身的传播却是去否定性和无中介的。因为在数字资本主义条件下媒体交流的特点为：信息在生产、发送和接受的过程中没有经过任何人的中介、调整与过滤。交流的参与者如今不是被动地消费

---

① ［德］韩炳哲：《在群中——数字媒体时代的大众心理学》，程巍译，中信出版社，2019 年，第 34 页。

② ［法］鲍德里亚：《完美的罪行》，王为民译，商务印书馆，2016 年，第 42 页。

信息,而是主动地生成信息。每个人都同时既是发送者也是接受者。

"现代传媒正是在这个意义上要求一种更大的即时参与,一种不断的回答,一种完全的塑性。信息扮演的角色不再是告知,而是测试,最终是控制。因此,信息的任何阅读都只是一种对代码的持续检查。"①信息无中介的快速流动架构了一个虚拟空间,为了适应这种信息传播的速度和节奏,我们也必须建构一种信息世界里的数字身份,作为身体的一个影子在媒介的世界里发挥作用。因为如果没有这种虚拟的身份,我们便无法在信息网络的世界中行动,更无从与世界建立关联。这样,身体的信息参与就具有了一种抽象性,在赛博空间或互联网中存在的个体并不是我们的身体,而是由数据和算法组成的集合对象。信息单向传输的模式强制和即时参与的媒介特征共同塑造了信息世界中的人的数字化存在——即"虚体"。对个体来说,数字化映射的"虚拟实体"不仅可以为信息的传播和提取提供更多的动态依据,也成了身体数字化生存的一种新形态。这种脱离了的现实场域的"数字化虚体"从本质上来看是一种消解了身体物质实在性的虚拟存在,是一种纯粹符号化的生存。

随着大量"虚体"在数字网格中的不断注册和登录,信息传播过程中虚体与虚体之间的虚拟交流已经替代了物质身体之间的真实交流。因为在数据的网络中,体现我们数字身份的"虚体"本来就可以被视为一个个毫无差异的数据包,这样的数据联结关系显然不再以真实的肉身作为基础,它所依赖的环境就是数字和编码构成的信息传播空间。信息一方面通过智能物传递给身体,同时又反过来凌驾于真实的身体之上,给身体编码。这样,本来是身体为了其生存创造出来的虚体在数字资本主义的环境下日益脱离我们,与我们相分离,并进一步加剧了对自身的剥削。因为"工业的数字化逐渐将工作变成了对信息流的持续的管理。工业操作必须不断地'投身于'或'献身于'这种信息流的运转当中,人们必须将自己生产为一个主体来担当这个角色"②。虽然我们在身体上已经摆脱了工业时代繁重的体力劳动,但在信息网络中,我们却在进行着全新的数字化劳动,身体的任何行为都被纳入数据的

---

① [法]鲍德里亚:《象征交换与死亡》,车槿山译,译林出版社,2006年,第90页。

② André Gorz, *The Immarterial*, Seagull Books, p.7.

系统中来加以利用和剥削。从本质上看,在现代社会,在网络平台和媒体中进行的信息传输构成了一种新型的交通运输,区别在于,它输送和传递的不再是具体的物质产品,而是暗藏社会控制的文化产品和意识形态。"真正的商品不是广播里的声音和电视上的图像,而是听众和观众本身,听众和观众直接构成了一种听力劳动和观看劳动,而且是一种没有薪酬的劳动,是一种数字化的劳动。这种数字劳动同样是一种生产,它们生产出来的产品就是一种非物质的数据关系,这种数据关系构成了一个庞大的数据网络。"①当我们耗费大量的时间在各种社交软件中时,我们的身体已经成了这个巨大数字网络的附庸,这台机器已经将我们绑缚在其运行的齿轮之上。正是在这个意义上,"媒介主导了意识形态的市场化和商品化,由此,媒介的生产-传播者与无责任、接受的大众之间的关系就如同资本家和工薪阶层的工人之间的关系"②。由此,传统意义上的身体领域逐渐被信息编码所穿透,身体在信息传递和接收的过程中被不断的数字化和虚拟化,承受着更深层次的剥削。

四、结语

总的来看,身体在数字资本主义条件下的具体规定是分裂和萎缩。在资本循环和积累过程中,它不断被符号、数据和信息所穿透,成为一种接近透明的存在。而无论是同质化的符号之身,还是透明化的数字之身亦或是信息化的虚拟之身,其背后隐藏的都只不过是资本权力对身体的操纵和控制。实际上,人的身体是一个双面性的存在,它既是向至高权力屈服的载体,也是体现个人自由的载体,身体存在的双面性蕴含着人类解放的可能性。"身体一直在为我们提供着一种语言和政治本文,藉此我们能对抗和反击那些支配我们的非人性因素的力量。"③由此,身体就不能仅仅作为一种被驯服和利用的工具,而必须成为表示拒绝和反抗的工具。身体在数字资本主义条件下

---

① 蓝江:《交往资本主义、数字资本主义、加速主义——数字时代对资本主义的新思考》,《贵州师范大学学报》,2019 年第 4 期。

② [法]鲍德里亚:《符号政治经济学批判》,夏莹译,南京大学出版社,2015 年,第 228 页。

③ [美]约翰·奥尼尔:《身体形态:现代社会的五种身体》,张旭春译,春风文艺出版社,1999 年,第 61 页。

不断同质化、透明化和虚拟化的根源就在于资本逻辑已经统摄了人的逻辑或者说是身体的逻辑。在这个意义上,人类只有重新回归身体,回归感觉,才能打破资本权力对人的身体的统治和束缚,恢复被现代资本文明排挤掉的人类身体和文化,从而开拓出新的文明疆域。而从根本上来看,对资本逻辑的超越就是向身体逻辑的回归。这种身体逻辑必然要不断扬弃和超越资本权力的规训和管控,重新恢复身体的完整性,从而将"现实的人"的身体重新作为解释和改变世界的起点和落脚点。只有当身体不是按照资本的逻辑来塑造,而是按照人的逻辑、按照美的规律来塑造时,身体才可能不再遭受异化的痛苦,成为生命的自由表现。

蔡垚(哈尔滨工程大学)

数字时代下主体的三重面向
——透明主体、绩效主体、同质化主体

　　在阿甘本的生命政治学语境中,"至高权力"与"赤裸生命"构成一对相互依存、相互对立的概念,位于同一政治秩序的两个极端。一方面,作为原初政治因素的赤裸生命被褪去宗教和法律的双重外衣,完全暴露于来自至高权力的暴力之下。另一方面,至高权力正是通过对赤裸生命之生死的直接决断、通过对生命有价值与无价值的区分彰显其自身存在。阿甘本的理论旨趣不仅在于对古典权力进行考古学分析,而且要将其置入现代社会中,指出在资本主义制度下,赤裸生命并未消失,每个人都是潜在意义上的赤裸生命。从总体上看, 赤裸生命所寓居的身体具有双重含义,"身体是一个双面性的存在:既是向至高权力屈服的载体,又是诸种个人自由的载体"①。在这种双面性中,阿甘本重点分析的并不是生命的自由维度,而是生命受至高权力操纵的维度。可以看出,阿甘本的理论是在"至高权力—赤裸生命"的二元模式中展开的,施暴者和受害者、主权者和神圣人、剥夺者和牺牲者是彼此明确区分的对立概念。然而随着主权权力被数字权力所取代,权威社会演变为高度透明的数字化社会,原本二元对立的两个极端相互融合。现代性主体的生命形式也将由原本的赤裸生命转变为一种新型的生命样态, 我们可以将其称之为自由人和神圣人的合体。

　　如果说至高权力对生命的影响,只有在主权者进行杀戮时才能够展现,那么数字权力对生命的剥削则是时时刻刻、方方面面的。为了极尽剥削之效率,数字权力首先会逐步提升社会的透明化程度,使包括生命在内的一切个

---

　　① [意]阿甘本:《神圣人:至高权力与赤裸生命》,吴冠军译,中央编译出版社,2016 年,第 170 页。

体、事物、时间、语言、政治等都透明可见;其次,资本逻辑将"他者剥削"转化为不易察觉的"自我剥削",并且以绩效为衡量标准,对现代性主体的一切进行着绝对掌控;最后,生命的否定性思维与奇异性特征消失殆尽,主体不仅被抽象为一组组空洞的量化数字,而且沦为一种丧失批判性精神的悖论性存在。因此,在数字时代下,现代性主体表现为三重面向:透明主体、绩效主体与同质化主体。换言之,随着数字资本等新资本形态的登场,劳动者不再仅仅具有"工人"的单一身份,而是一种集多重特质为一身的新主体。与此同时,我们也面临着一系列亟待分析的新问题:数字权力何以与生命政治的治理术相互联合? 二者的联袂如何塑造出现代性主体的三重面向? 更进一步,主体的三重面向的生成逻辑究竟是什么? 为了从生存论的根基层面回应这些问题,我们可以通过考察数字时代下新型"劳动—资本"关系,勾勒出数字时代下主体三重面向的基本特征,进而洞悉新主体形态的生产性悖论、精神性悖论与生存性悖论的根本原因,探索一条超越数字权力的可能性路径。

一、透明主体

在数字时代下,现代性主体的第一重面向表现为透明主体,其生存场域是"数字化全景监狱"。由于生存于边沁式全景敞视建筑的升级版本之中,现今的主体受到的监视更全面、更彻底的监视,因而具有极高的透明度。在《规训与惩罚》中,福柯对边沁式全景敞视建筑进行过详细考察。具体而言,"边沁(Bentham)的全景敞视建筑是这种构成的建筑学形象。其构造的基本原理是大家所熟知的:四周是一个环形建筑,中心是一座瞭望塔。瞭望塔有一圈大窗户,对着环形建筑。环形建筑被分成许多小囚室,每个囚室都贯穿建筑物的横切面。各囚室都有两个窗户,一个对着里面,与塔的窗户相对,另一个对着外面,能使光亮从囚室的一端照到另一端。……敞视建筑机制在安排空间单位时,使之可以被随时观看和一眼辨认"①。

这种全景敞视监狱具有非常顽强的生命力,由于设计得十分巧妙,它至少具有两方面优势:对监督者来说,他们不用花费太多精力,就能够通过逆

① [法]福柯:《规训与惩罚》,刘北成等译,生活·读书·新知三联书店,2012年,第224页。

光作用,严密监视到每一个囚室中的每一个囚犯;对囚犯来说,他们不仅彼此相互隔绝、无法沟通交流、没有任何凝聚力可言,而且因为在封闭隔间中可能被监督者"随时观看"和"一眼辨认",所以哪怕监视并未持续进行,也会给囚犯带来一种心理暗示——他时时刻刻都有可能被监视着。福柯指出,随着社会的不断发展,"全景敞视模式没有自生自灭,也没有被磨损到任何基本特征,而是注定要传遍整个社会机体。它的使命就是变成一种普遍功能"①。正如他所言,以透视为核心的全景敞视主义不仅没有消失,而且在各种数字技术的支持下,升级为监视效率更高、控制范围更广、剥削程度更深的"数字化全景监狱",即透明主体的生存场域。

德国新生代思想家韩炳哲也指出,"我们并没有经历全景监狱的终结,而是一个全新的、非透视的全景监狱的开始"②。那么,究竟什么是"全新的、非透视"?一方面,这意味着新型监狱不再使用依赖于固定角度的普通光线,而是凭借另外一种具有极强穿透力射线(这是普通光线所无法比拟的),实施更加高效的监控;另一方面,意味着新型监狱打破了中心与边缘的区分,在各种先进数字化设备的支持下,数字化全景监狱无须把专制的目光从中心点即瞭望塔发出,不用借助任何透镜的光照反射就能够照亮社会的每一个角落、每一个主体。因此,生存于其中的主体在"自然生命"和"自为生命"的双重层面完全被穿透,是一种具有超可见度的透明生命。在此意义上,"透明"是暗淡无光的,越透明意味着越暴力、越黑暗、越难以逃脱。透明生命在"数字化全景监狱"中享受着数字化所带来的"自由"、高效与便利时,也时刻被数字权力所操纵。那么,数字化全景监狱究竟如何以极强的穿透力"腐蚀"社会的方方面面,最终将丰富的自为生命缩减为透明主体呢?我们可以从这种新型监狱的核心特征出发来分析。

从总体上看,"数字化全景监狱"有三个重要特质。其一,"数字化"意味着新型全景监狱充分利用先进的数字媒介与数字平台,通过数字权力与生命政治学治理术的联袂,将原本无法量化的一切都转化为简单的数字,这是导致主体透明度大大提高的原因之一。也就是说,如今,人们把一切都变得

---

① [法]福柯:《规训与惩罚》,刘北成等译,生活·读书·新知三联书店,2012年,第233页。
② [德]韩炳哲:《透明社会》,吴琼译,中信出版集团,2019年,第77页。

可数,新型数字权力的崛起把每个人变为数字计算结果,以便将其纳入经济体系中。随着技术的发展,硬盘的储存空间单位从 KB、MB 扩大到 GB、TB,计算机的运算速度从每秒几千次升级为每秒几百亿次。因此,数字化监狱的计算机不像边沁式监狱的监督者一样原始和落后,它可以随时记录并永久储存每一个生命的数据和信息,以便对每一个透明主体进行高效的剥削和全面的管控。与此同时,主体在数字社交平台上的自由交际也时刻被控制和监视着,"社交媒体也越来越像一座监视社情民意、褫夺公民权利的数字化全景敞视监狱"①。

不仅如此,"数字化"还有另外一层含义,即充分利用生物学技术,深入挖掘透明主体的经济价值。如果说福柯的规训权力依赖于一个"完整身体"的概念,那么,当代的数字权力则借助于分子生物学,将完整身体视为一系列分子的排列重组。从实质上看,数字权力超越"个体"与"群体"的二重维度,对自然生命的数字化管控达到了顶峰。在这种新型的管控中,身体不再被视为一个有机实体,而被视为类似于分子软件一样的东西,它不仅可以被阅读,而且还可以被重写(如基因编辑生命等),"与其认为活的身体是自然机体,不如认为它是易于技术解体和再度组合的人造存在物"②。身体分离与重组的技术不仅在分子层面激发了生命力的价值,甚至也挖掘出死亡的价值。就生命力的价值来说,生命本身被迫服从于经济关系,因为"生命力已被分解为一系列截然不同的、互不相干的东西——它们可以被分离、限制、储存、积累、流通和交换,被赋予了一种分离价值,被跨越时间、空间、物种、背景、企业进行买卖——服务于许多不同的目的"③。在这一过程中,人的自然生命已然和生物经济学等一串串数字紧密地联系在一起,不可分离。因此,当代社会中的主体是一种高度数字化、深度透明化的主体,我们甚至可以将人与人之间的关系视为数据与数据之间的关系。

其二,"全景"意味着监视之周密、范围之全面、控制之深入,意味着数字

---

① [德]韩炳哲:《精神政治学》,关玉红译,中信出版集团,2019 年,第 11 页。
② 汪民安等主编:《生命政治:福柯、阿甘本与埃斯波西托》,江苏人民出版社,2011 年,第 57 页。
③ [英]尼古拉斯·罗斯:《生命本身的政治》,尹晶译,北京大学出版社,2014 年,导言第 8 页。

权力对"人的双重生命"①的强有力穿透。就人的"自然生命"而言,在数字时代下,智能手机、平板电脑、运动手环、高清相机等数字化设备无处不在,构成主体工作生活中必不可少的一部分。一方面,它们提取和分析出的数据不仅增强了主体对自身的认知,有助于主体将自己的身体保持在健康的数值范围内,而且使主体的生活工作更加方便、快捷、高效;另一方面,它们通过各种方式时时刻刻窥探着我们的一举一动。作为全方位监视工具和移动的数据采集装置,这些数字化社会持续地监视、提取和采集主体的身高、体重、面容、声音、指纹等各种自然信息,不仅将人的自然生命量化为一组组数据,而且将主体的私人领域吞噬殆尽。

与此同时,"全景"数字化监狱之"全",意味着它不仅停留于对外在的"自然生命"的穿透,还能够深入洞察主体的内在生命、精神生命。就"自为生命"而言,数字权力以主体的"自为生命"为管控对象、以"价值观念塑造"为主要目标,以"精准数据分析"为技术依托、以"资本增值逻辑"为基础根源,表现为一种深入主体意识层面的精神控制力。它与对主体"自然生命"的监控相辅相成,共同形成对人的更为隐蔽、更为彻底的全方位宰制。韩炳哲指出:"大数据不仅能刻画出个人的,也能刻画出群体的心理图析,也就可能对潜意识进行心理刻画,因此可以照亮心灵深处,从而实现对潜意识的利用。"②具体而言,数字权力塑造透明主体并对其进行精神管控的奥秘之一在于智能手机。性能不断优化的一部部智能手机像一种数字化圣物一样,既是让主体就范、折服的重要工具,也是确保透明社会长期稳定存在的工具。人们对手机有不同程度的普遍依赖,一部分人每天的屏幕使用时间甚至长达十几个小时,对屏幕的注视就是他们政治、社会和文化活动的发生场所,因此,利用主体从不离身的智能手机进行精神控制是最为有效的方式。政治意义上的民意调查可以通过数据挖掘实现,负面的意见可以通过有诱惑力的好处

---

① 此处对"人的双重生命"的界定与区分采用了高清海先生的观点。在他看来,人作为生活在两重性世界(自然世界、属人世界)的两重性存在(实体存在、意义–价值存在),具有两重生命与两重本性(物的本性、超物本性)。前者是自然赋予人的"自然生命",属于人与动物所共同拥有的物种生命、本能生命、肉体生命;后者则是超越了前者的"自为生命",是由人自觉创立的富有价值内涵的生命。参见高清海等:《人的"类生命"与"类哲学"》,吉林人民出版社,1998年,序言第9~10页。

② [德]韩炳哲:《精神政治学》,关玉红译,中信出版集团,2019年,第30页。

来去除，对智能手机用户的思想灌输和心理干涉往往以这种看似柔和的非暴力手段完成。

其三，"监狱"意味着透明主体被囚禁在一个至大无外的特定空间之中，受到数字权力的宰制而无处可逃。关于"空间权力化"，福柯曾经指出，抽象的权力话语转化成实际权力关系的关键，就在于各种各样的空间场域的支撑。换句话说，"空间是任何公共生活形式的基础。空间是任何权力运作的基础"①。由于规训权力具有向心力，所以纪律的有效贯彻离不开空间的封闭性。以 18 世纪的禁闭为例，一些自由思想者、道德败坏者、神志错乱的疯人被囚禁在军营、工厂、修道院等封闭的空间内。包围与封闭才能确保权力机制的充分运转。对于数字时代下的透明主体而言，"全景数字化监狱"就是支撑数字权力运作的重要空间。不过，与规训权力的运作所需的封闭性不同，数字权力的运作则恰恰相反。这种新型权力无须封闭环境，就可以将自己的触角伸展到每一个空间中的每一个地方。因此，数字时代下的新型全景监狱由封闭走向"流通"。不过，所谓的"流通"并不是真正的"流通"，而是意味着范围更大的封闭。如今，数字权力的运作空间无限拓展，"整个地球正在发展成为一个全景监狱，没有所谓的'监狱之外'，整个地球都是监狱。没有围墙将里外分割开来"②。

与此同时，边沁式全景监狱中的人能够清晰地意识到自己是被剥夺了自由的囚犯，而数字化全景监狱中的居民却不知道这一点。这是因为，"如今的监视并不像人们通常所想的那样，以侵犯自由为目的。与此相反，人们自愿地将自己交付给全景注视。……其中蕴含着自由的辩证法，原来自由即监控"③。数字时代的人们不仅拥有"自由"的工作时间、工作地点、工作方式，也拥有"自由"的休闲娱乐活动、言论发表权利和自我展示方式。从生活上来看，我们的休闲时间被各种数字平台所占据，智能手机给了我们更多的自由，但是从中也产生了全方位的监控和灾难性的强迫。这些 App 不仅要求主体使用定位、麦克风、摄像头等，而且通过各种方式引导主体沟通交流、自我

---

① 包亚明主编：《后现代性与地理学的政治》，上海教育出版社，2001 年，第 13~14 页。
② ［德］韩炳哲：《透明社会》，吴琼译，中信出版集团，2019 年，第 84 页。
③ ［德］韩炳哲：《透明社会》，吴琼译，中信出版集团，2019 年，第 85 页。

曝光。

对于数字化平台而言,更多的交流也就意味着更多的数据信息,意味着更多的资本,而加速交流和信息的循环也就是加速资本的循环。在数字平台的诱导和鼓励下,人们希望自己成为直播间中的网红和流量人物,却没有注意到最大的赢家是数字平台,它们不仅赚取巨额中介费,还时刻监控着看似自由的主体,获得了海量数据。在这一过程中,自由的交流和全景监视交织在一起,每个人对每个人来说都是透明生命,越是粉丝多的人透明程度越高。实际上,这是透明的暴力对每一个主体的压迫。在新型监狱中,人们把自己彻底照亮以供剥削,"'彻底照亮'意味着'极尽剥削'。若一个人过度曝光,经济效率就能实现最大化。透明的用户是数字化全景监狱里的新型囚犯,是'神圣之人'(Homo sacer)"①。当所有地方都属于新型监狱的一部分,当透明主体意识不到自己被囚禁,生命再也无处逃避。

总而言之,"数字化全景监狱"之所以高效、稳定且不会面临强烈反抗,是因为精明的数字权力从不使用蛮力、从不扼杀自由。事实上,权力有很多不同的方式,低级的权力表现为禁止性、封闭性的暴力或镇压,无法在内心层面上征服他人,高级的权力则深入人的心灵,赢得被统治者发自内心的屈从和肯定。数字时代的新型权力属于后者,"今天,权力越来越呈现出一种自由的姿态。它以顺从、友好的形式摒弃了自己的否定性,将自己装扮成自由"②。在某种程度上,这种看似自由的权力无须使用蛮力,反而比那些独断专行、强行规范的镇压型权力有效得多。因此,"如今,自由的危机不在于我们面临一种否定或者压制自由的权力技术,而在于这种权力技术对自由敲骨吸髓般的利用"③。换句话说,精明的数字权力采用攻心之策,与自由联手并将自由为己所用,迫使生存于"数字化全景监狱"中的现代性主体伴随着自由感逐渐走向透明化。

---

① ［德］韩炳哲:《透明社会》,吴琼译,中信出版集团,2019 年,第 83 页。

② ［德］韩炳哲:《精神政治学》,关玉红译,中信出版集团,2019 年,第 20 页。

③ ［德］韩炳哲:《精神政治学》,关玉红译,中信出版集团,2019 年,第 21 页。

二、绩效主体

在数字资本主义时代，高度数字化的生产方式使主体的生命被全方位照亮和穿透，这种"完全照明"带来的正是"完全剥削"。如果不想成为"被废弃的人"，在"数字化全景监狱"中生存下来，人们就必须遵循绩效社会中的强制竞争逻辑，主动迫使自己不停地创造价值和剩余价值。韩炳哲将这种现象称之为彻底的"自我剥削"，当生产秩序的两端——剥削者与被剥削者巧妙融合，"他者剥削"就会转换为"自我剥削"。然而这里的"自我剥削"是一个充满着悖论的概念。这是因为，在马克思的语境中，"剥削"意味着劳动者所创造的剩余价值被他人无偿占有，这一过程主要由作为资本（家）的"他者"进行。就此而言，"自我剥削"的悖论就在于，数字时代的主体永远不能"占有"自己所创造的剩余价值，无法完成对"自我"的剥削。因此，韩炳哲意义上的"自我剥削"具有三重内涵——它意味着剥削程度之深、剥削效率之高、剥削方式之隐秘，而非马克思所言的传统意义上的"剥削"。

从本质上看，"自我剥削"仍然是一种"他者剥削"，其实质是资本逻辑通过"绩效"对主体进行操控。也就是说，为了衡量主体的价值，"绩效"成为一种重要的手段。在某种程度上，我们可以将"绩效主体"视为"赤裸生命"的现代化身。不过，"绩效主体"与"赤裸生命"最明显的不同在于它是一种生产性的生命，具有高效率的生产能力。暴露于至高权力下的赤裸生命，要么被杀掉，要么被镇压，不具备任何生产性。数字权力却完美利用自由，对主体采取一种充分挖掘、极致剥削的隐蔽策略。那么，如何使剥削变得极为隐蔽和彻底？答案就是将"他者剥削"转化为"自我剥削"，塑造出一个个绩效主体。在绩效社会中，资本的剥削披上了数据的面纱，由马克思意义上的明显的"他者剥削"转化成隐秘的"自我剥削"。这在一定程度上消解了原本二元对立的"剥削者–被剥削者""资本家–无产者""主权者–神圣人"等关系，将它们结合为一体。这样一来，人们在一种自由的束缚之中剥削自身，剥削者同时是受剥削者，施暴者同时是受害者，主人同时是奴隶。因此，在功绩至上的社会中，阿甘本政治秩序中的两个极端合二为一，"功绩主体把自己视作自由人（homo liber）、拥有绝对主权的个体，实质上是却是神圣人。功绩主体既拥有绝对主权,同时也是神圣人。自由人和神圣人合为一体。通过这种悖论的方式,至高权力和神圣人在功绩社会中依然相互依存"①。作为"赤裸生命"的现代化身,绩效主体这种具有生产性的生命恰恰也是一无所有的悖论性存在,时刻受到数字权力的宰制。

为了从根基深处洞察绩效主体的现实表现及其生成逻辑,我们可以把马克思的异化劳动理论投射于此。这就引发出一个问题:绩效主体所展现出的生产性悖论是否可以被视为异化现象在当代资本主义社会中的新表现?如果答案是肯定的,那么,这种悖论在何种意义上构成数字时代下的新型异化? 首先,就异化理论的第一个规定——"劳动产品的异化"而言,资本主义生产方式下"劳动所生产的对象,即劳动的产品,作为一种异己的存在物,作为一种不依赖于生产者的力量,同劳动者相对立"②。在数字时代中,主体通过"自我剥削"所创造的劳动产品不一定完全是实体性的物质财富,其中的一部分可能是一串串抽象数据。这些数据看似无用,却会被数字资本家以各种方式搜集整合起来,经过进一步的算法分析,它们不仅可以转化为无可比拟的商业价值,而且能够变成外化于主体的对象性存在,在潜意识层面规范和塑造主体的思想和行为。

具体而言,在数字时代中利用大数据进行个性化营销的事例不胜枚举,商家对每位消费者了如指掌,甚至能够挖掘出连消费者自己都意识不到的潜在需求。③在算法分析之下,主体不仅被数字描绘为一种透明化的生命,而且无法逃脱数据的管控,陷入资本主义消费陷阱中。因此,就主体所生产的数据取得独立于主体自身的地位,并且反过来支配主体而言,这种现象仍然可以被视为"劳动产品的异化"。这样一来,在数字时代下,绩效主体的生产性悖论首先表现为:人们作为制造数据的主体,既是数字权力的生产者,也是数字权力操控的对象。换言之, 主体无法掌控自己创造出的数据及其价值,反而要受到这些抽象数据的统治。正如普殊同所指出的,"在马克思的分析中,资本主义社会统治,在其根本层面,并不在于一部分人对另一部分人

① ［德］韩炳哲:《倦怠社会》,王一力译,中信出版集团,2019 年,第 85 页。

② 《马克思恩格斯文集》(第一卷),人民出版社,2009 年,第 156 页。

③ 陈硕坚等:《透明社会——大数据营销攻略》,机械工业出版社,2015 年,第 138~144、89~92 页。

的统治,而在于人们自己所建构的抽象社会结构对人的统治"①。就数字资本主义社会而言,主体所创造的数据就是这种"抽象社会结构"的一个重要组成部分。

其次,当劳动行为表现为主体披着"自愿"外衣所进行的"自我剥削"时,这种意义上的劳动很难成为一种真正自由自觉的创造性活动,这就构成异化的第二个规定——"劳动本身的异化"在数字时代下的新表现。马克思指出,"劳动的异己性完全表现在:只要肉体的强制或其他强制一停止,人们就会像逃避瘟疫那样逃避劳动"②。当我们抓住"其他强制"和"逃避劳动"两个关键词进行分析,便不难看出,数字时代下绩效主体的劳动依然属于异化劳动,马克思的论断仍然具有现实性内涵。一方面,就"其他强制"而言,与早期资本主义相不同的是,在新资本形态下,更具灵活性的雇佣关系开始占据主导地位,数字劳动也越来越具有弹性化。虽然充斥着暴力的"肉体强制"基本上已经退出历史舞台,但是"其他强制"却在数字技术的支撑下取得了新发展。"在最近的几十年中,劳动力不稳定的现象非常明显。工人在诸多工作间不停地流动。不稳定性的核心方面就在于——考虑到工作日和工作本身——它确立一种新的时间政体,或者换句话说,不稳定性是一种管控机制,决定工人的时间安排,摧毁工作时间与业余时间的区分,虽然不要求工人整天工作,却需要其时时待命,准备工作。"③

在某种意义上,我们可以将高度分散的就业方式视作一种新剥削方式。进一步说,资本对灵活劳动的剥削而相比传统工业有过之而无不及。由于劳动者更加缺乏保障,他们受资本家剥削的程度大大提高。不稳定性的管控机制恰恰构成一种新型的强制,我们可以将其视为马克思所说的"经济关系的无声强制"的升级版本。这种强制属于当代精明的生命政治治理术的一部分,它不仅通过剥夺时间的方式造成主体的时间性贫困,而且在更深的层面导致劳动过程本身的异化。简言之,人们虽然摆脱了工业时代奴役自己的工厂,但是却陷入了新的强制。从事数字劳动的主体看似拥有极大程度的自

---

① [加]普殊同:《时间、劳动与社会统治——马克思的批判理论再阐释》,康凌译,北京大学出版社,2019年,第34页。

② 《马克思恩格斯文集》(第一卷),人民出版社,2009年,第159页。

③ [美]哈特、[意]奈格里:《大同世界》,王行坤译,中国人民大学出版社,2016年,第108页。

由,实则却缺失安全感与稳定性,需要时刻为了完成越来越高的绩效考核标准而不断工作,在生命政治的治理术和数字资本主义的管控下受到更严重的束缚。

另一方面,所谓的"逃避劳动"在当代资本主义社会中不再具有可操作性。主体之所以选择逃避劳动,是因为在异化劳动中,劳动过程是对劳动者的精神和肉体的双重侵害,人们无法得到幸福感和满足感。"因此,工人只有在劳动之外才感到自在,而在劳动中则感到不自在,他在不劳动时觉得舒畅,而在劳动时就觉得不舒畅。"①如果说在马克思的时代,人们尚且可能通过逃离工厂的方式逃避劳动,使自身处于"劳动之外"的舒畅中,那么在数字时代,所谓的"劳动之外"已经成了一种乌托邦式的虚拟存在,主体在空间上和时间上都无法逃脱"劳动"。

其一,就劳动条件而言,智能手机和手提电脑的可移动性、无线网络的全面普及不仅带给我们便利,还把每个地点都变成一个工位、把每一段时间都变成工作时间。为了追求高绩效,每个人都是自我剥削者,7/24 的工作模式成为一种常态。这样一来,"自我剥削"具备了"他者剥削"所难以达到的高效性、彻底性和广泛性。

其二,就劳动性质而言,劳动和娱乐的边界开始模糊,人们很难区分"劳动"与"非劳动"之间的界限。"现在,由于实行'成果主义工资制度'——工资不是根据劳动时间而是根据劳动成果来计算,再加上移动办公(通过便携式终端在单位之外工作)的日益普及,工作时间和非工作时间的区别越来越模糊。"②与此同时,智识劳动的兴起使工作的时间和性质难以被界定,"由于社会合作先于生产过程开始,又迟于生产过程结束,因此,后福特制劳动也总是成了隐性劳动(hidden labor)。不要将这里表达的意思误解为未签订契约的劳动、'打黑工'。隐性劳动,首先是指不获取报酬的生活,也就是说:是人类活动的一部分,在各方面都像劳动活动,然而,不被计入生产力"③。因此,当不断升级的"其他强制"与人们无法"逃避劳动"相互结合,"劳动本身的异

① 《马克思恩格斯文集》(第一卷),人民出版社,2009 年,第 159 页。

② [日]森冈孝二:《过劳时代》,米彦军译,新星出版社,2019 年,第 121 页。

③ [意]维尔诺:《诸众的语法》,董必成译,商务印书馆,2017 年,第 135 页。

化"在数字时代下就达到了更深的程度。如果马克思所说的"劳动之外"依然存在,那很有可能是由于主体没有进行彻底的"自我剥削"。然而一旦停止"自我剥削",或者"自我剥削"不够彻底,主体便有可能被遵循绩效原则的社会所淘汰,逐渐丧失生产能力和消费能力,沦为被排斥于数字资本主义生产体系和消费体系之外的"被废弃的人"。

因此,绩效主体在三重含义上成为一种悖论性存在:第一,"他者剥削"转化为"自我剥削",剥削者和被剥削者合为一体;第二,生命作为制造数据的主体,既是数字权力的生产者,也是数字权力操控的对象;第三,生命作为拥有最多"自由"的主体,同时是受监控程度最深的人。为了在高度数字化的绩效社会立足,每个现代性主体都必须奉献出自己的全部,进行彻底的"自我剥削"。在工作中,绩效社会完全遵循绩效的逻辑,作为"赤裸生命"的当代化身,"那个既是自己君主又是自由人(Homo Liber)的绩效主体,其实就是神圣人。绩效社会里的君主,同时也是他自己的神圣人"①。这种主体自认为是自由的,实际上却仍然在为资本服务。通过消费主义的陷阱,资本将主体塑造为没有主人强迫却自愿被剥削的绝对的奴仆。换言之,绩效主体看似自由自在,实则依然未逃脱资本权力、数字权力的压制,并非真正意义上的自为生命。

不仅如此,数字资本通过将"绩效"作为衡量主体价值的主要手段,把资本家之间的竞争转化为数字劳动者之间的角逐,使劳动者在极限边缘挑战自己身体和精神。在《过度劳累的美国人》中,朱丽叶·斯格尔提到,分秒必争问题在城市中体现得尤为明显,精英们一周需要工作 60 小时、80 小时甚至100 小时。在华尔街,年轻专业人士或经常工作到半夜,或者连续几个月都没有一天空闲时间。工作几乎占据了人们的全部时间,他们吃饭讲究效率、运动讲究效率,甚至连结婚也讲究效率。②除了繁重的工作量之外,某种强制、压力、竞争、奖励或制度性动机的存在也在一定程度上推动着绩效主体进行过度劳动。因此,当我们把目光转移到主体层面,生产性悖论的典型表现就在于:在新型异化劳动中,绩效主体的"自我剥削"构成一种能够提升自身能

---

① [德]韩炳哲:《暴力拓扑学》,安尼等译,中信出版集团,2019 年,第 189~190 页。
② [美]朱丽叶·斯格尔:《过度劳累的美国人》,赵惠君等译,重庆大学出版社,2010 年,第 19 页。

力的"自我实现",而这种"自我实现"在极端意义上往往以"自我毁灭"的方式完成,"自我剥削""自我实现"和"自我毁灭"构成一种三位一体的框架。

三、同质化主体

在数字时代下,马克思异化劳动理论的前两个规定——"劳动产品的异化"和"劳动本身的异化"不仅是导致主体的第二重面向,即绩效主体及其生产性悖论的根本因素,而且构成引发后两个规定——"类本质的异化"和"人与人之间关系的异化"的主要动因。在此基础上,随之而来的后果便是主体的第三重面向:同质化主体。在当代资本主义社会中,数字权力通过对数据的搜集和分析,充分挖掘人的潜意识,进而干涉人的心理活动和行为活动。韩炳哲指出:"大数据是十分有效的精神政治的工具,它可以全面地获知关于社会交际的动态。这种认识是一种统治认知,可以介入人的精神,对精神在前反思层面施加影响。"①因此,隐性精神暴力以看似柔和的手段对主体进行思想灌输,逐渐破坏主体的否定性精神和反思思维,最终导致主体的精神性悖论。简单来说,出现同质化主体是由于人们在数字平台的行为留下大量有待平台捕捉和利用的数字痕迹。正是这种在行为层面的"过度活跃",导致了他们在思维层面的"过度僵死"。"活跃-僵死"同时并存,缺乏批判精神的同质化思维大行其道,主体成为一种受精神政治管控的悖论性存在。

当我们把马克思的异化劳动理论作为洞察同质化主体之内在动因的理论指引,便可以看出,同质化所带来的精神性悖论,实际上是异化劳动理论中的后两个规定在数字时代下的延续和变形。首先,异化劳动"使人自己的身体同人相异化,同样也使在人之外的自然界同人相异化,使他的精神本质、他的人的本质同人相异化"②。结合马克思的分析,就前半部分"人自己的身体同人相异化"而言,这种异化在当代资本主义社会表现为:人的身体被量化为一组组毫无个性特征的、轻飘飘的数字,生命本身的厚重感不再存在。阿甘本在分析赤裸生命的数据化时曾指出,现在人们的身份不再由自己

---

① [德]韩炳哲:《精神政治学》,关玉红译,中信出版集团,2019年,第16页。
② 《马克思恩格斯文集》(第一卷),人民出版社,2009年,第163页。

的人格和伦理能力来表达，人与人之间的认同也不再由他者来决定，"现在界定我的身份并且可以识别的，是我沾了墨水的拇指在警察局留下的毫无意义的指纹。这是我完全无能为力、完全无法借此或凭借此以任何方式界定自己或与其保持距离的一种事物：赤裸生命，一组纯粹的生物学数据（purely biological datum）"①。就此而言，同质化主体与"赤裸生命"处于相似境地，数字权力的崛起把一切都变得可数量化，进而把每个人变为数字计算结果，以便将其纳入经济体系之中。这样一来，被量化的生命虽然在时间上永不消失，但却失去了个性和活力，成为与主体的真正身体相异化的数字。

如果说"人自己的身体同人相异化"在数字时代下表现为"主体-数字"的转化，那么正是这种转化，在更深层次上导致了马克思异化理论第三个规定的后半部分——"人的精神本质、人的本质同人相异化"。这是因为当抽象的资本成为统治时，真正的身体被数字化的身体所取代，"人类和其他商品的真正的身体并非经济主义的对象；真正关键的是其之上或者背后的经济价值量。这就是人类身体可以成为商品的原因所在，也就是说，当人体以价值来计量时，他们的奇异性也就消失了，与其他商品没有任何差别"②。换言之，原本处于不断生成中的生命陷入凝滞状态，在数字资本主义社会中，以价值量来衡量的量化生命不再具有特殊性和否定性，丧失了批判精神的主体沦为一种无超越性、非反思性的生命。这不仅是马克思时代"人的精神本质、人的本质同人相异化"在数字时代下的另一种表现，而且是由数字化所导致的更为严重、更加深层的异化形式。

在上述三层异化理论规定的基础上，同质化主体的精神性悖论及其现实表现达到了更高点——"人同人相异化"。马克思指出，"人同自己的劳动产品、自己的生命活动、自己的类本质相异化的直接结果就是人同人相异化。当人同自身相对立的时候，他也同他人相对立"③。当我们把目光投射到数字时代下的同质化主体，便可以看出，不同于马克思的时代中人同他人之间的对立，"人同人的异化"在新资本形态下相应地采取了"肯定式"的新异

---

① ［意］阿甘本：《裸体》，黄晓武译，北京大学出版社，2017年，第96页。
② ［美］哈特、［意］奈格里：《大同世界》，王行坤译，中国人民大学出版社，2016年，第22页。
③ 《马克思恩格斯文集》（第一卷），人民出版社，2009年，第163页。

化形式。具体而言,数字平台根据用户的偏好为其建立起一个消除所有反对意见的狭小世界,在这个亲密的舒适区中,主体可以遇到分散在世界各个区域的同类人,然而"数字化的'毗邻'呈献给用户的只是世界的一小部分——用户喜欢的那部分。如此一来,它便摧毁了公共领域,事实上它摧毁了公众的批判意识,并导致世界的私有化"①。在这种情况下,各个主体虽然"志同道合",却没有团结起来的向心力。肯定性的社会使生命最可贵、最重要的批判性思维退隐,取而代之的是同质化思维。因此,数字时代下的主体在社交平台上的行为越是活跃,其思维就越发僵死同一,主体的精神性悖论也越发严重。

那么,同质化主体及其精神性悖论的生成逻辑是什么?原本具有超越性的生命为什么会被这种悖论所裹挟?究其根源,数字时代下的"隐性暴力"是其中的重要因素,它通过完美地利用自由,对主体采取一种充分挖掘、极致管控的隐蔽策略,在塑造"自我剥削"的绩效主体的基础上,进一步侵蚀人的类本质。实际上,从君权社会到数字资本主义社会,暴力从未消失,而是发生了一些转变。在前现代社会中,至高权力通过对赤裸生命的杀戮来宣示他的权力,这种血腥的暴力肉眼可见且无处不在。与之相反,数字时代的暴力则是一种直指人类心灵的透明化暴力,它退回到不易被察觉的皮下组织,"从可见转为不可见,从直接转为暗示,从生理转为心理,从战争式的转为居间上的,从正面直击转为病毒性渗入"②。因此,新资本形态下的数字主体作为赤裸生命的现代化身也同样面临着暴力,只是两种生命所面临暴力的来源、性质和方式不同,赤裸生命所面对的是来源于至高权力的显性暴力,数字主体所面临的则是来源于资本的隐性暴力。

正是这种隐蔽的数字暴力潜移默化地改变着主体的行为、感知、情感和思维方式,使得社会成为一座同质化的"地狱",使得主体的"过度活跃"与"过度僵死"这一具有悖论性的特征得以同时存在。一方面,主体在数字平台的"过度活跃"有利于资本家在最大程度上获得数据信息和经济价值。为了达到这一目的,数字权力将当代资本主义社会转化为一种肯定性社会。在肯

① ［德］韩炳哲:《透明社会》,吴琼译,中信出版集团,2019年,第59页。

② ［德］韩炳哲:《暴力拓扑学》,安尼等译,中信出版集团,2019年,第11~12页。

定社会中,数字社交媒体以加法为运行模式,它只设置了"点赞"按钮而未设置"拍砖"按钮,铺天盖地的"点赞"是一种普遍评判方式,这意味着主体需要接收大量的同质化信息,反思精神和否定精神被日渐磨灭。与此同时,这种侵入式的肯定性社会通过增加信息量、加快信息交换速度、扩大信息交际圈等方式促进数字资本的循环流动,避免因否定性而造成的交际停滞,从而推动主体展开更为深入、更大规模,但却更具同质性的交流。

另一方面,如上文所述,主体的"过度僵死"恰恰是由他们的"过度活跃"所导致的后果。这是因为,暴露在过量信息中的生命将会遭受到信息的猛烈冲击,而这些不经过滤的信息使同质化主体的各种感知逐渐麻木。与此同时,在绩效至上的逻辑中,生命本身被简化成一种生命技能、生命效能——它必须像一台机器一样力图最大化地发挥功效。在这种情况下,同质化主体的极致自我剥削将会进一步导致心灵的梗阻,人们更加易焦虑、无法集中注意力,分析能力也普遍下降。这样一来,主体的过度疲劳和过度倦怠的精神状态成为现代社会的典型特征,信息疲劳症、抑郁症等现代心理疾病成为常态。

此外,"透明"同样意味着同质化而非超越性,透明主体之所以透明,并不是因为被具有照明性的光源所点亮,而是由于被侵入式的全景射线所穿透。然而这种射线缺乏带有形而上学张力的神圣之光,它的作用是使生命匀质化、平整化。因此,"在功绩社会中,神圣人的生命同样是神圣、赤裸的,但是基于完全不同的原因。他的生命是赤裸的,由于褪去了一切超验维度,仅剩下此在的、裸露的生命,只能用尽一切办法将试图将之延长"①。可是,没有超越性的生命长度即使延伸得再长,也无法称之为真正意义上的生命——它既不能死去,也毫无生气。因此,接收大量的同质化信息磨灭了主体的反思精神和否定精神,丧失超验维度的主体最终会失去维持精神生命的活力,沦为只有同质性思维的量化生命,这就是同质化主体及其精神性悖论的生成逻辑。

总而言之,现代性主体在数字时代下呈现出的三重面向,是资本逻辑在现实社会中的经验表现。主体的精神性悖论、生产性悖论、生存性悖论及其

---

① [德]韩炳哲:《倦怠社会》,王一力译,中信出版集团,2019年,第87页。

生成逻辑,则是资本增值逻辑在生命政治治理术支撑下的延续和更新。与之相应,这三重悖论性存在是马克思异化理论中的四个规定——"人与劳动产品的异化""劳动本身的异化""人与类本质的异化"和"人与人的关系的异化"——在新资本形态下的现实表现。正如普殊同在构建晚期资本主义批判理论时所指出的,"异化是抽象劳动的对象化过程。它并不导致原先就存在的人类本质的外在化;相反,它导致的是人的能力以异化的形式呈现出来"①。在这种新异化的过程中,资本将它的需求伪装成主体自身的需求,"它呈现出的,是一种新的超越,一种新的主体化形式。这一次,我们又被从生命的内在层面抛离出来。那里也许才是一个生命固于本源、无须屈从外力的地方"②。因此,数字时代下的数字权力操纵实际上是一种"主体化"与"去主体化"同时进行的过程,"主体化"将生命塑造为驯顺的主体,"去主体化"则旨在破坏主体的多样性与超越性。正如生命的政治化经历过一个漫长的过程一样,"主体化"与"去主体化"的进程也不是一蹴而就的。然而数字平台的兴起、大数据算法分析的助推、各种监控设备的安装、主体自我展示欲望的增强、数字资本逻辑驱动等多种因素的共同作用,导致这个进程的速度越来越快,主体的三重悖论性存在愈加深刻。因此,在数字资本时代下,重新激活马克思的异化劳动理论资源,从生命政治治理术和新资本形态相联袂的角度去观照当代新型数字主体的生存境遇,在自然生命和精神生命相统一的层面去理解主体,才能在完整而深刻的意义上真正剖析现代性主体的三重面向及其生成逻辑。

高天驹(吉林大学)

---

① [加]普殊同:《时间、劳动与社会统治——马克思的批判理论再阐释》,康凌译,北京大学出版社,2019 年,第 189 页。

② [德]韩炳哲:《精神政治学》,关玉红译,中信出版集团,2019 年,第 9 页。

数字生活世界的殖民化困境与合理化出路 *
——以哈贝马斯生活世界理论为视角

在对现代性进行审视时,哈贝马斯通过梳理"生活世界"与"系统"之间的辩证关系,论述了通过系统的合理化,从而达到自我实现的现代性诉求,并提出了著名的"生活世界"理论。当人类进入数字时代,数字技术建构了新的空间逻辑——数字生活世界,产生了新的社会交往形态。哈贝马斯的生活世界理论极具理论价值,能为我们理解数字时代提供诸多启发。一方面,它指明了生活世界的数字化进程必须重视并努力消解的现代性问题,即数字系统以工具理性入侵并主导数字生活世界的交往理性,导致数字文化丧失文化的本质规定性,数字交往主体遭受数据殖民化和数字异化。另一方面,它提供了具有建设性的数字生活世界合理化理论思路,即在数字生活世界中如何将"数字系统"和"数字生活世界"有机结合,以及在数字系统相对独立化的合理性上, 如何实现一种全新的以数字交往行为为核心的数字生活世界合理化,以此消解数字生活世界殖民化。

一、生活世界与数字生活世界

(一)生活世界理论的来源

在哈贝马斯运用"生活世界"概念之前,已经有一大批哲学家研究了生

＊ 本文系上海市哲学社会科学规划课题"马克思主义劳动价值论视域下数字劳动研究"(2022 BKS007)、上海市教育科学研究项目"人工智能时代高校意识形态的算法风险与精准防范"(C2021036)的阶段性成果。

活世界理论,例如:胡塞尔、海德格尔、舒茨和伽达默尔等。其中,哈贝马斯对生活世界的研究比较直接地受到胡塞尔和舒茨的影响。

胡塞尔是现象学的创始人,"生活世界"的提出是他哲学转向的标志。他认为,生活世界"作为唯一实在的、通过知觉实际的被给予"①是科学世界的根基。生活世界包括人们的"日常生活世界",是人与世界的统一。20世纪的欧洲面临着科学技术的意识形态化和哲学的非理性化,并陷入二元论的危机。生活世界和科学世界的分离,人和哲学问题的剥离是当时欧洲所面临的科学危机和生活危机的根源。因此,他认为,人的问题与科学问题的结合,哲学回归生活世界是解决这场危机的办法。他强调,人们对世界的知觉并非孤立存在而相互联系,具有群体化的共同体特点,客观世界和主体经验也是总体性联系。生活世界是人在主体间性的条件下,依靠对客观事物的直接、生动地反应而把握到的、又先于感性经验的意识性世界,具有先验性和直观性,是科学世界的根源。胡塞尔认为,在追求科学的客观性时,必须关注作为认识主体的人、人的精神世界和人生意义的探究,实现人与科学世界的统一。

胡塞尔的学生舒茨在晚期的社会学研究中进一步推动了生活世界理论的发展。他认为,生活世界是人们在日常生活中通过面对面交往而获得实践经验的一个主体间性的世界。在日常生活世界中,人们进行日常活动,产生自然态度,通过过往生活经历的积累形成生活世界的"知识库存",当遇到新事物时可以通过类化的方式用其中的知识来解释世界。生活世界由四个时空部分组成:直接生活经验、前人、同代人和后人的世界。

(二)哈贝马斯生活世界理论的基本内容

哈贝马斯在对现代性的反思和现代社会理想模式的建构中,将生活世界理论引申到社会交往领域,使其成为展现人的生活意义与价值的基本境域。但他重点关注了生活世界与当代社会系统的分离,以及后者对前者的分化和侵袭。哈贝马斯吸收了胡塞尔和舒茨二人在主观层面上对生活世界的

---

① ［德］胡塞尔:《欧洲科学危机和超验现象学》,张庆熊译,上海译文出版社,1988年,第58页。

见解,但超越了他们在生活世界结构方面批判的不彻底性。哈贝马斯虽然肯定了舒茨对生活世界中语言的重要功能的论述,但也提出其未能通过语言的交互性认识生活世界的结构性。哈贝马斯认为,舒茨批判了胡塞尔的先验性的同时又延续了胡塞尔的先验方法论。为了加以克服,哈贝马斯用形式语用学对生活世界理论进行了改造,将生活世界视为主客体相连接的世界,导向交往行为理论的价值所在,以及发挥交往者主体间性的空间。

哈贝马斯主要从两部分对"生活世界"进行界定:一方面,他将生活世界当成交往行为发生的条件预设,他认为生活世界既有别于客观的、社会的和主观的世界,也不是交往主体与这三个世界的交互。在生活世界中,交往主体能够相互地提出、批判和验证自己要求的有效性,并保持与三个世界的协调,形成一致性意见。另一方面,他将生活世界视为交往主体之间理解的途径或"不可动摇的信念储存库"①,认为生活世界给予他们坚定的信念和自我解释力,以克服技术异化,实现交往的合理化。哈贝马斯顺应了语言学转向的现代哲学潮流,将语言作为其生活世界理论的基础,以语言为媒介达成交往一致。

在结构划分上,不同于舒茨在时空结构上对生活世界的研究,哈贝马斯转向内部结构,将生活世界分成文化、社会和个性三个层次。在文化层面,他将"文化称之为知识储存",交往主体以生活世界为文化背景的交集和共通区,以达到对日常生活中某种事物的理解。同时,生活世界又为交往主体提供共通的情感区,成为"信念的储存库"。在社会层面,他将"社会称之为合法的秩序",交往主体以生活世界为合法秩序形成联合的共通体。生活世界中先于交往主体而存在的共同情感、规范和认知形成历史性秩序,并使得交往行为达成一致性认识。在个性层面,他认为个性是交往主体"在语言能力和行动能力方面具有的权限"②。交往主体必须具备语言、行动等交往能力,才能"论断自己的同一性",从而实现个体的社会化。文化、社会和个性三个层面相互交融,为主体的交往行为的完成构成背景预设——文化为交往提供知识储备,社会为交往提供秩序保证,个性促进交往主体的社会化。

---

① [德]哈贝马斯:《交往行动理论》(第二卷),洪佩郁、蔺青译,重庆出版社,1994年,第171页。
② [德]哈贝马斯:《交往行动理论》(第二卷),洪佩郁、蔺青译,重庆出版社,1994年,第189页。

(三)数字生活世界

数字生活世界是指,数字化通信技术为人们的社会交往提供强大的功能支持,成为社会交往的塑造机制,并对其具有深刻的影响。数字技术改变了人类原有的生存和交往模式,也改变了人类对生活世界的认知模式和价值判断方式。在数字生活世界中,社会交往的各个要素的运行形式都进行了数字化转型,如:数字社交、数字通讯、数字语言和数字表情等,体现着数字化的交往方式和价值精神。数字化交往原则超越了数字交往主体的自身领域,进入数字交往的各个方面,成为指导数字交往的存在方式和运行步调的主要逻辑。但数字技术所开创的数字生活世界并不完全等同于现实生活世界的虚拟化,而是现实生活世界的开创性延伸。数字生活世界能够部分模拟现实生活世界的特征,现实生活世界的虚拟化也只能表达数字生活世界的部分内容。数字生活世界和现实生活世界并不是完全等同,更不是相互取代的关系,相反,数字和现实的两个生活世界时空相互交融渗透,互为延伸。

从深层意义上讲,数字生活世界的兴起不仅是简单的交往工具变革,更是一场信息高科技的时代革命。它以"数据"为核心,消解了时空距离对社会交往的限制,对文化、社会和个性进行同一化和系统化重构。以更为自由开放、无限扩展为特点的数字化方式是数字生活世界中社会交往的组织原则。交往主体进入数字生活世界之后将消失于由数字连接的社会性空间,这意味着他无法持续确定自我的主体性。现实生活世界的社会层面没有给交往主体留下实现自我的多元空间,造成交往主体的自我"不完整性"。而以身体不在场的匿名化为特点的数字生活世界,给予数字交往主体实现多元自我的机会以摆脱现实社会的压抑。

数字生活世界既是一种具有完整的社会、文化及个性特点的崭新的认知和交往环境,同时又是一种没有固定边界的空间形态。在对生活世界的数字化认知和自我表征的辩证互动中,数字交往主体的认知、表达和交往等方式发生了极大的变化。客观世界、主观世界和社会世界中的价值、实体和关系制度等被重新过滤和编排,呈现出与三个世界截然不同的性质。数字技术的进步性赋予数字生活世界呈现出灵活、多变、流动、易逝的特征,同时赋予数字交往主体巨大的潜能,使其以更加高效、深刻的方式来认识并改造数字生活世界。

数字生活世界具有"我在线,故我在"的交往特点,在数字平台的虚拟交往中交往主体身体不在场,而互动在线是其显著表现。不同于现实生活世界中面对面的现实交往方式,数字生活世界中交往主体的数字身份抽空了具体社会关系的意义存在,它突破了现实生活世界在特定的物质社会关系框架中的限定。数字交往主体的对象性本质依然体现在数字生活世界中,具体表现为人与人的社会关系,人与智能设备的使用关系。随着人类交往日益丰富与深化,人与人的社会关系也持续丰富,显著呈现为社会交往的真实性、确定性和关系性。数字生活世界中的社会交往的本质具有数字建构性,数字交往主体身份虚拟化,兼具社会属性和数字属性。数字交往主体可以逃避现实生活世界的各种价值约束,根据主体的交往需要可以任意进行"自我"建构。而这就重构了数字交往中的主体、客体、方式和环境,容易使数字交往主体掩盖自己的社会角色。

数字交往是数字交往主体行为的合目的性表达,是人类社会进步的时代表征。但数字化的交往行为方式会不断侵入生活世界,把现实生活世界的主体间交往重组成合目的性的数字化间接交往,并会造成自我表达的虚拟化和社会交往中自我意识的虚幻化,从而消解了交往的真实性。在数字生活世界中,自我社会属性的削弱促使社会交往规则在数字空间的解体。哈贝马斯认为,"交往行为者不可能走出其生活世界境域"①。数字交往主体必须在数字生活世界中才能实现数字交往,因为数字生活世界是包含数字文化、数字社会和数字个性的整体性存在,对数字交往起到规范、引领作用,数字交往主体不能脱离数字生活世界。然而数字交往规则的解体使数字生活世界趋于碎片化和片面化,破坏了数字生活世界的同一性,导致数字交往主体无法真正把握数字生活世界。

---

① ［德］哈贝马斯:《交往行动理论》(第二卷),洪佩郁、蔺青译,重庆出版社,第194页。

二、数字生活世界的殖民化困境

哈贝马斯认为，"系统—生活世界"是现代资本主义社会的二元架构。生活世界以语言为媒介，以交往理性为原则进行文化再生产，属于文化领域；系统以权力和货币为媒介，以工具理性为原则进行物质再生产，属于制度领域。他认为，系统和生活世界在人类社会中的关系具有一定的历史性转变。在自然经济中，由于社会分工尚不明确，社会结构尚未形成，系统属于生活世界的一部分，发挥着内在职能。而随着资本主义制度的逐渐形成，社会结构逐渐划分为政治、经济、文化等制度性保障领域，系统逐渐独立成为一种与生活世界相对立的社会架构，市场机制的建立与现代国家的形成是最突出的表现。系统与生活世界的分离在哈贝马斯看来不仅提高了社会管理水平和社会发展的协调性，而且促进了社会结构的完善，具有一定的历史进步意义。

但是，哈贝马斯辩证分析了这一历史进程的灾难性后果，提出"生活世界殖民化"。资本主义的内在规律要求社会对物质再生产的无限扩张，激发人们对金钱和权力的"虚假需求"，使系统在无限膨胀中不断侵占人们的生活世界。社会陷入对物质生产与消费的过分重视，人与人之间的交往关系被物与物之间的交换关系所掩盖。系统和生活世界的发展不平衡导致人丧失自身的本质力量，异化为资本逐利的工具。

他认为，系统与生活世界的分离不是"生活世界殖民化"的症结所在，关键在于系统中的权力和金钱开始侵蚀生活世界并使其与社会价值相偏离，从而使生活世界–系统的二元架构的失衡。在"虚假需求"的指引下，人们在物质追求中迷失，交往异化、消费主义、拜金主义伴随着工具理性的极度膨胀而产生，人与人之间交往的生活世界遭到系统的殖民化。

（一）数字文化方面，阶级表象的数字齐一化

数字资本主义构建数字文化的根本目的是利用数字技术消弭一切表象差异，消磨人们的阶级意识。它通过构建虚拟化、齐一化的"我在线，故我在"

的数字文化氛围,消融数字交往主体在物质生产关系方面的现实差异。数字文化潜藏着西方发达国家凭借网络规则、技术优势、网络霸权、网络价值等打造的数字系统,并赋予数字资本殖民世界以合法性建构,借助数字生活世界消除意识形态的对立和阶级的差异。数字文化以其强大的齐一化塑造了数字全球化。数字全球化没有种族、肤色和信仰的区别,给普通民众带来无国界的数字连接,Facebook、Twitter、Amazon、Yelp 等数字平台统统都可以无差别地被数字消费。数字资本主义借数字生活世界的齐一化消融了民族文化的不同,无形地摧毁和瓦解一切本土的主流文化与意识形态,从根本上消除了民族国家的文化主体性,用资本主义意识形态取代民族国家意识。正如汤林森所说:"现代化确实是一种文化强制的形式。科技与资本主义企业的出口,同时也是西方的社会想象表意能力之出口。"①

从一定程度上讲,数字技术决定了数字文化的工具性特点,从而失去了文化的本质规定性。数字文化的根源是数字系统入侵数字生活世界的文化形态表现,体现着数字资本逻辑。数字文化的价值倾向是与数字资本主义的经济逻辑密切相关,数字文化"是资本增值的一种主动的文化策略"②。例如:Facebook 在 2019 年营收高达 707 亿美元,市值更是达到惊人的 4868 亿美元。数字文化既以文化形态辐射整个社会,也成为建构数字生活世界的基础。数字文化的本质不在数字化本身,而在于数字化成为社会的绝对中心,社会生活的一切都受到数字资本主义的控制。在数字文化中,人们与资产阶级的关系由对立冲突转化为合作互动,人们"不自觉"地去维护它,而不再去反抗它。

数字技术所营造的文化自由、消费自由的假象遮蔽了阶级对立。数字产品与其他产品不同,其从物质性消费向信息化消费转向,从拥有性消费向获取性消费转变。生产方式的物质形态被数字化所取代,数字生产的扁平化的平等性取代了工业生产的垂直化等级制,似乎阶级性已经消失,阶级对抗已经消除。但是在数字资本主义之下,无论数字文化呈现何种美好的数字生活世界,数字技术的进步都从属于对超额利润的追求和剥削条件的扩展。数字

---

①　[英]汤林森:《文化帝国主义》,冯建三译,上海人民出版社,1999 年,第 306 页。

②　[美]福斯特:《生态危机与资本主义》,耿建新译,上海译文出版社,2006 年,第 2 页。

生活世界并不代表阶级对立和剥削的消失,也不代表平等化和多元化。

资本主义的数字化过程既是数字技术发展的自然化成果,也是资本主义全球化扩张的手段,同时还是数字资本占用数字劳动的"剩余价值",并将其转变为资本积累的过程。资本家依靠对生产资料所有权的占有而扩展自身的社会连接,从过去资产阶级和无产阶级的不平等延伸出连接者和未连接者的数字鸿沟。资本主义数字化似乎让人们在观念中淡化了所有权,以为数字文化是"去意识形态化"的,但在现实世界中,我们依然处于数字化社会的分工中。"自由"出卖劳动力依旧是无产者拥有的"自由",资产阶级和无产阶级的划分依然是数字资本积累成为可能的基础。

当现实生活的方方面面都被缩减为数字化过程,数字商品似乎超越数字劳动关系而具有某种独立性,数字化的商业价值逐渐支配其社会价值。数字化越是成为社会的支配性逻辑,数字劳动的作用越是被隐藏在数字商品背后的数字代码之中。在数字文化上,不论数字产品呈现何种自由的表象,它的本质仍然是一种由工厂化生产(例如:Content farms,互联网内容供应商)的用于交换的对象,仍然是一种体现劳动力并被私有资本所占有的商品。虽然数字化产品的设计迎合了数字消费者"差异化"的需求,但这仍然只是表面上的差异,其以需求差异遮蔽了最为根本的阶级差异。数字资本主义的阶级本质并无削弱,但其不再通过露骨的强制灌输,而是更多以引诱、互动,甚至是让步的方式掩盖了其阶级利益取向,以此消除数字消费者的阶级意识和政治主张。数字资本主义妄图通过数字文化消除数字表象差异以隐藏其政治价值取向,其实并没有放弃资本主义的政治主张,而通过其所控制的数字系统形成"数字霸权",在传播的信息中渗透资本主义的价值观念和利益取向,以致数字生活世界的殖民化。

(二)数字秩序方面,数字交往主体的数据殖民化

数字平台与数字交往主体之间不对称的关系导致数字交往主体的数据一经产生就与之相异化,被数字平台提取并被私有化,用于商品交换以榨取剩余价值。数字化将离散的个人交往经历转变成数据,转换成由多维度的算法连接的数据系统。这些数据所连接的是有可能购买某一物品的特定消费

者群体。智能设备的日常使用可能已经把数字交往主体变成了许多离散的潜在传感器，但重点不在于谁成为传感器，而是为谁成为传感器。大数据产生了商品化、量化的自我，创造了数字交往主体作为商品的数据化表征。数字平台将数字交往主体的注意力时间商品化，创造出无限可剥削的产消者（Prosumer）。①然而大数据作为一种商品的生产过程其实也是数字生活世界的殖民化，无论数据殖民化的动机是提供数字服务的质量，还是为正在聚合的数据集增值。这主要通过终端用户许可协议（End-User-License-Agreements，EULAs）实现的。

在注册社交平台账号时，数字交往主体必须同意社交平台规定的隐私政策和使用条款，允许将其所有共享的经历数据用于经济目的。因此，数字交往主体赋予社交平台使用这些代表个人经历的数据来积累资本的权利。这意味着数字交往主体失去了对其在平台上的活动内容和方式被商业利用的控制。这也意味着社交平台获得了监控其数字交往主体所有活动的权利，并有权将由此产生的数据用于经济目的。这些声明是隐私条款和使用条款，例如授予平台以下权限：

> 我们使用您在 Facebook 上留下的信息，并推送与您相关的广告。这些信息包括您在 Facebook 上分享的和所做的所有事情，比如您喜欢的网页、您主页上的关键词和我们从您对 Facebook 的使用中所推断的事情。②
> 根据您的隐私和应用程序设置，您明确授予我们以下许可：您授予我们非独家的、可转让的、可再授权的、免版税的，在全球范围内使用您在 Facebook 上发布的或与 Facebook 相关的任何知识产权内容（例如：照片、视频等）的权利。③

技术理性所造成的异化向来都是批判理论研究技术在现代性中作用的核心议题。数字技术作为一种技术社会成就，掩盖了它所产生的异化过程。

---

① Christian Fuchs, Web 2.0, prosumption, and surveillance, *Surveillance and Society*, No.3, 2011, pp.288-309.
② 来源于 Facebook 数据使用政策。
③ 来源于 Facebook 的权利和责任声明。

虽然 EULAs 仍然是数字平台要求拥有数据所有权的主要法律手段，但由于在数字生活世界中技术使用的必要性，数据从产生者到收集者、从数字交往主体到数字平台的实际交换是隐蔽的。数字交往主体被视为自愿采用技术，并同意任何相关的 EULAs，将其作为广泛的社会规范的一部分。正如拉尼尔所说："人们点击'是'的原因不是他们了解他们在做什么，而是因为相比抵制一家公司，这是唯一可行的选择。"[1]数字交往主体利用技术进行社会活动，而数字平台则通过数据的量化来提取价值。

从单个数据到聚合成商品化的大数据，数字商品需要跨数字交往主体、空间和时间连接数据，从而成为可用于算法选择、解释和分析的站点。这一转换过程非常隐蔽，这也掩盖了数字交往主体与数字平台构成的非对称权力关系，社会规范、审美愉悦和感知价值鼓励越来越多的数字交往主体使用数字平台。对于数字平台来说，这类大数据的目的是将不可预测的个体消费者转化为可预测的消费统计总量，构成大数据的个人远没有它们通过算法排序和聚合而形成的身份那么重要。[2]在指定时间和地点由单一数字交往主体上传的个人资料（例如：在 Instagram 上分享一张美食照片）几乎毫无使用价值，直到社交平台通过算法收集、链接和分析海量数字交往主体的数据点，将它与数字交往主体过去的数据、其数字人际关系的数据相链接，在数据中嵌入时间节奏和空间模式，这个数据点才具有使用价值。

数字平台以算法分析数字交往主体数据的使用价值主要是通过精准识别数字交往主体的行为习惯，提高细分数字交往主体市场的精度，提升个性化广告的关联度和商品开发的精准预测性。通过对数据的算法分析所得出的洞察力，数字平台实现了从生活世界中的特定个体到购买任何给定商品的规律的转换。数字平台通过传感器将数据量化成均质格式，在量化的过程中使它所观察到的活动去情境化。[3]去情境化过程对于数字平台以市场为导向将消费聚合数据进行系统分析非常重要。通过大数据将数字交往主体置

---

① Jaron Lanier, *Who Owns the Future?*, Simon & Schuster, 2014, p.314.

② Jim Thatcher, Data colonialism through accumulation by dispossession: New metaphors for daily data, *Environment and Planning D: Society and Space*, No.6, 2016, pp.990–1006.

③ Andrew Feenberg. From critical theory of technology to the rational critique of rationality, *Social Epistemology*, No.1, 2008, pp.5–28.

于抽象的、聚合的身份之中,一个数字交往主体被简化成一组数据点。数字平台中的每个数据点都是抽象的,但是当它们连接在一起时,这些数据点就被转换成大量的消费者,即抽象的聚合个体。为了创建这些抽象的聚合个体,数字平台必须挖掘庞大的数据集。于是,数字平台必须获得攫取大量数字交往主体生成的数据的权利。数十亿个数据点连接在一起,预示着个体的消费模式是可预测的,具有很强的商业价值。因此,数字平台解决了资本主义固有的过度积累倾向,不是通过向外的空间扩张,而是通过将数字交往主体的生活世界数字化,由此作为自我的商品化表征变得可被认知。

(三)数字个性方面,数字交往主体的数字异化

为了生存,人类不仅要吃饭,还必须进行社会交往,形成社会关系。把一个人从社交网络中隔离出来,最终会导致其死亡或像动物一样生存。不同于奴隶们因拒绝劳动会遭受身体上的暴力,数字交往者如果拒绝社交平台会遭受一种社会强制形式,以孤立和社会劣势威胁交往主体。从表面上看,数字交往主体与数字生活世界似乎并不存在对立,因为他们没有被强迫,而是自愿地使用社交平台,并从中获得乐趣,不存在明显的异化路径。数字交往的信息性决定了数字交往行为具有交往价值的双重特性——数字社会交往和数字公共可见性,社交平台服务于数字交往主体的社交需求和数字资本的商业价值。当数字交往主体的交往行为不知不觉地成为数字资本的商业延伸,经过数字资本的循环而间接在数字生活世界异化,数字交往的属性就发生了转变,由他们"自由"交往的属性转变成了数字资本主义的控制属性,并产生对立。在数字生活世界中,交往主体在客观上与交往客体、交往工具和交往行为相异化:(1)与数字交往客体相异化,如果他们离开社交平台(如:Facebook),就会受到与交往客体隔离和社会弱势的"威胁";(2)与数字交往工具相异化,数字交往主体的交往经验受到数字资本的控制;(3)与数字交往行为相异化,交往行为数据不是由交往主体拥有,而是被社交平台控制并商品化。这三种异化形式共同构成数字资本在数字生活世界中对数字交往的殖民化。

数字资本主义通过社交平台构建数字生活世界中的数字景观(digital

spectacle)，数字生活世界充斥着德波所说的"全部特有的形式——新闻、宣传、广告、娱乐表演中，景观成为主导性的生活模式"①，导致人的主体性的消解。由于数字技术对现代文化生产提供了巨大的支持，数字资本主义构建了强大的数字媒体权利幻象，对数字交往主体不断地进行文化观点的灌输，使得他们在认识世界、理解世界时偏离了真实的自我感受，迷失了自我。"在数字文化的舞台上……我们依照他人'生活方式'的逻辑而改变思想，而其后果就被异化了。"②数字交往主体在自由意志的支配下，在完全服从于数字生活世界背后的资本逻辑的前提下，其交往行为受到所传达的资本主义意识形态的影响和支配，其内心的真实自我产生了异化，潜意识中受到数字资本主义的改造。

当审视数字生活世界的数字交往时，数字交往主体的异化向隐蔽性转化，他们的交往行为不需要依靠固定场所的面对面形式。在数字交往关系中，交往主体所呈现的是数字性差异，而掩盖了鲜活的主体性差异。数字资本主义具有逐利性和扩张性的特点，将数字交往当成工具，呈现出商品化、权力化的资本主义特性，其所引领的数字交往是其盈利和控制的工具。数字技术的使用是促进交往效率提升的有效方法，其所产生的本具有公共属性特征的情感表达、社会关系等数据却被数字资本主义强制占有，变成一种权力资源。大数据和人工智能等数字技术的使用，在控制权力的资本主义旧的雇佣关系植入新的数字关系，通过隐私监控、数据采集等行为对人进行控制，使得这种控制变成一种隐形的、自动的统治力量，并与人的能动性相分离。

数字生活世界遍布着对西方社会的自由主义、普世价值的营销和宣传，倡导的"个人主义""泛娱乐化""自由放任"等精神成为数字资本的价值追求，并塑造数字社会主体性的主导内核，使得"个人越来越屈服于他的对手：资本主义的绝对权力"，进而使其"真理被转化成了意识形态"③。数字资本主义利用数字技术将剥削、剩余价值、意识形态霸权等传统资本主义的表现形

---

① ［法］居伊·德波：《景观社会》（第二版），王邵凤译，南京大学出版社，2007年，第3~4页。

② ［瑞典］福克斯、［加］莫斯可：《马克思归来》，传播驿站工作坊译，华东师范大学出版社，2016年，第708页。

③ ［德］霍克海默、阿多诺：《启蒙辩证法》，渠敬东、曹卫东译，上海人民出版社，2001年，第134~135页。

式在表面上加以掩盖,并逐渐构筑起其合理性和合法性。

马克思通过批判商品拜物教更加全面揭露了人与物的主体性在资本主义中发生了颠倒。在 web2.0 中,随着数字交往的商品化,人与人之间的社会关系被数据的客观属性所取代,数字领域也出现了拜物教现象,即"数字拜物教"(digital fetishism)。数字交往主体无法有效认识数字交往中的社会关系,反之,被数字交往所支配,被其背后的资本逻辑所控制。用户数据的商品属性隐藏在社交平台的使用价值(数字交往)背后。社交平台宣称平台不会剥削用户,因为用户免费从中获得与其他用户的数字交往服务。但这是片面的,因为平台上的数字社会关系和数字可见性是社交平台的商业核心价值,具有交换价值。换句话说,社交平台的交换价值隐藏在社交关系的使用价值中。

三、数字生活世界的合理化出路

马克斯·韦伯在批判现代资本主义社会时,引入了"合理性"概念,并把合理性分成工具合理性和价值合理性。工具合理性主要以最终目的为评定标准,而不考虑社会价值。价值合理性主要以符合社会价值为评价尺度。现代资本主义主要以工具合理性为最终评定标准。哈贝马斯的交往行为合理化深受马克斯·韦伯的合理性理论的影响和启发,他在做劳动和交往行为的概念区分时重点借用了韦伯对工具合理性和价值合理性的区分。哈贝马斯的交往行为合理化理论也受到马克思的社会发展理论的影响。马克思认为在资本主义社会中不存在摆脱利益关系的交往行为,物质的交换关系决定了人们精神的交往关系,随着科学技术的发展,人们原本狭隘的交往领域将得到新的扩展,并改变固有的交往形式。①

此外,交往行为合理化理论也在一定程度上受到霍克海默和阿多诺的工具理性批判的影响。但是,哈贝马斯认为马克思、韦伯、霍克海默和阿多诺在合理性理论上存在共同的理论弱点:一方面,都只是建立在工具合理性行为的基础上,认为社会合理化就是"行为关系当中工具理性和策略理性的增

---

① 《马克思恩格斯选集》(第一卷),人民出版社,1995 年,第 123 页。

长"①;另一方面,又把基于工具行为的技术系统和基于交往行为的生活世界相混淆,"行为取向和生活世界结构的合理化,同行为系统复杂性的增加并不是一回事"②。哈贝马斯在批判中继承了传统合理性理论,建立一种全新的以交往行为为核心的生活世界合理化理论,以此真正消解技术异化。

(一)建立数字公共领域

相比于传统公共领域载体(如报纸、期刊等)来说,数字公共领域载体(如社交平台、即时通信工具等)中数字交往主体的交往成本有很大的降低。数字公共领域的载体为数字交往主体的公共活动拓展了新的领域,为其参与公共事务提供了更便捷、更广阔的平台,也为公共舆论的形成创造了新的空间,有助于数字公共领域的生成。数字公共领域与传统公共领域的联系与互动为数字生活世界合理化的实现提供了更好的条件。福柯认为"话语即权力",历史上统治者一直掌握着话语权。话语权决定着公共舆论的走向,并影响着文化、制度和社会的运行。数字公共领域具有平等性、开放性和交互性的特点,这些特点为数字交往主体话语权的实现提供了重要的契机。数字话语是指特定社会组织或个人根据某种规则向数字空间传播特定意义,实现与其他数字交往个体的信息交互。

在数字公共领域中,传统公共领域的载体的科层制被扁平化的数字组织结构所取代,公共权力系统对话语权的控制能力被削弱。数字交往主体的话语权力得到了向数字领域的扩展,获得数字话语权。数字话语权建立在理性沟通、话语商讨和数字公共舆论的基础上,数字话语权的分散性取代了传统话语结构的集权性,使得数字交往主体获得更加平等的话语权。数字公共领域是公共部门与数字交往个体之间的连接平台,使得数字交往主体与政治权力系统的连接更畅通,公共权力系统更容易支持数字生活世界合理化的形式。数字交往主体的可匿名性,使其不必像在传统公共领域的载体中那样讨论内容受到习俗、观念和权力等把关限制,而是可以自由、平等地对自

---

① [德]哈贝马斯:《交往行为理论》(第一卷),曹卫东译,上海人民出版社,2004年,第142页。
② [德]哈贝马斯:《交往行为理论》(第一卷),曹卫东译,上海人民出版社,2004年,第143页。

己所关心的问题进行交流,参与公共事务的决策和实施过程,从而使数字生活世界合理化以一种程序主义的民主形式"通过建制化程序才能转变成政治权力"[1]。

数字公共领域是一个具有批判性和互动性的场域,这为数字生活世界合理化的实现创造了条件,"它的形成方式,以及它所'携带'的广泛的赞同"[2]提升了数字公共舆论的影响力。数字公共空间的虚拟性吸引了大量的数字交往主体相聚集并开展批判性活动,为数字交往主体批判精神的提升提供了条件,使数字公共领域更具价值和意义。数字交往主体对公共权力系统的理性批判在数字公共空间的反映就形成了数字公共舆论,并对现实公共事务产生重要影响,在一定程度上证明了公共权力系统的合法性统治。由于传统公共领域载体缺乏有效的反馈机制,交往主体的互动性很弱,往往只是信息的被动接收者。数字公共领域载体则打破了传播者与受众的严格界线,二者的身份可以相互切换。角色互换增进了信息的自由流通和意见的相互交流,每位数字交往主体掌握了数字交往过程的实质性数字话语权,是数字活动的参与者和数字信息的贡献者。

(二)构建数字交往理性的技术系统

要消除数字技术对数字生活世界殖民化的危害,必须先在数字生活世界的全新领域中重新审视数字技术,分析数字技术的技术路径和规则体系,构建一种合目的性的工具手段和理性行为规则系统。同时在技术系统和制度框架两者中做好区分,技术系统发展迅速并遵循合目的的理性活动规则,而制度框架变化较慢,是文化传承和社会统治的权力体系。当技术系统和制度框架的界限消失,甚至制度框架依附于技术系统的时候,反思的缺位造成了文化与制度的断裂。面对科技意识形态化,哈贝马斯所开出的"药方"是以交往理性去规范科技理性,建立"主观际地遵循与相互期望相联系的有效性

---

[1] [德]哈贝马斯:《在事实与规范之间:关于法律和民主法治国的商谈理论》,童世骏译,生活·读书·新知三联书店,2014年,第449页。

[2] [德]哈贝马斯:《在事实与规范之间:关于法律和民主法治国的商谈理论》,童世骏译,生活·读书·新知三联书店,2014年,第448页。

规范"①的交往合理性。依靠建立语言交流的交往规则是实现"通过交往达到论证的意见一致"②的关键。

一方面,要用合适的数字语言进行交互。哈贝马斯为交往行为的语言的有效性建立了"普遍语用学"。"普遍语用学"的基础分析单位是人的语言交往行为,以交往主体在语言沟通的基础上达成共识为目标。在讨论数字交往主体相互关系的形成中,交往主体具有数字语言能力还不够,还必须具备建立数字交往关系的能力。数字交往主体形成互相认同的数字人际网络是数字交往行为成功的首要条件。数字语言有效性有四个缺一不可的基础条件:其一,数字语言的可理解性,数字语言必须符合语法规则,并使数字交往主体之间可互相理解。其二,数字语言的内容是真实性,数字语言所表达的事情必须真实存在。其三,数字语言的真诚性,数字交往主体沟通要真诚,让交往客体能够相信。其四,数字语言的正确性,数字语言必须符合数字社会的规范并达成共识。

另一方面,确立共同的数字交往规范。哈贝马斯认为,必须确立共同的社会规范才能建立良好的社会秩序。数字空间"理想的话语情景"中,数字话语的普遍有效性和数字交往主体的交往资质是数字交往的共同规范的两个原则。数字交往规范的普遍化需要在社会实践中检验,数字交往主体要站在他者的角度去确证规范的可接受性。数字交往规范的话语化是指数字交往规范必须被所有有能力参与实践话语的交往相关主体所接受才能有效。当数字交往主体发生意见分歧时,应该自觉抛弃暴力和权力,将伦理学的普遍品格与数字交往主体的主体间性相结合,通过自由、平等的方式充分讨论在数字交往主体之间建立起普遍赞同的数字社会规范。数字交往主体之间必须在遵守数字社会规范的前提下追求真理,在正义基础上超越利益和价值分歧的宽容和团结,达到哈贝马斯视野中的"和而不同"③。

---

① [德]哈贝马斯:《交往与社会进化》,张博树译,重庆出版社,1989年,第121页。

② [德]哈贝马斯:《交往行动理论》(第二卷),洪佩郁、蔺青译,重庆出版社,1994年,第97页。

③ 童世骏:《正义基础上的团结、妥协和宽容——哈贝马斯视野中的"和而不同"》,《马克思主义与现实》,2005年第3期。

(三)建立数字交往的主体间性

受西方主体主义哲学的启发,胡塞尔创造性地提出了"主体间性"(In-tersubjectivity)的概念,从单一主体的唯我论转向复数主体的主体间性的现象学。胡塞尔提出,主体意识不是孤立的自我产物,而是在"交互主体经验的意义上"[1]形成的。与胡塞尔将存在于"我"的纯粹意识之中的意向性作为其现象学的核心概念不同,哈贝马斯认为交往是建立在物质条件的基础上,将交往的客观世界延伸向单子式先验的客观宇宙。在现象学中,多个先验自我的一切交互形式被称之为"主体间性"。哈贝马斯已经超越了先验和经验的范畴,把主体间性置于个人主体性的基础之上,关注话语主体之间沟通的伦理价值,实现了由主体性到主体间性的转向。无数个经验意识的主体通过话语沟通连缀成一张人际关系网。交往主体在认识对象世界时,以自我间先验的相互关系为条件,在不同的经验意识本质结构中,主体间性是自我与他者的相互同一性和可转换性。

生活世界的再生产需要主体间性作为中介。在数字交往活动中,数字交往主体不能通过数字行为来控制数字环境。他们只能通过数字人际关系而建立在"用户画像"上的数据化的产物。数字交往范式奠定了数字交往主体的完成行为式立场,数字交往主体通过就某项事物的数字化沟通而协调一致的行为和态度,进入一种数字人际关系。数字语言符号系统在数字交往行为中是交往主体达成共识和相互理解的重要条件。数字语言符号不是日常交流语言的自然敞开,也不是情感的直接表露。数字语言符号不仅作为语言承担着情感表达的功能,而且激活了数字交往中交往主体对客体的道德意识和伦理关系。数字语言符号的使用预设着数字交往主体对自身情感、态度和价值观等交往行为的某种选择性认知,使数字交往产生了内在自我交流的主动性并影响了外在的数字人际关系。数字语言符号蕴含着一种多向理解的主体间性的新模式,它既是数字交往达成话语表达理解的工具,也是数字系统收集、分析用户数据得出商业价值的手段。

---

① [德]胡塞尔:《胡塞尔选集》(下卷),生活·读书·新知三联书店,1997年,第878页。

"主体间性"还构成了数字交往主体之间自由交往的前提。主体间性是个性间的共在，因为其所表明的数字交往主体之间的共在并不排除主体的个性，且与他者共同拥有和分享数字生活世界，"此在的世界是共同世界"①。当数字交往主体具有数字言语和数字行为能力进行数字交往行为时，他们不再是单一的赞同与反对的关系，而是通过在数字主体之间的自由交往中"交互地提出要求"，确认他者的权益，调整数字主体的权益，实现对数字生活意义的共同理解，并"与社会主客观世界相协调"②。这既是目的行为转向交往行为的行为范式转变，也是重建现代理性概念策略的改变，③可以避免数字系统设计意向的偏离和使用意向的个体化，进而将主体哲学对客观自然的认识转向数字交往的主体间性。

四、结语

哈贝马斯所构建的生活世界理论对数字生活世界批判具有重大启发意义。数字系统以工具理性入侵并主导数字生活世界的交往理性和价值理性，数字系统和数字生活世界的发展不平衡导致数字交往主体异化为数字资本逐利的工具。这表现为数字文化丧失文化的本质规定性，数字交往主体遭受数据殖民化和数字异化。在数字社会转型过程中，数字生活世界殖民化是一个必经阶段，因为这样才能使得数字文化和数字社会得以彻底分化。与之相应，随着数字文化的发展，数字交往主体拥有越来越多的话语权，以数字舆论的方式影响着社会规范的发展。这推动了数字公共领域的结构化转型，使其更趋于现代化和理性化，从而影响数字生活世界的本真。数字生活世界合理化出路是在构建数字交往理性的技术系统的基础上，以数字交往的主体间性为中介，构建具有互动性和批判性的数字公共领域，实现"数字系统"和"数字生活世界"有机结合。

数字生活世界批判主要是对数字资本主义的深刻反思，但对于理解中

---

① ［德］海德格尔：《存在与时间》，陈嘉映译，生活·读书·新知三联书店，1987年，第138页。

② ［德］哈贝马斯：《交往行动理论》（第二卷），洪佩郁、蔺青译，重庆出版社，1994年，第194页。

③ ［德］哈贝马斯：《哈贝马斯精粹》，曹卫东译，南京大学出版社，2005年，第372页。

国当代社会的数字化转型及其所面临的数字化困境也有借鉴意义。在数字文化层面上，数字文化产业的发展使得精英文化受到制约，人文精神受到工具理性的侵蚀，数字技术让用户的生活迅速"数字化"，但却很难使其思考"深度化"，出现思想的深度与数字文化传播的广度相悖反。在数字秩序层面上，受数字拜物教的影响，社会价值观念碎片化的现象日趋严重。工具理性对数字生活世界和数字公共领域的入侵，也在一定程度上影响着中国社会的数字化进程。虽然当前中国的数字化转型存在着诸多特质，但从数字文化的视域看，数字交往已经作为通用的媒介使中国进入"以信息的依赖关系为主体"的数字经济时代，并在一定程度上冲击着传统文化价值理念，促进数字文化价值观念的生成。因此，数字生活世界的合理化与数字公共领域的结构化转型也将成为中国当代社会数字化进程的一个重要标志。

温旭（复旦大学）

赛博朋克：资本主义的未来？
——兼论数字资本主义发展的三重悖论

随着数字技术、人工智能发展的湍流奔腾向前，以其为技术基础的数字资本主义自 21 世纪以来逐渐成了学界的研究热点，学者们通过多样化的研究范式、理论视角与分析模型，对数字资本主义的基本含义、产生根源、研究视角、表现形式、内在结构、总体评价与发展路径等方面进行一系列研究，阐释了各自的学术观点。与此同时，2020 年游戏"赛博朋克 2077"（Cyberpunk 2077）的兴起则标识着颇受年轻人欢迎的反乌托邦式赛博朋克文化在当下发生了某种形式的复归，同时也给予了人们重新审视赛博朋克世界的契机。联想到当代西方国家的数字资本主义发展现状，人们不禁发问：赛博朋克世界的政治经济学本质究竟是什么？（数字）资本主义与赛博朋克的关系是什么？赛博朋克将会是（数字）资本主义的未来或归宿吗？要回答这些问题，我们必须了解赛博朋克与数字资本主义相似性与关联性，基于发生学角度分析赛博朋克–数字资本主义的过程论关联，从数字资本主义的内嵌性悖论视角展开，揭示赛博朋克–数字资本主义的发生问题域，从逻辑基点与价值立场的角度分析赛博朋克世界与数字资本主义的关系，为建构一种超越赛博朋克–数字资本主义的"数字社会主义"提供现实向度上的经验性启示。对此，笔者的主张是：在数字资本主义发展至其顶峰的世界，赛博朋克式的数字资本主义（或称"赛博朋克–数字资本主义"）就是数字资本主义发展至其顶峰的资本主义表现形式，从这个意义上看，赛博朋克就是资本主义的未来。

一、赛博朋克-数字资本主义的过程论关联

从构词看,"赛博朋克"(Cyberpunk)一词来源于"控制论"(Cybernetics)与"朋克"(Punk),最初来源于布鲁斯·贝斯克(Bruce Bethke)于1983年出版的同名小说《赛博朋克》。其后,"赛博朋克"被用于指代一类反乌托邦科幻小说流派,这一文学流派通过对未来社会的想象,探讨科技发展对于人类社会的影响,表达了技术促进人类发展的同时对人类潜在威胁的隐忧。[①]近年来,随着影视技术、游戏开发技术的发展进步,"赛博朋克"文学作品纷纷经改编后被搬上荧幕,[②]赛博朋克类游戏也广受好评,赛博朋克文化相应地获得了更为广泛的影响,逐渐形成了特殊的赛博朋克文化。托生于赛博朋克文化的赛博朋克世界有其基本特征:第一,从社会背景看,注重描绘在人工智能、仿生电子、拟向世界等数字技术高度发展时代人类的精神与物质生活;第二,从阶层关系看,传统的政府、国家概念被淡化,掌握先进技术及数字资本的科技公司所有者与普通数字劳动者关系极端对立;第三,从人本身来看,人被义体奴役、情绪阉割而成了生物体与机器混合后的一种"控制论有机体"(Cybernetic Organism)[③],人类的主体地位岌岌可危,不同程度地沦为了机器的一部分。从赛博朋克世界与数字资本主义意义上看,本文所讨论的赛博朋克世界及其政治经济学层面的含义是明确的:数字资本主义发展至其顶峰之时,其无法开辟新的世界市场、消费需求也已接近饱和,而必然从人本身出发而创造新的消费需求,将人的意志作为数据流存在的同时将人的肉身化存在拆解为各个部分作为商品。

---

① 李松:《海外赛博朋克研究前沿问题追踪》,《电子科技大学学报》(社科版),2011年第2期。

② 注:该类赛博朋克电影代表作有:《银翼杀手》(Blade Runner,1982),《攻壳特工队》(Ghost in the Shell,2017)等,但赛博朋克电影的定义相对较为宽泛,并非所有作品都改编自赛博朋克小说,如《黑客帝国》系列(The Matrix,1999),《终结者》系列(The Terminator,1984)也被公认为典型的赛博朋克电影。

③ Katie Hafner,John Markoff. *Cyberpunk:outlaws and hackers on the computer frontier*,Simon & Schuster Press,1991,p.9.

（一）赛博朋克-数字资本主义的实存意蕴

第一，赛博朋克-数字资本主义的产生根源是数字资本的自我增殖属性。基于数字技术而建构起来并利用数据谋求资本增值的活动就是数字资本主义产生并发展的根源，在这一过程中，数据、技术与资本支配着数字资本主义的生成与发展，而在三者中占主导地位的又是数字资本。在数字资本主义环境中的数字资本与一般数据、虚体的并行发展与社会渗透，使得资本主义社会矛盾的基本运行逻辑成了数字资本主义产生的逻辑起点，现代数字技术成为赋予数字资本指数型膨胀的中介工具，现代人对于技术的依赖及文化发展需要则成了数字资本主义萌发的现实土壤。正是由于数字资本主义企业凭借数据技术所有权与使用权将实体资本向数字资本转换，并使之成为一种新型的、可以支配市场的资本样态，才使得数字资本主义的运行逻辑由实体资本增值逻辑向着纯粹数字资本的增殖逻辑过渡，并最终完成转换。

第二，赛博朋克-数字资本主义的技术基础是包括人工智能、数字算法、仿生电子与拟向世界等在内的数字技术。数字资本主义中的"数字"有两层含义：一是数字技术，二是数据，基于数字技术而建构起来并利用数据谋求资本增值的过程在某种程度上说就是数字资本主义的本质，支撑数字资本主义的"第五代管理"、政治重组及技术统治以云计算、大数据、物联网等三个系统组成了数字世界进一步革命的物质基础。在其现实性上，数字技术的快速发展恰好满足了工业资本主义对于跟踪、监视信息的需求，从其内生向度上加速了社会的数字化、信息化发展，而生产与劳动等经济行为也在数字技术、人工智能等的冲击之下发生了相应解构，并重构为一种数字资本再生产活动。

第三，赛博朋克-数字资本主义在其本质上依然是一种资本主义。有学者指出，数字资本主义是一种新型帝国主义，[①]数字资本主义经济是一种文化经济接纳无数人扭曲欲望的妥协形式，甚至国家也只是数字资本循环中

---

① 王斌：《数字平台时代的新帝国主义及其反思》，《天府新论》，2019年第1期。

的一个环节。赛博朋克-数字资本主义以"流量社会"为主要特征,并由经营数字产业的资本家们通过占有"元数码",从而对于虚拟空间中纷繁复杂的数据信息与虚拟商品掌握所有权,进而利用自身霸权而将现实世界转变为每个人都置身其中且无法逃脱的"商品空间"①或"生存的数字之影"②,从价值实现、雇佣劳动、生产资料所有制三方面产生影响,将生产即时化、日常生活商品化和"商品空间"资本化,最终形成攫取财富循环的过程。

(二)赛博朋克-数字资本主义的外在面相

第一,赛博朋克-数字资本主义社会具有数字威权主义倾向。数字资本主义是一种基于垄断金融资本、军工复合体和数字技术的监控式资本主义,它绝不满足生存于其所处的一般经济领域——数字资本主义企业必须侵入在其影响下已经相对虚弱的传统资本主义国家机器,动用政治力量,借助于强权而获取更广阔的市场、创造更大量的需求,该机制类似于福柯的"全景敞视监狱"③,在这一机制下,一种监狱式的管控机制成了常态。这一特点在数字资本主义发展至顶峰的赛博朋克-数字资本主义中显得尤为明显。从结果性质上看,赛博朋克-数字资本主义是当代资本主义在新兴数字技术影响下产生的一种新型威权社会样态。

第二,赛博朋克-数字资本主义生产过程被彻底数字化。美国学者曼纽尔·卡斯特(Manuel Castells)在信息革命发展而引起数字资本主义发展的初期就强调了国家中交往社会的网络化带来的超越时空的"网络社会"(Network Society)概念,④以此说明了数字资本主义的发展具有某种程度上脱离现实的"自主性",学界还将以动物种群内部的信号传输系统类比当代资本主义的发展过程中以互联网数据信息为信号传输系统的数字资本运行逻辑,认为

---

① 余伟如:《"流量社会"的崛起及其政治经济学探析》,《理论与改革》,2020 年第 5 期。

② 蓝江:《生存的数字之影:数字资本主义的哲学批判》,《国外理论动态》,2019 年第 3 期。

③ [法]米歇尔·福柯:《规训与惩罚》,刘北城译,生活·读书·新知三联书店,1999 年,第 349~350 页。

④ [美]曼纽尔·卡斯特:《网络社会的崛起》,夏铸九、王志弘等译,社会科学文献出版社,2003 年,第 569 页。

数字资本主义是一类基于这种信号传输系统的当代资本主义。①在数字资本主义社会,一切存在物及主体必将被数字化,赛博朋克-数字资本主义生产过程的彻底数字化也将造成一种"失活的能动性"——看似自由且能动的生产过程的实质却在现实性上缺乏人的主体性支撑。

第三,赛博朋克-数字资本主义劳动者处于深度迷惘之中。处于传统资本主义生产过程生产与闲暇之间边缘域的个体劳动者在数字资本主义影响下看似自发的消费欲望,应当被视为数字资本主义的一种特殊奴役方式,一部分受到网络等数字平台影响的群体已经丧失了自我辨识、自我判断的能力,他们迷失在消费主义的数字失乐园之中,自认为是自由的,但却深陷于数字资本主义掌控者的既定逻辑范畴之中,学界提出的"i 奴隶"(iSlave)②、"玩乐劳动"(playbor)③等概念均肇端于此。高度发展的数字资本主义并非通过剥夺而进行积累,而是致力于构建数据采集的平台及其运行机制,实现对于劳动者个体的监控与管理,进而对社会运行整体过程进行全方位数据采集,为其自身发展攫取数字资源,其本质是一种基于依附的剥夺。从文化逻辑角度看,劳动者个人在数字资本主义以个人主义为基础的参与型文化价值观影响下,原子型个人制造的数据就成了数字企业的所有物,也成了数字资本增值的手段和资源。

(三)赛博朋克-数字资本主义的运行架构

第一,赛博朋克-数字资本主义有其独特的社会运行逻辑。有学者将数字资本主义对于社会运行的影响归纳为四点,即数字资本主义激发了新帝国主义(主要表现为创造新兴的数字资本主权)、新消费主义(主要表现为通过激发消费者感受的延伸引导其消费)、新技术主义(主要表现为区块链技术对传统生活方式的革新)、新自由主义(主要表现为新的政府-市场关系)。④

---

① 韩永进:《论当代资本主义的数字逻辑》,《国外社会科学》,2020 年第 4 期。

② Jack Linchuan Qiu, *Goodbye iSlave:A Manifesto for Digital Abolition*, Urbana, University of Illinois Press,2016,p.111.

③ Trebor Scholz, *Digital Labor:The Internet as Playground and Factory*, Routledge,2013,p.76.

④ 邓伯军:《数字资本主义的意识形态逻辑批判》,《社会科学》,2020 年第 8 期。

从超越媒介本体论的视角来看,现代信息技术重构了资本主义的发展逻辑和社会地域、社会阶层、种族及性别之间的网状关系,对于既往的社会权力结构发起了多维度挑战,而数字资本主义就是这一过程的产物,其中,帝国式霸权主义及其内部明确的层级结构也是数字资本主义社会运行不可或缺的内在要素。从社会表征方面看,以商品霸权为代表的资本主义的物化意识形态在数字资本主义阶段已经上升为具有全景意识的社会景观式霸权。克里斯蒂安·福克斯(Christian Fuchs)等提出的"监视-工业联合体"(Surveillance—Industrial Complex)①,正是由于政治上层建筑层面数字资本主义极化发展,从而衍生出国家机器与垄断数据企业结合所创生的一类畸形实体,这一联合实体所体现的是一种超越一般国家机器的监视——威权主义政治体制,建立并产生于这种氛围下的社会文化也必然会是压抑而恐慌的社会文化。

第二,赛博朋克-数字资本主义有其独特的企业运作模式。在数字资本主义发展初期,"新经济"的表象为数字资本主义的发展披上了一层迷惑人心的外衣,使人误认为通过所谓的知识与信息技术可以消除大资产阶级掌权的资本主义社会基本矛盾,这就是人们纵容数字资本主义产生的最初原因。从客观上看,它推进了世界市场的进一步形成与融合,但事实上,数字资本主义使得垄断数字工业操纵数字资本进一步获得了超越其本身所属领域的垄断权力。经过对资本主义国家机器的渗透与数字平台对于公共空间的数据化占有,晚期数字资本主义(包括赛博朋克-数字资本主义)不再仅仅满足于对工人劳动进行隐蔽式剥削的资本主义,其作为"数字拜物教"的创造者,通过以明确而外显的两类"中心-散点"企业结构运行形态攫取社会财富。有学者将数字资本主义运作模式区分为以边缘企业包围核心企业的外包模式与以数据平台为主的"平台-个人"模式。②笔者赞同此观点,但认为数字资本主义的企业运行并不局限于经济活动本身,其对于人们的消费方式、就业方式、生产组织方式和投资方式都发生了影响,其中,投资方式的改变

---

① Christian Fuchs,Capitalism,Patriarchy,Slavery,and Racism in the Age of Digital Capitalism and Digital Labour,*Critical Sociology*,No.4–5,2018,pp.677–702.

② 刘皓琰:《从"社会矿场"到"社会工厂"——论数字资本主义时代的"中心-散点"结构》,《经济学家》,2020 年第 5 期。

可能是对资本主义经济社会影响最为深刻的改变，因为数字资本主义带来的并不只是空前的投资机会，还有巨大的金融泡沫，对于经济的过高预期必然使得未来金融泡沫的必然破灭，从而加深对于普通社会成员的剥削。

二、赛博朋克–数字资本主义的发生问题域

在数字资本主义社会，一切存在物及主体必将被数字化。由此，数字资本主义社会必潜藏一系列的社会问题，这些问题的先导影响伴随着数字化程度不断加深、数字资本主义顽瘴痼疾长期错解，致使数字资本主义向着极端化的赛博朋克–数字资本主义发展。因此，要探寻、擘画赛博朋克–数字资本主义的内生问题域，必须要明晰数字资本主义发展过程中的若干悖论，使其矛盾的基本点得以鲜明。

(一)数字平台名义共享与数字企业垄断趋向之间的内在悖论

其一，数字资本主义所建立的各类数字、信息平台在其表征向度上具有共享性。当代数字资本主义所建构的数字化平台在其现实性上推动了经济活动中的生产灵活性、自由度，同时掌握基础硬件设备的数字劳动者个人均可进入平台。从其现实性上看，数字平台的建设与开放提升了数字资本主义工人阶级的平等权利，赋予了数字劳动者一部分的生产自主权与选择劳动时间、地点的权利，并采取了动态平衡机制以匹配适合劳动者的等量生产要素；对于作为数字产品消费者的普通用户来说，数字平台的建设从客观上提升了日常生活的便利程度，在与以往同等的经济条件下提升了自我的生活水平，增加了满足感与获得感。同时，托生于高速发展的人工智能(AI)、虚拟现实(VR)及数字信息技术，数字平台提供给人们的是以往未曾接触过的先进科技、交互式信息共享与沉浸式的娱乐体验，这些功能的确成了推动世界经济与人类历史发展的正向积极因素。

其二，数字资本主义社会的基本生产单元——数字企业具有天然的垄断趋向。从直观范畴上看，数字资本主义的发展程度应当由数字技术在社会系统运行机制的领域、范围与深度进行界定。数字资本主义产生与发展的初

期,数字技术凭借人的工具理性而占有局部社会系统,其参与社会运行的程度较低,影响范围相对较小。随着数字资本攫取社会财富程度的不断加深,数字企业的经济、政治参与诉求迫使资本主义国家机器向其敞开大门,数字企业高举"现代化、数字化、便捷化"的大旗,口呼"平等、自由、公正"的口号,凭借数字技术将数字平台嵌入社会运行的方方面面,使得数字资本主义对于整体社会的影响与作用范围日益加深。在这一时期,传统资本主义国家政治机器或许会因为数字资本主义工业助其提升社会监控能力而欢欣鼓舞。然而在此时数字企业所控制的数字资本主义机器就将悄无声息地逐渐取代传统资本主义国家政治经济体制,将原本即属于少部分人的统治权力(财阀、财团及其政治代言人)向更少数量的数字资本家本身转移,并以此压抑占人口多数的普通劳动者的价值理性而完全掌握国家控制权。

(二)数字经济自由主义与数字资本排斥竞争之间的内在悖论

其一,从宏观层面看,数字企业是自由主义与开放市场的拥趸者,因为经济自由主义有助于数字资本被引入社会运行的方方面面。赛博朋克-数字资本主义企业从支配-反抗逻辑、生产关系再生产过程、人机交互技术的角度对于传统资本主义及初期数字资本主义进行了超越,具体表现可以被概括为积累模式、劳动控制、产销合一及社会控制四个方面。数字资本主义作为自由主义市场的拥趸者,将数字资本引入社会整体运行过程之中,将数字资本循环的整体过程通过为其所控制的"自由主义"的制度框架填充至社会的每一个方面,因而处于"数字鸿沟"场域内数字劳动者不可避免地被劳动极化,且在这一过程中,劳动主体——人的创造力也被彻底商品化。数字资本主义世界在拓展其影响领域与掠夺社会财富方面拥有如此巨大的成功,以至于人们,尤其是数字资本主义社会的幕后操纵者们,不再反思数字技术的构成性基础和最终的延展视域界限,而只是关心先进技术发展到何种程度的问题,数字资本主义企业所主导的劳动资料信息化则将相对过剩的人口和资本有机构成的比例进一步提升,进而推动着传统雇佣关系向着纯粹市场交易关系转变,与此同时,社会中的个体需要被数字化、虚拟化,进而使当下的时空与人们的肉体发生"数字型异化",使得资本主义社会的社会治理与空间治理披上了意识形态的外衣。

其二,从微观层面看,数字企业排斥竞争,力图动用各类排他性工具进行"数字圈地"。数字企业出于自身数字资本增值、排斥异己数字资本的需要,并非一以贯之地支持自由主义消费市场。正如前文所述,赛博朋克-数字资本主义是将人的意志作为数据流存在的同时将人的肉身化存在拆解为各个部分作为商品的极端发展的数字资本主义,它的产生、发展受到奴隶制、父权制、女权观及种族主义影响,①其将本来并没有报酬的家务劳动融入了生产范畴内,通过生产数字化等方式创造出其剩余价值,这使得人的物化与异化达到顶峰,创生出了贯穿于资本主义拜物教的当代奴隶制,并演化出了当代的兼具剥削性与排他性的种族主义意识形态。此时,虽然数字劳动者们看似具有一定的法律地位(即马克思所说的"双重自由"),但实质上数字劳动者们还是遭遇了数字资本主义"沉默的经济关系"的无形之网,无法逃避,更无法挣脱。赛博朋克世界运行的本质逻辑,其实还是一种被极端数字资本主义强化后的消费主义,只不过人们追求的不仅仅是一般意义上的"商品",从其现实本质上看,人们"消费"的是其作为"人"部分或全部的一个特殊侧面(Abschattung),也是"人"在社会历史层面的过去、现在和未来。

(三)数字空间公共性质与数字公民唯我主义之间的内在悖论

其一,数字资本主义所建构的数字空间在存在形态上具有明显的公共性质。随着数字资本主义发展至赛博朋克-数字资本主义阶段,其生产日益向着供给侧发展。从空间场域上看,当代数字资本主义发展所需的原材料、劳动关系、资本积累等其运行环境,都是具有公共性质的数字空间,数字空间的公共性成了数字资本主义得以延续的重要基础与处身情境。数字资本主义企业首先控制掌握数据的产生与演变机制,利用新兴技术构建新型数字化劳动关系,通过左右国家权力等途径追求自身为实现资本积累而掌握数据权力的欲望,这便是数字资本主义有别于其他已知资本主义发展形式

---

① Christian Fuchs, Capitalism, Patriarchy, Slavery, and Racism in the Age of Digital Capitalism and Digital Labour, *Critical Sociology*, No.4-5, 2018, pp.677-702.

的超越之处。它将人类社会历史的发展虚拟化(或许亦可说是某种方式的肉身化)为一段向前发展的数据连续流,其依靠数字资本主义生产—消费—再生产的自我增殖性循环而接续交融,此时,与其说数字空间是处于物质世界与精神世界交界处的构成边缘域(Horizont),不如说是数字资本主义社会的直观现实世界。更为本源的是,马克思笔下的劳动力后备军,或布尔迪厄(Pierre Bourdieu)所言的亚无产阶级群体,在其现实性上直接构成了数字空间中的底层劳动者。以数字空间为构成情境的赛博朋克-数字资本主义世界运行的本质属性之一,其实还是一种被极端强化后的消费主义,只不过人们追求的不仅仅是一般意义上的"商品",他们"消费"的,从其现实本质上看,是他们作为"人"的部分或全部,也是"人"在社会历史层面的过去、现在和未来。自由就是责任的来源,对自由(责任)的逃避是人的天性,作为社会主体的人既渴望自由,但又不承认愿意放弃责任,数字资本主义所依托的数字空间象征着由于人们集体无意识的自欺而让渡出的共同性欲望,这类欲望汇集而难以弥散,成了数字空间的公共属性,而数字空间本身则沦为公共前意识的具象化与他者化,数字空间也成了人们自我束缚的数据监牢。

其二,数字公民身处数字空间,其意识形态具有鲜明的唯我主义特征。个人在数字资本主义整体构境中、在数字空间的舆论集体主义视角下的意识形态被无限放大,必然导致自我观点为虚拟空间的集体无意识利维坦所左右,以至于其自身发展愈加尖锐化与极端化。毋须赘言,数字资本主义中生活个人将愈发成为忧郁、暴躁、痛苦、愤懑且固守唯我主义的躁动个体。在数字资本主义生产机器的推动下,社会整体环境内人与人之间物象性的关系必将随着数字资本主义发展而日益抽象化,成为缺席的自我意识的"幽灵",即便在他者热切关注的境况下也无法意识自身的自我悬置状态,也不再为自身所为进行伦理学价值意义上的辩护。他者在自身意识中不再是拥有其自我意识的主体而丧失其人格性,此时,人处在数字资本主义高度发展的过程中,获得的只能是以自欺方式得以解脱的所谓"自由"。

这类异化自由影响笼罩之下的数字公民所表现出的重要社会特征之一,是难以对同为社会成员的他者产生共鸣或移情,唯我主义的数字公民无法进行基于现实的自我追问,更无法在数据世界中容纳不同于自身的另一个自我,赛博朋克的世界是数字公民在现实范畴上的、纯粹量化而生的匿名共同体。如果说在赛博朋克社会的此类共同体中唯有自身存在是绝对自明的话，那么本应作为社会共在主体的他人及非人化自然中的"自在之物"（Ding an Sich）都将成为依附于唯我主义数字公民的个人意识，从诠释学或语言学的角度看，作为心灵交流、逻辑推演与思维传递的语言性积淀也被赛博朋克世界的"数字之铲"根除，并抛向那不可置喙的哲思边缘域，即黑格尔所述"汇集所有矛盾"的"阴沟"。①危机不仅在急剧的崩溃中显示自身，而且也在平稳进行中的盲目性中显示出来。人们心甘情愿地将自身悬置于现实而又虚幻的数据之流中，在肉体与精神分野界限的消弭共相中漠然旁观着自我的双重异化——唯我主义的数字公民们无法拒绝原初自我的数字化，从而在其现实性上彻底成为数字资本主义社会机器的相关项与附属品。

三、赛博朋克－数字资本主义的经验性启示

社会信息化、经济全球化的深刻变革伴随着数字技术、人工智能的发展浪潮，愈发冲击着社会主义经济发展方式与社会运行模式。当诸如《赛博朋克2077》为代表的赛博朋克文化衍生品的甚嚣尘上之时，很难不让人对于数字资本主义与赛博朋克世界的关系问题展开联想，因此梳理并阐明赛博朋克–数字资本主义对于当下的经验性启示十分必要。

（一）以客观、辩证视角看待数字资本主义的生成及其影响

其一，应当警惕数字资本主义社会中数字资本对于社会运行体制原发性侵蚀。数字资本主义高度发展的世界托生于单个的二进制字节，数字资本主义世界的存在论就成了莱布尼茨式单子论的数字化显现。只不过，在数字资本主义的向度上，组成世界的"单子"并非是来自"神"或"上帝"的某种精神世界实体，而是数字技术、数据流组成的虚拟实体。数字资本主义工业最初在社会运行领域并不要求建基，其甚至愿意无偿提供服务，以换取市场占有份额。然而数字资本主义企业决不会因初期阶段无法盈利而缺憾，一旦掌

---

① ［德］黑格尔:《哲学史讲录》（第四卷），贺麟、王太庆译，商务印书馆，1978年，第184页。

握并动用数字资本后,数字企业运作方式便发生了改变——将服务接收端的用户个人数字化的现实演绎与服务提供端数字企业数据的滞留——技术基本的趋向进行弥合与趋同,从而实现用户未觉知而企业利尽收的局面,这便是数字资本逻辑本意的显现。

其二,应当警惕数字资本主义社会中数字资本对于国家政权体系的系统性干预。数字资本主义干预国家政治生活的现象在当代西方资本主义国家并不鲜见,美国国家安全局(NSA)就曾将国内外的情报收集业务委托给上千家私人数字企业,[①]显然,数字资本主义工业已经成了当代资本主义国家机器中的一部分,并在业务运作、法律授权方面受到政府的严格控制。然而当下,数字资本主义企业似乎正在挣脱政府枷锁的约束,建构符合自身利益需求且不受其他主体控制的运行体制。以美国第四十五任总统唐纳德·特朗普的社交平台账号被封禁为例,不论其理由为何,作为数字资本主义主要代表的各大数据公司与平台服务提供者援引平台规则而未经法律程序便可使特定主体在网络空间与信息领域"失声"的做法,似乎已经表现出了数字资本主义本身所蕴含的一种超越法制秩序、跨越国家权利界限的数字强权必然,就连国家政权的掌控者似乎也只能为其鱼肉。正如迈克·布洛维(Michael Burawoy)所说:"我们以生产开始,但必须以政治结束。"[②]数字资本主义似乎暴露出了一种不受国家机器掌控的数字法西斯主义特性,其提供给人们的自由,看似减轻了资本主义社会的异化程度,但这一判断是基于自由主义伦理观的偏狭判断,数字资本主义的实质仍然是数字资本追寻自我增殖的无限循环,仍然是对人本质的束缚与限制。从这两点看,数字资本主义的发展应当是令人警惕的。

其三,应当承认数字资本主义社会在技术基础、管理经验、市场运作等方面的传统优势。需要明确的是,数字资本主义并非一无是处。"一定的历史形式达到一定的成熟阶段就会被抛弃,并让位给较高级的形式"[③],数字资本主义因其前所未有的资本循环效率与资本增值能力而取代了传统资本主义

---

① 周笑:《重塑美国》,复旦大学出版社,2016年,第377页。

② Michael Burawoy, *The Politics of Production*, Verso, 1985, p.253.

③ 《马克思恩格斯选集》(第二卷),人民出版社,2012年,第654页。

发展模式,必有其先进性,现代高度信息化、便利化的商品与服务均肇端于此。同时,从企业管理与效率提升上看,数字资本主义也有社会主义社会可借鉴之处,因此对于数字资本主义一味唱衰的态度显然不符合实际。但我们也需看到,大卫·哈维(David Harvey)"技术等同于生产力"①的观点仍是偏狭的,厚植于数字信息技术的数字资本主义,只是资本主义生产方式形式上的"量变",变化的只是资本流动平台媒介与技术条件,追根寻源,其本质仍然是资本主义,其高度发展的社会建设与运作体系建立在新型数字化劳动剥削的基础之上,依然是非人道的,内在的价值逻辑依然是资本的运作逻辑,这就决定了数字资本主义只不过是人类历史发展过程的阶段之一,尽管资产阶级不断创造出新的消费需要以延缓资本主义灭亡的时间,但其不可持续、必然灭亡的历史终点仍然无法回避、不可避免。数字资本主义凭借垄断数字资本通过广告商及中间商对数字雇员的劳动及数字用户的劳动进行剥削,将数字资本进一步全球化,并建立数字商品拜物教,最终制造新的阶级对立,无论发展到怎样的阶段,数字资本主义也并没有所谓的"终极出路"。

(二)在崭新的历史起点上构建、发展"数字社会主义"

其一,应当借鉴数字资本主义前车之鉴,探寻"数字社会主义"的制度架构。近年来,数字资本主义的兴起与扩张为当代社会主义世界提出了时代命题:当代社会主义国家如何正确面对有着极化发展倾向的数字资本主义?如何在坚持社会主义性质的前提下发展数字经济?对此,笔者的回答是:在镜鉴数字资本主义发展的同时,警惕数字资本盲目扩张的自我增殖倾向,从社会主义国家最基本的国情出发,使得数字资本主义之所长显明于社会主义物质文明贯穿的人世境域与社会主义精神文明接榫的缘在境遇。"手推磨产生的是封建主的社会,蒸汽磨产生的是工业资本家的社会"②,1847 年马克思在《哲学的贫困》中如是说,而当下,数字技术、信息产业、人工智能的快速发展催生出一大批数字产业,产生的是资本主义数字化的社会,即数字资本主

---

① ［英］大卫·哈维:《资本的限度》,张寅译,中信出版集团,2017 年,第 185 页。

② 《马克思恩格斯文集》(第一卷),人民出版社,2009 年,第 602 页。

义社会,丹·希勒(Dan Schiller)亦指出,"以互联网为代表的数字技术正在引领政治经济向着数字资本主义迈进"①。与此同时,在探索"数字社会主义"制度架构的过程中应当注意到,数字资本主义也同其他类型的资本主义一样,拥有支配社会循环、掌控国家机器、渗透国家政权的欲望,数字资本主义在注重开发利用传统自然资源的同时,攫取海量信息作为生产资料,将数据平台作为协调模块化生产与自动化管理的场所,并利用这一结构通过不平等的分配关系、中介费用(网费等)、金融手段等进行新型的跨国资本积累。我国作为全世界最大的社会主义国家与最大的发展中国家,积极探索新时代"数字社会主义"的各类制度架构,在准许数字资本运行的同时兼顾个人隐私、金融风险与国家安全,促使社会主义与数字资本主义中的正向因素如先进数字技术、数据平台建构及管理经验等相耦合,为信息化时代的数字社会主义立柱架梁、夯基筑台,展现中国的大国智慧与大国担当。

其二,应当秉持"以人民为中心"的发展理念,丰富"数字社会主义"的时代内涵。社会主义国家必须在不"背离自身"(Ausser-sich)的前提下发展自身,并在与数字资本主义长处相融通过程中提升社会主义"以人民为中心"的在场释义。面对数字资本主义浪潮,"数字社会主义"国家需要把控的,是调控数据企业社会参与与数字资本逐利天性之间的平衡,而在社会主义国家,能够对此进行规范的应当还是维护广大人民利益的政府。在我国全面建成小康社会的崭新历史起点上解放思想、丰富实践,应当从以下两方面入手:一方面,转变经济发展方式,依凭我国的大数据平台、数据算法与基础设施建设优势,为社会主义经济发展提供数字新动能;另一方面,深化社会治理体制机制改革,在人民导向的基础上建设党领导下政府主导、企业参与的数字社会治理共同体。因此,建立健全数字服务提供商监管制度体系就成了政府在数字资本市场治理领域的头等要务,如何做到数字资源的规范确权,如何保障用户的选择权,如何进行数字化、信息化市场获益的分配,如何明确政府对于数字资源的征用条件与范围,如何明晰数字服务提供企业在用户数据方面的权力及其界限……这是社会主义国家乃至整个人类社会在信息革命浪潮冲击之下所必须要解决的重大问题。中国共产党领导的社会主

---

① [美]丹·希勒:《数字资本主义》,杨立平译,江西人民出版社,2001年,第15页。

义市场经济体制发展是"以人民为中心"的发展,其本质是为了人民,在数字经济时代,这一价值旨归只会愈发坚定、绝不动摇,数字经济时代的中国特色社会主义市场经济将向世界展示社会主义国家规范数字信息市场的举措,跨快构建人类数字命运共同体,推动全球数字化进程的健康有序发展,将为世界各国规范数字产业发展提供中国智慧与中国方案。

(三)在经济、技术快速发展过程中注重维护人的主体性

其一,在数字经济发展的过程中提升人的知识技能。人们并非活在单一维度的世界之中,而是也生活在自我的世界观之中。人们了解世界、观察世界的方式是如此的重要,以至于有什么样的世界观,人就有其世界观相对应的主观世界。因而,从主观层面上看,数字经济发展初期形成充满张力的数字生活空间,在使得内感官的充分满足与某种形式精神解放的同时很可能弱化并降低了人的理性判断力,故人们应当着力提高自身知识技能,使得自身适应数字经济时代的生活,换句话说,应当更好地实现理性直观与知性统觉在经济社会运行实践情景中的结合,以维持并提升拥有主体性的人所实存的本源性认识能力。作为社会历史主体的人通过提升自我在数字经济时代的知识技能,将有助于全方位掌握数字技术,客观、理性地看待数字技术的作用,促使社会主义与数字资本主义中的正向因素如先进数字技术、数据平台建构及管理经验等互相耦合,为信息化时代的"数字社会主义"立柱架梁、夯基筑台,并为发展自身所用。数字社会主义并非数字资本主义在经济层面的单向超越,更为重要的是,与数字资本主义的"愚民"倾向相反,"数字社会主义"的逻辑涵向是时势所趋且通达民情的——它对于数字资本主义的超越所投映出的,首先是对人之主体性的人文情怀与人道主义精神的基本遵循,其次是对于社会发展、技术进步的协调推进,最后是依托数字资本转变经济发展方式的战略抉择。

其二,在数字经济发展过程中注重维护人的主体性。"任何解放都是使人的世界即各种关系回归于人自身"①,人的主体自由应当建立在对理性必

① 《马克思恩格斯文集》(第一卷),人民出版社,2009年,第46页。

然的认识基础之上。"只要能够正确运用理性，思想便完全处于自己的权利之下，或得到完全的自由"①，而"凡一物的存在及其行为均按一定的方式为他物所决定，便叫做必然或受制"②。人的欲望与动物式的原初情感是人处于奴役状态的主观根源。数字资本主义利用技术所营造的所谓"自由"及其假象掩盖劳动与资本的对立，科技公司通过"数据圈地"推行"数字殖民"以提升算法权力是数字资本主义时代的新特点，而赛博朋克-数字资本主义是将人的意志作为数据流存在的同时将人的肉身化存在拆解为各个部分，并以此作为商品的极端发展的数字资本主义，已经超越了一般形式资本主义"在技术集成方面表现为数字生产的功能叠加和过程加速，在资本重组方面表现为资本增值的效率提升"③，其取而代之的是一种"反身性"技术集成与资本重组方式。暗藏于数字资本主义未来发展阶段的全球资本主义重组危机有极大可能引发以过度积累为主要表现的潜在结构性风险，人的主体性在其时将岌岌可危。

沉溺于技术之潮的科学主义、科学崇拜者——如同毕达哥拉斯对于数字本身的崇拜那样，对于数字资本主义的意识形态与思想观念表现为现代化的数字主义与技术崇拜，过度虔信与神化数字技术必然导致人与其主体性的决裂。"数字社会主义"对于数字资本预设了其活动范围，从现实上较好地防范了数字资本无限增值带来的风险与弊端，这种方式或许可以称为一种在实践上"有限"的"数字社会主义"，实现人处于"数字社会主义"性质的社会境遇将注重数字经济发展过程中维护人的主体性，把握对于数字技术加持下主体视位——人社会生活的想象力再生、直观把握与概念认知三者综合。④"数字社会主义"既避免了无视技术发展而闭关自守式的经济发展，又避免了数字技术浪潮沉渣泛起对人的主体性的偏妄修正。在这个意义上说，不论经济如何发展、社会性质如何变化，人的主体性是须臾不可偏离的。

---

① ［荷］斯宾诺莎：《政治论》，冯炳昆译，商务印书馆，1999 年，第 16 页。

② ［荷］斯宾诺莎：《伦理学》，贺麟译，商务印书馆，1983 年，第 4 页。

③ 潘恩荣、孙志艳、郭嘹：《智慧集成与反身性资本重组——人工智能时代新工业革命的发展动力分析》，《自然辩证法研究》，2020 年第 2 期。

④ 注：关于"再生的综合""把握的综合""认知的综合"，详见［德］康德：《纯粹理性批判》，蓝公武译，商务印书馆，2004 年。

其三,号召数字劳动者阶层推动数字资本主义向"数字社会主义"转变。"互联网中心主义"到来后,由"空间重组"而产生的"平台资本主义"的出现是数字资本主义的新变化,这种变化充分证明了齐泽克(Slavoj Žižek)的"后政治"(Post-Politics)概念①,在数字资本主义时代只是一种虚妄的幻象,维特根斯坦口中的语言作为人的思想的界限也已然为赛博朋克式的数字资本主义湍流所冲击,在数字资本主义社会,包括数字技术等在内的科技发展的各领域极点所构成的技术边界,才是此时此刻处于其中的人思想与行动所能触及的界限。数字资本主义不过是数字经济与人类社会发展阶段中的一处浮生幻境,或者说,是海德格尔口中一种喻示非理性的纯粹经验事实且粗糙而缺乏逻辑的"存在状态"(modus essendi)②。同一事态在被放置于不同时的世界境域之中具有不同的阈值,或者说,具有不同的含义与意蕴。数字技术的极盛使得数字资本主义社会数字劳动者的市场兑现价值相对降低,从本质上看,数字劳动者阶层工作形式自由而精神受缚,或者说,自由只处于浅在表征向度,而其内在机理则深受束缚而无法自己,人们对确定性的追求使得其难以完全信赖托付于虚幻而难以掌握的赛博朋克数据之流,而"数字社会主义"在镜鉴数字资本主义发展的同时,警惕数字资本盲目扩张的自我增殖倾向,从社会主义国家的基本国情出发,使得数字经济之所长显明于社会主义物质文明贯穿的人世境域与社会主义精神文明接榫的缘在境遇。

四、余论

如前所述,针对赛博朋克世界的经济本质问题、数字资本主义与赛博朋克的关系问题以及赛博朋克-数字资本主义是否是资本主义最终归宿的问题,笔者的结论是:如若当下的西方资本主义国家拿不出具有明显实践效果的改良方案,赛博朋克与赛博朋克-数字资本主义很可能就是资本主义发展的可见未来。不论从哪一角度评价数字资本主义的积极意义,夸耀其增长的

---

① Slavoj Žižek, *The Relevance of the Communist Manifesto*, Polity, 2019, p.14.
② [德]海德格尔:《存在与时间》,陈嘉映、王庆节译,商务印书馆,2019年;张祥龙:《海德格尔传》,商务印书馆,2017年。

可持续性，数字资本主义再也无法回到充分就业化与劳动密集型的基本劳资结构，人们掌握了技术革新的方式方法，却还没有摸索到技术经济带给人类历史性影响的全部线索。我们应当拨开掩藏在数字化与信息化迷雾之下的数字资本主义本质，积极研判其演化特征，坚决限制国际数字资本主义霸权。马克思主张"自我异化的扬弃同自我异化走的是同一条道路"[①]，数字资本主义既在某种程度上加深了现代社会的人及其内在社会关系的异化，又在其发展的历史道路中蕴藏着人类解放的重要途径。应当指出，面对数字资本主义，历史唯物主义是一个良好的观察工具，它能将人的工具理性与价值理性相结合，运用兼具理论与实践视角的分析框架阐述并分析数字资本主义发展的原因、内容及其表现形式。更为重要的是，还可以在某种程度上预测其发展的未来。在其结果上，坚持历史唯物主义与辩证唯物主义的交汇，在方法论上"回到马克思"并孕育出对于数字资本主义内在根源的现代性批判，将技术还原为一种"面向未来之思"[②]，将会帮助我们在技术-经济的历史潮流与技术浪潮之下，坚定人民群众作为社会历史主体的自我空间，在现实社会的存在场域中探寻健康有序发展的发生学基础，在把握数字美学导向与现实自我意识的构境下创新数字技术、发展数字经济、规范数字市场，从而建构"数字社会主义"。我们应当在历史唯物主义的视角下，从其现实性上正视并吸收数字经济发展将人类从技术异化中解救出来的正向作用，同时兼顾限制数字资本一味依照自身增殖逻辑而无限增殖的反竞争倾向，继而防止其侵占公共与私人的生活空间与精神领域，发挥数字经济在"数字社会主义"社会应有的消解隔阂、提升效率、服务社会等功能。

岑朝阳(浙江省习近平新时代中国特色社会主义思想研究中心)

---

① 《马克思恩格斯文集》(第一卷)，人民出版社，2009年，第182页。
② 岑朝阳：《技术与未来：行星性的阿克塞洛斯式展开》，《东南大学学报》(哲学社会科学版)，2021年第S2期。

数字资本主义与虚拟空间的精神政治学 *
—— 一种历史唯物主义的批判路径

当代资本主义被称作是"Digital Capitalism"（数字资本主义），是以互联网信息技术为核心、以大数据为血肉，技术与资本在"虚拟空间"深度结合的全新现代性图景。在这一进程中，人类的生活世界和精神世界在虚拟空间中不断释放自身变革的魔力，无所不包的庞大数字体系深刻改变了人们的精神体验，并在其中寄托了精神生活不断丰富与解放的理想愿景。但是资本的本性并不会仁慈地将自由留存在这一全新的空间，网络世界仍然处于资本操控下支配人的身体和精神的普遍化权力结构之中，网络数字技术搭建的虚拟空间成为资本精神政治统治的绝佳温床，普遍性的精神危机正处在看似繁荣的数字资本主义社会结构中。所以，在数字资本主义时代重新诠释资本的精神政治学，透视其中的精神危机及其超越便成为重要的任务。

一、在虚拟与现实之间：精神政治的话语辨明

在对福柯与阿甘本等的生命政治学进行吸收批判的基础上，德国批判理论家韩炳哲以"精神政治学"这一全新概念展开对当代资本主义的权力统治分析，他以新自由主义对整个资本权力世界的占据为背景，试图宣称"规训社会"理论的过时，认为"21世纪的精神疾病也遵循着一种辩证逻辑，但并

　* 本文系天津市研究生科研创新项目"马克思主义时间哲学与中国现代化道路的时间叙事研究"（2021YJSB025）的结项成果。

非否定的辩证,而是肯定的辩证"①,建构起了新自由主义精神政治批判的新架构。在相关研究中,"'精神政治学'将关注的焦点更加朝向人的精神领域的自由意志、自我认知等方面,从而在认知、意志等被如何操控的意义上,划掉了古典政治哲学意义上的'主体性'"②,是一种讨论资本主义统治深化背景下人的精神文化向度"主体性"怎样受到资本权力支配的理论范式。随着精神政治学日渐成为一种诊断当代资本主义人的精神存在状态的"显学",也就理应成为马克思主义批判理论当代建构的重要领域。韩炳哲的批判对于我们理解当代资本主义精神政治有着积极的意义,这一理论背后隐藏的正是数字资本主义时代"虚拟世界"对"真实世界"的"更替",使之精神的生产和统治发生了存在论意义上的根本转变,这就需要我们应用马克思主义对这一转变进行深入解读。

如果说在工业资本主义时代完全不存在"精神政治学"的成分是不现实的。从马克思到卢卡奇、法兰克福学派均对资本主义的精神危机、主体性丧失等问题进行了深刻的剖析,福柯、阿甘本等将其称之为"生命政治学",事实上已经包含了精神政治学的雏形。正如恩格斯所说:"作为社会发展的一般精神成果,在这里也同样表现为直接并入资本的东西(它作为同各个工人的知识和才能相分离的科学,被应用在物质生产过程中),而且,社会的一般发展由于被资本所利用而与劳动相对立,所以它就作为资本的生产力发挥作用而与劳动相对立,就表现为资本的发展"③,资本为生命政治赋予力量,并逐渐从单纯的物质生产中通过工厂与社会系统的规训中脱离出来,成为独立的精神政治统治形态。在马克思的政治经济学批判中,"拜物教""纪律""物化"等用词都体现了资本主义的精神政治统治。在这个过程中,精神生产的受支配性不断增强,人的主体性不断湮灭,也在不断被打上阶级性的烙印,而精神生产也可以通过实践形式影响或转化为物质生产。马克思指出:"在资本的简单概念中已经潜在地包含着以后才暴露出来的那些矛盾"④,揭示了精神政治内在于资本政治经济逻辑之中的实质。在不断延长的劳动时间、

①　[德]韩炳哲:《倦怠社会》,王一力译,中信出版集团,2019年,第32页。
②　孙亮:《马克思主义政治经济学批判语境中的"精神政治学"》,《求索》,2020年第4期。
③　《马克思恩格斯文集》(第八卷),人民出版社,2009年,第536页。
④　《马克思恩格斯文集》(第八卷),人民出版社,2009年,第95页。

规训日益深化的劳动环境和社会制度之中，精神政治集中体现为作为规训空间的工厂与社会"实体"对人精神的压榨和支配，"无论是在严密集中的形式中还是分散的形式中，都有嵌入、分配、监视、观察的体制"①形成的规范权力，是一种直接性、奴役肉体和精神的权力支配方式，也就是福柯、阿甘本所描述的"全景监狱"等生命政治学范畴，"福柯的事业主要在作为纯粹自然生命的'zoe'被划定的政治范畴内，于是赤裸生命(bare life)政治化，并构成了现代性的标志，使古典政治哲学范畴发生根本性转变"②，此时精神政治潜藏于生命政治之中。

与此同时，以计算机网络技术、数据信息技术等为代表的第三次科技革命成果带来了人类社会的全新变化，创造了虚拟空间这一全新形态。顾名思义，虚拟空间就是空间本体的虚拟化，是网络数字技术创造出来的全新"世界"。随着数字资本主义时代的到来，数字技术似乎给资本主义世界带来一种新的可能，被许多资本主义的簇拥视为"福音"。围绕数字技术、数字劳动、世界体系的数字化重构等问题，数字资本主义正在试图做出一种关于解决当今世界各种关于平等、自由和发展权的伦理承诺，其核心正是将数字技术创造的虚拟空间作为一种完美的伦理框架，声称依靠技术手段可以实现实质正义。不断优化的空间资源配置方式、高度共享的信息数据资源、更加快捷透明的市场、体力劳动压力的减轻，为身处虚拟空间的人们创造大量机会，使资本主义的"自发秩序"趋于完善，可以促使市场机制更为精确、有效、易于修复。③同时在政治与社会生活中，数字技术使人们得以广泛获取信息、进行互动、发表观点，进而极大地扩展了人们的民主空间和精神生活。从表象来看，所谓的生命政治似乎已经被虚拟空间所解构，资本主义在自我发展中克服了自身的内在矛盾，而虚拟空间也在某种意义上实现了"开放"及"自由"的全新模式，似乎映照着将资本主义完美化的乌托邦道路。

但是资本本性从来不会放弃任何可供增殖的手段，它的支配手段只会越来越隐蔽、越来越间接，人们的精神世界就这样被纳入了资本政治的改造

---

①　[法]米歇尔·福柯：《规训与惩罚》，刘北城译，生活·读书·新知三联书店，1999年，第350页。

②　Giorgio Agamben, *Homo sacer: sovereign power and bare life*, Stanford University Press, 1998, p.4.

③　Evgeny Morozov, DIGITAL SOCIALISM? The Calculation Debate in the Age of Big Data, *New Left Review*, Issue116/117, 2019.

对象中。虚拟空间的出现与发展构成了生命政治向精神政治转型的前提，人们不再于机械劳作中获得伤痕累累的肉体，这种压迫已然随着精神生活与虚拟空间的接榫而内化进入了精神领域。资本在虚拟空间中以数字资本形式表现。与现实社会不同，虚拟空间中的资本权力更多呈现为间接性、柔性的观念支配，精神政治成为生活世界中的权力核心，一切遵循虚拟空间带来的"自愿原则""幸福原则"，以电脑、手机等网络终端，功能各样的应用系统搭建起来的虚拟空间是人们的欲望得到极大满足、"幸福感""获得感""享受感"飙升，这种温情脉脉的乌托邦社会的确使人们的生活世界高度嵌入在了虚拟空间的赛博空间之中，这是一种资本主义统治方式在本体论意义上的巨大变革。此时的精神政治形态正如韩炳哲所言发生了巨大的转变，从"被迫"到"自愿"，从"苦难"到"享受"，这种从"生命政治"转换为"精神政治"的动因，就必须要从虚拟空间中找到答案。

正如马克思所说："从人类精神的一般劳动的一切新发展中，以及这种新发展通过结合劳动所取得的社会应用中，获得最大利润的，大多数是最无用和最可鄙的货币资本家。"①在虚拟的赛博空间中，资本增值的逻辑方式和现实途径都发生了相当程度的转变，以实体生产与实体经济为代表的传统生产方式、劳动范式被虚拟空间中建构的全新生产劳动形式取代，物质劳动转化为非物质劳动或数字劳动，同样再生产出一整套完整成熟的数字资本在虚拟空间中的运行方式，将生产过程、生活世界都牢牢绑定在网络终端之上，实现了虚拟空间和现实的有效链接，为这种虚拟空间的进化提供源源不绝的资本动力。资本主义生产关系要求万事万物的数字化或数据化逐渐成为将一切难以抗拒的裹挟于其中的巨大浪潮，韩炳哲以"数字的全景监狱"的"透明社会"称呼这种统治模式，指代了资本触角随着网络与信息的无孔不入编织成的一张大网，人们的思维、选择、活动逐渐被指令化，"我们的每一次点击都会被保存下来，我们操作的每一个步骤都是可追溯的。我们无时无处不留下数字痕迹"②。数字信息技术发展得越成熟，资本主义依靠网络数字技术改变了统治方式，不仅通过虚拟空间提高了资本周转的效率、增加了

---

① 《马克思恩格斯文集》(第七卷)，人民出版社，2009年，第119页。
② [德]韩炳哲：《在群中》，程巍译，中信出版集团，2019年，第102页。

资本增值的新场域,更是将人们的娱乐、休闲、发展等活动统统纳入了数字化网络化,成为虚拟空间非生产性劳动的一部分。劳动与生活转向虚拟空间是一种历史性变化,资本权力似乎随着繁重的体力劳动、严苛的空间规训、醒目的监视体制被解构。但事实上,劳动扩散进了生活、规训成了"自愿"、监视体制则隐藏在了后台,生命政治开始了"攻心为上"。这种巨大变革带来的社会效应使资本主义在虚拟空间的统治具有了双重性,一方面,现实生活与虚拟空间的交错使得几乎全部人的社会活动都可能受到监控,并被不断地数据化、信息化、资源化,被无声纳入数字资本的洪流之中;另一方面,在精神层面,数字技术应用逻辑不断使人的实践活动、思维方式、精神追求与数字技术内在运行逻辑形成同构性,人们在不知不觉中成为机器逻辑的延伸。此时,精神政治才由生命政治中得以出场,成为数字资本主义虚拟空间的统治术,精神政治就是虚拟空间中的生命政治。

二、在技术与劳动之间:精神政治的生产机制

既然虚拟空间带来了从"被迫"到"自愿",从"苦难"到"享受"的转变,那么这种理想乌托邦的幻象是怎样形成的? 虚拟空间是怎样被搭建为一种关于资本极权统治的精神政治学? 这就必须要回归数字资本主义构建的庞大虚拟空间精神政治体系,才能在繁华幻象中揭开数字资本主义精神控制的机制。"与过去的复合型制度形式相比,数字资本主义代表了一种'更纯'、更为普遍的形式"①,数字资本主义使精神政治的触角通过数字技术影响更加广泛。而马克思主义应当依据新的时代条件探查这种精神政治的新特征,揭示使精神危机愈加深刻的结构根源。

(一)生产方式:虚拟空间精神主体的塑造

"手推磨产生的是封建主的社会,蒸汽磨产生的是工业资本家的社会"②,

---

① 〔美〕丹·希勒:《数字资本主义》,杨立平译,江西人民出版社,2001年,第280~281页。
② 《马克思恩格斯文集》(第一卷),人民出版社,2009年,第163页。

物质资料生产方式的具体模式决定着精神生产的方式，任何精神政治的形态都是物质生产与精神生产共同作用形成的。数字资本主义创造了全新的虚拟空间劳动模式：数字劳动，即以数字软件、人工智能为代表的生产工具虚拟化；以大数据、信息流为代表的生产对象虚拟化；以互联网平台、数字化车间为代表的劳动载体虚拟化；以自动化控制、智能化管理为代表的控制手段虚拟化；以及伪装成各种非劳动数字形式而侵入人们生活世界的劳动形式虚拟化。福克斯将数字劳动看作"以数字信息技术价值链条中资本积累需要的全部劳动方式"[1]，这种总体性样态在不同生产背景中得以具体化。

　　回归到马克思的政治经济学批判中，虚拟空间是"物的依赖性"结构的新特征。一方面，虚拟空间打破了数字劳动的时空局限性，只要有互联网接入的地点，人们都时刻处在劳作之中，根本无暇从事个人精神发展。以保留自身工作岗位的生存为目的，人们必须不停扩大自身劳动时间，提高自身时间分配效率和数字化技术掌握能力。当数字经济中人"同他人相对立"[2]的异化关系被技术中介所隐藏时，尽管发达资本主义社会自我宣称实现了"福利国家""全民富裕"等，但外包制、淘汰制等劳资制度形态使得缺乏保障和福利、缺少稳定契约关系、随意开除技术劳动者等获得不平等劳资关系的合法性，对稳定的劳动时间形成毁灭性破坏，这一比例近年来在欧盟甚至达到了40%。其他产业部门也由于技术化革新大规模裁员。所以，资本主义国家中越来越严苛的技术产业要求、庞大的劳动工作量在技术行业中的普遍存在，都在不断加剧技术劳动者的精神紧张感，于是劳动者们强迫自己接受严苛的数字化劳动任务，公司、家庭、交通工具乃至娱乐场所都在技术加持下成为工作场所，过劳状态极其普遍，瓦克曼所说的"工作极化"问题席卷各个产业，西方风行的"削减劳动时间运动"沦为空谈数字。技术劳动者心甘情愿地受到技术控制，并且极力说服自己产生认同。

　　另一方面，在数字劳动过程中，作为主体的劳动者的劳动价值之所以成为纯粹的物而丧失了自身主体性的价值性，就因为抽象的社会劳动形式取代了劳动者与劳动对象自身的本质关系。"使用价值或财物具有价值，只是

---

[1]　Christian Fuchs, *Digital Labour and Karl Marx*, Routledge, 2013, p.27.

[2]　《马克思恩格斯文集》（第一卷），人民出版社，2009年，第163页。

因为有抽象人类劳动对象化或物化在里面。"①数字劳动仍然在重复这种对人类劳动行为事实的颠倒，通过将劳动投入虚拟空间使自身沦为一个无意识的劳动机器，劳动的具体性与劳动者渐行渐远，人们的主体性进一步丧失。如同韩炳哲强调的："资本的自由通过个体自由得以实现。自由的个体因此降级，成为资本的生殖（升值）工具。"②数字资本主义的新自由主义与资本增值呈现一体两面的形态，自由本身成了资本的"生产方式"，只有个人从事网络游戏、在线聊天、平台购物等"自由"行动，才能在虚拟空间中获得更高的活跃度，生产出更多的信息与数据，这种所谓的自由只是保障资本增值效率最大化的政治工具而已。在数字资本主义体制下，虚拟空间不断将信息与数据汇集并资本化，人们在虚拟空间表面上的"休闲活动"成为数字资本的积累过程，而虚拟空间中看似多元的"休闲时间"，那些被刻意建构起来的技术景观、消费景观、享乐景观，被许多人视为人生的需要和目的，本质上也是以积极性的假象沦为资本压迫体制的"非生产劳动时间"，在资本循环和主体精神上成为资本逻辑的双重附庸。

由于数字网络技术投入成本大、技术要求高，虚拟空间就越来越掌握在少数垄断资本家的手中，而其余大部分人则是在不同的社会分工中沦为数字劳工，这种生产结构不仅在一国范围内资产者–劳动者铺展，同时也在世界体系中由发达国家向其他国家铺展。精神政治的支配性也就随之扩散。数字劳动的普遍性将主体性套入算法的既定技术格式之中，生活、劳动、娱乐都成为数字生产方式重构主体性的操作环节，数字劳动的过程也就成了主体与自身生命本性相剥离的过程。正如阿多诺所说："尽管文化工业毫无疑问地诉诸它所关注的成千上万的意识状态和无意识状态，大众却不是首要的，而是次要的，是被计算的对象和机器的附属物"③，技术对生产方式的改造同时也对人们的精神处境进行改造，人们变成了精神生产工业的终端，成了资本流通环节的一部分。

---

① 《马克思恩格斯文集》（第五卷），人民出版社，2009 年，第 51 页。

② ［德］韩炳哲：《精神政治学》，关玉红译，中信出版集团，2019 年，第 5 页。

③ 王晓升：《为个性自由而斗争》，社会科学文献出版社，2009 年，第 158 页。

（二）劳动过程：虚拟空间精神生产的表现

在精神生产方面，数字技术成为精神生产主体和内容的中介，资本控制下的信息大数据和高度智能化的算法随之控制了劳动主体的人，在情绪、情感、价值等主体意识等维度被数字化的中介所重构。数字技术及其工具作为生产中介以数字技术应用的既定程序不断再造着人们的生命意识和主体性，以技术化的精神产品获得资本增值。

一方面，出于资本增值的需要，技术对劳动与生活控制的介入体现在社会全方位的技术监控机制，直接反映在技术对于劳动者个体声誉指标的控制上。数字技术对生产或者服务过程中人的情感与情绪活动的全面监控，将其纳入一种制约生产效率与影响交易效率的可测量化指标体系，作为一种劳动者精神能力的"软效能"。例如，甘迪尼指出情感活动本身在劳动与消费关系中的核心地位，将其作为一种劳动过程，"声誉指标拥有相当大的影响……会影响到劳工的地位，以及直接影响到消费者做出的聘用决定"[1]。因此"态度、社会倾向和性格特征……情感……是一种非常明显的劳动，因为员工的指标、反馈、排名和/或评级实际上显示在每个平台上"[2]。数字技术使劳动情绪、服务态度与客户满意度的制度化测量和反馈成为可能，从而影响到劳动者的报酬、职位及声望，被纳入劳动生产率的一部分，与"末位淘汰""指标评比"等相挂钩。正如韩炳哲分析的："情绪才是精神政治对人进行控制的有效媒介"[3]，劳动者就必须在劳动过程中控制自身的情感和情绪活动，因为这些个体情绪的建构已经成了付出劳动的一部分，这就令劳动过程中的"强制改变"变成劳动者的"自我改变"，使劳动者自行通过服从技术体系的评价规范来异化自身的精神活动，使劳动者的精神活动符合数字化工作场所、指标体系的需要，通过精神对技术的从属，实现对资本的从属，呈现一种"自我剥削"的特征。

---

[1]　Alessandro Gandini, *Labour process theory and the gig economy*, No.6, 2019, p.1048.

[2]　王蔚：《数字资本主义劳动过程及其情绪剥削》，《经济学家》，2021 年第 2 期。

[3]　[德]韩炳哲：《精神政治学》，关玉红译，中信出版集团，2019 年，第 65 页。

另一方面,精神生产呈现"去自然化"特征。正如马克思所说:"资本的存在是他的存在、他的生活,资本的存在以一种对他来说无所谓的方式规定他的生活的内容"①,高度技术化的物质生产方式从根本上规定了精神生产的"去自然性"趋势。在前现代文明中,人的精神生产活动通常来源于思考人与自然、人与人的直接关系,例如诗歌、绘画、音乐等精神产品也具有强烈的"自然性",内含着人的主体性与对象化世界的共鸣。资本主义诞生与发展以来,货币作为资本最现实也最抽象的载体成为整个社会的中介,机器工业为代表的科学技术逐渐深化了人类社会对自然的外化,人的生产与生活实践的"自然性"让位于异化了的资本属性,精神生产与精神产品的"自然化"属性逐渐消失。而在数字资本主义时代,数字技术使一切社会存在物都连接在了一起,精神生产及其产品变得极其依赖数字技术加以组织。资本裹挟下的虚拟空间中,美术、戏曲、文学等自然化精神产品被电子游戏、网络购物、在线聊天等数字化产品取代,传统的"自然性"精神产品在数字时代很难找到普遍性共鸣。不仅使精神生产规律直接化约为简单的资本增值规律,还异化了精神产品所内在的超越物质现实的自由本性,使人的创造性的本真性被技术中介所覆盖。虚拟空间仿佛成了以资本为最高目的的全新"自然",阻断了人们精神活动接触自然本性的通路,形成了精神生产的闭环。精神产品的"去自然化"与精神生产的"去自然化"互为依托,精神及其产品的存在被虚拟空间所笼罩和支配。人们的精神世界不断贫乏,精神活动不断堕落,所以马克思说:"连最高的精神生产,也只是由于被描绘为、被错误地解释为物质财富的直接生产者,才得到承认,在资产者眼中才成为可以原谅的。"②

(三)技术规则:虚拟空间精神尺度的建构

随着数字技术对生活世界与精神世界的全面接管,形成了一种技术理性的"算法工具主义"。马克思曾经言道:"工人创造的对象越文明,工人自己越野蛮;劳动越有力量,工人越无力"③,技术工具替代劳动创造性越是显著,

---

① 《马克思恩格斯文集》(第一卷),人民出版社,2009年,第171页。
② 《马克思恩格斯全集》(第33卷),人民出版社,2004年,第348页。
③ 《马克思恩格斯文集》(第一卷),人民出版社,2009年,第158页。

人的价值理性被技术理性的取代也越是彻底。精神活动本具有超越"物的依赖性为基础的人的独立性"①的主体能动性与丰富性、基于精神生产者生命历程和意识结构的多元性和独特性统统被异化为依赖于技术形式、无法摆脱技术工具的精神产品。电影产品从胶片时代迈入特效的数字技术时代、电子游戏的运行程序也越来越复杂、真实感也越来越强、即时聊天工具也在不断提升沉浸式体验功能，每一次技术更新都能够给大众带来新的精神欲望冲击，也就带来资本市场新的增长点。从"阿凡达"到"魔兽世界"，从 VR 体验到元宇宙，虚拟空间建构乃至垄断了人们的精神体验，人们变得乐于去追逐那些不断更新的、以数字化形式呈现炫目多姿的精神景观，期望通过虚拟世界中的"现实"获得精神慰藉，满足不知从何而来的欲望需要。这是对现实社会等级压抑的一种心理解构，构成了虚拟空间连同现实社会的资本秩序与规则的"安全阀"。

　　数字技术革命将技术为中介、资本为动源的支配性权力隐藏在人们生命过程的普遍时间中，而这一时间的普遍性已然被转化为虚拟空间技术规则的普遍性。虚拟空间搭建起来的"价值无涉"自由主义假象，实质上是以实证思维作为完全脱离于人的个体性价值形式的中立化领域，仅仅关注事实的经验性、实证性和有效性，以绝对化的"先验真理"替代人的价值的丰富性，将技术合理性作为最高尺度的精神标准。正如科拉科夫斯基所说："一种技术有效性被视为最高价值的文化，这种文化我们通常称为'技术统治'。它是神秘化地装扮成一种反意识形态的意识形态，是清除价值判断的科学世界观的技术统治意识形态。"②在韩炳哲看来，这种虚拟空间中的自由当然只是一种为了资本增值与技术统治为目的生产出来的虚假价值，不仅不能为人类社会带来真正意义上的自由价值，而且进一步地加深了人们受到剥削的广度与深度，由此带来一种"自由和剥削合二为一的权力技术，成了一种自我剥削的形式"③。在资本的作用下，数字技术以最为明显也最隐蔽的形式扩张并控制了主体精神世界，即数字异化，这在"自我剥削"语境下意味着人

①　《马克思恩格斯文集》(第八卷)，人民出版社，2009 年，第 52 页。

②　[波]莱泽克·科拉科夫斯基：《理性的异化——实证主义思想史》，张彤译，黑龙江大学出版社，2011 年，第 188 页。

③　[德]韩炳哲：《精神政治学》，关玉红译，中信出版集团，2019 年，第 38 页。

们对自身精神生产的改造，说明了技术理性在不断侵入了大众的精神形态中：进而将精神主体性改造成为技术逻辑的外延，在人们的思想观念中塑造计算思想和技术理性的思维范式，凭借人们对于技术系统的无条件信任从而对数字技术的强烈依赖，丧失了自我的精神主体性和创造力。资本通过"技术黑箱"生产特定的信息和知识，从而通过操控精神的生成而操控社会权力，人们身处其中进行无意识的精神实践，却无法逃离整个资本的技术景观。

无论在虚拟空间还是现实中，人们不知不觉地按照技术规制行事、依靠技术工具思考、通过技术中介互动、以技术要求来衡量价值和创造文化，主体精神在被工具理性化为技术终端的过程中，就如同马克思论述的"从观念转化成生活，从想象的存在转化成现实的存在"[1]，到卢卡奇"使其丧失人格并且削弱了其'灵魂'"[2]，虚拟空间的精神尺度得以建立。人精神生产的主体性被异化为一种活的、能动的数字工具，从马克思所说的传统"把类生活变成维持个人生活的手段"[3]的异化进一步深化成为将个人生活伪装成为自由生活的状态。资本支配的虚拟空间取代了人与世界的直接接触和意义获取，人们的生活充满了社会进步的表象，并沉浸在不停歇的进步主义幻象过程中，就不断抽离着自身的主体性——这样的生活，注定是空虚的。

（四）意识形态：虚拟空间精神话语的诱导

作为当代资本主义的意识形态，新自由主义主张"通过价格机制调解商品或服务的供求，无需政府或其他力量的干预，就能实现最优的结果"[4]，他们认为市场在几乎全部社会经济生活中的有效性，并试图消解集体公共性与私人选择之间矛盾的道德标准。新自由主义倡导市场自发性的合理性，认为市场原则本身就应当取代公共部门并干预到整个社会生活之中，以自发性评判作为道德原则。这也就等于将非道德性的市场原则蔓延渗透到社会

---

① 《马克思恩格斯文集》（第一卷），人民出版社，2009年，第246页。

② [匈]卢卡奇：《历史与阶级意识》，杜章智等译，重庆出版社，1989年，第195页。

③ 《马克思恩格斯文集》（第一卷），人民出版社，2009年，第161~162页。

④ [英]科林·克劳奇：《新自由主义不死之谜》，蒲艳译，中国人民大学出版社，2013年，第13页。

的每个角落,导致了道德评判和基本价值原则的缺位,取而代之的则是伦理基础的个人利益导向。韩炳哲正是以"自我剥削"的新自由主义作为精神政治的核心特征,指出主体虽然摆脱了外在的、显性的统治,但又"投身于一种强制的自由,或者说自由的强制之中,以达到最终目的——效绩的最大化"①。此时,主体丧失了自身的主体性,成为一种"自我筹划,自我优化的项目"②中被精神政治改造下的人。

虚拟空间号称"所有人都可以进入……不需要考虑种族、经济实力、暴力、出生地而来的特权或偏见……一种思维的文明,将比政府历来所创设的更加接近平等主义与人道主义"③。网络数字平台极大地改变了人们的行为模式,人们在工作时空、信息获取、社会互动、发表言论等方面享受到了前所未有的便捷度和自由度,也因此制造了一个信息乌托邦。这种数字场域正因其匿名性和时空脱场的物理特征助长了新自由主义理念的实现,认为技术框架代替道德规范来保证市场作用的充分发挥,还可以通过大数据和算法的精准计算在很大程度上规避市场风险,在精神生产领域则可以帮助人们做出更加丰富的精神产品,并实现了基于数字平台精神产品的共享。但这种假象规避了一种隐蔽的事实:以增殖的价值作为非道德性空间的基本价值。在此逻辑下,自由发表意见和展示价值来标榜自身的"自由民主"背后都是平台本身算法的"黑箱"对庞大信息流的价值操控。具有垄断地位的互联网公司将算法这一认识世界的工具改造成为精确定位人们的偏好、情感、倾向的"特定事实"或"信息茧房"。

随着数字技术公司屡屡出现技术服务公司暗中获取用户数据借以为特定政治利益的诉求进行民意诱导服务等社会政治问题,以及美国公开反对国际互联网业务监管及平等管理权的国家安全问题,通过"信息茧房"操纵大众舆论、制造意见分立的社会认同问题,以及窃取个人隐私、进行信息交易的人权问题的相继显露,都体现出算法工具资本化已经成了一种社会政治统治工具。这种依赖于平台技术规范模式与市场要求进行精神生产的"技

①　[德]韩炳哲:《倦怠社会》,王一力译,中信出版集团,2019年,第20页。
②　[德]韩炳哲:《倦怠社会》,王一力译,中信出版集团,2019年,第85页。
③　John Perry Barlow,*A Declaration of the Independence of Cyberspace*,https://www.eff.org/cyberspace-inde-pendence.

术政治",将虚拟空间的伦理导向隐蔽在了信息茧房、算法推荐、感官刺激、欲望满足的"自由中",使参与者只能被动在算法技术给予的内容和框架中"自由"选择。

在这种去价值化的虚拟空间中，精神体验的虚无化成为不可回避的后果。马克思界定的"无论是在自然的时间框架内自在地存在着，还是在社会时间的空间里自为地活动着，都是为了能够创造价值和体验价值"①的意义时间，正是被新自由主义帷幕下的剩余时间剥削而遭到解构，同时伴随着现实社会中"人的世界"的贬值。20 世纪以来许多文学作品都生动地再现了人们争名逐利，却最终陷入价值虚空、精神空洞的迷茫之中。剩余时间不断渗入生活时间，并减少着意义时间。技术带来的时间加速不断生产着时间紧迫感，进而诱导人们转向快节奏、感官刺激性的精神体验，如电影特效、电子游戏、虚拟实景技术及消费景观，人们在其中获得短暂的、表面的精神满足，实则却愈发茫然无措，不断强化自身的价值虚无。技术工业化的精神产品是资本利用数字技术控制人们非劳动时间、榨取剩余价值、塑造意识形态的异化精神产品，抽空了人的主体性和精神信仰，是精神政治在生活世界领域的集中表达。

三、在理论与行动之间：精神政治的扬弃路径

数字资本主义社会出现种种精神危机的根源是资本逻辑对于数字技术的主导和支配。与资本主义生产方式本身一样，资本主义精神生产也存在其内在限度，无论精神政治何以严密的统治，也不可能带来"历史的终结"。无论如何，数字资本的虚拟空间——精神政治作为资本主义精神生产的最新阶段，仍然是"资本与劳动的矛盾"的现实性表现形式。正如马克思所说："共产党一分钟也不忽略教育工人尽可能明确地意识到资产阶级和无产阶级的敌对的对立，以便德国工人能够立刻利用资产阶级统治所必然带来的社会和政治的条件作为反对资产阶级的武器"②，无论福柯、阿甘本还是韩炳哲，

---

① 晏辉：《论马克思"时间"概念及其人类学意义》，《云南社会科学》，2020 年第 5 期。
② 《马克思恩格斯文集》(第二卷)，人民出版社，2009 年，第 66 页。

他们的批判话语都必须要被回溯到马克思那里，从历史运动的辩证性中反思其中的绝望情绪或理想主义,唯此,才能从根本上认识到这一批判的基础是无法离开马克思的,也才可能为打开全新的精神空间创造理论前提。精神政治的解放不是孤立的,而是置于无产阶级摆脱"物的依赖性"的整体性运动之中的,它脱胎于资本主义,最终也就会随着无产阶级的解放实现扬弃。

(一)用现实击破形式:回归经济生活优先性分析范式

资本搭建的虚拟空间精神政治形式形成了权力统治的闭环,数字资本主义危机是经济危机与精神危机的统一。麦克卢汉曾经在对数字化媒介社会批判中认为数字时代的异化会引发一场"媒介革命","他用媒介替换了马克思所说的经济,代替了劳动和财富管理的方式"①,但是他并没有给出革命的结果,因为他显然只看到数字异化问题的表面。私有制基础上的资本逻辑是无所不包的统摄性支配逻辑,它的物质生产形式决定着精神生产形式。无产阶级的精神危机始终是劳动和资本后果的积累,正如马克思所说:"在把自己的产品作为资本来生产的阶级方面,是贫困、劳动折磨、受奴役、无知、粗野和道德堕落的积累。"②

而在韩炳哲那里,则是将这种精神政治的解脱方案寄托于"作为对自由进行实践的生存艺术,就必须采用去心理化的模式。它让作为统治工具的精神政治无计可施,主体被去心理化,就意味着被倒空,只有这样主体才会在任何生存模式下都获得自由"③。以对个体出发的心理操控方案作为通往真正自由之路。很明显,这种将精神政治问题悬置的方式使资本与劳动关系的决定作用变得无足轻重,劳动的对象性不再重要,这本质上仍是用资本主义建构自由的方式来批判资本主义,只能够幻想形式的自由。韩炳哲对精神政治的扬弃判断完全脱离了历史唯物主义所规定的基本方法,是以非辩证法的范式机械地将"数字技术""休闲体验"等与精神政治画上了等号,一概视

---

① ［美］莱文森:《数字麦克卢汉:信息化新千纪指南》,何道宽译,北京师范大学出版社,2014年,第327页。

② 《马克思恩格斯文集》(第五卷),人民出版社,2009年,第744页。

③ ［德］韩炳哲:《精神政治学》,关玉红译,中信出版集团,2019年,第107页。

为精神政治的来源,没有区分精神政治的现象与本质,所以不可能理解作为一种具体技术形式的虚拟空间内蕴的革命性质, 如此对精神政治的批判自然变得绵软无力。这实际上继承自许多当代左翼思想家的理论风格:当人们身处庞大的抽象统治结构之中,即便发现了这种统治术及自身的卑微处境,但仍然屈服于命运,因为他们认为从劳动到社会的整体抽象化形式是无法摆脱的。这正是他们绝望情绪的来源,也是资本的精神政治学本就想达到的目的。而虚拟空间进一步加深了这种形式,在新自由主义的外衣下人们被允许寻找与享受自由,但是这则是利用技术操纵人们的自由意识而已。自由也成了空洞、异化的自由,而不是一定社会经济关系在社会政治领域的表达。所以, 即便这些精神政治学家的病症诊断相当深刻,他们的药方却无法治本。以个体心理的形式是无法击破形式的统治的,唯一的方法就是对资本主义生产关系的现实革命,才能摆脱这种统治的"宿命"。

精神政治是数字资本主义虚拟空间生产关系系统在精神领域的体现,精神危机和经济危机正如一枚硬币的两面,相互伴生且相互生产,也就不可能在资本主义体制中得到消解。精神政治的本质在于数字生产资料私有制,是建立在不断深化的数字剥削基础上的。精神政治从未实现观念上的"铁板一块",数字经济带来贫富差距拉大、"技术极化"显著、失业率不断提高等经济社会危机必然会带来其自我宣称民主、自由、富裕等精神的破产。资本创造的虚拟空间精神牢笼也会随着资本与劳动矛盾的激化而成为历史。

(二)用行动实现观念:获取虚拟空间领导权

虚拟空间在当今被作为发挥资本权力与非物质劳动的核心场所。大量的资本与资本家、劳动与劳动者都集中在虚拟空间之中,反复生产着自身。但归根结底,无论是工厂与机器,还是数字技术或虚拟空间本质上都具有工具属性,只因他们处在资本的牢笼之中,受到资本的摆布而成为权力统治的工具。正如马克思所说"因为机器就其本身来说缩短劳动时间,而它的资本主义应用延长工作日;因为机器本身减轻劳动,而它的资本主义应用提高劳动强度;因为机器本身是人对自然力的胜利,而它的资本主义应用使人受自然力奴役;因为机器本身增加生产者的财富,而它的资本主义应用使生产者变成需要救济的贫民"①,引起"机器排挤工人"的并不是机器本身,而是所有制关系,而工人想要获得解放并不单纯只依赖观念,要用行动取得对自身的领导权与对机器的控制,而不是砸毁机器。虚拟空间的精神政治解放是现实社会和网络社会生产方式共同改变的结果,仍然需要数字时代的无产者对生产资料的掌握,是对整个资本统治下技术世界支配权的翻转,是"人以一种全面的方式,就是说,作为一个完整的人,占有自己的全面的本质"②。

作为革命阶级,就"需要展示对社会技术的领导权:在观念领域与物质平台上体现超越性,使全新的行动、关系和权力创生得以可能"③。对此,近年来大量的西方左翼理论家也在试图推动算法公开化、数据全面化,将算法黑箱纳入监管范围,成立"算法正义的联合体"④、"数字劳工工会"等举措。更有宣称虚拟空间带来"大多数稳定的社会成员都倾向于以不侵犯原则、以自由意志主义法律规范、代表性的自由意志主义制度展开行动,这可能是我们所能想象的最接近'乌托邦'字面意义的地方"⑤的技术主体论,认为技术发展可自然达成社会主义的空想社会主义的翻版,忽略了数字平台背后所有者的属性。这些愿景显然由于没有强调无产阶级对生产资料的占有前提,在资本逻辑中这些形式无法起到根本的效果,最终只会沦为垄断形式的一部分。

在虚拟空间中,"领导权"的形式也许与工业资本主义时代大不相同,但目的仍然是一致的,即掌握生产资料的所有权,以经济关系的解放带动精神政治的解放,而虚拟空间也就成为摆脱"物的依赖性"的重要革命场域。从作为无产阶级形成联合体必要的空间前提上看,虚拟空间无疑是提供了革命空间前所未有的统一可能。此时,革命的空间就是革命的物质对象,对劳动空间的掌握就意味着对生产资料的掌握,就实现了对其中的劳动、关系与权力的革命性重构。正如奈格里和哈特所指出的,一种解放的空间形态"生产

① 《马克思恩格斯文集》(第五卷),人民出版社,2009年,第508页。

② 《马克思恩格斯文集》(第一卷),人民出版社,2009年,第189页。

③ Alex Williams,Nick Srnicek,*Accelerate:Manifesto for an Accelerationist Politics*,Urbanomic,2014,p.357.

④ MIT,Expert Launches Algorithmic Justice League,*Biometric Technoligy Today*,No.1,2019,p.2.

⑤ Kevin A. Carson,*The Desktop Regulatory State:The Countervailing Power of Individuals and Networks*,Center for a Stateless Society,2019,p.325.

者和产品都是主体:人既生产,也被生产"①,在取得现实的物质生产权后,被解放了的精神政治呈现出一种追求自我的精神生产权,是马克思所说的"天性能动表现",是建立在对资本逻辑进行扬弃,实现真正自由的人的逻辑的结果。丰富的自由时间、充足的物质资料、开放的分工形式都会带来人类在文明史中种种精神禁锢的全面解除,整个人类社会和人自身以积极的精神辩证法打开了通往真正解放的大门。

(三)用发展代替支配:虚拟空间本真价值的塑造

在新时代中国特色社会主义社会的语境中,虚拟空间已然成为意识形态对抗、保障国家安全的重要阵地。在高度互联互通、开放共享的虚拟空间中,资本主义精神政治自然不会放过这一沃土而渗透其中。我国许多领域出现了资本负面效应带来的社会精神问题,以及资本裹挟下的精神产品和精神话语在不断对我国现代化建设冲击,体现为资本无序压榨劳动人民、强迫"996";以及网络无政府主义、网络自由主义、网络消费主义、传播"普世价值"、历史虚无主义与多元思潮,更有西方势力妄图针对大众精神领域进行"网络和平演变"等,"世界范围内侵害个人隐私、侵犯知识产权、网络犯罪等时有发生,网络监听、网络攻击、网络恐怖主义活动等成为全球公害"②。同时,在西方资本主义虚拟空间霸权的主导话语下,我国在虚拟空间中彰显出的国际形象与真实的国际责任、国际地位存在明显差距,同时面临着西方话语在虚拟空间领域以各种形式打压、剽窃及污名化。这些问题直接影响到我国现实社会发展与稳定,对社会主义意识形态、民族精神和民族信仰、社会思潮、国民精神生活与个人价值等社会精神领域构成了巨大挑战,进而对我国国家安全有着直接威胁。

对于我国而言,正是需要人的发展这一本真价值的塑造来抵消面对的威胁,要在虚拟空间和现实中共同发力。习近平总书记指出:"要弘扬社会主

---

① [意]迈克尔·哈特、安东尼奥·奈格里:《大同世界》,王行坤译,中国人民大学出版社,2016年,第102页。

② 习近平:《论党的宣传思想工作》,中央文献出版社,2020年,第171页。

义先进文化,深化文化体制改革,推动社会主义文化大发展大繁荣,增强全民族文化创造活力,推动文化事业全面繁荣、文化产业快速发展,不断丰富人民精神世界、增强人民精神力量,不断增强文化整体实力和竞争力,朝着建设社会主义文化强国的目标不断前进"①,可见,精神生活共同富裕同样是一项整体系统性的现代化工程,需要依赖国家、社会、个人层面在虚拟空间和现实社会中形成强大合力,共同推进以虚拟空间和现实社会并进的中国式现代化建设。一方面,要充分推动虚拟空间各项事业发展的规范性,积极对资本市场进行规制,发挥人民群众积极性,推动人们在物质生活共同富裕的基础上更加注重精神生活发展。这要求我们在对资本逻辑本身内在性矛盾的充分理解和摄纳中掌握、驾驭、引导资本来满足人民群众不断增加的丰富多元的精神生活需要,在全方位满足人民群众个人发展、精神健康、审美娱乐、情感信念等方面需要的前提下发展虚拟空间。在政策与价值的双重导向下,以中国式现代化道路让虚拟空间成为人民获得更大程度精神发展的助推器,成为通向精神生活共同富裕乃至实现人的全面发展的阶梯。另一方面,在网络社会弘扬社会主义核心价值观、提供更加丰富合乎社会发展需要的精神产品,加强精神产品技术监管、增强互联网平台精神文化生产与运行的政治自觉等,共同建造防范精神侵略与社会精神危机的动力机制。中国式现代化进程通过利用虚拟空间对中华优秀传统文化深入挖掘、对社会主义核心价值观广泛宣扬与对社会发展愿景的深刻认同来构建正确导向的社会价值观,以实现对虚拟空间的现实驾驭,用正确的精神观念引导人们精神发展的需要。毛泽东曾经指出:"搞共产主义,第一个条件是产品要多,第二个条件是精神要好,就是要共产主义的精神。"②在新时代中国特色社会主义社会中,坚守社会主义精神主旋律,加强社会主义精神生产,使精神生产依赖人民、精神产品服务人民,让人民群众真正成为先进精神产品的生产者、消费者、发扬者,推动新时代中国特色社会主义精神生产大发展、大繁荣,推进人的自由而全面发展。

---

① 《习近平谈治国理政》(第一卷),外文出版社,2018年,第160页。
② 《毛泽东年谱》(一九四九——一九七六)(第三卷),中央文献出版社,2013年,第426页。

四、结语

精神政治学是数字资本主义利用虚拟空间的治理术的最新形态，是一种无形的、内在化的、自我伪装的形态。对于这一形态的理解，就必须深入资本主义经济关系中才能真正明晰，任何脱离资本主义基本生产关系矛盾的精神政治学话语都是不彻底、描述性的，仍处在马克思批判的旧哲学的表达方式之中。正如马克思指出的："当庸俗经济学家不去揭示事物的内部联系却傲慢地鼓吹事物从现象上看是另外的样子的时候，他们自以为这是作出了伟大的发现。实际上，他们所鼓吹的是他们紧紧抓住了外表，并且把它当做最终的东西。这样一来，科学究竟有什么用处呢？"[1]批判的科学一定是实践的、革命的科学，而这种科学只有在转化为"武器的批判"才能够实现自身的意义。与此同时，"武器的批判"在面对诸如精神政治学的话语体系时，如何有效的扬弃并将其丰富为自身的话语就成了一个重要的任务。

刘云杉（南开大学）

---

[1] 《马克思恩格斯文集》（第十卷），人民出版社，2009年，第290页。

操纵与批判:数字公共领域的新趋势

公共领域被西方学者视为公众进行自由交往、达成共识、调节利益关系和实现民主的理想空间。根据哈贝马斯在《公共领域的结构转型》中的考察,在自由竞争资本主义时期,公共领域曾对民主产生过积极影响,然而在垄断资本的不断膨胀下逐渐失去其原有政治功能。当今时代数字技术渗透进人类交往的各个环节,一度为公共领域注入了新的活力,使其发生数字化转型,并催生出"数字公共领域"。部分西方学者将数字公共领域视为通达民主的新希望。为揭露这些观点的局限性,需回顾公共领域的形成、结构和转型原因,在此基础上结合互联网和社交媒体的发展历程,对数字公共领域的特征及其新趋势加以分析。

一、历史生成:前数字时代的公共领域

在哈贝马斯看来,公共领域是介于国家与社会之间进行调节的一个领域,公众在其中自由自发地讨论政治事务,它本身就是私人领域的一部分。这是由于"作为公共领域之承担者的公众,就是从私人领域中吸收而来的"。公共领域存在的前提是国家与社会分离,这一过程随着资本主义经济的发展而实现。

(一)公共领域的形成与结构

公共领域这一概念最早起源于古希腊,在历史上的奴隶制、封建制和资本主义社会系统中有着不同的含义。在古希腊人的眼中,公共领域建立在公

开讨论和共同活动之上，它是一个展示个性和突出德行的自由王国和永恒世界。这时虽然已经出现了"公"和"私"之间的区别：每个人都需要从私人领域中获得生活必需品，而少数城邦自由民能参与到对谈和共同实践等公共领域的活动之中。由于古希腊社会建立在奴隶制基础上，人与人之间的地位并不平等，公共性局限于相对狭隘的范围。封建时代兴起了一种"代表型公共领域"，主要体现在君王印玺、仪式、徽章、法杖等权力符号具有一定的公共性，展示着国王、贵族和教会的权力。然而这种公共性只是统治地位的象征，其等级属性十分明显，将大多数人排除在外。这一时期，经济和政治过程彼此交织，个人依然生活在等级制关系之下，尚不具有私人自律或自主意识。

对于现代意义上的公共领域而言，其存在的前提是国家和社会的分离。随着资本主义经济的发展，原有封建等级制度逐渐解体，国家和社会界限逐渐分明，个体获得了越来越多的自由。此后，公民便在市民社会和公共领域中具有了双重身份：既能作为个体在市民社会中进行活动，也能够作为公众自由参与公共领域的政治讨论。换言之，资本主义经济的发展瓦解了封建制度，将人从等级制依附关系下解放出来，并使得经济、政治和私人生活的边界日益清晰。这一过程中，资产阶级也获得了越来越多的财产和自由，逐渐形成了私人自律，他们进入沙龙、咖啡馆等场所，在社会交往中形成一种兼具开放性和弹性的关系网络，并延伸至社会的各个维度，对政治领域产生影响。"在那里，交往之流被以一种特定方式加以过滤和综合，从而成为根据特定议题集束而成的公共意见或舆论。"至此，现代意义上的公共领域产生了，它是一个公众围绕政治话题交换意见的空间。

从结构上看，公共领域介于国家和市民社会之间，并且还得到家庭的支持。首先，国家为公共领域提供宪法保护。国家立法保障私有财产、个人交往权和参与权。第一，法律保障市民社会中的财产权。私人在拥有财产的基础上实现自律，才能自由地进入公共领域围绕利益问题展开讨论，并调节私人领域中的权利分配。第二，保护言论自由。资本主义国家的法律支持报刊等出版物讨论政治问题，这成为公共领域媒体系统的依托，而公众则可借此获得信息和发表意见。其次，市民社会让私人自律成为可能。"仅仅宪法保护还无法使公共领域和市民社会免于扭曲。公共领域的交往结构还需要得到一个充满活力的市民社会的维护。"①哈贝马斯的市民社会概念与黑格尔和马克思有所不同。在哈贝马斯的语境中，市民社会不再涵盖经济关系，其核心是自愿形成的非国家和非经济组织。私人在其中自由自主地展开，并且能够在获得私人自律的基础上，作为公众自发地进入公共领域参与民主讨论。最后，家庭发挥爱与教养的功能。家庭是市民社会的解放，但不完全是市民社会的延伸，也不会被市民社会吞没。在家庭之中，私人获得爱的滋养并且受到教育，形成个性和一定的理性精神与批判意识。这为私人进入公共领域后，作为有批判能力的公众参与政治交往提供条件。概言之，公共领域的稳定和功能发挥仰赖于国家、市民社会与家庭的协同作用。

此外，公共领域还需要有一个传递信息和反映公众意见的媒体系统。在广播、电视、互联网和社交媒体出现之前，由报刊承担这一任务。报刊的前身是私人书信，后来的出版者以传播商业信息为目的，采用小型手抄报的组织形式发行报刊。随后，资产阶级政党发现这一媒体可以传播思想，遂将其用于反抗封建贵族特权和相互竞争。报刊不再是单纯的信息传播工具，而开始反映公众对于政治事务的批判，可以被视为公众讨论的延伸，作为公众的"传声筒"和"扩音机"发挥作用，逐渐演变为公众舆论的载体。虽然需要依托商业资助弥补运营成本，但得益于编辑和发行人分别承担出版任务和经济职责，此时报刊本身并没有被商业化，它主要聚焦于公众对于政治事务的批评和意见表达。

（二）公共领域的特征

在哈贝马斯看来，理想型的公共领域具有"批判的公共性"。一方面，公共性意味着公共领域向所有公众开放。正如哈贝马斯所说："资产阶级公共领域的成败始终都离不开普遍开放的原则。"②在理论上，公共性的原则确保利益相关者能够参与讨论，避免公众舆论成为一种强制或是特权谋取私利

---

　①　[德]哈贝马斯：《在事实与规范之间》，童世骏译，生活·读书·新知三联书店，2014年，第455页。

　②　[德]哈贝马斯：《公共领域的结构转型》，曹卫东、王晓珏等译，学林出版社，1999年，第94页。

的手段。此外,公共性还具有包容的内涵。即使在市民社会中,私人有着不同的个性和利益诉求,但进入公共领域后,公众彼此之间承认对方平等,包容多元化声音,摒弃财产、身份、信仰等方面的差异。这要靠公共领域和私人领域界限分明才能实现。只有这样,私人进入公共领域后,才能将内心的声音和特殊利益排除在外,集中于对公共利益的讨论。

另一方面,公共性还要和理性精神结合。民主的实现有赖于商谈和共识,这二者经由理性精神支持下的辩论才能达成。理性精神借由两种途径进入公共领域。第一,财产和教育的门槛为公共领域的理性精神提供了保障。公共领域有两个准入门槛。公众需要满足具有一定财产和受教育的条件才能进入公共领域。具有一定财产的条件,确保公众可以在劳动时间以外的自由时间中,自主和不受约束地参与公共领域的政治话题探讨;而受教育这一条件,则使得进入公共领域的公众具有一定的理性和批判意识。第二,"把关人"(Gatekeeper)引导公共领域的话题,维护理性精神。在传统媒体系统中,存在着记者、编辑、导演、策划等专业人员,帮助新闻机构、出版社、广播站或电视台筛查内容,他们扮演着"把关人"的角色,能够有效甄别大众话语中的理性商谈和杂声,既帮助私人围绕共同利益展开对话,又能够排除不和谐因素。换言之,"把关人"的职责是引导话题,将公众的话语转化为社会诉求,使公众以推动共同福祉为目标展开商谈。通过这两种途径,理性精神进入公共领域,和公共性结合为"批判的公共性"。

(三)公共领域的政治功能

在"批判的公共性"的作用下,公众在公共领域中进行民主讨论,可以避免直接民主引起混乱,又能以公众舆论的形式向议会和政党传递诉求。公共领域承担着平衡利益冲突,调解矛盾的任务。这一方面,要求包容所有决策相关者,由他们表达利益诉求。另一方面,也需要参与者和政治系统充分尊重公共领域中形成的舆论。公共领域并不直接介入政治系统之中,而是为公众搭建交往和商谈的平台,在理性协商的基础上形成公众舆论,为优化政治决策提供多元化意见和方案,并且影响选举时的投票。"就此而言公共领域是一个预警系统,带有一些非专用的、但具有全社会敏感性的传感器。"公众就媒体系统公开的政治问题展开讨论，在充分交换意见后形成公众舆论，将诉求与意愿传达给议会和政党。议会和政党为了争取公众支持、获得选票和确立法律规范性，需尊重公众舆论进行决策。决策将引起一系列社会效应，并在公共领域中接受检验和批判，随后形成新一轮舆论并影响接下来的选举。换言之，在理想情况下，公共领域、政治系统和市民社会之间，有一个"舆论—选举—决策—舆论"的民主循环。在哈贝马斯看来，这一过程能有效确保决策与立法合理化，防止权力收缩和政治腐败，同时，私人领域的利益冲突和矛盾也能得到解决，帮助公众实现政治解放。

　　总之，哈贝马斯以资本主义自由竞争时期的公共领域为理想化模型，探讨了"批判的公共性"作用下，公众如何依托媒体系统进行政治监督，间接影响政治决策，调节利益矛盾和实现民主交往。

二、结构转型：前数字时代公共领域的瓦解

　　随着经济的进一步发展，自由竞争的资本主义逐渐"组织起来"，国家和社会产生了融合趋势，公共领域因此发生结构转型。在电台、广播、电视等媒体兴起过程中，垄断资本和政治组织入侵公共领域的媒体系统，同样改变了公共领域原有的性质，影响公众的批判意识和舆论方向。公共领域被"再封建化"，原本"批判的公共性"沦为"操纵的公共性"。

(一)公共领域的内在矛盾

　　公共领域的公共性原则内含一种自我否定的趋势，这决定了其不可能长期稳定。这表现在公共领域设置了门槛，并不是每个人都具有进入的资格。在自由资本主义时期，无产者和女性就无法进入公共领域。公共领域具有阶级特征和父权制特征，它所实现的是一种资产阶级的自由平等，而不是普遍的自由平等。一方面，公共领域排斥无产阶级。进入公共领域的条件是拥有一定资产和受教育，这两个条件将无产阶级排除在外。无产阶级缺少生产资料，需将绝大部分时间用于获取生活必需的物质资料上。他们不仅在经济上不具备脱离私人领域的自由，在受教育水平上也同样无法通过公共领

域的门槛。另一方面,公共领域具有排挤女性的父权制特征。在资本主义社会中,男性掌握着财产和政治权力,而女性则依附于男性。依附于男性的女性既无自身财产和受教育的权利,也缺少个人自由,故而无法参与公共领域的民主讨论。"公共领域本身在原则上是反对一切统治的,但是,在公共性原则的帮助下,却建立起了一种政治制度,其社会基础并没有消灭统治。"这就意味着公共领域自身是不稳定的,随着时间的推移,其结构和功能难以长久维系。19世纪之后,争取无产阶级权利的工人运动和争取女性权利的女性主义运动愈演愈烈,资产阶级不得不向工人阶级和女性公众让渡部分权利。因而,参与民主讨论的主体构成发生改变,致使公共领域的议题偏移,结构和功能也开始转型。

马克思也曾经批判过公共性的内在矛盾。在《资本论》中,马克思分析了爱尔兰人口流失的问题,并揭示这是资本有机构成不断提高、相对过剩人口增加造成的。由于租地集中化程度提升,爱尔兰的"过剩人口"涌入英国劳动市场,与英国工人阶级相互竞争,后者的工资随之降低,物质生活和精神状况恶化。"英国所有工商业中心的工人阶级现在都分裂为英国无产者和爱尔兰无产者这样两个敌对阵营……报刊、教堂讲坛、滑稽小报,总之,统治阶级所掌握的一切工具都人为地保持和加深这种对立。"由此可见,资产阶级掌握报刊等传播思想和观点的载体后,不是将其用于公共领域的自由交往和理性商谈,而是使其服务于意识形态目的,操纵公众舆论掩盖资本主义痼疾、加剧工人阶级内部对立。这再一次证明了,公共性的原则存在自相矛盾的情况。

（二）公共领域的结构变化

由于国家社会化和社会国家化的两种趋势,公共领域丧失了原先的结构基础。"在资本主义逐渐'组织起来'的过程中,公共领域和私人领域原本的关系实际上已经破裂;资产阶级公共领域的边界遭到侵蚀。"自由竞争资本主义让位于"组织起来"的资本主义或者说垄断资本主义后,由于垄断资本逐渐膨胀,原先私人领域内部的利益冲突无法得到解决,故而转向了政治层面,形成了国家干预社会的情况,公共领域与私人领域的关系被破坏。社会权力日益集中到少部分私人手中，并且被转化为服务于特殊利益群体的政治权力。这些利益群体借由政治权力进一步控制商品流通和市场价格，使得资本越来越集中，改变了原有社会再生产机制，产生了国家社会化和社会国家化的趋势。在这个过程中，私人领域中的家庭也日益萎缩，原本具有的抚养、教育、养老等塑造私人行为举止的职能也转移到国家教育机构和公共组织中，无法再提供教养和保护的功能。私人领域也逐渐失去了私人特征。"社会的国家化与国家的社会化是同步进行的，正是这一辩证关系逐步破坏了资产阶级公共领域的基础，亦即，国家和社会的分离。"

公共领域的媒体系统遭受资本利益裹挟和政治权力入侵。一方面，报刊沦为资本的逐利工具。报刊原本是承载"批判的公共性"的媒体，公众依托其进行民主讨论和形成舆论，却变为垄断资本入侵公共领域的入口。"随着报刊逐渐商业化，商品流通和社会成员交往这二者之间的界限越来越难以确定;公共领域与私人领域在私人天地里越来越没有明确的界限。"公共领域的载体受到商业利益的侵蚀，特别是原本承载理性的批判精神的报刊受资本逻辑裹挟，遵循市场规律运营，转变为服从赚取利润的工具。另一方面，电台、广播和电视等媒体同样遭受了政治权力和资本的控制。相对于报刊，这些媒体在运营时需要更为庞大的资本规模，比如信号发射塔的建造就需要巨额成本，而传输设备和维护所需的费用也十分高昂。这就决定了它们的运营和使用无法为一般公众负担，只能由掌握巨量经费的寡头或公共权力机关支配。而且由于电台、广播和电视所具有的传播速度、覆盖面和效力都不是报刊能比拟的，其传播范围和短时影响力远远超过纸质媒介。故而，政府和国家一开始就对这些媒体进行管控，将其纳入权力控制之内。原本不受市场规律和政治权力左右的媒体系统遭到入侵，也不再能够发挥公开政治事务和反映公众意见的作用。

(三)"操纵的公共性"

在报刊、广播和电视等媒体被作为牟利工具后，公共领域的理性精神被消解，丧失原有批判政治事务的功能。上文提到，报刊原本由编辑和发行人分别承担出版任务和经济职责，发行的目的是探讨政治和公共利益问题。然而报刊业被垄断资本商业化之后,其目的变为获取利润。由于报刊改变了运营逻辑,发行人取代编辑成为内容主导者。此时,产业资本也有着扩大市场的需要,这通过在报刊上进行广告宣传来实现。因此报刊发行人向产业资本出售广告版面,而产业资本也以广告费的形式让渡部分利润。"报刊业的商业化迎合了公共领域向广告媒体的转变。"广播、电视等媒体在经营过程中也通过广告获取商业利益。为满足资本增值的要求,媒体系统除了以收取广告费用的方式来获得利润之外,还必须保证自身的发行量或者说受众数量。发行量越高,它们吸引的受众就越多,资本能从媒体系统中获得的利润就越高。因此,为获得更多的销售量和经济利益,媒体系统的管理者转向以迎合公众的模式运营,用娱乐、体育、休闲文学等内容迎合受教育水平低的公众,而关于政治事件的社论和时政要闻等方面的信息则有所减少。"这些材料逐渐以消费的充足度代替现实可信度,从而导致对娱乐的非个人消费,而不是对理性的公共运用。"①报刊、广播、电视等从本应发挥批判功能的媒体,转变为展示明星、运动员和其他小人物私生活故事的领域。换言之,媒体在利润最大化逻辑作用下,内容呈现出平庸化、低俗化和去政治化的趋势。公共领域因此由辩论场所转型为文化消费的场所,变成了伪公共领域,逐渐沦为一个展示广告和私人故事的空间,而原有的"批判的公共性"逐渐丧失。

由于媒体过度商业化,公众在消费中失去了批判能力。公众具有双重身份,在私人领域中是消费者,既需要购买商品以满足基本生活需要,也有着一定的娱乐需求。在哈贝马斯看来,只有摆脱私人领域中商品流通和市场规律的袭扰,公众才能形成公共领域中交往和商谈所需的理性精神和对政治系统的批判意识。然而媒体系统沦为资本增值的工具后,成为迎合公众消费欲望和习惯的工具,不再是引领公众思考的理性载体,丧失了引导公众和培养批判意识的作用。公众不仅无法通过媒体系统获得稳定可靠的信息,反而受其诱导陷入无止境的消费循环中。"公众的批判意识成为再封建化过程的牺牲品。"除了过度商业化外,媒体的内容向着娱乐化的方向发展,以大众文化迎合教育水平低的公众。公众的批判意识被转化为消费观念,原来具有批

---

① [德]哈贝马斯:《公共领域的结构转型》,曹卫东、王晓珏等译,学林出版社,1999年,第196页。

判意识的公众变为文化消费的公众。由于丧失了批判意识，他们变得既难在公共领域中探讨普遍利益问题，又容易被情绪化内容所操纵。

政治组织控制舆论方向，助长"操纵的公共性"。在哈贝马斯看来，公众舆论不是一个社会心理学概念，也不是某个社群抽象意见的集合。形成公众舆论有两个条件，其一是客观可靠的媒体系统公开事实，供公众讨论；其二是有批判意识的公众在公共领域中自由交往和表达意见。然而由于媒体系统已经被商业化和政治组织介入。一方面使得公众丧失理性精神，减弱了参与政治交往的意愿和能力；另一方面又使得媒体系统受到利益裹挟，信息失去客观性，也剥夺了公众平等参与和表达意见的机会。在相互竞争的过程中，政治组织专门投入宣传经费，根据公众心理制定政治策略，首先塑造特定形象和优化竞选方案，继而制造话题引导舆论方向，再进行政治表演以实现蒙蔽公众的目的。通过这些手段，利益集团将特殊利益包装为普遍利益，巩固自身地位和获得选票。我们可以看到，公共领域原本是将政治决策公开，再由公众对其进行监督和批判、形成公众舆论的场所。然而公众不再能够自由表达意见，公共领域也逐渐沦为利益集团获取声望和支持的手段，又具有了"代表型公共领域"的性质。"批判的公共性遭到操纵的公共性的排挤。"

总之，资产阶级在取代封建统治者之前，呼吁言论自由、出版自由和实现民主，并借助公共领域对此加以宣扬。此时的公共领域具有"批判的公共性"。资产阶级成为统治阶级后，并没有实现对于自由和民主的许诺。随着资本主义经济的进一步发展，资本和权力逐渐集中到少数人手中，形成了垄断利益集团，而官僚权力也逐渐膨胀。它们开始对公共领域施加经济和政治方面的影响，借助自身垄断地位控制新闻和舆论，将媒体变为进行广告宣传、攫取利润或是政治操纵的工具。公共领域成为资产阶级执行"操纵的公共性"，瓜分利益、蒙蔽公众和骗取选票的场所。

三、媒体革新：数字公共领域的兴起

在公共领域中，媒体系统的作用之一是公开事实，使政治决策接受公众的监督和批判，对于公众舆论的形成而言不可或缺。在资本驱动和数字技术

发展两个因素的作用下,互联网和社交媒体的影响力日益扩大,这使得公共领域的媒体系统发生了变化。相对于报刊、广播和电视等传统媒体来说,互联网和社交媒体在传播速度、交往互动和内容呈现方面具有显著优势。故而它们吸引了越来越多的公众,逐渐融入了人类社会的方方面面,成为进行社会交往的重要工具。在此过程中,逐渐形成一种新的公共领域——数字公共领域。

(一)公共领域的数字化转型

作为数字公共领域的重要支柱,互联网早期并不具有公共性特征,仅仅被用于军事、科研和商业目的,在市场化的作用下才逐渐成为公众交往的中介。早期的网络只是军方内部沟通的工具,并不向公众开放,它与公共领域彼此独立。由于跨国公司的金融服务对于高速信息流通有着天然的需求,而数字技术在信息传播方面具有较大优势,因此跨国公司不断推进网络的建设和数字技术应用。这使得互联网发展速度大大加快,不过此时互联网还是主要被用于私人领域或公司内部的信息交流。1980 年到 1995 年之间,在摩尔定律和市场化进程共同作用下,数字设备的成本不断降低,其价格也越来越容易为公众所接受,这使得互联网开始进入公众的生活之中,逐渐具有了公共性。

互联网的广泛普及改变了公共领域的媒体系统,在一定程度上瓦解和分散了资本和政治组织的权力架构。尼古拉·尼葛洛庞帝（Nicholas Negroponte)曾提出互联网具有"分散权力"和"赋予权力"的属性,具有民主的潜力。互联网将传播信息的权力赋予公众,瓦解了政治组织对于信息的垄断。相对于传统媒体系统,政治权力更难完全控制互联网对事实的公开。公众则拥有了更大的自主权和自由,可以自发地进入网络论坛、网络社区中发表意见与讨论。这为数字公共领域的生长创造了有利条件。因此,越来越多的公众开始借助互联网进行交往,在互联网空间中就政治事务进行商谈,并且能够形成舆论影响政治决策,数字公共领域具有了雏形。

移动互联网和社交媒体兴起后,公共领域进一步发生数字化转型。前数字时代的公共领域有着空间和时间的限制。一方面,移动互联网与脸书

(Facebook)和推特(Twitter)等社交媒体使公众交往摆脱空间的限制。在前数字时代,只有当私人作为公众进入特定场所,如沙龙、咖啡馆时才能与其他公众进行交往。在此之外,公众无法进入公共领域之中。相对于传统媒体,移动互联网和社交媒体的优势在于能够帮助公众进行即时沟通。一方面,公众在一定程度上摆脱了空间限制,只要有互联网和移动智能终端,就可以登录脸书或推特的平台,参与数字公共领域的交往。另一方面,移动互联网和社交媒体使公众交往摆脱时间限制。前数字时代,信息传播总是具有一定的滞后性,公众难以第一时间获取信息和反馈意见。移动互联网和社交媒体广泛普及后,信息传播更为迅速,公众能够即时获取资讯并反馈其意见。因此,数字公共领域摆脱了空间固定和时间滞后的限制。

互联网和社交媒体在信息传播和促进交流方面具有巨大优势,其快速、灵活和丰富的特点使得报刊、广播和电视等媒体在一定程度上失去了原有影响力,而数字公共领域则吸引越来越多的公众进入,并且受到政党和企业的关注。

(二)数字公共领域中的交往

在资本主义国家,脸书和推特的平台拥有大量用户,因而无论是政党、企业还是私人都非常重视在社交媒体上塑造形象,并且以互联网平台为依托开展活动。当前任何政党都无法忽视互联网和社交媒体这一宣传阵地。不管是代表何种利益的政党都会尝试对社交媒体加以影响。特朗普在任美国总统期间,就使用其个人推特账号发布政治消息和时事评价。美国民主社会主义者也曾借助社交媒体支持伯尼·桑德斯(Bernie Sanders)进行总统竞选,并且对民主党和共和党的政策展开批判。不过目前在社交媒体上,由于竞选策略和政治生态等多方面原因,左翼政党相对边缘化。

对于公众而言,进入数字公共领域有两个条件,即接入互联网和注册社交媒体账号。公众在运用数字技术的基础上,参与数字公共领域中的讨论和交往,向其他公众或是政党表达自身的意见和诉求。这些公众具有更强的主体性和自由性,他们不再被动地接受报刊、广播和电视上观点和宣传内容的灌输,而能够主动选择多元化信息渠道并发布自己的声音。不仅如此,数字公共领域中的公众,可以借助互联网和社交媒体的传播效力,壮大公众舆论的声势,放大事件的影响力。

此外,数字公共领域中出现的 AI 机器人和 ChatGPT 等大语言模型也值得讨论。一方面,AI 机器人在数字公共领域中广泛存在。脸书和推特上的部分账号不是由用户控制,而是由程序和算法控制。这些账号作为 AI 机器人进入数字公共领域中,既能和其他公众进行模拟交往,也能对话题和公众舆论产生作用。另一方面,ChatGPT 等大语言模型也改变了数字公共领域。当前,ChatGPT、GPT4.0 已然渗透数字公共领域之中,成为公众交往的虚拟对象。我们以 ChatGPT 为例进行分析。数字公共领域中的其他主体可以同ChatGPT 进行交往,在与其互动的过程中,公众可以获得新知识,丰富和调整自身的认知,并改变对于客观世界的看法。相对于大多数主体,ChatGPT 似乎具有更广泛的知识,不仅可以即时反馈公众的提问,甚至可以模拟特定人物的语言风格展开对话。不过并不能因此将 ChatGPT 视为主体,它的应用有赖于对公众活动数据的收集、分析和挖掘。如果缺少来自数字公共领域中的海量数据的训练,ChatGPT 就难以发挥其作用,因此它可被视为公众经验的集成体,虽然具有进一步发展的潜力,但目前其本质上依然是一种技术工具。

在数字技术不断发展的过程中,互联网和社交媒体重塑了公共领域的媒体系统和交往模式,使其发生数字化转型,形成数字公共领域。相对于以往的公共领域,数字公共领域既继承了部分属性,也呈现出一些新特征。

(三)数字公共领域的特征

相对于传统公共领域,数字公共领域更加开放,为更多公众参与公共交往提供了条件,其中的意见更为多元,在一定程度上扩大了公共性。"普遍开放的原则"似乎得到了实现。在比较上看,数字公共领域中的主体相对平等,他们在数字技术加持下可以表达意见和互动,却也呈现出边界消解的特征。

首先,数字公共领域在发表意见方面相对平等。在前数字时代的公共领域中,可区分两类主体:一类是运用理性话语表达观点的发声者,他们大多是知识分子和专业人士;另一类是倾听观点和反馈诉求的受众。媒体系统在发声者和受众之间,作为桥梁连接两类主体。但受众无权像发声者那样,不能直接在公共领域的媒体系统中发布观点，所以他们在传播权力方面实际上处于不平等的地位。数字技术对公众而言有"赋予权力"的作用，能够使公众充分表达意见。因此，数字公共领域和以往公共领域的区别之一在于，其中的公众不再是被动地接受观点和宣传的"受众"，他们拥有了更大的自主和自由，在数字技术的加持下获得了生产、编辑和扩散内容的权力。也就是说，公众也成了发声者，能够直接在数字公共领域中对政治事务发表意见，向其他公众传达自己的声音，而他们的诉求也因此可以得到充分展示。就此而言，数字公共领域呈现出一种相对平等的表象。

其次，数字公共领域具有互动性的特征。数字技术的广泛普及，使得更多公众能够参与数字公共领域的交往之中，并且相互之间联系更为便捷。相对于传统报刊、广播和电视等媒体，互联网和社交媒体的显著优势在于互动性。从传播特点上看，传统媒体系统都具有一个发布信息的中心，公共领域中的受众大多只能被动地接受由中心发布的信息。在数字公共领域中，公众却可以利用互联网和社交媒体更快速地获得大量信息，并且多数意见和讨论都能及时得到反馈。数字公共领域中的互动也更具灵活性。前数字时代，主体在公共领域中进行交往时，面对的其他公众或者说交往对象总是有限的。在数字公共领域中，信息供给主体更加多元化，公众可相对自由地选择交往对象，商谈在一定程度上摆脱了空间和时间的限制，展现出无限交往互动的可能性。

最后，数字公共领域的公私边界更加模糊。这主要是由于社交媒体功能集中化和噪声过滤机制缺失两个因素。第一，社交媒体功能日益集中化。社交媒体原本仅是进行社交的工具，当前却整合了越来越多的功能：从单一的社交逐渐扩展到办公、娱乐、消费、金融等诸多领域都被集中到一个平台上。公众通过社交媒体进入数字公共领域后，容易被其他消息干扰，难以集中于对共同利益和普遍利益的探讨。第二，数字公共领域缺少"把关人"。数字化改变了引导人与人交往的媒体系统。传统媒体系统中存在的"把关人"角色，即专业的编辑、导演、编剧等缺失了。他们原本的职责是对公共领域中的议题加以甄别，过滤噪声，使讨论更加具有方向性和系统性。由于缺少了"把关人"，数字公共领域中的议题纷繁复杂，政治事务、个人生活、情感宣泄等彼此交织。故而，哈贝马斯也表示："数字化通信的技术进步，从一开始就助长了边界消解的趋势,并且导致公共领域的碎片化。"

　　总之,数字公共领域建立在互联网和社交媒体之上,其中的公众在传播内容方面相对平等,并且能够和其他主体进行即时交往互动。但由于社交媒体功能整合和原有"把关人"缺失,数字公共领域也呈现出边界模糊的趋势。

四、数字操纵:自由丧失与民主败坏

　　在资本主义社会中,由于资本逻辑和政治权力裹挟,数字技术并没有释放民主潜力和成为数字公共领域的可靠基础,反而加剧了"操纵的公共性":互联网巨头和政治组织使用大数据技术监控公众,产生了一种数字操纵的趋势,即利用数字技术操纵个人行为习惯、公众舆论和选民政治倾向。

(一)数字公共领域的隐忧

　　对于"批判的公共性"而言,公共性和理性精神是两个必要组成部分。在数字公共领域中,虽然互联网和社交媒体为更多公众提供了参与公共交往的条件,但是其传播机制也隐含着不平等。由于缺少"把关人",数字公共领域的议题更为碎片化。在多重因素作用下,公众的理性精神被消解,为数字操纵留下空间。

　　首先,从传播效力上看,数字公共领域实质上并不平等。一方面,从表面上看,数字公共领域中的主体都具有发出自己声音的权力,似乎交往更加平等化了。然而这样的平等只是形式上的平等,掩盖着实际上的不平等。社交媒体上,平台和公众分别处于主动和被动的地位。公众在使用互联网和社交媒体时,要接受平台制定的用户协议和隐私条款,否则就无权进入数字公共领域之中,也无法参与其中的商谈和讨论。而"数字鸿沟"也将部分主体排除在数字公共领域之外。当前数字技术在生产、交换和消费的过程中愈发重要,但是仍然有部分主体因经济或智力原因无法获取和使用数字设备,也就无法进入数字公共领域。另一方面,数字公共领域中不同主体对话题的引领作用也是不同的。具有大量粉丝群体的主体,其发言和观点能够引起广泛探讨,也容易得到算法的青睐和推广;而粉丝量较少的主体则难以使其观点为更多公众所知。故而,不同主体能够引起的舆论效应完全不同,具有较强传播能力的主体处于优势地位。表面上共同传播的平等,掩盖着实际上传播效果的不平等。

其次,由于"把关人"缺位,数字公共领域的议题更为散乱。诸如报纸、广播和电视等传统媒体,都具有专门负责筛选、编辑和加工内容与信息的"把关人"。他们对话题进行拣选,排除不和谐因素,让公共领域中的讨论更为聚焦,并引导公众对共同利益展开理性商谈。然而当前公众在数字技术加持下,可以任意地上传和分享私人生活,将私人领域的话题置于数字公共领域中讨论。从整体上看,数字公共领域有利于意见表达,但其中的话题更加多元化和碎片化,愈发纷繁复杂,不利于合理商谈、达成共识和形成高质量公众舆论。换言之,数字技术对公众而言,固然有"赋予权力"的优势,不过由于缺少过滤噪声的"把关人",数字公共领域中的公众得不到必要的引导,不仅不利于理性精神的形成,也给假新闻和极端右翼言论留下了可乘之机。

最后,数字公共领域中,理性精神更容易被消解。"理性具有客观性、普遍性以及持久性的特征。"理性的形成需要时间,它建立在对感性经验材料进行系统反思的基础之上,所以更为稳定和持久。而感性总是波动的,容易受到情景变化的影响。社交媒体并没有给公众创造一个理性商谈的空间,而是以"点赞""关注"膨胀公众感性欲望,吸引他们投入时间,再从中攫取利润。在这些社交媒体上,公众更倾向于发布个人生活信息而不是就政治话题进行讨论。关于政治、规范和社会的严肃理性探讨,在纷繁复杂的私人生活议题中缺少吸引力。这种情况下,公众容易对公共事务的讨论失去兴趣,转向短平快的娱乐信息,以满足个人消费需求和欲望。而且高速传递的信息也迫使公众跳过理性判断,停留于感性直观,以情绪表达取代深思熟虑。此外,公众的价值观在"过滤气泡"效应作用下也会日益极化,并且思维也会因"信息茧房"变得片面化。久而久之,数字公共领域中的理性精神不再,公众则更容易遭到蒙蔽和操纵。

另外,实证研究也表明,在数字公共领域中对公众的情绪加以影响是可能的。亚当·D.I.克莱默(Adam D. I. Kramer)和杰米·E.吉洛里(Jamie E. Guillory)等人对脸书上 689003 名用户的评论和发布的内容进行分析,证明了数字公共领域中的公众容易受到情绪的操纵:即使公众在社交媒体上没有进行面对面的交往,他们的情绪状态也会受到社交媒体内容基调的影响。如果通过 AI 机器人和算法增加社交媒体上的积极内容,公众的评论和互动会更多地带有快乐、幸福、高兴等情绪;而借助同种方式使消极内容增加时,公众的发言和行为都会变得更为阴沉和愤懑。换言之,一旦政治组织控制了社交媒体上的 AI 机器人和算法,就能介入数字公共领域,对公众的情绪进行调控。当公众对特定舆论热点产生不满情绪时,就能在数字公共领域中投放娱乐话题分散注意力,减少公众对负面信息的关注。

(二)数字公共领域的威胁

从经济层面看,数字操纵对于资本增值十分有利。一方面,上文已经提到,互联网和社交媒体并不是由公众自发建立的,它们在资本的驱动下进入公众生活,继而才具有了公共性。也就是说,它们的推广和资本有着密切联系,不可避免地受到资本逻辑的捆绑。另一方面,互联网和社交媒体在一定的物质基础上才能运作,即必须投入资本购置服务器,雇用技术人员维护系统,不断更新页面和平台服务才能维持运营。社交媒体上存在着两种商业模式,第一种是"货币—服务—货币",另一种则是"货币—流量—货币"。在第一种模式中,社交媒体为公众提供有偿服务,即公众必须付费才能观看特定内容或是获得商品。更为常见的是第二种模式:社交媒体投入资本运营平台,向公众提供免费服务;公众在这一过程中,可以无偿在社交媒体上进行交往,但要接受平台制定的服务条款和隐私协议,让渡个人数据信息和浏览广告;而产业资本以广告费形式向社交媒体让渡部分利润,或者说购买公众的数据投放定向广告。无论是哪一种模式,公众参与在线交往的时间越长,就越可能购买平台的服务;而平台可以获得的数据就越多,也能得到更多的广告费。换言之,平台获得的利润和公众在线时长呈正比例关系。因此,社交媒体利用"点赞""关注"和基于大数据技术的个性服务等,奖励和诱导公众延长在线时间,再从中获得经济利益。故而,数字操纵的背后有着获取利润的动机。

从政治层面上看,数字操纵是达成政治目的的有效途径。对于资本主义国家的政党和政客而言,他们代表着不同的利益群体,在竞选时需要攻击和抹黑对手，执政期间则需要掩盖社会矛盾，转移公众对于负面信息的关注。社交媒体上，公众数量庞大，舆论传播更为迅速，在这里通过数字操纵实现政治目的更为有效。故而特朗普就习惯使用推特发表政治评价，与主流媒体博弈。从下面的案例中也可以看到，政客如何利用数字技术转移社会矛盾。自20世纪末，英国奉行新自由主义政策以来，社会贫富差距日益扩大，社会矛盾激化。欧洲债务危机、难民和移民问题进一步加深了英国民众的不满。不过欧洲债务危机和难民问题只是外部矛盾，英国社会不平等根源在于社会制度和经济政策不合理。然而在推特上，英国"脱欧"派政客奈杰尔·法拉奇（Nigel Farage）却将难民和移民污名化，并且指责欧盟拖累英国经济增长，以此掩盖新自由主义政策的弊端。

在资本逻辑和政治动因的共同作用下，资本主义国家中的企业和政府利用大数据技术对公众进行全面监控。在韩炳哲看来，互联网和社交媒体不是为数字公共领域提供支持的媒体系统，而是赋予公众虚假的自由、对民意和舆论进行全面监控的"数字化全景监狱"。表面上看，公众可以自由地选择交往对象、浏览内容和分享生活片段。因此，公众也更加乐于借此确证自身的主体性，好像他们都可以彰显个性，并且能在公共交往中表达意愿和诉求。所以，"在数字化全景监狱中，没有人真的感觉到自己被监视或者被威胁"。实际上，公众在社交媒体上处于大数据技术的全面监控之下。不仅仅是个人信息、聊天记录和上传的内容，连浏览的页面、手指停留的位置和屏幕开启频率也成为相关性分析的参考。个人的喜好、政治倾向、行为习惯和日常生活全部遭到"窥视"。在大数据技术的加持下，人很难感受到具体的操纵者或者监控中心的存在，这使得数字操纵更加隐蔽和不易为人察觉。

（三）数字公共领域的幻灭

在获取经济和政治利益的目的驱使下，监控深入互联网和社交媒体的全部角落，威胁着公众的自由意志和民主交往。话题讨论、协商共识、公众舆论、政治决策和选举投票各个环节都受到数字技术的左右。表面上平等自由的互联网和社交媒体，实际上受到来自资本和政治组织的暗中操纵与规制。数字公共领域凭靠的媒体系统上，充斥着假新闻、私人话题、混淆视听的AI

机器人和扭曲自由意志的个性化广告，实际上是一个"数字化全景监狱"。"数字化全景监狱"中，公众无法获取可靠真实的政治信息，或是处于政治表演的蒙蔽和愚弄之下，或是被湮没在生活化议题中，或是沉浸于消费无法自拔，或是在对立之中争论不休，无法进行理性讨论，也不能通过协商达成共识。总之，在资本主义社会中，数字公共领域无法落实民主，民主也无法在数字公共领域中实现。

孙昊鹏（复旦大学）